기독교 영성(I)
초대에서 12세기까지

기독교영성(1)
Christian Spirituality: Origins to the Twelfth Century

초판 발행 1997년 3월 15일
3쇄 발행 2012년 7월 30일
책임편집자 버나드 맥긴, 존 마이엔도르프, 장 레크레르크
옮긴이 유해룡, 이후정, 정용석, 엄성옥
발행처 은성출판사
등록 1974년 12월 9일 제9-66호
ⓒ1997, 2012년 도서출판 은성

주소 서울시 강동구 성내동 538-9
전화 070)8274-4404
팩스 02)477-4405
홈페이지 http://www.eunsungpub.co.kr
전자우편 esp4404@hotmail.com

번역서의 출판 및 판매에 관한 모든 권한은 본 출판사가 소유하고 있습니다.
출판사의 사전 허락 없이는 상업적인 목적으로 번역, 재제작, 인용, 촬영, 녹음 등을 할 수 없음을 알려 드립니다.

Originally printed in English under the title *Christian Spirituality: Origins to the Twelfth Century*, edited by Bernard McGinn, John Meyendorff, and Jean Leclercq published by Crossroad in U. S. A, in 1993.
All rights to this book, not especially assigned herein, are reserved by the copyrights owner.

printed in Korea
ISBN 978-89-7236-306-5 33230

Christian Spirituality

Origins to the Twelfth Century

Edited by
Bernard McGinn,
John Meyendorff,
and
Jean Leclercq

차례

서론 / 9
참고문헌 / 22
약어표 / 23

제1장 성서와 영성 / 25
   (Sandra M. Schneiders)

제1부 각 시대와 다양한 운동

제2장 초기 기독교 공동체 / 57
   (John D. Zizioulas)

제3장 영지주의 영성 / 87
   (Robert M. Grant)

제4장 위대한 교부들의 영적 메시지 / 117
   (Charles Kannengiesser)

제5장 수도원 운동과 금욕주의 / 159
   1. 동방 교회 / 159
     (Jean Gribomont)
   2. 서방 교회 / 198
     (Jean Leclercq)

제6장 위-디오니시우스의 영성 고취 / 227
   (Paul Rorem)

제7장 기독교와 문화적 다양성 / 261
   1. 시리아어권 기독교인들의 영성 / 261
     (Roberta C. Bondi)
   2. 켈트족과 게르만족 사회의 영성 / 277
     (Pierre Riché)

제8장 그레고리의 개혁 / 299
    (Karl F. Morrison)

제9장 12세기의 종교 세계 / 325
    1. 서론 / 325
      (Bernard McGinn)
    2 켄터베리의 안셀름과 그의 영향 / 328
      (Benedicta Ward)
    3. 시토회 수도사들 / 343
      (Basil Pennington)
    4. 수사 신부들 / 362
      (Grover A. Zinn)

제2부 주제와 가치관

제10장 그리스도의 역할 / 381
    1. 동방 교회: 구주이신 그리스도 / 381
      (Jean Meyendorff)
    2. 서방 기독교: 구주이신 그리스도 / 415
      (Bernard McGinn)

제11장 삼위일체 / 427
    1. 카파도키아 교부들의 삼위일체론 / 427
      (Thomas Hopko)
    2. 서방 교회의 삼위일체론 / 455
      (Mary T. Clark)

제12장 하나님의 형상인 인간 / 457
    1. 동방 교회 / 457
      (Lars Thunberg)
    2. 서방 교회의 영성 / 510
      (Bernard McGinn)

제13장 은혜: 어거스틴적 기초 / 539
    (J. Patout Burns)

제14장 전례와 영성 / 569
    1. 동방 교회의 전례 신학 / 569
      (Paul Meyendorff)
    2. 서방 기독교의 성례와 전례 / 591
      (Pierre-Marrie Gy)

제15장 성상과 예술 / 617
    (Leonid Ouspensky)

제16장 기도와 관상의 길 / 637
  1. 동방 교회 / 637
    (Kallistos Ware)
  2. 서방 교회 / 669
    (Jean Leclercq)

제17장 초대 교회의 순결관 / 687
    (Peter Brown)

제18장 영적 지도 / 709
    (Sr. Donald Corcoran)

제19장 기독교적 삶의 실천: 평신도 계층의 탄생 / 723
    (Jacques Fontaine)

저자 소개 / 779
색인 / 783

서론

의문은 죽이나 영은 살리느니라.
- 고린도후서 3:6 -

    기독교 역사에서 성경을 이해하는 데 있어서 위와 같은 사도 바울의 말이 가장 자주 적용되어왔다. 이 구절이 주는 메시지는 이 책에서 제공되는 것에게도 적용할 수 있다. 기독교는 오랫동안의 복합적인 역사를 통해서 항상 기독교 문서들, 의식들, 제도들 등이 지닌 내적 의미의 우선성, 즉 그것들의 영적 깊이를 강조해왔다. 이 책 및 "세계의 영성"(World Spirituality: An Encyclopedic History of the Religious Quest)이라는 전집 중 두 권은 기독교 신앙과 실천이 지닌 내적 메시지를 역사적으로 정확하게 또한 실제적으로 타당하게 제공하려는 시도이다.

    신약 성서에서 핵심적인 단어는 "영"(Spirit, *pneuma*)과 "신령한"(spiritual, *pneumatikos*)이라는 단어이며, 라틴 기독교에서는 *spiritualis*, 또는 *spiritualitas*라는 단어가 잘 알려져 있었지만, 오늘날 기독교인들이 볼 때에 "영성"(spirituality)이라는 단어의 의미가 반드시 자명(自明)한 것은 아니다. 현대인들, 심지어 현대의 신자들이 볼 때에, 영성이라는 용어는 수백 년 동안 기독교의 역사를 괴롭혀왔던 바 근본적으로 부정적이고 염세주의적인 반 물질적 이해를 암시하는 함축된 의미들을 지니고 있다고 볼 수도 있다. 그러나 올바르게 이해된 영성은, 다른 용어는 결코 포함할 수 없는 풍부한 의미의 차원 및 영역을 소유한다. 이런 이유 때문에, 이 책에서는 그 용어를 사용하지 않을 수 없다. "종교"(religion)라는 용어와 마찬가지로 "영성"이라는 용어의 다양한 용도를 생각할 때 영성에 대해 쉽게 정의를 내리거나 보편적 동의를 이끌어내기는 어렵다.

우리 편집자들은 이 책에 이어지는 기독교 영성 저서의 기고자들에게 영성에 관한 특정한 정의(定義)를 부과하려 하지 않았다. 그러나 우리는 기고자들이 유익하다고 생각할 경우에 지침으로 사용할 수 있도록 그 용어에 대한 하나의 이해의 간략한 실용적 묘사를 제시했다. 그 일부를 소개하면 다음과 같다.

> 기독교 영성이란 기독교 신앙을 삶 속에서 일반적인 형태로, 또는 보다 특수화된 형태로 실제로 체험하는 것을 말한다. 기독교 영성은 믿음 자체에 집중하지 않고 종교적 의식과 수행 안에서 믿음이 일으키는 반응에 집중한다는 점에서 교리와 구분된다. 또한 기독교 영성은 인간의 모든 행동들과 하나님과의 관계를 다루는 것이 아니며, 하나님과의 보다 직접적이고 분명한 관계가 있는 행동들만을 다룬다는 점에서 기독교 윤리학과 구분된다.

이 책 및 이어지는 발행된 책에 포함된 내용들은 기독교 영성, 즉 실생활에서의 경험이 아니라 이러한 경험의 역사적 표명들, 즉 하나의 학문으로서의 기독교 영성에 대한 고찰이다. 기독교 영성이라는 학문은 아직까지도 하나의 분야나 정의로 그다지 인정받지 못하고 있는 다소 새로운 학문이다. 전통적인 로마 카톨릭 교회의 "수덕 신학과 신비 신학"에서는 그 용어가 의도하는 바를 많이 다루고 있지만 전체를 다루고 있지는 못하다. 왜냐하면 수덕 신학과 신비 신학, 그리고 최근에 "영성 신학"(spiritual theology)이라고 불리는 신학은 기독교 신앙의 실질적인 체험에 있어서 대단히 중요한 집합적이고 사회적인 차원들을 경시하는 경향이 있기 때문이다. 실제적인 삶의 체험으로서, 그리고 그 체험에 대한 반영으로서의 영성은 금욕주의나 신비주의보다 더 광범위하고 함축적인 용어이다. 영성은 신학, 특히 오늘날 현대인들이 실천 신학이라고 부르는 것과 긴밀하게 연결되어 있기는 하지만, 우리는 영성은 그 나름의 독특한 정체성을 지니고 있다고 주장할 수 있을 것이다.

이러한 본질을 지닌 폭넓은 기독교 내의 일치 시도를 통해서 다양한 기독교 단체들이 기독교의 내적 의미라고 이해해온 것, 그리고 "영성"의 근본 의미에 대한 보다 명확하고 적절한 이해가 등장하기를 바라는 바이다. 우리는 이 책이 전집 전체가 대변하는 바 보다 전반적이고 어려운 과업, 즉 세계 영성(world spirituality)에 대한 보다 결실 있는 이해의 중요한 부분이라는 것을 알고 있다. 이러한 소망의 결실은 이 전집 중에서 마지막 세 권에서 등장할 것이다.

기독교 영성사(靈性史)에 관한 유익한 저서들이 많이 있지만(첨가된 참고 문헌을 보라), 이 세 권의 책은 어떠한 논평과 설명을 요구하는 많은 방법을 지녔다는 점에서 특이하다. 첫째, 이 기획(프로젝트)은 구상과 실천에 있어서 완전히 에큐메니칼하다. 현재 교회들의 상황을 고려할 때에 이것이 당연한 것으로 보일는지도 모른다. 그러나 분열된 기독교 세계를 구성하고 있는 모든 상이한 단체들과 집단에게 에큐메니칼 운동이 영향을 미치게 된 것이 극히 최근의 일임을 기억해야 한다. 비록 이 전집을 제작하기 위해 개최되었던 편집 회의들이 모든 장벽을 극복하지는 못했지만, 그것들은 우리에게 공통점이 얼마나 많은지를 상호 이해하게 해준 유익한 에큐메니칼 회의 역할을 했다. 우리는 가능한 한 가장 훌륭한 학자들을 기고자들로 선정하려 했으며, 아울러 자신이 다루는 독특한 전통들—정교회, 카톨릭 교회, 개신 교회— 내에서 기고할 수 있는 사람들을 선정하려 했다.

이 책을 편집하면서 기울인 두번째 주요 관심사는 논문들의 논조, 그리고 그 논문들을 읽을 대상이었다. 우리의 의도는 이 책들이 일반 독자들, 특히 기독교 영성사에 관한 확실하고 분명한 기록을 발견하고자 하는 많은 사람들에게 유익을 주려는 것이었다. 또 비록 이 논문들이 세밀하고 학구적인 것이 아니라 해도, 우리는 이 논문들이 원래의 기고문에서 제시된 문제들에 관해 숙고하고자 하는 사람들에게 보다 진보된 지식을 제공하여 유익을 주기를 원하는 바이다. 이처럼 두 계층의 독자들을 대상으로 글을 쓴다는 것은 미묘하고도 어려운 과업이다. 기고자들은 각기 자기 분야에서 인정받는 학자들로서 유익하고 독창적인 방법으로 많은 분야들을 종합하기보다는 전문적인 장문의 논문을 쓰는 것이 더 쉽다는 것을 잘 알고 있다. 우리가 과연 얼마나 성공을 거두었는지는 독자들의 판단에 맡겨야 할 것이다. 그러나 우리 편집자들은 기고자들이 이 목표를 위해서 노력해준 것, 그리고 우리의 수정 요구에 너그럽게 응해준 것에 감사한다. 이 책에 수록된 논문들 중에는 이러한 편집상의 가이드라인을 벗어나는 것이 하나도 없다. 주 자료나 연대적 범위와 관련된 논제의 다양성 때문에 어려움이 야기되었을 수도 있으며, 우리는 그러한 과정이 기고자들에게 부당한 압박감을 줄 수도 있다고 생각하여 기고자들에게 가능한 한 자유를 주기를 원했다. 이 책에 수록된 논문들에서는, 특히 각주와 참고 문헌과 같은 학문적 장치를 사용하는 데 있어서 불가피하게 상당한 차이점이 등장한다. 그러나 각각의 논문들이 전체적인 구도의 틀 안에서 자체의 기본적 역할을 성취하는 한, 이러한 다양성은 긍정적인 특성이라고 볼 수도 있다.

이 전집에 수록된 각 책의 형태와 각각의 논문들의 역할에 대해서는 보다 상세한 논평이 요구된다. 비록 각각의 책들은 유익한 참고도서 역할을 하도록 의도되었지만, 그것들의 주된 목적은 기독교 영성사를 개관적으로 제시하는 것이다. 이것은 가능한 모든 주제들을 다루는 간단한 글들의 시리즈보다는 가장 기본적인 단계들과 주제들에 관한 어느 정도 길고 독립된 논문들이 필요하다는 것을 의미한다. 이것은 이러한 논문들을 주제별로 제공하기보다는 연대별로 제공하는 일이 요구되었음을 나타내준다. 물론 이 책을 두 부분으로 나눈 데서 분명히 나타난 바와 같이, 여기에서 하나의 절충이 이루어졌다.

제1부인 "각 시대와 다양한 운동"(Periods and Movements)은 대략 기독교 시대의 100년에서부터 1200년경에 이르기까지는 기독교 영성의 발달의 주요 단계들을 제시하려는 목적을 지닌다. 12세기를 제1부의 종착 시대로 선정한 것에 대해서는 여러 가지 근거에 입각하여 논란이 있을 수 있다. 특히 에큐메니칼 관점에서 볼 때에, 동방 교회와 서방 교회 사이의 불화가 수세기 동안 심화되어왔지만, 13세기가 되기 전까지는 결코 결정적인 것은 아니었다. 13세기에 이르러 제4차 십자군이라고 부르는 비극(이것을 에큐메니즘에 도전한 커다란 죄라고 부르는 편이 나을 것이다)이 발생했다. 이 전쟁의 결과로 라틴 정복과 동방의 굴복이 이루어졌다. 둘째, 서방 영성의 관점에서 볼 때, 12세기의 풍부하고 독창적인 논문들은 동방 기독교와 라틴 기독교가 공유하는 바 과거 교부 시대를 창조적으로 요약한 것이기 때문에, 그러한 기능 안에서만 활용될 수 있었다. 12세기 영성의 대변인이며 후대의 개신교도들과 카톨릭 교도들 모두의 존경을 받는 작가인 클레르보의 버나드(Bernard of Clairvaux)가 "최후의 교부"라고 불린 것은 근거 있는 일이다.

제2부인 "주제들과 가치관"(Themes and Values)에서는 제1부에서 다루었던 시대에 기독교 영성에 의미를 부여한 중요한 주제들을 다루었다. 많은 주제 중에서 이러한 주제들을 선정하는 일은 편집위원회가 직면한 가장 어려운 과업 중의 하나였다. 지면이 한정되어 있기 때문에, 우리는 두 가지 선정 기준을 세웠다. 첫째는 기독교의 처음 12세기 동안의 영성 생활을 이해하는 데 있어서 그 주제

가 반드시 필요한 것인가였다. 둘째는, 그것이 기독교 신앙과 실천의 영속적인 영적 보화의 중요한 일부로 존속하는가의 여부이다. 각각의 주제에 대해 충분한 연대별 논문들을 제공하는 일은 불가능했을 수도 있다. 제2부에 수록된 일부 논문에서는 다소 완전한 연대별 개관이라는 구성을 채택했다. 그 밖의 다른 논문들에서는 그 논문들이 다루는 주제의 발달에 있어서의 중요한 순간들, 즉 전체 전통의 형성에 작용한 인물들, 시대, 발달 등에 초점을 둔다. 주제들을 다룸에 있어서, 종종 삼위일체론, 인간론, 전례(성찬 예배), 기도 등의 중심 주제들을 구분하여 별도의 논문으로 다루었는데, 이것은 동방 교회와 서방교회의 다양성을 존중해야 할 필요성 때문이었다.

각각의 논문들

구약 성서와 신약 성서는 모든 기독교 영성의 토대이다. 그것들을 떠나서는 기독교라는 종교의 삶의 어떤 면도 이해될 수 없다. 지면 관계상 이 책에서는 기독교의 시각에서 본 히브리 신약 성서나 구약 성서 전체의 영적 메시지를 완전하게 분석할 수는 없다. 그러나 기독교 영성의 토대인 성서의 위치를 조명하며 수백 년 동안 기준이 되어온 "영해"(spiritual exegesis)라는 전통을 어떻게 이해해야 하는지 설명해줄 서론 격의 실질적 논문으로 이 책을 시작하는 것이 매우 중요하다고 생각했는데, 샌드라 슈나이더즈(Sandra M. Schneiders)는 이 서론을 맡아줌으로써 이 책에 크게 기여했다. 특히 현대의 성경 해석 이론이 어떻게 과거에 사용되었던 영해(靈解)의 중요성의 새로운 인식을 허락하는지를 보여준 점에서 그의 공헌은 크다.

제1부는 정교회 학자인 존 지지오울라스(John D. Zizioulas)의 "초기 기독교 공동체"라는 글로 시작된다. 우리는 이 중요한 논문을 정교회 학자가 저술한 것이 특히 중요하다고 생각한다. 이 글은, 기독교가 형성되던 시대(당시 기독교는 전례적 의식 집행을 중시했으며 그리스어를 사용했다)를 요약하고 있다. 그런데 정교회에서는 조금도 타협함이 없이 이러한 전통을 계속 이어오고 있다. 다음에 이어지는 "영지주의 영성"의 기고자는 로버트 그랜트(Robert M. Grant)이다. 영지주의 영성이란 몇 개의 종교적 전통들이 중복되어 있는 풍부하고 다양한 운동인데, 유명한 낙 하마디(Nag Hammadi)의 유물이 발견된 이후로 이 운동의 역사에 대한 연구가 크게 진행되었다. 그랜트는, 비록 영지주의자들이 초기 기독교에서 상당한 역할을 했으며 주요 기독교 전통의 많은 중요한 가치관들의 확인에 기여했지만, 영지주의의 일부 과장된 주장들, 특히 물질적 실재의 가치를 강조하는 것으로 말미암아 기독교 영성사에서 그것의 영구적인 역할이 부인되었음을 보여줌으로써 최근에 등장한 바 영지주의에 대한 일부 과장된 평가에 반대한다.

이 책에 수록된 가장 긴 논문 중의 하나는 찰스 카넨기서(Charles Kannengiesser)가 기고한 "위대한 교부들의 영적 메시지"이다. 동방과 서방의 위대한 교부들—아타나시우스, 카파도키아 교부들, 존 크리소스톰, 힐라리, 암브로스, 제롬, 어거스틴—은 모든 기독교인들이 공통적으로 소유하고 있는 영적 재산이다. 이 글에서는 이 위대한 스승들 및 신령한 사람들을 올바른 역사적 맥락에 놓으며(이것은 그들의 인간적 한계는 물론이요 그들의 공적을 평가하기 위해 필요한 과정이다), 또 이들 각 인물들이 기독교 영성의 미래에 제공한 유산들에 대해 간결하게 묘사한다.

수도원 운동은 고대 기독교가 만들어낸 가장 특징적이고 영향력 있는 운동이다. 수도적 이상 및 이와 관련된 금욕적이고 관상적인 실천들은 무한한 가치를 지니게 되었다. 수도원 운동에서 가장 탁월한 두 명의 역사가(이들은 모두 베네딕트회 수도사이다)는 수도원 운동의 발흥, 전파, 그리고 영향력 등에 대한 글을 저술했다. 쟝 그리보몽(Jean Gribomont)은 3세기말부터 7세기에 이르는 시대에 형성된 바 동방 기독교 내에서의 수도원 운동 발흥에 포함된 복합적인 문제들을 다루었으며, 쟝 레크레르크(Jean Leclercq)는 11세기 말에 이르기까지 서방에서의 수도원 운동에 관해 광범위하고 균형 있는 글을 기고했다.

500년경에 활동한 시리아인이라고 생각되는 바, 위-디오니시우스(Pseudo-Dionysius)라는 익명의 신비적 저자는 수세기 동안 기독교 영성의 이론에 심오한 영향을 미쳤다. 디오니시우스의 저술들의 난해함 때문에, 현대의 학자들은 그것들의 의미와 가치에 대해 다양한 견해를 갖게 되었다. 최근의 연구에서는 디오니시우스의 저술들을 신플라톤주의의 침투라거나 기독교의 왜곡이라고 보지 않으며, 그 저술들의 신플라톤주의적 색조에도 불구하고 디오니시우스의 영적 강령이 지닌 본질적으로 기독교적이고 전례적인 특성을 강조한다. 폴 로렘(Paul Rorem)은 "위-디오니시우스의 상승적 영성"(The Uplifting Spirituality)이라는 글에서 위-디오니시우스 및 그가 미친 영향에 대한 탁월한 논문을 제공한다.

초기 기독교의 영적 전통들의 역사는 지나치게 동방 기독교와 라틴 기독교에 치중한 나머지 그 밖의 언어적·문화적 전통들 내에서의 기독교 신앙과 실천의 역할을 배제하는 결과를 초래했다. 오늘날은 기독교가 진실로 세계적인 종교가 되었다고 말할 수 있는 최초의 시대이다. 오늘날 그레코-로마 세계 외부에 존재한 초기 기독교에 대해 살펴볼 필요가 있다. 여기에서도 우리는 어려운 선택을 해야 했다(지면이 허락한다면 콥트, 그루지아, 아르메니아, 인도 등지의 기독교 영성에 대해서도 연구할 수 있을 것이다). 그러나 그리스어권이 아닌 동방 지역의 연구에서는 특히 시리아 기독교에 대한 연구가 필요할 것이다. 시리아 기독교는 많은 면에서 그리스어를 사용하는 다른 기독교만큼이나 유서가 깊다. 로베르타 반디(Roberta C. Bondi)는 시리아 기독교의 영적 중요성에 관한 훌륭한 논문을 기고했는데, 거기서는 초기 기독교 문화의 정착에 나타난 다양성을 묘사하고 있다. 중세 초기의 서방 세계의 문화사(文化史)에 관한 권위자인 삐에르 리쉐(Pierre Riché)는, 로마 시대의 도시의 종교인 기독교가 켈트족과 게르만족 등 야만인들의 세계에 적응하면서 어떻게 새로운 형태를 취하게 되었는지에 대해서 도전적인 연구를 했다.

7세기말에 기독교 사회의 근본 구조는 동방 세계에 확고히 자리잡았다. 그러나 서방의 상황은 그렇지 못했다. 영성사에 미친 영향을 고려할 때, 12세기에 이르기까지의 라틴 세계의 영성 발달을 이해하기 위해서는 두 개의 밀접하게 연결된 단계에 대해 고찰해 보아야 한다. 첫 단계는 그레고리의 개혁(Gregorian Reform)인데, 이에 관해서는 칼 모리슨(Karl F. Morrison)이 통찰력 있는 논문을 저술했다. 모리슨은 그 개혁의 두 가지 근본적 주제, 즉 성직자 제도(Sacerdotalism)와 교황의 독재(papal monarchy)에 대해서 지금까지 수세기 동안 그러했던 것처럼 그 시대에도 논란이 있었음을 보여준다. 그러나 그것들은 11세기에 고안된 것이 아니며 기독교 영성을 재평가하는 데 있어서 진지하게 고려되어야만 하는 것들을 소중히 하고 있음이 분명하다.

제1부의 마지막 논문인 "12세기의 종교 세계"에서는 대단히 중요하면서도 범위가 넓은 주제를 다루기 때문에, 한 사람의 저자를 지명하는 것이 어렵다고 생각되었다. 역사가들은 역사적인 전환점들, 즉 역사의 흐름이 수세기 동안 강력한 영향력을 발휘하는 새로운 형태를 취하는 듯이 보이는 시대들에 대해 탐구하기를 즐겨한다. 중세 시대의 역사를 연구하는 학자들은 12세기(연대적으로는 1080년 경부터 1215년 경까지)를 최소한 서방 세계에서 중세 시대의 중요한 전환점으로 간주한다. 이 시대의 영적 지도자들, 특히 캔터베

리의 안셀름과 클레르보의 버나드는 매우 중요한 인물들이다. 또한 12세기가 수세기 동안 기독교 영성에 양분을 공급해온 많은 영적 실천(practice)들의 역사에 있어서 중요한 분수령임에는 의심의 여지가 없다. 이 책에서 12세기 영성에 관해 수록된 세 개의 논문—베네딕타 와드(Benedicta Ward)의 "캔터베리의 안셀름", 바실 페닝톤(Basil Pennington)의 "시토회 수도사들", 그리고 그로버 진(Grover A. Zinn)의 "수사 신부들"(The Regular Canons)—들은 이 시기에 있었던 영적 실천상의 변화의 역할을 부인하지 않으면서 위대한 영성 저자들의 중요성을 강조한다. 이처럼 영적 실천보다는 영적 저자들에게 초점을 둔다는 것은 어려운 선택일 수도 있지만, 동시에 필요한 선택이다. 이러한 저술들은 계속 당대의 기독교 영성에서 중요한 기능을 발휘하고 있었다. 이 시대의 신앙의 형태들은 당시에는 중요한 것이었지만, 이제는 기독교 의식에 필수적인 것이 아닌 것으로 여겨지기도 한다.

기독교인이 된다는 것은 예수 그리스도를 구주로 믿고 따르는 것이다. 이런 까닭에 대단히 중요한 부분인 제2부에서 가장 중요한 글은 마이엔도르프(John Meyendorff)의 "동방 교회 내에서의 구주 그리스도"(Christ as Savior in the East)라는 글이다. 이 글에서는, 아타나시우스와 알렉산드리아의 키릴의 기독론이 어떻게 해서 동방과 서방에서 공유하는 신앙의 시리천의 결정적인 핵심을 형성하는지를 독창적인 방법으로 보여준다. 버나드 맥긴(Bernard McGinn)은 이 글에 간단한 부록을 첨가했는데, 거기에서는 10세기에서 12세기 사이에 발달된 바 대속주이신 그리스도에 대한 서방 견해의 발달을 간단하게 묘사한다.

삼위 하나님—성부와 성자와 성령—에 대한 믿음은 처음부터 기독교의 특성이었던 것으로서 세월이 흐르면서 그 표현과 명확성이 많이 발달되었다. 이 책에 소개된 모든 시대의 기독교인들의 경우에 삼위일체 신앙은 단순히 사변의 일부가 아니라 기독교적 삶, 특히 기도와 전례의 실질적인 부분이었다. 토마스 홉코(Thomas Hopko)는 그리스 교부들의 삼위일체론적 영성에 대해 연구하면서 카파도키아 교부들에게 중점을 두었고, 메리 클락(Mary T. Clark)은 서방의 사상과 실천 특히 마리우스 빅토리누스(Marius Victorinus), 어거스틴(Augustine), 성 빅톨 수도원의 리차드(Richard of St. Victor) 등에게서 발견되는 사상과 관습에 대한 통찰력 있는 개관을 제공한다.

대속주이신 그리스도와 삼위 하나님에 대한 믿음은 인류의 기독교적 이상에 결정적인 특징을 남겼다. 기독교 인간론은 인간이 하나님의 모습을 따라 하나님의 형상으로 지음을 받았다는 것(창 1:26), 그리고 비록 범죄함으로 말미암아 그 형상이 상실되거나 손상되었지만, 인간은 그리스도의 구속 사역을 통해서 회복된 형상, 즉 하나님 아버지의 완전한 형상을 소유할 수 있다는 관념에 초점을 둔다. 라르스 툰베르그(Lars Thunberg)는 그리스 교부들의 인간론에 대해 광범위한 개관을 기고했으며, 버나드 맥긴은 4세기부터 12세기까지의 라틴 전통을 연구하였다. 그리스도께서 인류의 원래의 목표를 회복하시는 방법은 신적 생명을 은혜롭게 선물(*gratia*)로 주심으로써 이다. 동방 기독교에서는 이러한 신적 생명의 전달에 대한 고찰이 독립된 교리적/영적 주제로 발달한 것이 아니라, 그리스도, 삼위일체, 기독교적 인간론 등에 관한 가르침을 통해서 제공되었다. 서방 기독교에서는, 대체로 펠라기우스의 도전 때문에 히포의 어거스틴이 은혜의 신학을 제시했는데, 그것은 5세기 이후로 서방 신학과 영성의 중추가 되어왔다. 번즈(J. Patout Burns)는 이 주제를 연구하기 위해서 "은혜: 어거스틴적 토대"라는 유익한 글을 기고했다.

신자에게 주어지는 신적 생명은 개인적이고 은밀한 방법으로 임하는 것이 아니라, 교회의 성례전과 전례를 통해서 공적으로 임한다. 전례를 지키는 것은 기독교 영성의 필수적인 부분이므로, 그 역할을 다룬 두 개의 글을 이 책에 실었다: 마이엔도르프의 "동방교회의 전례 영성", 그리고 유명한 학자인 피에르-마리 기(Pierre-Marie Gy)의 "서방 교회의 성례전과 전례".

교회의 예배에는 의식과 예식은 물론이요 교회 예술도 포함된다. 물론 라틴 기독교에서도 예술의 역할이 중요하지만, 기독교 영성의 특별한 주제로서 발달된 성상(聖像)에 대한 고찰은 동방 기독교에서 이루어졌다. 레오니드 오우스펜스키(Leonid Ouspensky)는 "성상과 예술"이라는 논문에서 이것에 대해 다루었다. 전례(Liturgy)는 전체 교회의 특권적인 기도이다. 그러나 개인적인 것이든 공동적인 것이든 다른 형태의 기도와 관상(觀想)은 동방 교회와 서방 교회 모두에서 발달되었다. 이와 같은 기독교 영성의 중요한 양상들이 동방 교회에 대한 칼리스토스 웨어(Kallistos Ware)의 논문과 서방 교회에 관한 쟝 레크레르크(Jean Leclercq)의 논문에서 독창적 방식으로 다루어졌다.

마지막 세 개의 논문에서는 기독교 영성의 이론보다는 실천과 직접 관련된 주제들을 다룬다. 여기에서 이러한 주제들이 선정된 것은 그것들이 기독교의 초기의 영성에 대한 독특한 표현들이기 때문이지만, 우리가 볼 때에 그것들이 모든 기독교인들을 위한 영속적인 효력을 지닌 요소들을 소중히 하기 때문이기도 하다. 기독교 영성의 여러 양상들 중에서 가장 오해되는 것은 순결(virginity) 사상이었다. 사실 종교개혁 시대 이전까지는 이것에 대해 전혀 의심이 제기되지 않았으며, 지금도 많은 기독교 공동체들에서는 이것을 중요히 여기고 있다. 피터 브라운(Peter Brown)은 세밀하면서도 내용이 풍성한 논문에서 순결이 지닌 사회적 영적 차원에 대해 연구했는데, 특히 마리아 숭배 신앙의 발달에서 순결이 발휘한 역할에 주목한다. 다른 종교와는 달리, 기독교에서는 영적 지도(指導)가 그다지 큰 역할을 하지 않았다. 왜냐하면 기독교 전통에서는 성령이 항상 주된 인도자가 되기 때문이다. 그러나 기독교, 특히 사막 전통에서는 영적 지도가 중요한 위치를 차지했음을 부인할 수 없다. 도날드 코르코란(Donald Corcoran)은 이 주제를 다룬 짧은 글에서 이것을 잘 나타내었다.

　마지막으로, 초기 기독교 영성은 종종 성직자, 수도사, 수녀 등 영적 엘리트들이 만들어낸 것이었지만, 그리스도 안에 있는 새로운 생명이라는 이상은 모든 신자들, 베드로전서에서 "택하신 족속이요 왕 같은 제사장들이요 거룩한 나라요 그의 소유된 백성이니 이는 (하나님의) 아름다운 덕을 선하심이라"(벧전 2:9)라고 언급된 모든 사람들을 위한 것임을 우리는 잊지 말아야 한다. 쟈끄 퐁텐(Jacques Fontaine)은 "기독교적 삶의 실천: 평신도의 탄생"이라는 통찰력 있는 논문에서 이것이 함축하는 의미 중 몇 가지를 다루었다. 동방 기독교의 평신도 영성이 지닌 양상들에 대해 더 자세히 다룰 수도 있었겠지만, 퐁텐의 글은 복음서의 메시지가 지닌 내적 의미를 생활에서 실천하는 것이 모든 신자들―"내가 너희에게 이르는 말이 영이요 생명이라"(요 6:63)고 한 요한복음의 본문을 마음으로 받아들인 사람들―의 이상이었다고 주장하는 점에서 이 책에 적절한 결론을 이룬다.

버나드 맥긴

참고문헌

Bouyer, Louis, Jean Leclercq, and François Vandenbroucke. *A History of Christian Spirituality*. 3 vols. New York: Seabury, 1982,. Vol. 1, *The Spirituality of the New Testament and the Fathers*. Vol. 2, *The Spirituality of the Middle Ages*, Vol. 3, *Orthodox Spirituality and Protestant and Anglican Spirituality*. The original French edition of this series also included Louis Cognet, *La spiritualité moderne* as part 2 of vol. 3(Paris: Aubier, 1966).

Cross, F. L., and E. A. Livingstone, *The Oxford Dictionary of the Christian Church*. 2nd ed. Oxford: Oxford University Press, 1974.

Dictionnaire de spiritualité ascétique et mystique doctrine et histoire. Edited by Marcel Viller, assisted by F. Cavallera, J. de Guilbert. Paris: Beauchesne, 1937-. This is the most useful single work for the history of Christian spirituality. As of 1983 it had reached volume 12 (fascicles LXXVI-LXXVII) and the letter P.

Dizionario degli Istituti de Perfezione. Rome: Edizioni Paoline, 1974-.

Migne, J. P., ed. *Patrologiae cursus completus, Series graeca*. Paris: J. P. Migne, 1857-66. 161 vols.

_____ . *Patrologiae cursus completus. Series latina*. Paris: J. P. Migne, 1844-64. 221 vols. and 4 index vols.

Sources chrétiennes. Paris: Cerf, 1940-.

The Westminster Dictionary of Christian Spirituality. Edited by Gordon S. Wakefield. Philadelphia: Westminster, 1983.

약어표

ACW   Ancient Christian Writers. The Works of the Fathers in Translation. Edited by Johannes Quasten, Joseph C. Plumpe, Walter J. Burghardt and Thomas Comerford Lawler, Westminster, MD, and New York: Newman Press, 1946-. 44 volumes to date.

ANF   *The Ante-Nicene Fathers. Translations of the Writings of the Fathers down to A.D. 325*. Edited by Alexander Roberts and James Donaldson. Edinburgh, 1866-72. 10 vols. The most recent reprint in Grand Rapids, MI: Eerdmans, 1981.

Dict. Sp.   *Dictionnaire de spiritualité ascétique et mystique doctrine et histiore*.

Fathers   The Fathers of the Church. A New Translation. Edited by Hermengild Dressler et al. Washington, DC: The Catholic University of America Press, 1947-. 72 volumes to date.

LCC   The Library of Christian Classics. Edited by John Baillie, John T. McNeill and Henry P. Van Dusen. Philadelphia: Westminster Press, 1955-60. 26 volumes.

MGH   *Monumenta Germaniae Historica inde an a. C. 500 usque ad a. 1500*. Begun under the editorship of Georg Heinrich Pertz; continued under many others. Hannover and Berlin, 1826-. There are many sections in the massive collection. Most frequently cited herein are the SS, of *Scriptores* of 52 parts in 54 vols. (1826-1934) and the *SRM*, of *Scriptores rerum merovingiarum.*

NPNF   The Nicene and Post-Nicene Fathers of the Christian Church. Edited by Philip Schaff and Henry Wace. Buffalo and New York, 1886-90. First Series of 14 volumes; Second Series of 14 volumes. The most recent reprint is Grand Rapids: Eerdmans, 1983.

PG   *Patrologiae cursus completus. Series graeca.*

PL   *Patrologiae cursus completus. Series latina.*

제1장
성서와 영성

샌드라 슈나이더즈(SANDRA M. SCHNEIDERS)

기독교 영성의 탄생

유대인들의 종교 체험을 야기하고 또 그 체험을 정의해준 것은 바로 히브리인들이 모세의 인도하에 애굽에서 탈출한 것과 시내 산에서 야웨와 계약을 맺은 것과 같은 역사적인 사건들이었다. 한편 나사렛 예수의 부활은 기독교 영성을 출발시키고 형성한 사건이었다. 그 사건이 발생한 순간부터 기독교는 유대교와 구분되었다. 물론 그것은 유대교의 회당과 새로 형성된 기독교 공동체가 확고히 결별하기 60년 전(약 90년경)에 발생한 사건이었다.

역사적 예수의 제자들이 처음에는 선포를 통해서(행 2:22-24; 고전 15:3-8), 나중에는 "주님을 뵈온 것"을 묘사한 이야기(눅 24:13-53; 요 20:11-18, 19-23, 26-29)를 통해서 증거했던 바 그 최초의 사건을 1200년 동안의 성경 해석 및 신학의 역사를 통해서도 완전히 설명하지는 못했다. 이스라엘을 해방시켜 줄 메시아라고 믿었던 분이 로마 제국에 의해 처형된 것으로 인해 실망했던 최초의 제자들 중 일부는 자기들이 추종했었으며 죽임을 당하여 장사지낸 바 되었던 그 예수가 불멸의 생명을 취하여 살아나셔서 하나님과 함께, 그리고 자기들 안에와 자기들 가운데 살아계심을 증거했다. 그들은 자기들이 궁극적으로 완전하게 죄와 사망을 이기게 될 것이라는 보증으로서 내적으로 불멸의 새 생명을 경험했던 것이다.

그들은 부활절의 신비, 즉 그들이 이제 주님이요 메시아로 믿는 예수의 죽음과 부활에 동참하는 자들로서 살기 시작했다. 그들은 자기들이 모세의 율법에서 해방되었다고(갈 3:23-27을 보라), 즉 더 이상 선을 행함으로써 하나님을 기쁘시게 하려고 노력하지 않아도 되며, 그리스도 안에서 은혜를 입은 하나님의 자녀로서 그리스도의 내주하시는 성령의 능력을 받아 예수께서 세상에 계실 때에, 그리고 산상수훈(마 5:1-2)에서 묘사해 주신 본을 따라 하나님과 이웃을 사랑하는 삶(롬 8장을 보라)을 살게 되었다고 느꼈다. 그들은 그리스도를 믿고 세례를 받고 그들을 위해 생명을 주신 예수의 이름을 따라 "그리스도인"이라고 불리게 된 신자들의 공동체 안에서 신실하게 생활하는 모든 사람들에게 허락된 바 그리스도 안에 있는 구원의 기쁜 소식을 전파하는 것을 자기들의 사명으로 즐거이 받아들였다. 이 구원은 유대인들이나 이방인들에게, 남자나 여자, 노예나 자유자에게 동일하게 제공되었다(갈 3:28을 보라). 예수께서 선포하시고 누릴 수 있게 하신 구원은 신실한 고대 이스라엘인들이 메시아 시대의 특징으로서 어렴풋이 예견했던 우주적 구원이었다(예: 사 60장).

기독교 영성, 즉 세례를 받음으로써 예수 그리스도의 죽으심과 부활에 동참하도록 인침을 받은 믿음 안에서 시작되는 바 그리스도의 신비에 개인적으로 동참하는 것은 주님의 만찬에 참여함으로써 이루어진다. 주님을 따르는 자들이 모이는 곳 어디에나 진실로 임재해 계시는 주님을 기념하기 위해서, 신자들의 공동체에서는 정규로 성만찬을 행한다(마 18:26을 보라). 성만찬은 성령 안에서의 생활을 증거하는 보편적 사랑의 단순한 삶에 의해 표현되며 다른 사람들을 신앙으로 이끌어온다(행 4:32-35; 요일 1 등을 보라). 오래지 않아 예수의 추종자들은 예수의 생명을 앗아간 것과 동일한 박해와 순교를 경험했으며(행 3:1-4:31을 보라), 피를 흘림으로써 자신의 믿음을 증거하여 기독교적 삶에서 가장 귀한 면류관을 썼다(행 6-7장을 보라).

성서의 산물인 기독교 영성

예수의 십자가 상에서의 치욕스러운 죽음과 부활이라는 경험은 최초의 제자들 및 그들이 예수의 이름으로 구원을 선포한 대상이었던 사람들이 이해할 수 있는 종교적 범주 내에서 설명되어야 했다. 베드로와 바울 및 그 밖의 사도들이 종교적 표현을 위해 의존했으며 그들로 하여금 메시아적 구원으로서의 예수의 이야기와 구주이신 예수를 해석할 수 있게 해준 것은 이스라엘의 신성한 문헌인 히브리 성서였다. 예수께서 히브리 성서를 하나님의 말씀으로 여기셨듯이, 최초의 기독교인들 역시 히브리 성서를 하나님의 말씀으로 여겼다(요 10:34-36을 보라). 그러나 기독교인들은 성서를 유대교인들과는 다르게 해석하기 시작했다. 왜냐하면 기독교인들은 예수를 메시아 예언의 성취로 여긴 반면, 유대인들은 그 성취를 기다리고 있었기 때문이다.

더욱이 베드로를 비롯한 사람들이 성령의 부으심을 받고 복음 전파를 시작한 시기인 오순절 이후 20-30년 이내에 일련의 기독교 저술들이 등장하기 시작했다. 사도 바울이 여러 공동체에 보낸 서신들은 다른 공동체에도 보급되고 읽혀졌다. 60년대의 어느 시기에 예수의 삶, 설교, 사역, 죽음, 그리고 부활을 다룬 최초의 이야기체 기사인 마가복음이 구성되었으며, 뒤이어 다른 복음서들이 만들어졌는데, 그 중에서 세 개(마태복음, 누가복음, 요한복음)는 마가복음과 함께 기독교의 정경에 포함되었다. 이 복음서들 중에서 누가복음에는 후편이 있는데, 그것은 오순절에서부터 바울의 사도 생활이 끝날 때까지의 초대 교회의 삶을 묘사한 것으로서 사도행전이라고 불리게 되었다. 마지막으로, 기독교의 제1세기가 끝날 무렵, 하나의 묵시적 문헌이 저술되었다. 아마도 이것은 요한복음이 저술된 공동체 내에서 저술된 듯하다. 계시록(Revelation), 혹은 묵시록(Apocalypse)이라고 불리는 이 책도 결국 정경에 포함되었다.

궁극적으로 성서로 간주되게 된 기독교 저술들의 가장 현저한 특징은, 그것들이 예수의 가르침, 즉 약속된 하나님의 통치가 임박했다는 그분의 선포를 전달할 뿐만 아니라 그 통치가 이미 예수 및 그분의 사역 안에서 시작되었음을 인정한다는 점이다. 이제 하나님의 아들, 메시아, 세상의 구주로 신봉 되는 예수가 기독교 설교의 주요 내용이 되었다. 나사렛 예수를 그리스도로 고백함에 있어서 기독교 공동체는 그분의 위격이 유일신론적 신앙에 집중되어 있음을 고백했는데, 그것은 서기 70년에 예루살렘이 멸망한 이후 회당에서 가르치고 보존해온 바 유일신이신 하나님에 대한 유대인들의 믿음과 양립할 수 있다고 증명된 신앙이었다.

이러한 기독교 저술들이 "성서"(Scripture)로 간주되기 시작했다는 최초의 암시는 베드로후서 3장 16절에 등장한다(100-125년경). 여기에서 저자는 바울의 저술들을 다른 성서들과 동등한 것으로서 언급한다. 150년경에 저술된 저스틴(Justin)의 『변증』(*Apology*) 1,67에서, 우리는 기독교의 전례(典禮) 때에 일부 기독교 저술들, 특히 복음서들이 히브리 성서와 병행하여 사용되었음을 나타내는 언급을 발견한다.

　이후에 나타날 일들을 고려할 때에 가장 중요한 발달상은 기독교 저술들을 히브리 성서와 연관지으려는 시도였다. 기독교인들은 자기들이 회당에서 축출된 후에도(90년경) 히브리 성서를 영감을 받은 하나님의 말씀으로 간주했다. 히브리 성서를 배격한 마르시온(Marcion)과 히브리 성서를 받아들인 보다 큰 공동체 사이의 갈등이 계기가 되어 성경은 두 개의 성서로 구성된 하나의 "책"이라는 공식적인 입장의 형성이 촉진되었다. 히브리 성서를 구약 성서라고 언급한 최초의 인물은 사르디스의 멜리토(Melito of Sardis)이다. 그의 언급은 유세비우스의 『교회사』에 기록되어 있는데, 그것은 대략 170년경의 것으로 추정된다. 약 200년경에 터툴리안이 처음으로 기독교 저술들을 신약 성서라고 언급한 듯하다.

　기독교인들이 히브리 성서를 구약 성서라고 지칭한 것은, 이제껏 만족스럽게 설명된 적이 없는 역사 내에서의 계시의 과정에 대한 직관적인 이해의 표현이었다. 기독교 공동체는 스스로를 "참된"(그리고 궁극적으로는 "새로운") 이스라엘, 아브라함에게 주어진 약속과 모세가 중개한 언약을 물려 받을 후사로 여기게 되었다. 그리하여 기독교 공동체는 예수 그리스도 안에서, 예수 그리스도에 의해서 확립된 새 언약이라는 맥락 안에서만 구약 성서를 자기들의 문헌으로 간주하게 되었다. 유대인에게는 성서 전체라고 여겨지는 것이, 기독교인에게는 성서의 일부, 예비적 부분으로 간주되었다. 결과적으로 성경해석학에서 가장 근본적인 법칙, 부분과 전체가 상호 결정하는 관계에는 히브리 성서에 대한 기독교인들의 본질적으로 상이한 접근 방식이 동반된다. 신약 성서에 비추어 구약 성서를 어떻게 해석하며, 구약 성서를 배경으로 하여 신약 성서를 어떻게 해석해야 하는가 하는 것이 처음 50년 동안 기독교인들이 성서를 사용하는 것과 관련된 중심적인 해석학적 문제였다.

초기 기독교 영성에서의
성서의 역할

성서에 대한 최초의 기독교인들의 태도는 유대인들의 태도와 크게 다르지 않았다. 성서 본문의 모든 단어에는 신적 의미가 함축되어 있으며, 종교적으로 중요한 모든 것은 성경의 범주들의 맥락에서 성경적 언어를 사용하여 표현되었다. 결과적으로 초대 교회의 종교적 체험은 성서적 상징에 의해서 채색되고 정교하게 표현되었다. 처음에 이 상징은 전적으로 히브리 성서에서 비롯되었다. 그러나 이미 살펴본 바와 같이 후일 기독교 공동체는 자체의 저술들을 펴 내게 되었는데, 그 저술들은 구약 성서의 심오한 영향을 받은 것들이었다.

복음을 듣지 못한 사람들에게 복음을 전파하는 것이 예수의 부활로 말미암아 시작된 새로운 공동체가 해야 할 최초의 과업이었다. 베드로, 바울, 그 밖의 다른 사도들이 최초에 전파한 것에 대한 사도행전의 기록에서 알 수 있듯이, 그들은 그리스도의 사건을 조상들에게 주어진 구약성서의 약속들과 결부시켜 해석하려고 노력했다. 초대 교회에서 예수는 새로운 아담, 새로운 모세, 신명기에서 약속된 선지자, 다윗의 보좌를 이어받을 약속된 후사, 이사야가 예언한 고난 받는 종, 다니엘서에 등장하는 신비한 인자(人子) 등으로 제시되었다. 초대 교회가 세상의 구주이시며 하나님의 아들이신 예수를 이해하고 선포하기 위해서 사용한 모든 칭호는 구약 성서에서 취한 것이었으며, 그것들은 예수에 대한 기독교적 체험에 의해서 그의 삶, 사역, 운명 등을 해석하기 위한 도구로 변화되었다.

새로운 개종자들을 교육하기 위한 요리문답 역시 실질적으로는 초기 기독교인들의 기도생활과 마찬가지로 철저히 성경적이었다. 부활의 엄숙함과 연관된 세례 의식은, 기독교인이 창조, 타락, 홍수,

조상에게 주어진 약속들, 출애굽, 언약, 방랑생활, 귀환 등 최종적으로 그리스도 안에서 효력을 발생하며 이제 믿음의 공동체의 구성원들에게 전해진 구원의 전형이라고 간주된 것들을 배경으로 삼아 그리스도의 수난과 죽으심과 부활의 신비 안으로 기독교인을 인도해 주는 입문식이다. 기독교인들은 유월절 음식을 배경으로 하여 주님의 최후의 만찬을 기념하는 성만찬을 해석했다. 예수의 죽음은 하나의 출애굽으로 이해되었다. 새로운 모세이신 예수는 그것에 의해서 신자들을 갈보리에서 인류를 위해 흘리신 피로 인 친 새롭고 영원한 언약 안에 있는 삶과 자유로 인도하신다. 초기 기독교인들이 날마다 드린 기도는 예수께서 가르쳐 주신 기도(주기도문: 이것도 역시 매우 성경적이다. 눅 11:1-4을 보라)를 비롯하여 구약 성서의 시편들로 구성되어 있었다.

변증가들의 저술 및 알렉산드리아와 안디옥의 요리문답 학교 교사들의 저술들과 더불어 발달된 초대 교회의 신학은 완전히 성서 주해로 이루어졌다. 기독교인들은 유대인들로 하여금 새로운 가르침을 받아들이게 하기 위해서 히브리 성서의 예언이 예수 안에서 완전히 성취되었다는 해석을 의지했다. 이방인들, 특히 철학에 식견이 있는 이방인들의 경우, 성서 해석은 성경적 자료들의 합리성 및 그것이 이교의 학식과 양립할 수 있음을 보여주는 것을 목표로 했다. 사실 신학이 성서보다는 철학을 주로 의존하는 변증적 형태를 취하기 시작한 것은 중세 시대에 이르러서였다.

요컨대, 성서는 바티칸 공의회에서 우리 시대의 기독교인들의 삶에서 발휘해야 한다고 주장한 역할을 초대 교회의 종교적 체험 안에서 수행했다. 성서는 "순수하고 영원한 영성생활의 원천이다." (*Dei Verbum*, chap, art. 21).

초대 교회에서의
성서 해석의 문제

기초적 가정

성서를 어떻게 해석할 것인가 하는 것이 초대 교회의 중요한 문제였다. 이 초기의 몇 세기 동안 이루어진 모든 해석학적 노력의 근저에는 해석에 대한 몇 가지 전제들이 놓여 있었다.

첫째, 르네상스 시대 이후 성서 해석의 가정들과는 달리, 초대 교회에서는 최소한 몇 가지 방법으로 성서가 다른 형태의 문학과 다르다고 가정했다. 성서의 모든 단어들이 하나님의 감동하심을 받은 것이며 신적 계시를 내포하고 있다고 믿었다. 결과적으로 해석자가 본문을 올바르게 이해하기 위해서는 신적 도움(대체로 내적 조명이라고 이해된다)이 필요했다. 이로 인해서 초대 교회의 가장 위대한 성서학자인 오리겐(Origen)은 알렉산드리아에 있는 자기의 요리문답 학교의 학생들이 준(準) 수도적 생활을 해야 한다고 주장하게 되었다. 왜냐하면 깨끗한 양심과 열심 있는 기도가 실질적으로 그들의 학문의 질을 결정한다고 생각했기 때문이다.

성서는 교회의 책이기 때문에, 신앙의 공동체 내에서 일하는 신자들만이 본문을 올바르게 해석할 수 있었다. 6세기에 이르러 이러한 주장이 발달되어 권위적이고 교회적인 해석 이론이 등장했으며, 그로 인해 교부들의 성서 해석 시대는 종식되었다. 그러나 그것의 본래의 목적은 정통교회 주석가들의 활동을 통제하려는 것이 아니라, "이단자들", 예를 들면 영지주의자들처럼 교회의 신앙과 양립할 수 없는 신앙을 지닌 사상가들과 교사들의 해석의 합법성에 대해 논하려는 것이었다. 특히 저스틴, 오리겐, 터툴리안 등은 영지주의와 마르시온파의 해석에 맞서 이 원리에 호소했으며, 특히 기독교인들에게 있어서 구약 성서의 지속적인 중요성, 구약 성서의 기독론적 해석, 그리고 구약 성서에서의 하나님 현현의 변증 가능성 등 이단자들이 지나치게 유물론적이고 신인동형론적이라고 간주한 것들을 변호했다. 물론 신자만이 성경을 제대로 해석할 수 있지만, 이러한 해석의 결과들은 이단자들과의 싸움에서의 승리를 목표로 함은 물론이요 호의적인 불신자들의 이해와 납득을 목표로 한다.

  초대 기독교 성서 해석의 근저에 있는 두번째 전제는, 예수 자신이 탁월한 성서 해석의 원리가 되신다는 것이었다. 예수는 구약 성서의 성취이시며(행 2:22-36을 보라) 구약 성서의 참된 의미를 해석하는 열쇠일 뿐만 아니라, 예수께서 생전에 친히 성서를 해석하는 방법의 본보기를 제공해주신 것으로 제시되었다. 예수께서는 단순히 모세의 율법을 반복하거나 문자 그대로 적용할 것이 아니라 구약 성서의 해석이 필요하다는 것을 분명히 하셨다(예를 들어, 이혼과 재혼에 관한 바리새인들의 질문에 대한 예수님의 반응[마 19:3-9]). 그분은 또한 성서의 모든 부분이 동등하게 중요한 것이 아니라는 것, 심지어 안식일 준수와 같이 모세오경의 가장 중요한 교리보다 사랑의 계명의 요구가 우선해야 한다는 것을 거듭 보여주셨다(막 3:1-6을 보라). 게다가 예수께서는 "권위 있는 자"로서 가르치셨다. 즉 율법, 또는 전통적인 율법 해석에 의지하지 않으셨다(막 1:21-28을 보라). 그러므로 예수께서 진실로 새로운 언약을 세우셨다는 교회의 주장이 근거 있는 것이 되는데, 이것은 구약 성서 해석의 표준이 되었다.

  초기 기독교의 성서 해석의 세번째 전제는, 성서 해석은 가장 진보된 방법을 훌륭하게 활용하는 학문적 작업을 요구하는 동시에 신적 계시의 신비와 동등하다고 할 수는 없지만 그래도 성실한 관조의 작업을 요구한다. 이와 관련하여 성경 해석자들은 학문적 성실성이라는 의무와 교회의 전통에 대해 충실해야 한다는 두 가지 의무를 지닌다. 이 두 가지 의무의 중요성은 시대와 장소에 따라 다르게 부여되었다. 예를 들어, 오리겐은 성경 해석이 근본적으로 관조적이고 교회적인 임무라고 확신하면서도 전통적 견해들 보다 연구의 결과들을 더 신뢰했다. 반면에 이레니우스(Irenaeus)는 전통을 학문적 작업의 궁극적인 표준으로 간주했다.

신·구약 성서의 관계에 관한 문제

초대 교회의 성경 해석적 관심의 우선적인 관심은 신약 성서에 있지 않았다. 신약 성서 자체도 바울의 저술들 중 일부가 "이해하기 어렵다는 것", 그리고 일부 사람들이 "바울의 가르침을 왜곡하여 스스로 멸망에 이르려 한다는 것"을 인정했음에도 불구하고, 최초의 기독교 설교자들과 교사들은 문화적으로나 언어적으로 신약 성서와 친밀했기 때문에 직접 그 의미에 접근하려 했다. 그러나 구약 성서를 고려하지 않고서는 신약 성서의 의미를 추정할 수 없었다. 초대 교회에 있어서 주된 문제는 두 성서의 관계였는데, 이것은 밀접하게 관련된 두 가지 형태를 지닌 문제였다.

첫째는, 십자가 상에서 당한 예수의 치욕스러운 죽음이 예수의 가르침과 그가 메시아라는 제자들의 주장을 하나님께서 거부하신 것으로 보려 하는 유대인들에게 나사렛 예수의 이야기가 그들을 위한 그리스도 사건(Christ-event)이라고 해석하려는 것이다(신 21:22-23을 보라). 최초의 제자들은 예수의 죽음을 하나님의 계획의 일부로 해석해야 했는데, 하나님의 계획은 예수께서 부활하여 하나님의 우편에 앉으심을 통해 자신을 변호하심으로써 완전히 성취된다.

최초의 기독교인들은 구약 성서 자체가 예수의 메시아적 주장의 기초라는 것을 나타내려고 했다. 이것은 다양한 방법으로 행해졌다: 예수는, 바로에게서 도피했다가 새로운 백성을 구성하고 구원하기 위해(마 2장을 보라) 하나님이 지명하신 중재자로서 애굽의 유랑생활에서 귀환하는 새로운 모세라는 것을 나타내기 위해서 예수의 탄생을 미드라쉬적으로 제시하여, 예수가 구약 성서의 예언의 성취임을 보여줌으로써(예를 들면 그는 제2 이사야가 말한 고난 받는 종이었다[사 61:1-2와 연결하여 눅 4:17-21을 보라]), 또는 예수의 삶과 죽음이라는 사건들이 어떻게 하나님의 계획(이것은 이제 예수 안에서 성취되었기 때문에 분별할 수 있는 것이다)의 전세계적 실시로 간주되는지를 보여줌으로써(행 2:14-36) 이것을 나타내었다.

두번째 과업은 신약 성서를 토대로 하여 어떻게 구약 성서를 해석할 것인가에 관한 것인데, 이것은 신약 성서가 구약 성서의 성취라는 것을 보여주는 것보다 한층 더 어려운 과업이다. 예수 안에서 새로운 언약이 세워졌으므로 구약 성서를 완전히 버리거나 예수에 의해 계시된 하나님에게는 구약 성서가 합당치 않다고 여기려 하는 사람들로부터 구약 성서를 구하기 위해서는 이것이 필요했다. 성서는 예수님에게 대단히 귀한 것으로서, 비록 예수께서 세상에 오셨을 때에는 그분을 완전히 인정하지 않았지만 그분을 위해 백성들을 예비하였으며 태고 적부터 하나님의 말씀으로 충실하게 신봉 되어 온 것으로서 때가 찰 때에 이루어진 하나님의 최종적인 계시에 의해서 공허하고 무효한 것, 혹은 악한 것으로 간주될 수 없다는 건전한 태도를 초대 교회는 지니고 있었다. 구약 성서는 신약 성서에 종속하는 관계에 놓였으며, 신약 성서가 더 중요시되었음이 분명하다. 고대의 문서를 순수히 외적인 가치 때문에 받아들일 수 있는 것은 아니며, 그것은 무척 중요한 것이기 때문에 부적절한 것으로 여겨 소홀히하거나 단순한 역사적 관심만을 부여해서는 안된다는 인식은 성경 해석학적 문제의 한 예이다. 고전적 본문의 영구적 가치를 현실화하는 것이 해석의 중심 과업이다.

신약 성서 안에는 구약 성서를 기독교적으로 해석하기 위한 토대들이 놓여 있다. 예를 들어 바울은 능숙한 랍비적 해석가로서, 구약 성구들로부터 기독론적 의미를 추출해 내기 위해서 축어적 해석(verbal interpretation)이라는 랍비적 기법을 사용했다. 이처럼 전체 문맥을 고려하지 않고 단어를 해석하는 기법의 좋은 예는, 구원의 약속이 아브라함의 자손들(복수)에게 주어진 것이 아니라 아브라함의 자손(단수)에게(창 3:15-18), 즉 그리스도에게 주어졌다는 사실에 기초를 두고서 바울이 전체적인 약속-성취 기독론을 세운 것이다. 그리스도는 그 약속을 성취함으로써 약속이 율법에 우선함을 확인하셨다. 바울은 또한 우의(寓意; allegory), 즉 유사성에 기초를 두고서 다소 함축적으로 사용되는 해석 방법을 사용했다. 예를 들자면, 바울은 갈라디아서 4:22-31에서 아브라함의 두 아내와 그 아들들에 관한 이야기를 두 언약 사이의 관계를 나타내는 우의로서 전개한다. 옛 언약은 노예에게 준 율법이며, 새 언약은 은혜에 따라 주어진 자유이다. 바울이 회심한 후에도 계속 존중하여 시행한 구약 성서 해석은, 비록 그 방법은 대체로 랍비적이었지만 내용상으로는 완전히 기독론적이었다.

신약 성서에 등장하는 또 다른 해석 기법은 예표론적(typological) 해석이다. 예표(type)란 후대의 관점에서 이해할 때에 신약 성서에 나타나는 사실을 앞질러 예시한 것이라고 이해된 구약 성서의 실재(인물, 장소, 사물, 또는 사건)이다. 예를 들어, 바울은, 모세가 광야에서 히브리인들에게 물을 공급하기 위해서 내려 친 바위(출 17:7)는 기독교인들의 생명의 원천이신(고전 10:4) 그리스도의 예표라고 본다. 요한복음에서 기록된 바 광야에서 불뱀에게 물린 패역한 히브리인들을 구하기 위해서 모세가 치켜 든 놋뱀은(민 21:6-9) 장차 믿는 사람들이 영생을 얻게 하기 위해서 들림을 받을 인자를 나타내는 예표라고 예수님은 해석하신다(요 3:14-15). 구약 성서를 신약 성서의 예표로 해석하는 일은 히브리서에서 아주 현저하게 나타난다. 히브리서는 구약 성서가 신약 성서에서 어떻게 성취되는지, 즉 "율법이 장차 오는 좋은 일의 그림자요 참 형상이 아니라는 것"(히 10:1)에 관한 길다란 설명이다.
　구약 성서를 기독론적으로 해석하기 위한 또 다른 토대는 제4 복음서에서 보혜사를 제시하는 데서 발견된다. 요한복음에 따르면, 예수님은 세상 사람들은 감당할 수 없는 많은 것을 제자들에게 말씀하셨다(요 16:12-13). 따라서 성령의 감화 아래 있는 그 후의 세대들은 그리스도 사건의 완전한 의미를 찾아내야 할 것이다. 이처럼 예수께서 인정하셨으며 성령의 은사에 의해 보증된 해석 활동은 부분적으로는 예수님과 그의 메시아적 활동이 구약 성서에 어떻게 나타나 있는지를 보여주는 것으로 이루어진다. 제4 복음서의 기자는 예수님을 모세와 선지자들이 이야기한 사람들 중의 하나라고 제시한다.

고대의 성경 해석에 대한 여러 가지 접근 방식

　초대 교회 내에서는 성경 본문에 대한 두 가지 접근 방식이 발달했는데, 여기에서 두 가지 특징적인 형태의 해석이 생겨났다. 나중에 살펴보게 되겠지만, 전통적으로 이러한 접근 방식들은 "문자적"(literal) 접근 방식과 "문자적인 것 이상의 접근 방식, 또는 "우의적"(allegorical) 접근 방식이라고 불려왔다. 고대인들이 사용했던 이 용어들의 의미는 후대의 의미와 동일하지 않으며 오늘날의 의미와도 동일하지 않다. 근본적인 접근 방식들을 지칭하는데, 그것들은 각기 중세 시대까지 지속된 하나의 해석 전통을 만들어냈다. 중세 시대에 이르러 신학에 대한 철학적 접근으로 말미암아 신학은 성서 주석과 강해가 아닌 조직적이고 스콜라적인 신학으로 변화되었다.
　"문자적인 것 이상의" 접근 방식은 이집트의 알렉산드리아에서 발달되었으며, 그 기원은 2세기 중반으로 거슬러 올라간다. 우리가 신구약 성서에서 발견하는 것은 미드라쉬적이고 예표론적이고 우의적인 해석과 관련되어 있었지만, 이론적으로 분명한 해석 방법으로 발달되었다. "문자적" 접근 방식은 소아시아의 안디옥에서 발달되었는데, 부분적으로는 알렉산드리아에서 행해진 지나친 우의적 해석에 대한 반발로서 발달한 것이다. 이 두 가지 접근 방식의 실질적인 차이점은 해석학 이론이나 주석 방법과도 관계가 있지만 지적 유산 및 성향과도 관계가 있었다.

초기 기독교 성경 해석학 발달의 중심에 놓인 또 하나의 긴장은 학문과 권위의 역할과 관련되어 있었다. 거룩한 본문의 해석을 위한 기초로서 철저한 학문적 연구를 강조하는 것이 알렉산드리아 학파의 특징이었다. 알렉산드리아는 초기 기독교와 고대 말기의 헬레니즘 문화가 만난 중심지였다. 안디옥은 유대교와 기독교가 충돌한 중심지로서, 항상 이국적이고 이단적 경향들이 성행했던 곳이다. 이곳에서는 교회의 책을 올바르게 해석하는 데 있어서 권위의 역할이 보다 강조되었다. 물론 안디옥의 성서 해석은 역사적이고 언어학적 학문을 의지했다. 결국은 권위를 강조하는 방식이 승리했으며, 6세기에 이르러 석의(釋義)는 주로 초기 주해가들이 사용한 권위적 성경 해석의 고리들(catenae)을 수집하는 것이 되었다.

고대의 두 석의 학파

고대 말기와 중세 시대 초기에 특히 서방 교회에서 발달한 영적 석의에 대해 논하기에 앞서, 동방에서 발달했으며 교부 시대를 주도한 두 가지 형태의 석의의 발달에 대해 간단히 살펴볼 필요가 있다.

알렉산드리아 학파의 석의

알렉산드리아는 아프리카에 소재한 세계적인 도시로서, 헬레니즘 문화가 크게 발달했다. 그곳은 역사적으로 가장 영향력 있는 성경

1. Icon of Jesus as Pantocrator
   Monastery of Saint Catherine,
   Mount Sinai, 6th centrury.

해석자 중 한 사람인 유대인 필로(Philo, ca. 20 BCE-50CE)의 고향이었다. 필로는 우의적 해석 방법을 발달시켰는데, 그 목적은 히브리 성서의 영적 의미와 플라톤 철학의 귀한 통찰들 사이의 양립성을 증명하기 위한 것이었다.

필로의 우의적 방법은 알렉산드리아 학파가 발달하는 배경이 되었다. 그 학파 최초의 주요한 학자는 클레멘트(Clement, ca. 150-215)였다. 클레멘트는 필로를 이용한 기독교 지식인이었으며, 우의적 석의 안에서 기독교의 그노시스(*gnōsis*)의 보화, 믿음에 입문한 자들을 위해 비축된 비밀스러운 지혜가 감추어져 있는 성경의 상징들을 푸는 열쇠를 발견했다. 클레멘트는 우선적으로 석의의 문제보다는 인간적인 기독교적 지혜에 관심을 가졌다. 그의 본문 해석은 영적 조정(accommodation)인 경우가 많은데, 현대의 독자들이 볼 때에 그것은 환상적인 것처럼 보인다.

클레멘트의 가장 위대한 제자이며 고대 최고의 기독교 성서 해석자는 오리겐(Origen, ca. 185-ca. 254)이다. 그는 중세에 이르기까지 교회 내에서 주류를 이룬 성경 해석 이론을 발달시켰으며, 방대한 성경 주해 전집 제작 및 성경에 기초를 둔 신학적 고찰에 자신의 이론을 적용했다. 그의 저서로서 히브리 본문과 그리스어 본문을 6개의 칼럼으로 열거한 『6개국어 대역 성경』(*Hexapla Biblia*, ca. 240)은 성경 석의의 기초로서 성서의 문자적 의미에 대한 오리겐의 심오한 관심을 증명해주는 매우 학문적인 작품이다. 이 책 덕분에 학자들은 고대 역본들의 다양성을 비판적으로 비교할 수 있었다.

오리겐은 그의 저서 『제1 원리에 관하여』(*De principiis*, 제4권)에서 성서에는 세 가지 의미가 있다는 이론을 개진했는데, 그것은 중세 시대에 표준적인 것이 된 사중 의미의 선구라고 할 수 있다. 이렇게 세 가지로 구분하는 것은 그리스 교부들이 이해한 바 인간의 몸이 세 가지(몸, 혼, 영)로 구성된다는 것에 상응한다. 문자적 의미(body)는 역사적 의미이며, 예표론적 의미(soul)는 개인에게 도덕적으로 적용한 것이며, 영적 의미(spirit)는 옛 언약 안에서 새 언약을 예시하는 것이다. 실제로 오리겐은 종종 상이한 방법에 따라 진행하면서 문자적 의미와 영적 의미를 구분했으며, 그것을 개개의 혼(soul)에게 적용했다. 오리겐의 『아가서 주석』(*In Canticum Canticorum*, ca. 240)은 두 연인의 사랑을 그리스도와 교회의 관계, 말씀과 기독교인의 영혼과의 관계로 해석한다(전통이나 오리겐은 아가서를 솔로몬의 혼인 노래로 생각했다). 이 저서는 오리겐이 이 방법을 대단히 지속적이고 고무적으로 적용한 작품일 것이다.

알렉산드리아에는 디오니시우스(Dionysius, ca. 190-ca. 264), 아타나시우스(Athanasius, 296-372), 장님 디디무스(Didymus the Blind, 313-398), 키릴(Cyril, 376-444) 등 오리겐의 중요한 후계자들이 많이 있었지만, 학문이나 창의성에 있어서 누구도 오리겐에게 미치지 못했다. 알렉산드리아에서 발달된 성서 해석의 영향은 서방 기독교 전체에 스며들었으며, 중세 시대 내내 주도권을 보유했다.

안디옥 학파의 석의

시리아의 안디옥에서 발달된 요리문답 학파에서는 알렉산드리아의 우의적 접근 방식에 반대하여 특징적인 해석 방법을 발달시켰다. 그 학파의 기원은 3세기말인데, 그 학파의 학자들의 저서들 중 현재 남아 있는 것들은 단편적인 것들인데다가 분량도 적기 때문에 그 기원을 추적하기가 어렵다. 그 학파는 사모사타의 루시안(Lucian of Samosata, 312년경 사망)에 의해 설립되었다. 그의 뒤를 이은 것은 그 학파의 주요 이론가인 타르수스의 디오도루스(Diodorus of Tarsus, 392년경 사망)였다. 디오도루스는 석의의 실천에 있어서 자신의 제자인 몹수에스티아의 테오도르(Theodore of Mopsuestia) 때문에 빛을 잃었다. 주석가라기보다는 신학자였던 존 크리소스톰(John Chrysostom, 347-407)은 테오돌의 제자였는데, 성경에 대한 접근 방식에 있어서 근본적으로 안디옥 학파를 따랐다. 안디옥 학파 최후의 위대한 인물은 키프러스의 테오도렛(Theodoret of Cyrus, ca. 390-ca. 458)이다. 안디옥 학파의 영향력은 에클라눔의 펠라기우스파 주교인 줄리안(Julian, 454년 사망)과 주닐리우스(Junilius, ca. 540)를 통해서 서방에 미쳤다.

알렉산드리아 학파의 석의(우의적 방법)와 안디옥 학파의 방법(문자적 석의)의 대적 상태는 종종 과장되어왔다. 사실, 안디옥 학파의 학자들도 알렉산드리아 학파의 학자들만큼 "문자적 해석 이상의 것"에 능숙했지만, 그들의 초점은 상이했다. 안디옥 학파의 석의는 유대교 해석의 특징이었던 축어적 직역주의 형태를 물려받은 것이었다. 그러나 안디옥의 기독교 주석가들은 구약 성서를 기독교적 의미로 해석하는 데 관심이 있었다. 그러므로 그들은 한편으로는 역사 자체가 신적 계시의 소재지이며 문자적 의미(역사적 의미)가 중요하다는 유대교의 확신을 공유하면서도, 다른 한편에서는 역사적 자료 안에서 그리스도의 재림과 더불어서만 명백해질 수 있는 의미를 발견해 내기 위한 방법을 필요로 했다. 이러한 두 가지 관심 덕분에 예표론과 테오리아(*theoria*)를 포용하며 구약 성서의 예언서에 초점을 두는 해석학 이론이 발달되었다.

안디옥 학파의 특징적인 업적인 바 테오리아(*theoria*)라고 불리는 해석 방법에서는, 성경 기자는 선지자가 묘사하고 있는 실제의 역사적 사건들, 그리고 그것들이 예시하고 있는 미래의 사건들 모두를 동시에 감지하고 있다고 간주한다. 이 이론은 그 시대의 유대교 석의의 특징이기도 한 접근 방식, 즉 거룩한 본문의 모든 단어에 계시의 속성을 전가하는 성경적 영감이라는 착상을 전제로 한다. 이것은 모든 해석의 출발점인 역사적 의미(소위 문자적 의미)를 존중하게 만든다. 그리고 플라톤주의적 접근 방법 및 역사적 자료라는 다소 불투명한 포장 안에 숨겨진 영원한 성령의 계시에 대한 알렉산드리아 학파의 관심과는 대조적으로 인간 저자에 대한 주석가의 관심을 존중한다.

요컨대 알렉산드리아 학파와 안디옥 학파 모두 하나의 이중적 관심을 가지고 있었다. 즉 본문의 문자적 의미 안에 있는 모든 주석의 출발점에 대한 관심, 그리고 구약 성서의 기독교적 의미(그들이 볼 때에 참된 의미) 안에 존재하는 영적 의미 안에서의 석의의 종료에 대한 관심인데, 이것은 어떤 면에서 그 본문의 실제 내용을 능가해야 했다. 알렉산드리아 학자들에게 있어서 영적 의미의 주된 소재지는 우의(문자적 인 것 이상의 의미를 지닌 모든 문자적 도구들을 지칭하는 함축적인 용어)였으며, 안디옥의 학자들의 경우 그것은 테오리아였다. 테오리아는 비록 역사적 의미와 다소 밀접하게 연결되기는 했지만 그다지 함축적이지 못하고 유통성이 없는 도구였다.

이 두 해석 학파는 서방의 석의의 발달에 영향을 미쳤다. 그러나 안디옥 학파의 영향력은 알렉산드리아 학파보다 훨씬 뒤졌다. 그 학파의 영향력은 존 크리소스톰의 저술을 통해서 서방에 미쳤다. 고대 서방 세계에서 가장 탁월한 성경학자인 제롬(Jerome, ca. 340-

420)은 안디옥 학파의 해석 원리를 채택했다. 그러나 실제로 제롬의 저서는 안디옥 학파보다는 알렉산드리아 학파에 가까웠다. 제롬과 루피누스(Rufinus)는 오리겐의 많은 중요한 저서들을 번역했다. 제롬은 은유(metaphor)들은 그 자체만으로 문자적 의미의 일부라는 인식에 의해서 문자적 의미의 이해에 공헌했는데, 그것은 오리겐은 전혀 깨닫지 못했던 것이었다. 제롬이 서방 기독교의 성경 해석사에서 중요하게 된 것은 382년에 교황 다마수스(Damasus)의 요청을 받아 착수한 불가타 역본 때문이다. 그 역본의 문체와 언어는 금세기에 이르기까지 서방 영성사에 무한한 영향을 끼쳐왔다.

서방 세계에 미친 알렉산드리아 학파의 영향은 엄청났다. 밀라노의 암브로스도 알렉산드리아의 석의를 사용했지만, 그 학파의 가장 유력한 지지자는 히포의 어거스틴(354-430)이었다. 성서에 대한 그의 접근 방식은 그의 저서 『기독교 교리론』(*De doctrina Christiana*)에서 나타난다. 어거스틴은 성경 해석 작업을 시작할 때면 문자적 의미에서부터, 즉 본문 안에 제시된 유대 역사에서부터 시작했다. 그러나 그는 성서의 모든 것은 영적 의미를 가지고 있으며, 그것이 해석의 진정한 목표라고 믿었다. 성직자들이 성서를 전파하고 해석하는 주요 가르치는 과업을 행하는 데 도움을 주기 위해서 저술한 어거스틴의 저서는 중세 시대의 성경적 문화의 대헌장이었다. 어거스틴은 고전 학문을 활용할 것을 장려했는데(예를 들면『기독교 교리론』2.4), 이것은 중세 시대 교육에서 중요한 역할을 했다. 그가 성서의 의미를 문자적 상징과 비유적 상징에 의해 탐구한 것은 영적 해석을 위한 새로운 기초가 되었으며, 그로 하여금 "성서는 오직 사랑을 가르치며, 탐욕 외에는 어느 것도 정죄하지 않으며, 사람들의 마음을 이런 식으로 만들어준다"(3.10)는 교훈을 모든 석의의 일반 원리로서 선언할 수 있게 해주었다. 난해한 구절에 대해서는 다수의 해석이 있을 수 있겠지만, 사랑과 양립할 수 있는 해석만이 올바른 것으로 이해되었으며, 하나님을 기쁘시게 하는 사랑만이 합법적인 것이다(예를 들면, 『고백록』 12.18-31).

이 히포의 감독은 오랫동안 주석가로서 활동하면서 항상 이 강령에 충실했다. 그의 위대한 저서 『창세기에 관한 문자적 주석』(*De Genesi ad litteram*, 401-414 C.E)에서 나타나듯이, 그는 창조 기사의 자의(字義)가 우주의 형이상학적 구조를 계시해주는 것으로 여겼지만, 성서의 문자적 표징(sign)들의 해석을 등한히 하지 않았다. 그 밖의 저서들, 특히 『시편 설교집』(*Discourses on Psalms*, ca. 390-420)은 성서 본문의 비유적 의미에 대한 탐구이다.

교부들의 석의의 황금 시대는 알렉산드리아의 키릴(376-444)과 더불어 막을 내렸다. 키릴에게서 알렉산드리아 학파와 안디옥 학파의 영향력이 합류한다. 그 후의 시대에는 알렉산드리아가 보다 큰 영향력을 발휘했지만, 그 전통이 지닌 두 요소의 주요 관심사와 기본 원리는 다음과 같은 어거스틴의 글귀로 요약될 수 있다.

> 신약 성서는 구약 성서 안에 숨겨져 있다. 구약 성서는 신약 성서를 통해서 밝혀진다.
> (칠경 내의 문제들[Quaestiones in Heptateuchum] 2.72).

중세 시대의 석의의 발달

중세 시대 초기란 5세기에 있었던 로마 제국의 멸망에서부터 11세기초에 성당 부속 학교들이 생겨나기까지의 시기를 말한다. 이 정치적, 문화적 격변기에 수도원들은 영성 생활을 진지하게 추구할 수 있는 거의 유일한 환경을 제공해주었다. 그런데 영성생활이란 기도하고 연구하고 작업하는 일반적인 생활로 이해되었다. 연구란 성서주석집(*catenae*)에 수집된 교부들의 저술들을 지침으로 하여 경건하게 성서를 해석하는 것이다.

성서와 교부들에 대한 경건한 연구는 *lectio divina*라고 알려졌는데, 수도사들은 매일 여러 시간 동안 이것을 행했다. 그리고 그것은 존 카시안(John Cassian, ca. 360-435)이 『집회서』(*Conferences of the Fathers*)를 통해 서방 수도원 운동에 소개한 "4중 해석 방법"의 지배를 받았다. 이 방법은 성경 구절에서 "네 가지 의미"를 끌어내는 것으로서 오리겐의 방법에서 많은 영향을 받은 것이었다. 네 가지 의미라는 이론은 오리겐이 제시한 세 가지-의미 이론보다는 그의 실제의 석의 관습을 따른 것으로서, 중세 시대에 이르기까지 석의를 주도했으며, 다음에 기록된 바 중세 시대의 작자 미상의 유명한 2행 연구(聯句)로 요약된다:

Littera gesta docet, quid credas allegoria;
Moralis quid agas, quo tendas anagogia.

문자는 무엇이 일어났는지를, 우의적 의미는 무엇을 믿는지를;
도덕은 무엇을 행해야 할지를, 신비는 어디로 가는지를 가르친다.

그러므로 문자적 의미는 유대 역사 상의 사건들과 실체들을 언급한다. 그 밖의 세 가지는 영적 의미이다: 본문의 기독교적 의미, 혹은 신학적 의미를 드러내 주는 우의적 의미; 기독교인 개개인의 실천에 본문을 적용하는 도덕적, 혹은 비유적(tropological) 의미; 종말론적 성취를 가리키는 신비적(anagogical) 의미. 네 가지 의미로 해석하는 전형적인 본보기는 예루살렘을 유대인의 도시로(문자적 의미), 교회로(우의적), 영혼으로(비유적), 천국 도시로(신비적) 해석한 것이다(카시안의 『집회서』 14.8을 보라). 590년에 교황이 된 대 그레고리(Gregory the Great, 540-604)와 중세 후반의 학문에 큰 영향을 준 책들을 편찬한 영국인 수도사 비드(Bede the Venerable, 672-735)는 이러한 형태의 석의를 지지한 전형적인 인물들이다.

문자적인 형태의 석의에 대한 관심은 중세 시대 초기까지도 완전히 사라지지 않았다. 그것은 스페인 사람인 세빌의 이시도레(Isidore of Seville, ca. 560-636) 및 아일랜드 수도사들의 저서에 등장한다. 그러나 의심의 여지 없이 네 가지 해석, 즉 영적 석의가 우세했다.

11세기에 파리, 라옹(Laon), 유트레히트(Utrecht) 등의 중심지에 성당 부속 학교들이 세워짐으로 말미암아 새로운 학문의 시대가 도래했다. 이 시대에 조직 신학과 성경 연구가 점차 두 개의 분명한 학문으로 구분되기 시작하였으며, 13세기에 이르러 그 기능들은 완전히 분리되었다. 많은 중심지들, 특히 파리의 성 빅톨 수도원(Abbey of Saint-Victor, 1110년 건립)에서 이러한 현상이 일어났다. 이 수도원에서는 수도원적인 *lectio divina*와 대학에서 사용하는 변증법적 방법들이 만나 서로를 풍부하게 해주었다. 성서의 영적 의미의 중요성은 그대로 보존되었지만, 히브리어와 유대교 석의에 대한 강력한 관심으로 말미암아 본문의 문자적 의미에 대한 진지한 관심이 되살아났다. 성서는 강의실에서는 전혀 다른 기능을 하게 되었는데, 교리와의 관계에 비추어, 그리고 믿음을 육성하는 영적 의미를 지닌 예전적이고 관상적(觀想的)인 맥락 안에서 문자적 의미가 활용되었다.

영해(靈解):
성서와 영성의 관계

교부 시대와 중세의 성서 접근 방식의 특성은 르네상스 시대 이후, 또는 현대의 접근 방식과는 현저히 다르다. 그 차이는 종종 "영적 해석"과 "문자적 해석"의 대조라고 간단하게 요약되는데, 이것은 이해를 돕기보다는 오히려 혼동을 초래하는 구분이다. 그러한 혼동은 대체로 고대의 학문과 현대의 학문의 상이한 해석의 맥락에서도 야기되지만, 고대와 현대의 용법 안에서 두 개의 표지(labels)가 지니는 의미상의 차이에서 야기되는 것이다.

첫째, 르네상스 시대 이전에 사용된 "문자적 의미"라는 용어의 의미는 오늘날 그 용어가 지니는 의미와 퍽 상이하다. 고대의 해석학자가 볼 때에, 성서 기자가 영적 의미를 의도하거나 알고 있었는지의 여부와는 상관 없이, 문자적 의미란 본문의 종교적 의미, 혹은 "영"과 반대되는 것으로서 본문의 자의(字義), 혹은 "몸"(body)을 말한다. 따라서, 이 이론을 신약 성서에 적용한다면, 예수께서 십자가에 달리신 기사의 문자적 의미는 그 이야기의 외형적이고 정치적인 사실들에 제한될 것이다. 그 이야기의 구원적 기교(이것이야 말로 복음서 기자들이 전달하려 한 주된 의미이다)는 영적 의미에 속할 것이다. 반대로 현대의 해석학자가 볼 때에, 문자적 의미란 인간 저자가 의도한 의미이다. 따라서 본문의 의미는 오로지 역사에 대한 기술이 저자가 의도한 것일 때에만 역사적 사실들과 동일하다. 비유, 기도, 시, 예언적 신탁 등의 문자적 의미는 그것의 장르 및 그 안에서 사용된 문학적 장치들(상징, 비유, 과장법 등)에 의해 결정될 것이다. 후자에 속하는 것들은 비록 역사적인 것이 아니라 문학적인 것이며 문자적인 것이 아니라 비유적인 것일지라도 저자가 의도한 의미에 속하기 때문에 문자적 의미에 속할 것이다.

문자적 의미에 대한 이 두 가지 상이한 이해를 고려할 때, 고대의 해석학자들은 그것을 본문의 참 의미로 인도하는 입구(지극히 중요하며 대체로 필수불가결한 것)로 여긴 반면, 본문의 참 의미는 저자에 의해 결정된다고 확신하는 현대의 해석학자는 문자적 의미는 곧 참 의미와 동일한 것이라고 간주한다.

둘째, "영적 의미"라는 용어의 경우에도, 고대인들이 의도했던 의미와 르네상스 시대 이후의 해석학자들이 의도했던 의미는 매우 상이하다. 고대인들이 볼 때에, 영적 의미란 본문의 참된 의미, 즉 하나님께서 성서를 통해서 신자에게 전달하고자 하시는 메시지였다. 따라서 비록 모호하고 일시적으로 인식되는 것에 불과할지라도, 그것은 결코 자의적이거나 환상적인 것이 아니며 인간이 교묘하게 조종할 수 있는 것도 아니었다. 사실상, 오리겐은, 성서 기자에게 역사한 것과 동일한 영감이 해석 학자에게서도 작용하여 그로 하여금 성경 기자가 신적 감화하에서 기록한 것을 신적 감화하에서 읽도록 인도해준다고 보았다. 성서를 올바르게 이해하기 위해서는 신적 조명이 필요하다는 이론은 영적 석의의 전통 안에 항존했다.

현대 독자들이 고대 및 중세의 영적 석의를 이해하는 데 있어서 발생하는 문제는 영적 석의가 지니고 있는 바 성서에 대한 가정들에서 비롯된다. 그러한 가정들 중 어떤 것은 현대 독자들이 볼 때에도 타당하게 여겨지지만, 어떤 것들은 매우 의심스러운 것들이다.

1. 성서는 하나님의 감동하심으로 이루어진 것으로 이해되었다. 이것은 현대의 해석자도 주장할 수 있는 것이다. 그러나 현대 이전 시대에는 영감을 준(準) 구술 형태에 따라 이해했는데, 이것은 오늘날에는 거의 지지를 받을 수 없는 것이다. 이 형태에 따르면, 성서의 모든 단어는 하나님께서 직접 말씀하신 것이므로 하나님께 합당한 의미가 가득차 있어야 한다. 이러한 이해는 오늘날 우리가 쉽사리 상대화하거나 지나쳐 버리기 쉬운 구절 안에서 진지한 종교적 의미를 발견하려는 시도로 이어진다. 아무런 의미도 존재하지 않을

곳에서 심오한 의미를 발견하려는 시도는 일부 교부들의 성경 해석처럼 부자연스러운 창의성으로 이어지기도 하므로, 현대인들이 그것을 근거 없다거나 망상적인 것이라고 여기는 것은 옳은 일이다.

2. 고대인들은 성서가 독특하게 그리스도 안에서의 하나님의 계시에 관심을 지니며, 또 해석자가 본문이 지닌 기독론적이고 구원에 도움을 주는 중요성을 발견하지 않는 한, 본문의 참된 의미에 도달하지 못한다고 확신했다. 참된 의미는 십계명에서처럼 본문의 문자적 의미에 의해 직접 전달될 수도 있지만, 일반적으로 약속과 성취의 역학, 또는 현세의 실재들과 사건들의 계시적인 성례전적 의미(sacramentality) 안에 감추어졌다. 고대인들은 문학적 도구로서의 예표론과 우의를 21세기의 이론가들처럼 예리하게 구분하지는 않았다. 예표론은 먼저 제시된 실체가 나중에 실현될 실체를 예시한다는 것을 언급하는데, 이것은 성경 전체를 감화하신 하나님이 의도하셨던 것이다. 그러나 이것은 기독교적 경험에 의해 조명된 후대의 독자들만이 식별할 수 있었다. 우의는 모든 상징적인 의미, 즉 순수한 상징에서부터 지극히 보잘것없는 잡동사니를 적용한 것에 이르는 범주를 언급한다. 실제의 해석에서는 예표론적 해석과 우의적 해석이 중복되기도 한다. 왜냐하면 이 두 가지 방법 모두 신적 저자의 단일한 계시적 의도하에 있는 두 성서의 통일성이라는 동일한 기본 이해에 토대를 두고 있기 때문이다.

3. 성서에 대한 교부들의 개념은, 하나님의 말씀은 육신이 되신 말씀의 신비의 풍요함에 따라(영적 의미와 육적 의미), 그리고 기독교적 신비가 실현되는 단계와 차원의 복합성에 따라(교회적 의미와 개별적 의미; 역사적 의미와 현대적 의미와 종말론적 의미) 여러 가지 의미를 가지고 있다는 기대를 허용한다.

영적 의미에 대한 풍요하면서도 신학적으로 근거가 충분한 이러한 이해(물론 이것이 항상 건전하게 사용되는 것은 아니다)와 반대되는 것이 르네상스 시대 이후의 비판적 학문에서 사용되었다. 후자의 경우, 그것이 점차 언어학적, 고고학적, 역사적 도구들을 갖추게 되면서, 인간 저자가 의도했던 의미로서 이해된 문자적 의미, 즉 사려깊은 학자가 현실적으로 포착할 수 있는 듯이 보이는 의미가 해석의 이상이 되었다. 이와 대조적으로 구약 성서 예언에 대한 기독론적 해석들(구약 성서의 저자에게 돌릴 수 없는 해석들)로 영감된 신약 성서이든지, 아니면 후대의 상황과는 전혀 관계가 없는 역사적 본문들 위에 세워진 현대의 적용이든지 간에 문자적 의미에 기초를 두지 않은 의미들을 영적 의미라고 간주하게 되었다. 현대의 헌신적인 성경 학자들은 문자적 의미에 토대를 두게 될 적절한 본문의 의미를 허용할 수 있는 해석 이론들을 계발하려고 노력해왔다. 그러나 이러한 이론들—예를 들자면 예표론에 대한 현대의 접근 방식들, *sensus plenior* 또는 보다 완전한 의미의 이론, 또는 "구원사"에 대한 다양한 이해—은 어떤 비본질성과 자의성이라는 특징을 지녀왔다. 그것들은 문자적 의미에 입각한 일종의 상부구조로서 적용된 하나의 의미를 포함하는데, 그 의미는 과거에 예속되어 있기 때문에 저자의 세계를 초월하지 못한다.

마지막으로, 교부 시대의 성경 해석과 현대의 성경 해석의 세번째 차이점은 전통과 그 성경 해석의 관계와 관련된다. 고대인들의 경우, 믿음의 전통은 모든 성경 해석을 위한 보편적으로 인정되어지는 맥락을 마련해주었다. 믿음의 직감, 교회의 의식(意識), 인정되어진 신학적 발달상, 전례에의 참여 등이 "교회의 책"으로 인정된 것을 해석하는 과정에서 표준적으로 작용했다. 고대의 해석자들은 하나님의 구원 계획의 부단한 전개라는 의미에 사로잡혀 있었기 때문에, 전적으로 비판적 연구의 도구들만을 의지하는 현대의 해석학자들은 이용할 수 없는 차원에서 그들의 해석을 이끌어간 상징적 관계들에 대해 심미적이고 종교적으로 반응했다.

르네상스와 더불어 단어의 현대적 의미 안에서 객관성을 추구하게 되었으며, 권위에 대한 심각한 의심을 일으키게 되었는데, 이것은 과학적 대변혁과 계몽주의에서 절정에 이르게 되었다. 어떤 해석적 전통에 직접적으로 참여할 수는 없게 되었다. 과학적 방법이 학문 탐구의 유일한 지침이 되었으며, 수학적 정확성과 확실성이 모든 학문의 이상(理想)이 되었다. 그렇게 지적인 분위기에서 볼 때, 교부 시대 및 중세의 학자들의 영적 석의는 기껏해야 우연히 통찰력을 지니게 된 것으로, 최악의 경우에는 경박한 상상 정도로 여겨졌다.

20세기말에, 인문주의 영역에서 과학적 방법에 심각한 한계가 있음이 발견됨과 더불어, 상징 사용이 지닌 힘의 재발견, 형이상학적 사고와 언어의 편재성(ubiquity), 상상력이 지닌 구성적 기능에 대한 보다 적합한 이해의 발달, 그리고 모든 탐구 분야에서의 언어와 해석에 대한 문제들의 제기, 즉 고대 성경 해석에 대한 새로운 인식도 또한 등장하고 있다. 단순히 교부들이나 중세 시대 해석학자들의 결론들이나 방법으로 복귀하는 것에 대해서 아무런 의심도 없을 수 있다(비록 그것의 일부는 1세기 전보다 훨씬 신빙성이 있는 듯이 보이기도 하지만). 역사 비평은 책임 있는 성경 해석에 반드시 필요한 구성 요소이며, 본문에 대한 과학적으로 책임 있는 비판적 방법 이전의 접근 방식의 가능성을 배제한다. 그러나 폴 리꿰(Paul Rocoeur)가 "제2의 순진한 행위"(the second naiveté)라고 표현한 바 비판적 방법 이후의 해석에는 오랫동안 성경학 세계에 부재했던 심미적 인식과 영적 감수성이 포함될 것이다.

참고문헌

원자료
Augustine. *The Literal Meaning of Genesis*. Translated by John H. Taylor. ACW 41-42. 1982.
_____. *On Christian Doctrine*. Translated by D. W. Robertson. New York: Bobbs-Merrill, 1958.
_____. *On the Psalms*. Translated by Dame Scholastica Hebgin and Dame Felicitas Corrigan. ACW 29-30. 1960-61.
Gregory the Great. *Morals on the Books of Job*. 3 vols. in 4. Oxford: J. H. Parker, 1844-50.
John Chrysostom. *Homilies on the Epistle to the Romans*. Oxford: J. H. Parker, 1848.
_____. *Homilies on the Gospel of St. John*. Translated by Sister Thomas Aquinas Goggin. Fathers 33, 41. 1957, 1960.
Origen. *Commentaries of Origen*. Edited by Allan Menzies. ANF 10.
_____. *On First Principles*. Translated by G. W. Butterworth. New York: Harper Torch-books, 1966.
_____. *The Song of Songs: Commentary and Homilies*. Translated by R. P. Lawson. ACW 26. 1957.

연구서(硏究書)
Barrett, C. K. "The Interpretation of the Old Testament in the New." In *The Cambridge History of the Bible*, 1: 377-411. Cambridge: Cambridge University Press, 1970.
Brown, Raymond E. "Hermeneutics." In *The Jerome Biblical Commentary*, 2:605-23 Englewood Cliffs, NJ: Prentice-hall, 1968.
_____. *The "Sensus Plenior" of Sacred Scripture*. Baltimore, MD: St. Mary's University Press, 1955.
Crouzel, Henri, "Spiritual Exegesis." In *Encyclopedia of Theology: The Concise Sacramentum Mundi,* 126-33. Edited by Karl Rahner. New York: Seabury, 1975.
de Lubac, Henri. *Exégèse médiévale: Les Quatre Sens de l'écriture*. 4 vols. Paris: Aubier, 1959-63.
_____. *Histoire et esprit*. Paris: Aubier, 1950.
Froehlich, Karlfried. *Biblical Interpretation in the Early Church*.

Philadelphia: Fortress, 1984.
Grant, Robert M. *The Letter and the Spirit*, New York: Macmillan, 1957.
_____, with David Tracy. *A Short History of the Interpretation of the Bible*. 2nd rev. ed. Philadelphia: Fortress, 1984.
Guillet, Jacques. "Les Eségèses D'Alexandrie et d'Antioche, confilt ou malentendue?" *Recherches de science religieuse* 34(1947) 257-302.
Hanson, R. P. C. "Biblical Exegesis in the Early Church." In *The Cambridge History of the Bible*, 1:412-53. Cambridge: Cambridge University Press, 1970.
McNally, Robert E. *The Study of the Bible in the Early Middle Ages*. Woodstock Papers 4. Westminster, MD: Newman Press, 1959.
Smalley, Beryl. *The Study of the Bible in the Middle Ages*. Notre Dame, IN: University of Notre Dame Press, 1964.
Steinmetz, David C. "The Superiority of Pre-Critical Exegesis." *Theology Today* 37(1980) 27-38.
Turro, James C., and Raymond E. Brown. "Canonicity." In *The Jerome Biblical Commentary*, 2:515-34. Englewood Cliffs, NJ: Prentice-Hall, 1968.

제1부
각 시대와 다양한 운동

제2장
초기 기독교 공동체

존 지지오울라스(JOHN D. ZIZIOULAS)

원시 기독교

종말론적 사고

    기독교회는 선지자들이 선포했던 하나님의 백성들의 운명의 성취로서 후기 유대교의 역사와 기대에서 태어났다. 그러므로 기독교 영성은 당시 유대교 신앙의 영향 하에서 등장했다. "새로운 시대"(new aeon), 메시아의 시대의 형태로 임할 하나님의 나라의 도래에 대한 기대라는 특성을 지닌 히브리 지성의 특징인 종말론적 전망을 기독교는 물려 받았는데, 그것이 기독교 영성 형성에서 주도적인 요서가 되었다.
    초세속적 경험으로 인도하는 신화(神話)들을 통해 시간과 역사로부터의 도피에서 구원을 추구하는 이방 종교들—그리고 특히 헬레니즘 세계의 신비 종교들—과는 달리, 성서적 사고방식의 영향

하에 있는 기독교 영성은 처음부터 역사에 초점을 두었다. 당시의 그리스의 종교 및 이방 종교들과는 달리, 교회는 우주적인 것이 아니라 역사적인 전망을 가지고 있었다. 즉 자연(계절, 별들의 주기적 운행 등) 관찰에 기초를 두지 않고 사건들에 기초를 두었다. 창조는 영원하고 "신적"인 것과는 거리가 먼 것으로서 출발점을 지닌 사건이었다. 그것의 존재는 우발적인 것이며 항상 하나님의 뜻에 의존했다. 인간과 하나님의 관계는 자연을 통해 이루어지는 것이 아니라 하나님의 뜻에 순종함을 통해 이루어지는데, 이것은 기독교 영성에 윤리적 성품("진리를 행함") 및 인격적 차원을 부여해주는 사실이다. 하나님과 인간의 연합은 인격적인 관계를 통해서 이루어진다.

실재, 그리고 인간 실존의 의미(플라톤적 의미에서 진리란 영혼의 원래의 삶을 "회상"하는 것이다)를 합리적으로 설명하기 위해서 과거를 바라보는 고대 그리스의 정신과는 대조적으로, 성서적 접근은 종말론적이었다는 사실이 이러한 특성과 관련되어 있다. 그것은 인간의 미래지향적 성향을 내포하고 있었다. 성서는 인간들에게 역사 속에서 일어나는 하나님의 최종적인 행위 안에서 삶의 의미를 구하라고 요청한다. 이러한 하나님의 행위 안에서 과거와 현재의 모든 사건들이 의미와 설명을 얻는다. 초기 기독교인들의 영성의 원천은 이와 같은 하나님의 최종적 행위, 즉 에스카톤(*eschaton*)이었다.

종말론적 메시아 시대에 대한 기대는 예수 그리스도 안에서 성취되었다. 이런 이유 때문에 예수는 후기 유대교에서 기대하던 인물들, 특히 메시아(*christos*), 그리고 다니엘서(2 BCE)에서 처음으로 언급된 바 묵시문학에 등장하는 인자(Son of Man)와 동일한 인물로 간주되었다. 예수께서 스스로를 인자라고 믿었다는 견해를 우리가 받아들이거나, 또는 세상에 대한 하나님의 최후의 심판을 초래하며 하나님의 나라를 개시하실 것이라고 기대된 묵시적 인물과 예수가 동일한 인물이라고 간주한 것이 바로 교회라는 견해를 받아들이거나 간에, 예수님을 메시아와 동일시하는 것은 이미 신약 성서 안에서 시작되었으며, 모든 신약 성서 저술들 안에 있는 믿음과 영성의 기본적 전제가 된다. 그러므로 기독교 영성은 인간 역사 안에 하나님의 나라를 가져올 종말론적 인물인 크리스토스(*christos*) 또는 "인자"(Son of Man)이신 나사렛 예수라는 인물에 초점을 두었다(그밖에 하나님의 종[이사야], 왕, 선지자 등의 종말론적 호칭도 예수에게 적용되었다). 인류와 하나님의 관계는 이런 식으로 종말론적 인물이기도 한 역사적 인물이신 예수 그리스도와의 관계에 의존했다.

처음 몇 세기 동안의 기독교인들에게는 나사렛 예수라는 인물의 역사적 삶 전체가 중요했지만, 결정적으로 중요한 것은 그의 고난과 부활이었다. 그들은 종말론적 인자, 혹은 메시아는 완전한 신적 능력과 권위를 부여받는다고 기대했다. "고난 받는 인자"는 하나의 불명예였다. 그러나 예수는 십자가를 받아들임으로써 그러한 불명예가 되려 하셨으며, 그리함으로 영광에 이르는 길인 고난과 겸허와 봉사라는 차원을 종말론적 실재에게 부여하셨다. 그리스도의 십자가와 죽으심은, 하나님께 이르는 길은 권력과 지배를 통해 가는 것이 아니라 고난과 굴욕과 봉사의 "좁은 문"(마 7:13)을 통과하는 것임을 분명히 했다는 점에서 기독교 영성의 모퉁이돌이 되었다. 기독교인들은 "연약한" 곳에서만 진실로 강해질 수 있다(고후 12:10). 능력은 무능과 동일하며, 영혼, 즉 자신의 생명을 잃는 것(마 6:39)과 동일하다. 기독교 영성은 십자가에 달리신 인자의 불명예를 받아들이는 것, 즉 고난과 죽음, 즉 순교로 이어질 수도 있는 태도에 기초를 둔다. 그러므로 그것은 결코 쉬운 길이 아니며 큰 희생의 길이었다.

역사적 예수가 마지막 시대의 그리스도라는 결정적인 증거는 예수의 부활을 통해서 주어진다. 만일 부활에 대한 믿음이 없었다면,

초대 기독교인들은 예수와 그리스도를 동일시할 수 없었을 것이다. 역사에 대한 하나님의 최종 심판이 그리스도에게서 이미 발생했고 그리함으로써 기대했던 종말적 시대가 시작되었다는 것을 부활하신 그리스도는 증명했다. 종말은 그리스도의 부활 안에서, 부활을 통해서 이미 임했던 것이다. 악의 세력을 대적한 결정적인 전쟁이 승리를 거두었고, 세상의 최종 운명, 즉 영원하고 풍성한 생명(요 10:10), 빛(마 4:16), 공의(벧후 3:13), 기쁨(눅 2:10) 등의 궁극적인 운명이 부활하신 예수 안에서 인류와 모든 피조 세계에 부여되었다. 그러므로 인류와 하나님의 관계의 특징은 악과 사망의 세력들에 대한 이 승리를 축하하는 것이다. 초대 교회의 경우, 기독교 영성의 특징은 바로 이러한 축제였다. 이것이 성찬(eucharistic) 공동체라는 개념의 근저에 자리잡고 있다.

  부활하신 그리스도에 대한 믿음에는 처음부터 두 가지 분명히 모순되는 요소들이 포함되어 있었다. 첫째, 거기에는 부활하신 주님과 함께 식사를 하는 형태로 이루어지는 바 부활하신 주님과의 만남이 포함되어 있었다. 둘째, 거기에는 그리스도의 추종자들에게 가해지는 고난과 불의와 사망 및 박해를 종식시킬 그리스도의 재림, *parousia*에 대한 기대가 포함되어 있었다. 이것은 기독교 영성이 역사와 종말론 사이의 변증법으로서 경험되어야 함을 의미했다. 즉 그것은 하나님의 나라가 이미 임했다는 확신인 동시에 그 나라가 곧 임할 것이라는 것에 대한 기대와 열렬한 기도였다. 주님의 기도와 계시록(마 8:9; 계 22:17-20) 및 신약 성서의 다른 구절들은 이러한 상극을 극적으로 증거해준다. 기독교적 실존은 이러한 "이미, 그리고 아직"(already and not yet) 사이에 잡혀 있었다(O. Cullmann). 영성은 주로 인내(*hypomonē*), 그리고 주께서 재림하셔서 종들의 행위에 대해 책임을 물으시고 끝까지 자기에게 충실한 자들에게 상급을 주실 "시간"을 깨어 기다리는 것으로 경험 되었다. 이것은 모든 사람들 앞에서 예수의 이름을 고백(*martyria*)할 것과 심지어는 죽음(martryrion)까지도 감수할 것을 요구하였다. 즉 하나님께서 예수의 부활에서 예수님에게 행하신 것처럼 주께서 곧 오셔서 자기를 위해 죽은 이 순교자들을 일으키시고 영화롭게 하실 것을 절대적으로 확신하면서 그리스도의 십자가를 지는 것을 말한다.

이러한 견해들을 볼 때, 예수 그리스도의 재림, 즉 parousia의 지연은 원시 기독교의 영성 형성에서 결정적으로 중요한 요인으로 작용했음이 분명하다. 신약 성서에는 parousia의 지연 때문에 교회에서 야기된 신학적 문제 및 심리학적 문제들을 가리키는 증거들이 많다. 주님은 언제 재림하실까? 지금 주님은 어디에 계시는가? 주님이 재림하시기 전까지의 기독교적 존재 상태는 어떠한 것인가? 이러한 문제들 및 그에 대해 초대 교인들이 제시한 해답들이 기독교 영성의 모습을 결정했다.

초기 기독교 공동체의 믿음의 양상들

예수 그리스도에 대한 예배와 그의 제사장적 기능

"그리스도는 지금 어디에 계신가?"라는 질문에 대한 해답은 그가 승천하셔서 "하나님의 우편"에 앉으셔서 영원한 제사장(hiereus, 또는 archiereus)으로서 인간들을 위해 중재하신다는 사실을 통해서 주어진다. 초대 교인들은 시편 110편("여호와께서 내 주에게 말씀하시기를 너는 내 우편에 앉으라 하셨도다")을 예수님에게 적용함으로써, 그분께 주(kyrios)라는 호칭을 부여했으며, 그분이 하나님이심을 인정했다. 그분은 아버지와 함께 예배와 기도를 받으시며, 새로 구속함을 받은 인류의 머리 즉, "많은 형제 중의 맏아들"(롬 8:29)로서 아버지께 인류의 탄원과 기도를 바치신다. 기독교의 기도는 본질적으로 우리를 위해서(*hyper*), 또는 우리를 대신하여(*anti*) 하나님께 드리는 그리스도의 기도를 의미한다는 점에서, 이것은 기독교 영성 형성에 매우 중요한 것이었다. 그것은 또한 기독교인들이 그리스도와 연합하며 독생자 안에서 아버지 앞에 설 때에만 아버지께서 그들의 기도를 듣고 응답하신다는 것을 의미한다. 그러므로 기독교인들은 "그리스도의 이름으로" 기도하며 한 분이신 주 그리스도의 몸으로서 단결하여 행동하라는 가르침을 받았다. 가장 훌륭한 기도는 예수께서 제자들에게 가르쳐주신 기도이다. 여기에서 예수님은 자신이 소유하신 특권이었던 바 하나님을 "아바"(아버지)라고 부르는 특권을 제자들에게 주시고, 그들이 "하늘에 계신 우리 아버지"라고 부르는 것을 허락하셨다(마 6:9). 동일한 특권으로서, 교회는 성찬(Eucharist)을 행하는데, 성찬 안에서 "하나"(그리스도)가 "다수"(교회)와 동일시 되었다. 이것은 기도하는 공동체의 지도자가 다름 아닌 하나님이 기뻐하시는 독생자이므로, 하나님께서 기도를 기뻐 받으시고 응답해주실 것이라는 확신을 가지고 기도한 탁월한 경우이다.

성령

기독교의 믿음에서는 성령의 위치는 처음부터 중요했다. 히브리 선지자들과 왕들의 전통에서 "그리스도"라는 용어는 성령에 의해 기름부음을 받은 자를 의미했다. 그러나 이와는 달리, 예수는 친히 하나님의 성령을 충만히 받을 뿐만 아니라, 그것을 마지막 날의 선물로서 사람들에게 줄 마지막 인물, 종말론적 선지자, 또는 왕, 즉 메시아였다(욜 3:1-5). 예수의 부활은 그가 종말론적 메시아라는 증거였으며, 그런 까닭에 부활은 오순절 사건에서 먼저 제자들에게, 그 다음에는 "모든 육체"에게 성령이 주어지는 것과 연관되었다(행 2:17). 그러므로 *parousia*의 지연은 기독교인들을 "고아"로 버려두는 결과를 낳은 것이 아니라, 다른 "보혜사"(*paraklētos*)가 주의 재림 때까지 신자들을 인도하고 힘을 주는 일을 맡게 됨을 의미했다 (요 14:18). 이것은 그리스도의 부활에서부터 재림하시기 전까지의 기독교적 실존에서 성령의 역할을 결정적인 것으로 만든다.

부활과 승천 후에 성령이 이미 주어져서 역사하셨다는 사실은, 성령의 종말론적 은사들이 이미 기독교 공동체 내에 임재해 있음을 의미했다. 교회의 지체들은 "신령"(*pneumatikoi*) 하게 되었다. 영성의 "분량"과 관련하여 고린도 교회의 신자들 사이에 논쟁이 일어났을 때, 사도 바울은 교회의 모든 지체들은 어떤 방식으로든지 성령과 성령의 은사들을 가지고 있다는 것, 그리고 참된 기독교적 영성에서는 한 몸의 한 지체가 다른 지체를 멸시한다거나 또는 다른 지체들과는 상관없이 존재하는 듯이 하나의 은사를 다른 은사들보다 더 중히 여기는 것을 허락하지 않는다고 가르쳤다. 성령은 교제(*koinōnia*)이므로, 영성의 최고의 형태는 사랑이다(고전 13:13). 그러므로 기독교 영성은 공동체를 떠나서는 경험될 수 없었다. 기독교 공동체에는 다수의 다양한 은사들이 포함되어 있기 때문이었다. 신령한 사람은 구약 성서의 율법을 비롯한 많은 것에서 자유롭지만, 한 가지, 즉 양심의 속박을 받는다(고전 8:7-13; 10:29; 고후 5:11). 개인주의는 기독교 영성과 양립하지 못한다. 누구도 한 개인으로서 성령을 소유할 수 없으며, 오직 공동체의 일원으로서만 소유한다. 성령이 임하시는 것은 개개의 선한 기독교인들을 만들기 위한 것이 아니라 공동체의 지체들을 만들기 위한 것이다. 이것이 신약 성서에서 기독교 영성의 필수 요소가 되었으며, 구약 성서의 사고방식과 직접적으로 조화를 이룬다.

교회

성령은 "교제"(communion)로 간주되었으며 성령의 은사들은 본질적으로 서로 협력하므로, 기독교인들이 *parousia*를 기대하면서 살아가는 성령의 시대는 심오한 의미에서 교회—한 몸이 되어 그리스도와 연합하였으며 부활하신 그리스도 안에서, 그분을 통해서 하나님께 기도한 사람들의 공동체—의 시대였다. 성령 안에서의 삶은 마지막 시대의 공동체, 즉 성령의 은사 안에서 그것을 통해서 이루어진 메시아의 공동체에 속하는 것과 동일시되었다. 교회는, 부활하신 주께서 자신의 *parousia* 안에서 자기 주위에 불러 모으실 공동체, 주님 자신과 완전히 동일시하신 공동체로 간주되었다(마 25:30-31; 행 9:5). 이런 의미에서 부활하신 그리스도의 몸으로서의 교회와 성령의 교제로서의 교회는 완전히 동일한 것이었다. 성령은 즉시 그리스도의 몸을 튼튼히 하셨다.

성령은 그리스도의 "몸"과 위격과 무관하게 행동하지 않았으며, 그리스도는 개별적으로 인식되는 것이 아니라 항상 "성령 안에서", 하나의 복합 위격으로서, 하나이면서 동시에 다수인 존재로서 인식될 수 있었다. 마찬가지로, 그 다수는 한 분 그리스도와 구분하여 이해되지 않았다. 다수인 하나와 성경적 정신 안에 깊이 뿌리를 둔 하나의 존재인 다수라는 역설이 기독교 영성의 기초를 이루었다. 개별적으로 이해될 수 있는 다른 비성경적 형태의 영성들과는 달리, 기독교 영성은 본질상 교회적이었다. 교회는 그 구성원들에게 필요한 교훈, 예배, 은혜 등을 마련해준다는 의미에서 사람들을 신령하게 만들어주는 도구가 아니었다. 교회란, 태어나면서부터, 또는 사회에 의해서 주어진 신분과는 다른 새로운 신분을 사람들에게 마련해주는 일련의 관계들이었다. 이런 까닭에 초대 교회에서 신령한 사람이 되는 것에는 먼저 "신생", 즉 성령 안에서의 탄생이 포함되었다(요 3:3).

세례와 성찬(Eucharist)

초대 교회에서 신생, 또는 성령 안에서의 탄생이라는 사상은 세례와 결합되어 있었다. 기독교적 삶에 있어서의 세례의 심오한 의미에는 한편으로는 "옛 사람"—생물학적 탄생을 통해서 개인의 정체성을 획득한 방법—의 죽음이 포함되었다. 또 다른 한편으로는 하나의 탄생, 즉 교회가 성령의 교제로서 제공한 일련의 새로운 관계들을 통한 정체성의 등장이 포함되었다. 생물학적 정체성은 필연성의 속박을 받는 반면, 영적 탄생에는 자유가 포함된다. 신령한 사람은 단순히 육에 속한 사람(*psychikos*, 고전 2:14)과 다르게 행동하는 것은 아니다. 육적인 필연성으로부터의 자유 안에서 구성되는 정체성을 지닌다는 점에서 신령한 사람은 육에 속한 사람과 다르다. "성령 안에서" 주어진 새로운 정체성은 그리스도의 몸 된 교회와 연합함을 통해서, 즉 일련의 새로운 관계들을 통해서 구성되었다. 이러한 관계들은 그리스도와 아버지 사이의 관계와 동일한 것이었으며, 그런 까닭에 세례는 아들됨(롬 8:15), 즉 그리스도께서 특이하고 영원한 방법으로 하나님을 아버지라고 부르신 것처럼 우리도 하나님을 아버지라고 부르는 특권을 획득하는 것이다. 이 정체성에는 사회적 관계들이 포함되는데, 그것은 생물학적 가족이나 생물학적 상태를 통해서 얻어지는 것이 아니라 교회라는 공동체 안에서, 그 공동체를 통해서 획득되는 것이었다. 세례의 필수적인 결과들 중 하나는, "새 사람"은 세상에서 아버지를 소유하게 되는 것이 아니라 "천국"에서 아버지를 소유하게 된다는 것, 그리고 그의 "형제들"은 교회의 지체가 된다는 것이었다. 이와 유사하게, 그는 세상에서 시민권을 소유하는 것이 아니라 천국에서 시민권을 소유할 것이다(빌 3:11). 왜냐하면 그의 "도성"은 "장래의" 왕국이기 때문이다(히 13:14). 그러므로, 그는 이 세상에서는 나그네가 될 것이다. 이것이 "옛 사람"의 "죽음"과 "새로운" 종말론적 인간의 탄생으로서의 세례가 지닌 존재론적 의미였다. 그것을 평가하는 기준은 흔히 생각하는 것처럼 윤리적이거나 심리학적인 것이 아니라 교회학적(ecclesiological)인 것이다. 영성은 새로운 관계들을 획득하는 것, 그리고 그러한 관계들을 통해서 새로운 정체성을 획득하는 것과 관계가 있었다. 왜냐하면 생물학적이건, 사회적이건, 또는 "영적"이건 간에, 정체성이란 여러 관계들로부터 비롯되는 것이기 때문이다.

우리는 이러한 배경을 참고하여 기독교 영성에 있어서 성찬(Eucharist)의 중요성을 살펴 보아야 한다. 처음 몇 세기 동안 성찬은 종말론적 메시아 공동체를 기념하기 위해서 뿐만 아니라 지금 여기에 그러한 공동체를 구성하기 위해서, 흩어져 있는 하나님의 백성들을 "같은 장소에"(epi to auto)에 불러 모은 사건으로 이해되었다. 그것은 아주 탁월한 영적 사건이었다. 왜냐하면 그것은 역사 안에 나타나고 예기 된 종말론적 실체이기 때문이었다. 세례를 받은 사람들은 이 공동체 안에 참여하는데, 여기에는 하나님을 아버지라고 부르는 특권―그리스도께서 항상 소유하고 계시는 아들 됨을 획득하는 특권, 동시에 교회의 다른 지체들을 "형제들"이라고 부르며 그들의 영원한 운명에 동참하는 특권이 포함되었다. 성찬은 세례가 부정적으로 의미했던 것을 긍정적으로 제공했다: 생물학적인 옛 정체성은 새로운 정체성의 탄생에 의해 대체되는데, 새로운 정체성은 성찬(eucharistic) 공동체 안에서 주어졌다. 생물학적인 옛 정체성은 육적인 필연성에 기초를 두고 있기 때문에 사망으로 이어진다. 반면에 자유롭고 불멸하는 관계들, 특히 세례 안에서 기독교인들에게 주어지는 바 성부와 성자 사이의 영원한 관계에 기초를 두고서 성찬 안에서 주어진 새로운 정체성은 영원한 생명을 준다. 영원한 정체성을 포함하는 이러한 일련의 관계들을 제공하기 때문에, 성찬은 영원한 생명이다. 그러므로 성찬의 공동체에 속하는 것은 영원한 생명을 획득하는 것과 동등한 것이다. 이러한 성찬의 배경 안에 있는 영성은 단지 도덕적이거나 심리학적 배경이 아니라 존재론적 배경을 획득한다. 그것은 단순히 도덕적 성취와 덕을 통해 인간의 본성을 개선하여 보다 선한 방법으로 행동하게 만드는 것이 아니다. 그것은 단순히 평화, 기쁨, 인내 등과 같은 성령의 열매를 심리학적으로 경험하는 것이 아니다. 그것은 무엇보다도 성부-성자의 관계와 동일한 새로운 관계에 기초를 둔 새로운 정체성을 획득함을 통해서 사망을 이기는 것과 동등한 것이다. 교부 시대 후기의 용어로 표현하자면, 그리스도께서 본성적으로 소유하고 계시는 정체성을 기독교인들은 은혜에 의해서 소유한다. 바울은, 세례가 "아바 아버지"라고 부를 수 있는 양자의 "영"을 준다고 언급하면서 이것을 지극히 성경적 용어들로 표현하였다. 성령의 소유하는 것으로서의 영성에는 예수 그리스도와 동일한 아들 됨을 소유하는 것, 즉 죽지 않고 영원한 정체성을 부여해주는 관계가 포함된다. 세례와 성찬을 통해서 그러한 정체성을 획득한 사람들의 집단인 교회의 일원이 되는 것이 참된 영성의 원천이었다. 영성은 개별적인 경험이 아니라 교회적인 경험이다.

종말론적 공동체의 "이미지" 혹은 "표징"(sign)으로서의 교회는, 그리스도의 몸과의 연합 안에서 분열과 죽음을 포함한 모든 자연적 사회적 불일치들이 극복될 삶의 체험 뿐만 아니라 불멸의 영원한 정체성을 제공해줄 일련의 관계들을 신자들에게 마련해 줌으로써 성찬을 통해서 영생을 미리 맛보게 해준다. 이 마지막 요점은 신약 시대의 교회 생활에서 대단히 중요한 것이 되었다. 성찬 공동체가 구성된 방법은 그 나라의 특징이 될 "존재의 방법"(way of being)을 묘사하고 있었다. 그러므로 다음의 것들이 결국 초대 교회의 성찬 공동체의 영구적 특징이 되었다.

첫째, 지구의 사방에 흩어져 있던 하나님의 모든 백성들이 그 나라에 모이게 될 것과 같이(*Didache* 9, 10), 일정한 지역 내에 있는 교회의 모든 지체들은 동일한 장소에 모여야 했다(고전 11:20). 이것은 각각의 장소(기독교는 원래 도시 종교로 출발했으므로, 원래는 하나의 도시)에 오직 하나만의 성찬 공동체가 있을 수 있음을 의미했다.

둘째, 성찬 공동체를 구성하는 데에는 "유대인이나 헬라인이나 종이나 자주자나 남자나 여자"(갈 3:28)의 구분이 없다. 선천적인 구분(나이, 인종, 성 등)과 사회적 구분(직업, 사회적 지위나 경제적 지위 등) 등 모든 구분이 성찬 안에서 초월된다. 이것은 성찬 공동체가 하나의 가톨릭(공번된) 공동체이며, 이 공동체의 회원들이 영성 생활에서 하나의 보편적인 정신을 나타낼 것이 기대되었음을 의미했다. 기독교 영성은 자연적, 사회적 차별에 기초를 둔 배타성을 멀리해야만 한다. 왜냐하면 그러한 배타성은 하나님의 나라에 반대되는 것이기 때문이다. 성찬 공동체는 역사 안에 있는 하나님 나라를 앞질러 표현한 상징으로 이해되었다.

셋째, 성찬 공동체 안에는 하나님 나라의 전형이나 상징 역할을 할 사역들이 있어야 한다. 성찬을 제공함으로써 성찬 공동체를 이끌 사람들과 "아멘"으로 이 행동을 인정하는 사람들 사이의 기본적인 구분이 고린도전서에 나타나 있다(고전 14:16). 이 구분은 교회의 질서의 기초가 되었다. 성직자-평신도라는 구분(클레멘트 1서를 보라)은 초대 교회의 특징이 되었다. 기독교 영성은 이 질서에 의해 강력하게 좌우되기 때문에, 영성을 본질상 교회적인 것으로 보존하기 위해서는 법적 안전 장치들을 도입해야 할 필요성이 대두되었다. 이것이 교부 시대의 특징적 경향이었다. 그러나 이 기독교적 실존은 본질적으로 종말론적이며, 또 이 종말론적인 형태의 삶과 영성에 대한 우리의 일치의 척도는 종말론적 공동체가 형성된 방식 안에 있다는 신약 성서 견해 안에서 이 태도의 뿌리가 발견되어야 한다.

초기 교부 시대

1세기말부터 3세기초에 이르는 속사도 시대에 기독교 영성을 형성한 요소들을 다음과 같은 주제하에서 분류할 수 있다.

(1) 성찬적 토대 위에서의 점진적인 교회의 구조의 형성
(2) 영지주의의 도전과 그에 대한 교부들의 반응
(3) 기독교 영지주의의 출현과 영성에 있어서 그것의 중요성
(4) 영성의 한 형태 및 몬타누스파 영성에 대한 반응으로서의 순교.

교회의 구조

성찬과 교회의 구조라는 축을 중심으로 한 영성의 형성에서 주된 영향을 끼친 인물은 안디옥의 감독 이그나티우스(Ignatius, 110년 사망)이다. 일반적으로 간략한 번역본(보다 긴 번역본도 있다)으로 되어 있으며 진정한 그의 서신이라고 받아들여지는 7개의 서신에서, 이그나티우스는 구원 및 영적(혹은 영원한) 생명은 그리스도의 성찬에 성실하게 참여함으로써 체험되고 실현된다는 견해를 강력하게 개진했다. 이 몸은 교회의 공동체 안에서 형성되며, 장로들의 회에 의해 에워싸여 집사들의 도움을 받아 성찬 모임을 주재하는 감독의 지도하에 모든 신실한 사람들을 불러 모은다. 이그나티우스는, 이 성찬 공동체에 끊임없이 참여하며 머리인 감독에게 순종하지 않는 한, 누구도 영생을 주시는 하나님과의 관계를 요구할 수 없다고 주장했다.

이그나티우스의 이러한 견해들은 거의 이교적이거나 마술적인 성찬중심주의(sacramentalism), 그리고 교회의 구조와 사역에 절

대적인 권위를 부여하며 평교인들의 무조건적인 순종을 요구하는 일종의 율법주의를 영성에 도입하는 듯이 보인다. 이그나티우스는 성찬을 "불멸의 약, 죽음의 치료제"라고 불렀는데(*Letters to the Ephesians* 20.2), 이 때문에 학자들은 이것이 이교적 형태의 영성이며 성경적 정신에서 근본적으로 이탈해 있다는 결론을 내린다. 그러한 결론은 성급하고 공정치 못한 것이다. 이그나티우스는 성찬을 본질적으로 불멸의 초자연적인 능력을 포함하고 있는 하나의 객체로 간주하지 않았다. 그는 성찬은 주로, 그리고 근본적으로 하나의 교제의 사건, 즉 흩어져 있던 하나님의 백성들이 *parousia* 안에서 모이는 것에 대한 가장 초기의 종말론적 기대와 연결하여 이해된 성경적 의미에서 함께 모이는 것(synaxis)이라고 보았다. 그러므로 이그나티우스의 신학의 맥락에서 "불멸의 약"(medicine of immortality)이란 성찬이라는 객체에서 생겨나는 것이 아니라 교제, 즉 공동체의 모임에 참여하는 데서 생겨나는 영생이다.

이그나티우스가 영생에 참여하기 위한 필수 조건으로서 감독을 강조한 것도 이러한 맥락에서 이해되어야 한다. 감독에게 불순종하는 사람은 교회의 참 감독이신 그리스도나 하나님께 불순종하는 것이다. 왜냐하면 감독은 하나님의 대리인이거나 하나님의 전형이기 때문이다. 이그나티우스의 견해에 의하면, 영원한 참 생명은 종말론적 실재이며, 오직 종말론적 공동체에 참여함으로 통해서만 주어진다. 그런데 종말론적 공동체는 성찬(eucharistic) 공동체 안에서 상징되며 표현된다. 그는 근본적인 성경적 사상들에 따라, 구원은 개인의 일이 아니라 하나님의 백성들의 공동체에 속하는 것과 관련된 일이라고 주장했다. 성찬 공동체와 그 머리 되는 감독을 멸시하는 사람들은 오만한 자들이며, 자동적으로 하나님과의 교제 및 영생으로부터 스스로 단절한다. 감독의 핵심적 중요성은 독립된 개인으로서 그가 취하는 직무에 있는 것이 아니라 성찬 공동체의 머리라는 존재에 있다. 성찬 자체와 마찬가지로, 감독직은 사람들과 관련된

2. *Chalice of Antioch*, Early Christian Period

3. *The Trinity* by Andrei Rublev, Russian, 15th century

4. *Icon of the Descent of the Holy Spirit,* Russian

5. *The Riha Paten,* 6th century (central detail)

(relational) 사역이다. 이 둘은 모두 역사 안에서의 종말론적 공동체의 현존을 위해 중요한 것이기 때문에, 영성생활을 위해서 중요한 것이기도 하다. 그러므로 이그나티우스의 성찬적이고 감독 중심적 신비주의는 종말론적 방침 및 영성생활에 대한 성경적 접근이라는 특성을 지닌 공동체의 기초를 유지한다는 점에서 근본적으로 성경적이다.

3세기초의 시리아 문서인 *Didascalia Apostolorum*과 거의 같은 시기에 로마의 힙폴리투스(Hyppolytus)가 저술한 『사도 전승』(*Apostolic Tradition*) 등의 문서에서 분명히 드러나는 바와 같이, 이그나티우스의 견해들은 최초의 몇 세기 동안 교회의 생활을 계속 지배해왔다. 수세기 동안 교회의 구조와 삶의 발달을 위한 기초가 되었던 이 두 문서는, 성찬 공동체와 그 공동체의 머리인 감독이 기독교 영성의 필수적인 배경을 구성한다는 원리를 강조한다. 성찬과 감독을 통하지 않고서는 누구도 영생에 참여할 수 없다. 이러한 사상으로 인해 오리겐과 키프리안(Cyprain)에게서 접하게 되며 초대 교회 전체가 필수적인 것으로 가정했던 것, 즉 "교회 밖에는 구원이 없다"(*extra ecclesiam nulla salus*)는 금언이 등장했다. 이 금언은 후일 제도주의(institutionalism)와 율법주의(legalism)를 함축하는 것으로 오해되기도 했다.

그러나 초기의 몇 세기 동안, 교회(ecclesia)란 바울이 고린도교회에 보낸 편지에서와 동일한 것, 즉 실질적인 성찬의 모임을 의미했다. 그러므로 그것은 다음과 같이 바꾸어 설명되어야 한다: 성찬의 교제에 참여하지 않는 한 구원을 받을 수 없다. 이것은 제4복음서가 강조한 것, 즉 우리가 인자(人子)의 살을 먹고 피를 마시지 않는 한 생명을 소유할 수 없다는 것을 달리 표현한 것이다. 그러므로 영성의 배경을 제공하는 것은 성령의 교제와 공동체, 즉 교회이다. 감독은 이러한 성찬 공동체의 머리이기 때문에 반드시 필요한 존재이다.

이러한 해석을 토대로 하면, 한 장소에는 오직 한 사람의 감독과 하나의 성찬만이 존재할 수 있다는 초대 교회의 기본적 전제가 분명해진다. 감독은 개인으로서가 아니라 성찬 공동체의 머리로서 중요성을 지니며, 성찬은 하나의 성례가 아니라 종말론적 공동체의 표현이기 때문에, 한 명 이상의 감독과 성찬은 특정 장소에 하나 이상의 교회가 존재한다는 것을 의미하게 될 것이다. 이그나티우스와 키프리안은 이 문제에 대해 대단히 엄격했으며, 325년에 개최된 최초의 에큐메니칼 공의회인 니케아 공의회 역시 그러했다. 이 공의회의 규정 8은 한 도시에 한 명 이상의 감독이 존재하는 것을 금지하고 있다.

이 교회법 규정의 영적 의의(意義)는 매우 심오하다. 이미 살펴본 바와 같이, 성찬이란 선천적인 것이건 사회적인 것이건 간에 모든 구분이 그리스도의 일치 안에서 초월되는 장소이다. 그리스도의 나라에서는 죽음에 상응하는 구분들은 사라질 것이다. 만일 교회가 어린이들이나 어른들, 남자나 여자, 흑인이나 백인 등을 위한 특별한 성찬을 거행한다면, 이것은 이러한 구분들을 종말론적으로 인정하는 것이 될 것이다. 특별한 인종 집단이나 직업이나 사회 계층을 위한 특별한 성찬을 거행하는 것도 마찬가지가 될 것이다. 성찬 안에서 우리는 다른 인간들도 동일한 몸에 속하며 동일하게 궁극적인 운명에 동참한다는 것을 받아들이는 법을 배워야 한다. "하나의 성찬, 한 사람의 감독, 하나의 교회"라는 원리가 영성 안에서 살리려 하는 것은 바로 이 심오한 "수평적" 차원이다. 소위 다른 사람들과의 영적(비물질적이라는 의미에서) 일치를 유지하는 것만으로는 부족하다. 참 기독교 영성은 실제적인 연합―실질적으로 물질적이고 역사적인 연합 체험―을 필요로 한다. 하나의 구체적인 공동체, 그리고 그 공동체의 머리인 하나의 감독이 존재하지 않는 한, 영적 체험, 보다 적절하게 표현하자면 기독교적 체험은 있을 수 없다.

"하나의 성찬, 하나의 감독, 하나의 교회"라는 이 원리는 3세기말

이후 교인들의 급증(急增)과 같은 실질적인 필요성으로 말미암아 교회가 교구들을 만들고 성찬에서의 지도적 역할을 장로들에게 배정하게 되었을 때에도 유지되었다. 감독은 주로 커다란 주교 관구를 다스리는 자이며 장로들은 성찬을 집전하는 자로 간주하는 것은 원래의 교회학에서 크게 탈선한 것이다. 이러한 일은 중세 시대에 발생했지만, 4세기에도 감독은 성찬을 주재했었다. 성찬 때에 장로들은 감독의 허락을 받아 감독을 대행한다. 특히 서방에서는 오랫동안 감독은 자신의 성찬과 장로의 성찬을 섞기 위해서 자신의 성찬을 여러 교구에 보냈으며, 그럼으로써 한 장소에는 오직 하나의 성찬, 즉 감독의 성찬만이 존재한다는 사상을 실현한다. 이러한 관습은 *fermentum*이라고 알려져 있었다. 동방에서는 오늘날까지도 한 교구의 성찬을 유효하게 하는 사람은 감독이라는 것, 즉 한 지역에는 단 하나의 성찬이 있다는 것을 확인해주는 지방 감독의 서명을 비롯하여 성인들의 유물(교회의 일치의 상징)이 들어 있는 천 조각을 사용하는 관습(antimension)이 있다.

마지막으로, 단순히 상징적인 성찬 거행이 아니라 실질적 성찬 거행의 중요성을 강조한 것은, 기독교 영성이 물질 경멸이나 경시에 기초를 둔 것이 아님을 의미한다. 성찬에는 먹는 것과 마시는 것이 포함된다. 또한 그것에는 인간의 노력은 물론이요 물질적인 요소인 떡과 포도주가 포함된다. 이 모든 것은 성찬 안에서 거룩해진다. 영성에 대한 고대 그리스의 태도, 특히 신플라톤주의의 태도와는 달리, 교부 시대에는 삶에 대한 성찬적 접근에 기초를 두었으며, "신령하다는 것"은 물질 세계를 받아들이고 성화시키는 것이며 어떤 방식으로든 그것의 중요성을 훼손하지 않는 것임을 강조했다. 이러한 요점은 리용(Lyons)의 감독 이레니우스(Irenaeus)가 특히 강조했으며, 영지주의자들을 대적하기 위한 하나의 논거로서 개발되었다.

영지주의의 도전

영지주의(Gnosticism)는 기독 교회 내부의 운동이면서 또한 외부의 운동으로서, 그 나름의 영성을 표현했다. 영지주의는 특히 두 가지 면에서 교부 시대의 교회에 도전했다. 첫째는 물질 세계를 잠식하고, 세상 창조를 하나님이 아닌 조물주(demiurge)에게로 돌리려는 경향이었다. 조물주(demiurge)는 인간이 경험하는 악에 대해서도 책임을 지며, 그의 영역은 주로 물질 안에 있다. 이 접근 방식에서의 영성은 물질과 시간으로부터의 도피인데, 여기에는 금욕주의, 혹은 모든 윤리적 제한들에 대한 멸시가 포함된다. 구원과 영성 생활에 대한 영지주의의 접근 방식의 두번째 주요 특성은 지식(헬라어로는 *gnōsis*)이다. 특권을 지닌 소수의 "영지자들"(Gnostics)에게 신화(myth)의 형태로 계시되는 은밀한 신비들에 대한 지식을 소유하고 있는 사람들은 구원과 영생을 요구할 수 있다.

2세기에 교회는 영지주의를 배격하면서 이 두 가지 원리를 부인하는 영성 개념들을 발달시켰다. 이것은 주로 이레니우스의 영향 하에서 발생했다. 영지주의자들을 공격한 그의 저술들에는 그 이후 수세기 동안의 교회들을 위한 기독교 영성의 근본 원리들이 기록되어 있다.

이레니우스는 안디옥의 이그나티우스의 저술에 나타나 있는 전통—성찬은 "사망을 치료하는 해독제"이며, 따라서 불멸과 영생의 원천이라는 것—을 강조하여 언급함으로써 영지주의 영성의 두 가지 특성 중 첫째 특성(물질세계 멸시)에 맞섰다. 이레니우스는, 물질 세계는 유일하신 아버지 하나님의 직접적인 산물이며 물질은 선한 것이라고 강조함으로써 영지주의자들과 싸웠다. 동일한 방식으로 그는 역사와 시간 역시 선한 것으로서 영성에 반드시 필요한 조건이 되는 바 인간 자유를 발휘하는 토대요 배경이 된다고 강조한다. 하나님께서는 아담을 지으셨으며, 결정적인 사건들(*kairoi*), 즉 역사를 만들어내고 자유로이 행동함으로써 하나님과의 완전한 교제에 도달하게 하기 위해서 시간과 역사의 흐름 안에 있는 물질 세계 안에 그를 놓으셨다. 물질 세계와 비물질적 존재들(천사들과 하나님) 사이의 존재인 인간에게 몸이 주어졌다. 신령한 사람은 몸을 통해서 물질계를 하나님과의 교제로 이끌고 또 썩지 않음으로 인도하기 위해서 하나님의 영을 받는다. 이것이 곧 몸의 최종적인 부활 전까지 성찬이 의미하고 실현하는 것이다.

이 마지막 요점은 초기 몇 세기 동안 기독교 영성에서 특별히 중요한 것이었다. 이 믿음은 2세기의 기독교 저술가들(예를 들면 호교론자인 아테나고라스)의 신학에서 중심적 위치를 차지했을 뿐만 아니라, 가장 초기의 교회의 신조들 안에 받아들여졌다. 육, 혹은 몸의 부활에 대한 기대를 언급하지 않고서는 기독교 영성을 이해할 수 없었다. 영성이 너무나 물질적으로 인식되었기 때문에 몸이 없는 인간 존재는 하나의 본질적인 부분이 결여된다고 간주되었다. 영혼의 불멸이라는 것만으로는 죽음을 대면하고 있는 기독교인을 위로하기에 충분치 못했다. 이레니우스는, 영혼들은 사후에 몸의 부활을 기다리며, 몸이 부활할 때에만 하나님과의 완전한 교제와 영생을 누린다고 저술했다. 이 부활은 성령의 사역인데, 성령은 교회의 교제, 특히 성찬을 통해서 하나님과의 교제를 유지한다. 그러나 몸의 부활을 고대하지 않는 영성은 기독교 영성이 아니다.

이레니우스가 공격한 영지주의의 두번째 특성은, 지식이 구원과 영생에 이르는 열쇠라는 원리였다. 이것과 관련하여, 그는 암시적으로이기는 하지만 변증가 저스틴(Justin, 165년 사망)과 같은 중요한 저술가들을 통해서 기독교 전통 안에 유입된 특정 견해들을 바로잡아야 했다. 저스틴은 그리스 철학과 기독교 사이에 교량을 놓기 위해서 세상(특히 인간들)과 성육하신 하나님의 로고스이신 그리스도 안에서 가장 훌륭하게 실현된 하나님 사이의 연결 고리인 로고스(logos)라는 사상을 발달시켰다. 그리함으로써 저스틴은 지식이라는 원리에게 구원에서의 핵심적 역할을 부여하여, 그리스도 이전, 그리고 이교도들(예를 들자면 고대 그리스의 철학자들)에게도 참된 지식(그리고 구원)이 존재했을 수 있다는 논거를 제공했다.

이레니우스는 지적인 지식 대신에 다른 중심 사상을 도입함으로써 이 견해를 수정했다. 그의 견해에 의하면, 사도들 및 그리스도 이후에 교회 안에서 생활한 사람들은 성육신 이전에 살았던 사람들의 지식과 비교할 때에 유일하게 참되고 유효한 지식이라는 의미에서 로고스(Logos)에 대한 탁월한 지식을 가지고 있었다. 그 이유는 성육신과 교회는 정신(mind)에 의해 파악되는 진리에 기초를 두는 것이 아니라 개인적 교제에 기초를 둔 지식을 제공하기 때문이다. 그러므로 하나님에 대한 참 지식은 개인이 특정한 합리적인 전제들을 받아들이는 것, 혹은 진리와 하나님에 대해 그가 가지고 있는 이상과 관련된 것이 아니라 개인적인 관계들과 교제와 관련된 일이다.

지식에 대한 이러한 이해는 구원을 지적인 영역에서 제거하여 교회의 공동체라는 맥락 안에 두기 때문에, 영성에 있어서 대단히 중요한 것이었다. 이것은 영성에 대한 기본적으로 성경적인 접근 방식을 계속 활성화해주는 역할을 했다. 하나님께 이르는 길은 이웃들과의 관계를 통과해야만 한다. 사랑은 기독교 영성의 유일하게 건전한 토대이다. 후일 금욕적 교부들에 의해 표현되지만, 지식의 도구는 정신이 아니라 마음이다.

기독교적 영지주의의 출현

지성을 통해서 영성에 접근하며 구원을 주로 계시의 문제로 취급하려는 경향은 초대 교회의 삶에서 완전히 사라지지 않았다. 저스틴에게서 시작된 주장은 그리스 철학이 영향력을 펴고 있었던 알렉산드리아의 요리문답 학교에서 더욱 발달되었다. 이 점에서 두 명의 위대한 인물은 알렉산드리아의 클레멘트(215년 사망)와 오리겐(253년 사망)이다. 그들의 사상은 영성에 있어서 특별한 의미를 지닌 일종의 기독교적 영지주의를 대변한다고 묘사될 수 있었다.

그러나 클레멘트와 오리겐은 로고스(logos)라는 사상을 가지고 작업했으며, 계시를 신학과 영성에서의 출발점이요 주요 모티프로 사용했다. 클레멘트는 특히 참 지식인(Gnostic)이면서 동시에 완전한 기독교인이 이루어지기 위해서는 믿음(*pistis*)과 지식(*gnōsis*)이 공존해야만 한다고 강조했다. 클레멘트의 정신에서 이따금 철학은 거의 초자연적이고 유익한 역할을 했다. 그러나 그는 한번도 엄격한 의미에서 지성인이 되지 못했다. 그는 말하기를, 믿음은 지식보다 훌륭한 것으로서 지식을 판단하는 기준이 된다고 말했다(*Stromateis* 2.4.15). 이 믿음은 주로 성육하신 그리스도 안에 완전히 계시된 하나님의 로고스(Logos)에 대한 믿음이다. 다른 방법으로는 알 수 없는 하나님을 계시해 주시는 분이 바로 이 로고스(Logos)이다. 하나님의 이성(Reason)이 곧 로고스(Logos)이다. 구원과 영생은 이 로고스(Logos)에게서 파생되는데, 이 분은 자신을 인간 로고스(logos), 또는 정신에게 부착시키며 그것을 조명함으로써 구원을 허락해준다. 그러므로 영성의 정수는 신적 로고스에 대한 관상, 혹은 로고스(Logos) 안에서 로고스(Logos)를 통해서 행하는 하나님에 대한 관상이다. 이것은 다른 길이 아닌 사랑으로 이어진다.

클레멘트와는 달리, 오리겐은 철학자가 아니라 교회의 전통에 속한 사람(*ecclesiasticus*)이 되기를 원했다. 그러나 실제로 그는 성서와 교회의 전통을 해석하면서 신학보다는 철학을 우위에 두었다. 그도 클레멘트처럼, 영적 완전을 하나님의 로고스가 인간 영혼에게 주시는 참된 계시 및 지식과 동일시했다. 그러나 그의 접근 방식은 다소 신비적이었으며, 이것 때문에 그는 초대 교회 내에서 기독교 영성의 형성에 영향을 미치게 되었다. 그러나 그의 영향력은 초기의 성경적 정신 구조로부터의 심각한 이탈을 낳게 만들었다.

오리겐의 신비주의는 로고스에 중심을 두었다. 그는 아가서 주석 및 다른 저서에서 사랑과 결혼이라는 형식을 빌어 인간 영혼과 말씀의 합일에 대해 광범위하게 이야기한다. 이러한 영혼과 말씀의 교제의 결과는 정신의 조명(illumination of mind)이라는 용어로 묘사된다. 로고스는 영혼에게 "알려져 있지 않은 모든 감추인 일들"을 설명해준다. 이것은 연인이신 하나님의 말씀이 그의 애인인 순수하고 완전한 영혼에게 주는 참되고 친밀하고 거룩한 입맞춤이다."(『아가서 주석』1). 기독교 영지주의에 의하여 영성을 훨씬 더 많이 이해할 수 있다.

로고스와의 합일에 합당하다고 생각되는 인간 영혼은 모든 정욕(*pathē*)으로부터 자신을 깨끗하게 하여 무정욕의 상태(*apatheia*)에 도달해야만 한다. 오리겐은 영과 물질, 혼과 몸 사이의 대조라는 플라톤적 용어에 의해서 이것을 이해했다. 그는 금욕을 강조했는데, 여기에는 몸의 순결과 동정(童貞)이 포함되었다(그는 마태복음 19:12를 적용하는 데 있어서 무력했다. 그는 이 구절을 문자적으로 해석했다). 그러나 그는 금욕의 방법으로서 성서 연구, 그리고 특히 기도를 강조했다. 그는 금욕의 본질은 물질과 몸의 영향력으로부터 영혼이 해방되는 것이라고 보았다. 그는 영혼의 해방은 진실로 그리스적인 방식으로 불멸하고 영원한 것—따라서 가장 고귀하고 귀한 것이라고 간주했다.

이렇게 하는 데 있어서 오리겐은 클레멘트가 주장한 단계들을 따랐으며 "무식한"(simple) 기독교인과 "조명된"(illumined) 혹은 "교육을 받은" 혹은 "영지적"(Gnostic) 사람들을 분명히 구분했다. 그는 첫번째 범주의 사람들을 복음서 이야기에 등장하는 무리들과 비교했다. 그들은 예수님을 따랐으나 그 나라의 비밀에는 접근하지 못한 사람들이다. 신령한 사람, 혹은 유식한 기독교인들은 그 나라의 비밀을 계시 받은 예수의 제자들에 비유된다. 오리겐은 복음서가 신체적인 부분, 즉 육체적이고 물질적인 부분과 영적인 부분으로 구성되어 있다고 보았다. 외적이고 역사적인 사건들(십자가를 포함해서)의 배후에는 감추인 의미가 있다(여기에서 그의 우의적 석의 방법이 비롯되었다). 중요한 것은 이 의미에 대한 지식과 계시인데, 이것은 모든 사람들에게 주어지는 것이 아니라 소수에게만 주어진다. 영혼은 정욕을 깨끗이 씻어버리며 말씀에 합류함으로써 진리를 본다. 이것이 영성의 본질이다.

오리겐이 초대 교회의 영성에 미친 지속적인 큰 영향은 교회에 커다란 가능성도 되고 심각한 위험도 되는 것으로 증명된 특징적인 사상들에 이바지했다.

첫째, 오리겐은 정욕과 죄에서 깨끗하게 된 인간 영혼에 의해 계시, 관상, 신적인 것에 대한 지식 등을 통해서 인간 영혼이 이해한 빛에 대한 관념을 기본적인 것으로 소개했다.

둘째, 오리겐은 완전이라는 개념에 거룩이라는 개념을 부여했고, 그리하여 특정 기독교인 집단, 즉 영적 엘리트에게 거룩이라는 개념을 부여했다. 따라서 거룩이라는 사상은 전체로서의 교회 공동체로부터 분리되었다. 이것은 개인주의, 혹은 엘리트주의라는 위험, 그리고 교회의 역사적이고 정경적인 구조와의 갈등이라는 위험을 초래했다.

마지막으로, 오리겐은 종말론을 역사적인 장(場)에서부터 인간학적 장으로 이동시켰으며, 몸의 부활 및 *parousia*라는 사건에 대한 기대를 영성에 있어서 부차적으로 중요한 것으로 만들었다. 이 모든 특성들을 후대의 수도원 운동에서 관찰할 수 있다. 오리겐은 많은 면에서 수도원 운동의 영적 창시자로 간주될 수 있다.

영성의 한 형태인 순교

영성에 대한 이와 같은 영지주의적 접근에도 불구하고, 오리겐 자신은 영성의 최고의 형태는 순교라는 믿음을 지니고 있었는데, 그것은, 특히 이레니우스를 통해서, 신약 성서 시대 이후로 교회에서 지배적인 것이 되었었다. 그는 자신의 저서 『순교에의 권면』(*Exhortation to Martyrdom*)에서 그리스도의 참되고 완전한 제자란 그분을 따라 십자가를 질 준비가 된 사람이라고 말한다. 진정한 영성에는 항상 어떤 형태이든지 죽음이 포함된다. 이런 까닭에 금욕 고행자와 순교자는 교회의 참된 영성인이다.

순교자가 가장 훌륭한 영적 기독교인이라는 견해는 2, 3세기에 프리기아에서 일어난 몬타누스주의에 의해 대변되는 영성을 대적하면서 더욱 발달되었다. 몬타누스주의는 광신적인 운동으로서, 그 추종자들은 성령의 직접적인 영향 아래 있으며, 따라서 지금 이 세상에서 종말론적 현실을 체험하고 있다는 신앙을 지녔다. 이러한 맥락에서 그들은 자기들이 그리스도 및 자기들로 하여금 열광적이며 때로는 히스테릭한 증세를 나타내게 만드는 보혜사와의 신비적 만남을 가진다고 주장했다.

몬타누스파의 영성에는 엄격한 금욕주의와 도덕이 수반되었는데, 그것이 외부인들에게 감명을 주었다. 그 시대의 위대한 기독교 신학자인 터툴리안은 그들의 엄격한 도덕에 매료되어 몬타누스파에 합류했었다. 그들의 도덕에는 특히 재혼 금지, 그리고 박해를 피하는 것을 정죄하는 것 등이 포함되어 있었다. 몬타누스주의자들은 영적 열심으로 말미암아 교회의 사역과 성직 계급, 사도적 승계 등을 무시하거나 멸시했다. 그들은 조직에 반대가 되는 것으로서 성령을 중요시하고, 교회 구조와 성찬 공동체에 대적하는 것으로서 개인의 덕과 체험을 중요시했다.

이미 살펴본 바와 같이, 영성에 대한 이러한 견해가 성령은 방언이나 신유나 예언하는 등의 특별한 은사를 받은 카리스마적 개인을 통해서 활동하신다는 믿음의 형태로 고린도 교회의 공동체 안에 처음 등장했을 때에 바울은 그것을 정죄했다. 바울은 사랑이 동반되지 않는 한, 이 모든 은사는 무가치하다고 주장했다. 사랑은 교회의 공동체를 든든히 세워주는 것이었다. 그는 또 특별한 은사들만이 아니라, 통치와 관리 등 교회의 지극히 평범하고 흔한 사역도 성령의 활동과 임재를 보여준다고 고린도 교회 교인들에게 가르쳤다. 모든 사역은 카리스마적(다시 말해서 성령의 은사)이며, 그것들은 모두 공동체의 단일 목적을 위해 존재한다.

영성에 대한 이와 같은 바울의 태도와 동일한 태도를 몬타누스 시대에 이레니우스와 같은 인물들이 채택했다. 이레니우스의 두 가지 특별한 주장이 이러한 태도를 나타낸다.

첫째, 그는 교회의 역사적이고 제도적인 면을 강조했다. 그는 감독의 직무란 "특정의 진리의 은사"를 전하는 것이며, 감독직의 역사적 승계는 그 진리를 굳게 지킨다는 보증이라고 간주했다. 그리하여 영성은 감독과 연결되었는데, 감독은 성찬 공동체의 머리로서 성령의 은사들을 교회의 지체들에게 분배했다(이그나티우스의 견해와 비교하라).

이레니우스는 두번째 주장에서 몬타누스파 영성이 지닌 문제의 근원을 공격했으며, 마지막 분석에서는 기독교 영성 전체의 근원을 공격했다. 기독교 복음에서, 성령은 항상 그리스도를 가리키며, 영성은 그리스도의 위격에 초점을 둔다. 이레니우스는 몬타누스주의에 반대하여 이 점을 강조하면서 신령한 기독교인들, 즉 성령을 받은 탁월한 사람들은 예수 그리스도를 주로 고백하면서 죽는 순교자라는 교회의 믿음을 강조했다. 이레니우스가 리용(Lyons)과 비엔나(Vienna)의 순교자들에게 보낸 것으로서 유세비우스의 『교회사』에 보존되어 있는 반-몬타누스주의 편지에서는 예언하고 초자연적 행동을 행하는 기독교인보다는 그리스도를 위해서 생명을 바치는 순교자들이야말로 성령을 소유한 사람이라고 강조했다. 그러므로 성령은 역사적 예수와 밀접하게 결합되어 있다. 영성은 그리스도-일원론적(christomonistic)이 아니라 그리스도 중심적(christocentric)

인 것이 된다. 성령은 언제나 그리스도와의 관계 안에서 행동하며, 성령이 없이는 그리스도를 생각할 수 없다. 역사적 예수의 몸인 교회의 덕을 세우는 일이 없는 한, 참된 기독교 영성은 있을 수 없다. 그러나 교회의 역사적인 면과 제도적인 면이 동등하게 본질적 권위를 가지는 것은 아니다. 그것들은 어떤 관계를 지닐 때에만, 즉 공동체라는 배경 안에 있는 성령의 교제라는 사건들로서만 존재한다.

중세 시대의 영성을 향하여

초기 교부 시대는 4세기의 교회, 그리고 후기 교부 시대 및 비잔틴 시대에게 후대의 표준이 될 근본적인 영성의 원리들을 물려주었다. 이 역사적 유산 안에 포함된 영성에는 두 가지 기본적 정신 구조 혹은 태도가 있었다. 하나는 성찬 공동체에 기초를 두고 있으며 그 공동체 및 그 공동체의 종말론적 지향을 결정적인 영성의 요인으로 포함하고 있는 영성의 형태이다. 또 하나는 정욕과 싸우며 도덕적 완전에 도달하기 위해 노력하는 개인의 경험에 기초한 영성, 영혼이나 정신과 하나님의 로고스와의 신비적 합일이 수반되는 영성이다. 첫째 형태는 안디옥의 이그나티우스와 이레니우스와 같은 교회 교부들의 영향 하에서 진작되었고, 둘째 형태는 주로 오리겐과 알렉산드리아의 신학자들의 영향을 받았다.

4세기 이후의 교회의 역사를 연구해 보면, 이 두 가지 형태의 영성은 계속 공존해 왔으면서도 쉽게 양립하지 않았음이 드러난다. 오리겐 파의 영성은 4세기에 이집트의 수도사들이 오리겐의 저서를 널리 읽으면서 유명해졌다. 에바그리우스주의(Evagrianism: 이 영성의 창시자인 폰투스의 에바그리우스의 이름에서 유래됨)라고 알려진 바, 오리겐을 추종하는 강력한 수도적 전통의 주요 주제는 악한 생각들로부터 마음을 깨끗하게 하는 것이었다. 오리겐주의와 에바그리우주의는 초기에는 근본적인 약점과 위험들을 나타냈으며,

크게 확장되고 영향력을 미쳤음에도 불구하고 결국 교회의 주류로부터 배척을 받았다. 오리겐주의는 553년에 개최된 제5차 에큐메니칼 공의회에서 공식적으로 정죄되었다.

4세기에 이미 에바그리우스파의 영성과 병행하여 또 다른 형태의 영성이 융성했다. 그것은 이집트의 마카리우스(Macarius)의 것이라고 주장된 저술들과 관련이 있었다. 영성의 중심을 정신(*nous*)에서부터 마음(*kardia*)으로 옮겼다는 점에서, 이 영성은 오리겐주의를 근본적으로 바로잡은 것이었다. 그리하여 그것은 인간 실존의 인식론적인 중심이 되었다. 이 영성에 따르면, 순종과 사랑의 결속인 마음은 정화(淨化)와 영적 금욕 훈련을 필요로 한다. 마카리우스의 수도원 운동에서, 죄인을 멸시하는 것, 그리고 지식이나 영적 완전을 자랑하는 것을 허락하지 않는 사랑은 가장 훌륭한 영적 주제였으며, *gerontes*(문자적으로는 영적 자녀를 거느리고 지도하는 "원로들")라고 알려진 신령한 아버지들을 위한 감화의 원천이 되었다. 이것은 교부 시대의 기독교 영성을 오리겐주의의 위험으로부터 구하여 성경적인 초기 교부 시대의 근원으로 돌아가게 해준 중요한 발달상이었다.

동방에서 발달된 마카리우스의 수도원 운동의 영향력에도 불구하고, 성찬에 기초를 둔 초대 시대의 영성의 존속이라는 문제는 수세기 동안 심각한 문제가 되었다. 마카리우스의 영성은 마음의 중요성, 그리고 순종과 사랑의 중요성을 강조했는데, 그것 때문에 교제(communion)라는 차원이 중요하게 되었다. 그러나 교회의 실제 구조와 사역과 성례 등이 영성과 관련하여 지니는 중요성과 관련된 문제는 언제나 미해결 상태로 남아 있었다. 영성생활에 있어서 성례는 수도원 운동만큼 중요한가? 감독은 수도원의 영적 아버지인 게론(*gerōn*)만큼 중요한가? 이러한 질문들이 비잔티움 및 서방 세계의 많은 신비적 조류들의 영성사의 근저에 놓여 있었고, 이 후대 시대와 이그나티우스나 이레니우스의 시대의 차이를 분명하게 만들었다.

이 두 형태의 영성—일반적 용어로 표현하자면 성찬 영성과 수도적 영성—의 건전한 화해를 이루려는 가장 중요한 시도는 6세기 말과 7세기에 활동한 그리스 교부인 고백자 막시무스(Maximus the Confessor)와 그의 저서 안에서 발견될 것이다. 막시무스는 오리겐주의를 바로잡고 에바그리우스주의에 포함된 위험을 제거했을 뿐만 아니라, 교회사 전체에 걸쳐서 특이한 방법으로 실존에 대한 과거의 성경적 접근과 초기 교부 시대의 성찬적 접근을 회복시키고 수도적 체험과 종합했다. 막시무스의 견해에 의하면, 세상, 특히 인류 안에는 대단히 교회적인 구조와 특성이 있었다. 실존은 성찬적인(eucharistic) 것이며, 만일 그것이 만물에 의미를 주는 "우주적 전례"(cosmic liturgy)의 표현이 되지 않는다면, 영성은 무의미한 것이 된다. 막시무스는 성찬에 관한 주해서인 *Mystogogia*에서 인간을 전체 교회의 이미지로 보고, 인간 실존의 의미를 성찬이라는 맥락 안에 둔다. 수도적 체험 자체는 하나의 목적이 아니며, 성찬에서 의미를 얻는다. 성찬은 전체 피조 세계에 의미와 목적을 준다. 영성의 위대한 원천은 성찬 공동체이다.

막시무스는 이것을 강조하면서, 영성 안에 또 하나의 성경적 요소, 즉 종말론을 도입한다. 수도원 운동은 교회의 세속화에 대한 일종의 항거로서 강력한 종말론적 태도를 가지고 출발했지만, 성경적 접근 방식과는 달리 성찬 공동체로부터 종말론을 흩어놓는 경향이 있었다. 막시무스는 성찬 안에서 전체 피조 세계의 종말(*peras*)을 향한 움직임을 보았다. 성찬을 주로 우주적 맥락 안에(하늘과 땅 사이의 관계 안에) 둔 아레오파고 사람 디오니시우스(Dionysius the Areopagite, 5세기)의 저술들과는 달리, 막시무스는 성찬 안에서 유한 운동, 즉 과거 이레니우스와 같은 교부들 안에 보존되었던 성경적 의미에서 종말론적 태도를 보았다. 이러한 접근 방식에서의 영성은, 모든 정욕으로부터 마음을 깨끗하게 함을 통해서, 그리고 피조 세계를 그 자체에 합당한 종말로 향하는 운동 안에 두는 실제의 성찬 모임을 통해서 성찬 공동체에 참여함으로써 개인주의를 극복하는 일이 된다.

참고문헌

원자료
The Apostolic Fathers. Translated by Maxwell Staniforth. London: Penguin Classics, 1968.

연구서(研究書)
Bouyer, Louis. *The Spirituality of the New Testament and the Fathers*. Vol. 1 of *A History of Christian Spirituality*. New York: Seabury, 1982.

Pelikan, Jaroslav. *The Christian Tradition: A History of the Development of Doctrine*. Vol. 1, *The Emergence of the Catholic Tradition (100-600)*. Chicago and London: University of Chicago Press, 1971.

Zizioulas, J. D. *Being as Communion: Studies in Personhood and the Church*. Crestwood, NY: St. Vladimir's Seminary Press, 1985.

제3장
영지주의 영성

로버트 그랜트(ROBERT M. GRANT)

영지주의 영성(Gnostic Spirituality)을 정확하게 정의하거나 묘사하기는 매우 어렵다. 왜냐하면 "영지자"(Gnostic)이라는 용어 자체가 매우 부정확한 것이기 때문이다. 대부분의 고대 영지주의자들(2-4세기)은 스스로를 기독교인이라고 부르거나, 혹은 자기 분파의 창시자들을 따르는 자들이라고 불렀던 듯하다. 스스로 "아는 자들"(knowers: 이것이 Gnostic이라는 단어의 의미이다)이라고 주장한 분파주의자들은 극히 드물었다. 2세기말 알렉산드리아의 클레멘트는 정통 기독교인들이 아니라 자기가 속해 있던 다소 플라톤적 지성을 지닌 지식인들의 무리를 지칭하기 위해서 이 용어를 사용했다. 한편, 신플라톤주의자인 플로티누스(Plotinus)는 영지주의자들을 비난했지만(*Enneads* 2.9) 그 용어를 사용하지는 않았다. 그것은 그의 제자요 편집자인 포르피리(Porphyry)가 추가한 것이다. 이러한 어려움에도 불구하고, 어떤 사물이나 인물을 영지자라고 부르는 것은 종종 비위에 거슬리는 의미를 소유한다.

영지주의에는 하나님이나 신들, 그리고 세상에 대한 부정적인 태도, 적대적이고 소원(疏遠)한 태도, 이 세상의 사자(angel)들과 그들의 연합군이 만들고 지배하는 세계에서 느끼는 두려움과 나그네 같은 느낌이 포함된다. 혼(soul)과는 다르며 그보다 선한 것인 영(spirit)은 플라톤의 주장에서의 혼(soul)과 마찬가지로 몸 안에 매장된다. 그것은 위에 계신 지고한 아버지에게서 파생된 신적 불꽃이라고 불릴 수도 있는데, 계시가 없으면 그것을 알 수 없다. 그것은 그 자체에 대해서 알며 압제자들을 피하여 행성계를 거쳐 진실한 천계에 도달해야 할 운명을 지닌다. 한편, 그것은 다양한 의식(儀式)에 참여함으로써 장래의 운명을 예기하며, 때로는 영의 불꽃들이 내재하는 혼을 지닌 기독교인들을 개종시켜 자각을 얻게 하려고 위해 노력한다.

유대교와 기독교에서도 어느 정도 그렇지만, 영지주의에서는 하나님, 신들이나 천사들, 세계, 인류 등에 대한 지식의 참된 원천으로서 동시발생의 신적 계시를 강조한다. 발렌티누스(Valentinus)는, 로고스가 자기에게 어린 아이의 모습으로 나타났다고 말했다. 정상이 아니었던 그의 추종자 마르쿠스(Marcus)는 말하기를, 최초의 네 가지(Tetrad)가 자기에게 여성의 형태로 나타났다고 했다. 신비(Hermetic) 문서인 *Poimandres*(1.1-4)의 저자는 "엄청나게 큰 존재"가 "무한한 비전으로 변하면서 모든 것이 밝고 고요하고 즐겁게 되었고" 뒤이어 일련의 모든 변화가 발생하는 것을 보았다. 『요한의 비밀 가르침』(*Apocryphon of John*)의 저자는 처음에는 청년을 보고 다음에는 노인을 보고 그 다음에는 종을 보았는데, 이들은 형태는 세 가지였지만 하나의 모습이었다. "나는 영원히 너와 함께 있는 자이다. 나는 아버지이며, 어머니이며, 아들이다." 단편으로만 남아 있는 낙 함마디(Nag Hammadi) 문서에도 계시가 포함되어 있다: "힙시프로네가 본 환상을 기록한 책이다"(XI, 4).

영지주의자들은 유식한 기독교인들보다 더 그레코-로마의 교육과 학문을 거부하는 경향을 나타냈다. 낙 함마디(Nag Hammadi)에는 보존되어 있지 않으나 라틴어로 된 신비(Hermetic) 문서인 『아스클레피우스』(*Asclepius*)는 사람들로 하여금 순수한 종교 철학에서 등을 돌리게 만든다는 이유로 수학, 음악, 기하학, 천문학 등 과학적 학문을 비난한다(§ 13). 낙 함마디의 *Tripartite Tractate*(1,5)는 그러한 학문들 모두를 거부한다. 그것들은 사변적이고 모순되다: "아무 것도 그 동류들과 조화를 이루지 않는다. 철학이나 다양한 의학이나, 다양한 수사학이나, 다양한 음악이나, 다양한 논리학 등은 모두 그 동류들과 조화를 이루지 않는다. 그러나 그것들은 견해들이며 이론들이다." 계시는 이성과는 전혀 다른 것으로서 그것을 초월한다.

사실 이러한 영지주의적 견해는, 교회의 교부들이 영지주의자들에게는 일관성이 없으며 잘못 이해된 그리스 철학에서 출발했다고 강력하게 주장한 이유를 설명하는 데 도움이 된다. 이레니우스는(2세기말) 그들의 불일치에 대해 논했으며, 그들의 행동을 묘사했다:

> 성서의 본문을 읽을 때에, 그들은 모두 이마를 찡그리고 고개를 저으면서 여기에 대단히 심오한 단어가 있다고 말하지만, 그 구절이 포함하고 있는 위대한 의미를 파악하지 못한다. 이런 까닭에 지혜자의 견해에 의하면 침묵이 가장 위대하다.
>
> (*Against Heresies* 4.35.4)

이레니우스는 그러한 사람들에 대해 표현할 때에 풍자, 비꼼, 희문(戱文) 등을 거리낌없이 사용했다. 사실, 그의 저서 제1권의 서문은 프톨레마이우스(Ptolemaeus)의 『플로라에게 보낸 서신』을 희문화한 것인 듯하다.

영지주의와 도덕

많은 영지주의자들의 경우에, 행위에 관련한 질문들은 단지 세상을 창조하는 입법자 천사들 및 그들의 지배하에 있는 인간의 영혼들과 육체들에 관한 것이었다. 아마 많은 영지주의자들은 도덕적인 문제들과 관련하여 그들을 공격한 기독교 저술가들만큼의 관심이 없었던 듯하다. 그들을 공격한 기독교 저술가들은 자연히 극단적인 경우를 선택했다. 이레니우스와 같은 기독교 저술가들은, 영지주의자들이 사악한 세상 안에 있으면서도 타락하지 않은 자신들을 언급하기 위해 사용한 "진흙 속의 황금" 등의 표현들을 인용했으며, 엄격한 금욕주의와 엄청난 방탕함과 같은 극단적인 삶을 공격했다.

많은 정통 기독교인들이 지닌 금욕적 경향을 고려할 때, 방탕함을 공격하는 것보다 금욕주의를 공격하기가 훨씬 더 어려웠다. 금욕적 영지주의자들은 대체로 결혼, 음주, 육식 등을 부인한다는 비난을 받았다. 그러나 그들의 특별한 신학적인 오류들이 더 중요했음이 분명하다. 반면에, 종교적인 자유 사상가들(libertines)은 일반적으로 의식 중에 난잡한 성행위를 비롯하여 영아 살해와 식인 풍습을 행하고 있다는 의심을 받았다. 로마 정부의 관리들은 기독교인들이 초기의 다른 외래 종교들의 신봉자들처럼 이러한 악습들을 시행한다고 의심하여 기독교인들의 행동을 조사했기 때문에, 이러한 비난은 특별히 중요한 것이었다. 기독교인들을 스스로를 변호하기 위해서 서둘러 영지주의자들을 비난했다. 4세기에는 영지주의자들이 영지주의자들을 비난하기도 했다.

이런 종류의 영지주의적 행위들이 항상 "순수한" 종교적 자유 사상은 아니었음이 분명하다. 이레니우스는, 마르쿠스라는 영지주의자를 추종한 여 제자들이 마르쿠스와 더불어 성찬 기도문을 낭송하면서 그에게서 은혜의 선물을 받곤 했다고 말한다:

그대가 나처럼 되고 내가 그대처럼 되기 위해서, 신랑을 기다리는 신부처럼 준비를 하라. 그대의 신방에 빛의 씨를 뿌리라. 나에게서 그대의 신랑을 받으며, 그대 안에 신랑을 위한 방을 마련하며, 신랑 안에서 방을 발견하라. 보라. 그대에게 은혜가 임했다: 그대의 입을 열어 예언하라.(*Against Heresies* 1.13.3)

은혜의 선물은 예언의 은사이다. 이레니우스는 계속하여 문제가 되고 있는 합일이 육체적인 것이었다고 말한다. 콥트의 영지주의 문헌인 『빌립의 복음』(*Gospel of Philip*)에 있는 동일한 표현들과 관련해서는 아무 말도 할 수 없다. 또한 이레니우스는 영지주의자들 중에서 "완전한 자들"(the perfect)이 기독교인들을 비방하기 위해서 행한 행동의 예를 제공한다. 그들은 자기들은 이교의 신들에게 바쳤던 고기를 먹어도 더럽혀지지 않는다고 믿고서(바울도 이러한 견해를 가지고 있었다) 그러한 고기를 먹곤 했다. 그들은 이교의 신들을 기리는 이교의 축제에 참석했다. 어떤 사람들은 검투사와 동물들의 싸움, 혹은 검투사들끼리의 싸움을 관람하기도 했다. 또 어떤 사람들은 "만족을 모르고 육체의 쾌락을 좇아 생활하면서" 그렇게 함으로써 육에게는 육적인 것을 바치고, 영에게는 영적인 것을 바친다고 주장했다(*Against Heresies* 1.6.3; "가이사의 것을 가이사에게 바친다"는 것에 관한 마태복음 22:21과 비교하라).

"일반적으로 이용할 수 있는 책들에 기록된 많은 것들이 하나님의 교회 안의 기록에서도 발견된다"는 발렌티누스(Valentinus)의 주장(Clement *Stromateis* 5.52.4)은, 그가 영지주의보다는 기독교에 훨씬 더 가까웠음을 보여준다. 그러나 어떤 영지주의자들은 관습을 조롱한 점에서 로마 세계에서 활발히 활동했던 견유학파 철학자들과 흡사했다. 비록 윤리와 종교에 관심을 가졌던 스토아 학자들은 디오게네스를 자기 학파의 일원으로 묘사했지만, 디오게네스는 견유학파의 영웅으로서 수치심이 없기로 유명했다. 디오게네스(Diogenes Laertius)는 매우 대중적인 이야기들을 제공했다(*Lives of the Philosophers* 6.20-74). 그것들의 대부분이 방탕한 영지주의자들에 대한 이야기일 수 있지만, 사실 원래의 이야기는 다소 적대적인 관점에서 이야기된 하나의 이야기였다. 한번은 어느 영지주의자가 기독교인 처녀에게 "구하는 자에게 주라"를 어떻게 생각하느냐고 물었는데, 그 처녀는 황급히 "결혼이라는 주제에 관해서라면 나의 어머니에게 말하세요"라고 대답했다(Clement *Stromateis* 3.27, trans H. Chadwick). 방탕한 영지주의자들은 초기의 모험적인 스토아 철학자들과도 흡사했다. 그들은 "국가에 관해서" 또는 "사회에 관해서" 이론적인 논문들을 저술했는데, 그러한 글들을 통해서 그들은 디오게네스만큼이나 독자들에게 충격을 주었다. 후대의 도덕가들은 그들을 공격하면서 그들을 옹호하는 사람들은 이러한 저술들은 성숙치 못한 사람들이 만들어낸 것이거나 가짜라고 주장하곤 했다.

바실리데스(Basilides)와 발렌티누스(Valentinus)를 제외한 영지주의자들을 철학 학파들의 교사들과 비교할 수 있을지는 분명치 않다. 사실, 그들이 어떻게 시간을 보냈는지, (경제적으로나 사회적으로) 어떻게 지지를 획득했는지, 그리고 그들이 어떤 부류의 지지자들을 가지고 있었는지는 분명치 않다. 많은 영지주의자들이 바람직한 행위를 많이 남겼지만, 이러한 상황이 사회의 상류층과 하류층을 반영하고 있는지, 또 중요한 차이점을 끌어낼 수 있는지 우리는 알지 못한다. 일부 교회 저술가들은, 그들은 기독교인들로서 로마의 재판관 앞에 섰을 때에 "그리스도"를 부인했다고 주장하지만, 이것은 로마 경찰의 무능함을 반영하는 데 불과하다. 만일 바실리데스를 따르는 사람들이 자기들의 본보기로서 실수로 다른 사람이 십자가에 달려 처형되는 동안 웃으며 서 있는 그리스도를 택했다면, 그들과 기독교인들의 관계는 좋은 관계일 수가 없었을 것이다(물론 우리는 기독교인들의 순교가 널리 이루어졌음을 과장해서는 안된다). 또한 유령(phantom) 그리스도라는 일반적인 영지주의의 사상과 당국자들의 추적을 받았을 때에 영지주의자들이 교묘히 잘 빠져 나간 것 사이에 어떤 관계가 있는 듯하다.

영지주의 체계

교회의 저술가들은 일반적으로 시몬 마구스(Simon Magus, 행 8장)의 추종자들을 최초의 영지주의자들로 취급했다. 이레니우스에게서 현저하게 나타나듯이(*Against Heresies* 1.23-31), 이것은 부분적으로는 전략적인 일이었다. 다소 단순한 정신을 지닌 시몬의 추종자들을 이단을 발생시킨 사람들이라고 비난함으로써, 그들의 후계자들, 광신적이고 신화적 성향을 지닌 분파의 추종자들을 단단히 붙들 수 있고, 궁극적으로는 마르시온을 비롯하여 바실리데스와 발렌티누스를 따르는 보다 점잖은 추종자들도 단단 붙들 수 있었다.

우리는 먼저 시몬 파와 그들의 후계자들에 대해 다루고, 그 다음에 주요 학파들을 다루려 한다. 시몬은 우주를 하나의 대리인, 즉 그의 "첫번째 생각"(first thought)을 통해서 만들었다고 주장했다고 전해진다. 그 대리인이 창조를 위해서 만든 반역적인 천사들이 그녀를 붙잡았으며, 그녀가 몸에서 몸으로 거쳐가는 동안 끝없는 모욕을 가했다. 그녀는 두로(Tyre)에서 창녀 생활을 할 때에 시몬을 다시 만났다. 그녀는 두로의 헬렌이며 동시에 트로이의 헬렌이었다. 시몬은 우주의 천사들의 간계를 피하기 위해서 변장을 하고서 그녀를 구하기 위해서 높은 하늘에서 내려왔다. 이 이야기는 그의 추종자들을 위해 어떤 역할을 했는가? 분명히 그들은 자기의 영이나 혼을 첫번째 생각(first thought)이 처한 곤경과 동일시 했다: 그들도 역시 천사들의 포로들이었다. 시몬의 은혜 덕분에 해방된 그들은 이 천사들의 도덕적 규제는 단순한 인습이라는 것, 그리고 그들은 원하는 대로 자유로이 살 수 있다는 것을 알았다. 어떤 사람들은 마술을 행하거나 사랑했으며, 또는 시몬과 헬렌을 제우스와 아테나와 동일시하여 숭배했다. 어떻게 해서인지, 이 확실히 영지주의적인 태도에 기독교에서 파생된 요소들이 결합되었다. 이레니우스의 말에 따르면, 시몬은 자신이 유대인들 사이에서는 성자로, 사마리아(사도행전에 따르면 이곳은 그의 고향이다)에서는 성부로, 그리고 다른 민족들 사이에서는 성령으로 나타났었다고 주장했다고 한다. 그는 헬렌을 복음서의 비유(눅 15:6)에 등장하는 바 예수께서 구하려 하신 "잃어버린 양"과 동일시 했다. 헬렌의 이야기에서 파생된 요소들은 다른 영지주의적 환경, 특히 이집트의 낙 함마디에서 발견된 콥트어 책들에서 활발히 등장하지만, 3세기에 들어서면서 이 운동은 사라진 듯하다.

이레니우스는 역시 사마리아인인 메난더(Menander)를 시몬의 후계자라고 부른다. 그러나 메난더 역시 시몬처럼 스스로를 구주라고 주장했기 때문에, 이들 두 사람 사이의 연계점을 발견하기는 어렵다. 메난더의 특징은, 자기의 추종자들에게 천사들을 극복할 수 있는 "지식"을 증여한 것이다. 그와 관련하여 (그의 이름으로?) 베푸는 세례에 의해서 그들은 "부활을 얻었다"(딤후 2:18; 고전 15:29). "그들은 더 이상 죽지 않고 나이도 먹지 않고 불멸하는 삶을 살게 되었다"(*Against Heresies* 1.23.5). 150년경에 활동한 저스틴은 몇몇 생존해 있는 메난더의 제자들을 알고 있었지만, 30년 후 이레니우스는 그들을 찾는 것이 무의미한 일임을 발견했다. 물론 메난더의 제자들이 정말로 이 문장을 문자 그대로 이해했는지는 의문이다. 기독교 저술가들은 보통 성찬이 "불멸의 약"이라는 이그나티우스의 글을 문자 그대로의 의미로 취급하지는 않는데, 같은 시대의 영지주의 인물에 대해서도 동일하게 취급해야 할 것이다.

이레니우스의 작품에 등장하는 세번째 영지주의자인 사투르니누스(Saturninus)가 가장 흥미로운 인물일 것이다. 왜냐하면 그는 분명히 자기 자신이 아니라 그리스도를 구주로 여겼으며, 창세기와 기독교 복음을 자기의 구원의 메시지로 재해석했기 때문이다. 영지적인 "미지의 아버지"(unknown Father)가 천사들을 만들었고, 천사들이 세상을 만들었다. 그들은 천상에서 온 빛나는 형상의 "모습과 모양을 따라" 인간을 만들려 했으나, 너무나 연약했기 때문에 인간들로 하여금 똑바로 서게 만들지 못했으며, "생명의 불꽃"(spark of life: sprit)만이 그 일을 할 수 있었다. 마지막으로, 아버지(Father)는 천사들을 멸하고 그리스도를 구주로 보내기를 원하셨다. 그분은 인간처럼 보였지만 비물질적인 존재였다. 그는 악한 사람들을 멸하고 선한 사람들을 구하기 위해 오셨다. 그러므로 그는 자기의 선한 제자들에게 결혼과 출산(사탄의 산물들)을 삼가라고 가르쳤다. "대부분의 제자들은 동물의 살을 먹지 않는데, 이와 같은 거짓 금욕에 의해 많은 사람들을 미혹한다"(*Against Heresies* 1.23.2). 아마도 그들의 금욕은 천사들의 연약함, 피조 세계의 악함, 그리고 그리스도의 영적 본질 등에 관한 교리와 관련되어 있었을 것이다.

카르포크라테스(Carpocrates)에 대해서도 간단히 언급할 필요가 있다. 왜냐하면 예수에 대한 그의 해석은 사뭇 다른 것이기 때문이다. 예수는 요셉의 아들이었다. 그는 다른 사람들과 비슷하지만 그들보다 더 선했다. 왜냐하면 그의 튼튼하고 순수한 영혼은 "성육"하기 전의 삶을 기억했으며 창조자인 천사들로부터 도피할 수 있었기 때문이다. 카르포크라테스의 제자들은 예수를 닮았고, 어떤 제자들은 사도들보다 훌륭하다고 주장되었다. 그들은 영적 자유를 위해서, 그리고 자기들의 영혼이 사후에 다른 몸에게로 돌아가는 것을 피하기 위해서 "모든 일"을 경험해야만 했다. 그들은, 예수는 자격이 있는 사람들에게 전하게 하기 위해서 제자들과 사도들에게 이러한 일들에 대해 은밀하게 가르쳤었다고 말했다. 다음과 같은 인상적인 주장에서 그들이 자신의 영적 목표들을 어떻게 제시했는지를 찾아 볼 수 있을 것이다:

"구원은 믿음과 사랑을 통해서 임한다. 그 밖의 모든 것은 무관심의 문제이기 때문에 인간의 견해에 따라 선하다거나 악하다고 불린다. 사실 본질적으로 악한 것은 없다."(*Against Heresies* 1.25.5)

카르포크라테스의 아들 에페파네스(Epiphanes)가 정말로 영지주의자였는지, 아니면 단지 사유 재산, 결혼, 십계명의 억압적인 본질을 비난한 과격한 공산주의자였는지는 분명하지 않다.

여기서 우리는 다른 영지주의자들과는 전혀 다르지만 그럼에도 불구하고 분명히 영지주의자였던 폰투스의 시노페의 마르시온(Marcion of Sinope)에 대해서 언급해야 한다. 마르시온은 그리스도 안에 있는 계시의 특이함, 특히 구약 성서 및 구약 성서의 하나님과 관계에서의 특이함에 집착했다. 아마도 132-135년에 발생했으나 성공하지 못한 유대인의 종교 반란 직후에 그가 로마에서 선포한 날짜는 비물질적 그리스도-구주라는 그의 "복음"의 본질과 관련된 것이었다. 이것은 바울이 아니라 그의 초기 제자들에 의해 잘못 이해되었다. 유대교적 정신을 지닌 사도들은 참 복음과 사도들이 쓴 원래의 서신들을 개찬(改竄)했다. 그러나 마르시온은 그 시대의 호머의 글을 해석하는 데 사용되었던 것과 같은 언어학적 방법들을 사용함으로써 원본을 복원할 수 있었다. 그러나 그의 태도는 언어학자의 태도가 아니라 종교개혁자의 태도였다. 루터, 보다 정확하게 말하자면 하르낙(Harnack)과 같은 방식으로 참 종교와 거짓 종교의 차이점에 주목한 그의 "안티테제"는 "오, 부의 풍요함이여! 그것에 대해 아무 말도 할 수 없으며, 아무 것도 상상할 수 없고, 그것을 무엇에도 비유할 수 없으니, 어리석음이요 능력이며 엑스타시로다."라는 찬양의 확인으로 시작된다. 그러므로 언어학은 그의 신비하게 이해된 복음에 기여했다. 유대교 또는 유대교-기독교 사상들도 그의 복음에 기여했다. 마르시온은 예수의 선한 아버지이신 지고하신 하나님과 구약 성서에 묘사된 공의로우신 하나님을 구분했는데, 이러한 개념은 야웨(Yahweh)라는 명사와 엘로힘(Elohim)이라는 명사를 구분한 유대교의 구분과 흡사했다.

이레니우스는 140년경에 로마에서 활동한 마르시온의 전임자 케르도(Cerdo)에 대해 기술했는데, 여기에서 우리는 영지주의와 기독교의 관계에 대해 무엇인가를 알 수 있다. 케르도는 기독교에 입교하여 공개적으로 자신의 잘못을 고백했다. 그러나 그는 여전히 이단적인 견해를 가지고 있었으므로, 때때로 비밀리에 그러한 사상을 가르치고, 다시 죄를 고백했다. 마침내 그는 거짓 가르침을 행한다는 혐의를 받고 형제들의 모임에서 축출되었다(*Against Heresies* 3.4.3).

이레니우스는 발렌티누스를 추종하는 사람들의 사역에 대해서도 기술한다.

> 그들은 교회 출신의 사람들, 소위 "평범하며" "ecclesiastical" 하다고 칭하는 사람들을 위해서 대중 연설을 한다. 이러한 연설을 통해서 그들은 단순한 기독교인들의 마음을 사로잡으며, 우리의 설교를 모방함으로써 사람들로 하여금 자기들의 설교에 귀를 기울이게 만든다. 그들은 우리에 대해서 불평을 하며, 우리가 그들과의 교제를 거부함에도 불구하고 우리와 비슷하게 생각한다고 주장한다. 그들은 우리가 행하는 것을 말하고 우리와 동일한 교리를 신봉한다. 그러나 우리는 그들을 이단자라고 부른다. 그들은 의심을 제기하여 자기들의 말에 귀를 기울이는 사람들의 믿음을 파괴하여 반대하지 못하게 만든 후에는, 그들을 한쪽으로 데리고 가서 그들에게 자기들의 "영적 세계"의 "말로 형언할 수 없는 비밀"을 계시해 준다. (만일 누군가가 실제로 그들의 집단에 합류한다면) 그는 자신이 더이상 천국이나 세상에 존재하지 않으며 이미 "영적 세계"에 들어가 자기의 천사를 맞이했다고 생각한다. 그는 자존심을 가지고 오만하게 걸으며 수탉처럼 돌아다닌다. 그들 중 일부는 "위로부터 온 사람"은 반드시 선한 도덕을 가지고 있어야 한다고 말하며, 이것이 그들의 오만하게 진지한 체 하는 이유이다. 그러나 대부분의 사람들은 자신이 이미 "완전한" 자인 듯이 그러한 가책들을 경멸한다. 그들은 수치심이 없이 살며 모든 것을 멸시하고, 스

스로를 신령하다고 한다. 그들은 자기들이 이미 "영적 세계" 안에 있는 자기의 "안식처"를 알고 있다고 말한다.

(*Against Heresies* 3.15.2)

이러한 논평들은 문자 그대로 취하기는 어렵다.

발렌티누스의 체계는 상황에 따라 다양한 방법으로 제시될 수 있었다. 그러므로 발렌티누스의 제자인 프톨레마이우스(Ptolemaeus)는 지고한 아버지(Father)를 조물주(demiurge)나 창조자와 구분하며, 발렌티누스의 가르침이 구약 성서와 복음서에 대한 정확한 해석에 기초를 두고 있다고 주장한다. 구약 성서의 율법은 완전한 하나님에 의해서 제정된 것도 아니고 마귀에 의해 제정된 것도 아니다. 이러한 가르침은 정통적인 기독교 저술가인 저스틴과 이레니우스에게서도 되풀이 된다. 그러나 프톨레마이우스는 장차 플로라(Flora)에게 바칠 수 있는 보다 고귀한 교리에 대해 말한다. 이레니우스의 주요 공격 목표가 바로 이 교리이다. 물론 우리는 발렌티누스로부터(주로 알렉산드리아의 클레멘트의 저술 속에서), 그리고 테오도투스(클레멘트의 발췌문들)와 헤라클레온(복음서에 관한 주석 중 오리겐이 인용한 요한복음에 관한 주) 등 그의 제자들로부터 단편들을 얻을 수 있다.

기본적으로 발렌티누스파에서는 침묵(Silence) 안에 존재하는 깊음(Depth)이라는 주요 원리를 설정함으로써 하나에서부터 많은 것으로, 본질에서부터 실존으로, 선한 것에서부터 악한 것으로의 움직임으로 설명하려 한다. 그 두 가지가 연합할 때에 또 다른 한 쌍, 혹은 연접(syzygy)이 만들어지는데, 이것들은 정신(Mind)과 진리(Truth)라고 불렸다. 다른 것들은 최초의 네 개(Tetrad)를 만들었고, 그 다음에 또 다시 네 개가 만들어져 여덟 개, 즉 Ogdoad가 만들어졌다. 다섯번째와 여섯번째 것에서 또다시 열 개가 발생하고, 일곱번째와 여덟번째 것에서 12개가 더 나온다. 그리하여 음력의 날들과 관련된 30개가 나온다. 30번째 영원(aeon)인 소피아(Sophia)는 부당하게도 아버지(Father)를 알기를 원했다. 아카모트(hokma)는 히브리 지혜를 말한다)라고 불리는 그의 목적은 영적 세계, 또는 에온(aeon)들의 충만함 밖에서 형태를 취하며 불완전하다. 정신(Mind)은 상황에 대처하기 위해서 다시 두 개의 에온, 즉 그리스도와 성령을 낳았고, 영적 세계에서 일련의 복잡한 사건들이 벌어진 후에 아카모트는 조물주(demiurge)를 생산하였고, 그럼으로써 창조가 이루어졌다. 구주 예수는 아카모트 및 그녀가 생산한 것들을 구하기 위해서 세상에 왔다. 발렌티누스파 사람들이 볼 때에, 이 모든 것의 요점은 곧 그들이 본질적으로 영적 세계와 관련되어 있으며 스스로 그것을 알고 있다는 것이다. 조물주(demiurge)와 연관된 정신적 존재들은 구원받을 수 있는데, 이런 존재들이 바로 평범한 기독교인들이었다. 순수하게 물질적인 존재들은 멸망의 운명을 지니고 있었다. 터툴리안이 공표한 것처럼(*Against Valentinians* 4.2), 이러한 체계는 보다 유서 깊고 한층 더 신화론적인 그노시스에 기초를 두고 있다.

　바실리데스의 체계는 최소한 두 가지 형태로 발생한다. 하나는 발렌티누스의 방사(emanation)라는 개념과 다소 유사한 것이며, 또 하나는 무에서 "존재하지 않는 세계"(non-existent world)를 만든 "존재하지 않는 하나님"(non-existent God)을 제시한다(Hippolytus *Refutation of All Heresies* 7.20.4). 기독교인들은 그들의 저서들 중 일부에 매력을 느낄 수 있었다. 왜냐하면 바실리데스는 성서 본문들에 관한 *Exegetica*를 저술했고, 그의 아들과 제자 이시도어(Isidore)는 『윤리학』, 『장성한 영혼에 관하여』, 『예언자 파르코르의 해석집』(*Expositions of the Prophet Parchor*: 바실리데스의 추종자들이 존경하는 동양의 예언자) 등을 저술했기 때문이다(유세비우스의 교회사 4.7.7을 보라).

영지주의의 예배식

마르시온파는 사역과 제의(祭儀)에 있어서 일반적인 교회의 관례에서 그다지 벗어나지 않았다. 그들은 감독, 장로, 집사 등의 지도를 받았고, 세례, 성찬 등을 행했다. 이와 유사하게, 낙 함마디와 클레멘트의 저술에서 알 수 있듯이, 발렌티누스파는 기름부음, 세례, 성찬 등을 행했다. 발렌티누스는 전례에 사용하기 위해서 한 편의 설교와 한 편 이상의 시편을 지었다. 이것은 그들의 목표가 완전히 기독교적이었다는 말이 아니다. 이레니우스는 거의 일상적인 기독교에 대한 희문(戲文)이라 할 수 있는 세례 공식을 제공한다:

"알지 못하는 만물의 아버지(Father of All)의 이름으로, 만물의 어머니의 이름으로, 세상에 내려와 예수 안에 들어가신 분의 이름으로, 일치와 구속함과 능력 안에 참여함으로."

보다 큰 효과를 얻기 위해서 이 공식의 일부는 아람어나 히브리어로 낭송되었다(*Against Heresies* 1.21.3).

한편 영지주의 문서인 『도마의 복음』에서, 예수의 제자들은 예수에게 "당신은 우리가 금식하기를 원하십니까? 우리는 어떻게 기도해야 합니까? 우리는 반드시 기도해야 합니까? 우리는 어떤 음식 규정을 지켜야 합니까?"라고 묻는다. 예수는 "만일 너희가 금식을 하면, 너희는 스스로 죄를 발생시킬 것이다. 만일 너희가 기도하면, 너희는 정죄를 받을 것이다. 만일 너희가 구제를 하면, 너희 영에 해를 끼칠 것이다 너희 앞에 차려진 것을 먹어라"라고 대답한다(logion 6, pl. 81.14). 이 영지주의자들은 신약 성서에서 금식하지 않은 예수님과 제자들의 전례(前例)에 호소할 수 있었을 것이다. 반면에 프톨레마이오스와 테오도투스와 같은 발렌티누스파 사람들은 기도 및 금식을 확실하게 받아들였다. 일부 고대 철학자들은 기도를 배격했지만, 대부분의 영지주의자들은 기독교인들과 마찬가지로 기도를 옹호했으며, 자신의 목적을 위해 기도를 사용했다. "유다가 '우리는 언제, 어떻게 기도해야 합니까?'라고 물었다. 주님은 '여인이 없는 곳에서 기도하라'라고 대답하셨다"(*Dialogue of the Savior*[Robinson, p. 237]; 오리겐 역시 이러한 견해로 기울어졌다). 2세기말의 『섹스투스의 금언집』(*Sentences of Sextus*: 낙 함마디에서 발굴된 것으로 콥트어로 저술됨)과 영지주의자인 프톨레마이오스의 사상에서는 이단적 집단에는 없는 덕목인 구제가 중요히 다루어졌다. 마지막으로, 기독교인들이 그렇듯이, 일부 영지주의자들은 음식에 대해서 다른 사람들보다 더 엄격했다.

이레니우스는 다양한 영지주의 의식을 특히 불쾌하게 여겼다. 이것은 세례나 성찬보다 탁월한 것이라고 간주되어 (영적 세계에서의 syzygy들의 결합을 모방한) "신성한 결혼" 또는 기름과 물, 혹은 향유를 바르는 것, 또는 "죽음의 미사"(death-mass)라고 불리는 영지주의 대속(redemption) 의식을 특히 불쾌하게 여겼다. 다른 영지주의자들은 이러한 의식들을 모두 거부하며, "지식"은 단순히 무식의 반대이며 신령한 것으로서 그 자체가 속사람의 대속이라고 주장했다(*Against Heresies* 1.21.4). 클레멘트가 인용한 유명한 영지주의의 공식도 같은 주장을 한다:

> "우리를 해방시켜 주는 것은 씻는 행위 자체가 아니라 우리가 어떤 존재였으며 무엇이 되었는지, 우리가 어디에 있으며, 어디로 던져졌었는지, 우리는 어디에서 서두르고 있으며 어디로부터 구속함을 받았는지, 탄생이란 무엇이며 환생(rebirth)이란 무엇인지에 대한 지식이 우리를 해방시켜준다."(*Excerpts from Theodotus* 78)

영지주의자들은 분명히 의식적 행위들 및 그것들의 의미에 대한 묵상을 하는 데 많은 시간을 보냈다.

영지주의 문헌

영지주의자들은 상당히 긴 책들을 저술했다. 비록 일부는 중복되었고 모두가 영지주의 문헌은 아니지만, 13개의 낙 함마디 사본 안에는 52권 이상의 있다. 2세기에 바실리데스는 최소한 23권으로 이루어진 *Exegetica*를 저술했으며, 그의 아들이 저술한 책의 제목들도 우리에게 제공되어 있다. 발렌티누스의 몇 권의 저서에 대해서는 이미 언급한 바 있다. 발렌티누스는 그외에도 편지들을 썼는데, 그것들은 그의 추종자들에 의해 보존되었다. 프톨레마이오스는 발렌티누스의 통찰들을 하나의 체계로 만들었으며, 요한복음 서문에서 그것이 어떻게 제시되어 있는지 설명했다. 이레니우스는 프톨레마이오스의 신약 성서 주해를 많이 인용했다. 성경 전체 안에 있는 숨겨진 지식에 대한 그의 평가는 호교론적인 저서인 『플로라에게 보낸 편지』에 반영되어 있다. 역시 발렌티누스파의 인물인 헤라클레온(Heracleon)은 요한복음 1-8장을 주해했는데, 오리겐은 자신의 방대한 주해를 저술하면서 이것들을 참조했다.

이러한 사례에서, 우리는 최소한 교회 내에서 융성했던 영성과 완전히 다르지는 않은 영성을 발견한다. 그러나 낙 함마디에 보존된 "주석적" 논문에서 우리는 또 다른 세계에 접한다. 즉 주석이 기독교의 본문을 능가한 것이다. 때로 성경은 호머와 더불어 우의화된다. 종종 "영지주의 신화들이 "주석"의 주제가 된다. 낙 함마디에 요한의 『비밀 가르침』(*Apocryphon*) 사본 세 개, 『야고보의 비밀 가르침』 하나, 그리고 『야고보의 묵시』라고 불리는 두 권의 저서가 있었음은 결코 우연한 일이 아니었던 것 같다.

영지주의자들은 기독교의 책들을 우의화하는 데 만족하지 않고 자기들 나름의 책을 만들었다. 실제로 프톨레마이오스는 『플로라에게 보낸 편지』에서 예수의 가르침을 길잡이로 하여 구약 성서 안에

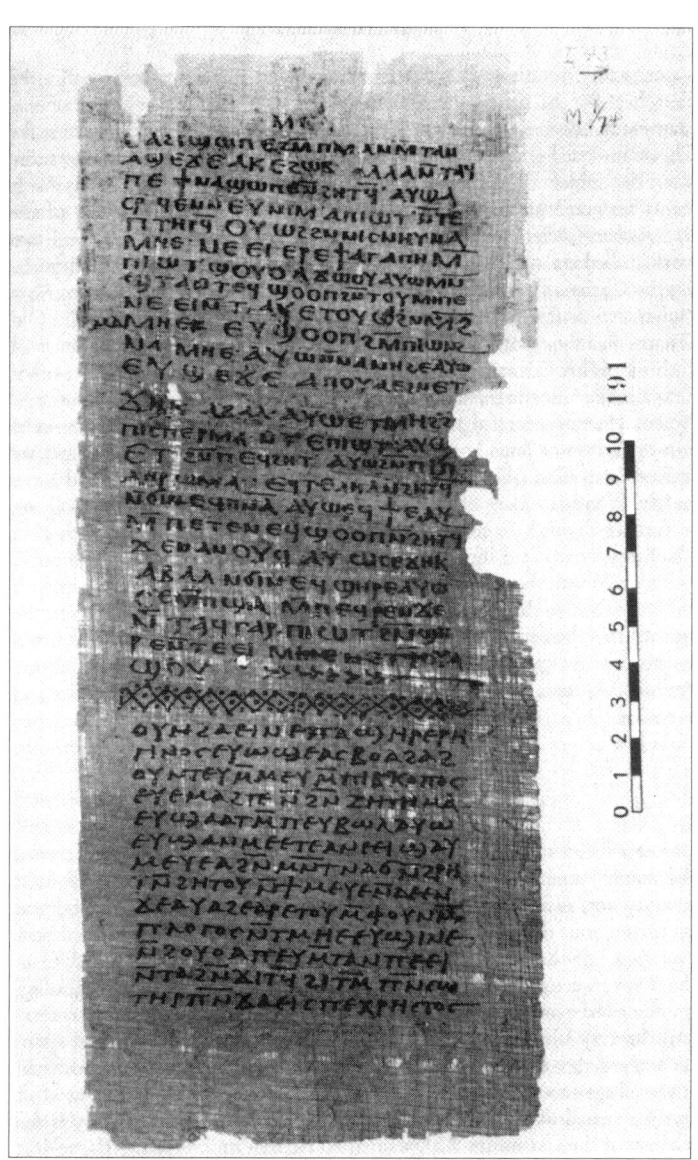

6. Conclusion Page from *The Gospel of Truth*, Nag Hammadi codex, I, 43

있는 영감 된 원저자의 다양한 차원을 분석했다. 혹자는 발렌티누스의 추종자인 프톨레마이오스를 상당히 신빙성 있는 주석가라고 생각하고픈 유혹을 받을 수도 있을 것이다. 그러나 그의 표현 뒤에는 열등한 조물주(demiurge) 위에 완전한 하나님이 있다는 영지주의 이론이 자리잡고 있다. 프톨레마이오스는 세밀한 분석가였다. 그는 구약 성서의 본문들을 예수의 말씀과 관련지어 분류함으로써 어떤 법은 하나님(엄격하게 말하자면 demiurge)에게서 온 것이며, 어떤 것은 모세에게서, 그리고 어떤 것은 유대 백성들의 장로들에게서 온 것이라는 결론에 도달했다. 하나님의 법도 세분될 수 있다. 그것은 악이 섞이지 않은 순수한 규정으로서 구주에 의해 완성된 것, 예표적이고 상징적인 것으로서 영적이고 눈에 보이지 않는 영역으로 변형되는 부분, 그리고 구주께서 폐지하신 악과 불의 등과 섞여 있는 부분 등으로 이루어져 있다.

퀴스펠(G. Quispel)이 지적한 것처럼, 이 이론의 뿌리는 보다 초기에 활동한 호교론자 저스틴에게 있으며, 이레니우스의 저서 및 위-클레멘트의 『설교집』에서 이 이론이 완전히 만들어졌다.[1] 그것은 발렌티누스파 영지주의자들과 정통 기독교인들이 대체로 동의하는 또 하나의 요점을 대변한다. 물론 정통 기독교인들은 하나님에 대한 발렌티누스의 교리를 받아들일 수 없었다.

성(性)과 금욕

금욕주의자건 방탕한 사람이건 간에 거의 모든 영지주의자들은 인간의 성(性) 및 그와 관련된 문제에 깊은 관심을 가지고 있었다. 그들은 종종 성욕의 근원을 창세기에서처럼 인간의 상황에 두지 않고 신성(Godhead)의 내면 및 천상에 있는 모든 영적 영역 안에 두었다. 우리는 그들이 제1자(第一者, primal One), 혹은 두 쌍이 생성된 원천인 최초의 비존재(primal Non-existent)에 대해 어떻게 말했는지, 아니면 그들이 이원성(duality)을 어떻게 태초에 두었으며, 완전한 조화 안에서 각 쌍들로부터 또 다른 쌍들이 방사되어 마침내 마지막 영적 존재가 자발적으로 생성된 하나의 열등한 존재로서 자기의 파트너로부터 분리되어, 현상적 우주 전체가 존재하게 된 방법에 대해 무엇이라고 말했는지 살펴보았다.

이런 견해에 따르면, 인간 영성의 목표는 잃어버렸던 영적 파트너와의 연합을 회복하며 천상의 영역으로 복귀하는 것이다(이것은 발렌티누스파와 연결되는 견해이다). 이레니우스에 따르면(*Against Heresies* 1.6.4), 발렌티누스파 사람들은 스스로를 세상에 속한 기독교인들과는 달리 "세상에 거하지만 세상에 속하지 않은"(요 17:11, 14) 존재라고 간주했다. 그들은 자기들의 도덕과 기독교의 도덕을 구분했다. "세상에 살면서 여인을 소유하기 위해서 여인을 사랑하지 않는 사람은 진리에 속하지 않은 자이며 진리에 도달하지도 못할 것이다. 세상에 속해서 여인을 소유한 자는 정욕으로 여인을 소유했기 때문에 진리에 이르지 못할 것이다." 발렌티누스파에서는 짐짓 겸손하게 말하기를, 세상에 속한 "심령들"(psychics)인 기독교인들은 금욕과 선한 행동을 실천해야 한다고 했다.

이런 종류의 가르침은 프톨레마이오스와 헤라클레온 모두의 가르침에 어긋나는 듯이 보인다. 그러나 교리에 여러 차원이 있듯이 도덕적 가르침에도 여러 차원이 있을 수 있다. 낙 함마디의 책들에서의 도덕은 거의 절대적으로 금욕적이다. 이것은 자유주의가 죽었음을 의미하는 것이 아니다. 에피파니우스는, 자신이 젊었을 때에 아름다운 영지주의파 여인들이 자기에게 접근하여 영지주의의 공식들을 인용해면서 자기를 미혹하려 했지만, 유혹을 물리치고, 그 여인들의 명단을 그 지방 감독에게 넘겨주었다고 말한다(*Against*

Heresies 26.17). 그 시기는 낙 함마디 문헌보다 그다지 이르지 않은 시기였다.

영지주의 영성의 목표와 목적은 에피파니우스가 영지주의 선교사들의 논평이라고 말한 것 안에 지적되어 있다. 가장 아름다운 자가 말하기를, "나는 선택의 그릇으로서 길 잃은 자들을 구원할 수 있다. 그러나 그대(그다지 매력적이지 못한 영지주의자)는 그다지 튼튼하지 못했다"고 했다. 그들은 서로에게 말하기를, "우리는 그 청년을 구원할 수 없었고, 그를 통치자(Archon)의 수중에 버려두어 멸망하게 내버려 두었다"고 말했다. 에피파니우스는 그들을 완전히 미혹된 자들로 보았다. 그러나 신비(Hermetic) 문서인 『아스클레피우스』(*Asclepius*, § 21. 낙 함마디에서 콥트어로 발견됨)에서는 성(性)을 신적인 신비로 취급하는데, 알렉산드리아의 클레멘트(*Stromateis* 3.27ff.)가 묘사한 영지주의 집단도 그러하다. 그 집단에서는 성을 "신비적 교제" 혹은 "신성한 종교적 신비"라고 불렀는데, 클레멘트는 "성이 그들을 하나님의 나라로 인도해줄 것이다"라는 말을 듣고서 혐오감을 느꼈다. 놀랍게도 그는 "만일 이 사람들이 신령한 합일의 행위에 대해 발렌티누스파 사람들과 같은 이야기를 했다면, 아마 그들의 견해를 받아들일 수도 있었을 것이다"라고 덧붙였다. 이 점에 관한 한 클레멘트와 발렌티누스 사이에는 거의 차이가 없었다.

실제로 또 다른 중요한 점인 예수의 금욕의 본질에 관해서 둘의 의견이 일치한다. 클레멘트는 예수께서 매우 금욕적이었기 때문에 음식을 먹고 배설하지 않았으며 부패를 초월한 인물이었다고 주장하기 위해 발렌티누스의 말을 인용했다. 다른 곳에서 그는 주장하기를, 예수님의 사랑하는 제자는 예수님의 몸을 만졌을 때에 예수님의 살을 껴안은 것이 아니라는 것을 "전승들" 안에서 배웠다고 했다. 그 "전승들"은 위경인 『요한행전』에 들어 있거나 반영되어 있다. 이러한 예들은 알렉산드리아 영성의 절충적, 혹은 혼합주의적 분위기, 그리고 일부 기독교인들과 일부 영지주의자들 사이의 구분이 뚜렷하지 못했음을 증명해준다.

영지주의적 방법이 지향하는 목표

아마도 유대교와 기독교, 혹은 유대교나 기독교와의 유대 때문에 모든 집단들이 개인적인 종말론과 공동체적인 종말론에 대해 말한 것으로 보인다. 유대인들과 마찬가지로, 초대 교회 교인들은 일반적으로 세상에 있는 동안에 하나님을 보려 하거나 신비 체험을 구하지 않았다. 기독교 개종자인 변증가 저스틴은 일종의 플라톤주의자로서 자신의 목표를 하나님을 보는 것으로 비하했다. 이 문제와 관련하여, 일부 영지주의자들은 이 세상에서의 신비적 체험을 즐김으로써 플로티누스와 같은 신플라톤주의자들에게 합류했다. 낙 함마디의 『진리의 복음』(*Gospel of Truth*)의 저자는 이미 "안식처", 즉 그의 본향인 영적 세계에 다녀온 경험이 있는 인물이다. 저스틴의 체계 내에서 영지주의 입문자들은 신령한 세계에 들어가지만, 그가 "선한 자들(the Good)의 세계에 들어가" 말할 수 없는 신비를 보며 선한 자들과 함께 완전하게 될" 때에 "우리 아버지 엘로힘"(our Father Elohim)이 하셨던 비밀의 맹세를 한다(Hyppolytus, *Refutation* 5.27.1-2). 물론 엘로힘의 본을 따를 자격이 있는 사람들은 부름을 받지만, 신비적 환상에 대한 보장은 없다.

영지주의 영성의 궁극적인 목표는 이 세상의 어떤 경험보다 더 중요한 것이었다. 그것은 행성들과 별들 위에 있는 세계, 무한히 멀지만 동시에 인간 자신 안에서 획득할 수 있다는 점에서 무한히 가까운 세계로의 도피였다. 이것이 바로 영지주의자들은 자기들이 분명히 만나게 될 적대 세력들에 대처하기 위해서 반(半) 마술적인 공식들 뿐만 아니라 우주의 거대한 사막을 여행하기 위한 도표를 필요로 했다고 생각하는 이유이다. 이와 같은 천상으로의 비행에서 그들을 지지해 준 것은 자각(self-knowledge), 그리고 365개의 하늘들 너머, 혹은 영적 세계에서 그들을 따뜻하게 맞아줄 것이라는 인식이었다. 『마리아의 복음』에 따르면, 적대적인 세력들조차도 해방된 영혼이란 "침묵 안에 있는 영원(Aeon)의 순간에서 안식에 도달하기 위해" 일어선 "우주의 정복자"임을 인정할 것이다. 발렌티누스파 사람들은 정신적이고 영적인 요소들의 궁극적인 구원에 대해 말했지만, 주의 날에 거룩한 여덟(Ogdoad) 안에서 어머니(Mother)와 함께 안식을 누리며, 최종적인 종말에 이르기까지 마치 옷 입듯이 혼을 지니고 있을 신령한 요소들을 강조한다. 그 후에 신령한 요소들은 자기의 혼을 벗어버리며, 어머니께서 신랑을 맞을 때에 그들도 역시 자기들의 천사를 신랑으로 맞이하고 신방에 들어가며 아버지(Father)를 보게 될 것이다. 그들은 우주적 연접(syzygy)의 지적이고 영원한 결혼을 위한 지적 영원들(aeons)이 될 것이다 (Clement *Excerpts from Theodotus* 63ff.).

천상의 우주를 여행하는 데 대한 관심 때문에, 영지주의자들은 흔히 그 여행을 위한 지도를 소유했다. 반(反) 기독교적 작가인 켈수스(Celsus)는 간신히 그 지도를 입수했는데, 그것이 기독교적인 것이라고 주장했다. 오리겐은 자신이 애써 노력한 끝에 그러한 지도, 혹은 지도와 흡사한 것을 발견했다고 말한다: "내 견해로는 그것은 매우 평범한 분파인 오르페우스교의 것이다"(Origen *Against Celsus* 6.24ff.). 그것은 분명히 천문학이나 점성술의 도움을 어느 정도 받았고, 마술의 도움을 많이 받은 것이었다. 가장 윗부분에 두 개의 동심원이 있는데, 바깥쪽의 원은 아버지(Father)를 말하고, 안쪽의 원은 아들(Son)을 말한다. 바깥쪽 원은 그 밑에 있는 원과 교차하는데, 그 원은 천사들에게 속한다. 한편 이 원은 또 다른 원과 교차하는데, 그 원은 행성들 외부에 있는 항성들을 지니고 있으며 훨씬 더 아래로 이어져서 마침내 지구 위, 즉 게헨나-타르타루스(Gehenna-Tatarus)까지 이른다. 그 "작전 계획"은 혼이나 영이 첫번째 "다이어프램"(diaphragm)—십자가를 통해서 생명으로 이어지는 낙원—을 통과하여 중간의 원으로 도피하며, 그곳에서 두번째 다이어프램—아가페(Agape)—을 통과하여 아버지(Father)에 에워싸인 아들(Son)의 원에 도달하는 데 사용되는 것이었다.

아마 이러한 도표를 가지고 다니는 영지주의자들은 자신의 신적 운명에 도달할 것이라는 확신을 가지고 있었을 것이다. 오리겐도 영지주의자들이 행성들의 영역을 통과하여 위로 올라갈 때에 사용하는 마술 공식들을 알고 있었다. (H. Chadwick은, 플로티누스 역시 하나님의 모습에 접근하기 위한 정화의 단계들을 성취하는 방법에 대해서 말했음을 지적한다. 그러나 플로티누스는 그러한 도표나 공식들을 가지고 있지 않았다.[2]) 영은 가장 높은 문 앞에서 미가엘에게 이렇게 말하는 듯하다:

"고독한 임금, 무의식의 망각, 맹목의 속박, 섭리와 지혜에 의해 보존된 지고한 능력이여, 당신에게 인사를 드립니다. 나는 당신으로부터 순결한 상태로 보냄을 받아 이미 아들(Son)과 아버지(Father)의 빛의 일부가 되었습니다. 은혜가 나와 함께 있기를 기원합니다. 아버지여, 은혜를 나에게 주시옵소서"(Origen *Against Celsus* 6.31, trans. H. Chadwick).

이 표현은 이레니우스가 인용한 것의 표현과 흡사하다. 일부 기독교인들이 그렇듯이 조야한 마술의 수준으로 전락하였으며, 단지 일련의 모음들만 발음하거나 이해할 수 없는 자음들만 발음한 영지주의자들도 있었을 것이다.

창조에 대한 태도

이러한 종말론적 견지에서 "창조"(creation)에 대한 영지주의자들의 묘사에 대해 간략하게 고찰해볼 수 있다. 영지주의자들은 창세기의 기사들을 곧이곧대로 받아들이려 하지 않았다. 필로가 플라톤의 『티마이오스』(*Timaeus*)를 자신의 지식에 비추어서 읽은 것처럼, 그리고 기독교인들이 창세기의 기사들을 선재하시는 그리스도에 관한 우의적 이야기들로 읽은 것처럼, 미지의 선한 아버지(Father)와 생소하고 적대적인 세계 사이의 틈에 사로잡혀 있던 영지주의자들은, 실제로 세상을 만들고 그에 대해 책임을 지며 그것이 선하다는 것을 발견한 하나님(a God)이라는 개념을 받아들일 수 없었다. 이러한 차이점과 비교해볼 때, 하나님께서 무에서 세상을 창조하셨다고 믿는 기독교인들과, 하나님께서 유에서 세상을 창조하셨다고 믿은 그리스인들 사이의 불일치는 하찮은 것이었다. 양측 모두 영지주의 사상의 비관적 이원론을 거부했다. 심지어 기독교의 공식들을 축어적으로 사용한(혹은 그것들을 희문화한?) 바실리데스도 기독교의 사상과는 거리가 멀었다. 창조 이전에 "아무 것도 존재하지 않은 시기가 있었다": 그 후에 "존재하지 않는(non-existent) 하나님이 하나의 존재하지 않는 세계를 만드셨다."

이러한 영지주의 체계 안에서는 "창조"(making)의 과정이 꽤 상세하게 해명된다. 발렌티누스 파 사람들이 아마도 보다 신화적인 선례들을 의존하여, 최초의 한 쌍(primal pair) 및 그들로부터 방사된 것들에 대해 말한 것에 대해서는 이미 살펴보았다. 여성인 13번째 영원(aeon)의 궁극적인 구원 및 수난은 꽤 복잡하다. 그것은 최초의 영원들(aeons)의 평온하고 영원한 세계와 일시적이고 무법한 피조 세계 사이의 틈을 잇는 교량 역할을 한다. 그러나 그것은 그 틈을 잘 잇지는 못한다. 왜냐하면 소피아(Sophia)는 "영적인 아들

(psychic son)인 조물주(demiurge)를 생산하고, 조물주는 "세상을 다스리는 자"(world-ruler)인 마귀를 만들기 때문이다.

낙 함마디 집록에서는 그밖에도 많은 창조 신화들을 발견할 수 있다. 그러나 그것들은 근본적으로 하나님을 세상으로부터 멀리 두는 형태를 취한다. 영지주의를 대적하는 사람들에게 있어서 문제는 그들이 멀리하는 것이 아니라 그들이 멀리함을 당하는 방법이었다. 플로티누스가 기록한 것처럼 그들은 "조물주(Demiurge)라고 부르는 것을 생산하여 그로 하여금 자기의 어머니에게 반역하며 자기에게서 발현되는 우주를 궁극적인 형상들의 범위로 끌어내리게 만든다"(*Enneads* 2.9.10). 그는 "이것을 저술한 사람은 신성을 모독하려는 의도를 지녔었다"고 결론지었다. 한편, 일부 영지주의자들, 아마 프로디쿠스(Prodicus)라는 인물의 추종자들은 다음과 같은 본문이 들어 있는 의심스러운 책(apocryphal book)을 가지고 있었다:

> 만물은 하나였다. 그러나 홀로 있지 않는 것이 그 통일성에 유익할 것 같이 보였기 때문에(창 2:18과 비교하라), 그에게서 하나의 사상(idea)이 생겨나와서 그와 상호교제를 하여 사랑하는 자(the Beloved)를 만들었다. 이로 인해 그분(Him)에게서 하나의 사상이 생겨나왔으며, 그분은 그와 교제하며 보거나 들을 수 없는 능력(powers)들을 만들었다.(Clement *Stromateis* 3.29)

이것은 방사에 대한 대단히 물질적이거나 영적인 사상으로서 그 후에 창조가 이루어진다. 신과 세상의 관계는 최후의 가장 젊은 영원(aeon)인 소피아의 타락이라는 발렌티누스의 사상에서 발견할 수 있다. 앞에서 살펴본 바와 같이, 소피아는 지고한 아버지(Father)를 보고 싶은 강한 갈망을 느꼈다. 어떤 사람들의 견해를 따르자면, 소피아는 형태가 없는 실체를 낳았다. 소피아는 그것을 보면서 처음에는 그것의 불완전함 때문에 슬픔을 느꼈고, 다음에는 그것이 멸망할지도 모른다는 두려움을 느꼈고, 다음에는 그 실체의 목적 및 자신이 그것을 숨길 방법과 관련하여 경악과 의심을 느꼈다. 이러한 감정들 때문에 소피아는 회심하여 아버지에게로 돌아가려 하지만, 성공하지 못한다. 소피아보다 열등한 딸 아카모트(Achamoth)도 비슷한 감정을 느꼈는데, 그 감정으로부터 하층 우주가 생겨나왔다. 아카모트의 눈물에서 습기 있는 것이 나왔고, 그녀의 웃음에서부터 빛나는 것이 나왔고, 그녀의 슬픔과 놀람에서부터는 세상의 유형적 요소들이 나왔다.

기독교 감독인 이레니우스는 이것을 우스꽝스럽다고 간주했다. 그러나 영지주의자들은 하나님과 세상, 신적인 것과 인간적인 것 사이의 틈을 메우려고 노력했던 것이다. 그들은 전통적인 철학적 신학, 그리고 신적인 것 안에는 감정이 없다고 부인하는 그 신학의 주장에 만족하지 않았다(예수에 대한 복음서의 기사들; 그리스도의 고난과 하나님의 고난에 관한 이그나티우스, 타티안, 오리겐 등의 신학적 진술들을 비교하라). 힙폴리투스(Hyppolytus)가 지적했듯이, 발렌티누스의 신학을 기록한 어느 역본은 구성면에서는 수비학(numerology)와의 연계를 가지고 있지만 기독교의 정설과도 강력한 연계를 가지고 있다.

> 아버지(Father)는 홀로 시간이나 장소와 상관 없으며, 조언자나 어떤 방법으로든 생각의 대상이 되는 존재와 관계가 없는 분, 생성되지 않은(ungenerated) 존재이다. 그분은 고립되어 쉬고 계셨으며 본질상 혼자였다. 그러나 그분은 생산적이셨기 때문에(1이라는 숫자가 다른 숫자들을 만들어내듯이), 그분이 자기 자신 안에 가지고 있던 아름답고 완전한 것을 발생하고 낳는 것이 좋을 듯이 보였다. 왜냐하면 그분은 고립에 몰두하지 않았기 때문이다. 그분은 완전하게 사랑(Love)이셨다. 대상이 없는 사랑은 사랑이 아니다.(Hyppolytus *Refutations* 6.29)

이처럼 초기 기독교에서는 강조했으나 2세기 변증가들의 저술에서는 대체로 찾아볼 수 없는 내용이 영지주의자들의 일부 저서에 분명히 보존되어 있다.

수세기 동안 기독교와 상류 사회에서 비난을 받아온 영지주의 영성은 적절히 신지학적인 가면을 썼으며 신비(Hermetic) 문서들—신적 계시들을 전하려는 취지를 지녔으나 분명히 철학적으로 상투적인 것들에서 파생된 논문들이나 대화집—을 읽는 기독교인들과 이교도들 가운데서 존속했다. 4세기에, 기독교 저술가들은 자신의 목적을 위해 Hermetica를 이용했다. 비록 신비 문서인 『아스클레피우스』(*Asclepius*)의 많은 부분이 낙 함마디에 콥트어로 보존되어 있기는 하지만, 이들 기독교 저술가들이 영지주의의 주장들을 훼손했음이 분명하다. 저명한 기독교인들의 맹렬한 공격은 영지주의를 약화시켰다. 특히 이들의 공격과 제국의 압력이 결합되었을 때에 그러했다. 어떤 면에서 일종의 영지주의의 형태라 할 수 있는 마니교가 그 자리를 대신한 경향이 있다.

정통 기독교에 우호적이지 못했던 줄리안 황제는 아리우스파 사람들이 362년에 에뎃사에서 발렌티누스파의 공동체를 약탈했다고 비난하고 교회의 재산을 몰수했는데, 그것은 발렌티누스파를 위한 것이 아니라 황제 자신과 자신의 군사들을 위한 행동이었다. 후대의 기독교 황제들은 이따금 금지된 집단 안에 과거의 영지주의 집단들을 포함시켰다. 그리하여 428년에는 마르시온파와 발렌티누스파가, 438년에는 오르페우스교(Ophites)가 거기에 포함되었다. 이것이 단순한 골동품 수집 취미라는 인상을 피하기는 어렵다. 기독교가 발달하면서 영지주의자들이 지지했던 모든 선한 것들은 상황에 맞추어 조정되고 초월되었다. 정통 기독교 안에는 최소한 고의적으로는 자유 사상이 자리잡을 여지가 없었지만, 금욕주의가 자리잡을 여지는 많았다. 아레오파고 사람인 디오니시우스와 같은 사람들의 명상에는 미지의 하나님과 세상에 대한 영지주의의 사상이 스며들어 있다. 영지주의 사상은 좀더 다른 차원에서도 흡수되었는데, 예를 들자면 콥트 기독교에서 무수히 많은 천사들의 이름이 거론되는 것이다. 그러나 영지주의는 결국 종식되고 말았다. 세상의 실체 및 세상의 역사적 사실을 거부하는 사람들은 자신이 거부 당할 수도 있다.

주(註)

1) *Ptolémée: Lettre à Flora*, ed. G. Quispel (Sources chrétiennes 24; Paris: Cerf, 1949).
2) Origen, *Contra Celsum*, trans. H. Chadwick (Cambridge: Cambridge University Press, 1965) 346 n. 3.

참고문헌

원자료
Clement. *Stromateis*. Translated by H. Chadwick in *Alexandrian Christianity*. Edited by J. E. L. Oulton and H. Chadwick. LCC 2. 1954.
Foerster, W. *Gnosis: A Selection of Gnostic Texts*. 2 vols. Oxford: Oxford University Press, 1972.
Robinson, J. M. *The Nag Hammadi Library in English*. San Francisco: Harper & Row, 1983.

연구서(研究書)
Grant, R. M. *Gnosticism and Early Christianity*. Rev. ed. New York: Harper

& Row, 1966.
Jonas, H. *The Gnostic Religion 3rd* ed. Boston: Beacon, 1970.
Pagels, E. H. *The Gnostic Gospels*. New York: Random House, 1979.
Rudolph, K. *Gnosis: The Nature and History of Gnosticism*. San Francisco: Harper & Row, 1983.
Scholer, D. M. *Nag Hammadi Bibliography 1948-1969*. Leiden: Brill, 1971. Continued in *Novum Testamentum*.
Wilson, R. McL. *The Gnostic Problem*. 2nd ed. London: Mowbray, 1964.

제4장
위대한 교부들의 영적 메시지

찰스 카넨기저(CHARLES KANNENGIESSER)

일반적으로 4, 5세기의 주요한 기독교 신학자들을 교부들이라고 부른다. 그 이유는 그들은 우리 시대에 이르기까지 활용되고 있는 기독교의 교의적 토대를 고안해 냈기 때문이다. 그들의 가르침은, 로마 황제들과 에큐메니칼 공의회들에 의해서 유일하게 정통적인 교의로 인정된 "참 신앙"의 주도적 형태를 확립하는 데 도움을 주었다. 기독교회는 스스로를 이러한 강력한 종교회의에서 인정된 신조에 기초를 둔 신실한 공동체라고 여겼다. 종교회의의 정의(定義)들을 둘러싼 신학적 싸움에서 패배한 사람들은 교회의 "교부"(father)로 간주되지 못했다. 4세기초에 알렉산드리아 교회에서 활동한 아리우스(Arius)나 2세기 중엽에 안디옥에서 활동한 아폴리나리우스(Apollinarius), 또는 5세기초에 로마에서 활동한 펠라기우스 등은 개인적인 거룩함을 나타냈으며, 주석가요 신학자요 조언자로서 유명해졌다. 그러나 그 시대에 교회 내에서 정통 "교부들"이었던 그들의 적수들이 그들의 원리들을 심하게 왜곡하고 잘못 해석했기 때문에, 그들의 영적 메시지는 크게 흐려졌다.

소위 교부들의 영적 메시지를 회상함에 있어서, 우리는 그들이 대적하였던 신학자들의 영성에 대해서 알아야 할 필요가 있다. 아타나시우스는 구원에 대한 아리우스의 견해를 거부함으로써 신적 성육신의 새로워진 교리의 수호자가 되었을 가능성이 많다. 만일 어거스틴이 펠라기우스의 윤리를 맹렬하게 거부하지 않았다면, 그는 자신의 아프리카 종교성에 의해 가정되는 모든 것을 그처럼 강력하게 표현하지 못했을 것이다. 어떤 경우이든지 간에, 동방 교회와 서방 교회에서 수세기 동안 감화를 주어온 교부들의 귀중한 영적 메시지들은 항상 그 자체가 처해 있던 실제의 상황, 즉 그 시대의 기독교 사회에서의 논쟁에 의해 제한되고 제약을 받았던 상황 안에서 다루어져야 한다.

논쟁적인 문제들 외에도, 염두에 두어야 할 요인들이 있는데, 그것은 사회적 근원에 의해서, 그리고 교부들이 지도적 위치를 취하기 전에 받은 교육에 의해서 형성된 정신적 사고 방식이다. 교부들의 영적 메시지가 지닌 내적 긴장들을 정확하게 이해하기 위해서 그들이 연루되었던 신학적 논쟁들을 반드시 알아야 하듯이, 그들이 성장하고 생활한 사회와 문화에 대한 고려 역시 중요하다. 이것은 그들이 지닌 대단히 중요하면서도 자발적인 신념들, 즉 그들의 신비적 시도의 배후에 있는 도덕적 전제들을 낳은 신념들을 이해하는 데 필요한 열쇠이다.

먼저, 교부들의 가정적 배경을 관찰해 보면 정말로 놀랍다. 여기에서 다루어지는 탁월한 영적 지도자들 중에서 328년부터 373년까지 알렉산드리아의 주교로 있었던 아타나시우스(Athanasius)와 393년부터 430년까지 히포의 감독으로 있었던 어거스틴(오늘날의 알제리에서 탄생함)만이 지도 계층에서 태어나지 않은 인물, 즉 귀족이나 부유한 부모의 자녀가 아니었다. 4, 5세기의 기독교 영성은 후대로 이어졌으며, 1000년이 넘도록 서방 문명 안에서 보편화되었다. 그러나 이 영성은 원래의 탄생지, 즉 지중해 주변에 위치한 로마 제국의 주요 도시에 살고 있었던 상류 계층과 부유한 지주들의 영역에 재배치되어야 할 필요가 있다. 중산층 출신으로서 당대의 가장 독창적인 기독교 영성의 창시자들이었던 동방의 아타나시우스와 서방의 어거스틴을 제외한 인물들은 모두 특권 계층 출신이다: 제국의 동방 속주들에서 활동한 가이사랴의 바실(Basil of Caesarea), 닛사의 그레고리(Gregory of Nyssa), 나지안주스의 그레고리(Gregory of Nazianzus), 존 크리소스톰(John Chrysostom); 그리고 제국의 서부에서 활동한 프와티예의 힐라리(Hilary of Poitiers), 밀라노의 암브로스(Ambrose), 제롬, 대 레오(Leo the Great) 등.

이들 교회의 지도자들은 부유층 중에서도 부자였지만 당대의 금욕적 경향을 좇아 자발적으로 가난한 생활을 했다. 이들은 자기들이 효시가 된 바 기독교에 대한 신비적 비전을 자기들의 가정적 전통이 지닌 인문주의적 가치관과 접목시킴으로써 전체 기독교 세계를 풍요하게 해주었다. 이들 개종자들과 신령한 지도자들은 탁월한 문화적 업적을 남겼다. 특히 그들은 무식한 대중들이나 야만인들을 대상으로 목양의 임무를 행하면서 자기들이 기독교인이 되기 전에 지니고 있던 혈통이나 환경에서 비롯된 전통적인 태도들을 기독교 영성에 대한 설교에 도입했다. 그들은 당대의 엘리트들이 사용하는 언어를 채택하는 독창성을 통해서 그 시대 사람들의 영적 욕구에 대해 기독교적으로 응답했다.

편집상의 편의상 본 장에서는 수도원 운동에 대한 그들의 교리적이고 제도적인 공헌은 다루지 않을 것이다. 그렇지만, 대단히 극적으로 등장한 기독교 수도원 운동에는 상세히 고찰해볼 필요가 있는 거의 모든 영적 특성들을 지니고 있다.

알렉산드리아의 아타나시우스
(ca. 300-373)

아타나시우스는 4세기의 영성이라고 부를 수 있는 것을 창시한 인물이다. 그의 신관(神觀)은 그가 등장하기 반 세기 전까지 알렉산드리아 교회에서 오리겐이 다듬고 진작시킨 영지주의적 형태의 신학적 연구를 무시하는 듯하다. 그는 복음의 계시 안에 있는 믿음의 체험을 인간의 존재 안에 내재하는 신적 초월성을 향한 열망의 특별한 사례로 보지 않았다. 계시는 하나님께서 인류를 구원하기 위해서 주신 것이라는 그의 사상은 오리겐의 관점과는 전혀 다른 관점에서 비롯된 것이었다. 3세기에 활동한 기독교 교리문답 교사들은 하나님께서 위계 조직을 갖춘 영들의 세계를 창조하시고, 물질 세계라는 저급한 영역으로 떨어진 인간의 영들을 구원하는 과정을 만드셨다는 우주관을 가지고 있었다.

그러나 아타나시우스는 기독교 신앙은 복음의 계시와 더불어 시작된다고 주장했다. 오리겐에게서 발견되는 바, 영지주의적 형이상학과 뒤섞인 "심리학적" 구원관과는 대조적으로, 믿음에 대한 아타나시우스의 견해는 "제도적"(institutional)인 것으로서 완전히 복음서의 이야기들에 의해 전해지는 하나님의 역사적 계시에 의존하고 있었다. 눈에 보이지 않는 우주의 신비들을 정밀하게 조사하고 인간 지식의 일반적 규칙들을 체계적으로 받아들임을 통해서 알려지는 지고한 구원자(savior)를 강조했던 오리겐과는 분명하게 다른 점을 강조하고 있다. 오리겐은 이러한 규칙들은 성도들의 금욕적이고 영웅적인 행위에 가장 잘 적용된다고 보았으며, 오리겐 자신처럼 선택된 사람들이 가장 잘 이해하고 일반 신자들에게 가장 잘 가르칠 수 있다고 여겼다. 그러나 아타나시우스의 경우에는, 헬레니즘의 주된 특징 중의 하나인 종교적 우주론의 고전적 경향에 따라 드러난 하나님에 대한 사상은 사라지고, 개인적인 은사와 능력에 따라 각 개인에게 보장된 구원이라는 엘리트적이고 지성주의적 사상 대신에 복음서에 계시된 신적 실재들에 대한 이론이 등장했다. 아타나시우스의 영적 메시지의 기초가 되는 직관은, 하나님께서는 교회 내의 모든 사람들로 하여금 복음서의 계시 안에 있는 신적 임재의 실체에 직접 접근할 수 있게 마련해 주셨다는 독창적인 인식인 듯하다.

이 젊은 알렉산드리아의 감독이 니케아 공의회가 끝나고 10년 후인 325년, 감독직에 있은 지 10년째 되는 해에 출판한 최초의 교리적 논문의 제목이 『성육신에 관하여』인 것은 결코 놀라운 일이 아니다. 지금도 널리 알려져 있는 이 짧은 논문은 교황이 추천한 요리문답 가르침의 요약으로 저술된 것이었다. 이 논문 다음에 다소 전통적인 변증서인 『이교도를 대적하여』가 저술되었는데, 그 책은 창세기 1-2장에 따른 인간 창조에 관한 신플라톤주의적인 주해로서 시작된다. 저자는 매우 오리겐적인 관점에서 창세기 설화를 신플라톤주의적 용어로 되풀이하면서, 여전히 대중화된 오리겐의 논거들에 기초를 두고서 청중들로 하여금 친숙한 일련의 기독교 변증가들의 주장을 거쳐 『성육신에 관하여』의 기독론적 종합에 이르게 하는데, 여기에서 논조는 결국 그 자신의 것이 된다.

『성육신에 관하여』에서 아타나시우스의 비전에 적당한 성육신 영성(incarnational spirituality)이 처음으로 확고하고 솔직하게 등장한다. 본성에 있어서나 존재에 있어서 오리겐이 요구한 것보다 덜 제한된 신적 로고스(divine Logos)가 성육하신 구주로 소개된다. 아타나시우스는, 모든 인간들을 동일한 육적 실존 안에 보존하는 본질적인 통일성이 있다고 가정하고서, 인류는 구원의 로고스가 육체적 구조 안에 들어옴으로 말미암아 영향을 받은 하나의 통일된 실재로 보았다:

그는 하나의 몸, 인간의 몸을 자신의 몸으로 취하셨다. 왜냐하면 인류의 결속 덕분에, 말씀이 하나의 인간의 몸 안에 내주하심으로 말미암아 사망으로 이어질 타락은 모든 것을 지배하는 힘을 상실했기 때문이다. 그러므로 인간의 정신이 감각적 사물의 수준으로 타락했을 때, 말씀은 자신이 인간으로서 이러한 감각들을 자신에게 집중시키기 위해서 인간의 몸을 입고 나타나셨다.
(『성육신에 관하여』 8, 9, 16[PG 25, cols. 109B, 112B, 124B])

구주의 몸의 자석 같은 광채의 중개에 의해서, 그리고 구주가 행하신 기적들과 그의 죽으심과 부활에 매료되어, 신적 은혜는 감각을 통해 인간의 영혼 안으로 흘러들어 온다. 복음서의 이야기들을 듣고 암기할 때에 성육하신 로고스의 구원의 행동들은 감각에 개방되며, 뿐만 아니라 구주의 행동들은 교회 안에서 실제로 경험된다. 왜냐하면 그것들은 전례 안에, 그리고 그리스도를 본받는 사람들의 삶 안에서 재생산되기 때문이다.

이처럼 아타나시우스가 주장한 바, 순수히 기독론적 직관에 기초를 둔 성육신 영성(incarnational spirituality)은 교회의 비전으로 발달했다. 『성육신에 관하여』에서부터 많은 절기 서신들(Festal Letters)에 이르기까지, 아타나시우스가 매년 사순절, 부활절, 오순절 등에 선포하기 위해서 출판한 책들은 동일한 신학적 초점을 지니고 있다. 오늘날 우리는 믿음의 체험 안에서 구주의 유월절 신비 안으로 인도된다. 4세기의 성례적 의미에서의 교회론은 기독교인들의 완전을 향한 여행을 묘사하기 위해 오리겐이 사용한 우주론적 틀을 대신했다.

평생의 성서 묵상이 침투되어 있는 그러한 영적 비전은 당시 알렉산드리아의 대학에서 플라톤과 아리스토텔레스의 저서를 주석하던 사람들이 가르친 유식한 신학의 수사학적 절차들과는 다른 것으로서 아타나시우스를 이집트 수도원 운동의 궤도에 올려놓았다. 은수사인 안토니의 지도 하에서, 그리고 파코미우스와 같은 수도원 운동 창시자들의 조직력 덕분에, 4세기 중엽 이전에 이미 "사막 안의 도시"(city in the desert)에서는 거룩을 갈망하는 수천 명의 남녀가 생활했다. 신약 성서에 계시되었으며 교회 안에서 참된 기독교적 믿음의 체험에 이용할 수 있는 그리스도의 부활의 신비에 초점을 둔 아타나시우스의 영적 비전은 수도 운동의 가치관들을 쉽게 통합할 수 있었다. 아마 아타나시우스는 감독이 되기 전에 이미 은수사들과 수도적 공동체들을 알고 있었을 가능성이 많다. 그는 감독이 되고서 처음 몇 해 동안 수도사들과의 유대를 돈독히 했으며, 교회 내에서의 자기의 지위를 견고히 했다. 이러한 유대 관계는 아리우스파 논쟁이 수십 년 동안(339-362) 진행되는 동안에도 흔들리지 않았다. 이 논쟁 때에 친 니케아 진영의 이 알렉산드리아 감독은 황제 콘스탄티우스 2세의 종교 정책에 반대했다.

교회 내에서 실현된 하나님의 구원적 성육의 섭리에 기초를 둔 아타나시우스의 영성을 표현한 두 개의 주요 저술에서는 그 메시지를 표현하기 위해서 극적인 상황들을 사용했다. 아타나시우스는 강압 때문에 서방에서 6년 동안 은퇴하여 생활하던 339-340년에 2권으로 된 『아리우스파를 대적하여』라는 논쟁적인 책을 완성했다(후일 제3권이 추가되었다). 그 책의 친 니케아적 강조점들은, 하나님(즉 성부와 성자)에 관한 연구의 초점은 신적 성육의 비밀에 두어야 할 필요가 있음을 보여주었다. 그 저서의 문체와 구성은 목회적 관심사에 의해 주도되었다. 아무리 고귀한 내용의 메시지라도 결코 현학적이거나 난해한 사변으로 흘러가지 않았다. 아타나시우스는 반-아리우스적 기독론에 입각하여 강력한 교의적 주장을 설명할 때에는 설교체 교리문답의 평범한 언어로 독자들에게 설명하려고 노력했다. 그가 그 저서를 수도사들에게 소개한 편지가 남아 있다.

> 여러분들이 종종 나에게 나타냈던 애정 깊은 요청에 응하여, 나는 우리 및 교회가 겪은 고난들에 대해 간단하게 기록했습니다 (*Against the Arians*, Preface [PG, col. 692A])

아타나시우스는 로고스의 교리를 전달하는 데 있어서의 어려움에 대해 다음과 같이 언급했다:

> 내가 말씀의 신성에 대해 기록하기를 원하며, 그것을 이해하려고 노력할수록, 그만큼 더 그것에 대한 지식은 나에게서 멀어진다. 그리고 내가 그것을 이해했다고 생각하는 데 비례하여, 그만큼 나는 나 자신이 그 일에 실패했음을 느꼈다. 게다가 나는 나 자신이 이해한 듯이 보이는 것을 글로 표현할 수 없었고, 또 내가 기록한 것은 나의 인식 안에 존재하는 진리의 불완전한 그림자에도 미치지 못했다.(*Against the Arians*, Preface[PG 25, col. 693B])

저자의 겸손한 상투적 표현 뒤에서 목회적 헌신과 연결된 교의적 의식이 등장하는데, 그것이 아타나시우스 영성의 특징이다. 그와 동일한 태도는 『이집트와 리비아의 감독들에게 보낸 회람 서신』(356), 또는 『성령의 신성에 관해 세라피온에게 보낸 편지』(357-359) 등 그의 말년의 저술에서도 분명히 나타난다.

세번째 유배 기간 중인 357년에, 아타나시우스는 수도사들의 보호를 받아 사막에 숨어 지내면서 유명한 『안토니의 생애』(*Life of Anthony*)를 펴냈다. 이것은 안토니가 105세의 나이로 사망하고 나서 불과 1년 후의 일이다. 아타나시우스의 생전에 유포된 라틴어 번역본은 물론이요 그리스어를 사용하는 동양에서도 곧 전세계적인 베스트 셀러가 된 이 저서를 제대로 평가하기 위해서는, 저자가 자신의 주제를 다룬 독창적인 자유로움에 유의해야 한다. 유배된 이 감독은 자신에게 제공된 문서 자료들을 이야기체의 전기문으로 편집했는데, 그것은 아타나시우스의 순수한 영성을 발산하고 있다. 그리스도에 대한 니케아 공의회의 견해에 대한 강력한 교의적 다짐이 사막에서의 안토니의 삶과 싸움에 대한 목가적인 이야기를 보강해준다. 안토니가 마귀나 자기 자신을 대적하여 행한 싸움에 대한 묘사에는 어느 정도 기괴한 면도 있지만, 그것들은 교회에 의해서 전해지는 신적 성육의 실재를 믿는 모든 기독교인들에게 실제로 약속된 승리하는 믿음의 경험을 묘사한다.

아타나시우스가 45년 동안 이집트와 리비아의 교회들을 다스린 목회 전략을 볼 때, 그는 4, 5세기의 교회가 배출한 위대한 감독의 원형(原型)으로 등장한다. 그는 말년에 제국 내의 모든 교회를 책임있게 보살핀 것으로 인해 젊은 가이사랴의 바실로부터 칭송을 받았다. 방대한 교구의 내부 관리, 또는 동방과 서방에서의 제국의 광범위한 제국의 정책이라는 보다 광범위한 무대에서 볼 때, 아타나시우스의 영성의 비밀한 능력은, 신앙의 공동체를 신적 성육의 전례적이고 제도적이고 신학적인 의식으로 만드는 과정에서 그가 교회를 하나의 완전체로 분명하게 인식한 데서 등장한다.

카파도키아 교부들

카파도키아 교부들의 생애에 관한 자료들은 그들의 영적 세계에 들어가는 계기를 마련해주며, 그들의 설교 및 기타 목양 활동에 대한 문서들은 그들의 영성에 구체적으로 접하게 해준다. 그들은 기독교 교의의 발달에 있어서 이론적인 공헌을 했는데, 그러한 공적들은 그들의 영적 메시지를 평가하는 데 도움이 된다. 이 세 가지 자료(전기, 목회 활동, 이론)에 비추어, 우리는 4세기의 감독들 중에서 가장 유명한 카파도키아 교부들의 영성에 대해 살펴보려 한다.

가이사랴의 바실(330-379)

바실(Basil)은 330년에 가이사랴에서 태어나 27세 때에 세례를 받았다. 그는 32세 때에 가이사랴의 사제로 선발되었으며, 40세 때에 가아사랴의 감독으로 임명되었고, 9년 후에 그곳에서 사망했다. 이와 같은 놀라운 안정성은 그의 신비적 성취의 통일성과 지속성에 병행한다. 그는 성도의 가정에서 태어났으며, 부친 덕분에 그 시대에 카파도키아에서 가장 부유한 계층의 문화에 직접 접할 수 있었다는 점에서 두 가지 특혜를 받은 인물이었다. 그는 자신의 책임 하에 기독교의 신성한 의무를 마치 가사(家事)를 제도화 하듯이 제도화했고, 동시에 그것을 부자들과 지식층들에게 전파했다.

대단히 부유하고 정치적으로 유력한 가문에 속해 있었던 바실의 친할머니 마크리나(Macrina the Elder)는 바실의 기독교 교육에서 핵심적 역할을 했다. 마크리나는 오리겐의 직계 제자인 "기적을 행하는 사람"(Wonderworker) 그레고리 타우마투르쿠스(Gregory Thaumaturgus)를 알고 있었다. (그레고리는 팔레스틴의 가이사랴에 있는 오리겐파 학교를 떠나기 전에 오리겐을 열렬하게 칭찬했는데, 그 연설은 지금도 보존되어 있다). 마크리나와 그녀의 가족들은 열렬한 기독교인이 되었다. 304년부터 311년 사이에 있었던 막시무스와 갈레리우스의 박해 때에 마크리나의 전 재산이 몰수되었다. 한편 바실의 외가쪽 조상들은 이미 여러 세대 전부터 기독교인이었는데, 그 중에는 사제와 감독도 있었다. 바실의 외할아버지는 순교자였다. 바실의 아버지는 박해가 끝난 후에 부모의 재산을 되찾았다. 그는 부동산을 더 모았고 유명한 수사학자가 되었지만 바실이 12살 때에 세상을 떠났다.

바실의 다섯 누이 중에서 맏이는 마크리나(Macrina the Younger)였는데, 그녀는 남동생들에게 많은 영향을 주었다. 그녀는 자기를 중심으로 한 여성들의 종교 공동체를 만들었다. 마크리나가 사망한 후, 형제들 중 맏이인 바실이 권위자로 인정받았다. 그의 동생 나우크라티오스(Naucratios)는 5년 동안 은수사로서 엄격한 금욕 생활을 하다가 27세 때에 세상을 떠났다. 또 다른 동생 그레고리는 결혼하여 수사학자라는 직업을 가졌지만, 후일 바실의 감화를 받아 닛사(Nyssa)의 감독이 되었다. 막내 동생 피터(Peter)는 세바스테(Sebaste)의 감독으로 임명되었다. 바실의 아버지쪽 친척인 삼촌 중에도 그레고리라는 사람이 있었는데, 그는 카파도키아의 감독이었다.

바실은 아버지 밑에서 공부를 시작하여, 카파도키아의 가이사랴에서 계속 교육을 받았는데, 그곳에서 장차 나지안주스의 감독이 될 그레고리를 만났다. 그는 5년 동안 아테네에서 그레고리와 경쟁하면서 공부했다. 카파도키아로 돌아온 그는 마크리나가 수도원을 세운 것에 감동을 받았다. 그는 그레고리와 함께 외할머니의 땅과 누이가 세운 수녀원 근처에 있는 안네시(Annesi)에 남자들을 위한 수도 공동체를 세웠다. 그곳에서 바실과 그레고리는 오리겐의 저서들을 인용한 인용문들을 수집한 『필로칼리아』(*Philocalia*) 제작에 도움을 주었다. 그 책은 성경 해석학, 오리겐의 『켈수스를 대적하여』에서 인용한 변증문들, 그리고 자유 의지와 신적 공의라는 기독교 교리를 다룬 부분 등 세 부분으로 이루어져 있다. 이 시기에 바실의 주요 조언자는 세바스테의 유스타티우스(Eustathius)였다. 그가 사제로 임명되기 전인 이 시기에 몇 가지 수도원 규칙이 검토되었다(이 규칙들은 나중에 그가 편집했지만, 처음으로 입안되고 시험된 것은 안네시에서였다).

바실은 가이사랴의 교회에서 처음에는 그 지방 감독인 유세비우스를 보좌하다가, 나중에는 그의 후임으로 일하면서 영적 업적을 남겼다. 그는 자신의 가정적 전통을 통해 물려받은 오리겐의 신비주의와 그 시대의 실질적 교회론을 결합했다. 그는 니케아 정통과 교회 공동체를 옹호하면서 나타낸 아타나시우스의 태도와 오리겐의 학구적 태도 및 신비적 열심을 결합했다. 그는 처음부터 자신의 개인적 성품과 특권적 혈통에 걸맞은 사회적 지도력을 나타냈다.

바실은 감독이 가난한 자, 병자, 피난민 등을 돕는 부유한 후원자 역할을 하는 전통의 효시가 되었다. 이것은 가뭄과 경제적 어려움을 초래한 368-369년의 혹심한 가뭄 때에 증명되었다. 368년 10월 11일 지진이 니케아를 강타한 후, 바실은 부자들을 대적한 "사회주의적" 설교를 하는 한편, 병원과 빈민수용소를 세웠다. 이 젊은 감독의 지위가 튼튼한 덕분에 371-372년에는 친 아리우스파 황제인 발렌스에게 저항했지만(바실은 364년에 아리우스주의를 반대했었다), 교리 분야에서의 그의 주된 공헌은 성령에 대한 가르침이었다.

그의 성경 해석학도 그렇지만, 그의 교의적 가르침 역시 본질적으로 귀납적이었다. 모든 활동에서 바실의 영적 지도력의 뿌리는 지역 교회의 전례에 있었다. 그는 목양적, 전례적 관습을 근거로 하여 보다 분명하게 삼위일체 신앙을 형성할 것을 주장했다. 우리는 구원의 경륜 안에서의 성령의 활동을 조사함으로써 성령의 신적 본성을 구분할 수 있다. 성령은 하나님처럼 거룩하며(holy) 진실로 신적이다(divine). 왜냐하면 피조물은 결코 다른 피조물을 성화시킬 수 없기 때문이다. 전례는 규범과 의식을 통해서, 그리고 성경은 신구약 성서의 책들을 통해서 기독교 영성의 직접적 근원이 되는데, 그 이유는 그것들이 성령의 감화를 받은 것이기 때문이다. 바실은 이런 방식으로 보다 풍부한 교회론과 보다 강력한 성령론의 차원에서 아타나시우스의 "성육신"(incarnational) 영성을 재현하고 발달시켰다.

364년에 저술한 『유노미우스를 대적하여』(*Against Eunomius*)라는 3권으로 이루어진 책 외에도, 40편의 설교 모음집이 있는데, 이것은 아마도 바실 자신이 수도사들을 위해 마련한 규칙들과 유사한 것들을 평신도들을 위한 지침으로 수집한 것인 듯하다. 372년부터 375년 사이에 행한 설교집인 『세례에 관하여』나 시편 주석, 혹은

Hexaëmeron—사순절의 한 주간 동안 행한 설교로서 378년 말경에 출판되었는데, 창세기 1장에 기록된 창조의 육 일에 대한 설명이다—에서 바실은 항상 신비적 교수법을 지향하는 목회적 목적을 가지고서 신학적 개념들과 수사학 기법들을 사용했다.

신적 계시의 감추인 비밀에 대한 그의 인식은 그로 하여금 오리겐이 말한 영적 진보의 단계들을 강조하게 만들었다. 동시에 그는 대중적 신앙 체험으로 말미암아 순교자 숭배를 찬양했다. 마지막으로, 우리에게 전해온 많은 서신에서(300통 이상) 그의 훌륭한 성품, 그리고 그의 목양 사역의 폭넓은 영향력을 보여주는 증거들을 발견할 수 있다.

나지안주스의 그레고리(329/30-390)

나지안주스의 감독의 아들인 그레고리(Gregory the Elder)는 일평생 바실과 친구로 지냈다. 그레고리는 아내 논나(Nonna)의 감화로 회심했으며, 약 50세 때인 325년에 세례를 받았다. 그도 바실과 마찬가지로 부유한 상류 지주 계층 출신이었다. 그레고리의 친척으로는 이코니움의 암필로키우스(Amphilochius of Iconium)를 비롯하여 사제와 감독들이 있었다. 그레고리는 세상에 태어나기도 전에 하나님께 바쳐졌다. 그레고리는 독거와 관상적 금욕 생활을 원했지만, 361년에 그의 아버지는 그로 하여금 사제직을 받아들이게 만들었다. 372년에 막역한 친구인 바실이 억지로 그에게 사시마(Sasima)라는 곳의 감독직을 맡겼지만, 그는 계속 고향에 머물면서 아버지를 도왔다. 2년 후, 아버지가 돌아가신 직후에 그레고리는 이사우리아(Isauria) 광야로 들어가서 4, 5년 동안 침묵과 관상의 생활을 했다. 379년초, 아리우스파가 지배하던 콘스탄티노플에 있는 작은 니케아 공동체가 그를 목사로 청빙했다. 그는 380년 11월까지 어느 교회당에서 설교를 했는데, 그 때 니케아 신조에 우호적이었던 새 황제 테오도시우스는 그에게 콘스탄티노플의 감독으로서 거룩한 사도들(Holy Apostles)의 바실리카에서 설교해 달라고 요청했다. 381년 콘스탄티노플 공의회가 개최되는 동안, 일부 동료들의 정책에 실망한 그레고리는 사임하고 나지안주스로 돌아가서, 친구인 에울라리오스(Eulalios)가 감독으로 선출되기까지 아버지를 대신하여 약 2년 동안 그 지역 교회를 관리했다. 그는 다시 은퇴하여 아리안줌(Arianzum)에 있는 가족의 영지로 가서, 죽을 때까지 금욕 생활을 하면서 신비적 저술—특히 시—에 힘썼다.

나지안주스의 그레고리 덕분에, 고대 말기의 기독교 영성의 형태는 바실이 감독으로 있을 때처럼 사회적 지도력의 중재를 받지 않게 되었다. 바실로 하여금 수도적, 목회적 제도들을 세우게 만들었던 것과 동일한 신비주의는 그레고리 안에서 고전적 연설가요 시인으로서의 재능으로 꽃을 피웠다.

고대 교회 내에서 기독교 영성사에 끼친 그레고리의 진정한 공헌은 삼위일체 개념을 뒷받침하기 위한 적절한 형이상학을 고안해 낸 것이다. 그레고리는 처음으로 성령에 대해서 "하나님"(God)이라는 칭호를 분명하게 사용했다. 그는 또 하나의 신격(Godhead) 안에 있는 세 개의 "위격"(person) 혹은 "본질"(hypostasis)를 구분했다. 그레고리는 헬레니즘 전통의 세련된 서정시들을 동원하여 자서전적 계시의 원천인 바 신학적 탐구의 영역으로 자신의 삶을 이끌어 갔다. 『그분의 삶에 관하여』(*On His Life*)라는 시는 어거스틴의 『고백록』과 같은 액센트를 가지고서 그의 영혼의 내면 생활을 묘사한 것이다. 그는 생의 마지막 10년 동안에 400편 이상의 시를 저술했는데, 그것들은 그의 역사적, 교의적, 자서전적 욕구들을 반영하는 것이었다. 그는 자신의 편지들을 모아 출판한 최초의 기독교 저술가였는데, 그가 남긴 편지들은 헬라어를 사용하는 교회들 내에서도 아무런 도전을 받지 않고 있다.

천부의 문학적 재능을 지닌 이 총명하면서도 역설적인 인물은 무엇보다도 관상적 침묵과 금욕적인 단식에 더 매력을 느꼈다. 그는 공적인 연설을 하면서, 강압에 의해 성직을 맡으므로써 사생활을 상실한 데 대한 후회를 극적으로 표현했다. 교회에 대한 그의 헌신은 교인들, 사제들과 감독들에 대한 그의 비판만큼이나 강력했다. 성직 제도들의 부패에 대한 그의 고발에는 구약 선지자의 비애가 담겨 있었다. 그의 연설과 설교들 중 거의 절반은 373년부터 381년 사이에 콘스탄티노플에서 행해진 것이다. 22편의 연설문 중에서 17편은 아마 개인적인 바실리카였을 작은 아나스타시아(Anastisia)에서 행해진 것이다. 그레고리는 보통 사람들과 노동자 계층의 신학적 선전이라고 생각하는 것을 경멸하고 비난했으며, 순교자 숭배 제의와 연결되어 있다고 간주하여 대중 신앙에 전혀 관심을 나타내지 않았다. 그는 항상 공적인 삼위일체 신앙을 고백하는 친 니케아 신앙고백에 초점을 두었다. 그는 정통 신앙을 보존하기 위해서, 감독이나 사제가 철학 교육을 받은 관상 수도자일 때에만 그들의 교학권(magisterium)을 신뢰했다. 그 시대의 성직자들에 대한 가장 통렬한 비판 중의 하나가 아타나시우스에 대한 그의 찬사에서 발견되는데(379년 5월 2일), 그 찬사에서 그는 성직자들을 위한 성경적 훈련의 필요성을 강조했다.

기독교적이고 성경적인 전통들과 로마 제국 내의 헬레니즘적 신비주의와의 가장 친밀한 만남이 나지안주스의 그레고리의 업적의 특징을 이룬다. 그의 신학적 설교에는 고전적인 비유와 암유가 많이 등장하며, 고대 말기의 형이상학이라는 특성을 지닌 그의 신비적 감수성은 그의 설교와 시에 수록된 성경적 표현에게 새로운 생명을 준다.

닛사의 그레고리(ca. 331-394 이후)

바실의 동생인 그레고리는 348년에 학교에 가기 전까지 안네시에서 어머니와 큰 누이 마크리나에 의해 양육되었다. 360년에서 364년 사이에 그는 테오시비아(Theosibia)와 결혼하여 키네지오스(Cynegios)라는 아들을 두었고, 365년부터 372년까지는 수사학자 생활을 했다. 372년에 가이사랴의 감독으로서의 짧은 삶이 거의 끝나가고 있었던 유세비우스는 그레고리에게 순결(virginity)에 관한 논문을 쓰라고 요청했고(이것이 그의 최초의 저술이다), 그를 닛사(Nyssa)의 감독으로 임명했다. 바실이 사망한 후, 그레고리는 자신의 지역 교회의 경계를 넘어서까지 교리적인 공헌을 했고, 385년에 아내를 잃은 후에는 수도적 체험 생활에 더욱 헌신했다.

그레고리의 신비적 저술들은 대부분 그의 생애의 마지막 10년 동안에 저술되었다. 예를 들면 『모세의 생애』, 『기독교적 생활 방법』, 아가서에 관한 15편의 설교(*Homilies on the Song of Songs*), 『요리문답 강론』 등이 있다. 『인간의 창조』는 그보다 이른 시기인 373년 1월에 바실이 사망한 후에 저술되었을 것이다. 기독교 성인전의 걸작인 『마크리나의 생애』는 379년 12월에 그의 누이가 사망한 직후에 저술되었다. 몇 편의 전례적, 교리적 설교들, 그리고 두세 편의 찬양의 연설도 전해 오고 있다. 아마 382년 사순절에 행했을 『가난한 자들에 대한 사랑에 관하여』라는 두 편의 설교에서, 그레고리는 닛사 사회 내의 현저하게 대조되는 것들을 훌륭하게 묘사하고 있으며, 전문적인 수사학자(*rhētōr*)들이 사용하는 교묘한 기법들을 훌륭하게 구사하여 감동적인 연설을 한다. 부활절 설교, 오순절 설교, 성탄절 설교에서는 각 절기가 지닌 상징적 의미를 강조했다. 그는 381년과 383년에 콘스탄티노플 공의회에서 두 번 연설을 했다.

닛사의 그레고리는 카파도키아의 교부들 중에서 가장 조직적인 사상가였다. 그는 오리겐을 본받아, 그리고 심화된 오리겐적 비전의 순수한 양식으로, 고대 그리스어를 사용하는 교회들 내에서 기독교 신비주의의 가장 풍성한 교리를 가다듬었다.

기독교적 플라톤주의의 모든 고전적 특징이 그레고리의 신비 이론 안에서 새로이 활력을 얻는다. '대우주'와 조화를 이루면서 하나님에 의해 피조된 '소우주'인 개개의 인간들은 창세기 1:26에 기록된 대로 정신 안에 있는 신의 형상-모양, 자유 의지, 여러 가지 덕목 등을 경험한다. 아담과 이브의 타락(이것은 오리겐의 경우에서처럼 인간의 선재라는 영지주의적 교리를 자명한 것으로 가정하지 않는다)은 인간의 본질, 즉 두 개의 세계—영적 세계와 물질적 세계—의 경계선에 있는 인간의 형이상학적 위치의 전조가 된다. 이와 같이 "경계 지역에 위치해 있기 때문에"(methorios), 타락한 인간은 원칙적으로 "다른" 세상, 혹은 눈에 보이지 않는 세상에 대한 직관을 가지고 있다.

그레고리는, 인간의 도덕적 불행, 육체적 불행, 혹은 사회적 불행 등을 분석하면서 인류의 현재의 한계 및 신적 구주의 필요성을 강조한다. 그러나 그는 기독교 신학의 성육신적(incarnational) 토대를 강조함으로써 자칫하면 빠질 우려가 있는 이원론적 염세주의의 위험을 극복한다. 그리스도는 우리를 자기에게 연합시키셨고, 우리가 처음에 가지고 있던 신적 우정을 회복시켜 주셨다. 그레고리의 종말론은 복원된 오리겐의 구세론이라는 틀 안에서, 아타나시우스가 대중화시킨 로고스의 성육의 교리를 제의한다. 그리스도의 인성은 보편적인 인간 본성의 세력(dynamism)의 방향을 재설정하여 그것을 물질의 순환에서 해방시켜 신적인 것을 향하게 한다. 그리스도는 우리에게 필요한 덕의 실천에 대해 가르쳐 주셨다. 우리는 하나님의 지식 안에서 성장하기 위한 원천으로서 그리스도를 소유한다. 하나님과 우리 사이의 지속적인 닮음은 성육하신 그리스도에 의존하며, 그리스도는 우리를 인도하여 그러한 닮음의 완전함에 이르게 하실 것이다. 왜냐하면 그리스도 안에서만 하나님을 볼 수 있고 본받을 수 있기 때문이다.

인간은 두 가지 독특한 신비 체험의 차원에서 관상생활에 인도되는데, 관상생활은 천국의 복된 삶을 세상에서 미리 보여주는 것이다. 첫째 차원은 "영혼의 거울이라는 차원이다: "영적 감각"을 발휘할 때에 발생하는 신적 조명이다. 여기에서 인간은 자신의 죄된 정욕 안에서 상실했던 바 하나님에 의해 피조된 우주에 대한 비전을 회복한다:

> 만일 어떤 사람의 마음에서 모든 피조물과 제어하기 어려운 애욕들이 깨끗이 제거되었다면, 그는 자신의 아름다움 안에서 신적 본성의 형상(Image of the Divine Nature)을 보게 될 것입니다. 나는 이 짧은 말씀은 다음과 같은 조언을 하고 있다고 생각합니다: 인간의 내면에는 참된 선을 관상하려는 갈망이 있습니다: 그러나 하늘에서 하나님의 위엄을 찬양한다는 것, 그의 영광은 말로 표현할 수 없다는 것, 그리고 그의 본질에는 접근할 수 없다는 말 등을 들을 때에, 당신이 원하는 것을 보지 못하게 될까 낙심하지 마십시오. 당신은 그것을 볼 수 있습니다. 당신은 자신 안에 신적인 것을 이해할 수 있는 표준을 가지고 있습니다. 당신을 지으신 분께서 당신의 본성에게 이 놀라운 자질도 부여해 주셨기 때문입니다. 하나님께서는 밀납에 조각물의 형태를 새기듯이, 하나님 자신의 영광스러운 본성과 닮은 것들 당신의 본성에 새기셨습니다. 그러나 하나님의 형상을 가지고 있는 본성 위에 부어진 악 때문에 악한 뚜껑 밑에 숨겨진 이 놀라운 것을 당신이 유익하게 이용할 수 없게 되었습니다. 그러므로 만일 당신이 선한 생활에 의해서 당신의 마음 위에 고약처럼 덧붙여진 더러움을 씻어버린다면, 당신의 내면에서 신적인 아름다움이 다시 빛나게 될 것입니다.
> 신성(Godhead)은 깨끗함이요, 정욕으로부터의 자유이며, 모든 악한 것들로부터의 분리입니다. 그러므로 당신 안에 이런 것들이 있다면, 하나님이 실제로 당신 안에 계시는 것입니다. 이런 까닭에, 당신의 생각에 악이 섞이지 않고 정욕으로부터 자유하며 더러움이 없다면, 당신은 복된 사람입니다. 왜냐하면 당신의 시각이 깨끗하기 때문입니다. 당신은 깨끗하기 때문에, 깨끗하지 못한 사람들이 볼 수 없는 것들을 감지할 수 있습니다. 물질적인 것에 뒤얽혀 있기 때문에 야기된 어두움이 당신의 영혼의 눈에서 제거되었으며, 당신은 깨끗한 마음의 하늘에서 빛나는 복된 비전을 보게 됩니

7. *John Chrysostom,* Hagia Sophia, Istanbul, 11th century

8. *Ambrose,* Cappella di Vittore, Ciel d'Oro, Millan, 5th century

다.(Gregory of Nyssa *Homily 6 on the Beatitudes* [PG 44, cols. 1269D-1272B])

보다 높은 차원인 두번째 신비 체험의 차원에서는 영혼의 어두움이 영향력을 발휘하는데, 그 안에서 깨끗해진 인간은 하나님의 무한한 불가해성에 직면한다. 여기에서 영혼은 영혼 안에서의 하나님의 임재를 감지함을 통해서 신화(divinization)의 과정에 참여한 자신을 발견한다. 이 과정은 끝이 없다. 심지어 내세에도 그것은 계속 인류를 하나님의 신비의 심연에 던져 넣는다. 영혼은 신비적 결혼을 통해서 자신을 하나님의 가장 깊은 임재와 결합시킨다. 물론 그레고리는 이러한 영적 성육는 그리스도의 성육을 전제로 한다는 점을 강조하지만, 여기에서도 우리는 그레고리의 신비주의 안에 신플라톤주의적 성향의 가정(假定)들이 있음을 발견한다. 그리스도와의 끝없는 동화(同化)에는 거룩한 사랑의 상처(아 4:9), 교회와 신랑 되신 그리스도 사이의 고통스러운 목회적 연합이 요구된다. 신비적 상승이란, 자기를 낮추어 영혼 안에 들어오셨던 분을 향해 영혼이 이끌려가는 것을 의미한다:

> 겸손한 자들을 세우시는 주께서 아래 있는 것들의 수준으로 자신을 낮추셨을 때에만, 우리는 지극히 높으신 분을 향해 들려 올려질 수 있다. 그것이 곧 위에 있는 것들을 향해 일어선 영혼이 초월자(Transcendent One)에게 도움을 구하며, 그분에게 낮은 곳에 있는 인간들에게 접근할 수 있기 위해 높은 곳에서 내려오실 것을 요구하는 이유가 된다.(Gregory of Nyssa *Homily 10 on the Song of Songs* [*PG* 44, col. 988A])

필로와 오리겐의 주요한 주제들 중 일부가 닛사의 그레고리의 신비적 이론 안에 다시 요약되어 있다. 구원이란 신적 초월성에 동참하는 것이라고 보는 알렉산드리아의 우의가 특이하게 형이상학적이고 문학적인 찬사 안에서 되살아난다. 그러나 닛사의 그레고리의 교리는 복음서와 바울의 메시지에 의존하고 있음을 염두에 두어야 한다.

『유노미우스를 대적하여』나 『아폴리나리스에 대한 반박』과 같은 그레고리의 교의적 저술들을 깊이 연구해 보면, 그레고리는 그 시대와 그가 속한 계층의 지적, 사회적 편견을 거리낌 없이 나타내곤 한 무서운 변증가였음이 드러날 것이다. 그럼에도 불구하고, 그의 교리적 업적은 카파도키아 교부들이 기독교 신학사(神學史)에 얼마나 기여했는지를 대변해준다. 기본적인 영적 신념들이 이단을 대적한 그의 싸움 및 내세에 대한 그의 상상적인 생각을 뒷받침했다. 그것들의 심오한 일관성은 철학적으로 잘 연결되어 있다: 하나님의 절대적인 불가해성이 피조된 인간의 정신과 유한한 본성에 합당한 논리적 원리이다. 우리가 덕의 길을 걸어 올라갈 때에, 우리 자신의 영적 구조를 통해서, 그리고 우주의 조화를 이루는 우주적 정신을 통해서, 신적 초월성이 우리 앞에 개방된다. 성경에서 증거되며 철학자들에 의해 논의된 바대로, 인류의 역사는 인류의 타락과 구원이라는 드라마를 보여주는 방대한 우의적 프레스코화이다. 이러한 근본적인 신념들의 진정한 종합을 기독교적인 용어로 제시한 것이 그레고리의 탁월한 공적이다.

존 크리소스톰(344/54-407)

안디옥의 부유한 귀족 가정에서 태어난 존은 당대의 가장 유명한 수사학자 리바니오스(Libanios)에게서 교육을 받았다. 4세기의 가장 훌륭한 안디옥 학파의 주석가인 다소의 디오도루스(Diodorus of Tarsus)는 그에게 신학의 초보를 가르쳤다. 멜레티우스(Meletius) 감독의 선택을 받은 존은 20대 초반에 세례를 받고, 곧 안디옥에 있는 주요한 교회의 성경 낭독자가 되었다. 그는 2년 동안 은수사 생활을 하면서 건강을 해쳤다. 381년에 그는 부제(副祭)가 되었으며, 386년에는 특히 설교를 행하라는 성직 수임 명령과 더불어 사제로 임명되었다. 386년부터 397년까지는 안디옥에서, 그리고 마지못해 감독으로 승진한 후인 398년부터 404년까지는 콘스탄티노플에서, 그는 탁월한 설교를 했다. 그의 탁월한 웅변의 은사 때문에 그의 금욕적 이상의 열렬한 영성이 약화되지는 않았다. 속기사들 덕분에 보존되어 현재까지 남아 있는 존의 많은 설교들은 지금도 읽어볼 만한 가치가 있다. "그것들은 솔직하고도 직접적인 것으로서 오늘날 남아 있는 교부들의 설교들 중에서 가장 읽을 가치가 있고 교훈적인 설교이며, 또한 그 시대의 사회사(社會史)를 알기 위한 분명한 자료가 된다."[1] 존은 자신의 성공의 희생자가 되어 아르메니아에서 유배 생활을 하다가 세상을 떠났다.

카파도키아 교부들이 세상을 떠나고 나서 약 20년 후에 안디옥과 콘스탄티노플의 강단에서 행한 훌륭한 설교 경력 덕분에 "황금의 입"(Golden Mouth)이라는 명칭이 존에게 주어졌다. 크리소스톰은, 바실과 두 명의 그레고리의 공통된 영성의 복음적 근거를 그들보다 더 많이 증언한다. 그는 기독교인들이 직면하는데도 종종 무시되는 윤리적 문제들을 강조했지만, 언제나 그러한 문제들보다도 성서를 우위에 두었으며, 복음서나 사도 바울의 글들을 분명하게 풀어 설명하면서 그리스도에 대해 묵상하라고 청중들을 권유했다. 그는 특히 사도 바울의 저술에 몰두했다.

안디옥에서 사제로 활동한 10년 동안, 존은 로마서를 주석하면서 32차례나 회중에게 설교했는데, 그것은 고대 교회에서 로마서에 관한 가장 길고 가장 포괄적인 교훈적 설명이었다. 같은 기간에, 존은 고린도전서에 관해서 44번, 고린도후서에 관해서 30번, 갈라디아서에 관해서 약 25번, 에베소서에 관해서 24번, 디모데전서에 관해서 18번, 디모데후서에 관해서 10번, 디도서에 관해서 6번, 빌레몬서에 관해서 3번 설교했다. 콘스탄티노플에서 보낸 소란한 기간 동안, 존은 최소한 빌립보서에 관한 15편의 설교, 골로새서에 관한 12편의 설교, 데살로니가 전·후서에 관한 16편의 설교를 포함한 바울 서신 주석을 완성했다. 그는 그 직무를 수행한 마지막 몇 달 동안 히브리서에 관해 34번 설교를 했다. 다시 말해서, 우리는 대략 280편에 달하는 존의 설교를 가지고 있는데, 그것들은 바울 서신에 대한 존의 지식을 전해주고 있다. 그밖에도 창세기, 선지서, 마태복음, 요한복음, 사도행전 등에 관한 수백 편의 설교도 전해지고 있다.

존의 강력한 설교의 주요 주제들은 전통적인 안디옥 학파의 요리문답의 주제이다. 『하나님의 불가해성에 관해서』라는 제목의 유명한 일련의 설교에서, 존은 카파도키아의 반-아리우스적 신학을 대중적이고 웅변적으로 개작하여 쏟아냈다. 그리스도에 관한 그의 교리적 사상은 아타나시우스의 전통을 따른 것으로서 성육신적(incarnational)인 것이었으며, 동시에 그의 기독론의 특징은 안디옥의 디오도루스의 주석적 가르침에 합당한 윤리적이고 역사적인 강조였다. 황제의 가족들을 포함하여 지배 계층에 대한 독설로 가득한 "스콜라주의적" 연설에서 그는 온갖 종류의 악습과 불의를 비난한다. 주요한 절기에 행한 설교들, 그리고 386년과 387년에 행한 여덟 편의 시리즈 설교인 『유대인들을 대적하여』는 의식적(儀式的) 모임에서의 기독교 공동체의 욕구와 정신을 반영한다. 기독교 사제직에 대한 그의 개념은 교회에 대한 헌신의 초점이었는데, 그는 그것을 사회 안에서 하나님의 성육하신 임재를 실현한 신성한 제도라고 간주했다.

> 사제직은 세상에서 시행되지만, 그것은 천상의 것들 중 하나로 자리잡고 있는데, 거기에는 정당한 근거가 있다. 그 사역을 세우셨으며, 육체 안에 거하는 사람들에게 천사들의 기능을 본받아야 한다

고 명령하시는 분은 천사도 아니고 대천사도 아니며 피조된 다른 능력(power)도 아니라 보혜사이셨다. 그러므로 사제는 하늘에서 이러한 능력들(Powers) 가운데 서 있듯이 깨끗해야 한다. 엘리야, 그리고 그의 주위에 둘러 서 있는 많은 사람들, 제단 위에 놓인 제물, 모두 숨을 죽이고 깊은 침묵 속에 있는 가운데 엘리야만이 홀로 기도하는 모습, 그리고 하늘로부터 불이 내려와 제단에 임하는 모습을 상상해 보라. 다음에는 제단에 바쳐진 희생제물을 상상해 보라. 그러면 당신은 놀라울 뿐만 아니라 경탄할 만한 것을 보게 될 것이다. 사제가 불을 내려오게 하는 것이 아니라 성령께서 하시는 것이며, 사제는 불이 하늘로부터 내려와 제물을 태우게 하기 위해서 오래도록 기도하는 것이 아니라, 은혜가 제물에게 임하며, 그로 말미암아 모든 사람들의 영혼이 불타 오르며 그들로 하여금 불로 연단된 은보다 더 밝게 만들기 위해서이다

세례에 의한 영적 탄생과 중생은 사제들에게 맡겨져 있다. 그들에 의해서 우리는 그리스도로 옷 입으며, 하나님의 아들과 연합하여 복되신 머리의 지체가 된다. 이런 까닭에 우리는 그들을 왕이나 제후들보다 더 존엄하게 여기며 부모보다 더 존경해야만 한다. 우리의 부모는 육체의 뜻과 피로 우리를 잉태했지만, 사제들은 우리가 하나님으로부터 탄생하는 것, 영적 중생, 은혜에 따른 참 자유와 양자 됨의 원인이 된다.(John Chrysostom *On the Priesthood*[*De sacerdotio*] 3.4-6 [PG 48, cols. 642B-644A])

복음의 메시지에 비추어 종교를 옹호한 존의 열렬하고 유창한 연설들은 그의 생전에 이미 전형적인 것이 되었으며, 그 후로 사람들은 항상 그것들을 모방해왔다. 그가 남긴 연설문에 많은 위-크리소스톰의 설교들이 추가되었지만, 존 자신의 복음적 영성의 신선함과 활력은 수세기 동안 계속해서 다른 무엇도 필적할 수 없는 빛을 발하고 있다.

프와티예의 힐라리(310/20-367)

프와티예(Poitiers)에서 태어난 힐라리의 『시편 설교집』을 보면 그가 그 시대의 부유한 프랑스-로마 상류층에 대해 잘 알고 있었음이 나타난다(118.14; 123.2; 140.14; 143.23; 146.13 [PL 9, cols. 540A, 675C-676A, 831CD, 853BD, 875A]을 보라.) 그는 성숙한 결심을 암시하는 철학적 용어로 자신의 회심에 대해 묘사한다. 그는 보르도(Bordeaux)에서 훌륭한 문법학자들과 수사학자들에게서 교육을 받은 듯하다. 그는 결혼하여 아브라(Abra)라는 딸을 두었고, 트레에르(Trier)의 감독인 막시미누스(Maximinus)에게서 세례를 받았다. 그가 잠시 동안 관리, 혹은 사업가로서 로마 제국 서부의 이 중요한 도시를 여행했을 가능성이 있다. 350년경에 프와티예의 기독교 공동체는 그를 감독으로 선출했다. 그 직후인 353년에 밀라노에서 콘스탄티우스 2세가 개최한 친-아리우스 종교회의의 결과로, 프랑스의 감독들은 그를 지도자로 삼고 단기간 동안 황제의 종교 정책을 대적했다. 콘스탄티우스는 힐라리를 프리기아로 추방했다. 그는 356년 9월부터 360년 봄까지 유배 생활을 했지만 완전히 감금되어 생활하지는 않았다.

유배 생활에서 풀린 그는 돌아오는 길에 로마로 갔다. 그곳에서 그 지방 감독인 리베리우스(Liberius)를 만났을 가능성이 있다. 리베리우스 역시 추방되었다가 귀환한 지 얼마 되지 않은 상태였다. 360년 가을, 혹은 361년 봄에 힐라리는 고올 지방에 있었다. 그 직후에 그는 오늘날의 파리의 중심지이며, 당시 새로운 황제인 줄리안의 사령부였던 루테티아(Lutetia) 종교회의에서 중요한 역할을 했다. 그곳에서 그는 일련의 회의를 하면서 고올 지방의 감독들을 친-니케아적 정통으로 규합하는 데 성공했다. 또 그는 프와티예 근처에 Ligugé 수도원을 세웠는데, 투르의 마틴(Martin of Tours)이 그 수도원의 초대 원장이었다(힐라리는 355-356년에 마틴을 성직자의 서열에 받아들였었다). 고올 지방에서 수도원 운동이 시작된 것에 관한 이야기는 힐라리와 관련된 기적들 및 열심에 대한 이야기들과 연결되어 있다. 그는 367년, "고향으로 돌아온 지 6년째 되는 해에 고향에서" 세상을 떠났다.[2]

힐라리는 잠시 감독으로 활동하는 동안에, 그 시대의 전체 제국 기독교를 무대로 활동한 영적 선구자로서 프랑스-로마의 무대에 등장했다. 그가 등장하기 전, 라틴어권의 서방에서는 북아프리카와 로마의 노바티안에서 터툴리안과 키프리안과 같은 독창적인 지도자들을 배출했었다. 이들은 서방 문화에 적합한 방법으로 기독교 영성의 방향을 설정했다. 힐라리는 윤리적인 문제들 및 기독교의 기본적 요리문답 부문에서 이 아프리카인들로부터 많은 것을 배웠다. 그는 역시 아프리카인인 락탄티우스(Lactantius)의 변증적 저술들도 알고 있었지만, 힐라리의 영적 업적은 그 나름의 것이었다.

그는 프와티예에서의 사역 초기에 연작(opus continuum)의 형태로 『마태복음 주석』을 저술했다. 이 책은 라틴어로 저술된 그러한 주석들 중에서 최초의 성경적 주석이었다. 세심한 문체로 저술된 이 책의 가장 현저한 특징은 영적, 상징적 풍성함인데, 그것은 그의 표현을 빌자면 그가 다룬 마태복음 구절들의 ratio typica를 조직적으로 사용한 덕분이라고 할 수 있다. 이 ratio 덕분에 힐라리는 복음서의 문자 배후에서 기독교적 구원과 관련된 신적 비밀들을 발견할 수 있었다. 힐라리가 고전적 교육을 통해서 배운 이러한 해석학적 도구들을 사용한 것은, 그가 동양에 있는 동안 오리겐의 저술들을 대하면서 나타낸 창의성을 앞질러 보여 주었다.

힐라리는 프리기아에서의 유배 생활 중 처음 몇 달 동안에 삼위일체에 대한 자신의 신앙을 세 권의 책으로 표현함으로써 성서에 관한 묵상을 보다 논쟁적이고 교의적인 방법으로 심화시켰다. 『신앙에 관하여』라는 이 논문은 후일 아리우스파의 주석과 논거들에 대한 논박으로 말미암아 12권으로 증보되어 『삼위일체에 관하여』라는 교리적 대작이 되었다. 힐라리는 서론에서 자신의 회심에 대해 간단히 기록한다. 나지안주스의 그레고리가 저술한 동일한 형태의 길다란 시와 동시대의 것인 이 자전적 묘사는 한 세대 뒤에 저술될 어거스틴의 『고백록』을 앞지른다. 그것은 종교적 회심의 지적인 과정에 초점을 둔다. 이 "진리 탐구"의 과정은 상식적인 체험(*opinio communis*)으로 시작되며(제1장), 다음에 영적인 관심과 불만(*animus sollicitus*, 제4장), 갱신된 종교적 각성(*religiosa intelligentia*, 제6장), 하나님의 무한하심에 대한 뛰어난 이해(*pulchra intelligentia*, 제7장), 신실한 회심 안에서 마음의 평화를 목표로 하는 신학적 교육(*animus studiis imbutus*, 제8장) 등으로 이어진다. 그 다음에 정신(*mens*)은 상식을 초월하려고 노력하는 중에 위기를 겪으며(제10장), 소망(*spes*)을 선물로 받기 전에는 불안해한다(*trepida et anxia*, 제11장). 그것은 믿음에 의해 다시 태어나면서 행복한 정신(*mens laeta*)이 된다(제12장). 이 믿음은 절대적인 믿음이며(*abslolutissima fides*, 제13장), "자신만만한 안식 안에 보장된"(*conscio securitatis suae otio*) 정신으로 이어지는데, 그 안에서 정신은 "자신의 기대가 성취된 것을 기뻐하면서 편히 쉰다"(*spebus suis laeta requieverat*, 제14장).

힐라리의 『삼위일체에 관하여』(*On the Trinity*)의 나머지 책에서는 자서전적 서언의 특징이었던 것과 동일하게 견실한 정신으로 아리우스파와 반대되는 삼위일체 신학의 근본 원리들을 가르치고 있다. 저자의 유일한 목표는 성서의 "완전한 의미"(*absoluta significatio*)를 포착하는 것이며, 내면화된 영적 탐구를 통해서 "추론을 초월하는 이해"(*inexplicabilis intelligentia*)에 접근하는 것이다. 힐라리는 삼위일체에 대한 확신들을 다룬 이 훌륭한 저서에서, 삼위 하나님에 대해 자신이 정확하게 표현할 수 없다는 개인적인 고백을 기도와 찬사의 형태로 추가한다. 그러나 그의 논리적 능력은 『아리우스파를 대적하여』라는 저서에서 동일한 주제에 다룬 알렉산드리아의 아타나시우스를 능가한다.

힐라리는 유배 생활에서 돌아온 후에 『시편 설교집』을 출판했다. 그는 『삼위일체에 관하여』를 저술하여 동료 라틴 감독들에게 아리우스 논쟁의 교의적 문제들을 가르쳤었는데, 이제 『시편 설교집』에서는 그들을 위해서 시편에 관한 오리겐의 주석적 가르침을 번역했다. 이와 같이 힐라리는 과거의 라틴어 성경들과 70인역 사이의 최초의 중개자 역할을 한다. 다소 작은 규모의 저서인 『신비의 책』(Book of Mysteries)에서 그는 성경 주석을 위한 해석학적 규칙들을 보완적으로 제시한다. 마지막으로, 그는 『찬송가집』(Liber hymnorum)을 저술했다. 이 신비적이고 대단히 신학적인 시들 중 일부는 7세기에도 톨레도의 전례에서 사용되었었다. 그 찬송들은 밀라노의 암브로스가 지은 시적인 유명한 찬송들의 예고편이라고 할 수 있다.

힐라리는 로마 제국 내의 그리스 세계와 라틴 세계 사이의 중개인으로서 서방 영성의 선구적 공헌을 하면서 기독론과 윤리학에 초점을 두었다. 그는 고올, 이탈리아, 스페인 등지의 교회들에게 영적 메시지를 전했는데, 그것은 확고한 교리적 탐구에다가 열심 있는 성경 읽기와 그가 속한 사회의 도덕적 관심사에 대한 대단히 책임 있는 의식을 결합한 것이었다.

밀라노의 암브로스(334-397)

힐라리와 같은 시대 인물인 암브로스는 제국의 동부 지방과 서부 지방의 기독교 영성을 중개하는 문화적인 중개인으로서 고올 지방의 감독직을 수행했다. 그는 필로, 오리겐, 아타나시우스 등의 저서를 번역하고 쉽게 풀어 설명함으로써 알렉산드리아의 유산을 라틴 교회에게 전했다. 그리고 플라탄주의의 전통 및 보다 현대적인 신플라톤주의의 견해를 기독교 신앙에 적용했다. 그는 밀라노의 감독으로 22년 동안 바삐 생활하면서, 그 시대의 학자들이 전형적으로 지니고 있던 수사학적 재능과 타는 듯한 상상력을 가지고서 초월적 진리를 찾으려 했다. 독특한 위엄을 지닌 그는 로마 귀족의 모습을 한 성인이 되었다.

암브로스라는 인물(그의 키는 5피트 4인치에 불과했다)에서 기독교에 대한 로마의 이상(*Romanitas Christiana*)은 절정에 달했다. 지역 교회 목회자로서 자기의 양떼들과 친밀했던 암브로스는 여러 황제들을 다루는 데 있어서 진정한 정치적 수완을 발휘했다. 그가 교회의 지도자가 되고 제국의 정치에 개입했다고 해서 친구들이나 친척들과의 유대가 약화되지는 않았다. 그는 천부적으로 법과 질서에 충실했다. 그는 극적인 상황에서 예측할 수 없는 사건들에 직면했지만, 언제나 신중하고 사려깊게 반응했다. 그는 서로 싸우는 상황에서도 두려움이 없었고, 천부적인 권위를 가지고서 핵심적 문제들을 분명히 파악하고서 책임을 졌다. 암브로스는 제도적인 주도권이 필요하다는 인식하에서 하나의 사회적 공동체를 만들었다. 교회와 국가라는 세력을 정의함에 있어서, 암브로스는 신중하게 기독교 신앙의 새로움을 고수하면서 또한 자신의 과거의 경력 전체를 그대로 인정했다. 그리하여 그는 자신이 기독교적 비전 안에서 식별해낸 지고한 도덕적 가치관들에 이국적 요소들을 도입함으로써 문화적 국경을 초월했다. 감독직을 수행함에 있어서 평온하고 능력있는 교회의 종이었던 암브로스는 자기 백성의 민족적 정체성을 성화시켰고, 로마에 대한 신앙과 그리스도에 대한 신앙을 융합하여 영적 통일을 이루었다.

암브로스는 334년경에 트리예(Trier)에서 황제의 궁과 인접한 곳에서 태어났으며, 340년부터 365년까지 25년 동안 가족들과 함께 로마에서 살았다. 그의 전기를 저술한 파울리누스(Paulinus)는 그의 어린 시절의 사건을 단 한 가지만 기록했다. 벌떼들이 몰려와서 잠자고 있는 아기 암브로스의 얼굴에 내려 앉았는데, 이것은 꿀처럼 달고 자양분이 많은 그 성인의 유창한 언변을 상징한다. 암브로스는 로마에서 귀족 교육을 받았다. 그가 20세가 되지 않았을 때, 그의 누이 마르셀리나(Marcellina)는 바티칸 바실리카에서 로마 감독의 주재 하에 개최된 엄숙한 의식을 통해 그리스도께 헌신한 동정녀의 베일을 받았다. 20대 시절 암브로스는 아리우스 논쟁으로 말미암아 야기된 교회 내의 혼란상을 목격했다. 그가 정통주의 수호자의 역할을 맡았을 때에, 신앙의 문제에 있어서 보여준 그의 단호함은 이러한 젊은 시절의 경험을 반영하는 것일 수도 있다.

370년경, 공직에 진출할 준비를 마친 암브로스는 북부 이탈리아에 있는 아에밀리아-리구리아(Aemilia-Liguria)라는 속주의 총독이 되었는데, 그 주의 수도는 밀라노(Milan)였다. 그는 주로 공무를 집행하는 판사직을 수행했다. 374년 봄, 새로운 감독을 선출하는 날, 그는 폭동을 예방하고 각 파벌들 사이의 평화를 회복시키려는 목적으로 바실리카에 들어갔다. 그런데 서로 대적하던 파벌들은 갑자기 환호하며 그를 감독으로 추대했다. 당시 그는 아직 세례를 받지 않은 예비 신자로서 완전한 기독교 교육을 받지 못한 상태였다. 암브로스는 도망쳐서 수도적 독거 생활을 하려 했으나 실패하고, 같은 해 11월 30일에 세례를 받고, 일 주일 후에 정상적인 장로직을 거치지 않은 채 감독에 임명되었다.

암브로스는 감독이 된 직후에 자신의 막대한 재산을 교회에 바쳤다. 그의 남동생 사티루스(Satyrus)는 속주의 총독직을 사임하고 밀라노로 와서 감독 관저의 재정 관리인으로 활동했다. 가이사랴의 바실이 암브로스의 감독 선출을 축하하기 위해 보낸 편지가 남아 있다. 새 감독 암브로스는 밀라노의 카톨릭(catholic) 공동체를 신중하게 다스렸으며, 아리우스파를 대적하는 공적인 언급을 피했다. 그는 초기의 저술에서, 전투적 기독교인들에게 가장 필요한 덕목인 침묵과 신중에 대해 이야기했다. 그는 밤마다, 그리고 간혹 낮에 시간이 나는 대로, 그리스 전통을 자신의 학교로 삼고 위대한 오리겐을 교사로 삼아 교회의 교리와 성경을 공부했다. 그가 사망할 때까지 출판한 많은 논문들은 그가 백성들에게 행한 설교나 성직자들에게 준 교훈들을 토대로 한 것이었다. 암브로스는 밤에 아주 고요할 때에 연설문들을 편집하고, 친필로 책을 저술했다.

377년에 그는 다양한 설교들과 권면들을 모아 편집하여 『처녀들에 관하여』(Concerning Virgins)라는 제목의 세 권으로 된 책으로 출판했고, 재혼에 관심을 가진 여인을 위한 『과부들에 관하여』(Concerning Widows)라는 책을 보완했다. 378년에 『순결에 관하여』(On Virginity)라는 논문에서 지역적인 비판에 맞서 자신의 견해를 정당화했다. 암브로스는 결혼을 거부하지 않았지만, 순결을 지키는 것의 복음적 우수성을 강조했다. 하나님의 아들이 처녀를 어머니로 선택하셨으므로, "나는 보다 좋은 것을 보다 분명히 나타내기 위해서 좋은 것들과 좋은 것들을 비교하고 있다."(Concerning Virgins 1.7 [PL 16, col. 209C]). 378년 가을, 암브로스는 두 권으로 된 『신앙에 관하여』(On the Faith)라는 책을 저술하여 19세 된 황제 그라티안(Gratian)을 즐겁게 해주었다. 이 책에서 그는 아리우스주의와 싸우기 시작했다. 380년말에 그즈음에 행한 설교들을 수집한 두 권의 책이 그 논문에 추가되었다. 381년 3월, 암브로스 감독은 그라티안 황제에게 『성령에 관하여』(On the Holy Spirit)라는 3권으로 된 책을 보냈는데, 그 책에서 그는 장님 디디무스와 바실의 저서를 모방하고 부분적으로 베꼈다. 암브로스의 명료한 문체 때문에 그의 요리문답은 그가 모방한 원본인 그리스어 요리문답서보다 더 설득력이 있었다. 아마 383년에 암브로스는 예비 신자들을 위한 두 편을 설교를 합하여 『아브라함에 관하여』(On Abraham)라는 제목으로 내놓았다. 두번째 책은 다소 난해한 논설이 추가되어 있지만, 지나치게 많은 어원들, 그리스어 인용문, 이교 철학자들에 제공한 가치관들에 대한 거의 광신적인 부인 등이 포함되어 있다. 그후 10년 동안 지속된 싸움의 와중에서, 암브로스는 엄청나게 많은 설교를 편집하여 신학적이고 금욕적인 논문으로 펴냈으며, 그 결과 방대한 편집물이 출현했다: 바실과 로마의 힙폴리투스에게 기초를 둔 『헥사메론』(*Hexameron*), 『성례에 관하여』(*On Sacraments*), 그리고 『시편 118편 주석』(*On Psalm 118*)과 『누가복음 주석』(*On the Gospel of Luke*)과 같은 성경 주석들이 있다. 키케로를 모방하여 저술한 『성직자의 의무에 관하여』(*On the Duties of Ecclesiastics*)에서 암브로스는 기독교인들에게 부과된 윤리적 규칙들을 공식화했으며, 니케아 정통 신앙의 주요 형태에 대한 기독교인의 충실함은 곧 로마 교회 자체에 대한 참된 충성을 의미한다는 것을 분명하게 나타냈다. 암브로스도 힐라리처럼 찬송을 지었으나, 그가 지은 찬송들은 거의 남아 있지 않다.

암브로스는 밀라노에서 10년 전 부활절 전 날에 자기에게서 세례를 받은 어거스틴이 『고백록』을 출판한 해인 397년 4월 4일에 세상을 떠났다. 젊은 히포의 감독 어거스틴은 『고백록』에서 자신이 어머니의 장례식을 치른 후 밤에 잠을 잘 수 없었다고 말한다. 그는 목욕을 했지만 편안하지 않았는데, 마침 꿈에서인듯 암브로스가 지은 찬송가를 기억하면서 잠을 조금 잤다:

> 주님, 당신은 만물을 지으신 분이요
> 높은 곳을 다스리시는 분이십니다.
> 당신은 낮을 빛으로 옷 입히시며,
> 밤에게는 부드러운 잠을 부어 주십니다
> (『고백록』, 9.12, Ambrose *Hymn* 2[*PL* 16, col. 1473] 인용.)

429년에 에클라눔의 줄리안(Julian of Eclanum)이 원죄를 날조해 냈다는 비난을 했을 때, 어거스틴은 "이 문제에 있어서 나의 스승은 암브로스다"라고 대답했다. 교회론에 관한 몇 가지 일반적 원칙과 성례에 관한 교리, 그리고 성경 해석학에 있어서, 암브로스는 자신이 회심시킨 어거스틴에게 결정적인 영향을 주었다.

암브로스와 어거스틴 사이의 밀접한 논리적 연속성, 그리고 서방 영성에 대한 그들의 공헌의 가장 중요한 특징은 설교자로서의 그들의 역할과 연결되어 있다. 뛰어난 로마의 도덕가였던 암브로스와 북아프리카 출신의 종교적 천재인 어거스틴은 그 시대가 처한 영적 위기에서 기독교의 진수(眞髓)를 구체화했다. 즉 그들은 자신이 형이상학적 논문이나 영적 논문에서 가르친 것들을 일반 회중들에게 전파했다. 목회에 관심이 많았던 그들은 대중에게 전파하는 메시지를 통해서 당대의 엘리트들의 지적인 글을 묵상하게 만듦으로써 고전적 유산을 예기치 않게 부흥시키는 결과를 가져왔다.

제롬(331-420)

제롬(Jerome)은 판노니아(Pannonia: 오늘날의 유고슬라비아) 국경 근처 달마티아의 스티리돈(Stiridon)에서 태어났다. 그의 부친은 부유한 지주였으므로, 부친은 막대한 그의 교육 비용을 지원해줄 수 있었다. 340년대 초에 그는 로마에서 아엘리우스 도나투스(Aelius Donatus)라는 문법학자 밑에서 수학했다. 로마의 수사학자들에게서 몇 년 동안 교육을 받은 후에도 그는 직업을 구할 필요가 없었다. 제롬은 학생 때에 장서를 수집하기 시작했는데, 후일 그의 장서는 그 시대의 개인 장서 중에서 가장 중요한 것이 되었다. 켈리(J. N. D. Kelly)는 제롬의 학생 시절의 또 다른 면에 대해 언급하면서 "제롬은 청년 시절이나 젊었을 때에 대단히 성욕이 강했다"고 했다.[3]

제롬은, 자신이 366년경에 로마에서 세례를 받았지만, 기독교 가정에서 태어났다고 말한다. 학업을 마친 그는 친구와 함께 트리에(Trier)로 갔다. 그곳에서 그는 힐라리의 저서인 『종교회의에 관하여』(On the Synods)와 『시편 설교집』를 필사했다. 그는 그곳에서 처음으로 기독교 은수사들을 만났으며, 보다 헌신적인 기독교적 삶을 살아야 한다는 소명을 느꼈다. 얼마 후에 그는 아킬레이아의 감독 크로마티우스(Chromatius)를 중심한 집단의 일원인 안디옥의 에바그리우스(Evagrius)를 알게 되었다. 에바그리우스는 아타니시우스의 저서인 『안토니의 생애』를 읽기 쉽게 번역한 것으로 유명한 인물이었다. 372년에 제롬은 친척들과의 불화 때문에 안디옥을 떠났다.

제롬은 2, 3년 동안은 시리아의 사막에서, 그 다음 376년부터 382년까지는 안디옥에서 지내면서, 키케로나 고전 작가들의 저서보다는 기독교 작가들의 저서를 읽기 시작했다. 그는 수도사들을 필사자로 활용하면서 성경 연구에 초점을 두었는데, 그 덕분에 그는 시리아어와 그리스어를 배웠다. 또 그는 어느 유대인 개종자에게서 히브리어를 배우기 시작했다. 그는 역사적 방법들과 우의적 성경해석학을 배웠으며, 라오디게아의 아폴리나리우스와 장님 디디무스의 저서에도 친숙해졌다. 그의 최초의 저서는 『최초의 은수사 바울의 생애』(Life of Paul the First Hermit)인데, 그 책은 부분적으로 아타나시우스의 저서인 『안토니의 생애』의 영향을 받은 것이었다. 379년, 혹은 380년에 그는 콘스탄티노플에서 나지안주스의 그레고리에게서 감명을 받았는데, 그레고리는 그에게 오리겐의 저서를 소개해 주었다. 그는 오리겐의 『예레미야서 설교집』과 『에스겔서 설교집』을 번역했다.

로마로 돌아온 제롬은 382년부터 385년까지 교황 다마수스 (Damasus)의 신학 고문 및 적극적인 번역자로 일하면서 자신의 언어 능력, 특히 히브리어 능력을 활용했다. 그는 장님 디디무스의 저서『성령에 관하여』와 오리겐의 주석 및 아가서에 관한 두 편의 설교를 라틴어로 번역했다. 또 그는 다마수스의 요청을 받아서 당시의 라틴어역 성경들을 개정하여 단일한 표준 역본을 만드는 작업에 착수했다. 동시에 그는 아벤틴(Aventine)에서 마르셀라(Marcella)와 파울라(Paula) 등과 함께 모임을 갖던 상류층 여인들에게 성경강의를 계속했다. 마르셀라와 파울라는 부유하고 저명한 가문의 미망인들로서 개인적으로 은둔하여 금욕 생활을 하고 있었다.

그가 번역한 새 복음서와 시편에 대한 공적인 반감, 그리고 순결과 금욕을 지나치게 선전한 데 대한 반감 때문에, 그는 385년 8월에 로마에서 추방되어 안디옥으로 돌아갔다. 그곳에서 그는 예기치 않게 파울라와 함께 예루살렘을 비롯한 성지의 여러 지역, 알렉산드리아, 그리고 니트리아 사막에 있는 수도원 지역에 대한 순례 여행을 시작했다.

제롬은 386년부터 393년 가을까지 베들레헴에 머물면서 오리겐의 성경 주석들을 번역하는 일에 몰두했다. 그는 예비 조사를 마친 후 (*Hebrew Questions*와 *Hebrew Names*)인 390년, 주로 히브리어에 기초를 둔 구약 성서를 완전히 새로 번역하는 데 착수하여 405년에 그 큰 과업을 마쳤다. 그 동안에 그는 성경의 여러 책들에 대한 주석들을 필사시켰다. 이 기간 동안 이전에 친구였던 루피누스 (Rufinus) 및 예루살렘의 감독과의 격렬한 언쟁, 그리고 그가 이단이라고 간주한 조니비안(Jovinian)과 펠라기우스(Pelagius)를 대적한 논쟁 때문에 작업이 중단되기도 했었다. 안타깝게도, 그는 맹목적으로 알렉산드리아의 야심적인 대주교 테오필루스의 편을 들어 존 크리소스톰을 공격하기도 했다. 제롬은 인정 많고 가난한 사람들과 고통 받는 사람들에게 친절하여 그들의 고통을 보고 쉽게 눈물을 흘리곤 했지만, 허영심이 강하고, 편협하고, 경쟁자들을 투기하며, 병적으로 예민하고 성미가 급했으며, 가공의 두려움에 시달렸다.[4] 『펠라기우스파를 대적한 대화집』(*Dialogues against the Pelagians*) 및 몇 개의 적의에 가득찬 편지들은 그의 마지막 감정의 폭발이었다.

제롬이 지니고 있었던 정신신경증적 불균형을 나타내주는 인격적인 문제점들 때문에 그를 고대 교회에서 가장 훌륭한 성인들 중 한 사람으로 간주하기는 어렵다. 침착하지 못한 논쟁들은 말할 것도 없고, 결혼보다 독신 생활을 지나치게 찬양한 것과 학문 연구에 지나칠 정도로 열심을 낸 것 등은 그의 정신에 치명적인 한계가 있었음을 보여준다. 그러나 그는 기독교 영성에 있어서 영속적인 중요성을 지닌 저서를 만들어냈다. 그가 번역한 구약 성서는 4-5세기 기독교인들의 조야한 라틴어 어법을 위대한 문학 수준으로 높였다. 그의 히브리어 지식 및 당대의 랍비의 주석을 사용한 덕분에, 3세기의 오리겐의 것처럼 유대교와의 생산적인 만남이 이루어졌으며, 수세기 동안 서방 영성은 신적 계시의 "히브리 진리"에 접근할 수 있게 되었다. 그가 번역한 성경은 불가타(*Vulgata*)로서 오늘날까지도 라틴어를 사용하는 모든 교회의 표준적 성경으로 남아 있다. 제롬은 자신의 의지 및 고대 그리스 작가들에 대한 열렬한 사랑을 억제하고, 과도할 정도로 오리겐의 저술들과 알렉산드리아의 기독교 저술들을 받아들였으며, 그 시대에는 특이하게도 시리아어와 히브리어에 통달함으로써 서방 교회에 귀중한 성경적 정보와 영적 교훈을 전해 주었다. 그의 업적은 중세 시대에 분명하게 인식되었는데, 그 당시 그가 다른 교부들보다 더 인기가 있었음은 광범위한 예술 작품에서 증명된다. 예를 들면, 추기경이 입는 자주색 옷에는 그의 모습이 새겨지거나, 성경적 감동에 빠진 반 나체의 금욕고행자의 모습으로 표현되었다.

히포의 어거스틴(354-430)

어거스틴(Augustin of Hippo)은 누미디아(Numidia, 오늘날 알제리의 Souk Ahras)에 있는 타가스테(Thagaste)라는 작은 마을의 가난한 가정에서 태어났다. 부친 파트리키우스(Patricius)의 확고한 야심, 기독교 신자인 어머니 모니카(Monica), 그리고 부유한 동네 사람의 후원 덕분에 그는 교사로서의 타고난 소질을 계발할 수 있었다. 마두아두라와 카르타고에서 375년까지 공부한 기간은 그의 지적 발달에 유익한 기간이었지만, 동시에 성욕을 억제하지 못한 방탕의 기간이기도 했다. 그는 18세 때에 어느 이름 없는 여인과 동거생활을 시작하였는데, 그 여인은 그로부터 15년 동안 그의 삶에 동참했다. 그들 사이에서 태어난 아들 아데오다투스(Adeodatus)는 390년에 17세의 나이로 세상을 떠났다. 어거스틴은 키케로의 『호렌티우스』(*Horentius*)를 읽고서 "지혜"에게로의 철학적 회심을 했고, 약 9년 동안 마니교에 심취했었다. 그는 376년부터 383년까지 카르타고에서 수사학을 가르치다가 로마로 갔다. 384년 가을에 로마의 제독인 심마쿠스(Symmachus)는 어거스틴을 밀라노로 파견했다. 몇 달 후에 모니카도 그곳으로 왔다. 전에 마니교에 빠졌었던 어거스틴은 당시 밀라노의 플라톤주의자들과 교류하고 있었는데, 어머니 모니카의 기도(그 지방의 감독인 암브로스는 모니카의 기도의 효력에 대해 예언한 바 있었다)와 몇몇 가까운 친구들의 도움 덕분에 여기에서 빠져 나왔다. 387년 4월에 암브로스에게서 세례를 받은 젊은 어거스틴은 이전의 생활을 버렸다.

모니카가 세상을 떠난 후에 그는 로마로 돌아갔으며, 388년말 경에 타가스테로 갔다. 그는 수도적 은둔 생활을 하면서 마니교를 공격하고 기독교 신앙을 옹호하는 저술들을 펴냈다. 히포(오늘날 알제리의 Bône)에서 성직에 임명된 후인 391년에 그는 몇 명의 남자들과 함께 수도원을 세웠다. 그들은 스스로를 "하나님의 종들"(servi Dei)라고 불렀다. 395년에 그는 발레리우스(Valerius)의 후임으로 그 지방 감독에 임명되었는데, 당시 그는 많은 저술들 때문에, 그리고 누미디아 전역의 다른 감독들보다 더 탁월했기 때문에 이미 아프리카 기독교계의 지도적 인물이 되어 있었다. 교회에 대한 어거스틴의 열정적인 봉사의 특징은 카르타고와 히포에서 행한 훌륭한 설교들, 카르타고에서 개최된 일련의 공의회에서 도나투스파 감독들에게 보낸 많은 편지들 및 그들과의 토론에 의해 묘사된다. 412년 이후로, 그는 하나님의 은혜와 인간의 자유에 관한 펠라기우스의 견해와 관련된 논쟁에 깊이 개입했다. 430년 8월 28일에 세상을 뜨기 전까지 마지막 몇 해 동안 어거스틴은 아리우스파—예를 들면 막시미누스—를 대적하여 싸웠다.

우리는 지금 기독교 역사의 3000년 대의 문턱에 서 있는데, 어거스틴 영성의 문학적 유산은 서방의 전통 안에서 생생하고 비할 데 없는 영감의 원천으로 남아 있는 어거스틴 영성의 문학적 유산을 간단히 요약하려 하는 것은 온당치 못하다.[5] 어거스틴은 세례 받은 시기를 전후하여 고대 그리스와 플라톤주의 서적들을 모방하던 시기 이후, 『창세기에 관한 마니교의 주장을 반대하는 글』(On Genesis against the Manichaeans), 『자유 선택에 관하여』 등의 저서에서 마니교를 대적하여 하나님의 영적 본성과 인간의 자유 의지를 정당화하는 데 초점을 두었다. 그는 사제로 임명된 후에 자신의 설교들 및 394년 7월 카르타고에서 행한 로마서 강의를 모아서 『시편 설명집』(Explanations of the Psalms), 『믿음과 신조에 관하여』를 펴냈다. 397년 이후에 저술된 『고백록』은 주로 그와 동일한 수도적 이상을 지닌 친구들에게 고백한 것으로서, 회심을 통해서 교회의 사역에 임하기까지의 그의 여정을 영적 차원에서 표현한 것인 동시에 변증서 역할을 했다. 399년부터 419년 사이에 저술된 『삼위일체에 관하여』와 413년부터 419년 사이에 저술한 『하나님의 도성』과 같은 주요 교의적 저서에서는 일평생 심화되어간 영적 열심이 어거스틴의 사상을 조명해주고 있다.『고백록』에서는 저자의 "내적 자아"를 고대 시대 특징인 철학적 내면성을 가지고 예리하게 분석하였다. 어거스틴은 이 "내적 자아"가 하나님 및 기독교에 대해 말하는 데 있어서 중추적인 문제라고 간주했다. 그는 이 점에 관해서 한번도 생각을 바꾸지 않았다.『삼위일체에 관하여』나『자연과 은혜에 관하여』(*On Nature and Grace*, 413-415)와 같은 후기의 가르침에서, 인간의 자아에 대한 신학적 분석은 어거스틴에게 기독교 교의학과 변증학의 해석을 위한 새로운 패러다임을 제공해주었다. 또한 끊임없는 성서 연구에 의해 촉진된 동일한 영적 원리는 교인들이나 동료 감독들에게 행하는 그의 일반적인 설교를 조명해주었다. 존 크리소스톰과 같은 웅변 기술과 다양한 설교 안에 있는 조직적이고 교리적인 많은 통찰—두 명의 그레고리의 통찰과 비교할 때에 누미디아 감독이 보잘 것 없는 강단에서 행한 통찰이 한층 더 놀랍다—을 가지고서, 어거스틴은 고대의 막대한 영적 보물들을 교회의 기본적 언어 안에 도입했다. 그는 책임감 있는 감독의 목회적 보살핌이라는 동기를 가지고서 교사로서의 훌륭한 재능을 교훈적인 성서 주석에 적용했다. 400년 이후, 서방 세계에서의 기독교 영성은 "어거스틴적 영성"이 되었는데, 이것은 현대의 출발의 특징인 문화적 불화가 등장하기 전까지 아무런 도전도 받지 않고 지속되어왔다.

이 아프리카인 수사학자도 오리겐처럼 인생의 초기에는 개인적으로 영지주의에 친숙하여 마니교에 심취했었다. 또 알렉산드리아 전통이 그렇듯이 어거스틴도 플라톤주의를 깊이 편애했는데, 그가 경험한 플라톤주의는 로마와 밀라노에서 부흥한 것이었다. 그의 회심은 아타나시우스의 영적 유산과 연결되어 있었다. 아타나시우스의 저서인『안토니의 생애』는 트리예의 최초의 기독교 수도사들에게 큰 영향을 주었다. 그들의 회심에 대한 이야기가 이 결정적인 시기에 어거스틴의 신비적 열심을 부채질했다. 어거스틴은 기독교의 풍부한 주석 전통들을 배경으로 하여 날마다 성경을 해석하고 그 문자들을 자세히 조사하고, 여러 역본들을 검토하며, 우의들과 상징들을 밝혀냈다. 그는 넓은 범위의 교회로부터 많은 것을 받아들였지만, 특히 아프리카 기독교를 좋아했다. 특히 구원과 세례를 연결시키는 교리들이 가득한 엄격한 윤리적 관심사와 강력한 요구, 그리고 그의 교회론 전체에서 이러한 경향이 나타난다.

  5세기 교회의 지도적 인물들 중에서 로마의 대 레오(Leo the Great, 461년 사망), 알렉산드리아의 키릴(Cyril, 444년 사망), 오늘날의 터키 남부에 있는 몹수에스티아의 테오돌(Theodore of Mopsuestia, 428년 사망), 시리아의 키루스의 테오도렛(Theodore of Cyrus, 460년 사망) 등에 대해서는 다른 사람들에 대해서보다 더 많은 언급을 할 가치가 있다. 그들은 동료들—그들의 공적에 대해서는 위에서 분석했다(제롬은 예외)—과 마찬가지로, 감독직을 수행하면서 교회에 봉사했다. 레오를 제외하고는, 그들 모두가 성경에 관한 방대한 주석을 출판했다. 그들은 독창적인 활력을 가지고 성경 해석에 몰두했으며, 동시에 충분한 목회자의 권위를 부여받은 신학자들로서 자신의 교리적 이상을 표현했다. 그들의 영적 메시지는 우선적으로 그들이 지도하는 교회들에게 주어졌다. 직접적인 동기는 목양적이고, 주된 표현에 있어서는 수사학적이며, 후대를 위한 유산에 있어서는 문학적인 이 메시지는 사도적 전통의 헬레니즘화라는 지적 과정에 직접적으로 결합되어 있다. 성장하는 수도원 운동의 힘이 이미 기성 기독교 영성 안에서의 심오한 구조적인 변화를 선포하고 있던 4, 5세기에, 기독교의 여러 중심지에서 감독들이 그러한 메시지를 선포한 것은 의미심장한 일인 듯하다.

주(註)

1) Henry Chadwick, *The Early Church*, 186.
2) Sulpicius Severus *Chronicle* 2.45 (PL 20, col. 157B)
3) J. N. D. Kelly, *Jerome*, 21.
4) Kelly, 336.
5) 어거스틴의 영적 메시지의 다른 면들에 대해서 알려면, 본서에 수록된 J. Leclercq("Monasticism and asceticism II. Western Christianity"), M. Clark, B. McGinn, J. Patout Burns, P. Brown, and J. Fountaine을 보라.

참고문헌

연구서
Chadwick, Henry. *The Early Church*. The Pelikan History of the Church 1. Harmondsworth: Penguin Books, 1967.

아타나시우스에 관한 저서
Grillmeier, Aloys. *Christ in Christian Tradition: From the Apostolic Age to Chalcedon(451)*. Translated by J. S. Bowden. New York: Sheed & Ward, 1965.
Kannengiesser, Charles. *Athanase d'Alexandrie évêque et écrivain*. Paris: Beauchesne, 1983.
_____, ed. *Politique et théologie chez Athanase d'Alexandrie*. Paris: Beauchesne, 1974.

카파도키아 교부들에 관한 저서
Bernardi, Jean. *La Prédication des pêres cappadociens*. Paris: Presses universitaires de France, 1968.
Daniélou, Jean. *Platonisme et théologie mystique: Essai sur la doctrine*

    spirituelle de Saint Gregoire de Nysse. Paris: Aubier, 1944.
Dörrie, Heinrich, et al., eds. *Gregor von Nyssa und die Phisolophie*. Leiden: Brill, 1976.
Fedwick, Paul J., ed. *Basil of Caesarea: Christian, Humanist, Ascetic*. 2 vols. Toronto: Pontifical Institute of Medieval Studies, 1981.

존 크리소스톰에 관한 저서
Baur, C. *John Chrysostom and His Time*. 2 vols. Westminster, MD: Newman Press, 1959-60.
Kannengiesser, Charles, ed. *Jean Chrysostome et Augustin*. Paris: Beauchesne, 1975.

프와티예의 힐라리에 관한 저서
Doignon, Jean. *Hilaire de Poitiers avant l'exil*. Paris: Etudes augustiniennes, 1971.
Kannengiesser, Charles. "Hiliare de Poitiers(saint)." in *Dict. Sp.* 7, cols. 466-99.

밀라노의 암브로스에 관한 저서
Duval, Yves-Marie, ed. *Ambroise de Milan*. Paris: Etudes augustiniennes, 1974.
Paredi, A. *St. Ambrose, His Life and Times*. Notre Dame, IN: University of Notre Dame Press, 1964.
Pépin, Jean. *Théologie cosmique et théologie chrétienne(Ambroise, Esaém. I, 1, 1-4)*. Paris: Presses universitaires de France, 1964.

제롬에 관한 저서
Kelly, J. N. D. *Jerome: His Life, Writings and Controverises*. New York: Harper & Row, 1975.

어거스틴에 관한 저서
Brown, Peter. *Augustine of Hippo: a Biography*. Berkeley: University of California Press, 1969.
Burnaby, John. *Amor Dei: A Study of the Religion of St. Augustine*. London: Hodder & Stoughton, 1938.
Van der Meer, F. *Augustine the Bishop: Church and Society at the Dawn of the Middle Ages*. New York: Sheed & Ward, 1961.

제5장
수도원 운동과 금욕주의

1. 동방 기독교

쟝 그리보몽(JEAN GRIBOMONT)

   수도원 운동의 영적 생명은 본질적으로 인간 의식의 깊은 곳에 감추어져 있다. 그러나 그것의 가시적 표현들은 제도들 안에서, 사회적, 정치적 행동 안에서, 건축과 예술 안에서, 그리고 무엇보다도 문헌들 안에서 발견되는데, 이 문헌들은 우리가 이제 검토하려는 시대에 있어서 가장 쉽게 접근할 수 있는 자료이다. 아주 초기 시대는 가장 중요한 시대이기는 하지만, 우리는 거의 그 시대에 접근할 수 없다. 후일 각 지방의 경계 내에서의 표현에 어느 정도 통일성이 나타난다. 결국 논리적인 연구 계획은 연대적 순서보다는 지리적 범위에 따라 수립되어야 할 것이다. 우리가 항상 가장 본질적이거나 가장 귀중한 정보를 발견할 수 있는 것은 아닐 것이다. 그러나 우리는 하나의 종합(synthesis)을 제시하려는 노력을 하기에 앞서 사실적이고 복합적인 역사적 묘사를 하려는 시도를 정당화하기에 충분한 사실들과 인물들에 관한 기록들을 소유하고 있다.

출발점
그리스 세계의 동부

311년 이후, 콘스탄틴의 평화가 효력을 발휘하고 기독교인 주민들이 제국의 사회적, 문화적 구조에 적응하기 시작하던 시기에, 전통적인 세속적 가치관에 대한 거부를 다양한 표현한 방법으로 하나의 운동이 발생했다. 북아프리카의 서쿰켈리안(Circumcellian)들의 경우처럼 이러한 운동은 흔히 극단적인 이단이나 반역의 형태로 변질되거나, 역으로 당국에 충성하며 지혜롭게 지원했다. 이 운동의 최초의 출발점은 아주 먼 과거의 시리아인들과 콥트인들 중에서 발견될 수 있다. 그들의 복음화의 기원은 유대-기독교 전통에게로 거슬러 올라가는데, 그것은 독신제도, 금욕, 금식, 기도 시기, 청빈 등의 규칙을 지키는 점에 있어서는 지중해 연안의 도시 공동체들의 관습보다 덜 형식적이지만 더 엄격했다.

324년경에, 그리고 344년 및 그 이후의 시기에 이집트의 기독교 파피루스에는 *monachos*(수도사)라는 용어 및 그것의 파생어들과 동의어들—*apotaktikos*(자신을 부인하는 사람), 은자(anchorite), 또는 단순히 형제—이 등장했다.[1] 이 파피루스들은, 그러한 사람들이 종교적 명성을 소유하고 있었다는 것, 즉 그들이 권력자들을 대적하여 교회 정치에 개입할 뿐만 아니라 복을 주고 중재 기도를 할 수 있었음을 증거해준다. 이러한 용어들은 순수한 그리스어인데, 콥트 방언과 병행하여 채택되기도 했다. 그러나 같은 환경에서 사용된 사부(abbot)라는 단어의 어원이 시리아어였던 것처럼, *monachos*도 "단일한" 혹은 "혼자" 등을 의미하는 시리아어 전문 용어라고 믿을 만한 근거가 있다. 이 운동의 주요 강조점은 독신 생활이었다. 그러나 처음에 그 운동의 주된 목표는 성적(性的)인 이원성에 반대되는 것인 내적인 통일성, 심지어 하나님의 독생자와의 합일을 획득하는 데 있었다.[2] 이러한 사상은 주로 외경서인 『도마의 복음』에서 발견되었으며, 4세기에는 다소간 잊혀졌던 듯이 보인다. 대체로 처녀들을 의미하는 여성형으로 사용된 *agapētos*라는 그리스어도 안디옥 주변에서 거의 동일한 의미로 사용되었다.[3]

이집트 수도사들의 명성 덕분에 기독교 세계 전역에 그들이 사용한 어휘들과 개념들이 퍼지게 되었다. 사실 그 운동은 여러 지방에서 독립적으로 생겨났으므로, 이집트만을 근거지로 해서 퍼진 것은 아니었지만 이집트의 운동을 본보기로 하여 발달되었다. 즉 그것은 다음과 같은 사실들로부터 크게 혜택을 입었다:

(1) 몇 명의 위대한 인물들의 거룩한 성품
(2) 엄격하게 제한한 최저 수준으로 한계적인 삶을 살도록 비교적 쉽게 영위하게 인도해 준 나일 계곡의 지리
(3) 로마 제국이 이집트 농민들을 억압한 것 때문에 이미 "은둔 운동"(anchortism)이 형성되어 있었다는 사실. 이것은 농민들이 농사의 부담을 피하기 위해 사막으로 도망친 것을 말한다.
(4) 당시에 이집트 지역 교회의 카리스마적인 지도자인 아타나시우스가 여러 해 동안 제국의 공식적인 정책(아리우스주의)에 저항하면서 반역자들과 함께 피난처를 구했던 상황.

이집트의 사막에 수도사들이 등장하기 직전, 시리아에는 "언약의 아들들(딸들)"이라는 형제단들이 있었다. 이들은 세례를 받을 때에 독신생활, 기도생활, 순회 예언 사역과 접촉이 있었던 마을들 내에

서의 평신도 사역을 행할 것을 서약했다.⁴⁾ 그들은 기독교 공동체들의 핵심을 이루었다. 당국에서는 그들을 지원해주었는데, 이러한 지원의 남용을 피하기 위해서 남녀간의 관계를 통제하거나, 혹은 사람들이 아무런 봉사도 하지 않은 채 물질적인 유익을 얻지 못하도록 방지하는 등의 조처를 취했다.

소아시아의 동부, 메소포타미아 상부 근처에도 금욕고행자들이 활동하고 있었다. 그들은 멀리 당시 건설 중에 있던 수도 콘스탄티노플까지 방랑했다. 357년에 세바스테(Sebaste)의 감독 유스타티우스(Eustathius)가 고무한 이 운동은 제국의 궁전에 있던 니코메디아의 유세비우스(Eusebius of Nicomedia)에게 충격을 주었다. 그는 갠그라(Gangra)에 종교회의를 소집하고(340년경), 금욕적 공동체 내에서 발견되는 규칙 부재를 호되게 정죄했으며, 동방 지역의 동료인 아르메니아의 감독들을 설득하여 그 지역에 살고 있던 유스타티우스를 정죄하려 했으나 성공하지 못했다. 그 종교회의에서 유스타티우스의 무리가 결혼, 가정생활, 사회 질서, 성직자 등의 제도를 못마땅하게 여긴다고 비난한 것은 잘못된 것이었다. 그러나 그들의 영향을 받은 부인들은 남편에게서 스스로를 해방하고, 자녀들은 부모에게서 자신을 해방했으며, 노예들과 군인들을 순종을 거부했으며, 교회법이 무시되었고, 성직자들의 경제적 권리가 무시되었다. 그러나 그들은 가난한 사람들을 돕고 병자들을 돌봄으로써 열렬한 사랑과 헌신을 획득했다.⁵⁾

세상에서의 삶을 부적당한 것인 듯이 보이게 만든 종말론적 약속들 뿐만 아니라 성경에 기록된 바 사막에서 발생한 위대한 사건들(출애굽, 선지자 엘리야의 삶, 세례 요한, 그리스도의 40일 금식)은 새로 회심한 사람들을 팔레스틴으로 이끌기에 충분했다. 팔레스틴의 금욕고행자들의 수효는 360년부터 증가하기 시작했다. 에테리아(Etheria)는 성시 순례 도중에 도처에서 금욕고행자들이 도처에서 전례와 여행자 숙소를 세우고 유지하고 있음을 발견했다.

4세기초에 가이사랴의 유세비우스는 수도적인 영적 목표들이 에세네파나 유대교의 "치유자들"(therapeuts)의 목표와 구조적으로 유사함에 놀랐다. 스케티스(Scetis)와 유다(Judah) 등 기독교 수도 운동이 정착한 사막의 위치는 보다 일찍 존재했던 유대교의 금욕적 공동체들의 위치와 거의 동일했다. 세월의 흐름 및 수도원 운동의 복음적인 성격은 유대-기독교와 그 고귀한 도덕적 이상들의 영향을 받았을 가능성을 배제하지 않는다.[6] 자료들에서는 불교의 금욕 고행자들이나 마니교의 "완전한 자들"에 관해서 언급되지 않는다.[7] 그럼에도 불구하고 실제로 등장하는 유사성들이 우연한 것일 가능성은 거의 없다. 우리는 어떤 보이지 않는 문화적 교환이 발생했지만 수도 운동의 연대기 작가들이 그것을 중요치 않게 여겨 무시했다고 가정할 수도 있다. 어쨌든, 기독교 문서에서 창조와 구속이라는 성서적 교리, 성화 및 기대했던 하나님의 왕국의 도래에 대한 기독교적 개념의 빛에서 본 금욕주의의 모티프들과 주제들의 재해석을 분별해낼 수 있다. 스토아 학파와 플라톤 학파의 영향에 대해서도 동일한 말을 할 수 있으며, 이들의 영향은 한층 더 쉽게 찾아볼 수 있다.[8] 여기에서는 엘리트들이 도덕적, 형이상학적 고찰로서 널리 받아들이고 존중되었던 개념들이 다루어지는데, 신실한 신자들은 그것들이 성경 안에서 재발견된다고 믿었다. 그럼에도 불구하고 그리스 인문주의에서 물려받은 요소들은 항상 변화를 겪었다. 헬레니즘 문화에서 차용된 것들은 항상 그 중요성에 있어서 부차적인 것에 머물렀으며, 강력한 기독교 신앙에 의해 근본적으로 수정되었다. 교리적 뉘앙스를 이해하는 데 능숙하고 철학자들의 표현과 명성에 도취된 지성인들의 저술은 거의 신빙성 있는 안내자가 되지 못한다. 왜냐하면 금욕 고행 운동을 추종한 사람들은 대체로 평범한 사람들이었기 때문이다.

안토니의 신화(神話)

나사렛 예수의 삶과 죽음은 사람들에게 충격을 주었다. 그후 글로 자신의 생각을 표현할 능력이 없었던 무식한 사람들이 성령의 감화를 받아 신약 성서의 여러 책들을 기록했고, 이 본문들은 신자들의 공동체 덕분에 유명한 고전들보다 더 광범위하게 유포되었다. 이와 비슷한 일이 수도원 운동의 초기에 발생했다. 무식한 사람들은 구전 전승들을 입수하여 보존했는데, 후일 수도사들은 그것들을 기록하면서 자기들이 발달시켜온 수도원 제도들과 부합하지 않는 것들은 생략했고, 개인적으로 전승의 기사들을 해석하거나 가필하기도 했다.

널리 유포된 최초의 본문은 분명 『안토니의 생애』이다.[9] 이 전기는 문화와 지식에 해박한 인물이었으며 이집트 교회의 불굴의 지도자였던 아타나시우스의 저서였다. 황제에 의해 유배되어 사막에 은신했던 아타나시우스는 안토니의 영웅적 행위를 거의 무조건적으로 인정했다. 동시에 그는 금욕의 참된 의미를 깊이 의식하고 안토니의 발자취를 따르는 사람들에게 유익을 줄 수 있는 일련의 규칙들의 초안을 저술했다. 아타나시우스는 안토니가 106세에 사망했다고 주장하는데, 이것은 그 성인이 270년경에 사막으로 들어갔음을 전제로 한다. 만일 아타나시우스가 안토니의 수명을 과장했다면, 안토니가 수도 생활을 받아들인 시기는 아마 300년 직전일 것이다.

부유한 농부의 아들인 안토니는 복음서의 가르침을 따라 자신의 세상 재산을 모두 포기했다. 안토니는 처음에는 자기가 사는 마을 근처에 사는 겸손한 금욕고행자들을 모방하는 생활을 했지만, 점차 더 깊은 독거와 금욕 생활에 들어갔다. 악령들의 시험을 정복한 그는 기도의 능력과 기적들로 인해 사람들로부터 크게 존경을 받았고, 이로 인해 수많은 사람들이 그를 본받으려는 분위기가 형성되었다.
 아타나시우스는 분명히 안토니의 실제의 삶을 그대로 묘사했다. 그러나 그의 전기에 수록된 일부 내용은 신플라톤주의자인 포피리(Porphyry)와 얌블리쿠스(Iamblichus)가 피타고라스의 전설에서 처음으로 생각했던 유명한 본보기를 상기시킨다. 아타나시우스는 주인공의 스스로에게 부과한 침묵, 자원해서 선택한 가난, 초인적인 지혜, 심리적 안정성 등을 강조했다. 안토니가 세상과 결별하면서 겪은 격렬한 내면의 갈등이나 비통함에 대한 암시는 전혀 기록되어 있지 않다. 하나님, 그리스도, 인간의 마음에 대한 안토니의 지식은 한층 더 밝게 두드러진다.
 이 전기에서 아타나시우스는 이야기와 설교를 번갈아서 사용하는데, 설교는 분명히 이 신학자인 전기작가 고유의 사상들이다. 최근에는 그 은수사의 7편의 "편지"에 초점이 맞춰지고 있는데, 이 편지들은 정말로 안토니가 쓴 것이라고 여겨지고 있지만, 그리스어 환역본에는 빠져 있었다.[10] 이 편지들은 다소 혼란스러운 방법으로 금욕 훈련과 예수 기도(Jesus prayer)를 통해서 타락하기 전의 인간이 지니고 있던 바 하나님께서 원래 창조하신 그대로의 순수한 지성으로서의 인간의 본성을 재발견한다는 "영지주의적" 개념을 개진했다. 만물이 구속함을 받는 날, 성육신에 의해 회복되어, 인간성은 태초에 지니고 있던 완전한 상태를 회복할 것이다. 이 순수히 지적인 실재가 날마다 이루어지는 영적 진보를 결정한다. 안토니는 이 주제를 택했고, 반론을 제기할 수도 있는 오리겐주의적 편견들을 제거한다.
 그러나 아타나시우스는 안토니의 삶에 관한 중요한 사실들을 대단히 상이하게 취급했다. 즉 그는 안토니를 한편으로는 영웅적인 빛 속에서 제시하고, 다른 편으로는 『금언』(Apophthegmata)에 묘사된 바 은수사들의 전통적인 방식을 채택했다.[11] 수도사들은 시험을 피하기 위해 불가능한 일들을 행한 사람, 종종 절망의 경계에 선 자신을 발견한 사람, 때때로 기도할 힘을 잃곤 했던 사람, 성경과 하나님의 비밀에 대한 자신의 완전한 무지를 인정한 사람, 이웃 사랑이 최고로 가치 있는 일이라고 여겼던 사람인 안토니를 기억했다. 그러나 아타나시우스는 먼 독자에게 승리한 찬란한 영웅을 제시한다. 그 영웅은 용감하게 마귀를 대적하기 위해서 사막으로 들어갔으며, 그의 금식과 침묵은 하나님의 마음을 움직였다. 그의 예언적 지혜는 인간의 마음을 꿰뚫고 들어가 그곳에서 기적을 행한다. 이 두 가지 묘사는 서로 상반되는 듯이 보일지도 모르지만, 실상은 그렇지 않다. 첫번째 묘사는 성인 자신과 그의 제자들의 인식을 반영하고 있으며, 두번째 묘사는 그가 감독들과 일반 대중에게 준 인상을 반영한다. 만일 마귀가 그 "신적인 사람"으로 하여금 마음을 돌려 두번째 견해를 갖게 만드는 데 성공했다면, 안토니는 자신의 신적 소명을 이루는 데 실패했을 것이며 표면적인 아름다움을 가장했을 것이다.

니트리아, 스케티스, 켈즈

안토니는 나일 강에서 점점 더 깊이 들어가서 홍해 쪽으로 들어갔다. 그러나 그의 제자들이 세운 세 개의 가장 유명한 수도 생활의 중심지들은 알렉산드리아와 카이로 사이의 서부 델타(Delta) 근처에 서로 가까이 있었다. 암문(Ammun)은 325년경에 니트리아(오늘날의 El-Barnugi) 계곡에 들어갔는데, 후일 그는 그곳에서 남쪽으로 약 11마일 떨어진 곳에 있는 보다 더 고립된 지역인 켈즈(Kellia)로 들어갔다. 330년경에 이집트의 마카리우스(Macarius)는 한층 더 고립된 광야를 찾아서 스케티스(Scetis, 오늘날의 Wadi-

Natrum: 이곳에는 네 개의 콥트 수도원이 남아 있다)로 갔다. 또 다른 암문(Ammun)에 대해서도 언급해야 할 것이다. 그는 안토니가 세운 피스피르(Pispir) 공동체의 장상(長上)이었는데, 나중에(360년?) 아타나시우스는 그를 감독으로 승진시켰다. 암문은 그 지역의 수도사들에게 일종의 도덕적 권위를 발휘했으며, 단순하면서도 강력하고 훌륭한 편지들을 남겼다.[12] 이러한 지역에서의 생활은 반(半) 격리된 생활이었다. 수도사들의 수실들은 서로 인접해 있어서 서로의 방문이 허용되었고, 토요일에서 주일에 이르는 밤에는 공동 예배가 거행되었다. 최근에 프랑스-스위스 발굴팀이 켈즈에서 발굴한 결과들은 기록된 문서 안에 언급되어 있는 많은 사실을 밝혀주었다.

아타나시우스 시대 이후로, 알렉산드리아의 총주교들은 자신의 권위를 상당히 강화했다. 수도원 운동이 계속 확장되면서 몇 차례의 충돌 및 규율에 관한 문제들이 제기되었다. 첫번째 충돌은 신인동형론(anthromorphism)—또는 무식한 수도사들이 기도하면서 관상하는 하나님을 어떻게 이해하였는가—에 관해 은자들(anchorites) 사이에서 발생했다. 그들은 하나님 아버지의 얼굴, 그리고 그분의 위엄있고 구체적인 개입에 관한 구약 성서의 기록을 단순하게 받아들였다. 유식한 사람들은 철학자들과 오리겐의 전통 안에서 자신의 정신을 완전히 비물질적인 하나님에게로 들어올리며 성경을 우의적인 방법으로 해석하려 했다. 이것이 감독들의 입장이었으며, 그들을 반대한 사람들의 완강함은 교회의 위계 질서와 충돌을 일으켰다. 물론 교묘하게 알레고리를 만듦으로써 전통적인 관용구들이 그 의미를 부분적으로 상실하게 되는 분명한 위험이 있었다. 숭고한 것으로부터 어리석은 것에로 이르는 것은 간단한 일이다. 처음에는 신인동형론자들을 반대했던 대주교 테오필루스(Theophilus)는 자신의 태도를 완전히 바꾸어, 400년에는 오리겐파의 엘리트들을 극심하게 박해하기 시작했다. 그의 조처는 로마 세계 전역—팔레스틴,

로마, 콘스탄티노플(이곳에서 존 크리소스톰은 피난민들을 보호한 대가를 톡톡히 치렀다)—에서 심각한 반발을 초래했다. 궁극적으로 이 충돌로 말미암아 이집트 수도원 운동의 위대한 영적 전통이 쇠퇴했다.

수도원 운동이 쇠퇴하기 이전의 황금시대에 관한 정보를 제공해 주는 자료들은 무척 많은데, 그것은 특히 원근 각처에서 지역적 전통들을 수집하기 위해 찾아온 순례자들 덕분이다. 그러한 자료들의 예를 들자면, 한 예루살렘 수도사의 순례 여행에 관한 기사로서 394-395년 겨울에 저술되었으며 루피누스가 라틴어로 번역한 『이집트 수도사들의 역사』,[13] 그리고 팔라디우스(Palladius)가 12년 동안의 자신의 사막 생활(388-400)을 기록한 회고록인 『라우수스 역사』(Lausiac History)가 있다. 이 책들에는 주로 옛 전설들이 수록되어 있다. 루피누스와 제롬은 같은 시기에 이집트에서 몇 년을 지냈었다. 그러나 존 카시안(John Cassian)은 그곳에서 수도원적 교육을 받았고, 425년부터 429년 사이에 마르세이유(Marseilles)에서 저술한 그의 중요한 작품인 『교부들의 집회서』와 『강요』(Institutes)는 그러한 훈련을 반영하고 있다.

그러나 은수사(anchorite)들의 삶, 지혜, 겸손 등에 대한 가장 생생한 묘사는 『교부들의 금언』에 포함되어 있다.[15] 이 금언들은 영적 지도를 구하는 사람에게 원로들이 주는 대답의 형태로서 짧은 일화 사이에 삽입되어 있다. 이런 일화들이 그 금언들만큼 신빙성이 있는 것인지는 보장되지 않는다. 이 수도사들은 항상 그들 자신의 의식과 전반적인 인간의 의식에 주의를 기울이면서 인간의 마음속 깊은 곳을 살펴 자기의를 내세우는 교만이나 거짓된 경건에 따른 주제넘은 환상들을 발견해냈다. 많은 금언들은 일인칭으로 기록되어 있으며, 일부 교부들은 독특한 인물들, 종종 따뜻한 성품의 소유자로 등장한다. 이 금언들 중 1,000개 이상을 신빙성 있다고 간주할 수 있는데, 그중 약 40개는 안토니 시대의 것으로 소급된다. 여기서 제기되는 질문들은 주로 수실의 침묵 속에서의 견인과 성장을 다룬다. 안토니의 본보기는 수도사들을 성직자, 교회, 철학자들, 그리고 나름의 사상을 지닌 작가들로부터 분리하고 있는 심연을 보여주었다.

사막 교부들은 오랫동안 겸손하게 기도한 후에 실제의 질문에 대답했다. 이러한 대답들은 입에서 입으로, 한 세대에서 다음 세대로 전달되었으며, 논리나 문체에 대한 고려가 없이 본질적인 것에 제한되었다. 그것들은 단성론으로 인한 분열 및 야만족의 침입으로 말미암아 사막에 세워진 원래의 공동체들이 와해되기 직전에 푀멘(Poemen)과 이사야(Isaiah) 등의 제자들에 의해 편찬되었다. 이렇게 편찬된 금언집에 후일 주로 교훈적인 소책자들에서 차용한 열등한 자료들이 많이 추가되었다. 이러한 자료들은 원래의 사상의 추이는 더 발달시켰지만, 그 순수성은 파괴했다. 현대에 발행된 판에서는 가능한 한 많은 일화들을 그대로 수록하려고 노력하고 있으며, 실제로 그래야만 한다. 그러나 비평력이 있는 독자라면 사막 교부들에게 소급되는 "말씀들"(verba)과 나머지 자료를 구분해야만 한다.

사막 교부들은 뛰어난 유머 감각을 가지고 있었는데, 그들은 그것을 대단히 겸손하게 발휘했으며, 훌륭한 교육 도구로서 제자들에게 넘겨 주었다.

"어느날 복된 대주교 테오필루스가 어느 관리와 함께 수도원장인 아르세니우스(Arsenius)를 찾아갔다. 그는 아르세니우스에게 한 마디 말씀을 해달라고 요청했다. 아르세니우스는 잠시 침묵한 후에 이렇게 말했다: '만일 내가 한 마디를 해준다면 그대로 하시겠습니까?' 그렇게 하겠다는 약속을 받은 후에 아르세니우스는 대답하기를, '만일 그대가 아르세니우스가 어느 곳에 있다는 말을 듣는다면, 그곳 가까이에 가지 마시오.'라고 말해 주었다."(*Apophthegmata, Arsenius* 7).

물론 여기에서는 그 교부의 인물됨을 파악하는 것이 중요한 목적이다. 그것은 그 성인의 명성, 겸손, 그리고 독거 생활을 향한 사랑에서 생겨난 독립 정신 등을 강조한다. 우리는 또한 수도사들이 당국에 맞서 완전한 자율을 요구했음을 인정해야 한다. 일반화한다면, 우리는『금언』의 주제가 되는 것과 구두 전승들을 전달한 환경은, 오리겐주의와 닮은 것은 모조리 생략함으로써 테오필루스의 정신을 반영하고 있다고 말할 수 있을 것이다. 그러나 이러한 위계질서에 따른 검열은 구전으로 전해져오다가 결국은 문서로 기록된 자료의 취지를 왜곡하지는 않았다. 이러한 일화들의 집록들은 우리에게 수도사들의 지침이 된 일련의 분명한 교리들을 제공해주지 않으므로, 완전한 모습을 파악하기 위해서는『금언』이외의 다른 자료들을 참작해야 한다.

파코미우스와 공주(共住) 수도생활

안토니는 전형적인 은수사였는데, 그의 주위에 정착한 소규모의 조직화된 은둔자들(anchorites) 때문에 그의 독거 생활은 너무나 자주 방해를 받았다. 그에게는 근처에서 생활하기를 원하는 제자들도 있었다. 그러나 많은 사람들은, 젊은 수련생들을 교육하는 데 유익할 뿐만 아니라 사랑, 완전한 청빈 생활, 물질적 재산을 중히 여기지 않음, 자기 기만으로부터의 자유 등 덕들을 보다 훌륭하게 실천할 수 있는 가능성을 제공해줄 공동생활의 필요성을 느꼈다. 공주 생활에서는 금욕 생활의 어려움이 덜하겠지만, 영혼 깊은 곳에 있는 이기적이고 탐욕적인 모든 생각은 근절되고 가차없이 질책될 것이었다. 영적 아버지의 지도에 완전히 복종하는 것(스케티스에서는 아주 현명하게 이것을 실천했다)이 공동생활 구조의 본질적인 부분이 되며, 아울러 손 노동, 기도, 모든 악덕과의 싸움이 이에 더해졌다. 그리하여 금욕고행자들의 "집단들"(families)이 여러 곳에 정착하기 시작했다. 뛰어난 조직가요 진정한 선구자-사회학자인 파코미우스(Pachomius)는 나일강 상류의 타벤니시(Tabennisi)에 가장 성공적인 공동체를 세웠다.[16]

파코미우스는 290년경에 태어나서 346년, 혹은 347년에 사망했다. 그는 313년경에 기독교인들 서로 간의 사랑에 깊이 감명을 받아 세례 받기를 청했다. 그의 전기를 저술한 작가에 의하면, 사부 팔라몬(Abba Palamon)이 은수사 생활에 필요한 모든 덕목을 파코미우스에게 가르쳐 주었으며, 파코미우스가 공주 수도생활을 선택한 것은 결코 연약함에서 비롯된 일이 아니었다고 한다. 324년에 파코미우스는 "헌신자들"(devotee)을 모으기 시작했다. 그러나 최초의 시도가 실패했을 때, 그는 완전한 가난과 의심 없는 순종이 없으면 아무 것도 이룰 수 없다고 결론지었다. 이 두 가지는 그를 은수사적 수행을 크게 넘어서게 하였다. 몇 년이 못 되어, 그를 따르는 수도사들이 9,000명이나 되었다. 아마 이 숫자는 과장된 것이 아닐 것이다. 어떤 경우에는 이미 설립되어 있던 공동체들이 보다 확고한 통제와 훈육을 위해서 그와 합류했다. 파코미우스는 세속적인 교육을 받은 적이 없었지만, 성경을 암기했기 때문에 기독교적 자기 부인이라는 복음의 의미를 완전히 이해했다. 그는 권위의 가치를 알고 있었으며, 인간의 연약함에 대한 심오한 연민을 가지고 있었다. 하나님과 인류에 대한 그의 인식은 실제적이고 명석했다. 그의 제자들은 그를 사랑했고, 심지어 우상화했다. 그는 엄격했지만 때로 비정상적으로 질투하기도 했다. 그의 카리스카적인 권위 때문에 그 지역 감독의 권위와 충돌하기도 했지만, 멀리 알렉산드리아에 있었던 아타나시우스는 그의 열심을 이해하고서 호감과 공감을 가지고 그를 지원해 주었다.

파코미우스가 세상을 떠나자, 그의 공동체는 세력 다툼과 견해 차이로 말미암아 무질서 상태에 놓였다. 마침내 그의 후계자인 호르시에시(Horsiesi)와 테오돌(Theodore)이 파코미우스의 규칙을 복원하고 강화함으로써 질서가 회복되었다. 그의 이름으로 출판된 『규칙』은 그가 설정한 공주 규칙들로 대부분 구성되어 있는데, 실제 본문의 일부는 아마 그의 후계자들에 의해 기록되었을 것이다. 파코미우스의 개인적 저술인 『편지들』(Letters)은 그의 밑에 있는 수도사들을 위해 암호로 기록되었으므로, 역사가들은 그 암호를 해독해야 했다. 파코미우스와 그의 후계자들의 것으로 돌려진 몇 개의 요리문답이 있다. 공백으로 가득한 이 본문들은 콥트어로 보존되어왔다. 404년에 제롬이 『규칙』과 함께 불완전한 그리스어 필사본을 토대로 번역한 라틴어 번역본들 때문에 원본을 이해하기 어렵다.

물론 이 모든 자료는 대단히 가치가 있는 것이지만, 파코미우스의 후계자들이 그의 정신을 강력하게 보존하기 위해서 수백 번 거듭 이야기한 그의 일대기들이 훨씬 더 흥미롭다. 그것들은 그의 내적 갈등들 및 테오돌(Theodore)과 나눈 창조적인 대화로 구성된 생생한 이야기들이다. 테오돌의 생이 끝날 무렵(368년), 그 이야기들은 문서로 기록되었는데, 그 당시 콥트인들의 구전 전승은 사라질 위험에 처해 있었다. 그리스어로 기록된 가장 오래된 전기는 그 분야에 있어서 어느 정도 훈련을 받은 "형제-해석자들"에 의해 만들어졌다. 그 전기는 먼 후대의 대중을 염두에 두고 기록되었으므로, 파코미우스의 카리스마적 능력, 그의 비전들, 양떼를 다스림에 있어서의 때때로 나타낸 무자비함 등 너무 동정적이지 않으며 비범한 특성들이 희석되었다. 콥트어로 된 전기(그리고 그것의 아람어 역본들)는 처음에는 내부에서 사용할 목적으로 기록된 것으로서 구두 전승에 보다 충실하며, 모든 의미에서 놀랄 만큼 더 신빙성 있는 묘사를 제공하고 있다. 사랑과 동정적인 이해를 가지고 이 카리스마적인 인물에 접근하는 독자는 『규칙』과 요리문답들에 관심을 가지게 될 것이다. 왜냐하면 여기에서 독자는 일상생활의 일과 속에서 이 사람의 천재성을 접하게 되기 때문이다. 그의 추종자들은 은수사들과 같이 공동생활의 친교를 통해서 마음 안에 깊이 숨겨져 있는 자신의 진정한 동기들을 발견하고 자기의를 내세우는 교만이라는 죄를 극복할 수 있었다. 자연과 밀접한 생활을 한 단순한 사람들의 경우에, 이웃의 행복과 공동체를 위한 고된 작업에 헌신하는 엄격한 훈련의 삶이야말로 참된 수도사가 될 수 있는 최선의 길인 듯했다. 참된 의미에서의 교제(*koinōnia*)를 위해 파코미우스에게 몰려든 수많은 열심 있는 지원자들, 흔히는 아직도 세례 준비 중에 있는 자들을 보면 이러한 삶이 지닌 큰 매력을 측정할 수 있다.

가이사랴의 바실과 복음적인 형제단들

이집트에서는 수천 명의 수도사들이 도회지와 마을을 떠나 사막으로 들어간 반면, 제국 내에서도 헬레니즘의 영향이 강했던 지역에서는 로마 제국의 경제적, 시민적, 가족적 구조 및 동방에서 유래된 보다 급진적인 사상에 순응하고 있던 성직자들과 일반인들은 그러한 삶을 받아들이는 데 있어서 보다 많은 어려움을 가지고 있었다. 대그론(G. Dagron)이 행한 최근의 연구는, 4세기의 콘스탄티노플에 있던 수도원들에 대한 정보가 부재하는 것은 결코 우연한 일이 아님을 보여주었다.[17] 수도사들은 자신의 선구자들이 337년에 감독 후보자였으며 344년경에 감독으로 선출되었으나 359년에 해임되었고 아리우스 이단과 강력히 타협을 했던 인물인 마케도니우스(Macedonius)와 연결될 것을 염려했다. 또 그들은 거룩한 수도원들과 후에 성인으로 시성된 위대한 존 크리소스톰 사이의 공공연한 싸움을 원치 않았다. 폰투스, 카파도키아, 아르메니아 등 340년 이전의 소아시아 동북부 지방에서는, 유스타티우스가 완전한 이탈, 자기 부인, 그리고 가난한 사람들을 섬기는 삶의 본보기를 세웠다. 이것은 장래의 감독 마케도니우스에게 영향을 주었고, 콘스탄티노플의 대중적인 무리가 이것을 모방했다. 콘스탄티노플에서의 감독직은 가장 심하게 국가 관료의 감독을 받았으며, 그 주민들은 매우 까다롭고 멸시하는 경향을 지녔다. 나중에는 수도원과 수녀원이 345개에 달했다고 알려져 있는데, 같은 이름을 가진 몇 개의 공동체가 등장하는 것으로 보아, 이 숫자는 부풀려진 것인 듯하다. 이 숫자를 능가한 지방은 로마뿐이었다. 그러나 초기에는 교회 사회의 가장자리에서 금욕주의는 그다지 큰 역할을 하지 않았다.

 그 지방에서 활동한 한 강력한 인물들 중에 그의 생애와 역동적인 영향력이 잘 기록되어 있는 인물이 있다. 358년에 가이사랴의 바실(330-379)은 자신의 삶을 복음서의 가르침에 완전히 헌신하려는 의도를 가지고서 세례를 청했다. 최고위 계층의 귀족의 아들인 바실은 천성적으로 책임감이 강했고, 공익과 관련된 곳에서는 주저함이 없이 행동했다. 아테네에서 철저한 교육을 받은 그는 문학적 인문주의와 철학의 한계를 인정한 최초의 인물이었지만, 그것들을 이용하는 방법을 알았다. 그는 과부가 된 어머니, 누이, 그리고 이전에 유스타티우스의 친구들과 합류하여 세상을 멀리했던 몇몇 가족들과 함께 살기 위해서 멀리 숲 속에 있는 자기의 소유지로 갔다. 장차 닛사의 감독이 될 인물이었던 그의 남동생 그레고리는 망설이면서 멀리서 그를 따랐다. 역시 카파도키아 사람으로서 아테네에서 공부하는 동안 바실과 지속적인 우정을 나누었던 나지안주스의 그레고리는 바실의 금욕적 행로를 격려해 주었으며, 그 나름의 방식으로, 즉 자기 가족들에 에워싸여 보다 관상적인 방법으로 거기에 동참했다.

이들 젊은 회심자들이 쓴 편지 안에는 그들의 기쁨이 빛나고 있다. 그들은 유식한 엘리트들을 설득하여 영혼 구원은 모든 면에서 헬라인들이 획득한 철학적 지혜의 최고 형태와 동등한 목표라는 역설적 주장을 받아들이게 하는 일에 착수했다. 그들의 수사학은 널리 알려져 있지만, 그들이 궁극적으로 성공한 원인은 다른 곳에 있었다. 바실은, 유스타티우스가 매우 불명료한 종교적/사회적 열정들의 속박을 풀어 주었지만, 대중에게 확신을 불어넣어 주며 하나의 조직을 제공해주고 체계를 지원해줄 종교적 개혁에 단호하게 착수하지 못했다는 사실을 충분히 인식했다. 그는 유스타티우스의 본을 받아, 시리아와 이집트에 있는 위대한 수도원 운동 중심지들을 체계적으로 여행하면서 지식과 경험을 축적했다. 그러나 그의 운동의 지침이 된 원리들은 신약 성경 안에 있는 도덕적 교훈들에 대한 체계적 연구에 기초를 둔 것이었다. 그는 티끌만치도 귀족적인 지혜나 대중의 열광 때문에 그것들을 바꾸는 일을 허용하지 않았다. 젊은 시절 그는 이것들을 『도덕론』(Morals)이라는 제목 하에 약 1500편의 짧막한 시들을 모은 책으로 출판했다.[18] 나지안주스의 그레고리와 함께 공부하던 시기에, 그는 다른 맥락에서 오리겐의 저서들을 발췌하여 편집하면서, 성경 읽기를 위한 신학적으로 조명된 방법을 제공하려는 의도를 지닌 구절들을 추려 내었다. 바실은 이 학습 기간을 한적한 곳에 은둔하여 손 노동을 하고 기도하며 가난하게 생활했지만, 이 젊은 회심자가 완전히 외부 세계와의 접촉을 끊은 것은 아니었다. 그는 성삼위의 문제를 다룬 세 권의 학문적 저서를 출판함으로써 그 시대의 신학적, 교회적인 논쟁들—특히 콘스탄티노플 공의회(360)와 람파스쿠스 공의회(364)가 개최되기 전에 발생한 논쟁―에 적극적으로 참여했다.

바실은 이집트인들처럼 독거생활을 선호하지는 않았다. 따라서 사회적, 지적 배경을 가진 그는 사제가 되는 것을 지극히 당연한 일로 여겼다. 이 조처는 전혀 그의 생활 방식을 변화시키지 않았으며, 그로 하여금 커다란 구빈소를 세움으로써 가이사랴에서의 자신의 활동 영역을 확장하게 만들었다.

이러한 행동들로 말미암아 그와 감독의 행정 사이에 긴장 상태가 야기 되었을 때, 그는 일단 후퇴하는 척 했지만, 결국 절대적으로 필요한 인물로 인정되어 다시 불림을 받았다. 감독이 사망했을 때(370), 대중들 및 그의 유식한 귀족 친구들이 제휴하여 주변 교구의 감독들의 반대를 극복한 후에 그는 감독이 되었다. 이 일은 황제와 맞서 독립적 입장을 취한 사람이 감독이 선출된 거의 첫번째 사례이다. 물론 주로 그와 동일한 계층 출신의 사람들로 구성된 행정부와 그의 관계는 아주 좋았다. 그는 보편 교회의 본질적인 문제에 대해 예리한 통찰을 가진 헌신적인 사람들의 강력한 지지를 받았다. 바실은 큰 특권을 지닌 엘리트의 전통 안에서 성장했지만, 가난한 사람들에 대한 예민한 사랑 및 하나님의 계명에 대한 겸손한 복종을 통해서 그러한 전통을 초월했다.

수도원 『규칙』이라는 제목을 붙인 그의 저서는 '긴 규칙들'과 '짧은 규칙들'이라는 두 부분으로 나뉘어 있다.[19] 그 두 부분은 그가 여행 중에 만난 수도사들과 수녀들이 그에게 제기한 질문들에 대한 대답들로 이루어져 있다. 질문을 제기한 사람들은 그의 제자들이 아니라 유스타티우스의 영향을 받은 신심 깊은 평신도들임을 지적해야만 한다. 그 책의 첫 부분을 구성하는 '긴 규칙들'은 숫적으로는 두번째 부분보다 적으며, 되는 대로 편집한 것이 아니라 핵심적인 요점들을 체계적으로 제시한 것이다. 바실은 이것들을 규칙들로 간주하지 않고 하나의 주석(Askētikon)으로 보았다. 규칙이란 신약 성서의 계명에게만 적합한 용어이기 때문이다.

그 책은 세월이 흐르면서 분량이 커졌다. 초기에 발행된 짧은 판은 라틴어 역(루피누스, 397)과 시리아어 역으로 존재하고 있으며, 그리스어 본문은 현존하고 있지 않다. 여기에서 우리는 하나의 거의 정확한 연대적 순서를 볼 수 있으며, 따라서 바실의 사상과 제도들의 발달 단계를 볼 수 있다. 한 사람이 감독이 되면서 중앙집중적이고 권위주의적인 견해를 채택하지 않을 수는 없는 듯하다. 바실의 특징은 참된 자기 부인, 온유함, 성실한 작업에 의해 실천되어야 하는 기독교적 사랑, 병자와 가난한 자들을 돌보는 것, 전체 집단의 복지를 위한 회원들의 복종, 성화시키는 임재를 통해 구원사에 나타난 하나님의 계시를 기도하면서 깨어 관상하는 것 등을 희생시키고서 과시적인 가난, 심한 금식, 기도할 때에 지나치게 감상적인 것 등 특별한 규례들의 가치를 강조하는 금욕주의자들에 대해 경고한 것이다. 그 주석(*Aeskētikon*)은 수도사들의 기도, 가난, 금욕 고행에 대한 지나친 열심을 억제하려는 경향이 있었다. 바실은 시편에 관한 설교나 『성령에 관한 논문』 중 어떤 곳에서 덜 억제하는 일면을 보여주었다. 왜냐하면 그것들은 다른 욕구를 가진 대중을 대상으로 저술한 것이기 때문이다. 거기서 그는 영혼은 완전한 순결의 상태를 획득한 후에야 하나님과의 합일을 성취한다고 말하면서, 자신이 오리겐의 제자임을 분명히 드러냈다. 그러나 그는 영혼의 순전히 비물질적인 상태에서 출발하며 세상이 끝날 때에 궁극적으로 다시 그 상태로 돌아간다고 생각하는 점에서는 오리겐을 따르지 않는다.

바실은 카리스마(*charismata*)에 대해 분명한 개념을 가지고 있었다. 그는 그것은 각 사람이 교회 안에서 행하도록 부름을 받은 사역—예를 들자면 사람들을 지도하는 것, 위로하거나 권면하는 것, 혹은 사도들의 가르침을 해석해주며 거기서 영적 교훈을 이끌어 내는 것—에 의하여 모든 사람에게 주어진 하나님의 선물이라고 보았다. 그러한 교리는 그로 하여금 자신이 차지하고 있는 지위에서 권위를 도출해 내는 장상(長上)의 순수히 인간적인, 혹은 문화적 자격들, 혹은 사법적 권력에 초점을 두지 않을 수 있게 해 주었다.

　바실은 극히 지각 있고 건전한 엄격함을 지니고 있었던 반면, 닛사의 그레고리와 나지안주스의 그레고리는 자신의 철학적 사상을 전개하는 데 있어서 보다 시적인 형태와 보다 명석한 방법을 나타냈다. 우리는 그들의 서가(書架)에서 오리겐 뿐만 아니라 필로, 플라톤, 그밖에 스토아 철학자들의 저서를 발견한다. 바실도 이들의 저서들을 자유자재로 구사할 수 있었지만, 그것을 거의 나타내지 않았다. 많은 현대 역사가들은 고대의 위대한 사상가들의 영성과 마음을 정결케 하는 기독교적 방법을 그들이 훌륭하게 종합한 것에 압도된다.

　그러나 이 두 명의 그레고리는 바실이 세상을 떠나기 전까지는 거의 저술 활동을 하지 않았다. 혹자는 바실이 그들로 하여금 이러한 종류의 문학 활동에 전념하라고 격려했을 것일지 궁금하게 여길 것이다. 나지안주스의 그레고리는 심리학적이고 교리적으로 뛰어난 내용의 설교를 했다. 그의 꿈과 회상은 그가 지은 시에서 찾아볼 수 있다. 닛사의 그레고리는 순결에 관한 논문을 통해 알려져 있는데, 그 논문은 외관상 약간 유토피아적이기는 하지만 그의 형 바실이 직면했던 경험들을 대단히 구체적인 방법으로 반영하고 있다. 닛사의 그레고리는 형 바실이 사망한 후(370), 수도원 공동체들과 서로 존경하는 다정한 관계를 유지하기 위해 크게 노력하였는데, 그러한 노력은 감독들 측에서는 점증되는 침묵과 마주치게 되었다.

엔그라타이트(Encratites), 사라바이트(Sarabites), 지로바그(Gyrovagues)

은수사들과 공주 수도사들을 수도원 세계 전체를 지배한 두 개의 적대적인 집단으로 간주해서는 안된다. 어떤 의미에서 보면, 그들은 동일했다. 『파코미우스의 생애』의 서언에서는 안토니를 족장들, 선지자들, 신약 성서, 그리고 순교자들의 뒤를 이은 파코미우스의 영적 선조들 중 한 사람이라고 주장한다. 파코미우스의 사후에 안토니가 선포한 추모사에는 만일 "사도적인 방법"이 그의 생전에 존재했었다면 그는 분명히 그것을 받아들였을 것이라고 기록되었다.

은수사들과 공주수도사들은 어떤 점에서는 일치했다. 최초의 수도원 운동의 형태와는 상관 없이 발전한 금욕고행자들, 아타나시우스가 재가한 두 개의 방침을 무시한 사람들, 규칙이 없이 불안정하고 나태하게 생활하며 가능한 한 후원자를 두지 않으려 한 사람들은 비난을 받을 뿐이었다. "금욕주의자"를 의미하는 "encratite"라는 용어는 결혼을 비롯하여 특정의 음식들을 금한 분파를 경멸적으로 묘사하는 데 사용되는 용어가 되었다. 이미 콥트어에서 사라진 것으로서 어원이 확실치 않은 단어인 *Remnouth*나 *sarabites*, 또는 *gyrovague*(방랑 수도사) 등의 용어는 일부 풍자가들의 저서에서 등장하는데, 이들 풍자가들은 고대 수도원 운동의 잔존자들의 금욕주의가 무절제하게 퇴락했다고 묘사함으로써 그들의 명성을 훼손하려 했다. 제롬도 역시 이런 방식으로 자기의 적수들을 풍자했는데, 그가 노동하는 데 동의한 사실만 제외한다면 그러한 사람들 중 하나로 간주될 수 있었을 것이다.

시리아어로 된 『단계의 책』은 그 저작 연대를 파악하기 어렵다

(아마 4세기일 것이다). 그 책은 그 운동의 교리들을 다소 찬양하는 듯한 인상을 준다. 그 책에서는 모든 계명에 복종하는 "의로운 자"와 모든 것을 부인하였으며 더 이상 아무 것도 소유할 필요가 없으며, 무슨 일이든지 행하고 죄인들을 재판하거나 멀리하는 "완전한 자"가 구분된다. 이따금 저자는 "의로운 자들", 즉 교회로부터의 박해를 체념하면서 받아들인다. 그의 교리는 바실이 바로잡으려고 노력했던 교리와 매우 흡사하지만, 도덕적 기품을 가지고 있다. 그것은 훌륭하게 정의된, 분명히 유대-기독교적인 창조와 구원의 교리에 뿌리를 두고 있다.

품격 높은 그리스 문화를 지닌 테오도렛(Theodoret, 466년 사망)은 북부 시리아의 대중적인 수도사들에 대한 생생한 연구 결과를 일련의 글로 남겨 주었다.[20] 가장 오래된 것은 그가 활동한 시대보다 약 1세기 전을 다룬다. 여러 해 동안 경모하는 무리들이 보는 가운데 기둥 위에서 수행(修行)하면서 지낸 주상 성자 시므온(Symeon the Stylite)에 대해서 혹자는 편견을 가지고 있을 수도 있겠지만, 그곳을 방문하여 기도할 수 있는 행운을 소유한 사람들은 이 은수사가 그처럼 아름다운 장소를 선택한 데서 훌륭한 취향을 나타냈음을 인정하지 않을 수 없었다. 더욱이 새로 개종한 베두인 사람들에게 세례를 줄 때 사용했던 것으로서 그 기둥 곁에 있는 엄청나게 큰 세례반(盤)은 그의 방법이 효과가 있었음을 증명해준다. 확실히 하나님의 성인들에게는 정통 신앙을 갖지 않은 영혼들은 따르기 어려운 점이 있다. 영원한 방랑자인 하나님의 순례자들은 언젠가 낙원에 들어갈 것이다.

메살리안파(Messalians)와 마카리우스/시므온

370년에 최소한 몇 군데 시리아의 중심지에서 스스로를 메살리안파(Messalians)라고 부르면서 엄격하게 금욕 생활을 실천한 분파가 언급된다. 그들은 모든 일을 삼가며 모든 재산을 포기하는 것을 포함한 절대적인 이탈을 설교했다. 아마도 그들은 반(反) 사회적, 감상적, 낭만적 환상가들이었을 수도 있다. 한 곳에 정착하지 않았던 이 방랑자들은 아무런 흔적도 남기지 않았다. 우리는 그들이 어떤 종류로든 기록을 남겼거나 보존했을 것이라고 기대할 수 없다. 우리가 알고 있는 사람들은 이미 그들의 말로써 극단론자들을 경계하고 있었다. 그러나 종종 그들을 모두 총괄하여 하나의 집단을 대변하는 것으로 간주하기도 한다. 게다가 세바스테의 유스타티우스의 경우나 『단계의 책』에서 증명되듯이, 비난을 받지 않은 사람이 과연 얼마나 되었는가? 바실은 네오가이사랴의 아타르비오스(Atarbios of Neocaesarea)의 비방을 받았다. 아마도 그가 자기를 따라 사막으로 들어간 처녀들과 부제 글리케리오스(Glycerios)에게 제공한 보호에 대해 비판한 것은 일면 정당했다고 할 수 있을 것이다.[21] 그러나 그는 수도 생활의 필수적인 부분으로서 고된 노동과 지각있는 행동을 확립하기 위해서 누구보다 더 열심히 노력했던 인물이 아니었던가?

바실이 사망한 후, 닛사의 그레고리는 모든 지나친 것들을 강력하게 정죄했지만, 항상 고대 시리아 수도원 운동을 주도한 위대한 인물들을 깊이 존경했다. 산속 동굴에서 수도하는 사람들의 문화나 교회에 주는 유익에 대해 환상을 품은 사람은 별로 없었지만, 안디옥 사람들은 그런 사람들을 존경했다.

디오도루스(Diodorus)의 금욕적 학교에서 교육을 받은 존 크리소스톰은 4, 5년 동안 사막에 들어가 용감하게 독거 생활을 시도하였지만, 380년에 육체적으로 기진했기 때문에 그 생활을 포기했다. 카리스마적 능력에 대한 그의 이해는 바실의 이해와는 근본적으로 달랐다. 크리소스톰의 경우, 은사(charism)는 사도들이 죽은 자들을 일으킨 신약 시대에 속한 것이었으며, 그 시대에 속해야만 한다고 여겼다. 은사는 금욕적 훈련을 등한히 하기 위한 핑계로 사용되어서는 안된다. 그는 팜필리아의 시데(Side) 공의회(390년)에서 메쌀리아파라고 정죄된 아델피우스(Adelphius), 사바스(Sabas), 시므온(Simeon) 등을 박해한 감독 플라비안(Flavian)을 지지했다. 이들 자칭 영적 지도자들은 세례와 성례를 그다지 중요시하지 않았기 때문에 정죄를 받았다. 왜냐하면 이 소 종파인들은 성례는 죄의 뿌리를 완전히 제거하는 것이 아니라 단지 가시적인 죄의 표적들을 제거할 뿐이라고 믿었기 때문이다. 그들은 세례를 받은 후에도 인간의 심령 안에는 성령을 대적하는 마귀적인 세력이 존재한다고 주장했다. 간단히 말하자면, 인간은 신적인 은혜의 실체적인 체험에 절대적으로 의존하는 수밖에 없다는 것이다. 교회를 통해서 주어진 은혜는 하나의 출발점 이상이 되지 못한다. 그것은 기도와 금욕 고행의 삶을 통해서 효력을 발휘하게 되어야 한다.

감독 플라비안이 그들의 저서들을 정죄했음에도 불구하고 일부 저서가 현존하고 있는데, 그것은 이단적인 본문들의 출판을 저지했음에도 불구하고 그러한 본문들이 완전히 사라지지는 않았음을 증명해준다. 많은 경우, 이러한 사본들은 최근에 들어서 비로소 확인되고 조사되었다. 마카리우스의 작품으로 알려진 『50편의 신령한 설교』는 비잔틴 제국 수도사들에 의해 출판된 정선된 저술이다. 이 저서는 대중들에 의해 열광적으로 받아들여 졌으며, 후일 루터교 경건주의와 감리교 운동(Methodism)에 중요한 영향을 미쳤다. 현대의 연구에서는 이 자료를 집록 II로 분류한다. 그밖에 집록 I, III, IV, 그리고 분류되지 않은 몇 편의 논문이 있다. 저자는 마카리우스/시므온(Symeon)이라고 불리는데, 그 이유는 어떤 사본에는 시므온의 이름이 실려 있으며, 시므온이라는 사람은 메살리아니즘(Messalianism)을 옹호하다가 박해를 당한 사람이기 때문이다.

　마카리우스/시므온은 바실과 매우 유사한 방법으로 자신의 사상을 표현했다. 그는 외적인 훈련이나 제도에는 거의 관심이 없었다. 유혹, 지속적인 기도, 마음의 순결 등에 대한 묘사에 있어서 그와 필적할 사람이 없다. 그의 어휘는 힘이 있고 생생하며 인위적인 것이 없다. 특히 그가 자연에서, 즉 바람과 나무에서 빌어온 상징들을 사용할 때에 그러하다. 그의 개인적인 경험은 동쪽 변경을 수비하는 군대의 장교의 경험인 듯하다. 그의 제자들에게는 반론을 제기할 권리가 있었지만, 그의 대답은 흔히 논리적이지 못하거나 요점에서 벗어난 듯하며, 그는 자신이 좋아하는 주제로 되돌아가곤 한다. 아이디어들과 제안들이 가득한 이 문학적 양식은 이집트인들의 양식을 거의 닮지 않았지만, 이것 역시 대단한 매력을 가지고 있다. 마카리우스는 생전에는 오해를 받기도 했지만, 시리아인들과 아랍인들, 후에는 슬라브족들까지 그의 진가를 인정했으며, 아토스 산(Mount Athos)에서 유명해졌다. 마카리우스는 내적인 영적 자유를 표현했는데, 그것의 보완은 바실의 엄격한 계율에서 발견된다. 그것들은 결코 독립하여 존재할 수 없었다. 만일 우리가 극단적인 메살리아니즘에 대한 마카리우스의 강력한 반대를 고려하지 않은 채 두 개의 조류를 대적시키려 한다면, 우리는 기이하게도 페르시아와 인도에서 접하는 영성과 유사한 영성에 도달할 것이다.

　연대는 확실치 않지만 후대의 인물인 포티케의 디아도쿠스(Diadochus of Photice)와 은수사 마가(Mark the Hermit)는 일반적으로 마카리우스를 대적한 저술가들로 알려져 있으나, 보다 깊이 조사해 보면 그들은 마카리우스의 영적 자녀임이 드러난다. 그들은 마카리우스 자신보다 한층 더 격렬하고 공공연하게 그 극단주의자들에게 반응했다.

지성주의자 에바그리우스
(Evagrius the Intellectual)

폰투스의 에바그리우스(Evagrius of Pontus, 399년 사망)는 345년 경에 폰투스의 이보라(Ibora)에서 태어났다. 그는 처음에는 바실의 제자였으나, 나중에는 나지안주스의 그레고리의 영지주의적 신학을 선호하여 그레고리를 따랐다. 그는 마지막으로 사막의 수실에서 생활하는 오리겐주의자들과 합류하기 위해 콘스탄티노플을 떠났다. 마카리우스/시므온처럼 에바그리우스도 신학자로서 논쟁을 일으켰다. 그가 죽은 직후 알렉산드리아의 테오필루스는 그를 정죄했으며, 553년에 유스티니안(Justinian)이 다시 그를 정죄했다. 그것은 그의 교리가 팔레스틴의 성 사바스 수도원에서 큰 소동을 일으켰기 때문이었다. 여기서도 매우 신비한 언어로 감싸인 심오한 개인적인 체험들이 의심스럽게 해석되었다. 그가 신플라톤주의 철학을 사용했음은 그의 저술에서 일종의 일원론(monism)으로 반영되었는데, 그것은 모든 정욕이 제압된 후에 모든 영혼은 그리스도를 따라 원초적인 일치에 들어가게 될 것이라고 예견한다.[22]

이 모든 사변들은 복음 및 교회의 신비와 성례에 연결되었다. 영적 의미는 비록 매우 세련된 것이지만 문자적 의미와 밀접하게 연결되어 있는 것으로 보이는데, 그것은 근본적인 기독교 신앙을 과감하게 해석하는 것으로 이어진다. 우리가 에바그리우스나 그의 제자들의 사상을 추적하여 그 논리적 결론을 찾으려 하는 것은 터무니 없는 넌센스인 듯이 보일 것이다. 에바그리우스를 정죄한 조처가 반드시 어리석음이나 악의에서 비롯된 결과는 아니었다. 마카리우스는 결코 이처럼 지나치게 나아가지 않았었다. 이것은 에바그리우스가 훌륭히 교육을 받은 수도사들을 위한 자극을 제공하지 않았다는 의미가 아니다. 그는 카시안을 통해서 라틴 세계에, 팔라디우스(Palladius)를 통해서 존 클리마쿠스(John Climacus)에게, 고백자 막시무스(Maximus the Confessor)를 통해서 비잔틴의 기독교인들에게, 그리고 필록세누스(Philoxenus) 및 여러 사람을 통해서 니느웨의 이삭과 많은 시리아인들에게 자극을 주었다.

에바그리우스는 자신의 교리가 전체적으로 수련생들에게 적합하지 못하다는 것을 인식했다. *Praktikos*와 『기도론』(*Chapters on Prayer*)과 같은 많은 저서에서, 그는 자기 교리의 초보적 요소들만을 발표하려고 노력했다.[31] 느슨하게 연결된 난해하고 애매한 구절들로 구성된 그의 문체 때문에, 독자들이 그 메시지를 이해하기 위해서는 오랫동안 곰곰이 생각하고 연구해야 한다. 동시에 무엇을 캐내기를 좋아하는 사람들 및 우호적이지 않은 호기심을 지닌 사람들은 이 문체 때문에 낙심케 된다. *Kephalaia Gnostika*와 『멜라니아에게 보낸 편지』는 덜 초보적인데, 이것들의 그리스어 판은 없어졌지만 시리아어 역본과 아람어 역본들은 유스티니안의 군사들의 수중에 들어가지 않고 보존되었다. 이 번역본들은 일종의 희석된 온건한 오리겐주의를 담고 있다. *Kephalaia Gnostica*의 의심스러운 본문을 보존하고 있는 유일한 사본은 1958년에 A. Guillaumont이 출판한 시리아어 번역본이다.

에바그리우스의 기본적 훈련(금욕 생활)에는 바실의 도덕적 가르침과 사막 교부들의 경험이 포함되었다. 사막 교부들은 독거 생활을 하면서 마음의 움직임을 주의 깊게 따랐다. 그것은 지나치게 완전한 듯이 보이는 이탈, 그리고 의인화하여 귀신들로 표현된 모든 정욕들을 잠잠하게 할 것을 요구했다. 에바그리우스는 귀신들의 게임을 분명하게 관찰했다. 후일 이렇게 사상들 및 거기에 감추어져 있는 주요 동기를 분석하는 것이 모든 위대한 기독교의 영적 전통들의 필수적인 부분이 되었다. 단 한 가지 그가 기대했던 분량만큼의 자기 부인은 예외였는데, 왜냐하면 그것은 비현실적인 것처럼 보이기 때문이다. 그는 자아상(self-image), 겸손한 자들에 대한 존경심, 창조주 앞에서의 피조물의 절대적인 겸손 등과 관련하여 스토아 철학자들이 요구한 모든 것을 초월했다.

　에바그리우스의 두번째 단계("영지적" 삶)는 플라톤, 오리겐, 안토니 등의 주장에 따라, 영혼은 본성적으로 순수한 영인데 원죄 때문에 육체 안에 거하도록 정죄 받았지만 하나님의 섭리로 말미암아 대속함을 받는다고 설명했다. 이 지적 본성은 "본질적인 그노시스"와 종교적 자연학을 통해서 말씀의 계시 및 유일자(the One)에 대한 정관(靜觀)을 획득할 수 있는데, 이것은 궁극적으로 어떤 회복으로 이어지며, 그때에 모든 이원성이 극복되며 하나님이 만유 안에 한 분이 되신다. 이 목표를 향해 가는 과정에서 사랑이 일부 역할을 한다. 그러나 에바그리우스는 바실이 이해한 기독교적 사랑과는 전혀 다른, 고도로 세련되고 철학적인 의미를 이 단어에 부여했다.

팔레스탄
가자, 유대의 사막, 시나이

　5세기와 6세기에 가장 활동적인 수도의 중심지들은 팔레스틴으로 이동했는데, 라틴 사람들보다는 카파도키아인들, 그루지아인들, 이집트인 등이 그곳에 모였다. 스케티스에서 훈련을 받았던 사부 이사야(Abbot Esaias)는 491년에 가자(Gaza)에서 사망했다. 반대가 있기는 하지만, 우리는 다양한 형태의 사본들과 동양의 번역본으로 존재하는 그의 저술들의 전집을 이사야나 그의 사후에 그의 저서들을 출판한 그의 제자 베드로(Peter)의 업적으로 돌릴 수 있다. 이사야는 『금언』을 수집한 사람들의 일원이었다. 그는 에바그리우스와 마카리우스와 접촉이 있었다(그의 전집 안에 이 두 저자의 본문이 등장한다). 그는 지혜롭게 균형을 이루면서 다양한 전통들을 결합했다.

6세기의 가자는 은수사-수도사인 바르사누피우스(Barsanuphius)와 예언자 존(John the Prophet)이 지배했다(두 사람 모두 543년에 사망함). 그들의 제자인 도로테우스(Dorotheus)는 이들의 영향력에 바실의 영향력을 더했다. 이러한 환경은 비록 강한 유대 관계는 없었지만 단성론자들(Monophysites)과 밀접했다. 한편 가자 근처의 사막에서 생활한 수도사들은 칼케돈을 위해 적극적으로 활동하면서, 유티미우스(Euthymius, 473년 사망)와 사바스(Sabas, 532년 사망)의 지도를 받았다.

스키토폴리스의 시릴(Cyril of Scythopolis)이라는 훌륭한 전기 작가 덕분에, 우리는 에바그리우스의 사상이 그 가운데 상당한 소동을 일으킨 한 무리의 금욕고행자들의 이야기와 같이 이 시대에 활동한 많은 위대한 인물들의 전기를 소유하고 있지만, 그 거룩한 사람들에 대한 개인적인 논평은 부족하다. 그들이 창설한 수도원들은 지금도 존재하고 있는데, 그것들은 그들의 독창적인 천재성을 인상적으로 증거해준다. 그들은 "라브라스"(lavras), 즉 중심되는 수실을 중심으로 개개의 수실들이 집중되어 있는 체계를 제정했는데, 그것은 은수사들에게 독거 생활을 제공해주면서 아울러 수련생들의 훈련과 주일날의 공동 예배도 제공했다. 바실은 이 체계 안에서 이집트를 만났다. 존 모스쿠스(John Moschus)의 『신령한 목장』(*Spiritual Pasture*)에 수록된 일화들은 스키토폴리스의 시릴의 시대 직후의 이러한 라브라스 안에서의 삶에 대한 통찰을 제공해준다.

남쪽으로 멀리 떨어진 시나이 반도에는 몇 개의 공동체가 산재해 있었는데, 이들은 536년에 콘스탄티노플에 대표자를 파견했다. 시나이에서 유스티니안은 오늘날까지 소장하고 있는 장서들과 이

콘들로 유명한 성 캐터린 수도원을 튼튼히 만들었다. 이 수도원은 비잔틴 제국의 말기에 성상파괴론자들에 의한 파괴를 피했다. 그 거룩한 산은 존 클리마쿠스(John Climacus, 650년 이후에 사망)가 저술한 고전인『신적 상승의 사다리』가 저술된 곳이다. 이 작품은 분명히 가자 지역의 영감을 받은 것이지만, 그 방식에 있어서 보다 더 객관적이고 노력을 많이 들인 작품이다. 여기에서 우리는 시나이 사막의 미지의 수도사들에 의해 시작된 "헤시카즘적"(hesychastic) 영성에서부터 그후에 그리스 수도원 운동, 특히 아랍 정복으로 인해 동방과의 접촉이 완전히 단절된 이후 아토스 산에서 활발히 발달한 영성으로의 변화를 찾아볼 수 있다. 궁극적인 목표는 본성을 극복하는 것이었으며, 이 목표를 성취하기 위해 사용된 도구 중 하나는 대단히 단순화된 기도, 즉 예수의 이름과 인간의 죄악됨에 마음을 집중하면서 한 문장을 반복해서 계속 암송하는 것이었다. 완전한 수도사는 규칙 준수나 자신의 덕에 만족할 수 없었다. 그러나 그는 자신의 한없이 깊은 연약함에 직면해서도 결코 낙심하지 않았다.

비록 보잘 것 없이 편집되기는 했지만 수도사 안토니가 제공한 이야기들은 7세기 사막에서의 삶을 그림처럼 생생하게 묘사하고 있다. 우리는 여기에서 아랍 정복과 더불어 현재 연구하는 시대의 마지막 단계에 도달한다. 비잔티움과 서방 세계와의 관계는 페르시아, 그루지아, 아르메니아, 에티오피아, 그리고 아랍의 기독교 문화와의 새로운 유대에 밀려나고 있었다.

고대 동방 수도원 운동의 영향

수도원 운동은 점차 발달하여 자체의 영역, 조직, 법, 특징적인 복장, 건물 등을 지니게 되었다. 수도원 운동은 기도, 기독교적 덕목을 실천하는 데 있어서의 훌륭한 모범, 그리고 신학적이고 문헌적인 문화 등을 통해서 대중에게 힘을 제공했다. 수도원 문화는 시간과 장소에 따라 자연히 변화되었다. 동시에 세속 문화와는 더욱 구별되었으며, 적어도 외관상으로는 진부하고 관습적으로 되었다. 정교회의 평신도는 복음서의 가르침에 대한 순종, 하나님과 이웃을 향한 사랑, 내적 평화와 참된 축복을 나타내는 성상(icon)에 커다란 중요성을 부여했다.

성상은 다른 기독교 문화들의 다양성에도 불구하고 그 문화들을 조명해왔다. 우리는 서방 세계에서는 예를 들어 아타나시우스가 묘사한 안토니의 인품이 제롬과 어거스틴과 같은 인물들이 회심하는 데 결정적인 역할을 했음을 알고 있다. 그것은 전기 작가인 술피키우스 세베루스(Sulpicius Severus)에게 영향을 미쳤을 뿐만 아니라, 그 이전의 인물로서 그의 전기의 주인공인 투르의 마틴(Martin of Tours)에게도 영향을 주었다(물론 마틴은 공동체의 지도자, 감독, 선교사의 삶을 선택했다).

제롬과 루피누스는 374년 이전 어느 때에 아퀼레이아(Aquileia)에 도착하자 마자 동방의 실천을 받아들였다. 그러므로 그들이 예루살렘과 베들레헴에서 다시 만나기 전에, 한 사람은 알렙포 근처의 칼키스(Chalcis) 사막으로, 또 한 사람은 이집트로 갔었다는 것이 논리에 맞다. 그들은 고위 귀족 출신의 몇몇 여인들의 도움을 받아 오리겐, 바실, 파코미우스 등의 저서를 번역하거나, 자유롭게 동방 영성의 감화를 받은 저서들을 제작했다. 영적 스승들을 찾아 이집트로 갔던 라틴 사람 존 카시안(John Cassian)은 중세기의 수도 생활에 중요한 영향을 주었다. 베네딕트가 그의 『규칙』)의 마지막 장에서 강조한 것처럼, 바실의 제도들, 교부들의 전기, 그리고 『금언』은 수세기 동안 완전을 향해 길을 가는 라틴 수도사를 위한 가장 확실한 지침이었다.

처음부터 수도원들은 시리아와 콥트 교회 내에서 영예로운 지위를 차지했었다. 수도원들이 풍성하게 결실을 거두던 시기에, 지역 문화는 그리스인들의 건전한 지적 접근 방식과의 절제된 경쟁 풍토 안에서 활발하게 성장했다. 수도원들은 세속 당국자들이나 여론의 위협을 받지 않았고, 교회의 일치도 적절히 존중했다. 수도원들은 복음의 가르침에 대한 건설적인 열심을 나타냈으며, 아울러 사회 질서와의 갈등을 일으키려는 유혹을 거부했다. 기독론과 관련한 분쟁 및 아랍 정부에 관한 분쟁들은 성장과 영적 지도력의 새로운 시대를 방해하지 못했다. 이러한 일들은 훨씬 더 어려운 상황 하에서 발생했다.

국가적 자율성을 쟁취하기 위한 투쟁들의 자극을 받아 발달한 중세 시대의 교회들은 비잔틴적 발전에 기초를 두기보다는 초대 기독교에로 거슬러 올라갔다. 따라서 아르메니아나 에티오피아에서의 중세 수도원 운동은 서방의 로마 제국에서와 마찬가지로 때때로 비잔티움과 반대되는 독특한 성격을 취했다. 이것은 그들의 위대한 선구자들로부터 물려받은 금욕적 실천과 기도 및 그리스 원문에서 번역된 종교적 본문들이 발휘한 중요한 역할을 감소시키지 않았다. 이러한 과업들이 지역적인 사회 구조와 가족 구조를 고려하여 적응될 수 있었다는 사실은 그것들의 생명력과 현실 감각을 강조할 뿐이다. 그루지아도 비슷한 발달상을 거쳤지만, 비잔틴 정통에 보다 충실한 상태로 남아 있었다. 한편 뒤늦게 신앙을 받아들인 슬라브인들은 스투디오스(Studite)와 아토스의 수도원 운동을 통해서 그들에게 전해진 특별한 형태의 겸손, 지혜, 이해를 추구하기 위해 과거에 몰두했다. 여기에서는 이 운동의 성장과 번영을 조사하거나, 다양한 풍토에 맞추어 적응한 방식을 분석하거나, 또 지고한 희생의 열매를 자세히 논의하지는 않겠다.

형태의 다양성 안에 있는 불변의 것들

참된 수도사 생활을 한 거룩한 사람들은 영성 생활의 경이로움에 대해 말할 때에는 극도로 말을 자제했다. 수련생들은 회심 및 죄로부터의 구원 이후에 따르는 심오한 기쁨의 밀월 생활을 경험했다. 하나님의 임재가 체험되었고, 천사들과 교회와 형제들은 잃어버렸다가 돌아온 양들을 두 팔을 벌려 맞아들였다. 위에서 언급했던 많은 본문들 안에는 그러한 복된 순간들에 대한 증거가 나타나 있다. 시련이 고통스러운 것일수록 악한 자의 공격은 더 맹렬했고, 싸움이 영웅적일수록 하나님의 분명한 개입, 하나님의 위로하시는 임재, 그리고 죄악됨과 공허함이 제공하는 모든 쾌락을 능가하는 천상의 기쁨에 대한 직접적인 경험이 더 자주 임했다. 더러운 피조물들과의 지독한 싸움에서 승리한 안토니가 있고, 젊은 바실이 나지안주스의 그레고리에게 보낸 편지들이 있고(편지 2와 14), 불 속에서 기도한 카시안이 있다. 그러나 지혜로운 사람들은 이런 종류의 약속에 대해 길게 이야기하지 않는다. 『이집트 수도사들의 역사』에 수록되어 있는 전설에는 인간의 인내의 한계를 초월하여 배고픔과 갈증을 극복한 택함을 받은 자들에게 천사들이 낙원의 과일을 제공하는 환상이 출현한다. 그러나 그러한 묘사들은 그 문서들의 진정성을 증명하지는 않는다.

종종 미혹하는 낙심의 영이 헤시카스트(hesychast)들을 공격하는 일이 있으므로, 신참자가 암흑과 절망에 빠져 있을 때에 그들을 격려해 주어야 할 필요성이 대두된다. 신참자에게는 하루가 무한히 긴듯이 여겨지며, 여러 가지 상상력이 작용하기 시작한다. 이럴 경우에 치료책은 손노동과 기도를 번갈아 가면서 행하는 것이다. 그러나 무엇보다도 수실 안에 머물러 있으면서 하나님의 약속과 신비한 도움을 굳게 믿어야 한다. 일반적으로 말하자면, 안토니와 그의 추종자들은 육체와 영의 시험에 대적하는 치료책을 발견했는데, 그것은 자신의 죄를 영적 아버지에게 고백하고 그의 조언과 격려를 절대적으로 신뢰하는 것이다. 이와 같은 영적 분석 방식이 『금언』에 수록된 보화들의 기초를 형성하였다. 비록 이러한 문학 장르를 사용하는 데에는 영적으로 진정 귀중한 것들이 흔히 경건하지만 진부한 표현 아래 매장될 수도 있다는 위험이 있지만, 이러한 분석들로부터 가장 훌륭한 요리문답 교훈과 영적 담화들이 자라나왔다. 공주 수도 공동체 내에서는 개인적인 위기가 덜 괴로운 것이 되며 실수에 따른 위험도 줄어든다. 영적 교만과 망상은 보다 신속하게 드러나지만, 낙심을 극복하는 것과 마음 속 깊은 곳에 있는 비밀을 꿰뚫는 것은 이 맥락에서는 그리 두드러지지 못했다.

완전한 죄고백은 내면의 혼란과 두려움에서부터의 자유를 가져다주며, 잘 알려진 귀신들을 내어쫓았다. 헤시카스트에게는 통찰력이 있고 마음에 드는 정신적 스승을 찾는 일이 허락되었다. 그러나 나중에 찾은 스승으로부터 다른 충고를 받으려는 희망에서 먼저 스승에 대한 복종을 거부하는 일은 허락되지 않았다. 사막 교부들은 어떻게 이런 신뢰에 부끄럽지 않은 생활을 할 수 있었을까? 우선적으로 그들 자신의 지각을 신뢰하지 않고, 단순한 마음 안에서 구원의 말씀이 그들에게 계시되는 순간이 임할 때까지 침묵이나 보편성을 의지함에 의해서였다. 제자들의 믿음과 신뢰는 스승의 비전과 통찰을 강화해주었다. 그들은 인간의 지혜에 의해서 응답을 명령할 수 있다고 생각하지 않았다. 그것은 그 지혜가 이미 나타나 있는 복음을 통해서, 그리고 그들이 도움을 청한 대상이신 성령에 의해서 계시되었다.

　아무 것도 감추지 않으면 헛된 잡담이나 자기 만족을 주는 내성(內省)에 굴복하는 일이 초래되지 않는다. 그것은 완전한 겸손을 배우려는 마음을 나타낸다. 하나님 외에 다른 사람에게는 털어놓을 수 없다고 생각하는 일들까지도 원로 앞에서 남김 없이 고백해야 했다. 원로는 엄한 방어로서는 진실로 신적인 계시를 대적할 수 없다는 이유로 관대하거나 다정한 태도를 취해서는 안되었다. 자카리아스(Zacharias)는 자신이 본 환상에 대해 자기의 사부인 카리온(Carion)에게 이야기했다. 그 환상의 참된 본질을 식별하지 못한 카리온은 그를 악한 망상에서 해방시키려고 그를 때렸다. 그러나 그 환상이 계속되었으므로, 자카리아스는 순종하는 자세로 다른 원로를 찾아갔다. 자카리우스가 입을 열기도 전에 그 원로는 그 환상이 하나님으로부터 온 것임을 말해주었다. 두번째 원로는 "그러나 가서 그대의 사부 카리온이 말한 대로 행하시오"라고 말해 주었다. 자카리우스가 임종할 무렵, 사부 모세(Moses)가 "지금 무엇을 보십니까? 아버지여, 아무 말도 하지 않는 편이 더 낫지 않겠습니까?"라고 말했는데, 여기서 그 원로는 그의 동요치 않는 평화를 존중했다. "그래. 내 아들아, 침묵하거라."(『금언』, Zacharias 5). 침묵은 말보다 더 위대하다.

　높은 경지의 이탈에 도달한 사람들은 당연히 영적 교부나 영적 자녀에게, 혹은 보다 광범위하게는 심리학에서 바랄 수 있는 것을 초월하는 지식을 지닌 평정되고 지혜로운 하나님의 사람에게, 즉 자신의 양심을 털어놓기를 원하는 모든 사람에게 깨끗한 마음을 가지고서 이야기할 수 있었던 듯하다.

　죄고백이라는 실천이 지닌 두 가지 특성—하나는 죄고백의 상태이고, 나머지 하나는 그 결과이다—이 현대 심리학자에게 충격을 줄 수도 있을 것이다. 그 특성이란 죄를 고백하는 데서 느끼는 큰 기쁨과 자신의 열등함과 무가치함을 인정하는 것이다. 이 느낌이 진정한 것임을 간과하는 사람들은 그 안에서 하나의 위선, 사람의 기본적 자존심을 파괴하는 방법, 일종의 자기 학대를 볼 수 있다. 조직적으로 도덕적인 침울 상태를 만들며, 자신의 눈과 동료들의 눈 앞에서 자신의 가치를 저하시키는 것이 자기 파괴의 본질이 아니겠는가? 금식, 더러운 환경, 침묵, 수양의 부족 등이 그러한 정신 상태를 드러낸다. 그러나 그것들은 그다지 심각한 것이 아니다. 왜냐하면 그것들은 삶의 주요 원천들과는 직접적인 관계가 없기 때문이다. 이러한 육체적, 정신적 고행은 그리스의 "낙관주의"에 역행하는 것으로 인식되었음이 분명하다. 또 그리스도의 가르침에 비추어 신중하게 영적 훈련을 행하지 않으면 파괴적인 결과들이 초래될 수도 있음을 부인할 수도 없다. 공주 수도사들이건 은수사들이건 간에 지혜로운 사람들은 이것을 알고 있었다. 그러나 자신의 연약함에 대한 깊은 통찰의 결과는 하나님에 대한 신뢰를 통한 평온, 끊임없는 감사, 그리고 이웃에 대한 한없는 인내와 적극적인 자비라는 사실을 경험을 통해서 알게 된다.

　은수사가 광야로 들어가면, 그를 모방하는 사람들—그의 방식에 동참하기를 바라서 그를 따르는 거지들과 지식인들—이 꾸준히 증가했다. 그의 입에서 나온 한 마디 말은 슬픔을 없애주고 평화를 발산했다. 이것은 진정한 사실로서, 진지한 본문을 펼쳐서 공감이 가는 이해에 필요한 최소한의 호의를 가지고 그 성인의 말에 귀를 기울이는 사람들 모두가 증명할 수 있는 사실이다. 아무도 성공이 쉬운 일이라고 주장하지 않는다. 따라서 우리는 그 자체로 효과적인 공식이나 마술적인 처방을 발견하지 못한다. 모든 사람들은 진정한 마음의 정화, 전적인 복종, 회개, 겸손, 사랑 등에 순복해야만 한다.

　진보는 두 가지 차원에서 이루어지는데, 그것들은 서로 보완적이다. 금욕주의는 내적 평화의 성장과 성취감을 낳는데, 그것은 매우 심오한 것이기 때문에 표면적인 혼란이 그것을 어지럽히지 못한다. 신비적 차원에서, 하나님의 형상은 보다 더 가까워지고, 한층 더 확실해진다. 아버지(Father)를 아는 아들(Son)처럼, 그것은 말과 생각을 초월하여 말할 수 없는 삼위일체의 순결한 빛으로 나타난다. 어떤 사람들은 이러한 경험들을 신학적 용어로 표현하여 교회에 전해주는 은사를 소유한다. 왜냐하면 금욕고행자들은 종종 세상에서의 사역을 감당하라는 부르심을 받았기 때문이다. 다음과 같은 표징들, 즉 긍휼, 기쁨, 천사 같은 깨끗함 등은 의심의 여지가 없는 것들이다. 그러나 진정한 성취는 다른 곳에서, 즉 자기 부인과 신비적 합일 안에서 발견된다.

주(註)

1) E. A. Judge, "The Earliest Use of Monachos for 'Monk,'" *Jahrbuch für Antike und Christentum* 20(1977) 72-89.
2) A. Adam, "Der Monachosgedanke innerhalb der Spiritualität der alten Kirche," in *Glaube, Geist, Geschichte: Festschrift für E. Benz,* ed. G. Müller and Winfried Zeller(Leiden: Brill, 1967) 259-65.
3) A. Guillaumont, *Aux origines,* 38-45.
4) R. Murray, "The Exhortation to Candidates for Ascetical Vows at Baptism in the Ancient Syriac Churches," *New Testament Studies* 21 (1974) 59-80.
5) G. Dagron, *Naissance d'une capitale: Constantinople et ses institutions*(Paris: Presses universitaires de France, 1974); J. Gribomont, "S. Basile et le monachisme enthousiaste," *Irenikon* 53 (1980) 123-44.
6) A. Guillaumont, *Aux origines,* 14-66.
7) 팔라디우스는 인도의 금욕고행자들에 관한 책을 저술했다. W. Berghoff, *Palladius: De Gentibus Indiae et de Bragma-*

nibus(Meisenheim: Anton, Meisenhiem, 1967).
8) J. Leipoldt, *Griechische Philosophie und frühchristliche Askese* (Berlin: Akademie-Verlag, 1961).
9) Athanasius, *The Life of Anthony and The Letter to Macellinus,* trans. Robert C. Gregg (New York: Paulist Press, 1980); A. Bouyer, *La vie de S. Antoine: Essai sur la spiritualité du monachisme primitif* (Begrolles-en-Mauges: Textes Monastiques, 1978).
10) *The Letters of St. Anthony,* trans. D. J. Chitty (Kalamazoo, MI: Cistercian Publications, 1977).
11) H. Dörries, *Wort und Stunde I* (Göttingen: Vandenhoeck & Ruprecht, 1966) 145-225. 이 책에는 금언집과 관련된 환경에 대한 훌륭한 분석이 포함되어 있다: 작업, 성경 연구, 회개 등.
12) *The Letters of St. Ammonas, Successor of St. Anthony,* trans. D. J. Chitty(Kalamazoo, MI: Cistercian Publications, 1981).
13) *The Lives of the Desert Fathers,* trans. N. Russel (London: Mowbray, 1981).
14) Palladius, *Lausiac History,* ed. C. Butler(Cambridge: G. Olms, 1967).
15) *The Sayings of the Desert Fathers: The Alphabetical Collection,* trans. B. Ward(Kalamazoo, MI: Cistercian Publications, 1975). 가장 나은 색인을 지닌 가장 완벽한 판은 *Les Sentences des pêres du désert,* trans. L. Regnault(Sablé/Sarthe: Solesmes, 1981)이다.
16) 모든 자료들은 영어로 번역되어 있다: A Veilleux, *Pachomian Koinonia,* 3 vols. (Kalamazoo, MI: Cistercian Publications, 1980-83)
17) G. Dagron, *Naissance d'une capitale;* J. Gribomont, "S. Basile et le monachisme enthousiaste."
18) Basil, *Ascetical Works,* trans. M. Wagner(Washington, DC: Catholic University Press, 1950).
19) Ibid.
20) D. Canivet, *Le Monachisme syrien selon Theodoret de Cyr*(Paris: Beauchesne, 1977).
21) J. Gribomont, *Commandments du Seigneur,* 100-101.
22) A. Guillaumont, *Les 'Kephalaia Gnostika' d'Evagre le Pontique* (Paris: Seuil, 1967).
23) Evagrius Ponticus, *The Praktikos. Chapters on Prayer,* trans. John Eudes Bamberger(Spencer, MA: Cistercian Publications, 1970).

참고문헌

연구서

Bouyer, L. *The Spirituality of the New Testament and the Fathers.* Vol. 1 of *A History of Christian Spirituality.* New York: Seabury, 1982.

Chitty, D. J. *The Desert a City: An Introduction to the Study of Egyptian and Palestinian Monasticism under the Christian Empire.* Oxford: Blackwell, 1966; repr. Crestwood, NY: St. Vladimir's Seminary Press, n.d.

Gribomont, J. *Commandments du Seigneur et libération evangelique.* Rome: Herder, 1977.

Guillaumont, A., *Aux origines du monachisme chretien.* Begrolles-en-Mauges: Textes Monastiques, 1979.

Hausherr, I. *Direction spitituelle en orient autrefois.* Rome: Herder, 1958.

_____. *Hésychasme et prière.* Rome: Pontifical Institute of Oriental Studies, 1966.

Heussi, K. *Der Ursprung des Monchtums.* Aaten: Scientia, 1980.

Spidlik, T. *La spiritualité de l'orient chrétien.* Rome: Pontifical Institute of Oriental Studies, 1978.

Théologie de la vie monastique. Paris: Aubier, 1961.

Viller, M. and K. Rahner. *Askese und Mystik in der Vaterzeit.* Freiburg: Herder, 1938.

Vööbus, A. *History of Asceticism in the Syrian Orient.* 2 vols. Corpus scriptorum christianorum Orientalium 184, 197. Louvain: Corpus scriptorum Christianorum Orientalium, 1958-60.

2 서방의 영성

쟝 레크레르크(Jean Leclercq)

　4세기에는 동방에서건 서방이건 간에 교회가 존재하는 모든 지역에서 수도원 운동 이전의 금욕주의에서부터 조직화 된 수도원 운동으로의 변천이 있었다. 이러한 발달상은 로마 제국 전역에서 주민들의 유동성과 본문들의 유포로 말미암아 사상의 교환이 장려되었다는 사실에 의해서 촉진되었다. 4세기 후반에, 이 과정은 "야만족들"의 침입으로 말미암아 방해를 받았다. 왜냐하면 그들은 기성 문명에 속한 민족이 아니었기 때문이다. 그들에게는 젊고 활기찬 민족들의 특징인 활력으로 가득한 새로운 민족들이었다는 공통점이 있었다. 그러나 훈족, 고트족, 반달족, 수비안족, 그리고 보다 후기인 6세기에 침입한 롬바르드족은 서로 달랐다. 기독교 신앙에 접하게 된 사람들이 아리우스파와 정통파로 분열된 것 외에도, 민족들 사이에서 전쟁과 정치적인 경쟁이 일어났다. 고올(Gaul)에서는 프랑크족의 왕국이 등장하면서 서서히 통일이 시작되었다. 프랑크 왕국은 프랑크 교회를 위한 기초를 놓았다. 그러나 이 교회는 각 지역에 존재하는 전통들 때문에 다양화 된 상태로 남아 있었다. 거의 유사한 양식으로, 대 레오(Leo the Great, 440-461)와 대 그레고리(Gregory the Great, 590-604)와 같은 교황들의 영향 하에서 교리 분야에서(나중에는 정치 분야를 포함한 여러 영역에서)의 로마 감독의 권위가 강화되었다.

9. Monastery of Saint Catherine in the Sinai Desert, 6th century

10. Model of the third church at Cluny, 1892 reconstruction

서방에서의 이러한 혼란상에도 불구하고, 동방에서 발생한 것과 비슷한 과정을 좇아 독립적 수도원 운동에서부터 교회의 하나의 제도로의 변형이 점차 발생했다. 일반 신자들—그들은 종종 아주 단순한 사람들이었다—은 금욕 고행을 통해서 거룩함을 추구함으로써 감독들의 존경을 확보했고, 감독들은 그들을 돕고 이끌어 주었다. 후일 이들 계층에서도 몇 명의 감독이 배출되었다. 특히 안토니의 본보기와 같이 동방에서 제공된 본보기들로부터 강력한 감동이 임했다. 아타나시우스가 저술한 『안토니의 생애』는 널리 영향을 미쳤는데, 특히 제롬과 밀라노의 어거스틴에게 영향을 미쳤다. 4세기부터 7세기에 이르는 동안 수도원 제도들이 존재하고 발달했음을 증언하는 많은 본문들이 제공되었다. 특히 공의회의 절차, 성인전 이야기, 그리고 규칙 등 20개 이상의 규칙이 우리에게 전해지고 있다.

기독교 금욕주의의 근원은 북아프리카 속주의 동부 지방에 그 뿌리가 있다. 로마인들은 그 지역을 총독관할지역(Proconsulate)이라고 불렀다. 터툴리안(220년경 사망)과 보다 나중의 인물인 카르타고의 감독 시프리안(Cyprian, 258년 사망)이 그것에 대해 말했다. 그들의 시대 이래로 *monasterium*이라는 용어가 사용되었다. 3세기에 있었던 여러 차례의 박해, 4세기에 발생한 도나투스 분파주의 등에도 불구하고 수도원 운동은 은자들(solitaries)을 위한 암자 및 동정인(童貞人)과 "금욕하는 자들"(continents)을 위한 공동체의 형태 하에서 확장되었다. 349년에 카르타고에서 개최된 공의회와 4세기 말에 카르타고와 히포에서 개최된 공의회에서는 이러한 환경 안에서 등장한 몇 가지 위험에 대해 협의했다.

바로 이 시기에 밀라노에서 암브로스의 후견 하에 기독교인이 된 아프리카의 수사학자 어거스틴이 그 도시 내에 있던 수도원 운동을 경모하다가 고향으로 돌아갔다. 어거스틴은 다양한 종교적/철학적 학파들을 섭렵했었으며 북 이탈리아의 카시키아쿰

(Cassiciacum)에서 연구를 지향하는 "거룩한 여가"의 공동체 생활을 실험했었다. 아프리카로 돌아오고 나서 몇 년 후인 388년에 그는 몇 명의 동료와 함께 일종의 수도적 은둔 생활을 하기 위해서 다시 타가스테에 자리를 잡았다. 그러나 그가 "수도원"에 대해서 말하기 시작한 것은, 그가 발레리우스(Valerius) 감독의 대성당 근처인 히포에 공동체를 세운 390년의 일이었다. 그가 그곳에서 생활하는 "하나님의 종들"에게 준 가르침의 특징은 사유 재산을 부인할 것, 사랑과 지역 교회에 대한 봉사를 강조하는 공동 생활을 주장한 것이었다. 그리하여 현저한 공주 형태의 수도생활로의 변천이 이룩되었다.

어거스틴은 감독이 된 후에도 자신이 거느린 성직자들과 함께 공동체 생활을 계속했으며, 그리하여 일종의 성직자 수도원 운동의 창시자가 되었다. 이 운동은 그후 서방의 여러 지역에 영향을 미치고 "종규적인 삶"(canonical life)이라고 불리는 삶으로 발달하게 된다. 어거스틴 밑에서 조직을 이룬 사제들은 곧 감독들이 되었고, 그들의 추진력 하에서 수도원 운동은 총독 관할지 전역 및 인근에 있는 비자케나(Byzacena), 누미디아(Numidia), 모리타니아(Mauritania) 등의 속주로 확장되었다. 동정인(童貞人)들의 수도원과 비성직자들의 수도원도 존재했었다.

어거스틴은 아무 일도 하지 않고 오로지 기도만 하기를 원한 하드루메툼(Hadrumetum)의 수도사들을 공격하면서 『수도사들의 일에 관하여』(De opere monachorum)라는 논문을 저술했다. 또 그는 『성 어거스틴의 규칙』(Regula Augustini)이라는 제목 하에 다른 본문들과 결합하여 널리 유포된 본문들을 남겼다. 이 본문들은 곧 이탈리아와 스페인으로, 그리고 이 나라들을 거쳐 고올 지방으로 전파되었다.

이베리아 반도

3세기부터 스페인에는 나름의 기독교 금욕주의자들이 있었다. 그 중 한 사람인 콜도바의 오리엔즈(Oriens of Cordova)는 300년에 엘비라에서 개최된 공의회에 참석했었다. 그후로, 교회 내의 헌신적인 동정인들은 *pactum*이라고 불리는 하나님과의 계약 관계에 들어가곤 했다. 이집트 수도원 운동이 서방 세계로 침투해 들어와 하나의 표준으로 자리잡으려 했을 때(375년경), 프리스킬리안(Priscillian)과 그의 제자들로 구성된 한 무리의 금욕주의자들이 난국을 야기시켰다. 그들의 적대자들의 말에 따르면, 마니교의 영향을 받은 이 극단주의자들은 결혼과 특정 음식을 악한 것이라고 선언했으며, 하나님과 인간들 사이의 어느 정도의 동등성이 가능하다고 주장했다. 한편, 그들 중 몇 사람의 행동이 추문을 일으켰고, 그들을 대적하는 사람들은 그들이 감독에게 불순종한다는 증거를 만들어냈다.

서고트족의 스페인에서의 수도원 운동은 다른 지역의 영향을 받아 유익을 얻었다. 에게리아(Egeria)라는 처녀는 여행을 좋아했는데 호기심이 강했으며 재력이 있었다. 이 여인은 이집트, 시나이 산, 팔레스틴, 소아시아 등지를 여행한 데 대한 회상을 담은 기록을『여행 일지』(*Itinerary*)라는 제목으로 편집했다. 이베리아의 수도원 운동은 나름의 특징을 가지고 있었다. 첫째, *pactum*을 크게 강조한 것이다. 하나님께 헌신한 동정인들과 그들의 배우자들의 경우에서와 마찬가지로, 수도사들은 이 *pactum*을 철회할 수 없었다. 규칙들은 『책』(*Liber*), 또는『규율서』(*Codex regularum*)라는 제목 하에 등장했다. 때로 이 규칙들은 수도원장들이 사용하기 위해서 동방의 본문들과 서방의 본문들을 수집한 것이었고, 어떤 경우에는 수도원장들이 개최한 지역 종교회의 절차와 법령을 포함하기도 했다.『거룩한 교부들』이라는 제목 하에 전해 내려온 집록과『수도사들의 합의』(*Consensoria monachorum*)라는 제목의 수집물에는 스페인적인 요소들이 포함되어 있다. 이런 종류의 저서들은 때로 브라가의 프룩투오수스(Fructuosus), 레안더(Leander), 세빌의 이시도어(Isidore of Seville)처럼 과거에 수도사였던 감독들에 의해 저술되기도 했다.

이탈리아

어디에서나, 특히 기독교가 일찍 자리잡은 곳에서 그렇듯이, 2세기와 3세기에 로마, 밀라노, 그 외의 여러 이탈리아의 도시에는 금욕고행자들이 있었다. 로마에서는 교황 다마수스가 수도원 운동을 장려했었지만, 그의 후임자인 시리키우스(Siricius)는 그렇지 않았다. 제롬은 팔레스틴에 있는 자신의 수도원 본거지를 기점으로 하여 4세기말에 일단의 수도원들에게 자극을 주었다. 이러한 발전을 지지하는 영향들이 사방에서 도출되었다. 은수사들의 암자들과 공동체들이 사방에 흩어져 있었으며, 그들을 다스리는 수도원장들은 다른 공동체의 규칙이나 고대 동방의 본문들의 영향을 받은 규칙들을 그들에게 주었다. 『바울과 스데반의 규칙』은 이런 것들 중의 하나였던 듯하다.

이탈리아의 수도원 운동에서 가장 특별한 점은, 그것이 특히 이탈리아 북부의 여러 도시에서, 바실리카들과 근접한 지역에서 발달했다는 사실이다. 많은 감독들은 이 성직자 공동체들을 보호했고, 심지어 이러한 공동체를 세우기도 했다. 이 공동체들은 파코미우스의 집단보다는 어거스틴의 집단에 더 가까웠다. 수도원 운동은 점차 교회의 구조 안에 통합되었으며, 고전적인 로마 문화에 동화되었다.

고트족의 왕들을 섬긴 교양 있는 평신도 카시오도루스(Cassiodorus)는 540년경에 칼라브리아(Calabria)의 비바리움(Vivarium)에 수도원을 세웠다. 그는 이 수도원을 기도와 금욕 고행의 처소요 학문 연구의 중심지로 만들려고 했다. 그는 이러한 계획을 가지고서 『신적 독서 및 인문 독서 서론』을 저술했다. 그 책에서 그는 하나의 완전한 지적 프로그램을 제안했는데, 그것은 너무 야심적인 것이어서 실제로 적용하기에는 적절치 못했다. 실제로 그것은 거의 실천되지 못했다. 왜냐하면 비바리움은 곧 사라졌기 때문이다. 그러나 그것은 그후 몇 세기 동안 수도적 교육에 영향을 미쳤다. 5세기에 로마에는 4개의 수도원이 있었고, 6세기에는 12개의 수도원이 있었음도 알려져 있다.

이 시기에 세 개의 중요한 역사적 문서가 출현했다. 그중 둘은 규칙집인데, 하나는 오늘날 그 문서의 제목인 『스승의 규칙서』(*Regula magistri*)의 첫 글자를 따서 *RM*이라고 명명되었으며, 또 하나는 베네딕트의 글이라고 간주되고 있기 때문에 *RB*, 혹은 『베네딕트의 규칙서』라고 불린다. 이 문서들에 이어 대 그레고리의 저서인 『대화집』 제2권에 수록된 누르시아의 베네딕트의 전기(*Life*)가 출현했다.

현재 역사가들은 *RM*이 *RB*보다 초기의 문서라는 것, 그리고 후자는 전자를 의존하고 있다는 것을 거의 만장일치로 인정한다. *RM*은 현재 우리가 소유하고 있는 그 시대의 규칙집 중에서 가장 길고 상세한 것이다. 6세기 초반에 로마에서 그리 멀지 않은 지역에서 작성되었으며 존 카시안을 의존하고 있는 이 문서에서는 규칙을 준수하되 중용을 지킬 것을 규정한다. 그러나 공동체 훈련의 면제라는 의심을 제기하는 경우는 예외이다. 기도 훈련—성무일과, 성찬, 독서, 침묵 기도, 축복, 의식들과 예식들—은 수도사의 모든 생각, 하루의 모든 활동을 하나님의 임재와 연결시키려는 데 관심이 있었음을 증거해준다.

금욕 교리의 출발점은 죄와 마귀의 유혹이 인간의 마음 안에 심어둔 바 악을 향하는 성향, 그리고 그 성향에 굴복한 사람들을 기다리고 있는 영원한 형벌에 대한 날카로운 의식이다. 그러나 수도사는 그리스도를 의지하며, 대속의 은혜를 확신한다. 그에게 투쟁이나 퇴보가 없는 것은 아니지만, 그는 개인 재산이나 자기의 뜻을 철저히 버리는 일, 장상에게 겸손히 절대적으로 복종하는 일, 육체에 대한 영적 통제 및 순결한 마음을 얻기 위한 전쟁 등을 수행할 능력을 받았다. 이 금욕주의는 수도 생활이란 다름 아닌 세례의 약속들의 성취로서 교회 내에서 그리스도와의 일치를 통해 아버지께 접근하는 방법이라는 믿음 위에서 형성된 신학에 뿌리를 두고 있었다. 수도원장과 수도사들의 관계는 감독과 신자들의 관계와 비슷했다. 여기서 수도원장도 수도사들과 마찬가지로 규칙의 구속을 받았다. *RM*은 너무 특별한 것이기 때문에 그것이 저술된 곳 외에 다른 곳에서는 지킬 수 없었다. 그러나 그것은 6세기 중부 이탈리아의 수도사들의 일상 생활에 대한 구체적인 사실들을 제공한다는 점에서 대단히 귀중한 문서이다. *RM*이 없다면, *RB*를 이해하거나 그 진가를 인식할 수 없을 것이다.

*RB*는 *RM*이 저술된 직후에 로마에서 멀지 않은 곳에서 저술된 듯하다. 어느 고대 전승에서는 그것이 베네딕트라는 이름을 가진 수도원장의 것이라고 간주한다. 그에 관한 우리의 지식은 대 그레고리가 『대화집』 제2권에서 말한 것을 토대로 한 것이다. 『대화집』은 고대 철학적 전승들 및 고전적 라틴 저자들에게서 물려받은 것에서 취한 주제들을 포함하고 있기는 하지만, 문학 장르로 보자면 수도원 성인전에 속한다. 이 교훈적인 이야기들 안에는 "하나님의 사람"의 영적 순례 일지가 포함되어 있다. 그레고리는 이 책을 저술하면서 아타나시우스가 『안토니의 생애』에서 행한 것과 같은 방식으로 묘사하려 했다. 고행자요 수도사였으며 수도원장이었던 이 사람은 세상을 부인하고 시험을 극복했으며, 하나님과의 합일 안에

서 자기제어(극기)를 획득했고, 영적 아버지 역할을 할 수 있게 되었으며, 주변에 있는 사람들의 유익을 위해서 신구약 성서에 등장하는 성인들이 받은 은사와 비슷한 은사를 받은 사람이었다. 그레고리의 말에 따르면, 베네딕트는 누르시아에서 태어났으며, 로마의 동쪽에 위치한 계곡 안에 있는 수비아코(Subiaco)에 수도원들을 세웠고, 나중에는 캄파니아에 있는 카시노 산(Monte Cassino)에 수도원을 세웠다. 그 기사에서 언급된 마지막 특별한 사건은 541년 1월이 되기 전에 카푸아의 감독 게르마누스(Germanus)가 사망한 것이다.

6, 7세기의 모든 서방의 규칙들과 비교해 볼 때,『베네딕트의 규칙』은 실질적 지혜와 교리의 걸작이다. 그것은 수도원 제도가 위험에 노출되어 있고 폐해를 일으킨 어려운 시대에 살고 있던 일반 수도사들을 위해 기록된 하나의 절도 있는 문서로 나타난다. 그『규칙』은 수도사들이 처하는 역경에 대해 환상을 가지고 있지는 않다. 그러나 이 정온한 현실주의는, 하나님을 섬기는 사람들 안에서 "하나님께서 이루실 수 있는" 모든 선에 대한 신뢰를 제거하지는 않는다. 만일 그들이 겸손하고 순종하며 모든 것을 부인한다면, 그들은 하나님으로부터 "마음을 즐겁게 해줄" 기쁨과 전체 공동체에게 행복을 가져다 줄 평화를 받게 될 것이다. 주어지는 모든 조언은 연약한 자들을 든든히 세워주고 용기 있는 자들을 격려해 주기 위해 주어진 온건한 것이었다.

우리는 이 규칙 안에서 처음부터 끝까지 기도와 노동, 순복과 개인의 양심, 하나님과 더불어 사는 독거생활과 공동 생활, 기쁨의 삶을 위해서 필요한 모든 것을 부인하는 것과 그것을 활용하는 것, 엄격함을 행하는 데 있어서의 관대함과 신중함, 대인관계에서의 침묵과 사랑, 수도원장의 권위와 수사들이 자기의 견해를 제시할 수 있는 권리 등 사이의 훌륭한 균형을 발견한다. 성무일과는 하나님을 만날 수 있는 계기가 될 일들을 준수하는 것이다. 독서, 묵상, 그리고 종종 오랫동안 기도하는 일이 필요했다. 이 모든 점에 관해서 *RB*도 *RM*처럼 여러 세대를 거치면서 축적된 경험의 결과였다. 이러한 진보 과정을 묘사하는 고대의 사본들은 극히 드물다.

대 그레고리는 항상 수도원에 큰 관심을 가졌다. 그는 시실리에 있는 자기의 소유지에 6개의 수도원을 세웠었다. 572년에 로마의 집정관이 된 후, 그는 카엘리안(Caelian) 언덕에 있는 자신의 집에도 수도원을 세웠다. 그는 588년에 대사로 콘스탄티노플에 파견되었다가 돌아온 후에 그곳에서 생활했다. 2년 후에 그레고리는 교황으로 선출되었으며, 604년에 세상을 떠날 때까지 수도원의 복지에 끊임없이 관심을 기울였다(특히 그의 편지들에서). 그는 수도사들이 영위해야 하는 삶의 관상적 특성을 강조하는 한편, 필요할 때에는 수도사들에게 목회의 임무들, 심지어 선교 사역도 주저하지 않고 맡겼다. 그리하여 여러 차례의 전쟁과 정치적 흥망성쇠로 말미암아 촉발된 오랜 위기가 지난 후인 7세기 후반에 수도적 르네상스가 서서히 가시화되었다.

고올 지방

고올(Gaul) 지방의 수도원 운동의 역사는 대단히 복잡하다. 우리는 그곳에서 동방, 아프리카, 스페인, 켈트족의 섬들 등 여러 지방의 영향이 뒤섞인 것을 어느 지역에서보다 더 많이 볼 수 있는데, 거기에 고올 자체의 여러 지역에서 생겨난 지적 조류들을 더해야 할 것이다. 6세기까지의 수도원 운동은 구 고올(altgallischer) 수도원 운동이라고 할 수 있다. 7세기의 수도원 운동은 전체적으로 아일랜드-프랑크(Iro-Frankish) 수도원 운동이라고 지칭할 수 있으며, 8세기에는 전 지역에서 앵글로-색슨 족에게 기원을 둔 베네딕트의 영향력이 현저했다.

구 고올 수도원 운동은 마르무띠에르(Marmoutier), 레렝(Lérins), 아곤느(Agaune) 등 세 곳을 중심으로 하여 퍼졌다. 첫번째 중심지는 마틴(Martin)이 프와티예(Poitiers) 지역에 도착하면서부터 시작되었다. 마틴은 그곳에서 그 지방 감독인 힐라리의 영접을 받았다. 그는 십년 동안 리구게(Ligugé)에서 수도생활을 했고, 371년에 투르(Tours)의 감독이 되면서 그 도시에서 몇 마일 떨어진 곳에서 수도사 생활을 계속했다. 그곳은 그와 그의 후계자들을 위한 "위대한 수도원"(Marmoutier, 라틴어로 *Maius monasterium*)이 되었다. 수도사들과 성직자들은 그곳에서 함께 기도하고 함께 일했다. 매우 독창적이었던 마틴의 수도원 운동은 397년에 마틴이 사망한 후에도 브리키우스(Bricius) 및 여러 후계자들의 지도 하에서 그 지역에서 지속되었다. 그 운동은 그 창시자에 대한 숭배가 확장됨에 비례해서 확장되었는데, 처음에는 루아르(Loire) 강을 따라 확장되다가 후에는 그 너머로까지 확장되었다. 마틴의 친구 술피키우스 세베루스(Sulpicius Severus)는 마틴의 『전기』, 세 개의 『서신집』, 그리고 『대화집』을 저술했다. 세베루스가 제시한 바 그 감독-수도사의 이상에 대해 감독들과 성직자들 사이에서 반대가 제기되기도 했지만, 많은 금욕고행자들은 그를 찬양했다.

고올 지방 남동부에 있는 레렝(Lérins)의 위치는 서부에서의 마르무띠에르(Marmoutier)의 위치와 비슷했다. 깐느(Cannes) 시를 마주 보고 있는 여러 섬들 중 한 섬에서는 호노라투스(Honoratus)라는 젊은이와 그보다 나이가 위인 동료 카프라시우스(Caprasius)가 동방을 방문한 후인 410년경에 수도생활을 시작했다. 그 당시 반달족, 수비안족, 서고트족 등이 고올 지방 전역에 침투했기 때문에 현청(懸廳)은 트리예(Trier)에서 아를(Arles)로 옮겼는데, 북부 지방에서 온 많은 귀족들이 그 근처로 피신했다. 레렝(Lérins)을 건설한

제5장 수도원 운동과 금욕주의 209

두 사람의 경우도 그러했다.[1] 마르세이유의 감독 프로클루스(Proclus)와 그의 조력자들은 수도원 운동에 대해 호의적이었다. 그의 제자요 후계자인 힐라리의 증언에 의하면, 참으로 "신령한 교부"였던 호노라투스는 "하나님을 찾는 자들"을 끌어들였고, 프레쥬(Fréjus)의 감독 레온티우스(Leontius)는 그를 사제로 임명했다. 그 공동체는 성장했다.

이집트에서 지내면서 폰투스의 에바그리우스의 신학에 심취했던 수도사 존 카시안은 415년경 이후로 마르세이유에서 지냈다. 그는 420년부터 424년 사이에 『공주수도 강요』(Cenobitic Institutions)를 출판했고, 그 직후에 『집회서』를 출판했다. 426년경에 저술한 『집회서』 11-17의 머리말에서 그는 호노라투스와 그의 최초의 동료들을 공동체의 "살아 있는 모범"으로 지적했다. 그후 두 개의 분명히 상반되는 경향이 레렝(Lérins)에 출현했다. 한편에서는 수도원 운동이 의미하는 바 세상으로부터의 분리를 강조했다. 그곳에서 몇년 동안 지낸 리용(Lyons)의 유케리우스(Eucherius)는 427년에 『사막 예찬』을 저술했고, 432년에는 『세상을 멸시하는 것에 관하여』를 저술했다. 다른 편에서는, 일련의 수도사들—그들이 귀족 출신으로 지식층이었다는 사실도 무관하지는 않다—이 프로방스(Provence), 론 강(Rhône) 계곡, 그리고 고올 지방 동북부에서 감독이 되었다. 아마 『네 명의 교부들의 규칙』, 『교부들의 두번째 규칙』, 『마카리우스의 규칙』, 『교부들의 세번째 규칙』 등 위대한 수도원 문헌들이 레렝의 것으로 인정될 것이다. 이러한 규칙들이 『베네딕트의 규칙』을 포함하여 후대의 수도원 법령 제정에 미친 영향은 매우 의미심장하다.

레렝의 수도원 운동과 어거스틴의 수도원 운동에서 출현한 모든 경향을 종합하는 데 성공한 인물이 아를의 카에사리우스(Caesarius)이다. 어거스틴에 대한 찬양으로 가득한 줄리아누스 포메리우스(Julianus Pomerius)의 저서 『관상생활에 관하여』를 읽고 크게 감명을 받은 그는 활동적인 목회자가 되었고(그는 고올 지방의 대주교가 되었고 여러 차례의 공의회를 주재했다), 수도생활을 장려했다. 그는 수도사들을 위한 규칙과 수녀들을 위한 규칙을 만들었고, 설교하면서 종종 수도사들에 대해 말했다. 그의 저서는 중세 시대의 영성 문헌에 영향을 미쳤다.

　마르무띠레르와 레렝 외에, 또 하나의 수도생활의 중심지가 영향력을 발휘하기 시작했다. 그것은 5세기초에 론 강 (Rhône) 상류의 계곡에 있는 아곤느(Agaune)에서 성 모리스의 유물 위에 세워졌다. 이 성인의 숭배는 2세기가 넘는 기간 동안 지속되었다. 그러나 『아곤느 순교자들의 수난』을 저술한 사람은 레렝 출신인 리용의 유케리우스(Eucherius)였다. "주라의 수도원들"을 세운 로마누스(Romanus)와 루피키누스(Lupicinus)는 리용 근처에서 훈련을 받았다. 그곳은 사람들이 성 마틴과 성 호노라투스를 존경했으며, 술피키우스 세베루스, 카시안, 유케리우스 등의 저술에 의해 영적으로 양육받던 곳이었다.

　7세기에 두 개의 경향의 상호 작용에 의해 새로운 시대가 시작되었는데, 그 두 경향 때문에 그 시대는 아일랜드-프랑크적(Iro-Frankish)이라는 명칭을 얻었다. 그중 하나의 경향은 아일랜드에서 비롯된 것으로서 콜룸반(Columban)을 통해 전달되었다. 나머지 경향은 클로비스(Clovis)의 후손인 메로빙 왕조에 의해서, 그리고 640년경 이후에 피핀(Pepin the Old)의 후손인 칼로링 왕조에 의해서 세워진 수도원들 안에서 발생했다. 590년에 세워진 룩실(Luxeuil)에서 생겨난 첫번째 경향은 주로 부르고뉴(Burgundy) 지방을 거쳐 센 강 동쪽으로 퍼졌다. 두번째 경향은 메로빙 왕조 하에서 고올 지방 서쪽으로 전파되었고, 카롤링 왕조 하에서 점차 동쪽으로 전파되었다. 아프리카, 스페인, 이탈리아, 마르무띠에르, 레렝 등지에 기원을 둔 운동들의 지류인 모든 전통이 뒤섞였는데, 이러한 경로를 통해서 동방으로부터 전파된 것이었다.

　그 시대의 가장 강력한 인물은 콜룸반이었다. 이 정력적인 아일랜드인은 590년경에 한 무리의 제자들을 이끌고 고국을 떠나 보스쥬(Vosges) 산맥의 룩실에 수도원을 세웠다. 그는 감독들 및 제후들과 여러 번 말다툼을 한 후, 선교사라기보다는 수도사로서 고올, 게르마니아(Germania), 스위스(그는 이곳에 갈[Gall]과 몇 명의 동료들 남겨두었다) 등지를 거쳐 롬바르디아의 보비오(Bobbio)에 정착했으며, 615년에 그곳에서 사망했다. 그의 문학적 유산에는 『수도사들을 위한 규칙』, 『공주 생활을 위한 규칙』, 『고해 규정서』, 그리고 몇 개의 편지가 있다. 편지들 중 네번째 것은 낭트에서 룩실에 있는 "사랑하는 아들들"에게 보낸 것인데, 그가 얼마나 민감한 영의 소유자였는지를 보여준다. 그는 본문들 안에서 신중함과 엄격함을 절충시켰다.

이 수도원 운동, 보다 정확하게 말하자면 수도원 운동의 다양한 형태들 안에는 두 가지 특징이 있었는데, 그것들은 서로 혼합되거나 겹쳐졌다. 첫번째 특징은 그들이 준수한 계율들의 다양성인데, 사람들은 "혼합된 규칙"(*regula mixta*)의 체계에 대해 말해왔다. 대부분의 수도원들은 카에사리우스의 규칙과 콜룸반의 규칙을 비롯하여 여러 규칙에서 제시한 규정들을 채택했다. 그들은 갈수록 *RB*를 더 많이 채택했다. 그후, 특히 그리스인 교황 자카리(Zachary, 741-752)가 그레고리의 『대화집』을 자신의 모국어로 번역한 이후 모든 사람들은 그것을 누르시아의 베네딕트의 것으로 간주했다. 그와 유사하게, 동방과 아일랜드 및 기타 지역으로부터 유입된 전통들이 통합되었으며, 이와 같은 이질 문화의 교류 과정을 통해서 그들은 커다란 영적, 문화적 가능성을 창출해냈다. 그러나 이러한 풍요함은 이 시대의 두번째 특징에서 생겨난 하나의 위험으로 말미암아 위협을 받았다. 수도원들은 메로빙 왕조에 의해서, 나중에는 카톨링 왕조의 제후들이나 파리(Paris), 오스트라지아(Austrasia), 부르고뉴, 바바리아 등지의 고위층 귀족들에 의해 세워지고 후원을 받았다. 따라서 귀족들은 수도원에 대해 권력을 행사하려고 했다.

그럼에도 불구하고, 비록 수도원 운동의 이상이 때때로 흐려지기는 했으나 완전히 사라지지는 않았다. 수도원 운동을 낳았으며, 처음부터 그 운동에 활기를 불어넣어 주었던 두 가지 큰 확신이 보존되었다. 그것은 모든 평화와 영적 자유의 원천으로서 기도 생활의 일차적인 중요성과 엄격한 금욕의 필요성에 대한 확신이었다. 어떤 사람들은 심지어 자발적인 유배 생활(peregrinatio)을 하여 이 소란스러운 시대에 여행을 하는 데 따르는 위험에 자신을 노출시킴으로써 거룩함을 추구하고, 간헐적으로 또는 정규적으로 하나님의 사람들에게 말씀을 전했다. 그 시대에 선교사라고 묘사된 많은 성인들은 (적어도 그들의 본래의 의도를 따르자면) 자신이 하나님과의 합일 안에서 받은 믿음과 소망과 사랑을 다른 사람들과 공유할 수 있는 추가 가능성을 부여받은 독거자(solitary)였다.

잉글랜드

처음에는 알비온(Albion), 브리튼(Britain)으로 불리다가 잉글랜드(England)라고 불리게 된 이 섬에는 4세기 이래 마틴 계의 수도원 운동(Martinian monasticism)이 있었던 듯하다. 스코틀랜드에서는 칸디다 카사(Candida Casa)의 수도원의 자취가 복원되었다. 그것은 그 시대에 마틴이 감독-수도사로 있었던 투르에서 가져온 흰 돌을 사용하여 건축되었다. 5세기에 오세르(Auxerre)의 게르마누스(Germanus)가 펠라기우스주의를 대적하라는 사명을 띠고 이곳에 왔으며(450년경), 페트릭(Patrick)의 영향력은 알려져 있었다. 563년에 콜룸바가 아일랜드의 수도적 이상에 감화를 받아 이오나(Iona)에 수도원을 세웠는데, 그의 영향력은 노덤브리아까지 전파되었다.

대 그레고리는 몇 명의 로마인 수도사를 켄트(Kent)에 파견했다. 그들이 건설한 캔터베리 근처에는 마틴의 영향을 받은 성소도 있었다. 601년에 그레고리가 파견한 파울리누스(Paulinus) 감독은 625년경에 북쪽으로 요크 주까지 진출했다. 664년에 개최된 휘트비(Whitby) 공의회에서는 로마의 수도적 전통을 추종하는 무리가 승리를 거두었으며, 브리튼에서의 수도원 운동은 더 이상 켈트의 전통을 따르지 않게 되었다. *RB*가 알려지고 많은 사람들이 그것을 따르게 되었는데, 그 규칙은 일종의 통일과 번영을 보장했다. 그러나 9세기에 바이킹의 침입으로 말미암아 그 번영은 방해를 받게 되었다.

수도원의 학교들 때문에 수도원 내에서는 고전적인 라틴 문명의 유산과 교부 시대의 유산을 조화롭게 결합한 영성이 발달했다. 에그베르트(Egbert) 감독이 세운 요크의 학교는 8, 9세기에 알쿠인(Alcuin)을 비롯하여 높은 기독교적 문화를 지닌 학자들을 통해 카롤링 유산의 갱신을 가져왔다. 이 영성의 전형적인 대표자는 비드(Venerable Bede, 172/3-735)인데, 그는 요크 출신으로서 자신의 모범과 저술들에 의해 심오한 영향을 미친 단순한 수도사였다. 그는 일생을 독서하고 가르치고 저술하면서 보냈다. 그와 그의 제자들은 경모할 만한 라틴어로 형성되었으며 표현이 단순한 교리에 의해 양육된 영성을 실천했다. 그는 "기적의 비드"(miracle Bede)라고 언급되었으며, 청년들과 성직자 계층에 유익한 저서들을 저술함으로써, 에그베르트에게 보낸 편지에서 목회 생활을 위한 강령을 제시함으로써, 그리고 교회의 제도와 수도원 제도의 악습들에 대해 반응함으로써 앵글로-색슨 교회의 영성에 공헌했다. 그는 이러한 개혁 의도를 가지고 『영국민의 교회사』(*Ecclesiastical History of the English People*)를 저술했는데, 그 책은 매우 귀중한 역사적 정보를 얻을 수 있는 자료로서, 그리고 깊이 있는 영적인 문서로서 사람들에게 받아들여졌다.

8세기와 9세기

768년에 시작된 샤를마뉴의 통치는 64년 동안 계속되었는데, 그는 800년에 황제로 즉위했다. 814년에 그가 사망할 즈음, 그는 수도원 운동을 폭넓게 이용하였으며, 그것을 위한 새로운 구조를 세웠었다. 그의 아들 경건한 루이(Louis the Pious, 840년 사망)는 부친이 시작한 사업을 계속하려 했지만, 그들의 노력은 잠시 부분적으로만 성공했다. 그렇다고 해서 그것이 수도원 운동에 미치는 영향이 감소되지는 않았다. 초기 카롤링 왕조 하에서 쉬지 않고 증가했던 수도 기관들의 큰 증가는 후에도 계속되었다. 800년에서 820년 사이에는 이탈리아에 있는 수도원을 제외하고도 제국 전역에 600개 이상의 수도원이 있었다. 수도원의 종류도 다양했다. 도시에는 왕립 공동체들이 있었고, 시골에는 수도원들이 있었다. 변경 지방의 수도원들은 그 지방 귀족이 소유한 소박한 수도처들이었다. 스페인과의 국경인 아뀌뗀느(Aquitaine) 내의 셉티마니아(Septimania)에서는 780년에 베네딕트(Benedict)라는 이름으로 센생(Saint-Seine)에 들어간 위티자(Witiza) 백작의 아들이 2년 후에는 아니안느(Aniane)의 아뀌뗀느 대수도원(Aquitanian Abbey)에서 시작된 일련의 중요한 공동체의 창시자, 또는 개혁자가 되었다. 아니안느의 베네딕트는 "혼합된 규칙"의 통치를 종식시키기 위해서, 샤를마뉴의 지원을 받아 *RB*를 30개 사원의 유일한 규범으로 소개했다.

이러한 표준화 계획 실시를 촉진하고 확대하기 위해서(가능하다면 제국 전역으로), 아니안느의 베네딕트는 과거의 규칙들을 수집한 『규칙집』을 편찬했다. 그는 『성 베네딕트의 규칙』의 주해서를 출판하기 위해서 그의 『규칙 편람』(*Concordia regularum*)에서 그것을 사용했다. 동시에 그는 초기의 전승으로부터 물려받은 관습들을 보존하고 발전시켰다. 이처럼 그는 교육을 갱신시키는 일을 하면서

796년에 투르의 성 마틴 수도원의 원장이 된 영국인 알쿠인 (Alcuin)의 도움을 받았다.

수도원 안에 들어와 자리잡은 악습들을 개혁하기 위해서 샤를마뉴와 아니안느의 베네딕트가 행한 사역의 결과, 816년과 817년에 경건한 루이 밑에서 아켄(Aachen)에서 개최된 공의회에서 하나의 법이 통과되었다. 퇴폐의 원인인 규칙 준수를 소홀히 하는 일을 근절하기 위해서 공의회에서는 수도복, 음식, 규칙의 준수 등과 관련하여 수도사(monk)와 수사 신부(canon)를 분명히 구분했다. 『어거스틴의 규칙』은 수사 신부들을 위한 규정이고, 아니안느의 베네딕트가 해석한 『베네딕트의 규칙』은 수도사들을 위한 규정으로 삼았다. 곧 후자에 관한 두 권의 주해서가 등장했다. 성 미히엘(Saint Mihiel) 수도원의 원장인 스마라그두스(Smaragdus)의 주해서는 817년 이후에 저술되었다. 845년 이후에 또 하나의 주해서가 여러 가지 이름 하에 여러 가지 판으로, 특히 크리스토 산(Monte Cristo)의 부제 바울(Paul the Deacon)과 코르비의 힐데마르(Hildemar of Corbie)의 이름으로 된 것이 유포되었는데 그 실제 전달 내용은 이들의 가르침이었다.

그럼에도 불구하고 전통적인 이상은 그대로 보존되었다. 기도와 금욕 생활을 통한 하나님과의 합일 추구가 우위를 지켰다. 그것은 성도들로 하여금 성공에 이르게 하는데, 그것은 인간적인 관점에서 볼 때에 때로는 실패인 것처럼 보이지만 모든 사람들이 갈망하는 것을 높이 실현한 것이었다. 수도사들은 계속 다른 사람들이 행하려 하지 않는 어려운 과업에 대해 적극적인 생각을 품었다. 유트레히트의 그레고리(Gregory of Utrecht)는, 자발적으로 가난한 생활을 하면서 복음화에 헌신한 리투게르(Lituger, 809년 사망)를 감독으로 삼았다. 안스카르(Anschar)는 피카르디에 있는 코르비의 아달하르트(Adalhart)의 제자였고 후일 삭소니에 있는 콜베이의 수도사가 된 사람이다. 그는 스웨덴과 덴마크에서 영혼들을 구원하기 위해서 자발적인 유배 생활을 했으며, 그후 845년에 브레멘의 대주교가 되었고, 20년 후에 그곳에서 사망했다. 종종 설교하는 일도 포함된 고대의 자발적인 유랑생활(peregrinatio)이 여전히 유행했다. 심지어 은둔주의도 보존되고 재조직되었다.

9세기 말경 메츠(Metz) 지방에서 그림레익(Grimlaïc)이라는 사람이 『은수사들을 위한 규칙』을 저술했다. 그것은 공주 수도사들을 위해 저술되었는데, 무엇보다도 일반적으로 하나의 공동체와 연계하여 생활한 은수사들을 위해 저술되었다. 그들의 생활은 전적인 관상생활이었지만, 특정의 사도직을 배제하지는 않았다. 이처럼 모든 것이 법제화되던 시기에 수도원 운동의 특이한 성격이 보호되었다. 하나의 제도로서의 수도원 운동에서는 어떤 하나의 행동이 그 자체의 존재 이유가 되어야 할 필요는 없었다. 그것은 기도와 금욕생활을 통해 하나님을 추구하는 것 외에 다른 목적을 소유하지 않았지만, 그럼에도 불구하고 교회와 사회에 봉사하는 데 있어서 개인적인 소명의 자유로운 확대를 허용했다.

10세기의 개혁

9세기말과 10세기초에 수도원 운동은 거의 모든 지역에서 일종의 제도적 쇠퇴 상태에 빠졌다. 그리고 잉글랜드와 같은 국가들에서는 수도원 운동이 완전히 사라졌다. 세속 권력인 왕들과 봉건 영주들은 계속 사원의 재산을 통제했고, 종종 자기들의 이익을 위해 봉사하는 봉신들을 두둔하며 그들에게 보상을 해주려 했다. 그들은 자주 자격 없는 성직자들을 수도원장으로 임명했고, 심지어 평신도들을 그 직책에 임명하기도 했다. 수도원 공동체에는 재원이 부족했기 때문에, 그 구성원들은 개인적으로 재원을 획득했다. 그들은 개인적으로 저축을 해두었고, 종종 수도원 밖에서 아내와 자녀들을 거느리고 살기도 했다. 그들은 이것을 정당화하기 위해서 스스로를 수도사로 여기지 않고 수사 신부로 여기면서 규칙에 구애되지 않는 생활을 했다.

이 시기에 일련의 개혁이 등장하여 10세기 내내 효력을 발휘했다. 어느 면에서 교황 베네딕트 8세(Benedict VIII, 1012-1024)와 요한 19세(John XIX, 1024-1032)는 이러한 개혁을 지지했다. 전반적으로 볼 때, 이러한 개혁들의 주요 특성은 자발적이고 다양하다는 점이었다. 당시에는 하나의 개혁(reform)이 있었다기보다는 하나의 개혁 운동(movement of reform), 보다 엄밀하게 말하자면 개혁주의(reformism)가 있었는데, 그것은 독립적이고 산발적인 개혁으로 나타났다. 제도적 개혁이 존재하기 전에 영적 회심의 필요성이 존재하고 있었는데, 그것은 수도원 운동이 본래부터 지니고 있는 것이었다. 결국, 수도원 운동은 본질적으로 개인들을 개심시키며, 그들로 하여금 각 시대의 환경과 제도들이 허용하는 한도 내에서 자신이 속해 있는 공동체를 개혁하게 만드는 제도였다.

이처럼 사방에서 느껴지던 개혁의 필요성에 『베네딕트의 규칙』(*RB*)은 하나의 가능성을 부여했다. 그것은 자율성, 그리고 이런 의미에서 각 수도원에 대해 현세적인 일, 즉 경제적 영역에서의 임무의 면제를 촉구했다. 그로 인한 결과들 중 하나는 수도원의 자유를 회복한 것이었다. 이것은 간혹 경제 구조와 정치 구조에 밀접하게 연결되어 있는 유서 깊은 수도원에서도 성취되었지만, 클뤼니(Cluny)와 같은 새로 세워진 수도원들, 또는 고르제(Gorze)와 같이 혁신적인 수도원 안에서 더 많이 이루어졌다.

이러한 개혁들은 각기 독립적으로 이루어진 것들이었다. 그러나 이러한 개혁들에 영향을 준 거룩한 수도원장들은 이리저리 여행을 하면서, 서로 만나고, 서로를 알고 지냈으며, 친밀한 관계를 유지하면서 자기들의 사상과 본문들(관례집: consuetudiens)을 상호 교환했기 때문에, 이 개혁들 사이에는 일종의 유사성이 있었다. 간혹 성인들에 의해 상징되고 실현된 이상의 수렴, 그리고 그들의 경험과 갈망을 공유한 것 등으로 말미암아 10세기의 다양한 개혁들의 통일성이 보장되었는데, 이것은 그 이후 시대의 개혁을 위한 발판이 되었다.

이제 이러한 개혁들 중에서 가장 중요한 개혁에 대해 설명하려 한다. 가장 초기의 개혁은 909년에 부르고뉴에 세워진 클뤼니의 개혁이었는데, 그것은 아니안느의 베네딕트의 개혁을 연장한 것이었다. 수도원이 쇠퇴한 근원은 재속 신부들이 재산을 장악한 데 있었기 때문에, 클뤼니 수도원을 세운 경건한 윌리엄(William the Pious: 그는 아뀌뗀느의 공작이요 마쏭[Maçon]의 백작이었다)은 베르논(Bernon: 그는 당시 Baume와 Gigny의 수도원장이었으며 클뤼니의 수도원장이 되었다)의 교사를 받아 이 새 수도원을 성 베드로와 그의 후계자들인 교황들에게 넘겨주었다. 그는 이 수도원을 로마 교황의 교구의 보호하에 두고 다른 교회의 권력이나 세속 권력의 개입을 금했다. 그리하여 그는 사실상 그 수도원의 자유(libertas)를 보장했다.

10세기에 클뤼니는 성인들이었던 위대한 수도원장들의 영향력 덕분에 흥왕했다: 베르논(927년 사망)에 이어 오도(Odo, 942년 사망), 아이마르드(Aymard, 그는 수도원장직을 948년에 사임했다), 매일(Maïeul, 994년 사망) 등이 활동했다. 그들은 제도적인 자유와 내부 조직의 강화, 그리고 교리를 가다듬는 일에 기여했다. Occupatio 라는 제목의 오도의 긴 시는 주요한 업적이었다. 그 작품에서는, 수도원 운동이 사랑과 이탈과 순결한 마음으로 생활하는 공동생활을 구현한다는 점에서, 그리고 그것이 죄인들로 하여금 교회 안에서와 개인 안에서의 모든 개혁의 목표를 성취하고 증거하도록 도와준다는 점에서, 다시 말하자면 에덴 동산이 상징하는 은혜의 상태로 복귀하며 그리스도께서 부활하신 뒤의 예루살렘 신자들의 열정을 다시 불붙이며, 오순절의 신비를 되도록 완전히 실현하며, 그리고 천국의 도시를 특정 형태로 예기하는 일을 도와준다는 점에서 수도원 운동을 구원사 안에 둔다.

그외에도 프랑스의 플뢰리 쉴 르와르(Fleury-sur-Loire), 노르만디의 몽세미셸(Mont Saint-Michel) 등 개혁의 중심지들이 있었다. 로타린지아(Lotharingia)의 주요한 중심지로는 벨지움의 브론느(Brogne: 이곳은 Ghent의 Blandin 사원 및 잉글랜드의 Glastonbury 사원과 제휴되어 있었다), 로렌의 고르제(Gorze: 이곳은 933년에 Vendières의 존 및 그와 함께 수도사가 된 한 무리의 평신도들에 의해 복원되었다)을 들 수 있다. 개혁자들은 이탈리아의 여러 지역에서 영향력을 발휘했다. 라벤나의 성 아폴로나리스 수도원의 수도사인 로무알드(Romuald)는 처음에는 카탈로니아에 있는 쿡사의 쌍 미구엘(San Miguel of Cuxa)로 갔다가 그후 1027년에 사망하기 전까지 이탈리아 북부와 중부, 특히 퐁트 아벨라나(Fonte Avellana)와 카말돌리(Camaldoli)에 많은 수도원과 은거지를 세우거나 개혁했다. 그는 배타적이지는 않았지만 다른 개혁자들보다는 더 은둔 생활을 강조했다.

10세기에 로마에는 60개 이상의 수도원이 있었는데, 그중 일부는 동방정교회의 의식을 따랐다. 아벤틴(Aventine)에 위치한 성 보니페이스와 알렉시스의 사원(abbey of Sts. Boniface and Alexis)은 로마의 수도원들 사이에 존재하던 다양한 개혁 운동들의 대표자들이 모이는 곳이었다. 이 대표자들 중 한 사람인 닐루스(Nilus)는 그로타페라타(Grottaferrata)에 도시에서 별로 멀지 않은 곳에 그리스 정교회 수도원을 세운 인물이다. 로마에 있는 25개의 수도원은 바실리카의 보존에 공헌했다.

10세기 말경, 아말피(Amalfi) 출신의 수도사들이 아토스 산(Athos)에 수도원을 세웠다. "철의 세기"(century of iron)라고도 불리는 이 오랜 기간에 사방에 폭력이 난무했고 교황 제도 안에도 많은 재앙이 있었지만, 그 시대는 수도원 운동이 제 역할을 발휘한 시대이기도 했다. 영적 갱신을 위한 본질적 욕구라는 내적 자극 하에서, 수도원 운동은 이 카리스마적 자질 덕분에 자체의 정체성을 보유하는 데 필요한 자유를 되찾을 수 있었다. 기관들의 도산에도 불구하고 여러 계층의 기독교인들—교황, 주교, 평신도—의 지지를 받아, 수도원 운동은 사방에서 자체를 개혁하며 제도들의 개혁에 기여했다. 그것은 교회의 위계 제도의 구조와는 구분된 상태로 남아 있었지만, 갈수록 교회가 세상에서 성취해야 하는 일과 더 크게 연관되었다.

잉글랜드에서는 수도원 운동이 거의 완전히 모습을 감추었다. 켄터베리 사원은 재속 성직자들이 점유하고 있었다. 그런데 그곳에서 교육을 받은 인물인 던스탄(Dunstan, ca. 909-988)이 943년경에 그곳으로 돌아왔다. 그는 *RB*에 따라 재속 성직자들을 수도사들로 대치했다. 그는 에드문드, 이드레드, 에드가 등 여러 왕의 도움을 받아 진정한 수도원 운동의 부흥을 촉진시켰다. 그는 955년부터 957년까지 플랑드르 지방에 유배되어 지내면서 브론느(Brogne)의 개혁에 접했고, 959년에 켄터베리 대주교가 되었다. 그는 위체스터의 주교 에텔월드(Ethelwold) 및 위체스터의 주교 오스월드(Oswald)와 협력하여 30개의 남자 수도원을 세웠고, 12개의 수녀원을 세우거나 개혁했다. 플르뤼(Fleury)와 겐트의 피터의 수행에 감화를 받은 수도원장들과 수녀원장들은 *Rugularis concordia*라는 제목의 합의서를 작성하기로 의견을 보았다. 그것은 계율들을 정규화한 것이었다. 이 수도원들은 영성과 문화의 중심지가 되었으며, 잉글랜드에 많은 감독들을 공급해주고 스칸디나비아의 복음화에 기여했다.

이 갱신 운동의 탁월한 대표자는 아엘프릭(Aelfric)이었다. 955년경에 태어나 윈체스터에서 에텔월드 밑에서 교육을 받은 수도사인 그는 처음에는 세른느(Cerne)의 수도원장이 되었고, 987년에는 아인샘(Eynsham)의 수도원장이 되었다. 그는 1020년에서 1025년 사이에 세상을 떠났다. 아엘프릭은 991년부터 저서들의 영어판을 공급하기 시작했는데, 그 책들로 말미암아 하층 성직자들과 백성들도 비드의 가르침을 접할 수 있게 되었다. 특히 두 권으로 된 *Sermones catholici* 또는 『설교집』(*Homilies*)이 영향을 많이 미쳤다. 그는 성인들의 전기를 저술했고, 최초의 라틴어 문법서를 영어로 편집했다. 그는 교부적이면서 동시에 앵글로 색슨적인 영성 문학의 창시자였다.

11세기와 그레고리의 개혁

수도원 운동에서나 다른 영역에서나 그레고리의 개혁의 일반적인 특성은 개혁 운동에 제도적이고 이론적인 위상을 부여한 것이었는데, 그것은 그 이전에는 자기 결정에 의한 것이었으며, 실질적인 특성을 취한 것이었다. 이 목표는 특히 어느 정도의 중앙집중화 및 교황권에 대한 복종의 필요성을 강조함을 통해서 추구되었다.

11세기에 클뤼니에서 열심을 유지하기 위해서 사용한 방법은 한편으로는 신중함을 적절히 조화시킨 엄격함이었고, 또 한편으로는 계속해서 기도하기 위한 노력이었는데, 이것은 영적 독서, 경건 훈련, 전례 집행 등에 헌신할 때에 드러났다. 정규 성무일과 외에 행하는 기도도 있었는데, 공동체 내의 다양한 집단에서 그것을 실시했다. 손노동도 하나의 수행으로 언급되었지만, 그 일에 종사할 잉여 시간은 거의 없었다. 상대적으로 지적 활동이 선호되었으며, 그로 말미암아 많은 문학 작품들이 만들어졌다. 이 작품들은 그 시대의 다른 수도원의 것들을 능가했다. 클뤼니 수도원의 수행들은 멀리, 그리고 널리 전파되었다. 그것은 프랑스, 스페인, 포르투갈, 이탈리아, 잉글랜드, 독일 등지에까지 퍼졌다. 개략적인 추산을 믿는다면, 유럽 전역에서 다소간이라도 클뤼니를 의존하는 수도원의 수효는 1049년에 60개였는데, 12세기초에는 약 2,000개에 달했다. 이 수도원은 성직자들과 평신도들에게도 개혁적 영향력을 미쳤다. 이것은 주로 그 수도원이 후원자들 및 수도원의 영향권 안에 있는 사람들과 더불어 유지한 "친숙함"으로 인한 유대 관계, 그리고 죽은 자들을 위해 약속한 중보 기도에 기인한다. 그런 까닭에 이 시대의 수도원 운동의 역사와 지리에서는 사망자 명부가 중요한 위치를 차지했다.

1070년에 란프랑(Lanfranc)이 벡(Bec)을 떠나 켄터베리의 크라이스트 쳐치(Christ Church)로 와서 그곳의 대주교가 되었다. 이제 이미 영국에 현존했던 클뤼니 수도원의 영향력이 증가되었다. 맘즈베리(Malmesbury), 성 알반즈(St. Albans) 등 많은 수도원에서 활발하게 저작 활동이 이루어졌다. 특히 역사적 저술 분야에서 활발했다. 차이점도 있고 충돌도 있었지만, 영국의 전통과 새로운 노르만 전통에 의해 대변되는 두 흐름의 유사성이 공존하면서 11세기 영국 수도원 운동에 특이한 풍요로움을 수여해 주었다.

1030년경에 존 구와베르(John Gualbert)가 투스카니에 발롬브로사(Vallombrosa) 수도원을 세웠다. 이 수도원은 후일 이탈리아 중부와 북부 전체에 퍼진 큰 공동체의 중심지가 되었다. 발롬브로사에서는 공동생활과 가난을 강조했다. 이곳의 계율은 클뤼니의 계율의 영향을 받은 듯이 보인다. 이탈리아의 알프스 산록 지역에 있는 프루투아리아(Fruttuaria) 사원은 성 로무알드 및 라벤나와 접촉을 가지고 있었다. 그곳은 디종의 성 베니누스(Benignus)를 개혁한 볼피아노의 윌리엄(William of Volpiano)과 성 베니누스 및 노르만디에 있는 페캄(Fécamp)의 "라 뜨리니떼"(La Trinité)의 원장이었던 존(그는 스스로를 "작은 존"이라고 불렀다)이 원래 있었던 수도원이었다. 그는 잉글랜드와 로타린지아와도 접촉이 있었다. 페캄의 존은 신비적이고 문학적 특성을 지닌 영적 저서들을 남겼는데, 그것들은 각기 다른 이름들, 특히 어거스틴과 알쿠인의 이름 하에 유포되었으며 중세 시대 말에 이르기까지 폭넓게 읽혀졌다.

피터 다미안(Peter Damian)은 로무알드가 행하던 작업을 계속했다. 그가 로무알드에 대해 저술한 전기에서(그는 개인적으로 로무알드를 알지 못했다), 그리고 후일 많은 다른 저서에서, 그는 수도원과 교회의 개혁을 위한 하나의 강령을 제안했다. 그는 폰트 아벨라나(Fonte Avellana)에서 은수사 생활을 했는데, 1057년에 오스티아의 추기경으로 임명되었다. 그는 1061년에 다시 자신의 암자로 돌아가도 좋다는 허락을 받았고, 그후 죽을 때까지(1072년) 거의 대부분을 그곳에서 생활했다. 그는 자신의 저서에서 모든 수도사들—은수사들과 공주 수도사들—에게 엄격하면서도 대단히 인간적인 교리를 제시했다. 그는 그레고리의 개혁의 뜻을 펼치기 위해서 싸웠으며, 성직 매매, 성직자들의 무절제와 무식, 그리고 로마를 비롯하여 여러 도시에서 발생한 분열을 비난했다.

수도원 운동은 제도적인 본질보다는 카리스마적인 본질—이것은 개개인의 내적 갱신으로 이어졌다—에 뿌리를 둔 독립성에 힘입어 교회 내의 개혁과 사회의 평화를 예비하고 촉진했다. 수도원 운동은 북유럽과 동유럽의 스웨덴, 폴란드, 헝가리 등지에 뿌리를 내렸다. 그리고 라틴 계통의 수도원 운동은 그 엄청난 활력에 힘입어 동방으로 뻗어갔다. 기독교국인 시리아는 일반적으로 이탈리아 출신인 라틴 수도사들이 예루살렘, 여호사밧 계곡, 다볼 산 등지에 정착하는 것을 목격했다. 그들은 그곳에서 여러 가지 형태로 사랑을 실천했다: 가난한 자들과 병자들과 어린이들을 보살피고 환대했다. 그들은 곧 번창하여 서로 교류할 뿐만 아니라, 시실리, 칼라브리아, 로마, 북부 이탈리아, 심지어 로타린지아, 프랑스, 잉글랜드 등지의 수도원들과도 교류했다. 그들은 동방의 수도사들과도 접촉하게 되었다. 이러한 상황 속에서 저서들과 사상들은 계속 퍼져갔다. 1054년에 로마 교회와 콘스탄티노플 교회는 공식적으로 분열했다. 그러나 일부 수도사들 사이에 계속된 상호 교류 덕분에, 종교적 정치 차원에서 도입된 분열보다 더 강력한 영성 차원에서의 통일이 존재했다.

주(註)

1) Friedrich Prinz는 수도원이란 북부 고올 지방의 귀족들의 피신처(Flüchtlingskloster)라고 불렀다(Frühes Mönchtum im Frankenreich).

참고문헌

원자료

Aethelwold of Winchester: The Monastic Agreement of the Monks and Nuns of the English Nation. Edited and translated by Thomas Symons. London: Nelson, 1953. Text and translation of *Regularis concordia*.

RB 1980: The Rule of St. Benedict in Latin and English with Notes. Edited by Timothy Fry et al. Collegeville, MN: Liturgical Press, 1981. Text, Translation, and extensive commentary, along with a history of monasticism.

The Rule of St. Augustine. Translated by Thomas A. Hand. Westminster, MD: Newman Press, 1956.

The Rule of the Master. Translated by Luke Eberle with an introduction by Adalbert de Vogüé. Kalamazoo, MI: Cistercian Publications, 1977.

St. Odo of Cluny. Translated and edited by Gerard Sitwell. London: Sheed & Ward, 1958. *Life of Odo* by John of Salerno and Odo's *Life of St, Gerald of Aurillac*.

Sulpicius Severus et al: The Western Fathers. Edited and translated by F. R. Hoare. New York: Harper & Row, 1965. The *Lives* of Martin of Tours, Ambrose, Augustine, Honoratus, and Germanus.

Western Asceticism. Edited by Owen Chadwick. LCC 12. 1958. Selections from Cassian and the Text of the *RB*.

연구서

Blair, Peter Hunter. *The World of Bede*. New York: St. Martin's Press, 1971.

Butler, Edward Cuthbert. *Benedictine Monachisme*. 2nd ed. London: Longmans, 1924.

Chadwick, Owen. *John Cassian: A Study in Primitive Monasticism*. Cambridge: Cambridge University Press, 1950.

Constable, Giles. *Medieval Monasticism: A Select Bibliogrhphy*. Toronto: University of Toronto Press, 1976.

Hallinger, Kassius. *Gorze-Kluny: Studien zu den monastischen Lebensformen und Gegensätzen im Hochmittelater*. Studia Anselmiana 22-25. Rome: Herder, 1950-51.

Hunt, Noreen, ed. *Cluniac Monasticism in the Central Middle Ages*. Hamden, CT: Archon Books, 1971.

Knowles, David. *From Pachomius to Ignatius: A Study in the Constitutional History of Religious Orders*. Oxford: Clarendon Press, 1966.

_____. *The Monastic Order in England 940-1216*. 2nd ed. Cambridge: Cambridge University Press, 1963.

Leclercq, Jean. *Aux sources de la spiritualité occidentale: Etapes et constances*. Tradition et spiritualité 4. Paris:Cerf, 1964.

_____. *Études sur le vocabulaire monastique du moyen âge*. Studia Anselmiana 48. Rome: Herder, 1961.

_____. *The Love of Learning and the Desire for God*. New York: Fordham University Press, 1961.

Lienhard, Joseph T. *Paulinus of Nola and Early Western Monasticism*, Cologne: Hanstein, 1977.

Lorenz, Rudolf. "Die Anfänge des abendländischen Mönchtums im 4. Jahrhundert." *Zeitschrift für Kirchengeschichte* 77 (1966) 1-61.

"Monachisme." In *Dict. Sp.* 10, cols. 1523-1617.

Prinz, Friedrich. *Frühes Mönchtum im Frankenreich*. Munich and Vienna:

Oldenbourg, 1965.
Rousseau, Philip. *Ascetics, Authority and the Church in the Age of Jerome and Cassian* ,
 Oxford: Oxford University Press, 1978.
Schmitz, Philibert. *Histoire de l'ordre de Saint-Benoit*. 7 vols. Maredsous: Maredsous, 1948-56.
Théologie de la vie monastique: Études sur la tradition patristique. Paris: Aubier, 1961.
Vogüé, Adalbert de. *Community and Abbot in the Rule of Saint Benedict.* Kalamazoo, MI: Cistercian Publications, 1979.
Wollasch, Joachim. *Mönchtum des Mittelalters zwischen Kieche und West.* Munich: Fink, 1973.

제6장
위-디오니시우스의 영성 고취

폴 로렘(PAUL ROREM)

위(僞) 아레오바고 사람(Pseudo-Areopagite) 디오니시우스(Dionysius)의 "영성"은 그의 진정한 신분과 특수한 역사적 환경에 대한 수수께끼 속에 가려져 있다. 우리는 디오니시우스라는 인물에 대해서는 알지 못하며, 소수의 비교적 짧은 그의 논문만 알려져 있다.[1] 6세기초에, 사도 바울이 아테네에서 개종시킨 사람이라고 알려진 아레오바고 사람 디오니시우스(행 17:34)의 저술로 알려진 몇 권의 난해한 저술들이 소개되면서 그리스도의 본성에 대한 지속적인 논쟁은 갑자기 혼돈에 빠졌다. 그러나 그 저서들의 진정성과 관련된 최초의 의심은 곧 사라졌다. 수세기 동안 교부들, 교황들, 신비가들, 그리고 신학자들은 10편의 디오니시우스의 편지와 네 편의 논문―『신명론』, 『신비신학』, 『천상위계론』, 『교회 위계론』―이 사도 시대의 권위를 지닌 것으로 간주했다.[2]

『신명론』(神名論)은 성서에서 발견되는 바 하나님을 지칭하는 여러 가지 명칭, 예를 들면 "선", "존재", "생명", "지혜" 등의 명칭들에 대한 철학적 주석, 때로는 매우 복잡한 주석을 제시한다.『신비신학』은 영적 지식과 관련한 저자의 일반적인 방법을 간결하게 요약하고 있다. 그 책은 모세가 시내 산에서 "무지의 구름"(cloud of unknowing) 속으로 올라간 유명한 예에서부터 시작하며, 지각할 수 있는 것이나 개념적인 것을 막론하고 하나님에 대해 가정된 모든 속성을 부인하는 것으로 결론 짓는다.『천상위계론』은 먼저 천사들의 계급 제도이든 인간의 성직 계급 제도이든간에, 위계의 개념을 제시하고 나서 성경에 묘사된 바 천상적 존재의 세 개의 삼위(triad)에 초점을 둔다.『교회 위계론』은 교회의 의식과 직무들의 배열, 특히 세 가지 성례(세례, 성찬, 거룩한 기름부음), 세 가지 성직(주교, 사제, 부제)의 임명, 수도를 위한 삭발식, 장례 등에 대해 해석한다.

비록 이 저서들을 지은 사람은 예를 들어 닛사의 그레고리가 지녔던 바 알렉산드리아-카파도키아 기독교의 영향, 그리고 얌블리쿠스와 프로쿨루스(Proclus)[3]가 지향한 후기 신플라톤주의의 영향을 받았지만, 이러한 요소들은 매우 교묘하게 감추어져 있기 때문에, 르네상스 인문주의자들의 예리한 비판에도 불구하고 그의 익명성이 그대로 남아 있을 수 있었고, 1895년에야 확실하게 밝혀졌다.[4] 20세기 학자들은 저자의 일반적인 배경이 5세기말 시리아 기독교와 아테네의 신플라톤주의가 혼합된 환경이었다고 밝혔다. 그러나 아직 저자의 신분을 구체적으로 밝히려는 다양한 시도 중에서 학자들의 합의를 얻은 것은 하나도 없다.[5] 그 전집이 설득력 있게 어떤 특정한 역사적 인물과 연결되지 않을 수도 있다. 그러므로 이 저자의 익명의 저술들 외에는 그의 영성을 조사할 수 있는 역사적인 토대가 존재하지 않는다. 그런데 이 익명의 저서들은 그 원래의 배경과 공동체에 대해 의도적으로 오해하게 만든다.

이 아레오바고 사람의 문학적 유산은 신플라톤주의적 형이상학과 성경 주석과 전례 해석을 특이하면서도 일관성 있게 종합하여준다.[6] "발출과 복귀"(procession and return), 하강과 상승이라는 신플라톤주의의 틀은 디오니시우스 나름의 영적 고양의 길, 신적 정상으로의 신비적 상승을 도표로 나타내준다. 이 상승하는 길을 위한 안내는 체계적인 부정의 계획에 따라 기독교의 상징들—성서적 상징과 전례적 상징—의 해석을 통해서 임한다. 성경적 상징과 전례적 상징에 대한 디오니시우스의 해석에서는 고양적 여행, 혹은 위를 향한 상승 여행 안에 부정(否定)을 합병한다. 그렇기 때문에 그러한 해석에서는 보다 높은 개념상의 의미로 상승하기 위해서 상징들의 피상적인 외양물을 부정하고 초월한다. 그러므로 모든 말과 생각을 초월하시는 말로 형언할 수 없는 분이신 하나님께 대한 최종적인 침묵의 접근에서는 가장 고귀한 해석과 순수한 개념들도 부정되고 버려져야 한다.

공식적으로 플라톤의 아카데미에 대한 기독교 황제들의 압력이 증가했음에도 불구하고(아카데미는 서기 529년에 줄리안 황제에 의해 폐쇄되었거나 축출되었다), 이 전집을 받아들인 지적인 풍토는 교회의 내외에서 매우 쉽게 후기 신플라톤주의의 지배를 받았다.[7] 위-디오시시우스의 저술들이 처음으로 인용된 것은 532년, 또는 533년이었다. 어쩔 수 없이 숨겨져 있던 프로클루스의 신플라톤주의와 그의 학파는 위-아레오바고 사람이 기독교적 내용과 프로클루스의 철학을 종합한 데서 다시 등장했다. 의식적으로든지 그렇지 않든지 간에, 이 저술들을 최초로 옹호한 사람들은 수세기 동안 신학과 철학에 영향을 준 기독교 체계 내에 이미 추방된 신플라톤주의의 많은 부분을 보존했다.

지각할 수 있는 것들의
해석과 부정(否定)

　영적 고양, 또는 상승이라는 모티프는 "발출과 복귀"(procession and return)라고 알려진 형이상학적 구조의 나머지 반에 해당하는 것이다. 위-디오니시우스는 신플라톤주의 구조를 물려 받아 개작했다. 프로클루스는 이 신플라톤주의의 구조를 아주 간결하게 요약했다: "모든 결과는 그 원인 속에 남아 있고, 그것에서 발출하고, 그것으로 돌아간다."[8] 얌블리쿠스와 같은 선구자와 에리우게나(존 스코투스)와 같은 후계자들의 저서에 분명히 나타나는 바와 같이, 그 패턴은 하나의 창조적 발출 안에서 존재 자신을 존재론적으로 수여하는 것, 그리고 하나의 구원의 복귀 과정 안에서 모든 실재를 신적 원천으로 우주적으로 모아 들이는 것을 상징할 수 있다. 우리의 저자는 이 "하향적이고 상향적 운동"의 인식론을 강조한다: 신적인 발출은 하나님의 포용하는 자기 계시이며, 복귀는 아는 것(knowing)과 "무지"(unknowing)를 통해서 발생한다.『천상 위계론』의 서두에서는 신적인 빛이 지나온 궤적을 하나의 하향 발출과 조명적인 복귀로 여겨 추적한다:

　　성부의 감화를 받아 이루어지는 빛의 발출은 우리를 향해 넓게 퍼져 나오며, 그 통합하는 능력 안에서 우리를 들어올림으로써 우리에게 자극을 준다. 그것은 우리를 불러들이시는 성부의 하나됨과 신성화시키는 단순성 안으로 복귀시킨다 그러나 이 신적인 빛은 오직 성부의 섭리에 의해 인간 존재로서의 우리의 본성에 맞추어 조정된 거룩한 베일의 다양성 안에 고양시키면서 감추어짐에 의해서만 우리를 조명해줄 수 있다.[9]

　　　　　(*CH* 1, 120B.7-121A.a; 121BC.16-27)

이 "거룩한 베일의 다양성"이란 신적인 것이 "고양시키면서 감추어져 있는"(upliftingly concealed) 성경적이고 전례적인 상징이다. 발출과 복귀라는 신플라톤주의적 형이상학을 기독교적 상징들을 해석하는 것과 연결시켜 주는 고리는 "고양"(uplifting)이라는 개념이다. 복귀와 해석적인 고양은 동일한 상승 상태, "하나님을 향해 상승하고 복귀함"이다(*CH* 9, 260B.16f.; *CH* 8, 240A.2-8; *CH* 15, 333B.24). 물론 신비적 해석(영해)에 대한 저자의 논의는 보다 상세한 내용을 제공해준다. 성서적, 전례적 상징들을 해석하는 과정이 하나님께로 상승하는 데 있어서 첫 단계가 된다. 위-아레오바고 사람의 경우에, 상징들이 영적 진리를 비입문자들에게 감추는 역할을 했을 수도 있다. 그러나 그것들의 일차적인 목적은 신자들을 감각적 지각의 영역에서부터 지적인 것들의 영역으로 고양시키는 것이다(*EH* 1, 376D.36-377A.5; *CH* 2, 140AB.7-18, 145A.8-10; *Ep.* 9, 110C.36-45, 1108A.7-20).

천계(天界)의 개념적이고 비물질적인 진리를 표현하는 데 사용된 감지할 수 있는 물질적인 상징들을 저급한 것으로 여겨 무시할 수는 없다. 그것들은 자체를 초월하여 보다 높은 영역을 향하는 길을 마련해주므로, 그 고양시켜 주는 역할에 비추어 귀중히 여겨진다. 디오니시우스는 기록하기를, "우리를 감지할 수 있는 것들로부터 지적인 것들의 영역으로 고양시켜 줄 감지할 수 있는 것들이 우교회 위계 제도에 필요하다"고 했다(*EH* 1, 377A.4f).[10] 이렇게 고양시켜 주는 일이 상징들 자체에 의해서 이루어지는 것은 아니다. 그 일은 상징들을 해석하는 과정 안에서, 감지할 수 있는 것들에서부터 개념적인 것들로 상승하는 관상적 운동 안에서 발생한다.

> 우리 인간이 우리의 본성에 요구되는 바 우리를 인도할 수 있는 물질적인 수단의 도움 없이 물질적인 방법으로 천상의 위계를 모방하며 관상하는 것은 불가능한 일이다. 이런 까닭에, 생각이 있는 사람이라면 눈에 보이는 아름다움은 보이지 않는 사랑스러움의 표

시임을 깨닫는다.(*CH* 1, 121C.35-124A.5)

여기에 본보기로 든 해석의 유형—성서적 상징이나 전례적 상징의 예증이 된다—에는 일반적으로 "부정의 신학"(negative theology)이라고 불리는 것이 포함된다. 이 단어는 설명을 필요로 한다. 디오니시우스가 사용한 어휘 중에서 "신학"(theology)라는 단어는 보통 성서적인 "하나님의 말씀"을 의미한다.[11] 디오니시우스의 저술에 등장하는 바 "긍정의 신학과 부정의 신학"에 대한 진술들을 전반적인 종교 언어와 관련된 추상적인 원리들로 간주해서는 안된다. 그것들은 그의 성서 주석을 위한 특별한 지침들이며, 또 전례적 해석에도 적용된다. "부정적"(negative), 또는 "무념적"(apophatic) 이라는 용어 역시 이해하기 어려운 용어이다. 왜냐하면 이 아레아파고 사람은 자신의 부정의 프로그램을 감지할 수 있는 상징들을 해석하는 일과 개념적 해석을 버리는 일 모두에 적용하고 있기 때문이다.

위-디오니시우스는 하나님과 천사들을 나타내는 성경적 상징들을 해석함에 있어서 자신의 전반적인 종합(synthesis) 안에 부정(negation)을 통합시키는 방법을 사용했다. 이것은 『천상 위계론』 제2장에서 찾아볼 수 있다. 그는 천사가 황소나 사자처럼 생겼다는 터무니 없는 내용을 해석하는 방법을 만들어 내지 않고서는, 누구도 성서 안에서 천상의 존재들이 황소나 사자처럼 생겼다는 구절을 읽을 수 없다고 말한다. 그는 성경의 언어는 이중적인 방법으로 작용한다고 주장한다. "첫째, 그것은 서로 비슷하지 않으며 심지어 완전히 부적당하고 우스꽝스러운 형태들을 사용하는 한편, 비슷한 것이 비슷한 것을 표상하는 신적 이미지들을 통해서 자연스럽게 진행한다."(*CH* 2, 140c.25-28). 디오니시우스의 주장에 따르면, 여기에서 천사들에 대한 부적당한 묘사들 뿐만 아니라 하나님에 대한 모든 성경적 표현이 위험에 처한다. 덤벼드는 곰이나 온화한 불 등 하나님에 대한 부적당한 묘사 외에도, "말씀(word)"이나 "정신"(mind), 또는 "존재"(being)라는 칭호들도 형언할 수 없는 신적 본질을 설명하기에는 부족한 용어이다. 그러므로 성경은 대단히 복잡한 방법으로 부정을 사용한다.

> 서로 전혀 닮지 않은 계시들 안에서 신성을 제시함으로써 신성을 찬양하는 성경적 방법이 있다. 그분은 눈에 보이지 않고 무한하며 이해할 수 없는 분으로 묘사된다. 또 그분이 어떤 분인지를 보여주는 것이 아니라 그분이 실제로 어떤 분이 아닌지를 보여주는 여러 가지 사물들로 묘사된다. 나는 그분에 대해 말하는 이 두번째 방법이 훨씬 더 적절하다고 여긴다. 왜냐하면, 은밀하고 거룩한 전통이 가르쳐주는 바와 같이, 하나님은 결코 존재를 가진 사물들과 닮지 않았으며, 우리는 그분의 불가해하고 형언할 수 없는 초월성과 불가시성에 대한 지식을 전혀 가지고 있지 않기 때문이다.
> (*CH* 2, 140D.41-141A.3)

"부정의 신학"을 설명해주는 중요한 이 본문은 전체적인 상승 안에서 부정이 지닌 두 가지 연관된 기능을 구분함으로써 가장 잘 이해된다. 첫번째 기능은 감지할 수 있는 상징들, 성경에서 하나님이나 천사들에게 적용된 분명히 "서로 닮지 않은" 상징들에 대한 고양적 해석이다. 부정이 지닌 두번째 기능에는 그에 뒤이어 하나님의 형언할 수 없는 초월하심 앞에서 모든 정신적 해석과 개념들을 "더 높은 차원에서" 버리는 일이 수반된다.

부정이 상징을 해석하는 데 있어서 어떻게 기능하는지를 알려면, 성경에서 긍정하는 진술과 부정하는 진술들은 상대적인 유사성과 비유사성의 연속으로 배열되어 있음을 깨달아야만 한다.[12] 하나님에 대한 가장 기괴한 성서적 상징인 "벌레"조차도 하나님의 어떤 속성에 대한 적절한 묘사가 된다. 반면에 가장 고귀한 상징이라도 궁극적으로는 하나님을 묘사하기에는 부족하다. "의의 태양", 모퉁이돌, 사자 등의 하나님에 대한 주어진 상징은 그것이 하나님의 본성 중 어떤 면과 비교적 유사하기 때문에 사용될 수 있다. 그러나 동시에 그것은 그것이 지닌 궁극적인 비유사성 때문에 부정되어야만 한다. 『신명론』은 그것은 간결하게 표현한다:

> 바로 동일한 사물이 하나님과 유사한 점을 갖는 동시에 다른 점도 지닌다. 그것은 공유될 수 없는 것을 공유하는 한도 안에서 하나님과 유사하다. 그것은 결과(effect)로서 원인(Cause)에 미치지 못한다는 점에서 하나님과는 다르며, 하나님에게 무한히, 그리고 비교할 수 없이 종속된다.(*DN* 9. 916A.8-12)

하나님이나 천사들에 대한 상징적 진술들은 무차별하게 자동적으로 부정되지는 않는다. 상징 안에서는 긍정되지만 문자적으로는 적절치 않으며 부정되어야 할 비유사성으로 인정되어야 하는 분명한 유사성을 간과하려면, 그리고 그 상징이 진정으로 의미하는 것을 향해 올라감으로써 보다 높은 새로운 차원에서 긍정하기 위해서는 상징적 진술들을 주의깊게 해석해야 한다. 이처럼 상징적인 것들을 해석하는 데 있어서, 긍정과 부정이 결합하여 해석자로 하여금 감지할 수 있는 것들을 초월하여 개념적인 것으로 이동하게 한다.

위-디오니시우스는 자신의 방법을 "긍정의 신학"(affirmative theology), "부정의 신학"(negative theology), 그리고 "상징적 신학" (symbolic theology)으로 구분하지 않고, 그의 전통에 등장하는 많은 상징들을 이해하는 변증법적 방법으로서 긍정과 부정, 유사성과 비유사성을 결합시키려 한다. 그의 표현을 빌자면, "서로 닮지 않은 유사성"(dissimilar similarity)[13]은 긍정되어야 할 유사성인 동시에 부정되어야 할 비유사성이다. 이것은 "발출과 복귀"가 보다 큰 규모에서 동시에 발생하는 것의 일부로서, 두 개의 연속적인 순간이라기보다는 동일한 연속체를 보는 두 가지 방법이다. 위-디오니시우스의 견해에 따르자면, 주장들은 가장 그럴 듯한 것에서부터 가장 불합리한 것의 순으로 하향 배열된다. 그리하여 그는 『신비신학』 제3장에서 말하기를, 자기의 논문들은 가공의 "신학적 표상들", 즉 신의 통일성과 삼위일체라는 성경적 교리에 관심을 갖는 작업에서부터 시작하여 『신명론』에 수록된 바 성경에 등장하는 하나님을 지칭하는 개념적인 명칭들로 내려가며, "상징적 신학" 안에 있는 "가장 낮은" 주장들—하나님에 대한 감각적인 묘사들, 이것 역시 상실되었거나 완전히 가공적인 것이다—로 진행한다고 했다.[14] 여기에서 하강의 과정은 주장들과 동일시된다. 반대로 이러한 속성들이나 개념들을 부정하는 것들은 낮은 것에서부터 상향 배열된다. 그리하여 비록 발출과 복귀, 긍정과 부정은 결코 완전히 분리될 수 없지만, 고양적 복귀는 "부정의 신학"과 관련된다.

> 앞서 출판된 책에서, 나는 가장 고귀한 범주에서부터 가장 비천한 범주로 내려가면서 논증했는데, 이처럼 하향적 논증을 하면서 모든 하강의 단계와 더불어 계속 증가해가는 많은 사상을 받아들였었다. 그러나 이제 나의 논증은 이 세상의 것에서부터 초월적인 것으로 상승한다. 높이 올라갈수록 언어는 더욱 비틀거리게 되는데, 그것이 상승 과정을 통과하여 정상을 넘게 되면, 완전히 잠잠해진다. 왜냐하면 그것은 결국 말로 묘사할 수 없는 분과 하나가 되기 때문이다.(*MT* 3, 1033CD.31-45)

생명, 선하심, 대기, 돌, 술 취함, 격노 등은 그 전집의 어디에서나 주해되는 성서적인 예들이다.[15] 여기에서 설명된 방법론적 요점은, 고양적인 복귀는 가장 저급하고 부적절한 묘사들을 부정함으로써 시작되며, 그 과정을 계속하여 올라가면서 보다 적절한 듯이 보이는 것들을 부정한다. 영적 고양이라는 목표를 위해서, 이 방법에서는 천상의 존재들에 대한 가장 불쾌하고 놀라운 묘사에게 중요한 위치를 제공한다.

사실상 표징들의 지독한 우둔함은 우리를 괴롭히는 요소가 되므로, 물질적인 경향을 지닌 사람조차도 천상의 신적 광경들이 그처럼 부끄러운 사물에 의해 전달될 수 있다는 것이 사실이라거나 허용될 수 있다는 것을 받아들이지 못한다.(*CH* 2, 141B.27-31)

동물이나 무생물과 같은 저급한 상징은 초심자로 하여금 상승의 길을 제대로 출발할 수 있게 해준다. 왜냐하면 이러한 상징들은 외형적인 것을 초월한 해석을 요구하기 때문이다. 일단 과정이 시작되면, 피상적인 의미들을 부정하고 초월하는 영적 해석 방법은 묘사들의 매력에 의해 미혹되지 않고 그 묘사에까지 올라갈 수 있다. 숙달된 해석가에게는 상징들을 해석하는 데 있어서 부정의 역할과 관련하여 그것을 상기시켜 주기 위한 조언이 거의 필요치 않다. "하나의 부적절한 이미지에 대한 설명은 비슷한 방식으로 그와 비교할 수 있는 것들을 해석해 주기에 충분하다"(*CH* 15, 337C.31-34).

그러므로 상대적인 부적절성의 개념 안에는 부정의 원리가 들어 있으며, 그것은 전례를 영적으로 해석하는 데에도 적용된다. 전례적 상징들은 그렇게 분명히 조야하거나 충격적이지 않을 수 있으며, 어떤 것들은 "정교"하다고 말할 수도 있다.[16] 그러나 그것들이라고 해서 동일한 해석 방법의 적용을 면제 받는 것은 아니다. 『천상 위계론』의 제1장에서부터 제3장까지 계속되는 방법론적인 서언은 그 논문 뿐만 아니라 그와 한 짝을 이루는 후속 저서 『교회 위계론』에도 적용된다. 『신비 신학』에 나타난 바와 같이, 고양적 해석은 "저급한" 또는 부적절한 묘사에서부터 시작하는데, 이것은 『천상 위계론』에서 시작된 과정이다. 그 논문의 끝 부분에서, 상징들을 해석하는 데 있어서 "부정의 신학"이 지니는 역할이 가정된다. 그리고 그것은 다음 저서인 『교회 위계론』에서 전적으로 당연한 것으로 받아들여진다. 디오니시우스의 성경 해석과 전례적 해석에서는 대체로 동일한 방법을 채택했다. 단 하나의 차이점은, 전례적 상징들은 『천상 위계론』에서 언급된 것들보다 고차원적이거나 덜 부적절하다는 것이다. 전례적 상징이 지닌 상대적인 조화는 그 형태와 내용에서 감지할 수 있다. 형태에 있어서, 전례적 전승은 성경적 서책(tablets)들보다 "더 비물질적"이라고 말할 수 있는데, 그 이유는 그것은 "기록된 것이 아니기" 때문이다(*EH* 1, 376C.27-34). 내용상으로 볼 때, 디오니시우스가 강조한 전례적 상징들은 하나님을 물질적인 사물 안에서 묘사한 것이 아니라 의식적(ritual) 움직임들 안에서 묘사했다. "상징적 신학"(The Symbolical Theology)이나 『아홉 번째 편지』의 성경적 주석에서 하나님과 연관된 물질적 형태들과 객체들의 경우에서처럼, 또는 『천상 위계론』 제15장에서 천사들과 연관된 물질적 형태들과 객체들의 경우에서처럼, 매개체는 저급한 공간 영역이 아니라 보다 고귀한 시간의 차원이다. 디오니시우스의 전례 설명에서는 건축물이나 의복이나 성찬 음식과 그것들을 담는 용기를 막론하고 모든 대상물들을 경시하며, 대신에 예식에서 사용되는 몸짓과 움직임들을 강조한다. 이러한 상징들은 공간에 존재하는 물질들이 아니라, 고위 성직자가 향을 가지고 "나아갔다가 돌아오는 것"(procession and return), 또는 성육신의 상징인 성찬의 떡과 잔을 떼어 나누어 주는 것 등 시간적인 운동들이다.[17] 물론, 천상의 위계 제도는 본질적으로 교회의 위계 제도보다 훨씬 우월하다. 사실 이 모든 영적 조명이 인간의 성직 위계 제도에게 전달되어 고양시켜 주는 것은 바로 천사들의 존재를 통해서이다. 그러나 영적 순례의 단계로서 볼 때, 『천상 위계론』의 성경 석의는 『교회 위계론』에 등장하는 바, 보다 진보된 해석인 전례적 해석의 예비 단계이다. 이러한 순서는 전례(liturgy) 자체에서도 반영되는데, 거기서는 성경에서 발췌된 문선(文選)들이 예비 신자들과 참회자에게까지 개방된 하나의 일반적인 서론을 제공하는 반면, 그후에 행해지는 성례적인 의식에는 고위 성직자들만이 참여한다.[18]

디오니시우스는 상징들을 해석함에 있어서 발출과 복귀라는 틀 안에서 "정화, 조명, 완전"(purification, illumination, and perfection)

등의 범주를 사용했다. 이 세 가지 "능력"(powers)은 천사들, 그리고 특히 세 개의 평신도 직제—정화되고 있는 사람들(예비 신자, 열심 있는 신자, 참회자), 평신도, 그리고 수도사—와 세 계층의 성직자들의 상호 관계에 적용된다.

> 성례는 정화, 조명, 그리고 완전을 가져온다. 부제들은 정화시키는 계층이고 사제들은 조명을 주는 계층이다. 고위 성직자들은 하나님과 일치하는 삶을 살면서 완전케 하는 계층이다. 정화되고 있는 사람들은 신성한 직관이나 교제에 참여하지 못한다. 거룩한 사람들은 관조적 계층이다. 완전케 된 계층은 단순한 삶은 사는 수도사들의 계층이다.(*EP* 6, 536D. 38-44)

디오니시우스는 한 번 세례를 정화와 조명에 결부시키고, 성찬 및 성별식을 완전함과 결부시킨 적이 있지만, 그의 나머지 저술에서는 강조점의 차이가 있기는 하지만 이 세 가지 능력이 세 가지 성례 모두 안에서 작용한다(*EH* 5, 504BC.20-25). 이와 유사하게, 그 "세 가지 방법"은 겉으로 보이는 것처럼 뚜렷하게 구분되지는 않는다. 디오니시우스는 도덕적 정화와 합일적 완전이 중간의 능력인 인식적 조명과 구분되는 것임을 의미하기 위해서 이 세 가지 구분을 사용한 것이 아니다. 세 가지 능력 모두의 근본적인 관심사는 다양한 단계의 영적 지식이다. 정화의 개념은 도덕적 결점들에 관심을 기울일 수 있지만, 또한 상대적 무지로부터의 정화도 포함한다(*EH* 6, 537ABC). 물론 조명은 신적 상징들에 대한 조명되어진 관상에 관심을 기울인다(*EH* 5, 532BC). 완전이란 완전한 결합을 의미하는 것이 아니라, "완전해진 이해를 가지고서 거룩한 사물들을 보거나" 또는 "신적 조명에 대한 완전한 이해 안에서 조명" 되는 완전한 지식을 의미한다(*CH* 3, 165D.45-48; *EH* 5, 504B.12-20). 그러므로 정화, 조명, 완전이라는 트리오는 특히 전례적인 관상과 관련하여 영적 이해의 길에서 발출하는 것에 관심을 갖는다. 디오니시우스의 저술에서 현저하게 중요하게 다루어졌지만, 이 트리오는 실제로는 발출과 복귀라는 보다 큰 틀에 부수된다. 특히 성경의 상징과 전례의 상징들에 대한 고양적 해석과 관련될 경우에 그러하다.

모든 고양 과정에서 첫 단계의 목표는 영적 지식인데, 그것은 종종 빛이라는 은유에 의해 표현된다.[19] "정관"이라는 제목을 가진 『교회 위계론』의 각 부분이 제공해주는 해석에서 볼 수 있는 바와 같이, 해석자는 지적인 것의 영역으로 고양되거나, 또는 "개념적 관상들"에게로 고양된다.[20] 이 상승적 해석에서는 감지할 수 있는 것들에 대한 부정을 사용하므로, 『천상 위계론』과 『교회 위계론』에 상세히 기록된 해석 작업은 『신비 신학』 제4장의 배경을 제공한다:

> 제4장. 모든 감지할 수 있는 것의 최고 원인은 감지할 수 없다. 우리가 말하는 것도 그렇다. 만물의 원인은 모든 것을 초월하며, 존재하지 않는다거나, 생명이 없다거나, 말이 없다거나 정신이 없는 것이 아니다. 그것은 물질적인 몸이 아니며, 그런 까닭에 형태나 모양, 질, 양, 혹은 무게를 가지지 않는다.(MT 4, 1040D)

요컨대, 우리는 상징들을 통해서 개념적인 것들의 영역으로 상승하기 위해서 모든 감지할 수 있는 것들을 부정한다.

개념적인 것들을
부정하고 버리는 일

성서적 이미지와 의식적 이미지를 해석하는 상승 과정을 통해서 획득되는 하나님에 대한 개념적 관상이 디오니시우스의 긴 여행의 궁극적인 목표가 아니었듯이, 『신비 신학』 제4장이 그 짧은 논문의 끝이 아니다. 디오니시우스의 상승 과정에는 두 단계가 있다. 흔히 간과되며, 그렇기 때문에 위에서 강조된 전자는 감각적인 상징들로 부터 그것들에 의해 상징된 개념들로 올라가는 해석적 움직임이다. 이 여행에서 보다 친숙한 구간이 되는 후자는 그러한 모든 개념을 버리고 부정하는 것이다. 이 두 갈래로 된 상승 과정이 『신명론』의 첫머리에서 요약된다:

> 우리는 이 세상에서 하나님의 일들을 표현하기 위해 적절한 모든 상징들을 사용한다. 이러한 유비들을 가지고서 우리는 정신적 비전의 진리, 단순하고 통일된 진리를 향하여 고양된다. 그리고 나서 우리는 신적인 것에 대한 우리 자신의 개념을 모두 뒤에 버려둔다. 우리는 자신의 정신의 활동을 정지시키며, 적절한 한도까지 존재를 초월하는 빛에 접근한다.(*DN* 1, 592CD.40-47)

위에서 소개된 바와 같이, 이 두 단계의 상승 과정에는 "부정의 신학"이 포함된다. 첫번째 단계에서, 감지할 수 있는 모든 이미지들의 상대적인 부조화는, 이러한 상징들의 개념적 의미를 산출해 내기 위해서 긍정과 부정이 결합되었음을 의미했다. 두번째 단계에서는, 부정의 원리가 이보다 높은 영적 해석의 개념적 영역, 혹은 지성적인 영역에 체계적으로 적용된다. 만물의 최고 원인이신 하나님은 창조된 질서의 모든 것 안에, 그리고 인간적 지식 안에서 비례적으로 계시된다. 그러나 만물을 초월하시는 분이신 하나님이시므로 피조 세계나 인간적인 개념 안에서는 완전히 알려지지 않는다. "그러므로 하나님은 지식을 통해서, 그리고 무지(unknowing)를 통해서 알려진다"(*DN* 7, 872A.4f.; Mt 1, 1000B도 보라). 하나님의 초월성에 대한 디오니시우스의 존재론에는 "무지"(unknowing)의 인식론이 수반된다. "만일 지식이 존재하는 것에 대한 것뿐이며, 존재

11. *The Heavenly Ladder*, Johannes Climacus Manuscript, 11th century(Garrett Med. Ms. No. 16)

하는 것들의 영역에만 한정된다면, 존재를 초월하는 것들은 지식을 초월해야만 한다"(*DN* 593A.2-5).

그러므로 개념들을 가지고서는 궁극적으로 말로 형언할 수 없는 하나님을 표현할 수 없으며, 따라서 여행의 최종 목표지에 가까이 가면서 그러한 개념들은 모두 버려진다는 점에서 그것들은 부정되어야만 한다. 하나님의 통일성(Unity)이나 삼위일체(Trinity), 심지어 가장 고귀한 명칭인 "선"과 같이 탁월한 개념들조차도 제한된 인간의 언어와 사상 안에서 사용할 수 있는 최고의 표현일 뿐이다. 그러므로 궁극적으로 그것들 역시 부정되어야 한다. 디오니시우스의 문집에서 흔히 사용된 최상급의 접두사 "hyper"는 이렇게 인간의 언어를 부정하고 초월하는 시도 전체를 나타내는 약어이다. 혹자는 성서적으로 하나님은 "선하시다"라고 말할 것이다. 그러나 또 다른 사람은 역시 성경에 따라서 하나님은 인간적인 의미에서는 "선하지" 않다고 말할 수도 있다. 이러한 부정은, 하나님이 덜 선하신 분인 듯이 가치 박탈을 하기 때문에 진실인 것이 아니라, 하나님은 "비상하게 선하시거나"(hyper-good) "탁월하게 선하시거나"(super-good), "선하신 것 이상"(more than good)이므로, 그 초월성 때문에 진실이다. 이 부정은 앞서 감각할 수 있는 영역을 부정할 때처럼 새롭고 보다 높은 형태의 긍정이 되지는 않지만, 모든 정신의 사용을 초월하게 해준다.

> 그것은 부정을 통해 상승하는 방법을 선호한다. 왜냐하면 이것은 자신의 유한한 본성과 상호관계를 가지는 모든 사물들 밖에 영혼을 세워 놓기 때문이다. 그러한 방법은 모든 신적인 개념을 통해서 영혼을 인도한다. 그런데 그 개념들 자체도 모든 이름과 이성과 지식을 초월하는 것에 의해 초월된다. 영혼은 세상의 가장 외부의 경계를 넘어서 우리 각 사람의 능력이 닿는 한도까지 하나님 자신과 합일하도록 인도한다.(*DN* 13, 981AB.4-22; *CH* 2, 140C도 보라)

『신명론』의 끝 부분에서 인용된 이 본문에서 분명히 드러나는 바처럼, 모든 개념을 부정하는 것은 단순히 이성적 기법이나 추상적인 인식론의 이론은 아니다. 그것은 하나의 상승 과정, 즉 "부정을 통해 올라가는 길"로서, 영혼을 그 자체 밖에 세우며(문자적으로는 "탈아적인 황홀경"에 빠지게 함), 하나님과의 합일로 인도한다. 디오니시우스는 후대의 신비주의에서처럼 종교적 "탈아"(ecstasy)라는 기술적인 개념은 가지고 있지 않았다. 하나님의 엑스타시, 즉 신이 자체의 외부에 위치하는 것은 사랑 많은 창조적 과정 안에서 인간에게로 흘러내려 넘치는 선하심이다. 반면에 인간 영혼이 하나님에 대해 올바르게 이해하고서 인간의 언어와 개념을 모두 버려 두고서 부정을 통해서 상승하여 완전히 하나님에 속한 자가 될 때에 그 영혼은 완전히 그 자체를 벗어나게 된다. 신적인 "엑스타시"는 발출(procession)하는 과정에서 발생하며, 인간의 엑스타시는 복귀(return) 과정에서 발생한다.[21] 마찬가지로, 성서와 전례를 해석함을

통해서 획득한 모든 지식을 부정하고 버리는 일의 결과는 하나님과의 합일이다:

> 하나님에 대한 가장 신적인 지식은 무지(unknowing)를 통해서 임하는데, 그것은 정신을 크게 초월하는 합일 안에서 성취된다. 그 때에 정신은 모든 사물, 심지어 그 자체까지도 멀리하며, 눈부신 빛과 하나가 된다.(*DN* 7, 872AB.14-19)

이와 같이 디오니시우스의 경우에, 모든 상징과 개념들을 통한 인식론적 상승 과정의 최종 목표는 하나님과의 합일인데, 이것은 신화(deification), 즉 "테오시스"(*theosis*)라고 표현되기도 한다. 신화—"가능한 한 하나님처럼 되며 하나님과 합일하는 것"(*EH* 1, 376A.1f.; *EH* 1, 373AS.10-13도 보라)—는 고양적인 상승의 결과이다:

> 우리는 자신을 신적 위계 제도 안에서 상승시켜 주어 마침내 우리로 하여금 신화의 통일성 안에 들어갈 수 있게 해주는 매우 다양한 감지할 수 있는 상징들 안에서 다원화된 인간의 정직 위계 제도를 본다.(*EH* 1, 373A.10-13)[22]

『천상 위계론』과 『교회 위계론』에서 성경적 상징들과 전례적 상징들의 해석에 통합된 것과 같이, 그리고 『신비 신학』 제5장과 마지막 장에 요약된 것처럼, 디오니시우스의 상승 과정은 『신비신학』 제4장 및 거기서 감지할 수 있는 것들을 부정한 것을 초월하여 계속 진행되어 모든 지적인 진리 혹은 개념적 진리를 부정하는 목적에 근접한다:

> 제5장. 모든 개념적인 사물의 최고의 원인 자체는 개념적이지 않다.
> 우리는 보다 높이 올라가게 되면서 이렇게 말하게 된다. 그것은 영

혼이나 정신이 아니며, 또 상상력, 확신, 말, 또는 이해를 소유하지도 않는다. 그것은 "그 자체로"(per se) 말(speech), 즉 이해(understanding)가 아니다 그것은 주장과 부정을 초월한다. 우리는 그것과 근사한 것을 주장하거나 부정할 수는 있지만, 그것에 대해서는 그렇게 하지 못한다. 왜냐하면 그것은 만물의 완전하고 특이한 원인이기 때문에 모든 주장을 초월하며, 또 모든 한계를 초월하고 그것에 구애되지 않는 단순하고 절대적인 본성 때문에 모든 부정도 초월한다.(MT 5, 1045D-1048B)

종국에 가서는 부정(否定)조차도 이 상승 과정의 신적인 목표를 표현할 수 없는 것으로 간주하여 버려 두어야만 한다. 개념적 영역을 부정하는 것은 곧 부정의 개념조차도 부정하고 초월하는 것을 의미한다. 논리적 긍정을 산출하지 않고 모든 말과 생각을 초탈하기 위해서는 부정 자체도 부정되어야 한다.

이제 우리는 부정이 단순히 긍정의 반대라고 결론 내려서는 안된다. 그보다는 모든 것의 근본 원인은 이것보다 크게 우선하며, 결핍들, 모든 부정, 모든 주장을 초월한다고 여겨야 한다.
(MT 1, 1000B17-20)

디오니시우스의 최종 단계는 해석을 위해 감지할 수 있는 것들을 부정하는 것을 초월하고, 심지어 개념적인 것을 부정하거나 버리는 것까지도 초월하여 부정 자체를 지나 완전한 침묵으로 들어간다. 그 접근 방식을 나타내기 위해서 긍정과 부정이 결합할 수도 있지만, 하나님을 만나기 위한 궁극적인 결전의 장소는 어떤 결합 안에 있는 것이 아니라 침묵 안에 있다. "우리가 지성을 초월하는 어두움 속에 뛰어들 때에, 우리는 자신에게서 단순히 말(words)이 부족하다는 것 뿐만 아니라 실제로 말을 하지 못하고 무지하다는 것을 발견하게 될 것이다"(MT 3, 1033B.28-30).

시내 산 위의 모세

디오니시우스는 『신비 신학』의 가상 수용자인 디모데에게 준 충고에서 이 2층으로 된 상승 단계를 요약한다:

> 나의 친구 디모데여, 신비한 일들을 보기를 원하는 그대에게 충고하건대, 모든 존재와 모든 지식을 초월하시는 그분과의 합일을 향해 나아가려면 감지되고 이해된 모든 것, 감지할 수 있고 개념적인 모든 것, 존재하지 않는 모든 것과 존재하는 모든 것을, 그리고 이해를 버려 두십시오.(*MT* 1, 997B.16-22)

디오니시우스가 충고한 바 "감지할 수 있고 개념적인 것들"을 초월하는 상승 단계는 첫째로 감지할 수 있는 상징들을 고양적으로 해석하는 것이며, 그 다음에는 이러한 해석들 및 모든 개념적인 것들을 버리는 것이다. 이 양자가 분담하는 협동적 상승을 지칭하는 약어는 모든 지각을 시각으로 대치하며, 부정의 원리에 호소한다:

> 만일 우리에게 보고 알기 위한 시각과 지식이 부족하다면, 모든 비전과 지식을 초월하여 보려 하지 않고 알려 하지 않는다면 얼마나 좋을까!(왜냐하면 이것이 진실로 보는 것과 아는 것, 즉 모든 것을 초월하는 방법으로, 즉 만물을 부정함을 통해서 초월하신 한 분을 찬양하는 것이기 때문이다.)
>
> (*MT* 2, 1025A.5-9; Ep. 5, 1073AB도 보라)

이 논의를 위한 패러다임은 시내 산 위의 모세이다. 디오니시우스가 행한 바 성서적 상승 과정의 저변에는 몇 개의 부주제들이 놓여 있다. 첫째, 정화(purification)와 관상(contemplation)과 합일(union)이라는 대체 용어 안에서 정화(purification)와 조명(illumination)과 완전(perfection) 등 "세 가지 길"을 탐지할 수 있다: 모세는 먼저 정화되었고, 그 다음에 하나님이 거하시는 곳을 관상하기 위해서 산에 올라갔으며, 그 후에 "무지의 구름" 속에서 하나님과의 합일에 들어갔다(*MT* 1, 1000C.34-1001A.11).[23] 둘째, 이 여행을 묘사하기 위해 사용된 어휘는 주교나 고위 성직자의 성찬 행위를 상기시켜 준다. 모세는 이러한 고위 성직자들의 원형이다: 시내 산의 모세와 성찬 의식에서의 고위 성직자는 정화되고 모임으로부터 분리되어 신적인 것들을 "관상"하기 위해 "선택된" 성직자들과 함께 제한된 지역으로 올라간다.[24] 이러한 모세의 이야기의 부주제들은 암시적인 것일 수도 있지만, 근본적인 요점은 모세가 먼저 나팔 소리와 밝은 빛이라는 감지할 수 있는 상징들을 초월하여 올라갔고, 그 다음에는 정신의 모든 개념적 관상을 초월하여 무지의 구름, 혹은 어두움 속으로 들어갔다는 점이다(*MT* 1, 1000D44-1001A.11). 모세의 이야기는 일반적인 영적 상승의 본보기에 그치는 것이 아니다. 그것은 위-디오니시우스의 상승이 지닌 두 단계를 위한 보다 특별한 패러다임이다. 첫째, 성경과 전례의 상징들―나팔과 빛―은 "고양적으로" 해석되며, 해석자를 지각을 통해서 상징된 개념으로 고양시켜 준다. 다음에는 정신을 부정함과 초월적인 신성과의 침묵의 연합 안에서 그 결과로 도달한 개념들 자체를 부정하고 버려야 한다.

디오니시우스가 고양시키는 영성의 요약으로서 모세를 예로 든 것은 디오니시우스 체계가 지닌 논쟁적 특성을 드러내준다. 위에서 묘사된 바 발출과 복귀의 전체 틀 안에서는, 그리스도에게 전혀 중요한 기능이 주어지지 않는다. 예수 그리스도의 성육신, 죽음, 부활, 승천 등은 이 모티프의 주요 본보기가 되지 못하며, 반드시 필요한 근거나 원천이나 원인도 되지 못한다. 만일 디오니시우스의 사상과 문집의 본질적인 구조가 실제로 발출과 복귀의 형태라면, 그가 이따금 언급한 그리스도에 대한 언급은 대체로 표면적인 것이라고 말해야 한다.[25] 그의 종교적 인식론 프로그램은 정통 기독론의 역사적 특성을 가린다. 이와 같이 위-디오니시우스는 성경적 부정의 목적을 하나님을 단지 시간과 공간 안에 성육하신 분으로 마지못해 인정하는 것에서부터 신적인 초월 자체에게로 올라가기 위한 대담한 인식 기법으로 전환했다.

디오니시우스가 미친 영향

위-디오니시우스의 저술들은, 때때로 주장되는 것만큼 심오한 영향을 주지는 못했지만, 처음 출현했을 때부터 오늘날에 이르기까지 동방과 서방 모두에서 기독교적 삶과 사상의 많은 면에 영향을 주어왔다. 비록 디오니시우스의 영향이 오래도록 광범위하게, 때로는 심오하게 미쳤지만, 그것에 대해서는 포괄적으로 평가를 해야 한다.[26] 여기에서는 위에서 정의된 바 그의 "고양시키는 영성"(uplifting spirituality)의 그후의 영향과 관련하여 몇 가지를 간단히 지적하려 한다. 그러나 여기에서는 천사들의 위계에 따른 배열과 교회의 성직자들의 배열, 하나님의 속성들과 그분을 지칭하는 특별한 명칭들, 세 가지 길(정화, 조명, 완전), 신적인 것의 상징으로서 물질적인 빛을 강조함, 그리고 동정녀 마리아의 몽소승천에 대한 전승 이야기 등과 같은 것에 미친 영향들 및 많은 중세 시대의 사상가들은 제외된다.

물론, 그 문집이 6세기초에 발견된 직후에 잘못하여 사도적인 것으로 받아들여지지 않았다면, 디오니시우스는 전혀 영향을 미치지 못하거나 거의 미치지 못했을 것이다. 처음에는 그것이 그리스도는 단 하나의 본성(신성)을 소유하신다고 보는 단성론적 견해를 지지할 것을 호소한 듯이 보일 것이다. 그러나 그것은 정통, 즉 인성과 신성이라는 그리스도의 두 본성을 주장하는 칼케돈 공의회의 견해를 지지하면서 단성론자들을 공격하여 사용되기도 했다. 이 데뷰 논쟁에서, 디오니시우스의 문집은 항상 복합적이고 모호한 것, 심지어 이단적 해석도 허용하는 것으로 간주되었다. 가장 일찍 이 문집을 해석하고 옹호한 스키토폴리스의 존(John of Scythopolis)과 고백자 막시무스(Maximus the Confessor, ca. 580-662)는 단성론적이거나 신플라톤주의적이라는 의심을 받을 가능성이 있는 문장들을 정통 기독교적으로 해석하기 위해서 노력했다. 결국 막시무스의 이름 하에 혼합된 이 주석들, 혹은 *Scholia*는 디오니시우스가 신앙과 교리적으로 건전한 초대 교회 교부들 중 한 사람이라고 주장하는 데 성공했다.[27] 특히 막시무스는 *Scholia*와 *Ambigua*(디오니시우스와 나지안주스의 그레고리의 저술 중 모호한 본문들에 대한 논의) 등에서 행한 변호와 재해석을 통해서 디오니시우스의 저술들의 영향력과 생존을 보장했다. 어느 현대의 해석가는 디오니시우스가 동음이의(同音異義)의 익살(pun)을 사용한 경향을 인정하면서 평하기를, "막시무스화 한" 디오니시우스의 문집이 중세 시대 내내 영향력을 발휘했다고 말했다.[28]

고백자 막시무스는 디오니시우스를 "매우 거룩한 사람이오 진정한 하나님의 계시자"라고 불렀으며, 그를 하나의 특이한 권위자가 아니라 일치된 의견을 지닌 교부들 중 하나로 간주하여 크게 경의를 표했다.[29] 특히, 그는 디오니시우스의 저술들이 칼케돈 정통 및 그 이전의 알렉산드리아와 카파도키아의 신학적 전통들과 조화를 이루는 것으로 보았다. 막시무스 및 비잔틴 신학에서 중요한 하나의 예를 들어보면, 신화(deification)라는 개념은 디오니시우스를 포함하여 모든 교부들이 가지고 있었다고 주장되었다. 구원(salvation)과 동의어인 신화는 위에서 논의되었던 바 디오니시우스의 상승 과정의 목표인 하나님과의 합일을 의미했다.[30] 막시무스는 이 점에 있어서 디오니시우스가 표현한 바 대체로 표면적인 기독론을 변호해야 했지만, 두 사람 모두 합일에 이르는 길은 필연적으로 지식, 성서와 전례에 대한 관상을 통과한다고 주장했다.[31] 막시무스는 디오니시우스의 체계에서 세 가지 성례와 세 가지 능력이 지니는 관계에 대해 논평하면서, "우리는 성경을 통해서 정화되며, 신적인 탄생(세례) 안에서 조명된다. 한편 성찬 예배와 미론 도유 성례 안에서 우리의 이해가 완전해진다"고 기록했다(*Scholia on EH* 5[*PG* 4, cols. 161D]). 막시무스는 부정적인 지식, 혹은 알 수 없는 것을 아는 것과 관련하여 디오니시우스가 알렉산드리아의 클레멘트와 닛사의 그레고리의 전통과 일치한다고 주장했다. 막시무스는 하나님은 모든 존재와 모든 지식을 초월하시므로 부정만이 참이며, 침묵만이 궁극적으로 적절하다는 데 동의한다. "신적인 일들에 있어서 지혜로운 사람이 하나님에 대해 '무지'하다는 것은 교육의 부재가 아니라 하나님은 미지의 존재라는 사실을 침묵 안에서 아는 지식이다"(*Scholia on DN* 7 [PG 4, col. 341A]).

막시무스가 디오니시우스의 저술들을 위치시킨 전통을 떠나서는 막시무스가 디오니시우스의 저술들의 영향을 얼마나 받았는지를 정확하게 묘사하기가 어렵다. 후일 그 저술들이 동방과 서방에서 영향을 미치게 된 것은 대체로 막시무스가 그를 교회의 교부들과 동일선상에 놓은 덕분이었다. 막시무스 이후에 다메섹의 요한(John of Damascus, ca. 670-ca. 750)은 디오니시우스를 포함한 교부들의 저서를 다룬 『정통신앙 강해』(*De fide orthodoxa*)라는 책을 펴냈다. 성상파괴 논쟁 때에, 성상 지지자들은 디오니시우스의 체계에 등장하는 상징들을 위한 중요한 역할을 거의 사용하지 않은 반면에, 그들을 대적한 성상파괴론자들은 허용되는 그리스도의 유일한 성상은 성찬뿐이라는 것을 주장하기 위해서 디오니시우스의 저술을 이따금 인용했다. 후일 비잔틴 저술가들은 디오니시우스가 "교부들의 합의"(*consensus patrum*)의 머리가 된다고 가정하고서 그를 특별히 존중했다. 그레고리 팔라마스(Gregory Palamas)는 부정의 신학을 설명하기 위해서, 서방의 "Filioque"에 대적하기 위해서, 그리고 디오니시우스의 저술을 넓게 인용한 발람을 반격하기 위해서, "기독론적 개선책"을 가지고서 디오니시우스의 저술들을 사용했다.[32]

디오니시우스의 저술들은 막시무스를 통해서 전례 해석 및 "전례적 주석"이라고 불리는 비잔틴의 문학 장르에 가장 분명한 영향을 미쳤다. 동방에서의 디오니스우스의 영향력은 그리스 교회와 그 신자들에게만 한정되지 않았다. 아주 초기에 디오니시우스의 전집이 시리아어로 번역된 덕분에 디오니시우스는 예를 들어 미론 도유 성례, 그리고 향을 가지고 제단을 떠났다가 돌아오는 "발출과 복귀" 등에 대한 해석을 포함한 시리아의 전통 안에 자리잡게 되었다.[33] 그러나 물론 디오니시우스 이전의 교부들의 저술 안에도 반드시 필요한 선구자 역할을 한 것들이 있었지만, 특히 전례를 다룬 주석과 관련된 그리스 전통은 디오니시우스와 더불어 시작되었다고 전해진다.[34] 여기에서 전통적으로 디오니시우스를 오로지 기독교 내의 선조들과 같은 선상에 놓은 것을 재확인할 필요는 없으며, 오히려 그것에 도전해야 한다.

디오니시우스의 『교회 위계론』에서 시작하여 막시무스의 『신비신학』(*Mystagogia*)과 콘스탄티노플의 게르마누스의 『교회사와 신비적 관상』(*Ecclesiastical History and Mystical Contemplation*)을 거쳐 카바실라스(Cabasilas)의 유명한 저서인 『신적 전례의 해설』(*Explication of the Divine Liturgy*)을 꿰뚫는 하나의 경향이 있는 듯하다. 이 전통의 역사적 "유형론"—전례의 행위들은 그리스도의 삶과 수난 안에 있는 사건들을 상징한다는 것—은 위-디오니시우스가 저술하기 오래 전에 안디옥의 성경 해석과 성례 해석, 특히 몹수에스티아의 테오돌에게서 시작되었다. 그러나 현재 존재하는 조직적인 성경 해석 체계 안에서 볼 때, 그것의 영원한 알레고리—즉 전례는 하나님과 영혼과 영적 우주 전체에 대한 진리를 상징한다는 것—는 위-디오니시우스에게서 시작되었다. 앞에서 예를 들었던 바, 향을 들고 나갔다가 제단으로 돌아오는 것은 신성의 끊임없는 발출과 복귀를 상징한다. 이러한 유형의 해석은 종종 "알렉산드리아식 해석"이라고 불리는데, 그것은 오리겐과 그의 추종자들이 사용한 성경적 알레고리의 방법들과 전례에 대한 몇 가지 언급을 토대로 하여 디오니시우스가 자신의 과정을 발달시켰음을 의미한다. 그러나 단지 비 기독교적 의식들과 관련되었다는 이유만으로 무시되어서는 안될 또 하나의 선례가 있다. 『갈대아 신탁집』과 얌블리쿠스의 『신비에 관하여』, 그리고 프로클루스(Proclus)의 몇몇 저서에서 드러나듯이, 신플라톤 학파의 마술(theurgy)은 나름대로 감지할 수 있는 상징들로 구성된 "전례"와 그것들에 대한 고양적 해석을 지닌다. 아테네의 신플라톤 학파에서 교육을 받은 위-디오니시우스가 신플라톤 학파의 마술적인 종교의식을 해석하는 고양적 방법을 알지 못했을 가능성은 거의 없는 듯하다.[35] 디오니시우스 시대 이후의 전례 해석은 더 이상 유형론적인 것이 아니라, 역사적 유형론과 정신적 의미로 해석된 무시간적인 알레고리의 혼합이었다. 일반적으로, 그리스도 중심의 구원사와 종말론, 공동체성 등은 플라톤주의의 무시간적 개인주의와 지상적이고 물질적이 것은 "단지" 다른 영역의 상징들로 여겨 멸시하는 경향에 의해 도전 받았다.

일부 연구에서는 비잔틴 기독교계에서 디오니시우스가 미친 영향력을 경시하는 경향이 있지만, 공정하게 평가한다면 위-디오니시우스의 유산이 라틴 기독교에 미친 특수한 결과들을 인정할 것이다. 서방에서는, 디오니시우스의 "고양시키는 영성"의 영향은 다음과 같은 세 가지 특수한 분야에서 가장 잘 찾아볼 수 있다:[36] ① "발출과 복귀"라는 모티프, ② 감각적인 것으로부터 개념적인 것으로의 상승, ③ 모든 개념을 초월하여 무지의 고요한 어두움 속으로 도약함.

첫째, 서방 사상의 주류에 도입된 디오니시우스의 체계의 특징을 이루는 것은 9세기의 카롤링 왕조의 학자인 존 스코투스 에리우게나(John Scotus Eriugena, ca. 810-ca. 877)의 저술에서 발출과 복귀를 모든 우주적 역사에 적용한 것이다.[37] 존은 디오니시우스의 전집 전체(그리고 막시무스의 저서 일부)를 라틴어로 번역했고, *exitus*와 *reditus*를 포함한 많은 주제를 물려받았다. 디오니시우스 및 그 이전에 활동한 신플라톤주의자들이 볼 때에, 발출과 복귀의 주기는 무시간적인 것이며 모든 역사적인 유형과 관련이 없는 것이었다. 그러나 막시무스를 통해서 디오니시우스의 체계를 받아들인 존 스코투스는 그것을 하나님과 세계의 역사의 영역 전체에 적합하게 만들었다. 방법론상으로 볼 때, 존은 인간 정신의 변증법적 과정이라는 소우주에서부터 시작했다. 즉, 하나의 문제를 분석하였다가 다시 종합하여 원래의 통일체로 복원하기 위해서 그 문제를 여러 부분으로 나누는 일에서부터 시작했다. 그 다음에 그는 형이상학과 "메타역사"(meta-history)의 소우주로 이동했다: 하향의 발출은 하나님의 창조이고, 상승의 복귀는 장차 인간이 신화(神化)되는 것이다. 스코투스의 주요 저서인 *Periphyseon*에서 하나님께서 창조적으로 하향 발출하여 다원성을 취하시는 행위는 하나님에게로의 최종적이고 우주적인 복귀와 균형을 이룬다. 비록 존은 공식적으로 정죄를 받았지만, "발출과 복귀"라는 그리스어와 "자연과 은혜"(nature and grace)라는 라틴어를 합병한 일에 있어서 그가 기독교 교리사에 미친 영향은 결코 적지 않다.[38]

중세 신학에서 가장 중요한 문서인 토마스 아퀴나스(Thomas Aquinas, ca. 1225-1274)의 『신학 대전』(*Summa Theologiae*)도 이러한 경향에 따라 구성된 것이다. 토마스는 『신명론』에 관한 주석서를 저술했고, 종종 디오니시우스의 전집(사라케누스가 번역한 라틴어 번역본)을 인용했으며, 발출과 복귀라는 형태를 포함하여 그것에 대해 잘 알고 있었다. 특히 『신학 대전』에서는 하나님 및 만물이 하나님으로부터 나오는 창조적 발출, 이성적 피조물이 하나님께로 복귀하는 움직임, 그리고 그 복귀를 위한 길이 되시는 그리스도 등을 세 부분으로 제시한다.

둘째, 감지할 수 있는 것들로부터 개념적인 것으로의 상승 운동과 관련하여, 기독교적 심미학과 종교적 상징 사용에 대한 디오니시우스의 이해는 고딕 건축물의 돌과 유리에서 구체화되었다. 성 데니스 수도원의 원장 슈거(Sugar of St. Denis, ca. 1081-1151)는 그 수도원의 수호 성인이요 창시자라고 생각되던 데니스(Denis, 혹은 Dionysius)의 권위 있는 저술들에 호소함으로써, 그 수도원의 새 교회, 후일 "고딕식"이라고 불린 양식으로 건축된 최초의 건물을 위한 자신의 사상을 설명했다. 슈거 수도원장은 그 건물 건축을 계획하고 발주하고 설명하면서, 문, 귀중품, 솟아오른 아치, 특히 채색 유리 창문이 빚어내는 고양적인 빛의 효과 등을 강조했다. 왜냐하면 이러한 물질들은 눈과 영혼을 천상의 신적 아름다움을 지닌 비물질적인 영역으로 고양시켜 주기 때문이다.[40] 이 "고양"—지금도 고딕식 건축물이 지닌 빛나고 무중력적인 듯이 보이는 분위기 안에서 효력을 발휘하고 있다—을 지지하는 이론적 근거는 특히 스코투스와 성 빅토르 수도원의 휴(Hugh of St. Victor)의 저술들을 통해 나타난 디오니시우스의 전통에서 온 것이다. 서방 교회의 구체적이고 가시적인 유산이 이처럼 이해하기 어려운 익명의 저술들과 연결되어 있다는 것은 놀라운 아이러니 중의 하나이다.

셋째, 모든 명칭, 해석, 개념, 단어 등을 초월하여 고요한 무지의 구름 속으로 도약해 들어간다는 디오니시우스의 체계는 서방 세계의 중세기 신비가들 및 영적 저술가들 중에서 큰 영향을 미쳤다. 사실, 그들 중 일부는 디오니시우스가 성경 해석과 전례 해석을 통해서 어떻게 개념에 도달했는가에 대해서 관심을 갖기보다는 그가 어떻게 그러한 개념들을 버렸는지에 더 관심을 가졌다. 14세기의 저서인 『무지의 구름』(Cloud of Unknowing)은 시내 산 위의 모세에 관한 성경 기사를 다룬 디오니시우스의 해석에서 제목을 취했다. 이 익명의 영국인 저자는 자신의 논문을 위해서 디오니시우스의 권위를 주장했는데, 그것은 잘못된 것이었다. 왜냐하면 그 저서에서는 예비적 겸손 및 디오니시우스가 다루지 않은 주제들에 대해 고찰하며, 다만 무지라는 개념을 위해서만 디오니시우스의 전집의 도움을 받고 있기 때문이다. "그것이 바로 성 디오니시우스가 '하나님에 대한 가장 합당한 지식은 무지에 의해 알려지는 것이다.'라고 말한 이유이다."[41]

쿠사의 니콜라스(Nicholas of Cusa)의 『유식한 무지에 관해서』나 십자가의 요한(St. John of the Cross)의 『영혼의 어두운 밤』과 같은 책의 제목들은 디오니시우스의 전집의 직접적이고 지배적인 영향을 부정확하게나마 암시하고 있다. 사실, 이러한 저서들, 그리고 예를 들어 쟝 게르손(Jean Gerson)과 루이스브렉(Jan van Ruysbroeck)의 저서들은 디오니시우스의 전집이 토마스 칼루스(Thomas Gallus)와 같은 많은 중재자들을 통해서 영향을 미친 길고 복잡한 계보를 가지고 있다.

그러나 마이스터 엑하르트(Meister Eckhart)는 생명과 빛과 존재 자체를 초월하시는 하나님의 완전한 초월성을 표현하기 위해서 디오니시우스를 직접 전거로 인용했다. 엑하르트는 하나님은 모든 개념을 초월하신다는 것, 하나님에 대한 모든 묘사는 궁극적으로 부정확하다는 것, 그리고 부정과 침묵만이 최종적으로 적절하다는 것을 다짐하기 위해서 디오니시우스를 사용했다.[42] 헨리 수소(Henry Suso)는 엑하르트를 좇아 디오니시우스의 석의나 성례전적인 해석에는 그다지 관심을 갖지 않았다. 그러나 그는 디오니시우스의 체계의 마지막 단계인 바 모든 개념적인 것을 초월하여 도약한다는 개념을 조심스럽게 인용했다.[43]

디오니시우스의 전집은 논구를 이 세 가지 분야—발출과 복귀, 고양적 건축, 그리고 신비하게 무지로 올라가는 것—에 한정하면서도, 비잔틴 교회보다는 라틴 교회에서 특별한 영향력을 발휘했다. 그러나 이 유산을 지나치게 과장해서는 안된다. 왜냐하면 디오니시우스, 보에티우스, 어거스틴 등 여러 인물이 미친 영향의 비교에 대해서 더 많은 연구가 필요하기 때문이다.

주(註)

1) Citations will refer to the Greek text in *PG* 3, with occasional adjustments base on the critical edition forthcoming from the Patristische Kommission der Westdeutschen Akademie der Wissenschaften (Göttingen), edited by A. M. Ritter, G. Heil, and B. Suchla. 다음과 같은 약어가 사용될 것이다: *CH=The Celestial Hierarchy; EH= The Ecclesiastical Hierarchy; DN=The Divine Names; MT=The Mystical Theology; Ep.=Epistles.* References to the text will follow this form: *CH* 1, 120B. 7-121A.1=*The Celestial Hierarchy*, chapter 1, column 120B, line 7 to column 121A, line 1.
2) The English translations are taken, with permission, from the new version by Colm Luibheid, forthcoming from Paulist Press.
3) See Stephen Gersch, *From Iamblichus to Eriugena*; and Walther Völker, *Kontemplation und Ekstase.*
4) See Hugo Koch, *Pseudo-Dionysius Areopagita.*
5) See Ronald F. Harthaway, *Hierarchy and the Definition of Order*, 31-35.
6) 보다 상세한 내용을 위해서는 나의 연구 논문, *Biblical and Liturgical Symbols within the Pseudo-Dionysian Synthesis* (Toronto: Pontifical Institute of Mediaeval Studies, 1984)을 보라.
7) H. Blumenthal, "529 and its Sequel: What Happened to the Academy?"*Byzantion* 48 (1978) 369-85
8) Proclus, *The Elements of Theology,* trans. E. R. Dodds (Oxford: Clarendon Press, 1963) no. 35, p. 38. See also Gersh, especially pp. 46 and 286.
9) See also *CH* 121C.35-124A.15; *DN* 1, 592B.21f.
10) See also *EH* 2, 397C.29f.,; EH 5, 501.44-46; *Ep.* 9, 1108C.34-37.
11) E.g., *DN* 5, 824D. 49; *CH* 4, 180B.20; *CH* 9, 261C.38.
12) E.g., *CH* 2, 144C.34-145A.4
13) *CH* 2, 137D.44f., 141C.37, 144A.5, 145A.14; *CH* 15, 337B.25.
14) *MT* 3, 1032D.1-1033B.30. On the sequence of treatises, see P. Rorem, "The Place of *The Mystical Theology* in the Pseudo-Dionysian Corpus,"

Dionysius 4 (1980) 87-98.
15) *DN* 1, 596ABC; *CH* 2, 144CD; *Ep*. 9, 1105B.
16) *EH* 2, 401C.35f.; cf. 404B.12f.
17) On the censing procession, see *EH* 3, 425B.21-25, 428D.21-429A.2; *EH* 4, 476D.38-45; on the distribution, see *EH* 3, 444A.6-14, 444C.28-30; especially 429A.8-15.
18) *EH* 1, 376C.32-34; see also *EH* 3, 428C.27-29; *EH* 4, 476D.45-477B.17; EH 6, 529D.7-532B.19.
19) E.g., *DN* 3, 680C.21-29; *CH* 12, 293B. 19-22; *EH* 5, 504C.31-33; *MT* 1, 1000A.1-3.
20) *CH* 2, 140A.11; see also *CH* 2, 141C.35f.; *CH* 15, 328A.2; *EH* 1, 377A. 4f.
21) *DN* 4, 712AB.1-19; *Ep*. 9, 1112C.28-36; *DN* 7, 865D.33-868A.2, 872D.45-873A.3. See Völker, 200-217.
22) See also *CH* 1, 124A.5-15; *EH* 1, 376A; *EH* 1, 376D.40f; *EH* 3, 423C.3.-36; *EH* 6, 536C.37.
23) Against J. Vanneste, "La doctrine des trois voices dans le *Théologie Mystique* du Pseudo-denys L'Aréopagite." *Studia Patristica* 8(1966) 462-67. Of course, see Gregory of Nyssa's *Life of Moses*, trans. A. J. Malherbe and E. Ferguson (New York: Paulist Press, 1978).
24) On Moses as the Prototype, see *EH* 5, 01C.32-34. On the parallels, see *EH* 3, 440A.11-15; 436A.3-5; 425D.44-46. An extraordinary religious experience is also linked to the Eucharist in the examples of Hierotheus in *DN* 2, 648AB.10-20 and *DN* 3,681C-684A.3, and Carpos in ep. 8, 1097B.21-26. See my "Moses as the Paradigm for the Uplifting Spirituality of Pseudo-dionysius," paper read at the Ninth International Conference on Patristic Studies, Oxford 1983 (forthcoming in *Studia Patristica*).
25) The Dionysian christology has always been controversial; see especially the defense by R. Roques, *L'Univers Dionysien,* 305-29.
26) Perhaps the best survey yet on print is by A. Rayez and collaborators, "Denys l'Aréopagite (le Pseudo-).'" *Dict. Sp.* 3, cols. 286-318 (Orient) and 318-429 (Occident). Other pertinent literature is summarized by Barbara Faes de Mottoni in *Il "Corpus Dionysianum" nel Mediovo, Rassegna di studi: 1900-1972* (Rome: Società Editrice Il Mulino, 1977).
27) Beate Regina Suchla, "Die sogenannten Maximus-Scholien des Corpus Dionysiacum Areopagiticum," in *Nachrichten der Akademie der Wissenschaften in Göttingen. I. Philologische-historische Klasse* 3 (Göttingen: Vandenhoeck & Ruprecht, 1980) 31-66.

28) Jaroslav Pelikan, "The Domestication of Dionysius," paper read at the Eighth International Conference on Patristic Studies, Oxford, September 1979. See his treatments of Dionysius and Maximus in *The Christian Tradition,* vo;l. 1, *The Emergence of the Catholic Tradition* (100-600) (Chicago: University of Chicago Press, 1971) 344-48; and vol. 2, *The Spirit of Eastern Christendom* (600-1700) (1974) 8-36.
29) *Mystagogia* (PG 91, col. 660D).
30) *Scholia* on *Ep.* 2 (PG 4, col. 529BC).
31) See especially P. Sherwood's contribution to the article mentioned above in n. 26 (Dict. Sp. 3, cols. 295-300) and W. Völker, *Maximus Confessor als Meister des geistlichen Lebens* (Wiesbaden: F. Steiner, 1965).
32) See John Meyendorff, *A Study of Gregory Palamas* (London: Faith Press, 1964) 133, 185-92, 202-10.
33) See W. Strothmann, *Das Sakrament der Myron-Weihe* (Wiesbaden: Harrassowitz, 1977-78); and J. Thekeparampil, "Weihrauchsymbolik." in *Typus, Symbol, Allegorie,* ed. Margot Schmidt (Eichstätter Beiträge 4: Regensburg: Pustet, 1981) 131-45.
34) See R. Bornert, *Les Commentaires Byzantins de la Divine Liturgy* (Paris Institut Français d'Études Byzantines, 1966) 66-72; and R. Taft, "The Liturgy of the Great Church," *Dumbarton Oaks Papers* 34/35 (1980-81) 45-75.
35) See my "Iamblichus and the Anagogical Method in Pseudo-Dionysian Liturgical Theology.'" *Studia Patristica* 18 (1982) 453-60.
36) 여기에서는 Hugh of St. Victor, Honorius Augustodunensis, Alan of Lille, 12세기의 여러 시토회 수도사들 등 중요한 저자들이 배제되어 있다.
37) See Dom Maieul Cappuyns, O. S. B., *Jean Scot Érigène: Sa vie, son oeuvre, sa pensée* (reprint, Brussels: Culture et Civilisation, 1969) 302-80; and Donald F. Duclow, "Dialectic and Christology in Eriugena's Periphyseon," *Dionysius* 4 (1980) 99-118.
38) John the Scot, *Expositiones in Ierarchiam Coelestem,* chap. 1, ed. J. Barbet (Turnholt: Brepols, 1975) 1-6; I. P. Sheldon-Williams, "Eriugena's Interpretation of the ps. Dionysius," *Studia Patristica* 12 (1975) 151-54.
39) *Summa theologica* la, q. 2, prol. See M. D. Chenu, O. P., "Le plan de la Somme théologique de S. Thomas," *Revue Thomiste* 45 (1939) 93-107.
40) Abbot Suger, *On the Abbey Church of St. Denis and Its Art Treasures,* ed. E. Panofsky, 2nd ed. (Princeton, NJ: Princeton University Press, 1979) especially pp. 62-64. See also, W. Beierwaltes, "Negati Affirmatio," *Dionysius* 1 (1977) 127-59.

41) *The Cloud of Unknowing*, ed. C. Wolters (New York: Penguin Books, 1978) 145, quoting *DN* 7, 872A.14f.
42) M. Eckhart, *Die deutschen Werke*, ed. J. Quint (Stuttgart: Kohlhammer, 1976) 3:223, 265.
43) H. Suso, *Deutsche Schriften*, ed. K. Bihlmeyer (Stuttgart: Kohlhammer, 1907) 190.5-14, 328.24-329.8, 342.15-18.

참고 문헌

연구서

Brons, Bernard. *Gott und die Seienden: Untersuchungen zum Verhältnis von neuplatonicher Metaphysik und christlichen Tradition bei Dionysius Areopagita.* Göttingen: Vandenhoeck & Ruprecht, 1976.

Gersh, Stephen. *From Iamblichus to Eriugena: An Investigation of the Prehistory and Evolution of the Pseudo-Dionysian Tradition.* Leiden: Brill, 1978.

Hathaway, Ronald F. *Hierarchy and the Definition of Order in the Letters of Pseudo-Dionysius.* The Hague: Martinus Nijhoff, 1969.

Hornus, Jean-Michel. "Les recherches récentes sur le pseudo-Denys l'Aréopagite." *Revue d'Histoire et de Philosophie Religeuses* 35 (1955) 404-48.

_____. "Les recherches dionysiennes de 1955 à 1960." *Revue d'Histoire et de Philosophie Religieuses* 41 (1961) 22-81.

Koch, Hugo. *Pseudo-Dionysius Areopagita in seinem Beziehungen zum Neoplatonismus und Mysterienwesen.* Mainz: Franz Kirchheim, 1900.

Roques, René. *L'Univers Dionysien: Structure hiérachique du monde selon le pseudo-denys.* Paris: Aubier, 1954.

_____. *Structures théologiques de la Gnose chez Richard de Saint Victor: Essais et analyses critiques.* Paris: Presses universitaires de France, 1962.

Rorem, Paul. *Biblical and Liturgical Symbols within the Pseudo-Dionysian Synthesis* (Toronto: Pontifical Institute of Mediaeval Studies, 1984).

Scazzoso, Piero. *Ricerche sulla struttura del linguaggio dello Pseudo-dionigi*

Areopagita. Milan: Società Editrice Vita e Pensiero, 1967.
Vanneste, Jan. *Le Mystère de Dieu: Essai sur la structure rationnelle de la doctrine mystique du pseudo-Denys l'Aréopagite*. Brussels: Desclée de Brouwer, 1959.
Völker, Walther. *Kontemplation und Ekstase bei Pseudo-Dionysius Areopagita*. Wiesbaden: F. Steiner, 1958.

제7장
기독교와 문화적 다양성

1. 시리아어권 기독교인들의 영성

라버타 반디(Roberta C. Bondi)

　우리는 그리스어와 라틴어를 교부 시대의 교회의 위대한 두 개의 언어로 여기며 두 문화를 서로 겹치게 하는 문화들로 보는 데 익숙해져 있다. 그 시대의 그리스 저자들과 라틴 저자들에 대해서 르네상스 시대에서부터 오늘날에 이르기까지 폭넓게 연구되어 오고 있으며, 그들이 소위 서방 문화에 미친 영향력은 엄청나다. 한편 고전적 교부 시대에 사용된 제3의 언어와 문화가 있는데, 그것은 때로는 그레코-로마 문화와는 별도로 존재하며 또 때로는 그것의 일부가 된다. 그것은 고대 시리아어, 즉 로마 제국의 국경 지대를 가로질러 페르시아 제국에 이르는 지역, 안디옥 주변을 포함하는 지역에서 사용된 아람어이다. 그러나 시리아어를 사용한 저술가들 중에서 가장 위대한 인물인 에프렘(Ephrem, ca. 306-373)은 일찍이 서방에 알려져 존경을 받았지만, 현존하는 방대한 시리아어권의 기독교 문헌이 폭넓게 연구되고 참 모습—그리스 및 라틴 기독교와 많은 것을 공유하고 있기는 하지만, 그럼에도 불구하고 우리가 추적할 수 있는 가장 초기 단계에서부터 나름의 영성으로 표현된 특성을 지닌 기독교 신앙—을 인정 받기 시작한 것은 지난 세기의 일이다.

이 초기 단계는 어떤 것이었는가? 거의 의심의 여지 없이, 시리아어권에서 기독교가 발생했을 가능성이 가장 많은 장소인 아디아베네와 에데사(Edessa)에서의 최초의 기독교는 유대교와 강력한 유대를 가지고 있었다. 에데사에서의 기독교의 기원은 유세비우스의 『교회사』와 후대의 보다 긴 시리아어 역본에서 자세히 언급된 아다이(Addai)의 전설에서 찾아볼 수 있다. 이 전설에 의하면, 에데사의 왕 아브가르(Abgar)는 예수님에게 자기 나라를 함께 하자고 제안했다. 예수는 그의 제안을 거절하셨다. 그러나 예수는 자기의 제자 아다이를 그에게 보냈으며, 아다이는 기독교를 에데사에 전했다. 후대의 기사에는, 처음 그곳에 도착한 아다이가 유대인 상인과 함께 지냈다는 내용이 추가되어 있다. 그 이야기는 분명히 전설이지만, 에데사의 기독교가 초기 단계에서 유대교와 연계를 가지고 있었음은 거의 확실한 사실이다.

시리아어권에서 기독교의 발상지일 가능성이 있는 또 한 곳은 아디아베네(Adiabene)이다. 에데사는 로마 제국의 일부였으며 많은 상이한 영향력을 나타냈다. 반면에 아디아베네는 잠시 동안만 로마 제국에 속해 있었고, 대체로 처음에는 파르티아(Parthia)에 속했고, 다음에는 페르시아에 속해 있었다. 따라서 그곳은 에데사보다는 더 그리스 문화와 차단되어 있었다. 그곳의 기독교는 에데사에서처럼 일찍 영지주의와의 갈등을 겪지 않은 듯하다. 그리고 로버트 머레이(Robert Murray)의 말을 빌리자면, 4세기에 활동한 아디아베네 출신의 시리아어권 저술가인 에프렘과 아프라트(Aphraat)의 기독교는 "아디아베네 내의 유대인 공동체에서의 분리 운동으로 설명할 수 있다."[1] 시리아역 구약 성서인 페쉬타(Peshitta)는 원래 유대교의 것이며 아디아베네에서 만들어진 것이라고 생각되는데, 이 사실은 초기의 기독교는 그곳의 유대교와 관련되어 있었다는 견해를 뒷받침해준다.

시리아의 영성은 다음과 같은 세 가지 특성을 가지고 있었다: 개인주의, 금욕주의, 그리고 신학적 사고 양식으로서 상징적인 것들을 의존함.

개인주의

그리스와 라틴의 기독교와 비교해 볼 때, 시리아의 영성은 개인주의적 경향이 강했다. 에데사에서의 기독교의 발흥에 대한 가장 초기의 정보에 의하면, 당시 기독교는 여러 집단으로 분열되어 있었다. 이 분열 상태는 4세기까지 지속되었으며, 에프렘은 이에 대해 불평을 토로했다. 비록 우리가 2-3세기의 시리아어권 기독교에 대해 아는 것이 극히 적지만, 우리는 그것이 대단히 다양했기 때문에 그 시대의 기독교 정통에 대해 평가할 수 없다는 것을 알고 있다.

이 지역에서의 수도원 운동의 발흥 역시 특색 있는 개인주의를 나타냈다. 4세기에 에프렘이 활동할 무렵, 엄격한 형태의 기독교를 추구하려는 사람들은 은수사의 삶을 규범으로 삼아왔었다. 그리고 수도적인 공동체 생활은 규칙이라기보다 예외적인 것이었다. 테오도렛(Theodoret, ca. 393-ca. 466)이 『시리아 수도사들의 역사』에서 묘사했으며 에프렘이 보완한 초상화에서는 은수사들을 문명을 거부한 사람들로 묘사하고 있다. 예를 들어 니스비스의 야콥(Jacob of

Nisbis)은 겨울에는 동굴 안에서 생활하고 그 외의 기간에는 옥외에서 살았다. 그는 자신이나 다른 사람들이 경작한 음식은 먹지 않았고, 날 음식을 먹고 원시적인 옷을 입었다. 에프렘은 묘사하기를, 경모 받는 은수사들은 오물을 덮어썼고, 머리카락은 독수리 털 같았고, 야생 동물들과 친하게 지냈다고 했다.

에프렘과 같은 시대의 사람인 줄리아나 사바(Juliana Saba)는 공동생활에로의 움직임을 대변하는 "첫" 수도사였지만, 이전의 개인주의를 그대로 보유했다. 그는 처음에는 은수사로서 시작했지만, 어느 시기에 제자들을 받아들였으며, 제자들은 그의 동굴 주위의 동굴에서 생활했다. 그들은 하루를 공동 예배로 시작하여 공동 예배로 끝냈다. 그러나 그 사이에는 짝을 지어 옛날식으로 방랑했다. 줄리아나 자신도 옛날 형식으로 계속 생활했는데, 거기에는 계속 여행하는 것, 육식을 하지 않는 것, 엄격한 금식, 오랫동안 철야하는 것, 가난, 육신을 괴롭게 하는 고행 등이 포함되었다.

4세기 이후로 그리스어를 사용하는 지역에서의 수도원 운동과 닮은 공동체적 수도원 운동이 흔해졌으나, 은수사의 전통은 그 시대 이후로도 오래도록 살아남았다. 7세기의 위대한 네스토리우스주의 신비가인 니느웨의 이삭(Issac of Nineveh, 700년경 사망)도 그것을 모방했다. 그는 말하기를, 자신이 여러 해 동안 홀로 생활하는 동안 마치 광야의 엘리야처럼 새가 양식을 물어다 주었다고 했다.

단성론자인 에베소의 요한(John of Ephesus, ca. 507-586)이 『동방의 성인들의 전기』에 묘사한 바 6세기의 성인들에 대한 묘사를 보면서, 우리는 이 개인주의가 독거 생활을 하려는 소원으로 표현된 것이 아니라 수도원 내에서 각자 자기에게 적합한 나름의 형태의 표현을 발견하기 위해서 완덕의 생활에 헌신한 사람들의 욕구로 표현되어 있음을 발견한다.

시리아 전통 내에서의 이 개인주의는 당시 기독교적 삶에서 제도적인 면들과 성례들을 희생시키고 개인적인 종교 체험과 기도를 지나치게 강조하는 듯이 보이는 것으로 표현될 수도 있었다. "기도하는 사람들"을 의미하는 시리아어를 따서 메살리아니즘(Messalianism)이라고 불리는 바, 개인적 체험을 중시하는 이 경향은 시리아 영성을 크게 풍성하게 해주었다. 세바스챤 브로크(Sebastian Brock)는 에프렘의 저술에서 그것을 발견하였다. 『마카리우스의 설교』(원래 시리아에서 유래된 것으로서 5세기 이후로 시리아 저술가들에게 큰 영향을 준 그리스어 설교집)와 『단계의 책』(4세기?)도 이러한 경향을 나타내고 있다.

아마 마북의 필록세누스(Philoxenus of Mabbug)의 시대(ca. 440-523)에 단성론 계통의 수도원들 안에서 스데반 바 수다일리(Stephen bar Sudaili, 5세기말)가 출현한 원인도 이 개인주의에서 찾을 수 있을 것이다. 오리겐파인 폰투스의 에바그리우스(Evagrius of Pontus, 346-399)의 영향을 받은 스데반은 기독교 신앙을 내면화하고 개인화했기 때문에, 그의 사상에서는 그리스도도 신비가가 내면의 영적 여행에서 초월해야 할 하나의 단계인 듯이 보인다.

그러나 이 개인주의가 항상 개인적인 종교 체험과 관계가 있었던 것은 아니다. 피터 브라운이 지적한 바와 같이, 고대 말기의 세계에서 "이방인"(stranger)이 된다는 것은 사회로부터 도피하는 것이 아니라 그에 대해 특별한 책임을 지며 그 안에서 "이방인"의 지위로부터 도출된 능력을 취하는 것을 의미했다.[2] 이것은 에베소의 요한의 『전기』에 분명히 묘사되어 있다. 그 성인은 선교사, 어린이들의 교사, 치료자, 분쟁의 조정자 등으로 활동했을 뿐만 아니라 사회를 위해 귀신들을 대적했다. 그러므로 개인주의의 표현은 "세상"을 거부하는 것 뿐만 아니라 사회를 유지하고 보존하는 것과도 관계가 있었다.

금욕주의

처음부터 시리아의 영성은 매우 금욕적이었다. 시리아어 신약 성서는 예수의 가르침에 대한 금욕적 이해를 뒷받침해 주었다. 5세기에 이르기까지 시리아어를 사용하는 기독교인들은 "나누어진 복음서"(Divided Gospels) 대신에 *Diatessaron*이라고 불리는 타티안(Tatian, 120년경에 탄생)의 공관복음서를 사용했다. 고등 교육을 받은 타티안은 인생의 중요한 기간을 로마에서 순교자 저스틴(Justin Martyr, ca. 100-165)의 제자로 보냈다. 타티안은 자신이 생각하기에 로마 교회의 방종이라고 여긴 것에 불만을 품고서 로마 교회와 결별하고 172년에 동방으로 돌아와서 거기서 큰 영향력을 발휘했다. 그의 엄격주의는 시리아 기독교의 경향과 일치한 듯이 보인다.

*Diatessaron*에서 사용한 원어가 그리스어였는지 시리아어였는지는 알려져 있지 않다. 그러나 이 저서가 시리아어권 영성의 특성을 형성하는 데 기여했음은 분명하다. 타티안은 이문융합(異文融合)을 하면서 많은 구절을 보다 엄격하게 금욕적인 방향으로 고쳤다. 예를 들어 보면, 예수께서 하늘나라에서는 결혼 관계 안에서 주거나 받는 것이 없다고 하신 누가복음 20:27-40을 타티안은 "이 세상 사람들은 아내를 취하고 결혼을 한다. 그러나 저 세상, 복된 사람들의 부활의 세상에 합당한 사람들은 아내를 취하지도 않고 혼인 잔치를 벌이지도 않을 것이다"라고 고쳤다.[3] 타티안은 결혼을 거부한 것 외에도 재산 소유, 육식, 포도주를 마시는 것 등에도 반대했다. 타티안의 본문에서 요한복음 15:1에 기록된 바 참 포도나무이신 예수는 자신을 "나는 진리의 열매를 맺는 나무이다"[4]라고 다시 묘사한다.

『유다 도마 행전』과 훌륭한 찬송집인 『솔로몬의 송가』(*Odes of Solomon*, 1세기나 2세기의 것)에는 세례와 성적 금욕이 원래 어떻게 연결되어 있었는지가 나타나 있다. 예를 들면, 『유다 도마 행전』

에서 사도는 선교 여행을 하는 도중 왕실의 결혼식에서 설교를 하고 신랑과 신부에게 영구히 성적으로 절제할 것을 서약시키고 떠난다. 『솔로몬의 송가』는 세례 찬송인 듯한데, 여기에서는 순결과 "성결"(결혼생활에서의 금욕)이 두드러진다. 에프렘의 시대에 이르러서는 세례를 받은 사람은 일상적인 결혼생활을 영위해서는 안 된다는 개념이 이단적인 것으로 간주되었지만, 이것이 우리가 다루고 있는 시대에도 중요한 개념으로 남아 있음은 놀라운 일이 아니다. 그럼에도 불구하고 4세기에 시리아어를 사용하는 지역에서는 결혼생활의 성적인 요소가 평신도들이 완전에 이르는 것을 불가능하게 만든다고 생각되었다.

시리아 교회에만 존재한 반(半) 성직자 집단인 "언약의 아들들과 딸들"의 회원이 되기 위한 선행 조건이 순결생활이었다. 이러한 사람들은 수도원 안에서 고립하여 생활하기보다는 혼자 생활하거나 여럿이서 생활하거나, 또는 공동체 내에서 부모와 함께 생활했다. 그들은 결혼할 수는 없었지만 재산은 소유할 수 있었으며, 수도사들이 지켜야 할 다른 금욕적 실천들의 구속을 받지는 않았던 듯하다.

은수사들(anchorites)은 이집트의 은수사들처럼, 세상의 재산을 소유하지 않은 채 살기 위해서 세상을 떠났다. 이집트와 팔레스틴의 수도사들은 대부분 생계를 유지하기 위해서 손노동을 해야 한다고 생각했지만, 시리아어를 사용하는 지역의 수도사들은 손노동을 거부하고 탁발 생활을 했다. 이러한 태도를 갖게 된 근원은 그리스어권의 수도원에서보다 더 현저했던 바 사회의 악에 대한 시리아 수도사들의 더 깊은 신념에 있었을 것이다. 확실히 시리아인들은 죄와 인간의 본성에 대해 보다 비관적인 견해를 가지고 있었다. 우리는 이 지역에서 마르시온주의와 마니교가 성행했음을 기억해야 한다.

이 금욕주의가 지닌 보다 기괴한 면들을 우리는 에베소의 요한에게서 다시 만나게 된다. 거기서 우리는 추운 겨울날 수도원 내에 있는 속이 빈 통나무 속에서 생활하는 사람을 볼 수 있다. 그의 동생도 같은 수도원 안에서 생활하는데, 그는 기둥 위에서 산다. 우리는 다른 곳에서 땅에 머리를 부딪쳤기 때문에 머리카락이 모두 빠졌고, 매일밤 서서 기도하기 시작해서 무릎을 꿇고 기도하다가 나중에는 엎드려서 기도한 수도사의 이야기를 대하게 된다. 물론 금욕적 실천으로 인한 큰 고통에 대해 다룬 이집트 수도원의 이야기들이 있지만, 그것들의 대부분은 양식이나 물, 혹은 잠의 부족과 관계가 있다. 시리아어를 모국어로 하는 수도사들은 현대인이 볼 때에는 자기를 괴롭히는 고행처럼 보이는 것 안에 진정한 독창성을 소유하고 있었다. 이러한 경향과 아울러, 우리는 4세기의 에프렘, 5세기의 필록세누스, 6세기의 에베소의 요한 등에게서 이 금욕주의를 완화시키며 피조 세계의 선함을 긍정하는 기독교 신앙과 조화를 이루게 하려는 강한 소원을 발견한다.

최초의 시리아 저술가들은 육체를 죄와 연결시켰던 것 같다. 물론 초기에는 독거 생활이 회개와 애통함의 삶으로 이해되었음이 분명하다. 에프렘에 의해서 최초로 언급된 눈물의 은사는 밤낮으로 끊임없이 회개의 눈물이 흘러내리는 상태로서 영적으로 매우 귀하게 여겨지는 상태였다. 그 이전에는 어떻게 믿었든지 간에, 4세기에 이러한 저자들이 몸을 죄의 근원으로 이해했다고 말하는 것은 잘못된 것이다. 그들은 그렇게 믿지 않았다. 그러나 많은 면에서 폰투스의 에바그리우스의 영향을 받은 필록세누스(Philoxenus)와 같은 저자는, 정신이 육체의 무게로 인해 방해를 받거나 음식 때문에 둔해지지 않기 위해서 수도사는 무거운 육체를 가벼운 정신에 의해 굳게 통제해야 한다고 생각했다. 정신이 분명히 육체를 지배한다면, 육체는 정신의 종이 될 것이다. 그러나 이 일은 저절로 이루어지지는 않는다. 그것은 오직 육체를 금욕적으로 훈련함을 통해서 이루어진다.

상징 사용

시리아 영성의 특징은 일반적으로 "상징적"이라고 할 수 있는 바 하나님의 일들을 보고 그것에 관해 묵상하는 방법이라고 할 수 있다.[5] 거기에는 가시적인 물질 세계, 그리고 믿음과 성령에 의해서 성서와 그리스도와 성례를 통해서 전달되는 물질계 안에 감추인 하나님의 실재들을 동시에 보는 두 가지 비전이 수반된다.

이렇게 기독교적 실재들을 보는 방법은 시리아 전통 안에서는 시로써 가장 훌륭하고도 특징적으로 표현되었다. 현존하는 시리아어 문헌 중에서 가장 오래된 것이라고 할 수 있는 『솔로몬의 송가』는 세례 의식 때에 사용되었을 가능성이 있는 아름답고 신비한 찬송들의 모음이다. 『도마 행전』에 수록되어 있으며 대단히 초기의 작품인 「진주 찬송」(Hymn of the Pearl)도 그것들과 같이 이해하기 어려운 특성을 가지고 있다. 그러나 시리아어로 된 기독교 시문의 가장 위대한 대가는 4세기의 위대한 교사였던 에프렘이었다. 성서와 *Diatessaron* 외에 어떤 시리아어 문헌도 에프렘 이후의 시리아 저자들에게 그처럼 심오한 영향을 주지 못했다. 6세기의 필로세누스는 대부분의 수도원에는 성서와 에프렘의 저서 외에는 다른 책이 없었다고 진술하고 있으며, 나르사이(Narsai, 503년경 사망)와 니느웨의 이삭과 같은 네스토리우스파 저자들, 그리고 필록세누스와 사룩의 야곱(Jacob of Sarug, ca 451-521)과 같은 단성론파 저자들의 신학과 문체와 비유적 표현 등은 에프렘의 특징을 나타내고 있다.

에프렘의 찬송은 복잡하다. 그는 독자들에게 가시적인 raze'(상징들, 성례들)과 remze'(기호) 안에 감추어져 있는 실재의 풍성함을 전달하기 위해서 유형론, 단어 유희, 역설, 반복, 은유 등을 사용했다. 그의 찬송은 성경에 기초를 두고 있다. 그러나 머레이(R. Murray)는 일부 언어와 은유들의 근원은 성경 이전 시대로 거슬러 올라갈 수도 있다고 주장했다. 에프렘의 문체와 방법은 순결을 찬양한 찬송 중 다음과 같은 구절에서 찾아볼 수 있다:

> 오, 밉상스러운 가라지들 틈에서 자라면서도
> 노동 없이 굶주린 자들에게
> 생명의 떡을 제공하는
> 아름다운 밀 이삭이여!
> 그것은 아담을 묶고 있던
> 저주에서 풀어 주었도다.
> 아담은 땀을 흘려
> 수고와 가시덩쿨의 떡을 먹어야 했도다.
> 축복의 떡을 먹으며
> 저주로 하여금 자신을 지나가게 만든
> 사람은 복된 자로다![15]

그리스도께 드린 이 찬송의 앞 절에서, 에프렘은 포도가 되시는 그리스도에 대해서 묵상하는데, 이 주제는 4세기의 또 다른 위대한 시리아 저자 아프라트에게서도 발견된다. 그는 아주 자연스럽게 이 절로 넘어갔는데, 이 절에서는 성찬의 떡을 주요 상징으로 사용하면서 밀의 비유에 대한 해석에서부터 누구에게나 값없이 주어져 먹을 수 있는 생명의 떡이신 그리스도에 대한 요한의 언급으로 이동한다. 여기에서 그는 이 떡을 유형(예표)론적으로 아담이 먹은 떡과 대조시킨다. 아담은 그 떡을 얻기 위해서 낙원 밖에서 수고하여 일해야만 했었다. 마지막으로, 독자는, 그리스도가 바로 우리 모두가 먹은 바, 아담의 떡을 대신하는 성찬의 떡이심을 이해한다. 이 짧은 시 안에서 에프렘은 독자를 상상적으로 하나의 비유, 요한의 말, 구원사, 성찬의 의미, 독자 자신의 욕구들을 통과하게 한다. 이 절은 매우 개인적이고 경험적이며 동시에 그것은 전체 구원사와 교회의 성례전적 생활 안에서 개인의 위치에 대한 인식을 드러내준다.

에프렘이 찬송을 지은 방식은 두 갈래로 된 심오한 신학적 기초를 가지고 있는데, 그것은 그 이후 기독교적 삶에 관해 저술한 시리아의 저자들에게 전수되었다. 한편으로 그는 카파도키아 교부들처럼 아리우스주의자들을 대적하여 그들을 대적하는 글을 많이 저술했으며, 인간의 "논구"나 이성적 논증에 의해서는 지극한 신비 안에 있는 하나님의 본성을 이해할 수 없다고 주장했다. 다른 한편, 신은 성육신을 통해서 우리로 그를 만날 수 있게 하셨으며, 우리는 믿음과 사랑을 통해서 하나님께로 갈 수 있거나, 필록세누스의 말대로 "신령한 나라들 안에서 행할" 수 있게 되었다. 여기에, 즉 믿음과 사랑이 일종의 제2의 비전(이 비전을 통해서 우리는 자신의 인간적 영역 안에서 하님과 하나님의 일들에 접근한다)을 소유하는 특별한 곳에 시리아 전통이 초대 교회의 영성에 기여한 진정한 공헌이 있다.

사실 칼케돈 공의회 이후에 사룩의 야곱은 기독론 논쟁에서의 자신의 위치를 나타내줄 분명한 진술을 했는데, 그의 주장이 옳은 것이었음을 생각하는 일은 고통스러운 일이다. 그는 칼케돈 공의회의 결정을 따랐다. 그러나 그는 본질적으로 그리스도 안에 있는 비밀을 명확히 정의할 것을 강조하는 것은 교회에 파괴적일 수 밖에 없다고 선언했다. 현존하는 야곱의 저술들(1권으로 된 편지들은 제외됨)은 모두가 성서와 전승과 에프렘이 즐겨 사용했던 기독교적 상상에서 이끌어낸 은유와 상징적 표현이 가득한 운율적인 설교의 형태를 가지고 있다. 그것들은 심령을 믿음과 사랑에게로 이끌어주는데, 그 심령은 믿음과 사랑에 의해서 하나님을 본다.

6세기 후반에, 폰투스의 에바그리우스의 저술들이 시리아 영성에 특별한 영향을 주었다. 비록 그의 사후에 그리스어권의 교회에서는 그의 사상을 정죄했지만, 수정된 형태의 그의 사상은 시리아어권의 신자들에게 아주 적합했다. 기이한 문서인 *Kephalaia Gnostica*의 시리아어 개정판 두 권 중 하나는 아마 시리아어로 그리스의 개념들을 표현할 수 없음으로 인해 과민해 있던 필록세누스가 작업했을 것이다. 필록세누스는 다른 저서에서 믿음은 매우 능력 있는 것이기 때문에 그것이 없으면 하나님도 존재하지 않는 것처럼 될 것이라고 말한다. 그럼에도 불구하고, 그는 이따금 에프렘 식의 믿음의 표현을 버리고, 에바그리우스의 테오리아(관상)라는 용어를 사용한다. 테오리아는 우리가 "그리스도에 대한 지식"을 감지하는 데 사용되는 기능이며, 자연적인 사물과 초자연적인 사물 안에 감추인 실재이다(이것은 준비를 갖춘 사람들에게 자신을 드러낸다). 4세기의 에프렘이나 아프라트는 이 용어를 사용하지 않았다.

필록세누스와 비교할 때에 7세기의 인물인 니느웨의 이삭은 심지어 에바그리우스의 우주적 위계까지도 철저하게 동화시켰으며, 그의 이름을 언급했었다. 7세기에 활동한 네스토리우스파 감독 대 바바이(Babai the Great)는 그 신앙의 정통성을 증명하기 위해서 풍부한 알레고리적 성경 해석이라고 부를 수밖에 없는 방법을 사용하여 *Kephalaia Gnostica*에 관한 주석을 저술했다.

마카리우스의 저술들도 시리아 영성에서 특별한 위치를 점유했다. 비록 시리아식의 영성생활 안에는 금욕적인 요소 및 하나님에 대한 신비한 환상을 추구하거나 믿기를 주저하는 경향—이것은『교부들의 금언』과 공통된 요소가 많다—이 있었지만, 이 전통에서는 개인적인 종교 체험도 강조했다. 에프렘 이후에 활동한 시리아 영성의 대가들 중에서 가장 위대한 인물인 니느웨의 이삭의 저술에는 많은 마카리우스의 주제들이 등장한다. 거기에는 성육하신 하나님의 겸손을 강조한 것, 그리스도께서 성도들 안에 내주하심, 인간의 상태를 영혼과 육체의 싸움으로 이해한 것, 마음의 깨끗함과 자비와 겸손을 연결한 것, 그리고 성령의 중요성 등이 포함되어 있다.

여성적인 상징 사용

 개인주의와 금욕주의와 상징 사용이 특이하게 섞여 있는 것 외에도, 보다 넓은 기독교 세계 내에서 시리아 영성의 다양성을 나타내주는 또 하나의 예가 있다. 아마도 그것은 진리의 포괄적인 본성에 대한 기초적인 이해에서 생겨나오거나, 아니면 하나님을 지칭하는 명칭들이 모두 불완전하다는 인식을 반영한 것 같다. 그러나 시리아의 저술가들은 초대 교회에서는 특이하게도 여성형의 상징적 표현들을 사용했다. 『솔로몬의 송가』에서는 성부(Father)의 가슴에서 흘러나오는 젖에 대해 말하고 있다. 성부와 관련한 이 표현은 계속 존속하지는 않았지만, 4세기에는(에프렘의 저술들 안에서도) 성령은 여성으로 간주되었다. 게다가 이 전통에서는 언제나 마리아가 중심적 인물이었다. 머레이는, 신적 역사와 성육신과 교회와 성례를 연결짓는 복합적인 유형론 안에서 마리아가 지닌 중요한 위치는 아마도 성령이 남성으로 간주된 이후 기독교의 상징 안에서 여성적 표현이 없어질 수도 있다는 위협에 대한 시리아 기독교인들의 반응이었을 것이라고 암시한다. 예수의 탄생을 다룬 에프렘의 몇 개의 찬송은 마리아에 대해 묵상하는데, 그러면서 영성생활 안에서 여성형 상징 사용에 완전히 조화를 이룬 사람의 통찰과 심오함을 드러내준다.

주(註)

1) Robert Murray, *Symbols of Church and Kingdom*, 8.
2) Peter Brown, "The Rise and Function of the Holy Man in Late Antiquity."
3) Cited in Arthur Vööbus, *History of Asceticism in Syrian orient*, 1:40.
4) Cited in Vööbus, 1:41.
5) Sebastian Brock, "The Poet as Theologian," 243.
6) Robert Murray, "A Hymn of St. Ephrem to Christ," 43.

참고 문헌

Beck, Edmund. "Ephrem le syrien (Saint)." In *Dict, Sp*. 4, cols. 788-800.
Brock, Sebastian. "Mary and the Eucharist: An Oriental Perspective." *Sobornost,* incorp. *Eastern Churches Review* 1:2 (1980) 50-59.
_____. "The Mysteries Hidden in the Side of Christ." *Sobornost* 7:6 (1978) 462-72.
_____. "The Poet as Theologian." *Sobornost* 7:4 (1977) 243-50. Extremely helpful for the understanding of "symbolic theology" (Brock's term) in the Syriac tradition, Late Antiquity." *Journal of Roman Studies 61* (1971) 80-101. Reprinted in his *Society and the Holy in Late Antiquity*. London Faber & Faber, 1982.
Chesnut, Roberta Cowan. [Roberta C. Bondi] *Three Monophysite Christologies: Severus of Antioch, Philoxenus of Mabbug, and Jacob of Sarug*. London: Oxford University Press, 1976.
McCullough, W, Stewart, *A Short History of Syriac Christianity to the Rise of Islam*. Chico, CA: Scholars Press, 1982.
Murray, Robert. "A Hymn of St. Ephrem to Christ." *Sobornost*, incorp. *Eastern Churches Review* 1:1 (1979) 39-50.
_____. "Mary, the Second Eve in the Early Syriac Fathers." *Eastern Churches Review* 3:3 (1971) 371-84.
_____. "St. Ephrem's Dialogue of Reason and Love." *Sobornost* 2:2 (1980)

26-40.

_____. *Symbols of Church and Kingdom: A Study of Early Syriac Tradition*. Cambridge: Cambridge University Press, 1975.

Segal, J. B. *Edessa: 'The Blessed City.'* Oxford: Clarendon Press, 1970.

Vööbus, Arthur. *History of Asceticism in the Syrian Orient*. 2 vols. Corpus scriptorum Orientalium, 1958, 1960.

12. *Enthroned Virgin with Two Saints*, Monastery of Saint Catherine, Mount Sinai, 6th century

13. *Christ Mission to the Apostles: Ivory Relief from a Gospel Book Cover*, Germany, 10th century

2. 켈트족과 게르만족 사회의 영성

피에르 리셰(PIERRE RICHÉ)

5세기에서 7세기 사이에 있었던 켈트족의 개종 및 뒤이은 게르만족의 개종은 서구 종교 생활의 상황을 근본적으로 변화시켰다. 지중해 지역에서 발생한 종교인 기독교는 수백 년 동안 나름의 특이한 문명을 소유해온 북유럽의 국가들 안에 점차 뿌리를 내렸다. 영성사에 있어서 이러한 만남은 결정적인 전환점이 되며, 중세 기독교의 역사는 바로 여기에 의존한다. 이 종교적 현상의 새로움을 이해하려면, 우리는 먼저 켈트족과 게르만족의 국가들 내에서 기독교 이전에 존재했던 종교 체험의 특성을 살펴보아야 한다.

탁월한 종교적 민족인 켈트족 사회에는 신들이 많았다. 예를 들면, 빛의 신 럭(Lug), 저승의 신 닥다(Dagda), 각 민족들과 조상들과 보호자들의 신들이 있었는데, 이들의 배우자는 가축의 다산을 보장하고, 땅을 비옥하게 하고, 모든 적대 세력들로부터 땅을 자유케 해주었다. 신들과 인간들 사이에는 영웅들이 있었는데, 그들의 후손이 왕실 가문, 즉 럭의 아들로서 거대한 어두움의 신들의 정복자인 쿠쿠라인(Cuchulain), 또는 바란(Baran: 그의 용맹은 아일랜드나 웨일즈의 서사시에서 자세히 언급됨)이었다. 켈트족 사회에서 왕의 지위는 영웅의 지위에 근접했다. 그는 백성들의 물질적 행복과 우주의 세력들의 균형을 이루는 책임을 지고 있었다. 그는 즉위식을 거행할 때에 마술적 능력을 부여 받았다. 그의 능력은 그의 도덕적, 신체적 고결함에 따라 좌우되었는데, 이 능력을 잃으면, 그는 폐위되었다. 그의 아내는 그의 곁에서 중요한 역할을 수행했다.

켈트 사회에서는 처녀건 기혼녀건 상관 없이 여인들은 특별한 지위를 소유했으며, 그들은 기독교로 개종한 후에도 이러한 지위를 그대로 유지했다. 킬데어(Kildare)에 있는 브리짓(Brigit) 여신의 사원에서는 9명의 처녀가 끊임없이 타고 있는 불을 지켰다. 그들은 마술을 행하고, 요정의 형태를 취하고, 자신의 아름다움과 매력에 의해 남자들을 끌었다. 켈트족은 매 계절마다 행하는 축제 때에 정기적으로 모였다: 5월 1일(Beltaine)에는 평원반으로 상징되는 불과 태양을 숭배했고, 8월 1일(Lugnasad)은 추수감사절이었고, 11월 1일(Samain)은 지하에 있는 세력들을 섬기는 날이었고, 2월 1일(Oimelc, 또는 Imbolg)은 번식을 기리는 날이었다.

켈트족의 성직자들(druid)은 사제라기보다는 판사나 역술가였다. 그들은 신들과 친밀한 관계를 가지고 있기 때문에, 그들의 이름으로 말하고, 길일과 흉일, 그리고 의식과 관련된 금지 조항들을 선포하고, 꿈과 환상을 해석하며, 오검(ogham) 문자로 기록된 마술서를 잘 알고 있었다. 또 그들은 청년들을 가르치는 교육자들이기도 했다. fosterage라는 관습에 의하면, 귀족의 자녀들은 양부모에게 맡겨지는데, 양부모는 그 아이들에게 육체적, 지적, 군사적 교육을 베풀었다. 몇 가지 전통에서 알아낼 수 있는 바에 의하면, 종교 교육에서는 사람들의 운명, 특히 사후의 운명을 다루었다.

켈트족은 영혼의 불멸을 믿었다. 비잔티움의 역사가인 프로코피우스(Procopius)는 말하기를, 브리타니(Brittany: 프랑스 서북부의 반도)의 주민들은 죽은 자의 영혼을 빈 보트에 싣고 대 브리튼 섬으로 데려갔는데, 그 여행을 마칠 때에는 하나의 음성이 승객들의 이름을 부르면서 몇 명인지를 센다고 한다.[1] 영혼은 다른 존재(인간이 아닌 존재)나 곤충, 또는 새(鳥)로 환생될 수 있었다. 영혼은 짙은 안개를 통과하여 자신의 고국에서 멀리 떨어진 곳에 있는 신비한 섬들—산 자들의 섬, 기쁨의 섬, 여인들의 섬 등—으로 여행할 수 있었다. 이러한 섬에서의 경이로운 일들에 대해서는 후대의 전설에 묘사되어 있다. 영혼들과 영웅들의 여행(imrama)은 켈트족이 기독교로 개종한 후에도 여전히 남아서 많은 이야기의 동기가 되었다.

이교도였던 게르만족의 종교 체험에 대해서는 이교의 관습을 비난하는 라틴어 본문들을 통해서, 고고학적 자료를 통해서, 그리고 스칸디나비아의 문헌인 『에다』(Edda: 고대 아이슬랜드의 신화 및 시집)와 『무용담』(sagas)을 통해서 간접적으로 알려진다. 켈트족과는 달리, 게르만족은 주로 용사였다. 그들은 태어나면서부터 능력을 부여 받았으며, 모든 가능성을 자기에게 유리하게 둠으로써 자신의 운명을 집요하게 확보했다. 용사는 젊은 시절부터 싸우는 법을 배우고, 동료인 bersekir와 함께 승리를 쟁취하기 위해 전력을 기울인다. 그는 자신의 품위를 지키기 위해서 복수를 한다. 복수는 신성한 권리였다. 게르만인들은 자기 자신과 자기의 부족을 위해 복수했다. 왜냐하면 그의 운명은 그와 관련된 대가족과 연결되어 있었기 때문이다. 만일 그가 이 가족에게서 제외된다면, 그는 비신성화되고 법의 보호를 받지 못하며 죽을 운명이 된다.

왕은 용사들 중 하나요, 거룩한 것(heilig)의 소유자였다. 왕은 부족의 행복을 위해 자기의 마술 능력을 발휘해야 한다는 것을 알고 있었다. 게르만족은 세상이 영구적으로 긴장 상태에 있으며, 적대적인 힘이나 파괴적인 힘이나 창조적인 힘에게 예속되어 있다고 믿었다. 탁월한 신들인 Ases들이 Vanes들을 정복했다. Vanes의 지도자인 오딘(Odin)은 인간들의 아버지이며 신들의 아버지인 Allvater였다. 전쟁 및 야만적 사냥꾼의 신인 그는 자기의 능력을 그 왕에게 전해주었다. 오딘은 발할라(Valhalla), "떨어진 자들의 고향"—이곳에는 발키리에스(Valkyries)가 사는데, 그는 죽은 자들을 위해 꿀술을 쏟아 부으면서 죽은 자들을 영접한다—에서 죽은 용사들을 받아들인다. 오딘은 인간을 괴물들과 거인들에게서 보호해주는 우레의 신 토르(Thor), 또는 도나르(Donar)와 같은 신들의 도움을 받았다. 그런데 이 괴물들과 거인들 역시 신들을 멸망시키려 했다.

게르만인들은 개인적인 헌신에 의해서보다는 집단적인 의식(儀式)에 의해서 믿음을 표현했다. 그들은 일년 중 지일(至日)이나 새 달을 기리는 명절에는 자연의 힘들과 화해해야만 했다. 이러한 명절들은 거룩하다고 생각되는 지역, 벼랑이나 숲이나 거대한 나무들이나 샘 등에 의해서 세상과 구분된 지역에서 거행되었다. 게르만인들은 마술적인 주문을 통해서 신적 세력들과 화해했는데, 마술 주문 중 몇 개의 원문이 현재 보존되어 있다. 그들은 동물의 것으로 만든 부적(숫사슴의 뿔, 곰의 이빨, 조개)이나 식물로 만든 부적(송진, 개암), 또는 고대 북유럽의 문자가 쓰여진 물건(고고학자들은 무덤 속에서 이것들을 발견했다)들을 몸에 지녔다.

게르만인들은, 켈트족과는 달리 불멸을 믿지 않았지만, 그럼에도 불구하고 자기들의 사후에 행해질 사람들의 행동을 두려워했다. 그러므로 그들은 시신을 화장하거나 고인이 즐겨 사용하던 물건들과 함께 매장하고 제물이나 동물로 제사를 드려 복수를 예방해야 했다. 그들은 그 사람의 내세의 운명을 상상할 수 없었다. 비드(Venerable Bede)의 말에 의하면, 앵글로 색슨 사람인 에드윈의 동료였던 어느 용사는 인간의 삶을 폭풍우 같은 세상에서 나와서 어두움 속으로 돌아가는 새, 왕이 앉아 있는 방을 통과하여 날아가는 새로 비유했다: "우리가 짧은 순간이라고 인식하는 인생이란 그런 것이다. 그러나 우리는 그 전의 삶이나 후의 삶에 대해서는 알지 못한다."[2]

그러나 게르만인들은 세상이 창조되었으니 그 멸망도 있을 것이라고 믿었다. 신들은 거대한 나무가 지탱하고 있는 목조 궁전이라고 생각되는 "에이스 신들(Ases)만의 독립 거주지"인 아스가르드

(Asgard)에 살았다. 그 나무의 뿌리는 한 마리 용이 갉아 먹었는데, 그 용은 이 거주지를 파괴하려 했다. 인간들이 우주의 질서를 유지하기 위해서 신들과 협력하는 한, 세계는 계속 존속할 것이었다. 그러나 언젠가 우주적 재앙이 발생하면 세계는 사라질 것이었다. 바그너가 그 나름의 방식으로 노래한 "신들의 황혼"은 게르만인들의 정신에 가장 깊이 자리잡은 신념들 중 하나였다.

켈트족의 영성

기독교는 4세기부터 켈트족이 거주하는 대 브리튼의 땅들에 침투했다. 기독교 공동체들이 조직되고 수도원 운동이 신속하게 발전되었다. 수도사들의 금욕적이고 자발적인 영웅적 행위는 그들로 하여금 펠라기우스의 사상을 쉽게 받아들이게 만들었다. 펠라기우스는 자기의 사상을 유럽 대륙에 전하기 전에 먼저 브리튼에 전파했다. 429년에 교황 셀레스틴(Celestine)은 아일랜드를 개종시키기 위해서 팔라디우스를 보낸 것과 동일한 시기에 펠라기우스주의를 대적하기 위해서 오세르의 게르마누스(Germanus of Auxerre)를 파견했다.

그러나 아일랜드의 진정한 선교사는 웨일즈 사람(?) 패트릭(Patrick)이었다. 그는 자신의 『고백록』에서 자신이 사도 활동을 하던 때의 상황을 자세히 이야기한다. 패트릭은 자신이 교육을 거의 받지 못했다고 서술했지만, 그의 저서에서 발견되는 70개 이상의 성경 인용구에서 증명되듯이, 성경을 대단히 잘 알고 있었다. 그는 환상 속에서 자신에게 말씀하시는 하나님의 부름을 받아 금욕고행자가 되었으며, 수도사였던 그는 자신의 뜻과는 상관없이 주교로 임명되었다. 패트릭은 많은 아일랜드 부족들의 지도자를 개종시키는 데 성공했다. 그는 그들로 하여금 우상숭배를 버리게 했으며, 태양에 바치는 제의를 버리고 "참된 태양이신 그리스도"의 종교에 귀의하게 했다(『고백록』 60). 그의 최초의 제자는 여인들이었는데, 켈트 족 사회에서의 여인들의 중요성에 대해서는 이미 언급한 바 있다.

자기 백성들과 함께 개종한 부족의 지도자들은 아일랜드의 여러 지역에 수도원을 조직했다. 수도원장들은 주교의 칭호를 소유하기도 했다. 그들은 "대 수도원장"이라고 부른 그리스도를 대변했으며, 영적인 역할과 세속적인 역할을 수행했다. 킬대어(Kildare)에 자리잡은 브리짓(Bridget)과 같이, 여인들은 이전에 이교의 사원이 있던 곳에 세워진 수도 공동체를 지도하도록 부름을 받았다. 심지어 여자 수도원장이 지도하는 남녀 공동 수도원도 세워졌다.

켈트족 수도사들은 밭을 경작하는 일, 가축을 기르는 일, 보석 세공, 책을 필사하는 일 등 손 노동에 전념했다. 수도사들은 처음에는 지식인이 아니었다. 그러나 그들은 성서를 읽고 라틴어로 예배를 보아야 했기 때문에, 곧 라틴어 공부에 몰두했고 유럽 대륙에서 전해온 라틴어 문법과 교과서들을 배우고 필사하게 되었다. 그들은 영성을 기르기 위해서 시편(Psalter)에서부터 시작하여 성서를 묵상했다. 시편은 지중해 세계에서는 물론 켈트족의 땅에서도 기본적인 강독서였다. 기도에는 팔을 십자형으로 하고 무릎을 꿇은 자세로 150편의 시편을 날마다 암송하는 것이 포함되었다. 최근의 연구 덕분에 7-8세기의 아일랜드의 성경 주석이 빛을 보게 되었다. 이러한 성경 주석은 새로운 중세 기독교 문화 형성에 중요한 역할을 했다.

켈트인들은 또한 전례를 규제하기 위해서, 특히 부활절 날짜를 확정하기 위해서 수치 계산 연구에 몰두했다. 그들은 지중해 세계와 분리되어 있었기 때문에, 대륙의 체계와는 다른 체계를 채택했으며, 오랫동안 이 특별한 부활절 날짜를 지켜왔다. 이 때문에 로마 교회와 여러 차례 충돌했다.

켈트족 수도사들은 어린이 교육에 많은 관심을 기울였는데, 이 일을 하면서 그들은 개종하기 전의 켈트족 성직자(druid)의 역할을 했다. 성인 언행록을 다룬 본문들은 앞에서 언급되었던 바 자녀를 남의 집에 양자로 보내는 관습(fosterage)에 관해 다소 상세한 정보를 제공해준다. 어린이는 한 수도사에게 맡겨지는데, 그 수도사는 그 어린이의 영적 부모가 된다. 만일 귀족의 아들이 일시적으로 수도사에게 맡겨졌다가 나중에 가족에게로 돌아가거나 혹은 하나님께 바쳐진다면, 그들은 수도생활의 초심자가 되었다.

켈트족 영성의 특징은 동방 수도사들의 금욕주의를 연상하게 하는 엄격한 금욕주의였다. 수도사들은 강한 육욕과 싸우기 위해서 얼음처럼 차가운 연못에 뛰어들거나 두 팔을 십자가형으로 한 채 여러 시간 기도했다. *crosfigill*, 또는 "십자가의 철야"(vigil of the Cross) 때문에 많은 전설이 생겨났다. 예를 들면 글렌달로의 케빈(Kevin of Glendalough)은 7년 동안 널판지에 기대어 서서 전혀 움직이지 않고 지냈기 때문에 새들이 그의 벌린 두 손에 둥지를 지었다고 한다. 식사는 매우 엄격했다. 하루에 한 끼만 먹었는데, 특히 "겨울철에 행하는 엘리야의 금식일, 봄철에 행하는 예수의 금식일, 그리고 여름에 행하는 모세의 금식일"에는 육류나 생선이나 계란을 먹지 않았다. (금식하는 관습은 기독교 이전에도 켈트족의 법에 규정되어 있었다. 소송을 제기한 원고가 자신의 권리를 보장받으려면, 자신의 적수의 집 앞에서 금식할 수 있었다. 이렇게 굶으면서 시위하다가 죽은 일도 있었다.) 이러한 금욕적 실천 외에 쉬지 않고 기도하고, *loricae* 또는 "흉배"라고 불리는 긴 연도(連禱)를 암송했다. 이렇게 함으로써 수도사들은 유혹과 시험을 이길 수 있었다.

여기서 패트릭이 지었다고 여겨지는 *lorica*의 몇 절을 인용해본다:

오늘 나는
>나를 인도하시는 하나님의 힘을 통해서 일어납니다:
>나를 지탱해주시는 하나님의 힘,
>나를 지도해주시는 하나님의 지혜,
>나보다 먼저 보시는 하나님의 눈,
>내 기도를 들으시는 하나님의 귀,
>나를 변호해 주시는 하나님의 말씀,
>나를 지켜 주시는 하나님의 손,
>내 앞에 놓인 하나님의 길,
>나를 보호하시는 하나님의 방패,
>>내 가까이에서, 또는 멀리에 있으면서
>>홀로 있을 때나 무리 속에 있을 때에
>>나를 마귀의 올무와
>>악한 시험과
>>본성적인 경향과
>>내게 악한 것을 원하는 모든 사람들로부터
>나를 지켜 주시는 하나님의 군대여[3]

이와 같이 수도사들은 유혈이 낭자한 "붉은 순교"(red martyrdom) 대신에 세상을 부인하는 데서 "흰 순교"(white martyrdom)를, 그리고 금욕생활에 몰두함으로써 "푸른 순교"(green martyrdom)를 쟁취하기를 원했다.

켈트족 영성의 또 한 가지 특성은 개인적인 참회(penance)의 수행이었다. 수도원의 원장은 영적인 박사, *amnchara*가 되어야 했다. 왜냐하면 아일랜드의 속담에 있는 것처럼 "고해 신부를 두지 않은 사람은 머리가 없는 몸과 같기" 때문이다. 수도원장은 각각의 수도사의 종교 생활을 지도하며 그가 죄를 고백한 후에는 적절한 속죄의 행위를 부과해야 했다. 『고해 규정서』(penitential)라고 불리는 소책자에는 형벌의 등급이 수록되어 있다. 각각의 죄에 상응하는 속죄의 행위가 있는데, 그것은 시편 암송, 육체적 형벌, 빵과 물의 금식, 출교 등으로 구성되어 있었다. 가장 오래된 고해 규정서인 6세기의 클로나르드(Clonard)의 수도원장 핀니안(Finnian)의 고해 규정서에서 몇 가지 예를 들어 보면 다음과 같다:

> 욕설을 하는 죄를 짓고 회개한 사람은 오랫동안 금식해야 한다. 하나님을 섬기는 성직자와 논쟁을 벌인 사람은 한 주일 동안 빵과 물을 금식해야 한다. 성직자가 한두 번 양이나 돼지 등의 동물을 훔쳤다면, 일 년 동안 빵과 물을 금식해야 하며 자신이 훔친 물건을 네 배로 갚아 주어야 한다. 수녀가 아이를 낳았는데 그 죄가 모든 사람들에게 알려졌다면, 그 수녀는 6년 동안 빵과 물을 금식해야 한다. 만일 성직자가 처녀나 여인에게 육욕을 품고서 그 일을 고백하지 않는다면, 그는 7일 동안 빵과 물을 금식해야 한다 [4]

우리가 볼 때에는 하찮게 보이는 죄에 대해서도 벌이 부과되었다: 손을 더럽힌 죄에 대한 형벌로 100대의 매를 때렸고, 마실 것에 불순물을 떨어뜨린 요리사는 40일 동안 참회해야 했고, 술 취해서 토한 사람은 7일 동안 참회해야 했고, 믿음은 좋지만 거짓 증거를 한 사람은 100대의 매를 맞아야 했고, 믿음이 좋지 않은 사람이 거짓 증거를 했을 때에는 700대의 매에다가 시편을 50편 암송해야 했다. 곧 이 고해 규정들은 수도사들에게 적용되었을 뿐만 아니라 평신도들에게도 동일하게 전해졌는데, 그것들은 특히 모든 성적인 악습들을 겨냥한 것이었다.

고해 규정서에 규정된 형벌들은 서로 대치할 수 있었으며, 가치 대조표도 마련되었다. 일년 동안의 보속은 사흘 동안 성인의 무덤 속에 들어가서 퇴수(退修)하는 것으로 대신할 수 있었다. 금식을 지탱하지 못하는 사람은 그 대신에 무릎을 꿇고서 50편의 시편을 암송하고 무릎을 꿇지 않고 66편을 암송하는 것으로 대신할 수 있었다. 쿰메안(Cummean)의 고해 규정서에서는, 시편 암송하는 방법을 알지 못하며 금식도 할 수 없는 참회자는 자기 대신에 속죄 행위를 수행해줄 수도사를 선택할 수 있다고 규정했다.[5] 심지어 보속을 금전으로도 대신할 수 있었다. 수도원에 지불되는 보상금은 켈트족의 법에서 "명예의 값"(price of honor)이라고 알려진 법률 제도를 상기시킨다. 이것은 범죄의 경중과 피해자의 사회적 신분에 비례하여 지불되었다.

개인적인 속죄의 영적 가치에 대해서는 논란이 많았다. 사소한 일, 자의적인 면, 범한 잘못과 배상금 사이의 불균형, 고해규정서마다 그 내용이 일치하지 않는 것 등으로 말미암아 많은 비평이 생겨날 수 있을 것이다. 그러나 이 참회의 관습은 공적인 속죄보다 진보된 것이었다. 왜냐하면 공적인 속죄는 되풀이 할 수 없었기 때문이다. 수도사는 실족할 때마다 죄사함을 얻을 수 있었다. 고해 신부는 죄를 회개하는 사람과 은혜를 주시는 하나님 사이의 중개인이었다. 가브리엘 르브라스(Gabriel LeBras)는 다음과 같이 말했다:

> 고해 규정은 그 형벌을 선택하는 데 있어서는 물론이요 죄의 심리학에 있어서도 정교함을 요구하기 때문에, 신자들의 교육은 물론이요 성직자들의 교육에도 유익하다. 고해 규정은 성직자들에게 도덕적 순결감과 물질적 청결감을 준다. 하나님의 공의의 경우에서처럼, 인간의 공의는 그것들에서 많은 것을 끌어낸다. 고해규정을 만들어 냈으며 원리들을 존중하고 독창적으로 적용한 아일랜드인들은 서방 세계의 도덕적 양심의 진보에 있어서 암흑 시대에 생활한 어떤 민족보다 더 큰 공헌을 했다.[6]

아일랜드인들이 유럽 대륙에 정착했을 때에 이 고해규정은 대단히 성공을 거두었을 것이다.

켈트족의 금욕주의에서 주목해야 할 또 한 가지 형태는 자신의 고향을 떠나 유랑 생활을 하는 것이다. 하나님의 명령을 받아 고향을 떠난 아브라함이나 그리스도를 위해 모든 것을 버린 사도들의 본보기를 좇아, 켈트족 수도사들은 자신을 자신의 부족들에게, 또는 수도원에게 묶어두는 모든 속박을 끊어버리고서 여행(peregrinatio)을 시작했다. 켈트족은 아일랜드, 웨일즈, 콘월 등지를 떠나 잉글랜드나 유럽 대륙에 정착했다.

6세기의 켈트족 사람들은 자기들의 원수인 앵글로 색슨 사람들을 "낙원에서 만나지 않기 위해서" 그들을 개종시키기를 거부했는데 반해, 7세기의 아일랜드 수도사들은 스코틀랜드와 북부 잉글랜드에 정착했다. 데리(Derry) 출신으로서 아이오나(Iona)에 정착한 콜룸바(Columba)나 꼴룸씨엘르(Columcille)의 제자들은 노덤브리아에 수도원들을 세웠다. 즉 린디스판에는 남자들을 위한 수도원을 세우고, 휘트비에는 합동 수도원(남녀가 따로 합숙하되 같은 원장 밑에서 같은 교회를 사용하는 수도원)을 세웠다. 그들은 금욕, 성경 묵상 등으로 이루어지는 종교 생활에 헌신했는데, 비드의 말을 믿는다면, 이것은 그들에게 큰 성공을 보장해주었다.

다른 수도사들은 경이로운 땅을 찾아다니는 영웅들처럼 보트를 타고서 유럽 대륙으로 건너갔다. 그들은 아르모리카(Armorica) 섬과 그 해안에 수도원들과 은거지들을 세워 새로운 형태의 종교 생활을 이룩했는데, 이것은 프랑스-로마의 감독들을 괴롭게 했다. 590년에 아일랜드 사람인 뱅골의 콜룸반(Columban of Bangor)과 그의 제자들이 영국 해협을 건너와서 룩실(Luxeuil)에 정착했다. 콜룸반의 영성은 그 시대와 타협하여 크게 흐트러진 메로빙 왕조의 교회를 회복하는 데 크게 기여했다. 보다 엄격한 종교생활을 원한 귀족들은 수도사들에게 땅을 바치고, 자녀들을 그들에게 맡겼고, 심지어 몸소 수도원에 들어가기도 했다. 그 당시 고올 지방에서는 알려져 있지 않았던 개인적 참회(penance)라는 관습이 호의적으로 받아들여졌다. 644년, 샬롱 수르 싸온느(Châlon-sur-Saône) 공의회에 모인 감독들은 이 새로운 참회라는 수행의 가치를 인정했다. 콜룸반의 추종자들은 성서를 읽고 공부하기 위한 활력을 회복시켰다. 많은 감독들은 계속해서 자신이 학예(liberal arts)에 능한 것을 자랑했지만, 아일랜드인 수도사들은 금욕적 문화의 기본 요소, 즉 성경 묵상 훈련을 회복시켰다. 콜룸반의 추종자들은, 인간은 태어나면서부터 하나님에 대한 관상을 하라는 부름을 받았다고 상기시켜 주었다. 그들에게는 가시적 세계와 불가시적 세계 사이의 경계가 더 이상 존재하지 않았다. 이 새로운 영성은 콜룸반의 저술들을 조사함으로써, 그리고 7세기와 8세기에 고올 지방에서 저술된 성인전들을 읽음으로써 평가할 수 있다. 성 게르투르드(St. Gertrude of Nivelles)의 전기 중 한 곳을 인용해본다:

> 우리는 이 세상에서 천사 같은 생활을 하는 많은 사람들을 봅니다. 그들은 육체적으로는 인간들 사회에서 생활하지만 그들의 정신과 양심은 영원을 향하고 있으며 그들의 마음은 끊임없이 거룩한 관상 안에서 들려 올려집니다.
> (The Virtues of St. Gertrude 1[MGH, SRM 2:464]).

콜룸반을 따른 수도사들은 낙원의 예현(豫顯)으로서 수도원들을 세웠다. 그들은 사탄의 세력들을 정복했고, 야생 동물들을 길들였고, 자연을 규제했다. 수도사들은 아담이 하나님으로부터 받았으나 죄로 말미암아 상실했던 특권들을 되찾으려 했다. 수도사들은 생전에 자신에게 계시된 환상을 통해서 지옥의 공포와 천국의 즐거움을 보는 은총을 받았다.

역시 방랑생활(perentrinatio)과 관련된 것인 바 켈트족 영성의 또 한 가지 특징은 이교도들을 복음화하려는 소원이었다. 켈트족 수도사는 "사막"을 열심히 찾아 다니면서도 농부들을 기독교로 개종시키는 일을 하지 않을 수 없었다. 그는 자기도 모르게 선교사가 되었다. 콜룸반의 제자인 갈(Gall)과 유스터스(Eustace)는 각각 알라마니아인들(Alamanic)과 바바리아인들을 개종시켰다. 유스터스의 제자인 오머(Omer)는 플랑드르 사람들을 복음화했다. 아만드와 엘로이에서와 같이 대륙의 수도사들은 선교의 열정에 사로잡혔다. 그들이 세운 수도원은 선교사 "양성소"였다. 8세기부터 앵글로 색슨족 수도사들이 등장했다. 그들 역시 선교 정신이 충만하여 독일을 개종시키는 일에 착수했다.

아일랜드가 7세기와 8세기에 유럽 대륙의 기독교에 행한 공헌이 독특한 켈트족 영성의 마지막을 장식하지는 않는다. 비록 800년 이후로 바이킹의 침입 때문에 켈트족의 유럽 대륙 접촉이 제한되었지만, 켈트족 고유의 중요한 발달이 이루어졌다. 그중 가장 탁월한 것은 아일랜드의 수도원 문화와 수세기 동안 구전으로 전해져온 켈트족의 이교 전승들 사이의 상호작용이었다. 초기 아일랜드의 무용담들이 오늘날까지 보존된 것은 8세기부터 12세기 사이에 활동한 아일랜드 수도사들의 덕분이다. 이 수도사들은 아일랜드 무용담을 보존하는 것이 자기들의 종교적 헌신과 상충되지 않는다고 보았다.

이처럼 모국어로 된 문학과 관련된 문화에 대한 수도원적 관심이 초기 아일랜드 영성의 가장 매력적인 특성들 중 하나, 즉 수도사들이 하나님의 창조의 빛을 찬송할 때 사용한 참신하고 매력있는 자연 시(詩)의 근저에 놓여 있었다. 잘 알려진 한 은수사의 노래에서는 그것을 다음과 같이 표현한다:

> 나는 오직 나의 하나님만이 아시는
> 숲 속에서 삽니다
> 개암나무와 물푸레나무로 된 나의 집은
> 족장의 성채 안에 있는 오래 된 오두막집과 같습니다
> 커다란 소나무들은
> 나를 위해 음악을 들려줍니다.
> 온유하신 나의 그리스도시여,
> 내가 누구를 부러워하겠습니까?[7)]

아일랜드의 부족 사회와 밀접하게 연결되어 있는 아일랜드 수도

원 운동에는 나름대로의 악습과 문제들이 있었다. 8세기에 시작된 *Céili Dé*(하나님의 종들)이라고 불리는 중요한 개혁 운동은 수도사들에게 엄격한 금욕생활과 헌신의 열정을 크게 상기시켜 주었다.

기독교로 개종한 게르마니아(Germania)의 영성

최초로 기독교로 개종한 게르만인들은 고트족과 반달족과 부르군디족으로 이루어진 동방의 집단을 구성하고 있었다. 그들은 역사적인 사건에 의해서 이교를 버리고 정통 가톨릭 교도들이 이단이라고 판단하는 형태의 기독교를 받아들였다. 즉 그들은 울필라스(Ulfilas)의 영향을 받아 아리우스주의를 받아들였는데, 이것은 니케아 공의회에서 정죄를 받은 것이었다(325 C.E.).

우리는 아리우스파 게르만인들의 영성에 대해서는 거의 아는 것이 없다. 그러나 아리우스주의의 힘은 이 신앙이 지닌 민족적 특성에서 흘러나왔다고 말할 수 있다. 아리우스파 성직자들은 제후에게 철저하게 복종했다. 고트어를 사용하는 예배에는 울필라스가 배려한 번역 덕분에 성경을 직접 접할 수 있었던 신실한 자들이 모였다. 부르군디와 반달족의 제후들은 신학적 논쟁에 관심이 있었으며, 설득하거나 강압에 의해서 정통 신자들을 개심시키려 했다. 그 민족의 대다수는 자기들의 전통 신앙을 충실하게 지켰다. 그들은 6세기와 7세기에 그들의 지도자들이 가톨릭 세례를 받기로 동의했을 때에서야 비로소 정통 기독교로 개종했다.

게르만족 계열의 이교도들—앵글로 색슨족, 프랑크족, 게르마니아의 다른 민족들, 스칸디나비아인들—을 복음화 하는 일은 오랜 노고를 요하는 작업이었다. 지도자들의 회심은 곧 그 민족의 회심으로 이어졌다. 그러나 선교사들은 과거의 관습들을 완전히 제거할 수는 없었다. 그리하여 "기독교의 게르만화"(Germanization of Christianity)라는 문제가 제기되었다. 이 문제에 대해서는 특히 독일에서 많은 역사가들이 논의해오고 있다. 게르만인들은 로마 기독교로 개종한 것인가, 아니면 자기들 고유의 종교 문화의 특징들을 그대로 유지했는가? 두 종교 중 한 종교가 나머지 종교를 오염시키지 않은 상태로 두 종교의 만남이 이루어졌는가?

  게르만족의 기질이 기독교 영성에 미친 영향을 평가하기 위해서는, 복음 전도자들이 과거의 관습들을 보존하는 데 동의했다는 점을 기억해야만 한다. 그들은 우상숭배를 대적하여 싸웠지만, 그 제의와 특정 의식들의 토착화를 존중했다. 교황 대 그레고리(Gregory the Great)는, 영국으로 파견되는 선교사들에게 그 지방의 사원들을 파괴하지 말고 다만 그곳에서 우상들을 제거하며 이교의 축제들을 대신할 의식들을 제정하라고 강력하게 권했다. 왜냐하면 "거친 심령들 안에 있는 모든 것을 단번에 진압하는 것은 불가능한 일이기 때문이다. 산을 오르려는 사람이 일사천리로 급속하게 올라가서는 정상에 올라갈 수 없으며 한 걸음씩 차분하게 올라가야만 정상에 이를 수 있다."[8]

  선교사들은 샤를마뉴처럼 강압에 의해서 기독교를 받아들이게 만들려 했던 사람들이 사용한 것과는 반대되는 방식, 즉 설득이라는 정책을 채택했다. 8세기에 보니페이스(Boniface)는 윈체스터의 다니엘 감독의 충고에 귀를 기울였다. 전도자는 자신이 이교의 교리에 대해 무지하지 않다는 것을 나타내야만 한다; 그는 게르만인들로 하여금 자기들의 신들에 대해 말하게 만들며, 그들의 신앙이 적합하지 않음을 인정하게 만들어야 한다: "전도할 때에는 무슨 말을 하든지 열정적이거나 도전적으로 논쟁하는 태도를 취하지 말고 온건하고 절제하는 태도를 취해야 한다."[9] 8세기말에 알쿠인 (Alcuin)은 "이성직인 지성을 소유한 사람에게 전도할 때에는 여러 가지 설교 방식에 의해 가르치고 설득하여 그로 하여금 거룩한 믿음의 참된 특성을 감지하도록 해야 한다"[10]고 환기시킴으로써 샤를마뉴의 강압적인 방법에 반대했다. 스칸디나비아에서는 선교사들이 이교의 심각한 미신들을 대적하여 싸우면서도 관(棺)에 술을 붓는 것과 같은 사회적인 의식들을 보존하는 데에 동의했다. 성직자들은 이교도들이 사용하는 마술적 주문을 대신하기 위해서 "기독교적 주문"이라고 부를 수 있는 기도문들을 소개했다. 사제들은 밭, 포도원, 신방, 처음 난 수염을 면도하는 일, 새 우물, 동물에 의해 더럽혀진 꽃병, 목욕할 때에 사용하는 비누 등등을 축성했다. 어떤 기도문은 천둥과 태풍을 몰아내며 괄태충과 구더기들로부터 보호해주는 힘을 가지고 있었다. 병자가 마법사를 찾아가는 것을 막기 위해서, 성직자들은 라틴어, 그리스어, 그 지방의 모국어, 신비한 단어들 등을 섞어서 만든 공식을 암송했는데, 거기에는 많은 십자가 표식들이 포함되었다.

   이제 기독교화 된 게르만인들의 종교 심리에 대해 보다 깊이 논의하기로 하자. 게르만족의 사회 구조, 특히 게르만인들이 용사들의 집단에 속해 있었다는 사실은 그들이 기독교 신앙생활을 하는 데 영향을 주었다. 게르만인들은 자신이 충성을 바쳐 섬기는 제후를 신성한 인물로 간주했다. 751년 이후로 카롤링 왕조의 왕들은 주교들에 의해 기름부음을 받음으로써 자신의 종교적 품격을 강화했다. 프랑크족의 왕들은 세상에서 하나님을 대변했다: 왕의 궁전은 낙원과 같은 방식으로 묘사되었다—하나님이 천사들과 성도들에 둘러싸여 있는 것처럼, 왕은 자신의 용사들과 봉신들에게 둘러싸여 앉아 있었다. 그리스도가 천국의 주인인 것처럼, 왕은 그 왕국의 주인이었다. 그리스도 자신도 자신의 봉신들, 즉 사도들을 거느리셨다. 『구주』(Heliand)라는 시를 지은 시인은 복음서를 게르만어를 사용하여 자기 나름의 방식으로 해석했다. 그는 그리스도가 제자들에게 둘러싸여 있으며, 제자들 중에서 베드로가 가장 중요한 역할을 하는 것으로 묘사했다. 베드로에게 바쳐진 많은 교회들이 증거하는 바와 같이, 7세기초부터 게르만족의 세계에는 사도들의 왕자를 숭배하는 관습이 전파되었다. 베드로는 항상 로마에서 살았다고 여겨졌으며, 로마에서는 그의 유물이 순례의 대상이 되었다. 독일을 복음화 한 주교들은 베드로의 후계자인 교황에게 도움과 충고를 호소했다. 로마에서는 이미 오래 전에 사라진 성 베드로좌의 축일(2월 22일)이 게르만족의 국가에서는 존속했다. 게르만족의 국가에 존재했던 지도자 숭배가 성 베드로 숭배를 촉진했다고 말하지 않더라도, 우리는 게르만족은 베드로를 천국의 문지기, 그들을 낙원으로 인도할 수 있는 사람으로 여겼다고 생각할 수 있다.[11]

베드로 뿐만 아니라 여러 영웅들도 숭배되었다. 일반적으로 귀족의 후손인 성인들이 숭배되었는데, 사람들은 그들의 유물을 숭배하며 그것을 보다 적합한 장소로 옮기기도 했다. 성인들은 성공과 번영을 약속해 주었다. 삭소니와 같이 갓 개종한 국가는 성유물을 소유함으로써만 영적으로나 물질적으로 발전할 수 있었다. 켈트족의 사회에서는 여인들이 종교 생활에서 중요한 역할을 했기 때문에 남자 성인의 유물 뿐만 아니라 여자 성인들의 유물도 숭배되었다. 8세기에 활동한 많은 여자 수도원장들과 수녀들이 성인으로 간주되었다. 여성을 성인으로 추앙하는 일은 특히 게르만족의 신앙 안에서 크게 자리를 잡았다.

게르만인들은 혈연 관계와 종족 관계로 묶여 있었기 때문에, 특별히 강력한 단결 의식을 가지고 있었다. 그들은 그것을 *Geldonia*, 즉 같은 부류의 사람들끼리의 "상호 협력 협회들" 안에서 표현했다. 이 협회의 회원들은 정기적으로 모여 많은 술을 마시고 경솔한 행동을 했으므로, 성직자들은 그것을 억제하려 했다. 그러나 이러한 동료 의식이 계기가 되어 수도원 안에 "죽은 자들을 위한 형제단들"이 결성되었다. 762년에 아티그니 종교회의에서는 44명의 성직자들이 산 자들과 죽은 자들을 위해 기도했다. 바바리아 지방에서는 "고인이 된 수도사들의 유익을 위해 기도하는 바바리아 지방 감독들과 수도원장들의 조합"이 조직되었다. 한 프랑크족 수도사가 죽었을 때에 다른 수도사들은 그를 위한 미사를 드려야만 했다. 9세기에는 수도원 안에 있는 이러한 협회들의 수가 증가했다. 그러므로 레머르몽(Remiremont)의 *Liber memorialis*는 게르마니아의 몇몇 수도원들로 하나의 기도 협회를 구성했다. 수도사들은 죽은 자들과 산 자들을 위해 기도할 수 있었다.

게르만족 영성의 또 하나의 특성은 그 민족의 호전적인 경향과 관련이 있었다. 전쟁은 하나님의 심판이었다. 하나님과 하나님의 군대는 여호수아, 다윗, 유다 마카비와 같은 성경의 영웅들을 도우셨던 것처럼, 전쟁터에서 용사들을 도와주셨다. 호전적인 성인들(모리스, 세바스티안)은 게르만족이 본받아야 할 모범이었다. 카롤링 왕조의 군인들은 금식과 기도 기간에도 전투할 각오가 되어 있었으며, 전쟁 중에도 *Kyrie Eleison*("주여 불쌍히 여기소서")을 찬송했다. 그러므로 기독교의 원수들을 대적하여 집행되는 거룩한 전쟁이라는 개념이 카롤링 왕조 시대에 이미 등장해 있었다. 프랑크족 군사들은 그리스도의 군사(*miles Christi*)가 되었는데, 그들의 무기는 성직자들이 축복해 주었다. 9세기에 어느 교황은 사라센인들에 맞서 교회를 지키기 위해서 싸우다가 죽는 사람에게 영원한 구원을 약속했다.[12]

많은 기독교인들은, 하나님의 원수들을 대적하여 행하는 전쟁은 선의 세력과 악의 세력 사이에서 벌어지는 전쟁의 일면에 불과하다고 보았다. 사탄과 그의 졸개들은 천상의 성채를 공격하였고, 죄인들을 지옥으로 몰아넣을 준비가 되어 있었다. 켈트족의 영향을 받은 수도사들이 기록해 놓은 환상에는 지옥의 공포와 천국의 영광이 아주 사실적으로 묘사되어 있다. 결국 사탄은 필연적으로 추방된다.

9세기 중엽에 바바리아 지방의 방언으로 저술된『무스필리』(*Muspilli*)에서 시인은 최후의 심판 및 엘리야가 적그리스도를 이기고 승리하는 것을 묘사한다. 그것은 스칸디나비아에서 저술된 시『뵐루스파』(*Völuspa*) 즉 여자 예언자의 예언과 비교될 수 있다. 만일 저자가 기독교인이 아니었다면, 그는 기독교의 영향을 많이 받은 인물이었을 것이다. 왜냐하면 그는 창조 이후의 우주의 역사의 순환을 묘사하고 조화가 회복되는 환상으로 끝을 맺고 있기 때문이다:

> 나는 태양보다 찬란한 황금 지붕을 가진 궁전을 봅니다. 끝까지 신앙을 지킨 사람들의 무리가 그곳에 거주할 것인데, 그들은 세상 끝날 까지 행복을 누릴 것입니다. 능력 있으신 주께서 완전한 주권을 가지고 심판하러 오실 것입니다. 그분은 만물을 질서 있게 하기 위해 전능하심 안에서 내려오십니다. 그분은 심판하시고, 불화를 거부하시며, 영원히 유지될 거룩한 조화를 확립시키십니다.

그것은 이교를 숭배하던 시대에서처럼 우주적 재앙의 문제가 아니라 천상의 예루살렘을 건설하는 문제였다.

주(註)

1) Procopius *History of the Gothic Wars* 8: 20. 42-58.
2) Venerable Bede *History of the English Church and People* 2.13
3) Patrick *Lorica*, lines 32-48, as translated by Ludwig Bieler in *The Works of St. Patrick* (ACW 17;1953) 70-71.
4) An edition and translation of the Penitential of Finnian can be found in Ludwig Bieler, *The Irish Penitentials* (Dublin: The Dublin Institute for Advanced Studies, 1975) 74-95.

5) The Penitential of Cummean can be found in Bieler, *Irish Penitentials*, 108-35.
6) G. LeBras, "The Irish Penitentials," 126.
7) "Marban, A Hermit Speaks," as translated by Michael Harnett in *The Book of Irish Verse*, ed. John Montage (New York: Macmillan, 1974) 57-58.
8) 그레고리의 유명한 편지가 Bede *History* 1.30에 보존되어 있다.
9) 다니엘 주교가 보니페이스에게 보낸 편지에 관해서 알려면 *PL* 89, col. 708을 보라.
10) Letter of Alcuin to Arno, Bishop of Salzburg, in *MGH Epistulae* IV, p. 164.
11) Bede *History* 3.25에 수록되어 있는 바 오스위 왕이 휘트비 종교회의에서 행한 유명한 진술을 보라.
12) People Leo IV's Letter to the Frankish Army, Ep. 28 in *MGH Epistulae* V, p. 601.
13) *Völupsa* 64-65, in *The Poetic Edda*, trans, Henry A. Bellows (Princeton, NJ: Princeton University Press, 1923) 26.

참고 문헌

켈트족 영성

Dillon, Myles, and Nora K. Chadwick. *The Celtic Realms*. New York: New American Library, 1967.

Hanson, R. P. C. *The Life and Writings of the Historical Saint Patrick*. New York: Seabury, 1983.

Hughes, Kathleen. *The Church in Early Irish Society*. Ithaca, NY: Cornell University Press, 1966.

_____, and Ann Hamlin. *Celtic Monasticism*. New York: Seabury, 1981.

LeBras, Gabriel. "The Irish Penitentials." In *The Miracle of Ireland*. Edited by Henry Daniel-Rops. Dublin: Clonmore & Reynolds, 1959.

McNeill, John T. *The Celtic Churches: A History, A. D. 200-1200*. Chicago: University of Chicago Press, 1974.

Maher, Michael, ed. *Irish Spirituality*. Dublin: Veritas Publications, 1981.

Rees, Alwyn, and Brinley Rees. *Celtic Heritage: Ancient Tradition in Ireland and Wales.* London: Thames & Hudson, 1961.
Riché, Pierre. "Columbanus, his followers and the Merovingian Church." In *Columbanus and Merovingian Monasticism.* Edited by H. B. Clarke and Mary Brennan. British Archaeological Reports International Series 113. Oxford: British Archaeological Reports, 1981.

게르만족 영성
Boyer, Regis. *La religion des anciens scandinaves.* Paris: Payot, 1981.
Dumézil, Georges. *Gods of the Ancient Northmen.* Berkerley: University of California Press, 1973.
Levison, Wilhelm. *England and the Continent in the Eighth Century.* Oxford: Clarendon Press, 1946.
Löwe, Heinrich. "Pirmin, Willibrord und Bonifatius: Ihre Bedeutung für die Missionsgeschichte ihrer Zeit." In *La conversione al'cristianesimo nell'Europe dell'Alto Medioevo.* Settimane de Spoleto 1966. Spoleto: Centro di Studi sull'Alto Medioevo, 1967.
Manselli, Raoul. "La conversione dei popoli germanici al Cristianesimo: La discussione storiografia." In *La conversione al'cristianesimo nell'Europa dell'Alto Medioevo.*
Mayr-Harting, Henry. *The Coming of Christianity to England.* New York: Schocken Books, 1972.
Musset, Lucien. "La pénétration chrétienne dans l'Europe du Nord et son influence sur la civilisation scandinave." In *La conversione al cristianesimo nell'Europa dell'Atlo Medioevo.*
Riché, Pierre. *Education and Culture in the Barbarian West.* Columbia, SC: University of South Carolina Press, 1976.
Salin, Édouard. *La civilisation mérovingienne.* 4 vols. Paris: Picard, 1949-59.
Vogel, Cyrille. *Le pêcheur et la pénitence au moyen âge.* Paris: Cerf, 1969.

제8장
그레고리의 개혁

칼 모리슨(KARL R. MORRISON)

그레고리의 개혁(Gregorian Reform)은 교황 레오 9세 시대에 랭스 공의회(Council of Rheims, 1049)에서 시작되었으며 교황 칼릭스투스 2세 때에 제1차 라테란 공의회(1123)에서 종식되었다고 말할 수 있다. 그것은 11-12세기에 있었던 많은 기독교 갱신 운동들 중에서 가장 뛰어난 것이었으며, 그 결과도 가장 오래 지속되었다. 그 이유는 그것이 특별한 교구나 왕국이나 교단에 한정되지 않았고, 또 한 사람의 영감을 받은 지도자의 생애에만 한정되지도 않았기 때문이다. 일련의 교황들(그중에서 가장 탁월한 인물은 그레고리 7세[1073-1085]이며, 이 개혁의 명칭도 그의 이름을 딴 것이다)은 이 개혁의 원리를 자기들의 통치의 강령으로 삼았다. 그 개혁은 서유럽 전체의 정치적/영적 삶에 침투했다. 그것은 수십 년 동안 다른 개혁들을 육성하거나 거부하기 위한 기본이 되는 일반적인 언급의 역할을 했다. 고레고리의 개혁의 목표, 업적, 그리고 실패 등은 교회를 정결케 함으로써 기독교적 삶을 쇄신하려는 노력 안에는 많은 프로그램들이 있었음을 고려하여 이해되어야 한다.

그러한 프로그램들은 모두 성서에 제시된 삶의 형태들을 세상에서 실현하려 했고, 또 교회의 일치라는 비전에 의해 좌우되었다. 그레고리의 개혁의 특징은, (1) 기독교 사회에서 사제직을 구분하여 평신도보다 우위에 놓는 삶의 형태를 성서에서 도출해낸 것, (2) 절대적으로 교황이 우두머리가 되는 체계와 구분할 수 없는 형태의 교회의 일치를 가르친 것 등이다. 그레고리의 개혁 운동의 주도적 원리는 사제 제도(sacerdotalism)와 교황의 군주정체였다. 그것들은 곧 스스로를 정당화하는 목적이 되었다.

사제 제도와 교황의 군주정체라는 두 가지 원리는 과거의 것이었다. 그레고리의 개혁을 주도한 사람들은 그 두 가지를 결합함으로써 과거 초대 교회 내에서 분쟁을 일으켰던 하나의 교리를 부흥시켰다. 복음서에 의하면, 그리스도께서는 교회를 사도 베드로에게 맡기셨고, 형제들을 굳건하게 하는 능력을 주시며 기도에 의해서 베드로의 믿음을 지속시켜 주겠다고 약속하셨다(마 16:18; 눅 22:31-32). 2세기말에 충돌의 윤곽이 그려졌다. 어떤 사람들은 그리스도께서 모든 사도들 및 그 후계자들, 즉 모든 감독들의 대표자격인 베드로에게 말씀하셨다고 믿었다. 이들은 교회의 일치는 믿음의 문제에 관하여 모든 감독들을 통일시켜주는 카리스마적인 조화, 각 감독들에 의해서 성령으로부터 이끌어 내어지며 종교회의와 공의회의 합의에 의해 제도적으로 표현되는 조화 안에 존재한다고 보았다. 그러나 다른 사람들은 베드로가 위임 받은 권한은 개인적인 것이며, 그것은 그의 뒤를 계승한 로마의 감독들에게 유업으로 전해진다고 믿었다. 그들이 볼 때에, 교회의 일치는 베드로의 직위, 그리스도와 모든 신자들 사이를 중개하면서 신자들에게 믿음 및 그들이 교회 안에서 소유하는 모든 권위를 전해주는 직무 안에 존재했다.

중앙집중적인 관리 기구가 부족했기 때문에, 교황 수위권을 옹호하는 사람들은 자신의 이상에 따라 세상을 형성할 수 없었다. 그들은 교부 시대에 장애물을 만났다. 서방에 있는 하나의 주도적 교회를 대적한 동방 제국의 정치적 이해관계 때문에 교황과 동등한 권력을 주장하는 자치적인 총대주교 직이 생겨나게 되었다. 총대주교들 사이에 벌어진 논쟁들 때문에 공의회가 가장 저명한 주교들에게까지 사법권을 발휘하는 세계적인 법정으로 사용되는 일이 장려되었다. 게다가 야만족들의 침입으로 말미암아 서방의 성직 직제의 분열이 촉진되었다. 왜냐하면 신흥 왕국들 안에서의 교회 행정은 먼 곳에 있는 교황의 지위보다는 가장 가까운 권력의 소재지인 왕의 법정에 집중되었기 때문이다. 8세기 이후 새로 시작된 야만족들의 침입과 봉건 제도의 발달은 지방분권주의(regionalism)를 조성했다. 9세기말부터 그레고리의 개혁(ca. 1050)이 시작되기 전 사이의 기간에 교황의 전제정치에 대한 적대적인 분위기가 절정에 달했다. 왜냐하면 그 당시 로마의 귀족들은 교황제도가 연약한 데다가 타락했다고 주장했기 때문이다.

비록 당시의 상황이 사제제도에 우호적이었고 교황의 군주정체를 잠식하고 있었지만, 교황의 전통은 그 두 가지를 결합한 이상을 양성했다. 그 이상의 열렬한 옹호자인 니콜라스 1세(858-867)가 바로 그레고리파가 그 이상을 이끌어낸 원인인 바 교황제가 질적으로 저하한 시기에 교황이 되었음은 아이러니가 아닐 수 없다. 교부 시대에서부터 그레고리 시대가 시작되기 전까지의 기간에 교황의 전제 정치가 없는 사제 제도를 정당화하는 교리와 제도들이 정착했고, 전체 교회의 판단과 합의를 교황이 책임지게 되었다. 이러한 교리와 제도들이 야만족의 침입 이후에 유럽에서 형성된 정치 질서와 뒤얽혔다.

그레고리파에서는 그것들을 담대하게 공격하기 시작했다. 일반적으로 그레고리파 사람들은 교회의 일치는 곧 교회의 거룩성과 보편성(catholicity)과 사도성(apostolocity)의 요약이라는 데 동의했다. 그들은 주장하기를, 교회의 성결은 교황에게서 요약된다고 했는데, "교회법에 합당하게 임명된 교황은 성 베드로의 공로로 말미암아 거룩하게 된다"[1] 고 했다. 교황의 성화(sanctification)에서 로마 교회의 무오류성이 비롯되었다. 영적인 힘은 세속적인 힘보다 우월하기 때문에, 세상에서 영적 권력의 주된 소재지인 교황은 교회의 보편성의 전형이었다. 그는 백성들이 불의한 통치자들에게 한 맹세를 면제해 주고, 기독교 신자인 왕들의 봉사를 요구하며, 심지어 황제를 해임할 수도 있었다. 교황은 감독들을 판단하고 해임하거나 공의회에서 결정된 교령을 재가하거나, 어떤 본문이 교회법 안에서 구속력이 있는 것으로 인정하거나 거부할 수 없는 막대한 권력을 소유했기 때문에 어떤 사람도 교황을 판단할 수 없었다. 교황이 결정한 것은 누구도 재검토할 수 없었다.

마지막으로, 로마 교회의 사도성(apostolocity)은 다른 모든 교회의 사도성보다 우선했다. 왜냐하면 그 교회는 그리스도께서 베드로의 신앙고백에 대한 반응으로 전체 교회를 그에게 맡기시며 영원히 베드로의 신앙의 지조를 유지하게 해주겠다고 약속하시면서 친히 세우신 것이기 때문이다. 그리스도께서 베드로에게 맡기시고 약속하신 것을, 베드로 역시 사도직을 계승하여 자신을 따르는 사람들, 즉 로마의 감독들에게 맡기고 약속했다.

개혁의 초기에는 사제주의와 교황의 군주정치가 보다 큰 영적 목적—교회에서 세속적인 지배를 제거하여 정결하게 하는 것—을 얻기 위한 제도적 방편으로 간주되었다고 생각할 이유가 있다. 개혁자들은 교회 안에 세속성을 침투시킨 세 가지 관습을 식별해냈다: 그것은 성직매매(simony), 성직자의 결혼 및 축첩(Nicolaitism), 그리고 사제들을 교회의 직무에 임명하는 일에 있어서 평신도들이 발휘한 특권 등이다. 개혁자들은 특히 평신도들이 사제들에게 영적 능력의 상징물(예를 들면 주교의 반지와 지팡이)을 수여하는 것에 격분했다. 이 상징적인 관습에 대한 공격은 성직자들로 하여금 자신의 세속 대군주에게 충성하도록 하기 위해서 만들어진 유서깊은 관습의 뿌리를 베어버렸다. 그것은 통칭 서임권 논쟁(Investiture Conflict)이라고 알려진 일련의 논쟁으로 이어졌다(이것은 1107년에 런던의 타협에 의해서 종식되었다. 프랑스에서는 같은 시기에 일련의 합의에 의해서, 그리고 독일에서는 1122년에 보름스 협약에 의해서 종식되었다.) 이 세 가지 관습은 모두 오랫동안 사용됨으로써 인정을 받았지만, 개혁자들은 그것들이 공식적인 질서를 타락하게 만들고 성서에서 명한 내적인 순결을 더럽혔다고 주장하면서 자기들이 진리라고 생각하는 것의 이름으로 전통을 공격했다.

그레고리의 개혁이 서방 교회에 미친 공헌을 그레고리의 프로그램 및 그 프로그램이 목표를 성취하는 데에 있어서의 성공이나 실패에 의해서 간단하게 정의할 수는 없다. 그보다는 그것이 개혁의 이데올로기의 저장고 안에 있는 다른 교리들을 배척하거나 포용한 전체적인 원동력에 의해서 측정되어야 한다.

모든 프로그램은 동일한 지점—그리스도의 몸된 교회에 대한 교리—에서 시작했고, 동일한 주제—그리스도의 몸에 참여함—를 이야기했다. 그레고리의 개혁은 경쟁적인 교리들이 활동하기 시작하는 세 가지 주요 영역을 형성하게 했다. 첫째는 그레고리파의 강압에 의해서 만들어진 것으로서 소명에 의해서, 특히 관리직으로의 소명에 의해서 그리스도의 몸에 참여하는 것에 관심을 가졌다. 둘째는 적수들이 수행하는 성례의 유효성에 대한 그레고리파의 도전에 의해서 정의되는데, 성례에 의해 그리스도의 몸에 참예하는 것이다. 셋째는 그레고리파가 정통 신앙의 내면적 행동과 표면적 훈련(성직 서열에 따른 순종)을 평형 상태로 만듦에 의해서 구체화된 것으로서, 개인의 영혼과 그리스도 사이에서의 감정적인 연합에 의한 참여, 즉 영혼이 자신의 유한성을 떠나 하나님의 무한한 지혜와 능력과 영광 속으로 들어가게 되는 가장 내면적이고 말로 표현할 수 없는 기쁨에 의한 참여에 관심을 갖는다.

소명에 의한 참여

그레고리파와 적수들 사이의 법적인 충돌은 소명의 교리에 집중되었다. 왕, 주교, 교황, 그밖에 기독교 사회를 다스리는 모든 사람들은 하나님께서 다스리는 소명을 주셨기 때문에 그 직무를 갖는다고 가정되었다. 그런데 그들은 세상 권위자에게 자신의 직무에 따른 행위에 대해서 해명해야 할 의무가 있는가? 해명해야 할 의무에 대한 그레고리의 교리들은 후대의 사상인 절대 국가 사상과 흡사하다. 그의 교리들은 그리스도의 몸을 하나의 단체로 묘사하는데, 교황은 이 단체에 대해 모든 권리를 초월하는 자의적인 판단을 행하라는 소명을 하나님으로부터 받았다. 그 교리들은 단체의 도덕적 가치관들을 그 조직의 강령과 동일시하고, 교황의 명령을 영원한 법과 동일시했다. 그것들은 전체 공동체가 물려받은 법에 의해서가 아니라 한 사람의 영감된 판단에 의해서 다스려지는 정치 질서를 제시했다. 교황은 신의 소명에 의해서 모든 사람을 지배하며 누구에게도 해명할 의무가 없다는 교리에 찬성하지 않는 사람들에게는 강압을 사용해야 했다.

그레고리 7세의 서신들에는 교황의 소명 및 그것이 수여한다고 생각되는 권력과 의무들에 대한 그의 사상이 분명하게 요약되어 있다. 그레고리는 하나님께서, 또는 베드로가 자신을 교황으로 선택하셨으며, 자신이 자기의 뜻과는 상관없이, 그리고 하나님께 순종하는 마음으로 교회의 무거운 짐을 맡았다고 주장했다. 베드로는 자신의 대리인인 그레고리에게 죄수들과 죄인들을 책망하고 로마 교황청의 힘에 의해서 그들을 처벌하라고 명령했다. 그는 칼로 피를 흘리는 일을 주저해서는 안 되었다. 다시 말해서 육적인 삶을 파괴하는 과업을 위해 말씀을 전파하는 일을 보류해서는 안되었다.[2] 이 표현은 문자 그대로 이해할 수도 있었다. 교황 레오 9세는 남부 이탈리아에서 군사 원정을 하다가 포로가 되었었다. 그레고리 7세는 교황으로 활동하면서 초기에는 동방의 기독교인들을 이슬람에게서 구원하기 위해서 친히 십자군을 이끌고 나갈 것을 제안했다. 그것은 피비린 내 나는 과업으로서 그의 후임자인 우르반 2세는 결국 그 과업을 어느 교황청 대사에게 맡기고 말았다. 그레고리와 그의 후임자들은 정기적으로 군사 원정을 선동하고 거기에 참여했다. 세계의 공의, 진리, 그리고 교회의 자유 등은 그레고리가 신의 감화를 받아 발표한다고 생각한 판단에 의존했으며, 그의 명령에 따라서 잔인한 일도 시행되었다. 교황의 명령에 복종하지 않는 것은 우상숭배, 즉 피조물이 자기 자신을 숭배하는 것이었다.

초창기부터 계속 개혁을 지지한 피터 다미안(Peter Damian, 1007-1072) 추기경은, 교황은 "왕중 왕이요 황제들 중의 황제"이며, 그리스도께서 교회에게 세상 나라와 천국의 권세를 맡기셨다고 말한 적이 있다. 그레고리 7세도 주장하기를, 기독교 사회에서는 영적인 권력과 세속적인 권력 등 모든 권력이 교회와 그 머리인 교황에게 맡겨졌다고 했다. 그리스도께서는 교황에게 하늘과 땅에서 묶고 푸는 권세, 세속사와 영적인 일들을 판단하는 권세, 그리고 그의 판단대로 시행하는 권세를 주셨다. 사제직은 백성들을 천국 생활을 인도하기 위해서 하나님께서 제정하신 것이었다. 인간의 권세욕에 의해서 제정된 왕권은 헛된 영광을 추구했다. 그레고리는 주장하기를, 금이 납보다 귀하듯이 사제직이 왕권보다 고귀하다고 했다.[3]

대주교직, 주교직, 기타 모든 성직을 주거나 거두는 것은 교황의 권한이었다. 만일 교황에게서 정죄받은 사람이 고집스럽게 그 직책에 머물러 있으려 한다면, 교황은 모든 신자의 영적 머리로 행동하면서 신자들이 그 사람에게 복종하거나 그 사람이 집전하는 성례에 참여하거나 참관하는 것을 금할 수 있었다. 또 신자들에게 그 성직자를 몰아내거나 그에게 반역할 것을 명령할 수도 있었다. 자격이 없고 유익을 주지 못한다고 증명된 세속 관리의 직위를 빼앗고 그 직위를 자격 있는 사람에게 수여하는 데 대해 어찌 의심이 있을 수 있었겠는가? 교황은 천사들까지도 재판할 수 있었다.

그레고리의 주장에 의하면, 이 소명은 그가 교황으로서 행한 가장 극적인 행동, 즉 황제 헨리 4세를 해임하고 파문한 것을 정당화해 주었다. 성직 매매에 감염된 헨리는 교회에 반역했었다. 헨리는 그레고리의 명령과 권면을 무시함으로써, 그리고 순종의 서원을 파기함으로써 불순종이라는 우상숭배에 빠졌으며, 하나님께 합당한 영광을 돌리기를 거부함으로써 가장 큰 불의를 범했다. 그레고리는 자신의 소명, 그리고 자신이 전세계적인 목회자로서 마지막 심판 때에 헨리의 영혼에 대해 제시해야 할 보고를 염두에 두었기 때문에, 헨리의 해임을 선포했으며, 그의 백성들을 그에 대한 복종의 명세에서 해방시켜 주었고, 파문 당하고 해임된 왕에 대한 군사적 반역을 인정했다. 그는 하나님과 성 베드로에게 헨리를 완전히 멸절시켜서 백성들이 볼 때에 그레고리와 사도들의 왕자와의 영적 통일성을 입증해 달라고 간청했다.[4]

동맹의 조건들은 그레고리에게 강압 정치를 실시할 기회와 조직을 제공했다. 그러나 소명의 이론은 다양했기 때문에 그에 찬성하지 않는 사람들도 교황제에 대적해서 사용할 수 있는 강압적인 기회와 도구들을 가지고 있었다. 교황제는 이론적으로는 그렇지 않지만, 실제적으로는 권력을 독점하지 못했다. 동맹의 조건에는 예를 들어 기독교 신앙, 성례전(사제와 주교 서임도 포함됨), 교회의 성직 위계제도, 일반적인 전거들(성서, 교부들의 저술들, 정통 종교회의와 공의회의 법규들), 재산, 세속 통치자에 대한 정치적인 충성 등이 포함되어 있었다.

그레고리의 개혁에 찬성하지 않는 사람들은 이 조건들을 고찰하고서, 기독교 사회를 하나의 중앙집중화된 제국으로서가 아니라 다양성을 지닌 연방으로 간주할 수 있었다. 그들은 그리스도의 몸된 교회의 머리는 그리스도 한 분뿐이라고 생각했다. 그리스도의 몸 안에서, 신의 소명은 개별적인 권위의 영역들, 그리고 기독교 사회에 속한 대단히 고귀한 세상의 신자들에 맞서서 이루어낼 수 있는 강압적인 힘들의 균형 상태를 만들어냈다.

그레고리는 자신의 소명의 교리 및 그것과 연결되는 행동들은 성서에 의해서, 교부들의 영감되어진 가르침에 의해서, 그리고 역사적인 선례에 의해서 인정된다고 주장했다. 그러나 그리스도께서 베드로에게 맡기신 사명과 자기가 교황직에 오른 것을 동일시한 것으로서는 그를 비판하는 사람들을 납득시킬 수 없었다. 사람들은 그레고리가 그리스도의 위임(commission)이라는 용어를 왜곡시켰으며, 게다가 교황직과 그 직책을 소유한 사람을 구분하는 데 실패함으로써 부당하게도 그리스도께서 베드로를 통해 교회에게 주신 무오류성의 약속을 교황의 개인적인 정통성의 보장으로 이해했다고 주장했다. 그러므로 그는 신적 소명에 의해 교회 안에 만들어진 권위의 개별적인 영역을 범했다고 주장했으며, 그는 기독교 사회가 자신에게 대적하여 행한 조처의 정당성을 인정했다.

그레고리의 적수들은 그레고리의 정책으로 말미암아 위협을 받은 세 분야의 권위를 대표했다:

(1) 1084년에 그레고리를 떠난 추기경들
(2) 유럽의 고위 성직자들
(3) 헨리 4세의 지지자들이 요란하게 묘사한 왕들

비판가들은 교황도 잘못을 범할 수 있으며, 그리스도의 몸의 일치는 성 베드로의 공로로 말미암은 교황의 개인적인 재가에서 파생되는 것이 아니라 다른 형태의 소명에서 파생된다고 끈질기게 주장했다. 이 세 영역을 옹호하는 사람들은 그레고리가 교황직에 오른 것이 불법이었다는 것, 자기들에게 가한 그레고리의 강압적인 징벌 행위는 그리스도의 몸을 범하고 분열시키는 행위였다는 것, 그리고 자기들이 그레고리를 해임하고(또는 그레고리가 자기 자신을 해임한 것으로 간주하는 것) 새로운 교황을 선출하는 것이 정당하다는 것을 증명하는 일에 관심을 기울였다. 그들은 그레고리를 파멸시키기 위해서 사법적인 과정, 군사적 조처, 반역에 의한 선동 등 여러 가지 수단을 사용했다.

벤돔(Vendôme)의 수도원장 그레고리가 기록한 바와 같이(fl. 1112), 그레고리에게 찬성하지 않거나 반대하는 사람들은 부당한 행동을 한 교황에게서는 성 베드로와 바울의 축복에 참여하는 특권을 박탈할 수 있다고 보았다. 하나님께서는 여러 가지 소명에 의해 축복에 참여하는 상이한 형태들을 제정하셨다. 예를 들면, 추기경으로의 소명, 감독으로의 소명, 왕으로의 소명 등이 있다. 잔인하거나 부패한 방법에 의해서 교회직에 오른 사람이나 이단적인 교황은 그가 다스리기로 되어 있는 믿음의 공동체에 속하지 않는다. 사실상 그는 신적 질서를 혼동하고서 믿음의 공동체를 적그리스도로 간주하여 대적했다. 교황 파스칼 2세(Paschal II)가 힘에 굴복하여 1112년에 평신도 성직 서임권을 인정한 데서 볼 수 있듯이, 정통 교황에게 압력을 가하여 옳지 않은 명령을 발하게 만들 수 있었다. 따라서 공동체로서의 교회에게는 그러한 지도자를 대적할 제도적인 대책, 하나님께서 다양한 소명 안에 세우신 영적 통일성을 지닌 대책이 필요했다.

그레고리의 개혁 계획과 조처에 찬성하지 않는 사람들은 그레고리파에서 채택한 조직적인 방안, 즉 공의회를 의지했다. 양측 모두 성령께서는 종교회의의 판단 안에서 신실한 자들의 일치된 의견을 통해서 말씀하실 수 있다는 데 동의했다. 교황과 공의회의 상대적인 권력에 관한 논쟁과 관련하여 많은 논쟁점이 있었다. 그러나 제정화(帝政化)한 교황권과 마찬가지로, 종교회의 운동도 그레고리의 개혁이 서방 영성에 추가한 제도였다.

그레고리의 개혁에 대해 비판적인 사람들은 그레고리의 개혁이 반교권주의의 성장에 기여했다고 여겼는데, 그것은 옳은 판단이었다. 그레고리 측과 그 적수들 사이의 비난으로 말미암아 많은 교회들이 분열되었다. 그 결과로 야기된 행정적 규율과 성례 질서의 혼동은 테러, 황폐화, 살육 등의 정책—특히 평신도들로 하여금 정죄받은 성직자들을 대적하여 봉기하도록 호소한 것—에 의해서 조성되었다. 그레고리의 개혁이 지닌 이러한 면들은 브레스키아의 아놀드(Arnold of Brescia, 1115년 사망)와 같은 급진적인 개혁자들을 격려해주었다. 아놀드는 "교황은 불과 칼에 의해서 자신의 권위를 유지하는 피의 사람이므로"⁵⁾ 교황과 로마의 부패한 성직자들을 대적하여 평신도들의 반역을 이끌었다. 보다 과격한 개혁자들도 봉기하여 재산이나 권력이나 사제직이 없는 교회를 구성하려 했다.

성례를 통한 참여

성례는 그리스도의 몸에 참여하는 표면적이고 물질적인 상징인 동시에 내면적이고 영적인 원인이었다. 성례가 전해주는 성화의 은혜가 신실한 영혼들에게 그리스도의 성품을 각인하며 그들을 변화시켜 그리스도의 신성에 들어가게 함으로써, 그리스도는 그들 안에 거하고, 그들은 그리스도 안에 거하게 된다. 간단히 말해서, 교황이 사제들을 지배할 것을 추구하는 그레고리의 개혁에는 성례 집행의 통제, 나아가서는 가시적 교회가 스스로를 그리스도의 몸이라고 정의하는 기준이 되는 행동들에 대한 통제가 필요했다. 어떤 사람에게는 그리스도의 영생에 참여하는 것을 허락하고 어떤 사람들은 참여하지 못하게 할 필요가 있었다.

교회 직제의 중앙집중화를 위해서는 성례전의 통일이 필요했다. 그레고리 측의 사람들은 지방의 의식들을 로마의 의식으로 대치했으며(스페인에서 가장 극적으로 이루어졌다), 로마의 표준에서 벗어난 각 지방의 일탈 행위들을 근절하기 위해서 끈질기게 일했다. 성례전적 신학(Sacramental theology)은 그다지 발달하지 않았다. 그러나 그레고리 측에서는 로마 표준들의 보편성을 다짐했다. 투르에 있는 성당학교의 교장 베렌가르(Berengar)는 30년(1050-1080) 동안 화체설 교리에 대해 이의를 제기했다. 프랑스의 고위 성직자들은 그의 교리에 반대했다. 그러나 베렌가르는 일련의 조사를 받으면서, 힐데브란트(Hildebrand, 후일 교황 그레고리 7세가 됨)에게 자신의 정통성을 납득시켰다. 결국 그레고리는 베렌가르가 화체설이라는 주제에 관해 논쟁하거나 가르치는 것은 금지했지만, 베렌가르를 "로마 교회의 아들"로 여겨 보호해 주었고, 그를 이단자라고 부르거나 처벌하는 것을 금지하라고 명했다. 베렌가르의 사건에서 그레고리가 신학적 통일성을 강요했기 때문에, 적수들은 그레고리 교황을 "이단자인 베렌가르의 제자"라고 비난할 수 있게 되었다(브릭센 종교회의, 1080). 한편 베렌가르는 오랫동안 자신의 변증적 방법을 가르침으로써 스콜라주의의 형성에 중요한 역할을 할 수 있게 되었다.

그레고리의 개혁은 성례를 통해서 그리스도의 몸에 참예하는 것과 관련하여 더 광범위한 논쟁을 유발했다. 즉 성직매매자들과 축첩을 한 성직자들이 집전하는 성례를 무효화한 것, 평신도 성직 서임을 금지한 것, 그리고 헨리 4세 치하의 국민들이 왕에게 행한 충성의 맹세를 면제해줌으로 말미암아 논쟁이 야기되었다. 이러한 조처들은 영적 자유를 위협했다. 그레고리 측에서는 성직매매자들과 축첩자들이 육적인 관심사에 속박되어 있다고 간주하고서, 이러한 성직자들이 집전하는 성례를 무효화했다. 그들이 집전하는 성례—특히 사제나 감독 임명—는 집전자의 도덕적인 결점 때문에 손상되었다.

초기의 그레고리 진영에서도 특히 과격했던 실바 칸디다의 홈베

14. Triumph of the Papal View of the Church, Santa Maria in Trastevere, Rome, 12th century

르트 추기경(ca. 1000-1061)은 성직매매자와 축첩하는 성직자들이 수행한 서임식은 헛된 의식으로서 성화의 은혜가 완전히 결여되어 있다고 주장했다. 그레고리 진영 내의 중도적인 개혁자들은, 성직매매자와 축첩한 성직자들이 집전하는 성례의 정당성은 그 성례를 받는 자의 가치에 달려 있다고 생각했다. 성직매매자나 축첩을 한 성직자에 의해서 임명된 사람에게 허물이 있음이 증명된다면, 그는 마땅히 해임되어야 하지만, 만일 그가 자신의 결백함을 증명할 수 있다면 직분을 그대로 보유할 수도 있었다.

그레고리 진영의 사제 제도에서는 평신도 성직 서임을 금지했다. 평신도 성직서임이란 평신도가 반지나 지팡이와 같은 특별한 직무의 상징을 사용하여 성직자에게 그 직무에 상응하는 세속적인 기능을 수여하는 의식이었다. 서임사(敍任辭)가 영적인 기능을 수여하는 듯이 여겨졌으며, 종교 단체에게 재산을 수여하는 일이 성직 임명 의식보다 우선했다. 그리하여 그레고리 진영에서는 논리적으로, 사제들이 교회의 대표자로 행동하면서 어떤 사람을 성결케 해주고 그에게 자신의 직무가 지닌 영적 기능들을 수행하도록 위임하는 의식을 평신도들이 선취하고 위조하고 강탈했다고 주장했다. 그들은 감독이 되는 데에 반드시 필요한 것은 다음과 같은 두 개의 행동뿐이라고 주장했다:

(1) 교회의 성직자들이 평신도의 요청에 따라서 선출해야 함
(2) 감독들에 의한 성별(聖別)

만일 평신도들의 조처가 감독 선임을 대신하거나 무효화한다면, 비록 감독으로 선정된 사람이 정당하게 성별되었다고 해도, 그는 사이비 감독이었다.

마지막으로, 그레고리 진영의 주장에 의하면, 국왕에 대한 충성 서약을 교황이 사면해주는 것은 정당화되었다. 비록 맹세는 성례—즉 그리스도가 은혜의 방편으로서 제정하신 행위—가 아니었지만, 교회의 비준을 받기 때문에, 그리고 비준으로 말미암아 영혼 구원

을 위한 초자연적인 결과를 소유하기 때문에, 맹세는 성례적인 것이었다. 하나의 성례적인 행위인 맹세는 교회의 행위를 통해서 유효성을 획득했다. 정통적인 신앙은 맹세에 충실한 상태였다. 문제는 사람이 종교적 불신자들과 함께 정치적 믿음을 유지할 수 있는가에 있었다. 그레고리 7세는 카스틸랴의 왕 알폰소(Alponso)와 레온(Leon)이 계속해서 유대인들이 기독교인들을 다스리는 일을 허용하지 못하도록 금지했다. 알폰소는 사탄의 회당을 찬양하고 그리스도의 원수들을 기쁘게 해줌으로써 그리스도를 모욕했으며, 또 하나님의 백성들이 창조주 하나님을 받아들이지 않을 것이라는 견해를 나타냈다는 비난을 받았다. 주 안에서 외에는 참된 충성을 맹세해서는 안되며, 또 맹세의 문자에 집착함으로 말미암아 주님에게서 멀어지게 되는 경우에는 그 맹세를 지키지 말아야 했다. 교회의 법에 따라 하나님께 충성하는 것이 맹세 안에서 약속되는 충성의 본질이었다.[6]

그러므로 그레고리 진영에서는, 통치자가 성 베드로의 대리인인 교황이 대표하는 하나님께 불순종한다면, 그의 백성들은 자동적으로 그 통치자에 대한 의무에서 면제된다고 주장했다. 정치적인 문제에 있어서도 만일 사람이 어떤 사람에게 순종함으로써 창조주에게 불순종하게 된다면, 그 사람에게 순종하지 말아야 했다. 헨리 4세의 백성들은 왕에 대한 맹세를 파기함으로써 위증의 죄를 범하거나, 아니면 그 맹세를 지킴으로써 배교와 불신의 죄를 범하는 일 중 하나를 선택해야 했다. 그레고리 7세는 헨리 7세가 하나님께 불순종함으로 말미암아 이미 백성들의 충성을 몰수 당했다고 선포함으로써 백성들의 곤경을 해결해 주고, 공식적으로 그들을 맹세에서 풀어주었다.

그레고리를 반대하는 사람들은, 그레고리 측에서는 성례의 본질을 잘못 설명했다고 응답했다. 성직매매자나 축첩을 한 성직자들이 집전한 성례의 유효성에 대해 의심을 제기하는 것은, 과거 어거스틴이 주장했던 것처럼 성화는 성례 집전자에 의해서가 아니라 하나님에 의해서 전해진다는 사실을 무시하는 것이었다. 성례의 유효성은 집전자의 도덕적 능력이나 법적 능력에 의존한다고 주장하는 사람들은 도나투스주의(Donatism)라는 이단을 되살려 놓았다.

평신도 성직서임권을 지지하는 사람들에 의하면, 평신도 성직서임권은 하나님께서 세우신 정치 질서를 안전하게 해주는 오래된 관습이었다. 그것은 영적인 기능을 수여한다거나 성직 임명의 성례를 대신하려 하지 않았다. 교회법 학자인 이보(Ivo of Chartres, ca. 1040-1116)는 평신도 성직 서임권은 결코 믿음을 침범하는 것이 아니라고 결론지었다. 그는, 제왕들은 그 의식을 통해서 영적인 것을 수여하지 못하며, 다만 이미 이루어진 선발에 동의하며 선발된 사람들에게 세속적인 기능을 수여한다고 말했다. 이보는, 그레고리가 발표한 평신도 성직서임 금지령은 행정적 구속력을 가진다고 말했다. 왜냐하면 그것을 발표한 사람이 교황이기 때문이었다. 그러나 그것은 결코 영원한 법의 표현이 아니었다.

비판적인 사람들은, 그레고리 측이 평신도 성직서임을 공격하면서 왕권이 지닌 성례적 특성, 즉위식에 의해서 비준되는 특성을 축소시켰다고 주장했다. 그레고리의 개혁에 반대하는 사람들은, 이 세상의 교회는 두 개의 권위, 즉 왕의 권위와 사제의 권위에 의해 다스림을 받는다고 주장했다. 그리스도께서 친히 그 두 개의 권위를 통합하고 성화시키셨기 때문에, 그 두 권위는 그리스도의 몸 된 교회 안에서 통합된다. 왕들은 즉위식 때에 받는 기름부음에 의해서 평신도들로부터 구분되며, 과거 모세와 다윗이 그랬듯이 주님의 기름부음을 받은 자로서 사제들을 다스릴 권세를 소유했다. 주교와 교황이 도유식을 집행하면서 왕의 권세를 주는 것이 아니었다. 그들은 다만 하나님께서 세습이나 선발을 통해서 왕으로 부르신 자들을 축성할 뿐이었다. 자기가 수여할 수도 없는 직무를 거두어 들일 수는 없는 것이다. 그러므로 주교들에게는 왕을 판단하는 권한, 또는 그레고리가 평신도 성직서임을 금지하고 국민들을 충성의 맹세에서 풀어줌으로써 행한 것처럼 주님의 기름부음을 받은 자들을 공격할 권한이 없었다.

그레고리를 비판하는 사람들은, 맹세의 효력이 교회의 행위에 의존한다는 그레고리의 주장은 잘못이라고 주장했다. 맹세를 함으로써 맹세를 하는 사람과 그 대상 사이에 의무가 생겨나지만, 또한 맹세를 한 사람과 하나님 사이에도 의무가 생겨난다. 왕을 파문하는 것에 대해서도 논란이 있을 수 있지만, 정당하게 시행된 맹세를 범한 사람은 맹세의 대상에게는 위증의 죄를, 그리고 하나님께 대해서는 멸시하는 죄를 범하는 것이 된다는 것에 대해서는 의심의 여지가 없다. 맹세는 성서에서 명한 바 비록 왕이 기독교인이 아닐지라도 그를 위해 기도하며 비록 그가 네로처럼 교회를 박해하는 악인에게라도 순종해야 한다고 한 중요한 의무를 공식화했다.

그레고리의 개혁 시대에는 성례와 성례 행위에 관한 논쟁들이 해결되지 못했다. 그러나 그 논쟁들로 말미암아 표준적인 질문들이 제기됨으로써 교회의 영성이 풍성해졌고, 그리스도의 몸된 교회를 세우는 일에 있어서 성례의 역할을 깊이 고찰하게 되었다. 신학적으로는 성례의 본질과 그 효과에 관한 분석적 정의들이 형성되기 시작했다. 성례를 집전하는 사람들과 참여자들의 법적 능력과 도덕적 능력에 대해 설명되었고, 영적 기능의 시행을 위임하고 감독하기 위해서 교회 안에 사법적 장치가 이루어졌다. 논쟁들이 진행되면서 그로 인한 법적 충돌과 군사적 충돌이 야기됨에 따라, 일부 기독교인들은 점차 성례의 물질적 표식을 통해서 그리스도의 몸에 참여하는 것을 신용하지 않게 되었다. 특히 금욕적인 교단에서는 성례에 의한 연합을 통해서보다는 정의적인(affective) 연합을 통해서 성화를 추구했다.

일반적 규범을 따르지 않는 분파들 중에서 그와 유사하지만 보다 과격한 경향이 나타났다. 그리스도의 역사적 실존을 부인하고 가시적인 교회를 창녀의 집이라고 비난하고, 예배에서 물질적인 대상물(제단과 교회 건물을 포함함)을 사용하는 것을 거부하는 사람들은 성례의 유물론도 거부했다. 그들은 세례, 성찬, 결혼, 성직 임명 등을 육적이고 경건치 못한 행위로 보았다. 교회의 일반적 규범에 찬성치 않는 많은 사람들이 궁극적으로는 사제나 성례가 없는 영적인 내면성에 정착했지만, 처음에는 그레고리의 개혁을 시행한 사람들이 두둔한 제도들의 옹호자로서 영적 경력을 시작했음은 주목할 만하다.

정의적(情意的)인 참여

그레고리 진영에서는 개혁을 추진하면서 소수의 신실한 자들과 적대적인 다수의 불신자들(유대인, 이단자, 거짓 기독교인 등으로 구성됨)을 구분했다. 신자들의 내면에서 은혜에 대한 반응으로서 반복되는 개인적이고 비개방적인 믿음의 행위가 그리스도의 몸을 구성했다. 모든 신자들은 믿음에 의해서 그 몸의 영적 지체로 참여했다. 가시적 교회의 임무는 신자들의 무리를 하나님 안에서 한 마음과 한 영혼으로 만든 영적 일치를 표현하고 육성하고 확대하는 것이었다. 각각의 신자들의 심령이 정의적으로 하나님과 연합하는 것이 제도적인 연합이나 성례적 연합보다 우선했다.

그레고리 진영에서는 자기들의 수도적인 정서(情緖)와 수도적인 규칙(예를 들면 독신제도)을 전체 성직자들에게 확장한 데서부터 이러한 사상들을 끌어냈다. 그들은 수도원 운동을 지원했는데, 이것은 정의적 합일에 유익하다고 생각된 경건한 실천들과 생활 방식을 크게 장려했다. 수도원 운동과 평신도들 사이의 지속적이고 긴밀한 상호 교환 덕분에, 이러한 강조는 평신도의 신앙도 변화시켰다.

그레고리의 개혁 시대의 수도생활에는 크게 세 가지 형태가 있었다:

(1) 공주 수도(the cenobitic: 집단 훈련을 실시하는 공동체로서, 대표적인 것으로는 베네딕트회 수도원을 들 수 있다)
(2) 은둔 수도(the eremetic, 독거의 규칙을 실천하는 공동체)
(3) 집단 수도(the colligate, 반-공주 수도 형식으로 공동생활을 하는 공동체로서, 정규 수사 신부들을 들 수 있다).

11-12세기에 그레고리 진영은 이러한 형태의 생활에서 힘을 얻었으며, 아울러 이러한 생활의 성장과 변화에 기여했다.

그레고리 진영의 교황들과 수도적 개혁자들 사이에는 개인적이고 제도적인 교환점이 많았다. 교황 우르반 2세(1088-1099)는 자신의 스승이었던 랭스의 브루노(Bruno of Rheims)가 카르투지오 수도회를 세우는 것을 장려하고 보호해 주었다. 교황 우르반 2세와 파스칼 2세(1099-1124)는 장차 유럽에서 가장 큰 교단이 될 시토 수도회를 성장하게 해주었다. 이 수도회의 조직은 교황 칼릭스투스(1119-1124)가 최종적으로 승인했다.

그레고리의 개혁의 이상에 자극을 받은 로버트(Robert of Arbrissel, ca. 1047-1117)는 르네(Renne)의 주교의 집을 떠나 은수사가 되어 그러한 생활을 전파했으며, 그러한 생활 공동체들을 세웠다. 힐데브란트가 집단적 수도 생활을 새로이 개정하는 것을 옹호한 1059년의 라테란 종교회의 때부터 시작하여, 그레고리 진영의 교황들은 정규 수사 신부들의 수도원 확산을 촉진했다. 그레고리의 개혁 때에도 일부에서는 이러한 형태의 삶을 지원했다고 한다. 헨리 4세의 예배당에 속해 있던 노베르트(Nobert of Xanten, ca. 1080-1134)는 교황 파스칼 2세가 강제로 퇴임된 후에, 과거에 랭스의 부르노가 행했던 것처럼, 세상에서 이탈하여 은둔생활을 시작했고, 교황의 재가를 받아 쁘레몽뜨레 교단(Order of Prémontré)을 세웠다. 이 교단은 후일 약 1천 개의 수도원을 거느렸다.

훈련(discipline)을 통한 깨끗한 삶을 주장한 그레고리의 호소에 대한 반향으로 수도원 운동에서 가르치는 거룩한 생활 방식들과의 상호작용이 이루어졌다. 수도적 계율은 영생, 사랑, 기쁨 등을 획득할 수 있는 실질적인 방법을 마련해 주었다. 육체적/정신적인 고행들, 순종의 규칙 하에서 이기심을 버리는 것, 날마다 행하는 전례와 매년 행하는 전례들, 특별 헌신 기도(예를 들면 성모 마리아에게 드리는 기도), 기도와 성경 묵상 등에는 무수히 많은 훈련이 결합되어 있었다. 쿼푸르트의 브루노(Bruno of Querfurt, 970-1009)가 기록한 바와 같이, 이러한 훈련들은 자아를 죽임을 통해서 구원을 얻는 것을 목표로 했다. 피터 다미안 추기경은 자신이 어떻게 회개의 시편과 기도문을 암송하면서 스스로를 채찍질하면서 자기의 뜻과 육신을 죽였는지를 묘사했다. 그러한 수행은 헌신과 열심, 특히 그리스도의 고난과 가난에 동참한다는 의식을 강화하기 위한 것이었다.

수도 훈련을 실시하는 사람들은 죄의식, 더럽혀졌다는 느낌, 복수와 죽음에 대한 두려움, 보호와 변호 및 그들에게 동기를 제공해주는 영원한 영광의 필요성 등을 증언한다. 이러한 동기들이 수도원 울타리 안에 거주하는 사람들에게만 한정된 것이 아니었다. 수도원이 널리 확산된 것은 사회 전체의 영적 욕구를 증거해주는데, 이러한 욕구 때문에 사람들이 회심하여 수도생활을 시작하고 재산을 기증하여 수도원을 세우고 지탱하게 했다. 그레고리 시대의 특별한 신앙을 나타내준 두 개의 현상—십자군과 순례—이 그렇듯이, 수도적 교단들의 확산은 신자들이 자기의 내적 욕구를 충족시키며 자신의 신실함의 증거로서 고난을 인내하며, 필요한 경우에는 그리스도의 희생적인 구원의 죽음과 순교자들의 열정에 자신의 삶의 희생을 결합할 수 있는 길을 마련해 주었다.

수도원의 신앙과 대중 신앙은 여러 면에서 상호 교류했다. 예를 들면, 사도행전 4장에 기록된 초대교회에 대한 묘사에 감화를 받아, "사도적 가난"을 채택하는 다양한 운동이 생겨났다. 이러한 운동의 추종자들은 사유 재산을 포기하고 모든 물건을 통용하며 하나님 안에서 한 마음, 한 뜻이 되려 했다. 순회 설교자들은 사도적 가난의 복음을 사회의 모든 계층에 전파했다. 또 하나의 예증은, 그레고리 진영의 사람들이 평신도들의 영적 지도자로 행하면서 도덕적인 문제에 관해 조언해주고, 그들의 기도 훈련을 지도해줄 교과서를 저술하고, 그들을 가르쳐 신앙을 강화해준 것이다.

정의적 합일(affective union)에 관한 그레고리 측의 가르침은, 소명과 성례에 관한 교리와 마찬가지로, 그들이 원하지 않았던 몇 가지 결과를 낳았다. 사도적 가난이라는 극단적인 금욕을 전파한 노베르트(Nobert of Xanten)처럼, 모든 순회 전도자들이 때로는 복음의 문자적인 명령과 거리가 먼 듯이 보이는 가시적인 교회의 위계 제도와 타협을 할 수 있었던 것은 아니다. 르망의 헨리(Henry of le Mans, fl. 1116-1145), 브레스키아의 아놀드(Arnold of Brescia), 앤트워프의 탄켈름(Tanchelm) 등 개혁에 반대하는 급진적인 인사들은 처음에는 그레고리 진영에 속했었지만, 결국 성직 계급적인 교회가 세속적인 허영과 탐욕 때문에 복음을 저버렸다고 비난했다. 그레고리 측의 전도자들이 행한 가난의 복음 전파는 12세기에 카타리파(Catharism)가 확산되는 길을 예비했다. 개혁을 찬성하지 않는 사람들도 개혁파와 마찬가지로, 평신도층으로부터 힘을 얻었으며, 그들의 교리는 상인들의 이동을 통해서 사방으로 퍼졌다.

성서의 문자적인 본문을 제도적 교회 내에서의 일치라는 요구와 어떻게 일치시키는가 하는 것이 큰 문제였다. 지식층의 평신도들은 라틴어로 성경을 읽을 수 있었는데, 이것은 1025년경에 리에쥬(Liège)와 아라스(Arras)에 나타난 개혁 반대파 집단에 적용되는 사실이다. 이들은 날마다 성서와 "거룩한 정경들"을 읽었다. 물론 순회 전도자들은 농민들과 기술자들에게 라틴어로 복음을 전파하지는 않았다. 12세기말에는 독일어 성경이 통용되었다. 왈도파의 창시자인 피터 발데스(Peter Valdes, fl. 1179)는 성서와 몇몇 교부들의 본문을 리용 지방의 언어로 번역하라고 명했었다. 교황 그레고리 7세는 무식한 사람들이 성서에 접근할 수 있도록 개방하는 것에는 제도적인 위험이 수반된다고 생각했다. 모든 사람이 각기 나름의 신학자가 되는 혼란상을 피하기 위해서, 그레고리는 기도문(성경 본문도 포함됨)을 지방어로 번역하는 것을 금지했다. 그는 성서를 지방어로 번역하라는 제안은 철면피 같은 제안이라고 말했다.

> 그 문제를 철저하게 고찰해본 사람이라면, 하나님은 성서를 어떤 장소에 감추어 두는 것을 흡족해 하신다는 것을 분명히 알 수 있을 것이다. 만일 모든 사람이 자유로이 성서에 접근할 수 있다면 성서는 싸구려가 되고 멸시를 받게 될 것이며, 미숙한 사람들이 성서를 잘못 이해하게 되면 오류에 빠지게 될 것이다. 또 무식한 사람들이 제기한 이러한 요청을 일부 종교인들이 관용하거나 또는 책망하지 않고 기각한다고 해서 사태가 완화되는 것이 아니다. 왜냐하면 기독교가 완전히 자리를 잡은 후에 거룩한 교부들은 초대교회가 물려준 많은 것들을 자세히 조사하여 바로잡았기 때문이다.[7]

그레고리 진영에서는 정의적 합일에 의해서 그리스도의 몸에 참여하는 것을 중요시했다. 그들은 그 합일에 이바지하기 위해서 교리와 제도를 소중히 했다. 그러면서도 그들은 정의적인 신앙이 그들의 사제주의와 교황의 독재라는 원리에 의해 설정된 한계 안에 머물러 있기를 원했다. 그들의 계획을 강화해준 대중 신앙의 급류는 그러한 한계를 넘어 범람하였고, 많은 경우 그러한 한계를 손상시켰다.

그레고리 6세가 교황으로 선출될 때(1045), 그레고리 진영에서 교황권을 장악하기 위해서 성직 매매와 평신도의 개입에 의존했음은 아이러니이다. 또 그들이 교회를 깨끗하게 하고 통일시키기 위해 취한 정치적 조처가 불화를 만들어내고, 그들의 지도 원리와 사제 제도와 교황의 독재를 부인하게 만든 것 역시 아이러니이다. 분명히 이노센트 3세(1198-1216)가 교황으로 있을 때에 절정에 달한 교회 통치의 중앙집중화는 그들의 원리를 성취한 것이었다. 그러나 그들의 사역의 효과는 한 방향으로만 흐르지는 않았다. 다른 면에서 볼 때, 일치를 성취하기 위한 그들의 노력은 자멸적이었다. 비잔틴 교회에 교황의 수위권을 적용하려는 노력 때문에 1054년의 대분열이 발생했는데, 그것은 결코 완전하게 치유되지 않았다. 그레고리 진영 내의 불화는 로마의 파벌주의를 악화시켰고, 1083년에 발생한 로마의 멸망에 기여했다. 그 사건 때문에 그레고리 7세와 그의 일파는 로마 백성들의 미움을 받게 되었다. 사실상 그레고리는 오랫동안 로마 백성들과 적대감을 주고 받았었다.

그레고리 측에서는, 신자들은 자격 없는 사제들이 집전한 성례를 거부해야 한다고 선언했고, 개혁에 반대하거나 출교된 성직자들을 향한 대중의 저항을 선동했다. 그러나 이러한 전술은 반교권주의를 조장했으며, 넓은 범위의 운동들을 장려하는 의도하지 않은 결과를 초래했는데, 이러한 운동들 중 일부에서는 사제직과 가시적 교회를 완전히 거부했다. 이 전략은 그레고리 진영을 대적하는 데 사용될 수도 있는 무기를 평신도들의 손에 쥐어주었다.

그레고리의 개혁이 의도하지 않았던 결과 중 하나는 12세기에 이단들이 증가한 것이다. 그레고리 진영에서는 개혁의 도구로서 종교회의들을 사용했는데, 이 전략도 역시 반대되는 교리들을 장려하는 결과를 낳았다. 그레고리 측에게 반대하는 주교들의 종교회의에서 대립교황들을 선출한 것, 교황의 즉위와 명령의 합법성과 관련된 문제들, 그리고 지역 교회들이 일사분란하게 순종하지 않게 된 것 등은 일부 인사들로 하여금 로마 교회의 무오류성에 대해 논쟁을 제기하게 만들었고, 결국 최고의 권위를 총공의회에 두게 되었다.

마지막으로, 그레고리의 개혁은 서방 기독교계가 "민족 교회들"(national churches)로 분열하는 데 기여했다. 평신도 성직서임에 대한 공격은 성직서임의 상징적 행동에 대한 타협으로 끝이 났지만, 세속 통치자들은 여전히 성직자들이 교회의 직무에 취임하는 것을 통제했다. 실제로 그레고리의 공격은 11-12세기에 진행중이었던 지역 국가들의 내면적 통합을 강력하게 자극해 주었으며, 그럼으로써 15세기에 인정을 받은 "민족 교회들"의 형성에 기여했다.

아울러 그레고리의 개혁의 훈육적 조처들은 부분적인 성공밖에 거두지 못했다. 그레고리 7세는 말년에 하나님의 경외하는 사람이 거의 없다는 것, 그리고 선한 기독교인들을 위해 사제의 직무를 수행하는 사람들이 거의 없다는 것을 탄식했다. 비록 그의 사후에도 개혁은 계속되었지만, 성직 매매와 성직자들의 축첩을 근절하는 데는 실패했다. 성직자들의 엄청난 부도덕함과 무지, 그리고 자기들의 사치한 생활을 지탱하기 위해서 가난한 자들을 갈취한 것 등을 포함하여 그레고리 진영에서 없애려고 했던 악습들은 16세기 종교개혁 때까지 계속 되었다.

그레고리의 개혁을 추진한 사람들은 교황권을 장악하는 것과 행정적/사법적 중앙집중화의 힘을 발달시키는 데 성공했지만, 영적 통일이라는 목표는 달성하지 못했다. 그렇게 된 데에는 부분적으로 당시의 정치 생활의 환경도 그 원인으로 작용했다. 그러나 교회의 일치에 대한 그레고리의 생각이 다른 개혁자들이 가지고 있는 개념들과 여러 면에서 달랐다는 데도 원인이 있었다. 후자는 교회의 일치를 주로 교회의 위계 제도에 따른 순종이라는 표면적인 면에서 정의하지는 않았다. 그들이 성서를 해석할 때에, 교회법에 의한(성례적인) 행위의 중개를 통해서가 아니라 하나님과의 직접적인 교제를 통해서 거룩성이 주어졌다. 보편성(catholicity)은 상급 성직자들에 대한 순종을 통해서가 아니라 그리스도의 마음과의 내적 일치를 통해서 주어졌다. 또 사도성(apostolicity)은 사도직의 승계, 즉 주교들이 교회의 통치자로서 공식적으로 사도들을 승계함을 통해서가 아니라, 사도적 생활, 즉 사도행전에 묘사된 바와 같이 바울의 금욕적이고 자기를 부인하는 생활방식을 받아들이는 삶에 의해서 전달되었다.

이러한 견해들은 본질적으로 사제제도와 교황의 전제정치라는 그레고리의 원리와 양립할 수 없었다. 성서에 대한 상이한 이해에서 파생된 이러한 견해들은 최소한 교황의 행동의 유효성을 시험하고 바로잡는 역할을 했다. 극단적인 경우, 가시적 교회의 사제직, 성직 제도, 성례 등의 합법성을 부인하기 위해서 그것들이 사용될 수도 있었다. 그레고리의 개혁은 자체의 통치 이상을 정통성의 시금석으로 삼음으로써 이와 같은 교리의 충돌을 북돋았고, 정치와 전쟁을 통해서 유럽의 의식 안에 타는 석탄과 같은 반대 교리들을 심어 놓았다.

주(註)

1) *Dictatus Papae* (Gregory VII, *Registrum* II. 55a) 23. See also Gregory VII *Reg.* VIII. 21. See *Das Register* Gregors VII, ed. Eric Caspar (Berlin: Wiedmann, 1920-1923; *MGH Epistulae selectae* 2) 207, 561. The *Dictatus Papae* is translated in Karl F. Morrison, *The Investiture Controversy: Issues, Ideas, and Results* (New York: Holt, Rinehart & Winston, 1971) 38-39. Reg. VIII, 21 is found in *The Correspondence of Pope Gregory VII: Selected Letters from the Registrum*, trans. Ephraim Emerton (New york: Columbia University Press, 1932) 174.
2) *Reg.* IV. 2 (Caspar ed., p. 296; Emerton trans., p. 104).
3) *Reg.* IV. 2; VIII. 21 (Caspar ed., pp. 295, 554; Emerton trans. pp. 104,

170).
4) 그레고리는 1076년의 렌텐 종교회의에서 이러한 조처들을 취했다(*Reg.* III. 10a [Caspar ed., p. 271; Emerton trans., p. 91]).
5) Malcolm D. Lambert, *Medieval Heresy*, 58, quoting John of Salisbury.
6) *Reg.* IX. 2 (Caspar ed., pp. 571-72; Emerton trans., pp. 177-78).
7) *Reg.* VII. 11 (Caspar ed., p. 474; my translation).

참고 문헌

Becker, Alfons. *Papst Urban II (1088-1099)*, I: *Herkunft und kirchliche Laufbahn: Der Papst und die lateinische Christenheit*. Stuttgart: Urban, 1982.

Blumenthal, Uta-Renate. *Der Investiturstreit*. Stuttgart: Urban, 1982

Cantor, Norman F. *Church, Kingship, and Lay Investiture in England: 1089-1135*. Princeton, NJ: Princeton University Press, 1958.

Carlyle, A. J., and R. W. Carlyle. *A History of Mediaeval Political Theory in the West*, vols. 3, 4. New York : Barnes & Noble, n.d.

Cowdrey, H. E. J. *The Cluniacs and the Gregorian Reform*. Oxford: Clarendon Press, 1970.

Fliche, Augustin. *La Refórme grégorienne*. 3 vols. Louvain: Spicilegium sacrum Lovaniense, 1924, 1925, 1937.

Lambert, Malcolm D. *Medieval Heresy: Popular Movements from Bogomil to Hus*. London: Edward Arnold, 1977.

Leclercq, Jean. *The Spirituality of the Middle Ages*. Vol. 2 of *A History of Christian Spirituality*. New York: Seabury, 1982.

Minninger, Monika. *Von Clermont zum Wormser Konkordat*. Cologne: Böhlau, 1978.

Morrison, Karl. *Tradition and Authority in the Western Church: 300-1100*. Princeton, NJ: Princeton University Press, 1969.

Schieffer, Rudolf. "Gregor VII.-Ein Versuch über die historische Grösse," *Historisches Jahrbuch* 97/98 (1978) 87-107.

Weinfurter, Stefan. "Reformkanoniker und Reichsepiskopat im Hochmittelater," *Historisches Jahrbuch* 97/98 (1978) 158-93.

제9장
12세기의 종교 세계

1. 서론

　서방 기독교계에서 12세기는 교부 시대의 요약인 동시에, 앞으로 수세기 동안 라틴 기독교에서 영향을 미치게 될 주제들과 가치관들과 실천들을 소개한 새로운 출발점이었다. 이 시대는 영성사의 흐름 속에서 야누스(Janus)처럼 애매하게 두 방향을 바라보고 있다. 역사가들은 이 시대의 혁명적인 특성을 강조해왔다. 그리고 인구통계학의 발달, 통치적인 경험, 법적인 발달, 예술의 양식의 변화, 대학과 스콜라 신학의 발흥, 새로운 문학 양식과 장르 등이 제공하는 증거를 부인할 수는 없다. 그러나 12세기를 혁명적인 결별의 시대로 간주해서는 안된다. 12세기가 과거와 밀접하고도 다양한 관계를 유지하고 있었음은 도처에 분명히 나타나 있다. 역사가들은 이 시대가 물려받은 전통과 이 시대 사이의 독창적 관계를 파악하기 위해서 르네상스, 개혁, 갱신, 부흥 등의 비유를 사용해왔다.
　12세기에서는 자연과 인간에 대한 새로운 의식이 발견되며, 이따금씩 '세속주의'의 특징이 나타나기도 했지만, 동시에 동기를 부여해주는 주요한 요인들이 영성과 굳게 결속되어 있는 매우 종교적인 시대였다. M.-D. Chenus의 『12세기 신학』(*La théologie au douzième siècle*. Paris: Vrin, 1957; see partial translation by Jerome Taylor and Lester K. Little, *Nature, Man and Society in the Twelfth Century* [Chicago: University of Chicago Press, 1968])과 R. W. Southern의 『중세기의 발달 과정』(*The Making of the Middle Ages*. New Haven, CT: Yale University Press, 1953)과 같은 훌륭한 책들은 그 시대의 영적인 풍성함을 드러내 주는 데 크게 기여해준다.

그 시대의 종교적 삶의 복잡성과 이 책의 제한된 지면을 고려할 때, 그 시대의 전체적인 의의에 대한 종합적 견해를 제시한다는 것은 어려운 일일 것이다. 따라서 이 책에서는 12세기의 영성을 구성하고, 그것을 통해서 후대의 서방 기독교를 형성한 세 가지 기본적인 종교 운동—켄터베리의 안셀름을 비롯하여 그와 관련된 사람들, 시토 수도회의 개혁과 그 수도회의 위대한 영적 저자들, 그리고 성 빅토르 수도원에서 영성신학이 일어나는 데 기여한 수사신부 운동—에 대해 다루게 될 것이다. 물론 이 세 가지 운동이 12세기 영성에서 유일하게 중요한 운동이었던 것은 아니다.

최근의 학계에서는 신자들의 일상 생활을 형성하는 많은 수행들의 역사 속에서 전환점이 되는 12세기에 많은 관심을 기울여왔다. 예를 들면, 십자군 운동의 이상의 발달과 군사 수도회들의 형성은 수백 년 동안 상당한 영향력을 미친 평신도 신앙의 주요 형태로 묘사될 수 있다. 어드만(Carl Eerdmann)의 『십자군 사상의 기원』(*The Origin of the Idea of Crusade* [Princeton, MJ: Princeton University Press, 1977)을 참고하라. 딘젤바허(Peter Dinzelbacher)는 최근에 저술한 중요한 저서인 『후기 중세 시대의 공상과 영성 문학』(*Vision and Visionsliteratur im Mittelalter*, Stuttgart: Hiersemann, 1981)에서 중세 시대의 신앙에서 중요한 역할을 한 공상 문학이 12세기에 어떻게 실질적인 변화를 겪었는지를 보여준다. 중세의 종말론적 묵시주의, 특히 피오레의 요아킴(Joachim of Fiore, ca. 1135-1202)의 사상에서 전환점이 분명히 나타난다. 그것에 관해서는 버나드 맥긴(Bernard McGinn)의 『종말의 전망들: 중세기의 종말론적 전통』(*Visions of the End: Apocalyptic Traditions in the Middle Ages*)을 보라. 베네닥타 와드(Benedicta Ward)는 자신의 저서 『기적과 중세 정신』(*Miracles and the Medieval Mind*)에서 12세기에 기적에 관한 기사들과 집록들이 취하기 시작한 세계적이고 개인적인 경향에 대해 논했고, 쟈끄 르 고프(Jacques Le Goff)는 『연옥의 탄생』(*The Birth of Purgatory*)에서 12세기말에 연옥 사상이 생겨난 것은 서방 기독교 역사에서 결정적인 전환점이 된다는 사실을 보여주려 했다. 이 몇 가지 저서는 역사가들이 12세기의 풍성하면서도 변화하던 영적 신념과 관습들의 세계에 지속적인 관심을 가지고 있음을 보여주는 예이다.

12세기가 서방 기독교에 기여한 공적에 대한 보다 깊은 성찰은 이 전집에 수록된 다른 기사들, 특히 버나드 맥긴의 "하나님의 형상인 인간"(The Human Person as Image of God, Christina Spirituality II), 메리 클라크의 "삼위일체"(The Trinity, II. The Trinity in Latin Christianity," 그리고 쟝 레크레르크의 "기도와 관상의 방법"(Ways of Prayer and Contemplation)에서 찾아볼 수 있다. 이 책에 수록된 내용이 기독교의 영적 전통들의 역사 안에 있는 중요한 한 시대가 지닌 보화를 충분히 소개해 주게 되기를 바라는 바이다.

2. 캔터베리의 안셀름과 그의 영향

베네딕타 와드(BENEDICTA WARD)

"이해를 추구하는 믿음"

캔터베리의 안셀름은 1033년경에 당시 브르고뉴 왕국에 속해 있었던 아오스타(Aosta)에서 태어났다. 그는 모친이 사망한 후에 고향을 떠났으며, 3년 후에는 노르만디의 베크(Bec)에 있는 노틀담의 새로운 대수도원의 수도사가 되었다. 그는 1063년에 베크 수도원의 부원장이 되었는데, 그 해에 랑프랑(Lanfranc)은 베크를 떠나 카엔(Caen)의 수도원장이 되었다. 1078년 헤르루인(Herluin)이 사망하면서 안셀름은 수도원장이 되었고, 1093년에는 캔터베리 대주교가 되었다. 그는 윌리엄 루푸스(Williamn Rufus)와 헨리 1세의 치세 때에 대주교로 재임했으며, 1109년 4월 21일 수요일에 캔터베리에서 세상을 떠났다. 그의 친구이며 동료인 이드머(Eadmer)는 『영국 근세사』에 그의 공적 생활에 대한 기사를 기록했다. 『성 안셀름의 생애』는 다소 개인적인 전기이다.

안셀름은 유럽 역사상 근본적인 변화의 시대에 살았으며, 그 시대에 활동한 가장 활발한 사상가들 중 하나였다. 안셀름의 영향을 받아 그의 생전에, 그리고 사후에 많은 큰 변화가 초래되었다. 특히 신앙과 헌신의 분야에서 그러했다. 그는 수세기 동안 거의 변화가 없었던 이 분야에서의 혁명가였다. 그의『기도와 묵상』은『성 베네딕트의 규칙』에 따른 수도 생활과 교부 신학의 세계에 의해서 형성된 것으로서 여기서 제시된 경건의 형태는 중세 시대 후기 전체에 영향을 미쳤다.

안셀름의『기도와 묵상』의 기초가 된 것은 신학적으로 성경적이고 교부적인 전통에 대한 정밀하고 확고한 이해였다. 그 자신이 친히 실천했으며 다른 사람들에게 전해준 기도 방법이 서방에서 교부 시대의 신앙 방법과 중세 시대의 신앙 방법을 이어 주는 교량이 되었다고 해도 과언이 아니다. 안셀름은 매우 독창적인 사상을 소유한 철학자요 신학자였다. 그는 명료하고 정확하게 기독교 신앙의 진리를 탐구하고 표현했다. 그는 신비가라기보다는 금욕적 신학자라고 불려야 할 것이다.[1] 그러나 신령한 저술가로서의 안셀름을 이해하기 위한 가장 중요한 구절은『제일 원리』(*Proslogion*)의 "나는 이해하기 위해서 믿는다. 만일 내가 믿지 않는다면 나는 이해하지 못할 것이라고 믿는다"이다(chap. 2).[2]

기도에 관한 안셀름의 유일한 저서인『기도와 묵상』은 그 시대 사람들에게 매우 중요한 것이었다. 이드머는 그 책이 잘 알려져 있었고 유익을 주었다고 언급했다:

> 그가 친구들의 소원과 요청을 받아들여 저술하여 출판한 그의 기도문들에 관해 내가 이야기하지 않더라도, 사람들은 그가 하나님과 성인들에게 어떤 소망과 사랑을 가지고 기도했는지, 그리고 다른 사람들에게도 그렇게 가르쳤음을 알 수 있을 것이다.
>
> (*Life*, p. 14)[3]

여기에서 알 수 있듯이 안셀름은 친구들로부터 기도하는 법을 가르쳐 달라는 요청을 받았다. 그리하여 안셀름은 긴 묵상문들을 기록하여 그것들을 검토한 후에 기도하는 법을 가르쳐달라고 요청한 친구들에게 그것들을 보냈다.[4] 그는 이 기도문들과 함께 그것을 이용하는 지침서도 보냈는데, 여기에서 그가 기도하는 법을 어떻게 이해했는지가 드러난다. 그는 친구인 로체스터의 군돌프 주교, 아델레이드 공주, 투스카니의 마틸라 백작 부인 등에게도 동일한 기도 방법을 설명해 주었는데,[5] 이것은 그가 저술했다고 알려진 서문에 보다 완전하게 표현되어 있다. 이 서문은 『기도와 묵상』의 일부로서 필사되었다:

> 기도와 묵상의 목적은 독자들의 마음을 자극하여 하나님을 사랑하거나 경외하거나, 또는 자기 성찰을 하게 하는 것이다. 기도문은 소란한 데서 읽는 것이 아니라 고요하게 읽어야 하며, 대강 훑어보거나 황급하게 읽지 말고 한 번에 조금씩 깊이 있고 사려깊게 묵상하면서 읽어야 한다. 독자는 기도문 하나를 모두 읽어야 한다는 의무감에 사로잡히지 말고, 하나님의 도움을 받아 자신의 영으로 하여금 기도하게 만드는 데 유익하다고 여겨지는 분량만 읽으면 된다.(*Prayers*, p. 89)

안셀름은 하나님을 향한 삶이라는 맥락에서, 개인적인 이해의 문제에 있어서 "종교가 의지하고 있는 진리에 보다 깊이" 집중할 것을 권했다. 그렇게 해야만, 준비된 본문에 지적인 노력을 집중할 수 있게 되고, 경외심이나 사랑의 감정이 방출되어 하나님과의 관계 안에서 의지를 활성화하게 된다는 것이다. 여기에서 이전의 서방 중세기의 저술에서는 보기 드문 것으로서 기도하려는 목적을 가지고 기도문을 읽음으로써 양심의 가책이라는 오랜 전통, 즉 죄에 대한 애통과 하나님을 향한 갈망에 의해 마음을 꿰뚫는 전통에 새로운 활력과 정신적 자극이 주어진다.

안셀름이 제안한 방법은 11세기의 경건 실천의 혁명이라고 할 수 있는 것이었으며, 기도문들의 내용은 그가 문자로서 제안한 형태를 증명해주었다. 영혼이 하나님 앞에 가기 위한 준비로서 무엇이 필요한가? 우선, 문자적 의미와 정신적 의미에서 사람들에게서 떨어진 곳에 들어가는 것이 필요하다.

> 작은 자여, 잠시 그대의 일상적인 일에서 벗어나시오. 잠시 생각의 소용돌이에서 벗어나시오 그대 영혼의 내면의 방으로 들어가시오. 하나님, 그리고 그대가 하나님을 찾는 데 도움이 되는 것을 제외한 모든 것을 쫓아 버리시오. 그렇게 할 때에 그대는 하나님을 볼 것입니다.(*Prolsogion*, chap. 1; *Prayers*, p. 239)

이 작업의 두번째 단계는 하나님의 도움을 구하는 것이다: "하나님, 당신을 찾는 법을 가르쳐 주십시오." 안셀름은 그러한 작업은 오직 하나님의 능력에 의해서만 가능하다는 것, 즉 그것이 단순한 인간의 노력이나 성취가 될 수 없다는 것을 알고 있었다. 각각의 기도문들은 모두 동일한 과정을 따르고 있다. 즉 죄로 인한 애통에 의해 시작되는 회개의 고된 작업이었다. 안셀름은 자기 인식이라는 중요한 문제, 즉 모든 사람이 창조주 앞에 선 피조물이요 구주 앞에 선 죄인이라는 상황을 올바르게 분별하기 위해서 그가 사용할 수 있는 모든 것을 동원했다.

> 슬프도다. 나는 과연 어떤 사람이 되었는가? 오 하나님, 당신의 지으심을 받은 나는 자신을 어떤 존재로 만들었는지요. 죄 가운데서 잉태되고 태어난 나를 당신은 나를 씻어 거룩하게 하셨건만, 나는 자신을 한층 더 더럽히고 말았습니다.(*Prayers*, p. 128)

이것은 죄에 대한 정밀한 신학적 성찰이다. 안셀름은 행위의 실제적, 혹은 상상적인 허물들을 갑작스레 발견해 내기보다는 개인적인 체험으로서 이러한 신학적 성찰을 절감하려고 노력했다. 여기에는 정의적인 혼란에 불과한 것인 바 실재하지 않는 선이나 악에 대한 망상은 존재하지 않으며, 상하고 깨지고 눈 먼 인류의 상태, 본질적으로 치료할 수 없는 상태에 대한 인식만이 존재한다. 기도의 목적은 바로 이것이 기도하는 사람의 현실이 되게 하는 것이다.

안셀름은 자신의 기도문에서 현실에 대한 이러한 이해에서 출발하여 인간의 참 모습을 아시는 하나님은 영원히 신실하시다는 엄위한 사실로 나아갔다: "나는 하나님에게서 도망쳤지만, 하나님은 나와 동행하셨습니다"(*Prayers*, p. 129). "그러나 나는 재판장이 되시는 예수님의 손 안에서 떨고 있습니다."(*Prayers*, p. 224). 하나님의 사랑으로 관통되게 만드는 상태인 "두번째 가책"은 안셀름으로 하여금 그리스도의 십자가와 고난을 묵상하여 인류를 향한 하나님의 신실하신 사랑을 절실히 느끼게 만들었다. 그리스도 안에서 하나님과 화해하며 기도하는 사람을 모든 이해의 차원에 포함시키기 위해서, 인류를 그리스도의 십자가와 동화시키는 과정에 극적인 차원이 주어진다. "그리스도께 드리는 기도"(Prayer to Christ)는 가장 사실적인 예이다.

> 오, 내 영혼아, 창조주의 손과 발에 못이 박힐 때에, 그대는 어찌하여 애통의 칼에 찔림을 받지 않았는가? 어찌하여 그대는 당신의 대속자의 옆구리에서 쏟아져 나오는 피를 두려움에 싸여 바라보지 않았는가? 사람들이 그분에게 쓸개즙을 주어 마시게 할 때에 그대는 어찌하여 쓴 눈물을 마시지 않았는가?(*Prayers*, p. 95)

안셀름은 그리스도의 수난에 대한 묵상에서 기도의 마지막 장면, 즉 감사와 찬양으로 넘어간다:

> 오, 내가 원하는 기쁨을 보고 싶구나. 오 내 영혼아, 소망과 기쁨, 기쁨과 사랑을 보고 싶구나.

'두번째 가책'은 하나님의 영광을 발견하는 것이며, 이 경험에 대한 영혼의 반응은 찬양이다. 『기도집』(*Prayers*)의 이 부분에서 안셀름에 대한 특별한 질문과 기도의 체험이 분명하게 다루어진다. 안셀름은 각각의 기도에서 하나님의 영광에 대한 비전으로 움직이

고 있다: 이것은 어떤 의미에서 "신비적인" 체험인가? 안셀름은 아델레이드(Adelaide) 공주에게 보낸 편지에, 『기도와 묵상』이 그것을 사용하는 사람들에게 어떤 영향을 주기를 원하는지에 대해 기록했다:

> 나는 전능하신 하나님께서 당신의 내면에 동일한 신앙심을 보존하시고 양육해주심으로 말미암아 당신이 세상에서 그분의 극진한 사랑으로 충만하며, 천국에서는 그의 얼굴을 보게 되기를 원하고 기도합니다.(*Prayers*, p. 172)

거기에는 두 가지 분명한 단계가 있다: 세상에서 사랑을 받아들이는 것, 그리고 내세에서의 사랑을 완전하게 보는 것. 이것은 기도문들 자체에 의해서 입증되는 특성이다. 안셀름의 가장 길고 난해한 기도문인 『제일 원리』의 끝에서 두번째 장은 천국에서 누리게 될 영광의 충만함을 비유로 묘사하고 있다.[6] 그것은 다양하고 초월적인 영광에 대한 묘사이지만 "우리가 피조물들 안에서 경험하는 선이 아니며, 창조주가 피조물과 다른 것만큼이나 다른 선이다"(*Proslogion*, chap. 24, p. 262). 마지막 항에서는 하나님을 향한 심령의 간절한 소원은 사후에 하나님을 보는 데서만 성취되는 것으로 표현된다:

> 나의 하나님, 내가 당신을 알고 사랑하여 당신을 기뻐할 수 있게 되기를 기도합니다. 만일 이 세상에서 그렇게 될 수 없다면, 그러한 완전에 이르는 날까지 꾸준히 전진하게 하여 주소서. 이 세상에서 내 안에 당신의 사랑이 자라게 하시며, 저 세상에서 그것이 완성되게 하시어, 이 세상에서 내가 큰 소망 중에 즐거워하게 하시고, 저 세상에서 완전한 실재 안에서 즐거워하게 하옵소서.(*Proslogion*, chap. 26; *Prayers*, p. 266)

안셀름의 저술들은 대체로 수덕 신학의 전통 안에 선다. 그러나 자신이 이해한 것에 대한 분명한 표현과 결합된 안셀름의 기도 체험은 장차 임할 것인 바 영혼에 대한 신비적 분석을 가동시킨다.

이드머의 저서인 『성 안셀름의 생애』에도 안셀름의 삶의 신비한 영역에 대한 암시가 있다. 이드머는 안셀름을 알고 지냈고, 항상 그와 함께 지내면서, 그의 말을 들으며, 그의 회고담에 귀를 기울이기도 했다. "하나님의 영광은 살아 있는 사람이며, 사람의 삶은 하나님의 비전이다"(*Against Heresies* 4.20.7)라는 이레니우스의 유명한 말은 안셀름의 저술과 생애 모두에게 적용된다. 안셀름의 기도 생활 및 그리스도의 고난 속에서 그리스도와 연합함 덕분에, 안셀름을 아는 사람들은 그의 삶 속에서 그리스도의 부활 및 그를 통해 활동하는 천국 세력들의 표식을 볼 수 있었다. 이드머는 살아 있는 인간적인 인물을 보여주는데, 이런 일은 중세 시대의 전기에서는 드문 일이었다. 그는 또 하나님의 행위의 도구인 안셀름도 보여준다. 이드머가 기록한 꿈, 환상, 내면적이고 직관적인 체험들은 안셀름이 그리스도 안에서 하나님과 이룬 심오한 합일의 증거이며, 그가 행한 기적들은 그가 천국의 세력들과 접촉하면서 새로운 아담 안에서 회복되었음을 나타내주는 표식들이다.

소년 시절, 안셀름은 자신이 천국으로 가는 꿈을 꾸었다. 그는 "천국이 산 위에 있고, 그곳에 하나님의 궁전이 있다고 상상했으며"(*Life*, 1.2, p. 4), 자신이 하나님에게서 "아주 흰 빵"을 받는 꿈을 꾸었다. 베크 수도원의 수도사로 있을 때, 그는 침실 벽을 투시하여 수도사들이 제단으로 가는 모습을 보았다(*Life* 1.8, p. 13). 리쿨푸스(Riculfus)는 안셀름이 "눈부신 커다란 빛 덩어리 안에 서서 기도하는 것"을 보았다(*Life* 1.16, p. 25). 많은 사람들은 안셀름이 천국과의 접촉을 가지고 있었기 때문에 병 고치는 능력을 가졌다고 생각하여 자기들의 병을 치료해줄 것을 요청했다. 이드머는, 안셀름이 눈물의 은사를 가지고 있었다고 말한다:

그는 최종적인 축복을 관상하고 영원한 생명을 갈망하면서 많은 눈물을 흘렸다.(Life 1.8, p. 15)

이드머에 의하면, 안셀름은 이러한 경험에서부터 사랑의 교제와 다른 사람들을 위한 가르침을 이끌어 내기는 했지만, 결코 이러한 경험들에 대해 논하거나 분석하지 않았다:

그가 친구들의 요청을 받아 저술하여 출판한 기도문들에 관해 내가 말하지 않더라도, 사람들은 그가 어떤 소망과 사랑을 가지고 하나님과 성인들에게 기도했는지, 그리고 다른 사람들에게도 자기와 동일하게 행할 것을 가르쳤음을 알 수 있다.
(Life 1.8, p. 14).

안셀름은 하나님 체험을 강조하지 않았고, 다른 사람들의 진보에 관심을 가졌다. 이드머의 말에 의하면, 천국에 관한 최초의 유치한 꿈 속에서도 결과적으로 그는 모든 사람들의 사랑을 받았다(Life 1.2, p. 5). 그렇다고 해서 그가 그 경험에 빠져 지낸 것은 아니었다. 그 전기는 스스로 다른 사람들에게 선을 전했기 때문에 크게 사람들의 사랑을 받은 사람을 보여준다.

이드머는 하나님의 존재를 증명하기 위한 논쟁의 구성에 대한 기사에서, 안셀름이 신비 체험으로 간주될 수도 있는 직관적인 이해의 섬광 속에서 "증거"를 받았다고 묘사한다:

어느날 밤 기도 중에 갑자기 하나님의 은혜로 그는 마음이 조명을 받았다. 그는 모든 문제를 분명히 이해하게 되었으며, 그의 내면에는 큰 기쁨과 찬양이 가득찼다.(Life 1.19, p. 20)

안셀름과 이드머는 이전의 모든 사고(思考) 활동(안셀름은 그것이 매우 끈질긴 것이었다고 묘사한다)[7]과 "증거"[8] 뒤에 있는 문헌 자료를 인간적인 추리만의 결과가 아니라 하나의 섬광 같은 조명,

하나님의 선물로 보았다.

 그러나 안셀름과 이드머 모두 경험 자체에 주의를 기울이거나 시간을 보내지는 않았다. 그들은 오로지 조명의 결과에만 관심을 가졌다. 안셀름이 『제일 원리』에 붙인 부제인 "이해를 추구하는 믿음"(Faith seeking understanding)은 기도에 대한 그의 정확한 이해를 표현해 준다.[9] 기독교인과 하나님의 관계를 나타내주는 이 표제어는 안셀름의 일생의 경험에서 생겨난 것인데, 그것은 하나님의 비밀들에 대한 섬광 같은 통찰에 의해 조명된 것이었다. 그리하여 그는 경험을 되풀이하거나 분석하는 일을 지향하지 않고 기도하는 사람들의 내적 신빙성의 표시가 되는 바 다른 사람들을 위한 사려 깊은 배려를 지향했다:

> 나에게 발견하는 기쁨을 주었던 이것을 기록한다면, 그것은 읽는 사람들에게 기쁨을 줄 것 같았다. 그래서 나는 정신을 고양시켜 하나님을 관상하며 자신이 믿는 것을 이해하려고 노력하는 사람의 관점에서 기록했다.(*Prayers*, p. 238)

 안셀름의 기도집과 묵상집도 『제일 원리』와 마찬가지로 대단한 심혈을 기울여 준비한 것이었다. 그것은 믿음의 중심되는 신비에 대한 진지한 성찰로서 우선적으로 구원에 관심을 보인다. 이런 면에서, 그것은 신학을 하는 방법인 묵상의 중심적 전통에 속하며, 특히 히포의 어거스틴의 전통에 속한다. 다른 면에서 그 묵상집은 그 이전부터 있었던 기도의 전통들에서 생겨난 것이었다: 기도문들 중에 가장 먼저 저술된 것은 시편 선집에 추가된 것으로서 아델레이드 공주에게 보내졌는데, 초기의 기도문들과 마찬가지로 성인들에게 드리는 기도문이다. 안셀름의 기도문들은 성인들과 더불어 성인들을 통하여 기도하는 전통을 변화시켰으며, 카롤링 왕조 사람들의 간단한 수집물을 방대한 대화집으로 만들었다. 두 개의 예외가 있지만, 기도 드리는 대상이 되는 성인들은 성경에서 언급되며 교회의 예배에서 우선적인 위치를 차지하는 성인들이다: 마리아, 사도들, 막달라 마리아, 스데반. 그밖에 수도사들을 위한 선택으로서 성 베네딕트에게 드리는 기도문, 그리고 베크 수도원이 바리(Bari)의 니콜라스 숭배와 관련이 있었기 때문에 성 니콜라스에게 드리는 기도문이 있다. 수도원장을 위한 기도, 친구를 위한 기도, 원수를 위한 기도, 하나님께 드리는 기도, 그리스도께 드리는 기도, 십자가에게 바치는 기도, 성찬 전에 행하는 기도 등 모든 기도에는 전통적 신학의 근본 요소인 반성(reflection)이 담겨 있다. 단어나 구 등은 성경에서 취한 것이며, 성서 본문, 특히 시편에서 취한 것이기 때문에, 어디서 인용문이 끝나며 어디에서 주제에 관한 내용 선택이 시작되는지 구분하기 어려운 경우가 종종 있다. 이러한 면에서 그 기도문들은 안셀름이 물려받아 자기 것으로 삼은 성서 묵상의 전통에 속한다. 그러나 그는 여기에다가 새로운 요소—그의 감정과 느낌과 개인적인 참여를 통한 그 나름의 인식—을 첨가했다.

안셀름을 본받으려 하는 사람들이 볼 때에, 간혹 안셀름 자신의 통일성이 상실되고 성례 중심적이거나 지루한 것처럼 보이는 바 다른 사람들의 내면에서 일어난 간접적인 감정들만 남아 있는 듯이 보이기도 한다. 안셀름의 기도문에 추가된 것들은 아주 초기에 추가된 것인데, 그것들은 원래의 기도문들과 마찬가지로 중세 시대의 신앙에 큰 영향을 주었다. 그러므로 안셀름의 직접적인 영향과 병행하여 안셀름의 영성의 전통의 보급에 대해서도 고찰할 필요가 있다. 이렇게 기도문을 추가하는 일은 안셀름과 거의 같은 시기에 활동한 동시대인들—John of Fécamp, Elmer of Canterbury, Ekbert of Schönau, Aelred of Rievaulx, Ralph of Batter—에 의해 이루어졌다. *Patrologia Latina* 158권에 수록된 20편의 묵상과 75편의 기도문 중에서 단 3편의 묵상과 18편의 기도문만이 안셀름의 것으로 알려져 있다. 그것들을 식별하는 작업은 금세기에 윌마르트(A. Wilmart)가 시도했다. 현재 안셀름의 저서들의 원문 비평 연구판에 안셀름 자신의 기도문들이 등장하고 있다. 그것들은 안셀름을 모방한 이러한 인물들의 영향력을 증명해주며(다른 형태를 가진 보다 이전 시기의 기도문들도 포함되어 있다), 또한 중세 후기에 이 장르가 지속적으로 인기를 누렸음도 증명해준다. 예를 들어 묵상 1(Meditation 1, *PL* 158, cols. 709-22)은 안셀름의 친구요 전기 작가인 이드머의 것이고, 묵상 15(cols. 784-92)는 아엘레드(Aelred of Rievaulx)의 것, 묵상 18은 페캄의 존(John of Fécamp)의 것, 묵상 20은 캔터베리의 엘머의 것이었고, 미제레레(*Miserere*의 시편: 시편 51편)에 대한 긴 묵상은 14세기 이전까지는 알려져 있지 않았다.

성서 본문이나 성인의 삶에서 일어난 사건을 탐구하며, 이것을 개인적인 기도를 위한 기초로 사용하는 방법은 안셀름이 고안해낸 것이 아니다. 그러나 그는 기도하는 사람의 감탄과 탄식을 곁들여 그러한 묵상들을 기록하는 양식을 사용하기 시작했으며, 그리하여 다른 사람들도 그러한 표현을 사용하여 기도를 시작할 수 있게 해주었다. 또한 안셀름은 본문에다가 회개의 열정과 찬양의 기쁨을 추가했고, 기도자에게 열렬한 감정과 심오한 이해를 제공했다. 죄로 인해 크게 애통한다는 점에서 그는 히포의 어거스틴의 후사였다. 어거스틴의 『고백록』의 표현은 안셀름의 자기 표출(self revelation)이나 회개와 매우 흡사하다. 어거스틴이 개인적으로 철학적이고 신학적인 기독교 신앙의 표현에 강하게 연루된 것은 추상적인 일이 아니었다. 성경에서 출발한 그의 언어는 모든 단계에서 성경의 단어들에 의해 채색되었다. 어거스틴은 『고백록』의 독백에서 하나님을 향해 부단히 노력하며, 죄를 의식하고서 자비와 정결케 함, 특히 하나님에 대한 지식과 사랑을 달라고 애원한다. 이렇게 생각과 감정 안에서 자아의 경험의 근원에 있는 하나님을 발견하기 위해 내면을 향하는 것 또한 안셀름의 기도문과 묵상들의 형태이다. 그것들은 모두 매우 개인적인 문학 형태를 취하지만, 사상과 믿음의 통일성에 대해서는 동일한 의식을 가지고 있다. 안셀름도 어거스틴처럼 sapientia(knowledge that is love)에 관심을 가졌지만, 그 강조점은 새로운 것이었다. 어거스틴은 기도하거나 생각하면서 지식과 소원을 결합했는데 반해, 안셀름은 특정한 결과를 얻으려는 목표를 가지고서 정신과 감정을 교대로 사용했다. 단어들은 감정을 야기하기 위해서, 느낌을 깊게 하기 위해서, 그리고 일련의 도약과 회복 과정 안에서 의지를 자극하여 보다 깊은 회심을 이루기 위해서 사용되었다. 어거스틴이 안셀름에게 미친 영향은 안셀름의 신학 뿐만 아니라 기도문에서도 나타난다.

  이러한 형태의 기도를 드리는 데 있어서 안셀름을 이어받은 위대한 후계자는 클레르보의 버나드(Bernard Clairvaux)이다. 어거스틴은 지식의 영성을 제시했는데, 여기에서 지식은 곧 사랑이다. 버나드는 사랑의 영성을 표현했는데, 그의 사랑은 곧 지식이다. 버나드는 안셀름의 뒤를 이어 사랑과 지식을 구분했으며, 기도 안에서 지식의 지위를 축소시켰는데, 축소된 것은 어거스틴의 sapientia가 아니라, 학교에서 가르치는 scientia였다. 버나드에게서 언어의 정서적 용도가 절정에 도달했다. 그는 특별한 방법으로 안셀름이 제시한 경건을 대중화하고 발전시켰다. 예를 들어, 버나드와 강력하게 연결되는 바 예수의 이름에 대한 헌신은 안셀름의 첫번째 묵상에 표현되어 있다. 우정에 대한 버나드의 관심의 고전적인 표현은 안셀름의 "친구들을 위한 기도"(Prayer for Friends)에서 발견된다. 버나드는 마리아 숭배 신앙을 가졌는데, 이 신앙은 마리아에게 바친 세 편의 길고 장엄한 안셀름의 기도문에서 발견된다. 그리스도와 영혼의 관계가 지닌 특성을 표현하기 위해서 모성(母性)이라는 비유를 사용하는 사상(이것은 시토회 수도사들에게서 종종 나타난다)은 안셀름의 "성 바울에게 드리는 기도"(Prayer to St. Paul)에서 표현되었다. 안셀름은 어거스틴의 영성과 버나드의 영성 사이에서 활동한 촉매였다. 어거스틴은 참된 지혜는 지혜로운 사랑이 된다고 했고, 버나드는 사랑하는 마음에는 참된 지식이 주어진다고 한 반면, 안셀름은 이성을 소유한 정신은 사랑과 지혜, 감정과 지식을 탐구하는 중에 어느 정도는 긴장 상태에 놓이며, 때로는 분열하면서 감정들과 교류한다고 했다.

안셀름의 기도문과 묵상집은 안셀름 자신, 그리고 그것들을 사용하는 사람들을 위해서 하나님을 향한 길의 역할을 했다. 그를 모방하는 사람들은 그의 사상과 양식의 일부만 파악했다. 그들의 도움을 받아 만들어진 기도문은 원래 안셀름의 기도문들보다 더 구식이었다. 현재 안셀름이 지은 기도문들과 묵상문들이 그것을 모방한 것들로부터 구분되어 있는데, 안셀름이 추천한 "깊고 사려깊은 묵상"을 할 때, 그것들은 독자들로 하여금 "기도하고자 하는 마음을 일으켜 주는 것들을 보다 깊이 생각" 하게 만들어 줄 수 있다.[10] 바로 여기에 안셀름의 영성에 영속적인 가치를 부여해 주는 신학적 정확성과 개인적인 열정의 결합이 있다.

주(註)

1) 에블린 언더힐(Evelyn Underhill)은 그를 신비가들 중 하나로 보았다 (*Mysticism: A Study in the Nature and Development of Man's Spirituali Consciousness* [New York: World, 1965] appendix, p. 458).
2) Anselm, *The Prayers and Meditations of Saint Anselm*, trans. Benedicta Ward, p. 244.
3) Eadmer, *Vita Sancti Anselm*, 14(이후로는 *Life*라고 언급됨). Page references in subsquent citations of *Life* are to the translation of R. Southern.
4) 안셀름의 기도문집의 구성에 대해 논한 것을 보려면, A. Wilmart "Les propres corrections de S. Anselm dans sa grande priére à la Vierge Marie," *Recherches de théologie ancienne et médiévale* 2 (1930) 189-204 을 보라.

5) To Bishop Gundolf, *Prayers*, p. 106; to Princess Adelaide, pp. 172-73; to Countess Mathilda, p. 90.
6) *Proslogion* 에는 유명한 존재론적 논증을 포함하고 있는 것으로 가장 잘 알려져 있다. 그러나 사실상 그것은 철학적 논문이 아니라 하나의 묵상집이다. See *Prayers*, 238-67.
7) *Prayers*, preface to the *Proslogion*, p. 238.
8) E.g., Augustine *On Christian Doctrine* 1.7.
9) *Prayers*, preface to the *Proslogion*, 239.
10) Preface to *Prayers*, 89.

참고 문헌

원자료

Anselm. *Memorials of St, Anselm.* Edited by R. W. Southern and F. S. Schmitt. London: Oxford University Press, 1969.
____. *Sancti Anselmi Cantuariensis Archiepiscopi Opera Omnia I-VI.* Edited by F. S. Schmitt. London and Edinburgh: Nelson, 1938-61.
Charlesworth, M. J. *St. Anselm's "Proslogion."* Oxford: Oxford University Press, 1965.
Henry, D. P. *Commentary on the "De Grammatico."* Dordrecht: Reidel, 1974. Includes a translation of the *De Grammatico.*
Honnor, Paschal. "Letters of St. Anselm of Canterbury to the Community at Bec." *American benedictine Review* 14 (1963) 138-63, 319-40.
Hopkins, Jasper. *Anselm of Canterbury.* 4 vols. New York: Edwin Mellon, 1975-76.
Pedrizetti, Anselm R. "Letters of Saint Anselm and Archbishop Lanfranc.'" *American Benedictine Review* 12 (1961) 430-60.
Southern, R. W. *Vita Sancti Anselmi by Eadmer.* Oxford: Clarendon Press, 1962.
Ward, Benedicta. *The Prayers and Meditations of St. Anselm with the "Proslogion."* New York: Penguin Books, 1984.

연구서

Barth, Karl. *Anselm, fides quaerens intellectum*. Richmond, VA: John Knox, 1960.

Evans, Gillian R. *Anselm, and Talking about God*. Oxford: Oxford University Press, 1978.

_____. *Old Arts and New Theology*. Oxford: Oxford University Press, 1979.

_____. *Anselm and a New Generation*. Oxford: Oxford University Press, 1980.

Hartshorne, Charles. Anselm's Discovery. LaSalle, IL: Open Court, 1965.

Henry, D. P. *The Logic of St. Anselm*. Oxford: Oxford University Press, 1967.

Hopkins J. A *Companion to the Study of Anselm*. Minneapolis, MN: University of Minnesota Press, 1972.

Hick, John, and Arthur McGill, eds. *The Many-Faced Argument,* New York: Macmillan, 1967.

McIntyre, J. St. *Anselm and His and His Critics: A Reinterpretation of the "Cur Deus Homo."* Edinburgh: Oliver & Boyd, 1954

Pouchet, R. *La rectitudo chez saint Anselme*. Paris: Études augustiniennes, 1964.

Spicilegium Beccense I (Paris: Vrin, 1959).

Southern, R. W. *Saint Anselm and His Biographer*. Cambridge University Press, 1963.

Wilmart, A. Sixteen articles of major importance for the establishment of the genuine prayers of St. Anselm published between 1923 and 1931 in the *Revue Benedictine, La vie spirituelle, Archives d'histoire et littéraire du moyen âge, and Recherches de théologie ancienne et médiévale.*

3. 시토회 수도사들

바질 페닝톤(BASIL PENNINGTON)

역사적 환경

500년경에 누르시아의 베네딕트(Benedict of Nursia)는 『수도사들을 위한 규칙』을 저술했다. 그것의 영향력은 점차 커져서, 마침내 샤를마뉴 대제는 그것을 자신의 제국 전체에 거하는 수도사들을 위한 규칙으로 선포했다. 베네딕트에게 영향을 주어 이 규칙을 저술하게 만든 아니안느의 베네딕트는 특별히 그것을 준수하도록 장려했다. 그러나 그 규칙의 획일적인 준수는 10세기에 클뤼니 수도원 집단이 일어나면서 비로소 효과를 거두었다. 클뤼니 수도원은 거룩한 수도원장들의 승계라는 지혜로운 규칙 하에서 약 2,000개의 수도원들을 지배하기에 이르렀다. 이 개혁으로 말미암아 수도원들은 자율성을 상실했을 뿐만 아니라 전례와 종교적인 독서와 개인 기도의 균형, 그리고 베네딕트 수도회의 생활에 활력과 특징적인 단순성을 부여해주던 노동도 상실하게 되었다. 그레고리의 개혁 때에 수도생활과 관련하여 새로 모험적인 일들이 많이 이루어졌다. 사람들은 복음서, 고대의 수도원 전통들, 때로는 『베네딕트의 규칙』을 의지했다. 그들은 가난, 고독한 생활, 단순한 생활 등을 추구했다.

이 시대의 개혁자들 중에는 몰레슴의 로버트(St. Robert of

Molesme)라고 알려진 수도사가 있었다. 그는 트루와(Troyes) 근처에 있는 무떼-라-셀(Moutier-la-Celle) 수도원에서 수도생활을 시작했다. 그는 많은 수도원들을 개혁하려 했으며, 마침내 모레슴에서 한 무리의 은수사들을 이끌 베네딕트 공동체를 구성하는 데 성공했다. 그러나 이 공동체가 성공을 거두면서 명성, 돈, 그다지 헌신적이지 못한 지원자들이 뒤따랐으며, 점차 공동체는 로버트의 고귀한 이상에서부터 멀어지게 되었다. 1098년에 그는 다시 그 일에 착수했는데, 거기에는 그가 속한 수도원의 수도원장, 부원장, 그리고 19명의 수사들이 합류했다. 그들은 디종(Dijon) 근처에 새로운 수도원(New Monastery)를 세웠는데, 그것은 후일 시토(Citeaux)라고 불렸다. 로버트는 몰레슴에 있는 수도사들에게로 돌아갔지만, 새 수도원은 번영했다. 특히 1112년에 퐁텐의 버나드(Bernard of Fontaines, 그의 수도원 명칭을 붙여 클레르보의 버나드로 더 잘 알려져 있다)가 들어온 후로 크게 발전했다.

시토의 수도사들이 새로 수도원을 세우기 위해 다른 지역으로 가게 되면서, 제3대 수도원장인 스테픈 하딩(Stephen Harding)은 다른 수도원장들과 함께 『사랑의 헌장』(Charter of Charity)을 작성했다. 여기에서 시토와 시토 출신 수도사들이 직접적으로, 혹은 간접적으로 세운 공동체들을 통합하여 시토회라는 수도회를 조직했다. 시토회 수도사들은 흔히 그들이 착용한 의복의 색깔 때문에 "백의의 수도사들"(White Monks)라고 불린다. 이 동맹은 각 수도원의 자율성을 존중하면서도, 수도회의 계율 준수의 열정을 뒷받침하기 위해서 순찰 제도와 총회 제도(나중에는 거의 모든 수도회에서 이 제도를 채택했다)를 마련했다.

이와 같은 호의적인 환경 속에서 엄수파 수도원들의 커다란 집단이 성장했을 뿐만 아니라(1153년에 클레르보의 버나드가 사망할 무렵에는 약 360개의 수도원이 있었다), 하나의 영성 학파가 성장했다. 이 학파는 수도적이고 신비적임에도 불구하고 당대에 큰 인기를 얻었으며, 그후 수세기 동안 기독교 영성에 지속적인 영향을 끼쳤다. 이 수도회는 수녀원을 인정하는 데 있어서는 더뎠지만, 초기부터 수녀들은 시토회의 생활 방식과 계율을 받아들였다. 시토회 영성의 표현으로 몇 가지 특성이 발달되었는데, 그것은 다음 세기에 플랑드르 지방에서 가장 현저하게 발달했다. 거의 처음부터 시토회 수도사들은 무식한 사람들을 conversi(평신도 수사들의 기관)라고 불리는 계층의 완전한 회원으로 받아들였으며, 따라서 시토회의 영성은 수도원의 유식한 고위 성직자들 사회에서 뿐만 아니라 노동자 계층에서도 대단히 단순한 방법으로 표현될 수 있었다.

근본적인 수도원 영성

수도사나 수녀는 어떤 일을 하느냐는 질문을 받을 경우, 즉각적인 대답은 '기도한다'일 것이다. 유명한 조신(朝臣) 아르세니우스(Arsenius)는 주님께 가르침을 요청했는데, "피하라. 침묵하라. 항상 기도하라"[1]라는 단순하고 분명한 응답을 받았다. 수도사들은 침묵을 추구하기 위해서 따로 떨어져서 생활한다. 그들은 독거 생활을 하면서 내면에서 아우성치는 것들을 침묵시키기 위해서 금욕적인 삶을 택한다. 사람들은 하나님과의 완전한 합일에 들어가기 위해 필요한 지원과 자유를 발견하기 위해서 외딴 곳에 살면서 수도 생활을 했다. 그들은 자신이 이러한 생활을 위해 지음을 받았음을 깨달았다. 그들은 하나님과의 합일에 의해서 모든 사람의 행복에 가장 크게 기여할 수 있다는 것, 그리고 모든 선한 것의 근원인 바 하나님의 창조적이고 대속하시는 사랑의 도구가 될 수 있다는 것을 즉각적으로 깨달을 수도 있고 깨닫지 못할 수도 있다. 모든 피조 세계, 그리고 그 세계의 모든 존재와 행동은 하나님의 작품이요 솜씨이다. 그것의 의미는 하나님의 영광 안에 놓여 있다. 모든 사람은 하나님을 영화롭게 하기 위해 지음을 받는다. 나머지 피조물들은 인간의 정신과 마음에 의해서, 그리고 그것을 통해서 하나님께로 고양될 때에만 하나님을 제대로 영화롭게 할 수 있다. 왜냐하면 인간만이 하나님을 알 수 있는 정신과 하나님을 사랑할 수 있는 마음을 지니고서 하나님의 완전한 형상으로 지음을 받았기 때문이다. 하나님을 사랑하는 자, 진실로 하나님을 찾는 자는 모든 피조물이 하나님의 뜻에 일치하여 영광 중에 하나님께 올라가기를 간절히 원한다. 수도사들은 순종을 통해서 항상 이 움직임과 조화를 이루려 한다. 그들은 베네딕트가 하나님의 작품(*opus Dei*)이라고 부른 기도 생활을 통해서 이 운동을 표현하려 하며, "우리의 정신과 우리의 음성이 조화를 이루기 위해서" 조심한다(*Rule of Benedict* 19.7). 수도사들은 거룩하게 영감된 본문들을 사용하고 교부들이 지녔던 공통된 믿음에 귀를 기울이면서 성가대석에 설 때에, 하나님의 작품을 향한 자신의 열심, 즉 자신의 삶과 모든 피조 세계 안에서 일어나는 모든 일이 사랑하는 하나님의 영광이 되기를 바라는 소원을 가장 잘 표현하며 꾸준히 증가시킨다.

시토회 영성의 최초의 표현

시토회 창시자들의 영성을 분별하는 데 있어서 가장 기본적인 요소 중의 하나는 『성 베네딕트의 규칙』에 대한 그들의 태도를 이해하는 것이다. 시토회 창시에 대한 문서인 *Little Exordium*에서는 그들이 지키기로 서약한 규칙(*Rule*)대로 살고픈 소원, 규칙을 범하는 것을 볼 때의 슬픔, 그리고 규칙에 어긋나거나 불필요한 모든 것을 버리려는 시도 등이 강조되었다. 모든 일에 있어서 규칙에 복종해야만 했다. 그들은 열심으로 규칙의 순수함으로 복귀했다. 역사가들은 『규칙』을 준수할 것을 이처럼 크게 강조한 사실에 직면할 때에, 때로 평신도 수사들의 기관(conversi), 지구장(dean)과 수도 생활에 몸 바친 사람(oblate)들의 부재, 수도원들의 동맹 등의 차이점을 지적함으로써 그것의 가치를 깎아내리려 한다. 이것들은 당시의 실제의 모습으로서, 그 시대의 사회적 상황과 경제적 상황에 맞추어 개선되었음을 보여준다. 그것들은 수도사들이 『규칙』의 정신에 따라 보다 완전하게 살도록 하기 위한 것이었다. 창시자들이 남긴 몇 가지 문서에서는 『규칙』을 생활에서 실천하는 것이 분명히 강조된다: 소위 『성 로버트의 찬송집』, 성 스테픈의 『찬송 사용에 관한 편지』, 그리고 요크의 투르스탠(Thurstan)의 『퐁텐 대수도원 창립에 관한 편지』.[2]

시토회 창시자들의 정신의 중심에는 성 베네딕트의 『규칙』의 명령에 따라 형성된 삶 안에서 사랑을 배양하는 것이 자리잡고 있었다. 창시자들은 가난의 이상, 즉 놀라운 단순성을 가지고서 "가난하신 그리스도와 함께 가난해지는 것"을 이상으로 세웠다. 그들은 독거와 세상으로부터의 이탈을 중요시했다. 시토회 영성이나 금욕 고행이 지닌 또 다른 특성은 육체 노동이었다. 이것은 시토회의 갱신을 동시대에 발생한 다른 수도원 갱신들로부터 구분해주는 특징적인 표식들 중 하나였던 것처럼 보인다. 우리 시대와 대단히 일치하는 또 하나의 특성은 창시자들의 신빙성이었다. 그들은 『베네딕트의 규칙』에 따라 살기로 맹세했으며, 반드시 그대로 행했다. 그들은 약속한 대로 지키려 했다. 또 다른 특성은 사랑의 중요성을 강조한 것과 밀접하게 관련된 것으로서, 하나님 체험—또는 후대에 신비 체험이라고 말한 것—에 대한 관심이었다.

아마데우스 할리에르(Amadeus Hallier)는 『성 아엘레드의 수도 신학』이라는 훌륭한 저서에서 하나님 체험이라는 요소가 리보(Rievaulx)의 아엘레드의 사상과 영성에서 발휘한 근본적이고 지배적인 역할에 대해 기술했다. 그 예는 초기의 다른 시토회 수도사들에게서 쉽게 찾아 볼 수 있다. 클레르보의 버나드는 영성 생활의 여러 단계를 추적하기 위해서 많은 유비들을 사용했다. 그러나 세 번의 입맞춤, 일곱 번의 고취, 팔복(八福) 등 어떤 상징이든지 간에, 그것은 항상 고통스럽고 피곤하게 하는 노동이 끝난 후에 "관상의 고요"로, 하나님이 "감지되는 것이 아니라 순간적인 영광의 빛에 의해서 희미하게 느껴지고 이해됨으로써 큰 사랑의 불길이 영혼 안에서 타오르게 되는 곳"인 사랑의 충만함으로 이어진다(『아가서 설교』18.6). 버나드가 『베네딕트의 규칙』 제7장에 관한 주석에서 베네딕트의 영성의 중심 주제를 다룰 때에, 시토회 정신의 특징적인 요점이 분명히 나타난다. 버나드의 사다리는 직접 완전한 사랑, 솔로몬의 연회, 관상의 즐거움과 기쁨으로 이어진다. 그것은 왕의 방으로 이어지는데, 영혼은 그곳에서 왕의 품에 안겨 안전하게 쉰다. 영혼은 이 방에 있는 동안 "보이지 않는 것들을 보고, 인간에게 주어지지 않는 말할 수 없는 것들을 듣는다"(The Steps of Pride and Humility 7).

시토회 정신의 이 신비적인 요소는 『수도사들을 위한 규칙』에서 발견되는 요소들을 설명한 것, 카시노 산의 입법자가 뿌린 씨앗이 완전히 꽃을 피운 것에 불과하다. 베네딕트는 수도사들로 하여금 "말할 수 없이 달콤한 사랑으로 하나님의 계명의 길을 달려가며" "두려움을 몰아내는 하나님의 완전한 사랑에 이르게" 만들려 했다. 그는 수도사들이 "보다 높은 고지에 도달하기를" 원했다(Rule of St. Benedict, Prologue 49, 7.67, 73.9).

신비 체험이 시토회 영성의 핵심 요소라고 한다면, 시토회 수도사들에게 있어서 그러한 신비주의는 금욕적인 삶(수덕생활)의 체험이 없이는 존재할 수 없었음을 기억해야 한다. 하나님과의 합일이

15. Abbey of Senanque in Provence

16. *Tree of Jesus,* Manuscript Illumination, 12th century (M. 724, single leaf verso)

라는 고지에 올라가려는 마음을 가지려면, 인간의 불행의 심연과 접촉이 있어야만 한다. 우리가 먼저 금욕에 관한 서적들을 읽고 이해하여 준비를 갖추어야만 신비적 저술들을 이해할 수 있다. 버나드는 종종 "하나님, 나로 하여금 당신을 알게 하시고, 나 자신을 알게 하소서"(Deus, noverim te, noverim me)라는 어거스틴의 말을 인용했다.

마지막으로, 절대적인 그리스도-구심성이 있다. 누구도 그리스도를 통하지 않고서는 아버지께로 갈 수 없다. 완전히 그리스도 안에서 살아야 하며, 그의 본보기를 따라야 한다. 자신의 허물 때문에 그리스도에게서 떨어져 나간 사람들은 관상을 할 수 없다. 관상생활은 그리스도 안에서 하나님과의 합일을 실현하는 것이다. 사랑의 정신을 가지고 그리스도 안에 있는 모든 사람들과 연합하는 가시적인 합일이 없이는 눈에 보이지 않는 합일을 이룰 수 없다. 우리는 지금 그리스도의 몸된 교회에 대해 말하고 있다.

시토회의 네 명의 전도자

클레르보의 버나드를 "시토회의 신학자"라고 부르는 것은 옳은 일이다(Jean Leclercq). 그는 이 영성 학교의 교사였고, 그의 주위에는 많은 제자들이 모였다. 제자들은 각기 버나드로부터 직접적이고 심오한 영향을 받았는데, 그중에서 가장 탁월한 인물은 성 티에리의 윌리엄(William of St. Thierry), 이그니의 게릭(Guerric of Igny), 그리고 아엘레드(Aelred of Rievaulx) 등이다. 이들은 버나드와 함께 시토회의 네 명의 전도자라고 불린다.

클레르보의 버나드(1090-1153)

퐁텐의 버나드(Bernard of Fontaines)는 탁월한 수완가였다. 그는 아직 규모가 작고 세상에 그다지 알려지지 않은 수도원이었던 시토 회에 들어가기로 작정하고서 약 30명의 친척과 함께 수도원에 들어 갔는데, 거기에는 그의 형들도 포함되어 있었다. 형수들과 그의 누이 홈벨리나는 몰레슴에 의존하고 있는 베네딕트 수녀원에 들어갔다. 버나드는 훌륭한 고전 교육을 받았고 많은 은사를 가지고 있었다. 그는 3년이 못 되어 새로운 수도원을 세우기 위해서 파견된 12 명의 수도사들의 우두머리가 되었다. 클레르보는 굉장한 성장을 했다. 뿐만 아니라 새로 세우거나 합병을 통해서 수백 개의 수도원을 통합했는데, 40년 후 버나드가 사망하기 전에는 시토 교단이 형성되었다.

버나드가 수도원장이 된 지 10년이 못 되어 그의 최초의 출판물이 출판되었다. 그후 그는 많은 비서들의 도움을 받아 바쁜 중에도 유창한 필치로 끊임없이 출판을 했다. 그는 죽기 전까지 아가서에 관한 주석을 집필했는데, 그것은 18년이나 걸린 작업이었다. 아가서에 관한 버나드의 85편의 설교 전집은 그의 가장 위대한 저술로서, 일찍이 저술된 것 중에서 가장 풍부하고 가장 심오한 신비적 논문들 중 하나이다. 그의 저술들은 대부분 그가 수도사들에게 행한 총회 연설들인데, 때로는 보다 넓은 범위의 청중들을 위해 크게 개작되기도 했다. 그의 가장 포괄적인 저서는 『전례력(典禮歷)에 따른 설교집』(*Sermons on the Liturgical Year*)인데, 이 책은 그리스도와 그리스도의 몸된 교회의 삶의 신비에 관한 방대한 주석이다. 버나드는 그밖에도 많은 설교들(*Sermones de diversis*)을 비롯하여 일련의 설교 초안들(*Sententiae*)과 그가 설교할 때에 사용했던 우의적인 이야기들(*Parabolae*)을 남겼다.

버나드는 이따금 조심스럽게 심각한 신학적인 문제들을 다루었다. 출판된 저서나 서신에서의 그의 관심사는 주로 영적인 것이었으며, 특히 신비적인 것이었다. 그의 초기의 저서(1124년경)는 『겸손과 교만의 단계』인데, 이것은 베네딕트의 『규칙』의 영성에 대한 그의 가르침을 요약한 것이다. 거의 같은 시기에 저술된 『변증』은 시토회의 개혁을 변호하고 클뤼니 수도사들을 공격하기 위해서 친구인 성 티에리의 윌리엄(William of St. Thierry)에게 쓴 것이다. 그 밖에 그의 중요한 논문 중에는 신비생활을 훌륭하게 요약한 『하나님의 사랑에 관하여』, 중요한 교리서인 『은혜와 자유 선택에 관하여』, 그리고 템플러 기사단에게 보낸 『새로운 기사직을 찬양하여』 등이 있다. 그가 자신의 영적 아들들 중 하나로서 1145년에 교황이 된 인물(버나드 파가넬리, 교황 유게네 3세)을 위해 저술한 마지막 완전한 저서인 『존경에 관하여』(On Consideration)는 금세기의 모든 교황들이 사용했다. 버나드의 사상은 일반적으로 고요히 발달되었으며 복합적이다. 그의 문체는 대단히 세련되고, 그의 저술들은 세밀하게 편집되어 출판되었다. 그는 분명히 시토회 학파의 중심이었으며, 모든 사람들에게 심오한 영향을 준 스승이요 인도자였다. 이것은 버나드가 호혜적인 영향을 받았다는 것, 특히 성 티에리의 윌리엄에게서 영향을 받았음을 부인하는 말은 아니다.

성 티에리의 윌리엄(ca. 1085-ca. 1148)

현대인들은 시토회의 다른 사제들을 대할 때보다 성 티에리의 윌리엄(William of St. Thierry)을 대할 때에 더 편안함을 느낄 것이다. 그는 우리 시대의 사람들처럼 터 놓고 개인적으로 이야기한다. 그의 관상적 소명의 성장과 발달에 관한 내용은 그의 저술들 안에서 차례로 찾아볼 수 있다. 윌리엄은 여러 해 동안 학구적인 흑의의 수도사(베네딕트회 수도사)로 활동했다. 아마 그가 소속 수도원의 부수도원장으로 있을 때인 1119년에 그는 수도원장과 함께 클레르보의 버나드를 방문했다. 이 방문은 그에게 깊은 충격을 주었다. 그는 30년이 지난 후에도 고귀한 전례의 유비를 사용하여 엄위한 표현으로 그것에 대해 기록했다. 그는 버나드처럼 되기를 원했다. 거의 그 무렵에 그는 수도원장으로 선출되었고, 그리하여 그는 자신의 새로운 영적 탐구에 동참할 공동체를 소유하게 되었다. 그의 논문들 중 다수는 그가 공동체들과 행한 회의록을 편집한 것이라고 생각된다.

윌리엄은 『하나님을 관상하는 것에 관하여』에서 먼저 관상이 무엇인지, 그리고 어떻게 해야 그것을 획득하기를 바랄 수 있는지를 살펴본다. 그 방법은 사랑이다. 그리고 그는 『사랑의 본질과 권위에 관하여』에서 사랑에 대해 살펴본다. 그는 자기의 내면에서 일하는 능력과 연인, 즉 은혜를 알아야만 한다는 것을 알고 있었다. 다른 많은 교부들과 마찬가지로, 그는 그 다음에 인간에 관한 논문을 펴냈다: 『몸과 영혼의 본질에 관하여』. 그 다음에 저술한 은혜에 관한 논문은 로마서 주석의 형태를 취하고 있는데, 그것은 어거스틴의 저서를 많이 인용하고 있다. 윌리엄은 교부들을 크게 의지했으며 그들의 본문과 단어들을 주저함이 없이 사용했다. 그는 시토회의 신비적 교리의 핵심에 놓여 있는 본문인 아가서에 관심을 기울일 준비가 되었을 때에도 즉시 자기 나름의 주석을 시작하지 않았다. 그는 버나드와 함께 클레르보에 있는 병상에 나란히 누워 있는 동안에 버나드와 대화를 시작했는데, 이것을 *Brevis Commentatio*라는 제목으로 출판했다. 그 다음에 그는 밀라노의 암브로스와 대 그레고리의 저술들을 자세히 조사하여, 그 위대한 사랑의 노래에 관해 그들이 이야기한 것을 모조리 찾아냈다. 그는 이 모든 것을 바탕으로 하여 준비를 갖춘 후에 자신의 주석서인 『아가서 주석』 저술에 착수했다.

청년들이 기도하는 법을 배우는 일을 돕기 위해서 윌리엄이 같은 시기에 저술하여 출판한 아주 개인적인 저서인 『묵상집』은 윌리엄의 영적 진보에 대한 풍성한 자료를 제공한다. 같은 시기에 사람들의 요청을 받아서 성찬에 관해 기록한 편지가 있는데, 이것은 시토회 사제들의 삶과 그들의 영적 견해에 있어서 성찬이 얼마나 중요한 위치를 차지하는지를 보여준다.

사람들은 그리스도와의 합일 안에서 성장하여감에 따라 그리스도의 정신과 마음을 소유하게 되며, 그리스도의 사랑과 관심에 동참하게 된다. 시토회의 사제들은 교회에 속한 사람들이었다. 그들은 마리아의 역할을 갈망하면서도, 상황에 따라서 열매를 맺어야 할 때에는 마르다의 역할도 받아들였다. 아벨라르(Abelard)가 믿음과 참된 신학을 위험하게 만들고 있다고 생각한 윌리엄은 자신의 거룩한 여가와 사랑의 노래를 버리고, 자기의 공동체 내의 젊은 수도사들 및 그 교묘한 논리학의 영향을 받아 혼란을 일으키고 있는 모든 사람들을 위해서 『믿음의 거울』을 저술하여 믿음의 참된 본질과 내용에 대해 거리낌없이 이야기했다. 윌리엄은 믿음의 신학 및 믿음의 중심 대상인 복된 삼위일체를 분명히 제시하는 데서 그치지 않았다. 그는 나아가서 『믿음의 수수께끼』에서는 삼위일체 신비주의를 형성하기에 이르렀다. 이 책은 기독교 영성의 발달에 있어서 그의 가장 위대하고 심오하고 영속적인 공헌이 된다. 이 싸움이 끝난 후, 윌리엄은 인근에 있는 카르투지오회의 수도사들과 함께 얼마 동안 보다 깊은 독거에 들어갔다. 그는 그들에 대한 감사를 표현했으며, 또 젊은이들을 돕기 위해서 『황금의 편지』를 저술했다. 마지막으로, 말년에 그는 평생 동안 자신이 존경해왔고 자신에게 감화를 주었던 인물, 그의 사랑하는 친구였던 클레르보의 수도원장의 전기에서 이 모든 것을 이상화하여 하나의 성화(icon)를 그리기 시작했다.

이그니의 게릭(ca. 1090-1157)

이그니의 게릭(Guerric of Igny)은 버나드의 총애를 받은 제자였다. 후일 수도원장이 된 게릭은 버나드를 자기의 직속 사부(Father Immediate: 매년 공식적으로 방문하는 수도원장)로 모셨으며, 동시에 그 자신은 1136년 이후로 시그니(Signy)의 수도사인 성 티에리의 윌리엄의 직속 사부로 있었다. 게릭은 1123년경에 클레르보에 들어갔는데, 당시 버나드는 아직 교회적으로나 사회적으로 지도적 역할을 하고 있지 않았기 때문에 자기의 공동체와 함께 많은 시간을 보낼 수 있었다. 게릭이 이그니의 수도원장으로 선출된 것은 버나드의 영향력 때문이었다. 이것은 버나드가 게릭에게서 자신이 전하려 하는 영성을 포착했으며, 그것을 다른 사람들에게 전해줄 수 있는 인물됨을 보았음을 지적해준다. 게릭은 자신이 스승으로 모신 분에 대한 사랑 때문에 정기적으로 시그니를 방문하면서 스승의 가장 가까운 친구가 되기를 원했으며, 그분에게서 사랑하는 버나드에 대해 가능한 한 모든 것을 배우려 했을 것이다. 아마도 게릭으로 하여금 과거에 기록해둔 메모들 중 일부를 편집하여 훌륭한 저서를 출판하도록 격려해준 사람은 윌리엄의 직속 사부였을 것이다.

현재까지 우리가 발견해낸 게릭의 저술은 아주 간단하여, 53편의 전례 설교와 아가서에 관한 설교가 한 편 있다. 그의 설교의 특징은 간단 명료하고 실질적이라는 점이다. 그의 설교들은 아마도 시토회 수사들로부터 우리에게 전해진 저술들 중에서 가장 편집이 적게 된 것으로서, 수도사들이 성당 집회소 안에 앉아서 실제로 듣는 것에 가장 근접한 것이라고 할 수 있다. 게릭의 설교에는 철저하게 실질적인 가르침이 가득하다. 그의 설교에는 노동, 가난, 침묵, 마리아 등에 관한 간결하면서도 완전한 신학과 풍부한 기독론이 들어 있다. 그의 교리는 저속하지 않으며, 하나님과의 관상적 합일의 이상이 존재한다. 게릭은 그것을 솔직하게 인정했다: 그는 모든 사람들에게 이것을 권했으며, 그의 지도를 받는 많은 수도사들은 그것을 체험했다.

모든 기독교 교부들이 거룩에 이르는 방법을 요약하기 위해서 한번쯤은 사용한 팔복(八福)을 게릭은 중요시했다. 그 주제는 강림절 설교에서 처음으로 발견되며, 만성절 설교에서 절정에 이른다. 그는 이 절기를 위한 첫번째 설교만 완성했으며, 자신이 염두에 두고 있는 전반적인 계획을 설명했다. 게릭은 각 절기에 행한 설교들 중 5편을 선정하여 설교집을 구성했다(그는 수도원장으로 재임하는 18년 동안 각 절기에 관해 12번 이상 설교를 했을 것이다). 각각의 설교는 그날의 전례식문 중 한 구절로 시작되는데, 종종 그것은 하나의 출발점에 불과하다. 사상의 전개가 항상 논리적이지는 않지만 (일부 설교들은 스콜라적 형태로 윤곽을 그릴 수 있다), 여러 가지 사상의 결합, 특히 성경의 표현과 주제들의 결합을 통해서 전개된다. 항상 사물의 관상적인 핵심에서 끝나는 이러한 사상의 짜임새를 추적하는 것은 즐거운 일이다.

아엘레드(Aelred of Rievaulx, ca. 1110-1167)

아엘레드와 게릭은 버나드의 생의 말년에 개최된 총회에 함께 참석했었지만, 아엘레드는 게릭과는 매우 다른 인물이었던 것처럼 보인다. 아엘레드는 "북부의 버나드"(Bernard of the North)라고 불리며, 노덤벌랜드에서 태어났다. 그는 1134년에 리보(Rievaulx)에서 수도사가 되었고, 1142년에는 수련장이 되었다. 이듬해에 그는 링컨셔에 있는 레베스비 수도원의 수도원장이 되었고, 4년 후에 리보(Rievaulx)에 돌아와서 그 수도원의 수도원장이 되었다.

아엘레드는 천부적인 저술가로서 순수히 세속적 일에 관해 저술한 초기의 몇 안 되는 시토회 저자들 중 한 사람이다. 그가 글을 쓰게 된 것은 그 자신이 원해서 된 일이 아니었다. 아엘레드가 시토회의 기본적 가르침을 철저하고 분명하게 파악하고 있는 것에 감명을 받은 버나드는 수련 수사들을 가르치는 이 수련장에게 수련생들을 위한 지침서인 『사랑의 거울』을 저술하라고 요청했다. 몇 년이 흐르는 동안(사실상 아엘레드가 수도원장으로 재임한 동안) 이 기초적인 논문의 일종의 부록인 아엘레드의 『영적 우정』이 저술되었는데, 이것은 초기의 시토회 서적들 중에서 가장 인기가 있는 듯하다. 이 책은 그보다 먼저 저술된 보다 기본적인 저서인 『사랑의 거울』과 연결해서 읽어야만 제대로 이해될 수 있다. 이 두 권의 주요 저서 외에도, 많은 설교들, 세속적인 저서들, 그리고 완성된 것으로 볼 수도 있고 미완성의 것으로 볼 수도 있는 글인 영혼에 관한 논문(이것은 그가 임종할 때에 그의 책상 위에 놓여 있었다)이 있다. 아엘레드의 『목양의 기도』(Pastoral Prayer)는 그 신령한 사제가 지니고 있었던 초기 시토회 이상을 또 다른 형태로 제시하며, 저자에 대해서, 그리고 그가 삶에서의 자신의 역할을 어떻게 보았는지에 대해서 많은 이야기를 해준다.

제자들과 추종자들

이 책에서는 시토회 학파의 중요한 인물들 중 몇 명만을 소개할 뿐이다. 호이랜드의 길버트(Gilbert of Hoyland)는 아엘레드의 의논 대상이었다. 아엘레드는 레베스비에서 남쪽으로 15마일 떨어진 곳에 있는 스와인헤드에 시토회의 수도 방법을 전하기 위해서 길버트를 그곳으로 파송했다. 길버트도 아엘레드처럼 버나드를 존경했으며, 버나드의 아가서 주석 작업을 계속하는 특권을 누렸다. 그러나 길버트는 그 저서에 판이하게 다른 경향을 가미하여, 부분적이기는 하지만 수녀들의 공동체를 대상으로 말하고 있다. 에띠엔 질송(Etienne Gilson)은 길버트의 체험의 차원에 대해 의문을 제기했지만, 최근의 저자들은 "그의 저술들을 설명하기 위해서는 신비 체험이 필요한 듯하다"는 데 동의한다.[4]

포드의 존(John of Ford)은 포드의 볼드윈(Baldwin of Ford)의 영적 아들이요 제자였다. 볼드윈은 1184년에 캔터베리의 대주교가 되었으며, 제단의 성례에 관한 저술들로 잘 알려져 있다. 존은 길버트의 아가서 주석을 완성했다. 그가 포드의 수도원장으로 있으면서 이 작업을 하는 동안, 그 수도원의 수도사인 로저(Roger)와 모리누스(Maurinus)는 성모 마리아에 대한 저술을 하고 있었다. 그러나 성모 마리아에 대해 저술한 초기 시토회 수도사들 중 가장 유명한 사람은 로잔의 아마데우스(Amadeus of Lausanne)이다. 『복된 성모 마리아를 찬양하여』에 수록된 여덟 편의 설교는 그가 로잔의 주교가 된 후인 1144년에 저술한 것이지만, 마리아 숭배와 성경 해석면에서 볼 때 그것들은 시토회 영성의 열매이다.

이 초기 시토회 수도사들이 지닌 스콜라적인 경향은 스텔라 수도원의 논쟁적인 수도원장 아이작에게서 가장 현저하게 나타난다. 아이작은 라로셸(La Rochelle)에서 떨어진 레(Ré) 섬에 유배되어 생을 마쳤다. 아마 아이작은 영국인이었을 것이다. 그의 저술들은 그가 1130년대에 파리와 샤르트르(Chasrtres)에서 활동한 대가들, 예를 들면 성 빅토르 수도원의 휴(Hugh of St. Victor), 피터 아벨라르(Peter Aberlard), 콩쉐의 윌리엄(William of Conches), 그리고 샤르트르의 티에리(Thierry of Chartres)—이들 중에서 아벨라르와 윌리엄은 버나드의 충고를 받았다— 등의 사상을 잘 알고 있었음을 나타낸다. 티에리는 아이작보다 먼저 시토회에 들어갔다. 그 세기 말에 그 시대의 탁월한 인물인 알란(Allan of Lille)이 시토에서 말년을 보내고 있었다. 이들은 학교에서 배우는 지혜와 수도원에서 배우는 지혜가 서로 적대적인 것이 아니라 상호보완적인 것이라고 여겼다.

시토의 많은 문학적 유산은 설교의 형태로 전해져 온다. 다소 스콜라주의적인 교부들의 유산도 설교의 형태로 전해진다. 버나드와 함께 수도원에 들어갔고, 버나드보다 1년 먼저 수도원장이 된 퐁티니의 휴(Hugh of Pontigny)가 남긴 전집은 게릭의 전집처럼 시토회 본래의 체험에 매우 가까우며 우리가 가지고 있는 것 중에 가장 오래된 것이다. 그 시대 말기의 것으로 프로이드몽의 헬리난 (Helinand of Froidmont)의 전집이 있는데, 그것은 스콜라주의의 강력한 영향을 받았음을 나타낸다.

시토회 저자들이 사용한 또 하나의 매체는 서신이다. 편집되었음이 분명한 버나드의 편지 모음은 그가 죽기 전에 여러 차례 개정된 논문이다. 역시 12세기말의 것인 아담(Adam of Perseigne)의 편지 모음에도 스콜라주의의 영향이 나타나 있지만 수도적 취향이나 성경적 취향이 상실되지는 않았다.

오늘날 시토회가 지닌 의미

이들 시토회 사제들의 중요성과 그들의 영향력은 쟝 레크레르크가 "스콜라적 삽입구들"이라고 말한 것들에 의해서 우리 시대에 부흥되었다. 11세기에 처음으로 의미심장하게 표현된 바 신학에 대한 합리주의적 접근은 신학과 영성 사이에 쐐기를 박았다. 학문의 여왕이 거룩한 글과 교부들의 저술에서 자신의 견고한 터를 상실했을 때(토마스 아퀴나스는 자신이 사용한 전거들을 잘 알고 있었지만, 많은 그의 후계자들을 그렇지 못했다), 신학은 한편으로는 안타깝게도 불모 상태에 빠졌고, 다른 한편으로는 견실한 활력을 갖지 못했다.

  삶의 기본 진리에 대한 합리주의적 태도가 발달함에 따라, 후일 인쇄물의 증가로 말미암아 보편화된 경향, 즉 훨씬 더 개념적인 자세가 삶과 영성에 대한 서방의 접근 방식을 지배했다. 때로는 마음과는 완전히 분리된 사고력이 널리 보급되었다. 그러나 오늘날의 세계는 점차 인쇄된 글에 의지하지 않고 있다. 비유적 표현이 풍부하고 모든 의미들과 연결되는 멀티미디어 커뮤니케이션은 마음, 생각을 초월하는 것, 초월적인 것을 두드러지게 하는 전체론적인 반응을 불러 일으킨다. 마음, 즉 전인(全人)은 정신이 전혀 알지 못하는 이성들을 가지고 있다. 극동 지방의 종교 및 문화와의 커뮤니케이션의 증가, 즉 지구촌의 발달은 서방 기독교계에 도전이 되고 있으며, 동방의 풍부한 유산이 지닌 모든 차원과 접촉해야 할 필요성을 예리하게 느끼게 해주고 있다. 우리는 "스콜라주의적 삽입구"의 이면(裏面)에서 보다 완전하게 인간적이며 신적인 것과 인간의 신화(神化)에 대해 개방적인 삶의 흐름들을 꺼내야 한다. 이 20세기말에 세계적인 영성의 조류들, 에큐메니즘을 초월하는 에큐메니즘을 경험하고 있는 사람들은 12세기에 활동한 실존주의적이고 인격적이며 개인의 이해를 초월한 교부들을 대할 때에 대단히 편안함을 느낀다.

주(註)

1) *The Sayings of the Desert Fathers: The Alphabetic Collection*, trans. Benedicta Ward (London: Mowbray, 1975) 8.
2) See "Three Early Documents" in M. B. Pennington, *The Last of the Fathers* (Still River, MA: St. Bede's Publications, 1983) 17-32.

3) A. Hallier, *The Monastic Theology of Aelred of Rivaulx: An Experiential Theology*. Translated by Columban Heaney, with a special introduction by Thomas Merton. Shannon: Irish University Press, 1969. Distributed by Cistercian Publications.
4) Lawrence Bracelond in *Gilbert of Hoyland: Sermons on the Song of Songs I* (Kalamazoo, Mi: Cistercian Publications, 1978) 20.

참고 문헌

Bouton, Jean de la Croix. *Bibliographie Bernardine 1891-1957*. Paris: Lethielleux, 1958.
_____ . *Histoire de l'ordre de Cîteaux*. Westmalle: Fiches "Cisterciennes." 1959-68. 3 vols.
Gilson, Etienne. *The Mystical Theology of Saint Bernard*. Translated by A. H. C. Downes. London and New York: Sheed & Ward, 1958.
Hoste, Anselm. *Bibliotheca Aelrediana*. Steenbrugge: Abbey of St. Peter, 1962.
Janauschek, L. *Bibliographia Bernardina...usque ad finem anni MDCCCXC*. 1891. Reprint, Hildesheim: Olms, 1959.
Lekai, Louis, *The Cistercians, Ideals and Reality*. Kent State, OH: Kent State University Press, 1977.
Manning, E, *Bibliographie Bernardine 1957-1970*. Documentation cistercienne 6. Rochefort: Abbaye Notre Dame de S. Remy, 1972.
Pennington, B., and P. Verdeyen. "Bibliographie de Guillaume de Saint-Thierry depuis 1900." In *Saint-Thierry: Une Abbaye du VIe au XXe siècle*. Saint-Thierry: Association des Amis de l'Abbaye de Saint-Thierry, 1979.

4. 수사 신부들

그로버 진(GROVER A. ZINN)

　수사 신부들(regular canons)이란 개인적인 가난을 요구하는 규칙에 의해 통치되는 종교 공동체 내에서 생활하는 사제들과 부제들을 말한다. 그들은 중세 시대의 세 가지 주요 교단 중 하나인데, 나머지 둘은 수도사들과 탁발 수도사들이다. 정규 수사 신부들의 공동체는 11세기 중엽에 이탈리아와 남부 프랑스에 처음으로 등장하여 신속하게 유럽 전체에 퍼졌고, 12세기에 크게 발달했다. 중요한 기관으로서 프랑스에 있는 것으로는 쁘레몽뜨레(Prémontré: 라옹 근처), 아로아즈(Arrouaise), 파리의 성 빅토르, 아비뇽에 있는 성 루프(St. Ruf); 이탈리아의 루카에 있는 프레디아노; 독일과 오스트리아의 라이헤르스베르크와 스프링기에르스바흐에 있는 기관들을 들 수 있다. 그보다 먼저 카롤링 왕조 시대에 대성당의 수사 신부들과 기타 성직자들을 위해 하나의 규칙 하에서 공동생활을 하려는 시도가 있었다. 수사 신부들은 개인적인 가난이라는 중요한 요소를 추가했다. 개인적인 가난을 강조하는 점에서, 그들은 원시 교회(primitive church)의 삶을 회복하며 사도적 삶의 이상을 받아들이려 한 11-12세기의 여러 운동 중의 하나였다.
　수사 신부들은 자기들이 공동 생활을 하며 개인 재산을 부인하는 것의 선례를 두 가지 전거—하나는 사도적인 것이고, 나머지 하나는 교부적인 것이다—에서 발견했다:

(1) 예루살렘에 있었던 초기 기독교 공동체에 대한 묘사. 이 공동체에서는 모든 사람들이 마음과 뜻이 하나가 되어 재산을 통용했다(행 4:32ff.)
(2) 히포의 어거스틴의 주교 관저에 함께 살던 사람들의 관습. 어거스틴은 자기가 거느린 성직자들의 완전한 공동 생활과 개인적 가난을 강조했다. 어거스틴의 시대 이후 사회 제도와 교회의 제도가 급격하게 변했기 때문에, 어거스틴의 관습은 그의 울타리 안에서 성장한 주교들 외의 사람들에게는 실질적인 영향을 거의 주지 못했다. 그러나 어거스틴의 설교, 그의 이름을 딴 『규칙』에 들어 있는 요소들, 포시디우스(Possidius)가 저술한 전기 등에는 개인적인 가난을 서약한 성직자들의 공동체의 이상이 실천을 기다리고 있었다.

수사 신부들은 새로운 공동체들을 세우거나 기존의 공동체들을 개혁할 때에, 가난과 공동 생활 외에도 수도적 방법에 속하는 것으로 인정되는 수행들을 채택했다. 여기에는 금욕 고행, 공동 기도 시간, 관상, 폐쇄적인 생활 등이 포함되어 있었다. 쁘레몽뜨레와 같은 수사 신부들의 수도원은 시토회 수도원들처럼 광야에 세워졌다.

수사 신부들은 성직자들과 수도사들 모두의 반대를 유발했다. 성직자들은 그들의 엄격함을 비판했고, 수도사들은 여러 면에서 수도 생활을 닮은 이 새로운 교단을 받아들이려 하지 않았다. 그리하여 수사 신부들과 수도사들 사이에서 상당히 광범위한 논쟁적 문학이 발달되었는데, 양측은 자신의 특징적인 주장과 우월성을 나타내려 했다.

12세기초에, 프랑스의 수사 신부들은 『성 어거스틴의 규칙』이라는 것을 자기들의 표준으로 받아들였다. 이 규칙의 유래는 그다지 확실치 않지만, 12세기에 그것은 두 부분으로 구성되어 있었다:

(1) 현재 *regula secunda* 또는 *ordo monasteriorum*이라고 불리는

시작 부분.
(2) 현재 *regula tertia*라고 불리는 훨씬 긴 부분.

후자는 여성 고행자들의 집단에게 보낸 어거스틴의 『편지 211』을 남성형으로 번역한 것이다. *regula secunda*(아마도 6세기에 이탈리아에서 제작되었을 것이다)에는 기도 시간, 음식, 육체 노동, 가난, 침묵 등에 관한 특별한 규정들이 수록되어 있다. 때때로 이것들은 북유럽에서는 어울리지 않는다고 판단되어 생략되고 *regula tertia*가 『규칙』의 본체를 이루기도 했다. 비록 『규칙』에는 『성 베네딕트의 규칙』과 비슷하게 공동생활을 위한 상세한 규정들이 결여되어 있었지만, 건전한 충고가 가득했었다. 상세한 규정들을 제공하는 지방의 관례집과 결합된 『성 어거스틴의 규칙』은 수사 신부들을 인도하며 그들의 권위의 근원을 지적해주었다.

중세 시대의 종교 교단들을 연구하는 학자들은 종종 베네딕트의 영성, 수사 신부들의 영성, 프란치스코 수도회의 영성, 그밖의 다른 영성 등을 구분하려 한다. 수사 신부들과 수도사들을 비교함에 있어서, 어느 한 교단만이 지닌 특성을 구분해 내기는 어렵다. 12세기 안에서 감지된 차이점들을 설명하는 데 있어서 역사적인 원인들은 서로 일치하지 않는다. 수사 신부들과 수도사들은 각기 자신이 어떤 존재가 아닌지에 대해서는 절대적으로 확신을 가지고 있었다. 그들이 어떤 존재인지와 관련된 특성을 정의하는 일은 다소 난해한 일임이 입증될 것이다. 사제로 임명되는 것이나 교구를 돌보는 것을 수사 신부와 수도사를 구분해주는 특성으로 간주할 수는 없다. 모든 수사 신부들(사제들로 정의된다)이 설교하는 것과 전통적인 사제의 사역을 자신의 소명의 일부로 여기지는 않은 반면에, 많은 수도사들은 임명을 받아 설교하거나 영혼들을 돌보는 권리를 주장했다. 수사 신부들만의 절대적인 영성은 존재하지 않았던 것 같다. 왜냐하면 그들의 영성 생활의 많은 주요 주제들과 관심사가 그 시대의 베네딕트회 수도사들의 것과 같았기 때문이다. 이것은 특징적인 영성을 지닌 수사 신부들의 집단(그리고 수도적 집단)이 존재하지 않았다는 의미가 아니다. 여기에서 살펴 보려는 것은 하나의 교단 전체를 구분해주는 특징이다. 수도사들은 울면서 기도하지만 수사 신부들은 그와는 다른 일을 한다는 금언은 우리를 조명해주는 특징이라기보다는 논쟁적인 상투어에 불과하다. 수도사들과 수사 신부들의 차이점은 그 기원이나 관습이나 생활 방식이나 영성에서 찾기보다는 특정의 태도에서 찾아야 한다는 최근의 주장은 인정할 만하다. 그리하여 선정된 태도는 베네딕트회와 시토회에서는 학습자로 하여금 개인적인 구원의 길을 가도록 자극하는 것을 강조하는 데 반해, 수사 신부들은 말과 행동에 의해서 다른 사람들을 가르친다는 것이다.[1]

수사 신부들로 구성된 기관의 형태는 도시 외곽에 새로이 세워진 것에서부터 기존의 수사 신부들의 총회에 이르기까지 다양했다. 11세기 중엽의 것인 아비뇽의 성 루프회(St. Ruf)는 네 명의 성직자들이 주교의 도움을 받아 그 도시 외곽에 있는 폐허가 된 교회에서 규칙 생활을 세움으로써 시작되었다. 아로아즈(Arrouaise)는 1090년에 세 명의 은수사들과 더불어 시작되어 1097년에 주교의 인정을 받았다. 샤르트르(Chartres)에서는, 열렬한 개혁자로서 이전에 부베(Beauvais)에 있는 성 퀘틴(St. Quentin)에서 수사 신부들의 수장으로 있었던 샤르트르의 이보(Ivo of Chartres)가 성당 안에 수사 신부들을 배치하여 성 앤드류 사원을 개혁하려 했으나 실패했다.

아마도 가장 놀라운 새로운 기관은 1120년에 크산텐의 노베르트(Nobert of Xanten)가 세운 쁘레몽뜨레(Prémontré)였을 것이다. 황제의 수행원들에게 속한 수사 신부로 있으면서 극적인 회심을 한 노베르트는 좋은 옷을 벗어버리고 방랑 전도자의 거친 옷을 입었다. 노베르트는 일부 수사 신부들의 집단으로 하여금 자기가 지닌 금욕주의와 공동생활과 가난의 이상을 갖게 하려 했으나 실패한 후, 주위의 격려를 받아 완전히 새로운 공동체를 시작했다. 그 결과가 라온 근처의 고립된 지역에 위치한 쁘레몽뜨레였다.

파리에 있는 성 빅토르 사원은 샴포의 윌리엄(William of Champeaux)이 성당의 부주교직과 파리에 있는 학교의 교사직을 버리고 은둔하기로 결정하면서 다소 극적으로 시작되었다. 윌리엄은 1108년에 파리 외곽에 있는 성 빅토르에게 바쳐진 조그만 성소에서 종교적 공동체를 시작했다. 그는 사람들의 요청을 받아 다시 가르치는 일을 시작했고, 종교생활과 학문 탐구를 결합한 빅토르 수도원의 특징적 사역을 위한 동기를 마련했다. 성 빅토르 수도원은 곧 왕립 사원이 되어 독창적인 학문과 전례의 발달, 관상 생활 등의 중심지가 되었다. 이 수도원은 강력한 설교 전통을 가지고 있었으며, 파리의 학생들의 참회의 중심지가 되었다. 수사 신부들의 개혁은 교황의 강력한 지원을 받았는데, 특히 그레고리의 개혁자들의 지원을 받았다. 우르반 2세는 로텐바흐(Rottenbach)의 수사 신부들이 잃었던 규칙을 회복시키고 있으며 독립된 수도원 운동과 병행하여 지원과 격려를 받을 자격이 있다고 하면서 그 단체에 대한 지지를 표명했다.

수사 신부들의 단체들 중에서 성 빅토르 수도원이 중세 시대의 영성 발달에 가장 강력한 영향을 끼쳤을 것이다. 그런 이유 때문에 우리는 그 수도원에 대해 보다 자세하게 살펴 보려 한다.

성 빅토르 수도원의 휴(Hugh)

성 빅토르 수도원에서는 휴(Hugh, 1141년 사망)와 리차드(Richard, 1173년 사망)의 지도 하에 독특한 영적 전통이 발달했다. 그 외에도 여러 사람이 다양한 공헌을 했으므로, 휴와 리차드에 대해 살펴 보기 전에 그들에 대해 간단히 언급하려 한다.

성 빅토르의 아담(Adam)은 특별한 재능을 지닌 시인으로서 주로 전례식문을 지었다. 그는 빅토르 수도원의 사상을 순화시켜 대단한 힘과 신학적 복합성을 지닌 일련의 속창(續唱)을 지었다. 토마스 갈루스(Thomas Gallus, 246년 사망)는 버켈리(Vercelli) 수도원장이 된 인물로서, 위-디오니시우스의 저서에 매력을 느껴 그것들에 관한 주석을 저술했으며, 휴가 지녔던 관심을 이어받았다. 그는 신비한 본문인 아가서에 관한 훌륭한 주석서를 저술했다. 아샬(Achard, 1171년 사망)은 수도원장이었는데, 그의 설교들은 오랫동안 동한시 되어 오다가 최근에야 비로소 편집되고 연구되었다. 앤드류(1175년 사망)는 말년을 영국의 윅모어 수도원(Abbey of Wigmore)에서 보낸 인물로서 성서의 문자적 의미를 강조한 빅토르 수도원의 전통에 충실했다. 고드프리(Godfrey, 1194년 이후에 사망)는 자신의 저서『철학의 샘』(Fons philosophiae)과『소우주』에서 빅토르 수도원의 신학적 전통을 나타냈다. 마지막으로 월터(Walter, 1180년 사망)의 귀에 거슬리는 소리에도 귀를 기울여야 한다. 그의 저서 Contra quatuor labyrinthos Franciae는 휴와 리차드와는 어울리지 않는 편협하고 반변증적인 정신을 반영하고 있다.

1120년대 중엽에 휴는 그의 가르침과 저술 덕분에 파리에서 주도적인 교사로 인정을 받았다. 그의 관심과 업적은 매우 놀라웠다. 왜냐하면 그것들은 철학, 성경 해석, 신학, 관상 등에 다리를 놓아 서로에게 기여하게 만들었기 때문이다. 휴의 독창적인 천재성은 여러 가지 방법으로 나타났다. 그의 저서 Didascalicon은 철학 연구와 성경 해석을 위한 탁월한 입문서이다. 그 책에서 그는 성경의 세 가지 의미(문자적 의미, 우의적 의미, 비유적 의미)를 역사, 신학, 그리고 관상 생활에 중심을 둔 학문 과정에 연결시키는 일련의 연속적인 학문을 제안했다. 신학 분야에 있어서 그는 중세 시대 최초의 신학적 대전(summa)인『기독교 믿음의 성례전에 관하여』(De *sacramentis christianae fidei*)를 저술했다. 그는 라온의 안셀름과 피러 아벨라르에 의해서 파리와 라온의 학교에서 대중화된 "질문"의 방법을 채택했지만, 역사가 신학의 필수적인 일부분이 되어야 한다고 주장했다. 휴는 관상생활에 대해 특별히 중요한 두 개의 논문, 『노아의 도덕적 방주에 관하여』(*De archa Noe morali*)와 『노아의 신비한 방주에 관하여』(*De archa Noe mystica*)를 저술했다.

노아의 방주에 관한 휴의 두 편의 논문에서는 방주를 신비가의 탐구의 단계들과 거룩한 역사의 전개를 나타내는 구조적인 상징으로 사용한다. 이 상징적인 방주는 그리스도께서 들고 계시는 우주의 도표의 중심에 놓여 있다. 그 그림은 복잡한 도상학적(圖像學的) 장치들에 의해서 신적인 원천에서 기원한 세상의 근원, 인류가 묵상/관상을 통해서 신적 중심으로 돌아가는 것, 그리고 신적 심판 안에서 이루어지는 만물의 궁극적인 완성 등을 나타낸다. 휴는 그 그림(이것은 *De arca mystica*에 상세히 묘사되어 있다)을 동료 수사 신부들 앞에 놓고, 그 그림을 보면서 아름다운 형태와 색깔을 음미하지 말고 거기서 발견되는 진리에 입각하여 살라고 권했다고 한다. 이와 같이, 우주와 역사와 관상적 탐구를 연결한 이 상징적인 그림은 형태와 기능면에서 티베트 불교에서 발견되는 만다라(曼茶羅)와 유사하다고 할 수 있다.[2]

방주는 내부가 3층으로 된 각뿔대로 묘사된다. 그것은 위에서 내려다본 형태로 그려졌기 때문에, 중앙에 있는 사각형을 중심으로 하여 세 개의 사각형이 포개져 있는 모습을 하고 있다. 각뿔 형태는 영혼이 세상의 혼란과 분열된 사랑에서부터 평화와 통일된 관상과 종교적인 마음의 침잠 상태로 올라가는 것을 나타낸다. 각각의 모서리에서는 세 개의 사다리가 있어 각 층을 이어주어 정상에 도달하는데, 이것은 신비적 탐구를 구성하고 있는 네 분야가 각기 포함하고 있는 세 단계를 나타낸다. 첫번째 분야는 각성(awakening)으로서, 여기에는 두려움의 차원과 비탄의 차원과 사랑의 차원이 있다. 두번째 분야는 정화(purgation), 또는 현세에의 욕망이라는 악에서 도피하는 것인데, 여기에는 인내의 단계, 긍휼의 단계, 그리고 가책의 단계가 있다. 세번째 단계는 조명(illumination), 혹은 무지의 도피인데, 여기에는 인식의 차원, 묵상의 차원, 그리고 관상의 차원이 있다. 네번째 단계는 합일(union)인데, 이것은 악으로부터의 도피가 아니라 덕의 진보이다. 여기에는 절제의 차원, 신중의 차원, 인내의 차원이 있다. 정화, 조명, 그리고 합일이라는 삼중의 형태는 위-디오니시우스의 영향을 받았음을 나타내고 있다. 휴가 각성을 추가한 것은 디오니시우스보다는 어거스틴을 닮았음을 보여준다.

관상적 경험은 인류가 원래 지니고 있는 바 하나님의 현존에 대한 비추론적인 내적 각성을 나타낸다. 피조된 인간은 세 개의 "눈"을 가지고 있었다: 신적인 것을 보는 이해의 눈(eye of understanding), 자아를 보는 이성의 눈(eye of reason), 세상을 보는 감각의 눈(eye of sense). 그런데 타락으로 말미암아 이해의 눈이 멀었고, 이성의 눈이 약해졌으며, 감각의 눈만이 본래대로 남았다. 그리스도는 인간에 대한 하나님의 두번째 새로운 "표면적" 접근을 나타낸다. 그리스도는 성례를 통해서 사람들을 부르시고 치료하시면서, 관상하는 자들이 추구할 목표를 마련해주시고 그 길을 보여주신다. 휴는 나중에 활동한 리차드와 마찬가지로 인간의 내면에 있는 하나님의 형상을 거울로 비유한다. 그 거울은 죄로 인해 흐려졌지만, 영적 훈련에 의해 깨끗해지게 되면 이해의 눈이 본 그 형상을 통해서 각 개인의 내면에서 하나님의 임재가 빛을 발하게 된다.

관상 체험이 지닌 탈아적인(ecstatic) 면, 통일된(unific) 면, 그리고 변형시키는(transforming) 면 등은 조명의 단계를 그린 도상(iconogrhaph)에서 찾아 볼 수 있다. 조명은 무지를 극복하는데, 휴는 그것을 사람이 꽃병을 깨뜨리는 것, 그리하여 타락으로 말미암아 지식이 붕괴되는 것을 나타내는 것으로 묘사한다. 첫번째 단계인 인식(cognition) 또는 사고(thought)는 창세기 1:1의 말씀이 펼쳐져 있는 책을 응시하는데, 이것은 정화된 정신은 피조된 세계의 책을 다시 읽을 수 있음을 지적한다. 휴는 묵상(meditation)이란 한 가지 일에 정신을 집중하는 것, 그리고 깊이 내면화된 사유(思惟)라고 이해한다. 묵상은 깨진 꽃병 조각을 주워 모으기 시작한다. 마지막으로 기술자로 비유되는 관상은 그 꽃병 조각들을 신적 사랑의 불로 녹인 뒤 그 용액을 방주의 중심에 있는 사각형(그리스도)에게로 보내는데, 그곳에서 잃어버렸던 하나님의 형상이 회복된다. 휴는 이와 같은 상징적 표현을 통해서, 관상의 여러 가지 특성을 포착한다: 인간의 정상적인 상태를 초월함(엑스타시), 잃어버린 형상을 다시 만드는 것, 그리고 중심이 되는 그리스도와 하나가 되는 것.

전도서에 관한 첫번째 설교에서는 통일성이라는 주제가 한층 더 강력하게 울려 퍼진다. 휴는 불타는 숲이라는 비유를 사용하면서 생각이 많은 영혼은 생나무에 붙은 불과 같아서 연기는 많이 나지만 불이 잘 붙지 않는다고 표현한다. 묵상 안에서 연기가 사라지고 불길이 붙기 시작한다. 관상에 들어가면, 불길은 한층 더 밝게 타올라 마침내 "영혼은 순수한 사랑의 불 속에서, 지극한 평화와 기쁨에 압도된다. 그때 그의 마음은 완전히 사랑의 불로 변화되기 때문에, 하나님이 진실로 가장 소중한 분이심을 알게 된다. 하나님을 매우 깊은 사랑을 가지고 받아들이기 때문에, 하나님이 없으면 그 마음에는 아무 것도 남지 않게 된다. 심지어 마음 자체도 남지 않게 된다"(*Homily of Ecclesiastes* 1[*PL* 175, col. 117]).[3] 이 구절은 사랑의 강권하는 힘, 대 그레고리의 표현을 빌자면 사랑의 무게가 모든 관상적 추구의 배후에 있는 동기가 되는 요인임을 상기시켜 준다. 휴는 감동적인 짧은 논문에서, 사랑을 "하나님께로 가는 길"이라고 묘사하며, 『영혼의 약혼 선물』에서는 세상과 성례는 신랑이 영혼을 신비 체험의 신방으로 인도하기 위해서 영혼에게 준 약혼 선물이라고 본다.

결론적으로, 휴는 신비가를 안정된 중심을 찾는 자로 보았다고 말할 수 있다. 그 추구는 "인간의 마음은 왜 불안한가"라는 질문을 하는 데서부터 시작된다. 그 대답은 방주에 관한 논문들의 복잡한 구조 안에서 주어지는데, 즉 불화를 일으키는 세상의 사랑은 불안으로 이어진다는 것이다. 우리는 하나님의 통일된 사랑을 회복해야 하며, 창조이며 관상적이며 판단을 주시는 말씀이신 그리스도에 의해 대표되는 안정된 역사적, 우주적, 관상적 중심을 찾아야 한다.

성 빅토르의 리차드

휴의 후계자는 성 빅토르의 리차드(1173년 사망)이었다. 리차드는 아마도 휴가 사망하고 한참 뒤인 1150년대에 성 빅토르 수도원에 온 것 같다. 리차드는 가르치고 설교하고 저술하는 일을 통해서 빅토르 수도원의 관상적 전통을 계속 발달시켰다.

리차드는 휴만큼 여러 분야에 대해 전체적으로 파악하지는 못했고 하나의 분야에 초점을 집중했다. 비록 리차드가 휴의 *Chronicon*을 요약하고, 성경을 주석하고 설교를 하고 용감하게 신학을 했지만 (*De trinitate*를 가지고), 단테를 비롯한 후대의 사람들은 리차드를 신비 작가로 기억했다. 그의 주요한 신비적 저술은 두 가지이다: 『12 족장』(The Twelve Patriarchs, *Benjamin minor*라고도 함)과 『신비한 언약궤』(The Mystical Ark, *Benjamin major*라고도 함). 이 두 저서에서 리차드는 휴와 마찬가지로 성경에 등장하는 인물들과 주제들과 사건들에 대한 통찰력 있는 상징적 해석을 사용했다. 그는 장점과 단점을 구별하고, 지나침이 없도록 자제하며, 모든 여행중에서 가장 위험한 여행, 즉 탈아적 관상 속에서 자아를 초월하기 위해 노력해야 하는 여행에 대한 현명한 충고를 제공해줄 수 있는 인물로 등장한다.

　리차드의 금욕적이고 관상적인 가르침은 휴가 세워놓은 우주적이고 신학적인 배경을 취하며, 지적이고 심리학적인 것에 특별한 관심을 기울인다. 그의 관심사 중에서 세 가지에 대해 특별한 언급할 필요가 있다. 첫째, 리차드는 내면의 고요(quiet)라는 가장 근접한 목표와 관상적 엑스타시라는 궁극적인 목표로 인도하는 몸과 정신의 훈련 과정을 제시했다. 둘째, 그는 대단한 통찰력을 가지고 일반적인 관상 체험에 포함된 자각(awareness) 또는 인식(perception)의 차원을 분석했다. 마지막으로, 그는 관상의 세 가지 유형을 구분하고, 각각의 형태가 매우 상이한 특성을 가지고 있는 것으로 보았다.

　리차드가 선택한 기본적인 상징적 구조는 그가 변형시키는 힘이 있는 과정에 관심을 가지고 있었음을 드러내준다. 『12 족장』에서, 야곱의 열두 아들과 한 명의 딸은(창 29장 이하) 리차드에게 금욕적/관상적 발달의 단계들을 의인화할 수 있는 계기를 제공해준다. 야곱은 이성적인 영혼을 상징하며, 그의 네 아내는 의지(레아), 감각(실바), 상상력(빌하), 그리고 이성(라헬)을 나타낸다. 자녀들이 탄생한 순서는 발달 단계의 순서를 제공해준다. 네 명의 어머니가 지닌 상징적 가치는 각 단계(자녀)들을 감각의 훈련, 상상력의 훈련, 의지의 훈련, 또는 이성의 훈련과 연관시켜준다. 그리하여 각각의 성경적 인물은 장래의 관상자가 돌입해야 할 일련의 경험과 상태를 나타내는 의인법이 된다. 관상자는 각성의 순간에는 르우벤(르우벤은 "하나님에 대한 경외심"을 나타낸다)이 되고, 눈이 보이지 않는 영적 실재에 접근하기 위해 가시적인 물질적 우주의 상징적 역할을 사용할 때에는 납달리가 되며, 판단력을 획득할 때에는 요셉이 되며, 엑스타시에 들어갈 때에는 베냐민이 된다. 리차드는 각 단계에서 육체와 정신에 대한 영적 훈련을 적절하게 적용하는 것과 부적절하게 적용하는 것에 관해 통찰력 있는 논평을 제공하면서, 거듭 영적 지도자로서의 자질을 보여준다.

　리차드는 막내 아들 베냐민의 탄생과 더불어 새로운 상징, 즉 예수의 변용을 소개한다. 변화산에 올라가신 것은 야곱의 자녀들에 의해 상징되는 훈련이며, 변화산에 선 것은 훈련의 목표인 절대적인 내적 고요를 나타내며, 변용의 순수한 흰 광채는 내면의 빛을 나타내고, 제자들이 기절한 것은 라헬의 죽음과 같이 관상적 엑스타시를 상징한다. 이것들 및 다른 성경적 상징들은 금욕적이고 신비적인 체험의 심원함을 야기하고 전달하는 강력하고 감동적인 상징이 된다. 리차드는 교사요 영적 인도자로서 성경적 상징들의 세계로 들어가서 그것을 영적 가르침과 변화의 도구로 삼았다.

　『신비한 언약궤』에서 언약궤와 그 곁에 있는 두 명의 스랍 천사는 관상의 대상이 알려지는 방법에 따라 처방된 여섯 단계의 관상을 나타내는 상징이 된다. 리차드는 사물은 세 가지 방법으로 알려진다고 생각한다:

(1) 감각 경험을 중개하는 상상력을 통해서
(2) 감각 경험들로부터 추출하거나 반성하는 이성을 통해서
(3) 다른 방법으로는 접근할 수 없는 눈에 보이지 않는 영적 실재들을 이해하는 지력(intellectus)을 통해서.

　상상력과 이성은 가시적 세계와 자아에 대한 지식을 제공한다. 지력은 전혀 다른 차원의 경험, 즉 신령하고 신적 실재들의 영역에 접근하는 방법을 제공해준다. 이렇게 "지력"을 사용하는 것은 오늘날 지력과 지성을 이성과 합리성에 연결시키는 것과는 전혀 다른 것이다. 리차드도 휴와 마찬가지로, 하나님은 지력을 통해서 내적으로 영혼에 임재한다고 생각한다.

　관상의 처음 두 단계에는 상상력을 통해서 중개되는 감각 경험이 포함되는데, 그 둘은 이성이 그 경험을 분석하는지의 여부에 의해서 구별된다. 그 다음의 두 단계는 이성을 통해 얻는 지식을 언

급하는데, 상상력을 통해 얻은 심상들(눈에 보이지 않는 영적 실재에 접근하기 위해서 물질적인 사물의 상징적 가치를 사용하는 것)에 의존하거나, 또는 심상들을 전혀 사용하지 않고 이성의 반성만을 포함시킨다. 제5 단계와 제6 단계에는 이성을 초월하여 나름의 특이한 방법으로 지식을 갖는 지력이 포함된다.

관상은 독특한 의식(awareness)의 유형으로서, 관상의 대상이 되는 사물에 의해서가 아니라 고유의 속성들에 의해서 그 특성이 결정된다. 관상자는 바위, 사물의 원인들, 내면의 환상적 경험, 또는 (엑스타시 상태에서) 삼위일체 등을 관상할 수 있을 것이다. 관상의 등급은 사물이 알려지는 방법(감각, 이성, 또는 신적 현시)에 의해서 정의된다. 관상 자체는 사물에 대한 대범하고 직관적인 이해 안에서 경이와 놀라움을 가지고 바라보는 것으로 정의된다. 그것은 비추론적이고 비분석적이다. 그것은 완전한 내적, 고요, 안식, 그리고 수용 상태에 있는 의식이다.

관상에는 다음과 같은 세 가지 유형이 있다:
 (1) 정신의 확대(enlargement of the mind)
 (2) 정신의 고양(raising up of the mind)
 (3) 정신으로부터의 분리(alienation of the mind), 또는 엑스타시.

정신의 확대는 인간적인 노력, 학습할 수 있는 종류의 관상의 결과로서, 일반적으로 관상의 처음 네 단계와 관련된다. 정신을 고양시키는 것에는 인간의 노력과 신의 은혜가 포함되는데, 여기서 신의 은혜는 신비가에게 환상적인 체험을 수여해준다. 리차드는 일부 신비가들과는 달리, 환상적 체험을 긍정적으로 다루면서, 그것을 신비적인 길의 일부로 간주한다. 환상적 체험에서는 엑스타시의 체험의 경우와는 달리 이성적 사유에 접근할 수 있다. 정신으로부터의 이탈, 또는 엑스타시는 세번째 유형의 관상으로서 다음과 같은 세 가지 목적을 가진다: 커다란 헌신, 커다란 경이, 커다란 환희. 먼저 신적 사랑의 불이 붙어 강력하게 타올라 엑스타시에 이른다. 둘째로 환상적 체험은 정신을 황홀한 상태로 몰고 간다. 셋째, 정신은 내적 달콤함에 도취되는데, 그것은 엑스타시로 이어진다. 이 각각의 경우에는 특별한 차원의 의식으로 약진하게 만드는 "방아쇠"라고 부를 수 있는 것이 있다. 리차드는 아브라함, 엘리야, 모세, 아론 등 성경의 인물들을 다양한 엑스타시의 상태를 나타내는 상징적 표현으로 사용한다. 또 그는 끓는 물이나 잔잔한 수면에서 반사되는 빛 등 자연의 상징들도 효과적으로 사용한다. 두 명의 성경의 인물들에 대해서는 특별하게 언급할 필요가 있다. 그는 커다란 놀라움으로 말미암아 초래된 엑스타시에 대해 논하면서, 시바의 여왕과 옥에 갇힌 베드로를 두 개의 전형(典型)으로 제시한다. 솔로몬을 방문하여 질문하는 시바의 여왕은 진리를 찾으려고 노력하는 영혼이며, 솔로몬의 대답은 "신적 현시"(환상)이다. 기절하는 여왕은 엑스타시 상태에 놓인 영혼이다. 리차드는 이 상징들에 대해 다음과 같이 설명한다:

> 여왕은 처음에는 질문하고 대답을 듣는다. 다음에는 보고 이해한다. 마지막으로 놀라움에 말문이 막혀 기절한다. 여왕은 배우기 위해서 질문을 하며, 놀라기 위해서 관상하며, 정신을 잠잠하게 하여 정신의 엑스타시를 경험하기 위해서 놀란다. 첫 단계는 묵상에 의해서, 두번째 단계는 관상에 의해서, 그리고 마지막 단계는 엑스타시에 의해서 존재한다.(*The Mystical Ark* 5.12)[4]

감옥에 갇힌 베드로(행 12:3-10)는 매우 다른 출발점을 나타낸다. 어두운 감옥 안에 있는 베드로는 강한 욕망과 무지에 사로잡혀 있는 낙심한 영혼이다. 베드로를 찾아와서 감옥에서 나가게 해주는 천사는 정신을 엑스타시 상태로 올려주는 신적 현시이다. 시바의 여왕과 베드로는 리차드가 영적 탐구의 실질적인 부분이 되는 심오하고 복잡한 심리적 상태—엑스타시로 이어지는 강력한 묵상, 그리고 신적 현시에 의해서 고양되고 변화되어진 영적 낙심—를 전달하기 위해서 성경의 인물들을 사용한 솜씨를 드러내준다.

신적 사랑에 의한 변화 과정은 『열렬한 사랑의 네 단계에 관하여』라는 논문에서 강력하게 제시된다. 네번째 단계에서 영혼은 단순히 다시 태어나 하나님의 형상과 모습으로 만들어지는 데 그치는 것이 아니라 그리스도의 겸손과 종의 정신을 따르며 다른 사람들을 영적 성숙, 다시 태어남이라고 할 수 있는 변화에 이르게 하기 위해 노력하는 두려움을 모르는 인도자가 된다.

휴와 리차드는 서방 기독교의 신학적/신비적 사상의 주류에 위-디오시니우스의 사상을 도입하는 일에서 영향을 발휘한 인물이었음에 주목해야 할 것이다. 휴는 자신의 신비적 저술에서 정화와 조명과 합일이라는 디오니시우스의 구조를 사용했으며, 또 성찬은 예수 안에 "참여"하는 것이라는 사상을 자신의 신학에 도입했다. 휴와 리차드는 보이지 않는 신적인 것들에 대한 지식은 우선적으로 유형적 사물들의 상징적 의미를 통해서 중개된다고 주장했는데, 이것은 디오니시우스의 사상과 매우 흡사하다. "신적 어두움"(divine darkness)이라는 디오니시우스의 주제가 성 빅토르 수도원의 수도사들의 저술에서도 발견된다. 물론 그것은 신비 체험은 빛의 체험이라는 확신, 그리고 어두움 또는 무지(un-knowing)는 체험에 적용되듯이 이미 경험된 것을 표현하는 우리의 능력에도 적용된다는 확신에 의해서 희석되었다.

성 빅토르의 수도사들은 후대의 신비가들에게 실질적인 영향을 미쳤는데, 특히 리차드의 영향이 크다. 그의 영향은 보나벤투라의 『하나님을 향한 정신의 여행』(The Journey of the Mind into God), 영국인의 저서인 『무지의 구름』), 그리고 베르나르디노 데 라레도(Bernardino de Laredo)의 『시온 산 등정』(Ascent of Mount Sion)과 같은 후대의 저술들에서 찾아 볼 수 있다. 중세 후기에는 12세기의 신비가들에 대한 관심이 전반적으로 부흥했으며, 그 일에 있어서 빅토르 수도원의 수도사들이 중심이 되었다. 관상 체험을 통해서 내면의 안정점을 분별하려는 휴의 관심, 그리고 신비가의 탐구의 여러 단계와 관상의 다양성을 리차드가 훌륭하게 제기한 것은 서방의 관상적 전통의 발달에 있어서 중요한 이정표가 된다.

주(註)

1) See Caroline Walker Bynum, *Docere Verbo et Exemplo.*
2) See Grover Zinn, "Mandala Symbolism and Use."
3) Translated in Hugh of St. Victor, *Selected Spiritual Writings*, 185.
4) Translated in Richard of St. Victor, *The Twelve Patriarchs, The Mystical Ark, and Book Three of The Trinity*, 327.

참고 문헌

원자료

Hugh of Saint Victor. *Selected Spiritual Writings*. translated by a Religious of C.S.M.V. London: Faber, 1962.

_____ . *Hugues de Saint-Victor: Six opuscules spirituels*. Edited and translated by Roger Baron. Sources chrétiennes 155. Paris: Cerf, 1969.

_____ . *Soliloquy on the Earnest Money of the Soul*. Translated by Kevin Herbert. Milwaukee, WI: Marquette University Press, 1956.

Richard of St. Victor. *Selected Writings on Contemplation*. Translated by Clare Kirchberger. New York: Harper, n.d.

_____ . *The Twelve Patriarchs, the Mystical Ark, Book Three of the Trinity*. Translated by Grover A. Zinn. New York: Paulist Press, 1979.

Thomas Gallus. *Commentaires du Cantique des Cantiques*. Edited by Jeanne

Barbet. Paris: Vrin, 1967.

연구서

Baron, Roger. *Science et Sagesse chez Hugues de Saint-Victor.* Paris: Lethielleux, 1957.

_____. *Études sur Hugues de saint-Victor.* Bruges: Desclée, 1963.

Bynum, Caroline Walker. *Docere Verbo et Exemplo: An Aspect of Twelfth-Century Spirituality.* Missoula, MT: Scholars Press, 1979.

_____. "The Spirituality of the Regular Canons in the Twelfth Century." In *Jesus as Mother: Studies in the Spirituality of the High Middle Ages,* 22-58. Berkerley: University of California Press, 1982.

Chatillon, Jean. "De Guillaume de Champeaux à Thomas Gallus: Chronique d'histoire littéraire et doctrinale de l'école de saint-Victor." *Revue du money âge latin* 8 (1952) 139-62.

_____. "Les trois modes de la contemplation selon Richard de Saint-Victor." *Bulletin de Littérature éxxlesiastique* 41 (1940) 3-26.

Dereine, Charles. "Chanoines." In *Dictionnaire d'histoire et géographie écclesiastiques,* vol. 12, cols. 353-405. Paris: Letouzey et Ané, 1953.

Dickinson, John Compton. *The Origins of the Austin Canons and their Introduction into England.* London: S.P.C.K., 1950.

Dumeige, Gervais. *Richard de Saint-Victor et l'idée chrétienne de l'amour.* Paris: Presses universitaires de France, 1964.

Smalley, Beryl. *The Study of the Bible in the Middle Ages.* Notre Dame, IN: University of Notre Dame Press, 1964.

Verheijen, Luc. *Le règle de saint-Augustin.* 2 vols. Paris: Études augustiniennes, 1967.

Weisweiler, Heinrich. "*Sacramentum fidei*: Augustinische und ps.-dionysische in der Glaubenauffassung Hugos von St. Viktor." In *Theologie in Geschichte und Gegenwart,* 2:143-69. Edited by J. Auer and H. Volk. Munich: Zink, 1957.

Zinn, Grover A. "Mandala Symbolism and Use in the Mysticism of Hugh of St. Victor." *History of Religions* 12 (1973) 317-41.

_____. "Personification Allegory and Visions of Light in Richard of St. Victor's Teaching on Contemplation." *University of Toronto Quarterly* 46 (1977) 190-214.

제2부

주제와 가치관

제10장
그리스도의 역할

1. 구주이신 그리스도(동방 교회)

존 마이엔도르프(JOHN MEYENDORFF)

　공관 복음서에 따르면, 예수께서는 예루살렘에서의 메시아 사역을 끝내기 며칠 전에 가이사랴 빌립보로 가는 도중에 자신의 신분에 대한 믿음을 알아보기 위해 제자들에게 질문을 하셨다: "너희는 나를 누구라고 생각하느냐?" 이에 대해서 베드로는 예수가 "메시아", *ho christos*라고(막 8:29; 눅 8:20), 또는 "살아 계신 하나님의 아들"(마 16:16)이라고 선포했다. 이 베드로의 대답에 대한 해석은 신학적 학파들마다 각기 다르지만, 기독교적 체험의 완전한 의미가 그 대답에 의존한다는 데에는 모두가 동의한다. 예수께서 말씀하시고 행하신 것은 모두 그의 메시아 사역의 효력에 의한 것이다. 예수께서 십자가에서 겪으신 일, 그리고 그의 부활의 구체적인 현실의 궁극적인 의미는 그의 개인적 정체성에 의존한다. 이러한 의미는 그가 엘리야인지 예레미야인지, 아니면 선지자들 중의 하나인지(마 16:14), 또는 천사인지(유대교의 종말론적 사상), 또는 수난을 받지 않는 신현현인지(영지주의자들), 또는 하나님께서 양자로 삼으신 피조물인지(사모사타의 바울), 타락하지 않은 많은 피조된 "지성인들" 중 하나인지(오리겐), 또는 그를 만남에 의해서 사람들이 야웨를 만나게 되는지(정통 유대교인들은 그의 이름이 선포되면 땅에 엎드렸다. 요 18:6)에 따라 근본적으로 변화될 것이다.

어떤 의미에서, 기독교 역사상의 모든 교리 논쟁은 그리스도의 정체성에 관한 논쟁으로 귀착될 수 있다. 사도 시대에서부터 중세 시대 사이의 기간에, 여러 가지 기독론 주장이 훌륭하게 표현되고 열렬하게 옹호되었다. 그러나 우리가 역사적으로 중요한 보편적, 또는 정통적인 기독교 전통의 운명을 볼 때, 영성의 본질이라는 점에서 이집트의 알렉산드리아에서 활동한 저명한 주교 아타나시우스와 키릴의 기독론적 주장만큼 확고한 것은 없었다.

아타나시우스(373년 사망)의 업적은 비교적 잘 알려져 있다. 그는 그리스도의 신성을 확고하게 선포한 니케아 신앙을 위한 투쟁을 이끌었고, 거의 혼자의 힘으로 니케아 신앙의 승리를 확보했다. 이 승리는 교리적인 것이었을 뿐만 아니라 영적인 것이기도 했다. 아타나시우스의 메시지는, 하나님만이 구주로 여김을 받고 신으로 섬김을 받을 수 있다는 것이었다. 그러므로 성부와 동등한 예수의 신적 정체성은 추상적이거나 순수하게 신학적인 진리의 문제가 아니었다. 그것은 스스로를 구원할 수도 없고, 다른 피조물에 의해서 구원 받을 수도 없는 타락하고 "죽을 운명의" 인류의 불행, 그리고 사랑이시기 때문에 피조된 중간 매체를 통하거나 전능하지만 기계적인 명령을 통해서 간접적으로 행동하기보다는 스스로 세상의 구원을 수행하신 하나님의 참된 본성을 가리켰다. 아타나시우스는, 구원은 하나님과 인류 사이의 직접적인 교제와 친교를 회복하는 것이라고 보았다. 그러한 교제에 못 미치는 모든 것은 신적인 사랑의 제한을 암시할 것이기 때문이다. 여기에서 구원을 "신화"(*theōsis*)로 간주한 그의 유명한 정의가 등장하는데, 이것은 그리스 교부들의 사상의 표준이 되었다.

니케아 신조와 아나타시우스의 범주에서 그리스도의 신성을 긍정한 것으로 말미암아 인간으로서의 역사적인 예수에 관한 질문이 제기되었다. 그로 말미암아 오랜 논쟁들과 분열이 초래되었고, 여러 차례의 공의회—에베소 공의회(431), 칼케돈 공의회(451), 제2차 콘스탄티노플 공의회(553), 제3차 콘스탄티노플 공의회(680), 제2차 니케아 공의회(787)—에서 적절한 정의를 찾으려는 노력이 있었다. 그 결과 동방 교회와 서방 교회에서 단일한 기독론적 교의를 분명히 하게 되었다. 물론 "그리스도 안에 있는 생명"의 실체에 대한 영적 비전 안에는 차이점은 그대로 남아 있었다. 이러한 논쟁들의 중심에는 알렉산드리아의 키릴이라는 인물과 그의 가르침이 있었다.

키릴
임마누엘이신 그리스도

알렉산드리아의 키릴(Cyril)이 네스토리우스(Nestorius)와의 치열한 신학적 논쟁(428-31)을 시작하기 전에, 기독교 신비에 대한 그의 이해의 기본적 영감은 그의 평온하고 비논쟁적인 주석 저술들, 특히 요한복음 해석 및 신약 성서의 다른 책들에 대한 주석서에 나타나 있다. 여기에서 키릴의 주된 관심사는 독자들에게 성육신(incarnation)의 합리적인 계획을 제공해 주려는 것이 아니라 그것의 케리그마적 의미—"죽지 아니하시는 유일한 분이신" 하나님(딤

전 6:16)은 타락과 죽음으로부터 인간을 구원하실 유일한 구주이시다—를 표현하려는 데 있었다. 이것이 그가 초기에 저술한 유명한 논문 『말씀의 성육신에 관하여』의 중심적 영감이기도 하다. 그는 아리우스와의 논쟁에서도 하나님만이 구원하실 수 있다고 주장했다. 키릴은 이사야 63:9을 바꾸어 "우리를 구원하신 분은 장로가 아니고 천사도 아니라 주님 자신이다. 주님은 죽음에 의해서도 아니고, 평범한 사람의 묵상에 의해서도 아니라 주님 자신의 피에 의해 우리를 구원하셨다"[1]고 설명하면서, 논쟁에 참여했다.

이렇게 하나님을 구원의 행위자로 인정한 것은 그리스도를 나타내기 위해서 "임마누엘"("하나님이 우리와 함께 계시다"라는 의미. 마 1:23)이라는 칭호를 거듭 사용한 데서도 나타나는데, 특히 키릴이 네스토리우스에게 보낸 세번째 편지에 수록된 12개의 저주에서 나타난다.[2] 키릴은 보다 먼저 활동한 아타나시우스와 마찬가지로 성육신에서 나타난 신적 사랑이 자기를 내어주는 하나님의 행동이 아니라면 그 사랑은 완전할 수가 없다고 생각했다. "하나님이 세상을 이처럼 사랑하사 독생자를 주셨으니"(요 3:16). 이것은 하나님께서 나사렛 예수의 인간적 실체 안에 개인적으로 임재하셨음을 함축했다.

안디옥에서 몹수에스티아의 테오돌(Theodore of Mopsuestia)에게서부터 시작되었고 네스토리우스에 의해서 공공연하게 전파된 기독론적 경향은, "신화"(神化)를 지지하는 사람들은 예수의 인성을 완전히 무시할 수도 있다는 두려움에 기초를 두고 있었다. 이것이 키릴이 끈질기게 네스토리우스를 대적하여 벌인 논쟁이 예수님에 대한 복음서 이야기에서 대단히 인간적인 두 순간—마리아에게서 태어난 것과 십자가 상에서의 죽음—에 초점을 둔 이유이다. 비록 키릴은 이 두 순간이 육체 안에 있는 신적 섭리—즉 영원하신 하나님은 본질 상 역사 안에서 태어날 수도 없고 죽을 수도 없다는 것—에 속하지만, 하나님의 아들이 동정녀에게서 태어나시고 육체를 따라 십자가에서 친히 고난을 당하지 않는 한 세상의 구원을 이루어지지 않을 것이라고 생각했다.

키릴의 기독론에 반영되어 있는 영적 지침에는 두 가지 중심적인 직관이 포함되어 있다:

(1) 타락한 인류를 찾으려 하시는 하나님은 도중에 멈추지 않으시며("잃은 양"을 비유를 보라), 타락한 인류가 있는 곳—사망—으로 가신다.
(2) 하나님의 아들이 취한 것은 이상적이고 완전한 인성이 아니라, 죄의 모든 결과들, 특히 죽어야 할 운명과 부패의 가능성을 가지고 있는 인성이다. 하나님이신 그리스도와는 전혀 무관한 것으로서 하나님에 대한 개인적인 반역 행위인 죄를 제외하고는 인간의 고난과 죽음을 비롯하여 타락으로 인한 모든 제한을 그 분은 취하셨다.

5세기와 6세기에 치열한 기독론 논쟁이 진행되는 동안, 키릴의 기독론은 두 진영으로부터 도전을 받았다:[3]

(1) 콘스탄티노플의 대주교 네스토리우스 대신 정죄를 받은 몹수에스티아의 테오돌 학파는 그리스도의 완전하고 자유로운 인성에 대해 관심을 나타냈을 뿐만 아니라 그 신비(어떻게 영원하신 아들이 "탄생"할 수 있는가? 어떻게 정욕이 없으신 하나님이 "고난을 당하고 죽을" 수 있는가?)를 이론적으로 설명하려 했다. 그것은 그리스의 플라톤주의의 신적 불변성(*atrepsia*)이라는 철학적 범주를 절대적인 것으로 받아들였는데, 이 범주에서는 하나님의 아들이 세상에 탄생한 것이나 골고다에서의 죽음 등과 같은 현실적인 주장들을 배제했다.
(2) 예수 그리스도에 대한 키릴의 견해를 "아폴리나리우스"적인 의미로 해석한 사람들은 그의 견해에 도전했다. 라오디게아의 주교 아폴리나리스(Apollinaris)는 플라톤주의의 토대 위에서 예수를 인

간의 육체는 가졌지만 인간의 혼은 갖지 않은 하나님으로 보았다. 과연 예수 안에 신적인 로고스 외에 또 하나의 영적 중심이 필요했는가? 그렇다면, 예수에게는 분명하게 인간의 영적 정체성이 결여되어 있었으므로 그분은 진실로 하나의 인간이셨던가? 아폴리나리스의 견해보다 더 복잡한 할리카르나수스의 줄리안(Julian of Halicarnasus)의 견해에 의하면, "죄로 말미암아" 사망이 들어왔으므로(롬 5:12), 죄가 없으신 예수의 인성은 부패할 가능성과 죽어야 할 운명의 영향을 받을 수 없었다. 따라서 우리의 타락한 본성과 전혀 같지는 않다는 의미에서 예수의 인성은 완전하고 부패하지 않는 인성이었으며, 그렇기 때문에 그의 죽음은 우리의 죽음과 같지 않았다.[4]

키릴은 애매한 용어를 사용했다(예를 들어 말씀이신 하나님에게서 화육한 하나의 본성[one nature incarned of God the Word]이라는 정식. 이것은 그가 무의식 중에 아폴리나리스의 것을 차용한 것이다). 그러나 그가 네스토리우스주의를 배격한 것은 "최소한의 타협을 감수하려는 인간론적인 태도"(anthropological minimalism. Georges Florovsky가 사용한 이 표현은 정확한 것이 아닐 것이다)가 동기가 된 것이 아니라, 인간의 운명은 하나님과의 교제 안에 있다는 확신—궁극적으로 인성에 대한 요구를 전부 관철하려는 태도(maximalism)—가 동기가 된 것이다. 네스토리우스주의는 신적인 것과 인간적인 것의 양립 불가능성이라는 합리적인 설명을 제시하는 의미 안에 존재한다. 신성과 인성이 만나는 그리스도의 위격 안에는 두 개의 서로 침투할 수 없는 실재가 나란히 있는 듯이 보였다. 네스토리우스에 따르면, 그리스도의 인성은 나름의 정체성 뿐만 아니라 자율성을 보유하고 있었다. 그리스도의 탄생과 죽음은 지극히 인간적인 일에 불과했다. 마리아는 "하나님의" 어머니가 아니라 "예수의" 어머니였다. "하나님의 아들"이 아니라 "사람의 아들"이 죽은 것이다. 키릴은 상이한 인간론을 함축하고 있는 이 이

원성을 배격했다. 만일 그가 아폴리나리스나 줄리안의 교리와 유사한 교리를 받아들였다면, 그는 논리적인 태도를 유지하지 못했을 것이다. 신적인 로고스가 고난과 죽음을 당해야만 했던 것은 그리스도가 완전한 인성—구원을 필요로 하는 타락한 상태—을 받아들였기 때문이었다. 부활을 통해서 그것을 타락하지 않는 상태로 인도하기 위해서, 그는 먼저 타락한 인성이 있는 곳—"깊은 웅덩이"(시 88:6)—으로 내려가셨으며, 죽기 전에 "나의 하나님, 어찌하여 나를 버리셨나이까"라고 외치셨다(마 27:46). 이 순간은 실제로 "하나님의 죽음"의 순간이었다: 하나님이 친히 궁극적인 사랑의 행위 안에서 하나님과의 "본성적인" 교제에서 분리된 상태에서 인성을 취한 것이었다. 그러므로 그리스도의 인성은 감소되지도 않고 제한되지도 않았다. 그것은 지극히 구체적인 타락 상태에 있는 인성이었다.

키릴의 기독론의 일부 특성에 대해 보다 분명하게 정의해야 할 필요가 있다. 칼케돈 공의회(451)에서는 그리스도의 두 본성이 나름의 특성을 지니고 있다는 교리와 두 본성의 위격적(hypostatic) 연합의 교리를 확인했다. 그러나 그 공의회에서는 결코 키릴을 거부하지 않았다. 그 공의회에서는 키릴이 아폴리나리스주의에 빠졌다는 안디옥 학파의 타당한 두려움에 대해 답변하려 했을 뿐이다. 칼케돈 공의회에서는 동정녀 마리아에게 테오토코스(*Theotokos*)라는 칭호를 부여했을 뿐만 아니라, 5세기 후반에 제5차 공의회(553)에서 정교회는 약간의 주저 끝에 키릴과 칼케돈 공의회에게로 귀속되는 기독론적 진리의 기준을 재확인했다.

앞에서 언급한 바와 같이, 키릴의 기독론에는, 신성과 인성이 양립할 수 있다는 것, 그리고 그리스도의 특별한 인성은 타락의 모든 결과를 가지고 있는 것이기는 하지만 십자가와 부활을 통해서 신화(神化)되었으며, 따라서 신적인 본보기와 일치하는 피조 세계의 참된 목적을 드러낸다는 것이 내포되어 있었다. 그리스도는 새 아담이었다. 왜냐하면 그의 안에서 인성과 신성이 다시 결합되었기 때문이다.

에베소 공의회(431), 칼케돈 공의회(451), 제2차 콘스탄티노플 공의회(553) 등에서 결정한 기독론적 정의들—그리고 그리스도의 두 가지 의지에 관한 제3차 콘스탄티노플 공의회(680)의 교의—는 동방과 서방 기독교계의 공통된 전통에 첫발을 내딛었다. 그러나 서방 기독교계는 "신화(神化)"의 교리에 대해서는 어느 정도 저항적인 자세를 유지했다. 553년의 공의회 및 그것을 받아들인 로마 교황들에 대한 저항이 7세기까지 계속되었다. 그 후에도 예수의 인성 보존에 대한 다소 분석적이고 이성적인 관심(이것은 어떤 면에서는 몹수에스티아의 테오돌의 안디옥 전통과 흡사하다)이 서방의 기독론 사상에 보급되었다. 구속과 구원은 하나님과의 "교제" 회복으로서보다는 하나님과의 "화목"으로 이해되는 경향을 띠었다. 안셀름의 "성화"로서의 구속 이론은 이러한 경향의 궁극적인 결과였다.[5]

경건과 영성의 차원에서 볼 때, 서방 기독교계에서는 고난 받는 예수의 이미지—우리의 죄값을 지불하시는 예수—가 죽음을 이기신 로고스, 그의 승리로 말미암아 몸 된 교회 안에서 종말론적인 선행적 사건으로서 부활에 접근할 수 있게 해준 로고스에 대한 비잔틴 교회의 비전을 대신하기 시작했다.

"완전한 하나님이요 완전한 인간"

비록 아타나시우스와 키릴이 그리스도의 신성과 그의 존재의 통일성을 옹호함으로써 근본적인 토대를 가진 기독교 영성을 제공했지만, 그들의 이름과 메시지는 그들의 사후에도 논쟁거리로 남아 있었다. 그 후에 치열한 신학적 논쟁들이 벌어진 주요한 이유들 중 하나는 이 두 명의 위대한 교사를 따르는 사람들이 그들의 교리들을 문자적 정식으로 고정시키려 한 경향이었다. 그것들은 이 교사들의 신학과 전교회적인 전통의 영적 경험이 제공하는 맥락에서 벗어나 문자적으로 받아들여졌다. 아타나시우스의 투쟁은 니케아 신조, 그리고 특히 그 신조에서 성부와 성자의 공통 "본질"을 확실히 하기 위해 사용된 헬라어 *homoousios*라는 용어에 집중되어 있었다. 사벨리우스주의자들이나 양식론자들 역시 그 용어를 사용했는데, 그들은 "동일 본질성"(comsubstantiality)이 하나님의 삼위일체의 계시와 양립할 수 없다고 해석했다. 사벨리우스주의자들의 경우에, 성자가 "하나의 본질"을 갖는다는 말은 하나님이 삼위가 아니라, 세 가지의 현시 "양식"(mode of manifestation)을 지닌 하나의 특이한 본질을 의미했다.

그리하여, 니케아 공의회와 아타나시우스에 의해 이루어진 기독교적 체험의 공식화(公式化) — 아리우스주의를 반대할 때에 이런 일이 있었다 — 는 용어상으로나 개념상으로 크게 가다듬어야 할 필요가 있었다. 카파도키아 교부들은 세 개의 신적인 위격들(*hypostases*), 또는 진실로 구분된 위격이라는 교리를 가지고서 이 가다듬는 일을 제공했다. 그들은 아타나시우스를 부인하지 않았으며, 그리스의 철학적 용어들을 보다 세련되게 사용했다. 역설적으로, 아타나시우스보다 고대 그리스 사상에 정통해 있었던 카파도키아 교부들은 성경적 삼위일체론과 그리스의 철학적 범주들 사이의 양립 불가능성을 나타내는 데 있어서 아타나시우스보다 더 성공했다. 그들은 그리스 어휘를 도구로 사용하면서, 그 의미를 바꾸어 다루기 좋은 기독교적 증거의 도구로 만들었다.

키릴이 네스토리우스를 이긴 후인 5세기에도 동일한 과정이 발생했다. 이 과정은 유명한 칼케돈 공의회(451)의 교령과 관련이 있다. 키릴의 기독론은 케리그마적이고 논증적이었다. 과격한 키릴파 금욕주의자인 유티케스(Eutyches)는 그리스도의 신성과 인성의 통일성에 대해 해석하면서 인성이 완전히 "신화"(神化) 되어 "우리의" 인성과는 다른 것이 되었다는 의미로 해석했다. 그리스도는 분명히 성부와 "동일 본질"을 가지셨지만 "우리들"과 동일한 본질을 갖지는 않았다. 그의 인성은 하나님에 흡수되었다. 유티케스는 공식적으로는 키릴의 기독론에 충실했지만, 실상 키릴의 기독론에서 인간 구원을 위한 의미를 박탈하고 있었다. 유티케스의 주장에 의하면, 하나님은 인간의 운명—인간적인 탄생, 인간적인 고난, 인간적인 죽음—에 동참하지 않으며, 절대적이고 불변하시며 초월하시는 분으로 머물러 계시면서 원래 자신이 만든 인간의 정체성을 흡수하고 계신다. 이런 하나님을 어찌 사랑의 하나님이라고 할 수 있을까?

칼케돈 공의회는 유티케스주의에 대한 반작용으로 개최되었다. 그리스도에 대한 칼케돈 공의회의 정의는 오랜 논쟁들의 결과로서 형성된 다소 정교한 정식이었으며, 당시에 존재하고 있던 여러 가지 상이한 용어 상의 전통들—알렉산드리아 전통, 안디옥 전통, 라틴 전통—을 만족시키려는 의도를 지닌 것이었다. 라틴 전통은 교황 대 레오(Leo the Great)가 콘스탄티노플의 플라비안(Flavian)에게 보낸 강력한 내용의 편지에 표현되었다. 이 유명한 본문에서, 교황은 터툴리안과 어거스틴에게서부터 전해 내려온 용어를 사용하면서 조심스럽게 그리스도의 두 본성(nature)의 완전성을 설정했으며, 이 완전성에는 각각의 본성이 그 특성을 완전하게 보존하는 것이 요구된다고 주장했다. 그 결과로 작성된 칼케돈 본문은 다음과 같다:

> 우리는 거룩한 교부들의 견해를 따라서 한 목소리로 우리 주 예수 그리스도가 <u>동일한</u> 아들이시요, <u>동일하게</u> 완전한 하나님이시며, <u>동일하게</u> 완전한 인성을 가지신 분이시며, 진실로 하나님이시면서 진실로 인간이신 분이심을 고백한다. 그분은 이성적인 영과 육으

로 구성되셨으며, 신성에 관해서 말하자면 성부와 동일한 본질을 가지셨으며, 인성에 관해서 말하자면 우리와 동일한 본질을 가지셨고 죄가 없는 것을 제외하고는 모든 면에서 우리와 동일한 분이시다. 신성에 관해서 말하자면, 그분은 만세 전에 아버지에게서 잉태되셨으며, 인성에 관해서는 말일에 우리와 우리의 구원을 위해서 Theotokos이신 성모 마리아에게 태어나셨다. 그분은 혼동이 없고(without confusion) 변화가 없고(without change) 구분이 없고 (without division) 분리됨이 없는(without separation) 두 개의 본성 안에 계신 동일한 그리스도요, 성자요, 독생하신 주이시다. 그러나 연합 때문에 두 본성의 특성이 폐지되지는 않으며, 오히려 각 본성의 특성은 개도로 보존되며 하나의 위격(person, or *hypostasis*) 안에서 서로 협력한다. 그리스도는 두 개의 위격으로 구분되거나 나뉘는 것이 아니라 하나의 동일한 성자요, 하나님의 독생자요, 말씀이시요, 주요, 예수 그리스도이시다. 선지자들도 처음부터 그분에 관해 말했으며, 본문에서 우리 주 예수 그리스도께서 우리에게 가르치셨고, 교부들의 신조(즉 니케아 신조)가 우리에게 전해 내려왔다.

이 유명한 본문에서는 독자들의 편의를 위해서 분명하게 키릴의 주장인 곳에는 밑줄을 긋고, 안디옥 학파나 교황 레오의 영향을 받은 곳에는 이탤릭체를 사용했다. 키릴 측에서 볼 때, 특히 주목할 만한 것은 "동일한"(*ho autos*)이라는 단어를 여덟 번이나 사용한 것(하나님의 아들과 마리아의 아들 사이의 "이원성"이라는 네스토리우스의 주장은 배제된다), 그리고 테오토코스(*Theotokos*)라는 칭호를 사용한 것이다. 안디옥-라틴 측에는, 각각의 본성이 그 연합 안에서 나름의 고유의 특성을 보존하면서 완전함을 유지한다는 점을 강조했다. 그 정식은 "공식 문서"로서 그 이전의 것인 키릴의 진술들이 지녔던 직선적이고 케리그마적이고 구세론적인 열정이 결여되어 있었다. 그러나 그것은 논쟁에 참여한 양측으로부터 제기될 수 있는 가능성에 대한 "전교회적인"(catholic: 오늘날의 표현으로는 ecumenical) 관심을 반영하고 있다.

칼케돈 공의회에서 기독론 문제를 해결했다고 말할 수 있을까? 그렇지 못하다. 모든 균형 잡힌 개념적 정식들이 그렇듯이, 그것은 특정의 문제들은 해결했지만 새로운 문제들을 만들어냈다. 실제로 칼케돈 공의회에 참여한 교부들은 자기들이 작성한 정의를 비롯하여 모든 교리적 정의가 지닌 이 제한된 특성을 의식하고 있었다. 그들은 새롭고 진기한 것은 부인했으며, 교부들과 선지자들을 따르는 것만이 자기들의 유일한 의도임을 강조했다. 뿐만 아니라 그들은 신비의 의미를 언어로는 완전히 구명할 수 없음을 공식적으로 선포했다. 이것이 그 정의에 포함된 네 개의 유명한 부정적 표현—혼동이 없이(without confusion), 변함이 없이(without change), 구분이 없이(without division), 분리됨이 없이(without separation)—의 중요성이다.

칼케돈 공의회에 참석한 교부들의 이러한 겸손에도 불구하고, 즉시 그들의 용어 사용에 대한 반론들이 제기되었다. 한편으로 보면, 그들은 그리스도가 "두 개의 본성"을 가지고 있다고 선포함으로써, "본성"(nature)이라는 단어를 키릴보다 훨씬 더 추상적 의미로 사용했다. 또 다른 편으로는, 그 연합을 하나의 위격(person), 혹은 본질(hypostasis) 안에서의 "동시 발생"(concurrence)이라고 지칭함으로써, 이 본질이 하나님의 아들의 본질보다 선재하고 있었음을 분명히 하지 못했다(그러나 키릴의 표현은 그러한 방향을 암시하고 있다). 마지막으로, 칼케돈 신학자들은 칼케돈 정의에 따른 그리스도는 두 개의 본성을 지닌 하나의 위격이 되시는 데 반해, 카파도키아 교부들의 견해를 따를 경우에 하나님 안에는 세 개의 위격과 하나의 본성이 있음에도 불구하고 어떻게 해서 하나님이 여전히 한 분 하나님이 되시는지를 설명하려고 노력했다.

이와 같은 용어 상의 문제들은, 칼케돈 공의회를 기독론 논쟁들의 피날레로 간주하는 것이 옳지 않음을 분명히 보여준다. 오늘날에도 존재하고 있으며 단성론자라고 불리는 대규모의 동방의 공동체들(콥트인들, 아르메니아인들, 이디오피아인들, 시리아의 야콥파 등)은 그것에 크게 반대했다. 그 정의에서 사용된 공식적이고 개념적인 용어들은 하나의 경고나 표지판 정도의 기능밖에 수행하지 못했다. 아타나시우스와 키릴에 의해 선포된 바 신화(神化)된 인성의 경험 안에서 피조된 진정한 인간의 본성과 그것이 지닌 특성들은 사라지는 것이 아니라, 신적인 것과의 새로운 교제 안에서 창조 때에 주어진 진정한 목적을 수행한다.

앞에서 칼케돈 정의가 키릴의 정의를 사실상 부인하는 것이라고 해석하는 전통이 서방에 존재해 왔음을 살펴보았다. 게다가 "각 본성의 특성들의 보존"에 대한 칼케돈의 진술이 함축하는 의미가 동방에서 항상 완전하게 인식되지는 않았다. 예를 들자면, 많은 비잔틴 저자들은 누가복음 2:52("예수는 그 지혜와 그 키가 자라가며")와 같은 구절이 무지에서 지식으로, 어린아이에서 성인으로의 변화가 아니라 그리스도 편에서의 일종의 교육학적인 방책이라고 설명한다. 그들의 견해에 따르면, 그리스도의 신성에는 전지(全知)하심이 포함되어 있었고, 그의 인성도 그에 따라 적절히 수정되었다. 그렇다면 그리스도의 인성은 구체적으로 우리의 인성과 동일한 것이었는가? 이처럼 그리스도 안에 인간적인 무지가 있었음을 인정하려 하지 않는 태도의 근원은 아마 "무지"를 "죄악됨"과 동일시한 헬레니즘과 에바그리우스에게 있는 듯하며, 따라서 기독론적이라기보다는 인간론적 동기를 갖는다. 그밖에 다른 비잔틴 신학자들은 그리스도 안에 인간적 "무지"가 있었다는 것을 어려움 없이 받아들인다. "aphthartodocetism"에 대한 그들의 반대 역시 그리스도의 인성은 죄를 제외하고는 모든 면에서 우리의 인성과 매우 흡사했다는 인식(이것은 성경적인 것이며 또한 칼케돈 정의에 일치한다)을 나타낸다.[6]

그리스도 안에 있는 인성의 완전함은 고백자 막시무스의 신학적 종합과 "두 개의 의지"라는 그의 교리 안에서, 그리고 그리스도를 "물질적으로 묘사할 수 있는가"와 관련된 성상파괴론 시대의 주장에서 보다 깊이 있게 정의될 것이다. 칼케돈 공의회 전후의 기독론 논쟁들은 4세기에 있었던 삼위일체 논쟁들과 마찬가지로 교리적 정의들과 개념적 정식들 안에 내재해 있는 한계들을 증명해준다(실제로 교회의 교부들은 이러한 한계들을 인정했다).

그리스도와 마리아

431년의 에베소 공의회에서는 키릴의 기독론이 네스토리우스주의와 겨루어 결정적인 승리를 거두었다. 이 공의회에서는 하나의 교리적 결정을 내렸다: 예수의 모친은 교회의 기도와 설교와 신학적 논설 등에서 "하나님의 담지자"(*Theotokos*), 또는 "하나님의 어머니"(*mēter theou*)라고 지칭되어야 한다. 그 결정은 기독론과 관련된 것으로서, 선재하고 계셨으며 (단순히 한 인간의 모습만을 취한 것이 아니라) 인간의 본성의 취하신 영원하신 하나님의 아들이신 그리스도의 개인적 정체성을 확실히 했다. 어머니란 (하나의 "본성"의 어머니가 아니라) 누군가의 어머니이며, 그리스도 안에 있는 "누군가"는 하나님이셨으므로, 마리아는 정말로 "하나님의 어머니"(Mother of God)였다.

에베소 공의회의 기독론적 결정이 기독교 영성에 결정적인 강조점을 더하게 될 것은 피할 수 없는 사실이었다. 즉 성육신이 발생하는 통로가 된 마리아, 하나님의 가장 위대한 사랑의 행위와 협력하여 신성과 인성의 연합을 가능하게 만들 인간인 마리아를 새로이 존숭하게 되었다.

사실, *Theotokos*라는 칭호를 부여한 것은 마리아와 관련하여 교회가 취한 유일한 교리적 결정이었다. 그러나 신약 성서, 특히 누가복음에서는 이미 구원의 "경륜" 안에서 마리아가 차지하는 탁월한 위치를 선포했으며("이제 후로는 만세에 나를 복이 있다 일컬으리로다", 눅 1:48), 이레니우스와 저스틴 이후로 신학자들은 마리아가 새 이브(New Eve)의 역할을 한다고 간주해왔다. 사실, 낙원에서 이브가 뱀의 제안을 받아들여 아담을 타락하게 만든 것 같이, 마리아도 거리낌없이 천사장의 소식을 받아들였으며 새로운 아담이신 그리스도 안에서 인성의 새로운 "발생 반복"(capitulation)을 가능하게 만들었다. 설교자들, 시인들, 예술가들, 그리고 찬송가 작가들은 직접적인 신학적 언어만이 아니라 성경적 상징들과 유비들을 사용하여 마리아를 "처녀지(處女地)", "타는 떨기나무", "천국으로 이어지는 다리", "야곱이 본 사다리" 등이라고 찬양한다. 무수히 많은 교회들이 마리아에게 헌당 되었고, 특히 동방에서는 마리아의 성상이 대중 신앙의 가장 두드러진 수호물이 되었다.

마리아 신앙의 충일함과 감격성은 성육신 신비의 인간적인 면에 대한 영적 발견을 표현하고 있었다. 그 무식한 여인, 태 속에 새 생명(그녀의 처녀성은 이 "새로움"을 상징한다)을 잉태하고 있었던 여인의 역할은 예수의 인성을 상기시키는 것이며, 하나님과의 자유로운 교제와 교통은 참된 인간 본성의 표현이라는 메시지를 새로운 형태로 제공했다. 이 교제―그 가족의 교제―를 나타내는 성경적 상징들 중 하나는 그리스도만의 어머니가 아니라 그의 몸 된 교회의 모든 지체들의 어머니로서의 마리아의 특별한 역할에서 성취되었다.

그러나 초대 교회의 신앙과 신학에서는 마리아 존숭을 기독론적인 맥락에서부터 분리한 적이 한 번도 없음에 유의해야 한다. 마리아의 모성에 대한 교리적 정의 외에 그녀의 지위에 대한 교리적 정의는 없었다. 에베소 공의회 이후, 마리아 존숭은 그녀가 타락한 인성을 가졌다는 사실이 망각되었음을 의미하지는 않는다. 그리스 교회에서 가장 유명하고 권위 있는 교부인 존 크리소스톰의 글들은 계속해서 읽히고 필사되었다. 크리소스톰은 마태복음 12:46-49("누가 내 모친이며 내 동생들이냐")나 요한복음 2:4와 같은 구절을 주석하면서, 마리아의 인간적인 결점들과 불완전함을 솔직하게 인정했다.[7] 그러므로 구원의 비밀 안에서 예수의 어머니는 구원을 필요로 하는 인류의 대표자로 간주된다. 그러나 인류 안에서 그녀는 구주와 가장 가까웠으며, 새 생명의 저장소로서 가장 합당한 인물이었다.[8]

중세 시대에 서방에서는 원죄가 유전된 죄책이라는 어거스틴의 사상 때문에 마리아는 신적인 모성에 합당하게 만들어진 하나님의 특별한 은혜의 대상으로서 "무염 시태"(無染始胎)라는 점에서 접근되었다. 그러나 동방에서는 그러한 추이를 따르지 않았다. 왜냐하면 아담의 죄의 결과들이 죄책이 아니라 유전된 죽음의 운명으로 간주되었기 때문에 마리아를 타락한 인류의 공동 운명에서 따로 떼어 생각할 필요가 없었기 때문이다. 그러나 동방에서는 마리아의 종말론적 영화(榮化)라는 전통이 발달했다. 전반적인 부활을 예상하면서, 마리아의 아들은 자기의 모친 마리아를 부활한 자기의 몸과 분리되지 못하게 만들고 천사들보다 높게 만들었다.

그리스도와 성령: 고백자 막시무스의 종합(Synthesis)

기독교 교리사에서 고백자 막시무스(Maximus the Confessor, ca.

580-662)의 위치는 주로 Monotheletism(그리스도가 하나의 신적-인간적 "의지"만을 소유했다는 신앙)에 맞서 칼케돈 정설을 옹호한 것과 관련되어 있다. 사실, 막시무스의 견해에 의하면, 진정한 인성은 역동적이고, 창조적이며, 적절한 "에너지"가 부여되어 있다. 이것은 인간으로서 신적인 의지와는 구분되는 인간적인 의지를 소유하신 그리스도의 인성의 경우이다. 그리스도의 인간적인 의지는 타락 이전에 설정된 하나님의 영원한 본래의 목적에 따라 회복되었다. monotheletism의 주장에 의하면, 그리스도의 인성은 "관상"(*en theōria*)의 영향을 쉽게 받지만, 그 자체의 고유한 "운동"이나 에너지를 소유하지 않으며, 위격적 연합 안에 "그리스도의 각 본성의 특성이 보존되어 있다"고 단언한 칼케돈 정의는 그 의미를 상실했다. 막시무스의 공적은 "신화"란 인성이 신성에 흡수되는 것이라고 해석한 "단성론적" 경향에 단호하게 반응한 데 있다. 막시무스의 견해에 의하면, 신화는 피조된 인성이 지닌 바 하나님이 만드신 완전함을 부인하는 것이 아니라 그것의 회복과 재다짐이라고 보아야 했다.

그러나 막시무스는 결코 키릴의 기독론의 근본 메시지를 부인한 것이 아니다. 그는 하나님이 다음과 같은 목적을 가지고서 인간이 되셨다고 단언했다:

즉 모든 사람이 온전하신 하나님 안에 참여하기 위해서(*theos holos holois metechomenos*), 그리고 영혼이 불멸하는 성품(*tēn atrepsian*)을 받고 육이 불멸을 얻기 위해서 영과 육이 연합한 것과 동일한 방법으로 영혼이 하나님에게 참여하게 되고, 영혼의 중재를 통해서 육신이 하나님에 참여하기 위해서, 그리고 마지막으로 완전한 인간이 하나님의 은혜로 신화되어 인간—본성적으로 완전한 인간, 영과 육—이 되고 은혜에 의해서 완전한 하나님이 되기 위해서이다.(*Ambigua*[*PG* 91, col. 1099c])

키릴의 경우에서 살펴본 바와 같이, 막시무스의 주장에 의하면 "완전한"(whole) 하나님과 "완전한" 인간 사이의 연합에는 인성의 흡수라든가 인간적이고 피조된 원래의 에너지와 잠재성의 약화가 포함되지 않으며, 인간적 존재의 실현(fulfillment of of human being)이 포함된다. 그 이유는 이 연합은 비인격적 본질들의 합병이나 혼동이 아니라 살아 계신 하나님과 피조물이 사랑의 교제 안에서 만나는 것이기 때문이다.

아타나시우스, 카파도키아의 교부들, 키릴, 막시무스 등이 이해한 신화의 교리는 기독론에 대한 편협하거나 제한된 이해에 기초를 둔 것이 아니다. 그것은 삼위일체론적인 "구원의 경륜", 특히 성령의 경륜을 반영하고 있다. 신비 안에서 성령의 역할은, "그리스도 안에 있는" 신화는 성령 안에서 값없이 받아들인 새로운 탄생의 결과임을 드러낸다. 막시무스의 견해에 의하면, 예수는 자신의 인성 안에서 이것을 선택하셨다. 물론 위격적 연합의 교리에는, 선택의 주체는 예수라는 이름의 인간이 아니라 로고스이지만, 그 선택에는 "인간적인" 것이 포함된다.

막시무스는, 창세기의 기사에 의하면 인간은 먼저 진흙에서부터 육체적 실체로 만들어졌고 그 후에 하나님이 그에게 생기를 불어넣으셨다는 것을 상기시킨 후에 베들레헴에서의 그리스도의 탄생을 상기시키고, 그 다음에는 요한이 그리스도에게 세례를 베풀 때에 성령이 내려온 것을 상기시킨다. 그리스도는 이 두 가지 탄생을 모두 취하셨다. 막시무스는 "성육신은 처음에는 육적인 탄생의 형태를 취했다. 그러나 그 다음에 내가 은혜로 말미암아 구원을 받기 위해서, 내가 보다 분명하게 회상하기 위해서, 내가 다시 피조되기 위해서, 세례 때에 성령 안에서 또 하나의 탄생이 동반되는데, 그것은 세례 때에 성령 안에서 (타락한 인성에 의해서) 무시되었던 것이다"라고 기록했다(*Ambigua* [*PG* 91, col. 1348D]).

세례 때에 성령의 인침을 받는 자유로운 인간적인 결정과 회심은 인간적인 자유와 신적 은혜가 협력하기 위한 조건이 된다. 신적 은혜는, 로고스가 그리스도 안에서 취했으며 성찬을 통해서 교회 안에 임재하게 되는 인성을 나누어 소유함을 통해서 신화를 가능하게 해준다. 그러한 만남 및 동참은 성령에 의해서 이루어진다. 이 성령은 마리아에게 임했던 성령(눅 1:35), 요단 강에서 그리스도에게 임했던 성령, 교회가 성찬의 신비 안에서 불러내는 성령, 하나님과 인간 영혼간의 신비한 만남을 이루어내는 성령이다. 막시무스는 기록하기를, "성자는 그의 육체를 통해서 인류가 무시했던 성부를 나타냈으며, 사람들을 자신과 화목하게 만들고 성령을 통해서 그들을 성부께로 인도하셨다"[9]고 했다.

  그리스도 안에서 두 개의 본성—인성과 신성—이 결합되어 성육하신 하나님의 아들이라는 단일한 인격적 실존이 되었다. 두 개의 본성은 모두가 역동적인 실재로서 그리스도의 두 개의 의지 또는 에너지 안에서 표현되었다. 그러나 그것들은 (네스토리우스주의가 주장하는 바와 같이) 두 개의 협력하는 의지들의 병치 또는 동맹이 아니라, 하나의 교제로서, 그 안에서는 "특성들의 교제" (*communicatio idomatum, perichōrēsis tōn idiōmatōn*), 성령을 통해 이루어지는 바 그리스도의 인간적인 의지가 신화를 자유로이 받아들임으로써 신적인 에너지가 인성 안에 침투해 들어온다.[10] 새로운 아담의 신화된 인성을 가지고서 "그리스도 안에" 거하는 편을 선택한 사람들의 연합을 이루어내는 분도 성령이다.

그리스도의 인상:
성상(Icon)의 의미

아타나시우스와 키릴이 주도한 알렉산드리아 신학의 중심 메시지는, 세상의 구원은 피조물의 중개를 통해서 이루어지는 것이 아니라, 인간으로서 인성을 취함으로써 자신의 생명을 인간들에게 나누어 주며, 스스로 인간들이 자신에게 접근하기 쉽게 만드신 하나님의 아들에 의해서 이루어진다는 것이었다. 이러한 관점에서 볼 때, 신학적 일관성과 영적 경험을 얻으려면 그리스도가 완전한 인간이 되어야 한다. 나지안주스의 그레고리의 유명한 표현을 빌자면, "겉으로 드러나지 않은 것은 치료되지 못하며, 하나님과 연합한 것은 구원받는다."[11] 하나님과의 교제, 혹은 신화로 이해되는 구원은 (인성의 일부가 아니라) 충만한 인성이 하나님의 사랑의 대상이 된다는 것을 함축한다. 막시무스는 그 충만함에는 특별히 피조된 인성, 즉 인간의 의지, 인간의 자유, 그리고 인간적인 독창성 등의 "운동" 혹은 활력이 포함되는 것으로 묘사했다. 성육하신 로고스의 인격은 이 모든 것을 취했으며, 이것들은 그의 죽음과 부활을 통해서 그의 종말론적 새 창조의 일부가 되었다.

그리스도의 정체성과 관련된 마지막(아마 가장 결정적인) 에피소드는 소위 비잔틴 세계에서의 성상파괴 논쟁으로 인한 위기(715-843)와 함께 도래했다. 성상 파괴론자들은 새긴 형상들과 우상숭배를 반대하는 구약 성서의 금지 규정들을 인용하면서, 그리스도의 성상을 사용하는 것에 반대했다. 정통 신학자들—다메섹의 존, 스투디오스의 테오돌, 니세포로스 총대주교—은 이 주장에 대항하여 그리스도의 인성의 실재를 확실히 주장하면서, 그것은 역사적인 것이었으므로 "묘사될 수 있고" "정의될 수 있으며" 인간의 눈으로 볼 수 있다고 주장했다. 그러나 그리스도의 개인적인 정체성은 하나님의 아들이었으므로, 그리스도의 성상은 곧 자신을 눈에 보이는 인간으로 만드신 하나님의 성상이었다. 다메섹의 존은 다음과 같이 기록했다:

> 이전 시대에는 형태나 몸이 없으신 하나님은 결코 묘사될 수 없었다. 그러나 성육신 이후로 하나님은 육신을 입고 인간들과 교류하시는 것으로 간주되므로(바룩 3:38), 나는 내가 보는 하나님의 형상을 만든다. 나는 물질을 숭배하는 것이 아니라, 물질을 창조하신 분, 나를 위해 물질이 되신 분, 기꺼이 물질 안에 자신의 거처를 정하신 분, 물질을 통해서 나의 구원을 이루시는 분을 예배한다.[12]

그리하여 그리스도의 성상은 가시적으로 표현된 완전한 기독론적인 신앙 고백—글로는 부분적으로밖에 표현할 수 없는 구원과 교제의 신비—이 되었다. 비잔틴 전통에서, 예술가의 의도는 성육하신 하나님의 인격적 정체성을 표현하는 것이었지만(그런 까닭에 후광에는 하나님의 이름인 YHWH의 칠십인 역 그리스어 *ho ōn*이 삽입되어 있다),[13] 항상 나사렛 예수의 역사적 특성들 밑에 있다. 그러므로 변용을 기념하는 절기(Feast of Transfiguration)에 행한 다메섹의 존의 설교의 표현을 사용하자면, "상호 교제의 형식에 의해서, 혼동이 없이 하나가 다른 하나에게로 상호 침투하며 위격에 따라 엄격하게 연합함에 의해서, 인간적인 것들이 하나님의 것이 되었고, 신적인 것이 인간의 것이 된다. 왜냐하면 그분은 한 분 하나님, 즉 영원하신 하나님으로서 나중에 인간이 되셨기 때문이다."[14]

대속
그리스도의 몸 머리 그리고 지체들

초기의 공의회들에 의해서 인정을 받은 기독론의 핵심은 영원한 로고스이면서 동시에 태초에 인간을 만드실 때에 기준이 된 신적인 본보기인 자신과 전 인류의 통일을 회복한 "새 아담"이신 그리스의 모습이었다. 그러나 앞에서 살펴본 바와 같이, 이 회복은 자동적이거나 마술적인 것이 될 수 없었다. 거기에는 성령에 대한 인간의 자유로운 반응과 각 사람의 협력(synergia), 그리고 교회의 모임 안에서 이루어지는 자유로운 신자들의 "회집"이 필요했다. 두세 사람이 그리스도의 이름으로 모인 곳(마 18:20), 그리고 몸 된 교회라는 바울의 이미지가 구체적으로 나타날 수 있는 곳에서는 "완전한 그리스도"(어거스틴에 따르면 totus Christus)가 명시되었다. 실제로, "몸"(Body)은 성찬 안에서 매우 완전하게 실현되는 교회이다.

성찬 참여는 기독론적 용어로 정의되었다: 그것은 하나님의 아들의 위격 안에 취해졌으며 두 본성들 사이의 "특질들의 교제"에 의해서 신적 생명, 혹은 "에너지" 또는 은혜로 충만하게 된 바 부활하여 영화롭게 된 그리스도의 인성에 참여하는 것이었다. 따라서 그리스도 안에서는 본성들의 혼동이 없고, "그리스도 안에 있는 두 "본성"은 하나님의 "본질"에 참여하는 것이 아니라 그의 인간적 본질에 참여하는 것이었다. 다메섹의 존은 다음과 같이 기록했다:

> 사람들은 거룩한 그리스도의 몸을 받고 그의 피를 마실 때에 신적 본성에 동참하여 그 본성을 나누어 갖게 된다. 그리스도의 몸과 피는 위격적으로 신성과 결합되어 있으며, 우리가 성찬에서 받는 그리스도의 몸 안에서는 두 개의 본성이 하나의 위격 안에 뗄 수 없이 결합되어 있다. 그러므로 우리의 본질과 그리스도의 본질을 동

일시하지 않고서 두 개의 본성에 참여한다. 육체적으로는 몸에 참여하며 영적으로는 신성에 참여하거나, 또는 두 가지 방법으로 두 가지 모두에 참여한다. 우리는 먼저 창조의 질서 안에서 우리의 본질 받으며, 그 다음에 몸과 피를 섞음에 의해서 연합에 들어간다.[15]

그러므로 "그리스도 안에" 거하는 것에는 로고스와의 본질적 동일화는 포함되지 않는다. 왜냐하면 위격(person)이란 항상 독특한 것이기 때문이다. 거기에는 성령의 능력을 통해서 그리스도의 영화롭게 된 인성—영화(榮化)된 후에도 완전히 인간적인 것으로 남아 있는 인성—에 동참하는 것이 포함된다. 부활을 통해서 신화되신 그리스도는 "묘사할 수 없게" 되셨다고 주장하면서 그리스도의 성상을 만들어서는 안된다고 주장한 성상파괴론자들과의 논쟁에서, 스투디오스의 테오돌(Theodore of Studios)은 다음과 같이 이의를 제기했다:

> 만일 부활하신 그리스도가 모든 한계를 초월하셨다면(cf. 엡 3:6), 그분과 한 몸인 우리도 한계를 초월해야 할 것이다.[16]

성상파괴 논쟁에는 성육신 및 인간과 하나님과의 관계에 대한 전반적인 교리 뿐만 아니라 성찬 교리가 직접적으로 포함되었다. 성상파괴론자들(그리고 황제 콘스탄틴 5세)은 성찬은 합법적이고 성경적으로 제정된 유일한 하나님의 표상이 되어야 한다고 단언했다. 앞서 스투디오스의 테오돌에게서 배운 바와 같이, 그들의 반대자들은 신자들이 단순히 주님의 형상을 보는 데 그치는 것이 아니라 부활하신 주님과 실제로 참되게 동일화된다고 주장했다. 성상파괴론 시대에 정통주의 대변인들에 의해 발달된 신학적이고 기독론적인 범주 안에서 보면, 성찬은 시각적 대상이 아니었으며, 눈으로 볼 수 있는 것은 성상들뿐이었다. 비잔틴 교회의 본당 회중석과 성소를 구분하는 막의 역할을 한 성상들의 체계(iconostasis)의 특별한 발달을 정당화해준 것은 성찬 집회에 대한 이 일반적 개념이었다. 그 뒤에서 수행되는 성찬식이 가시적인 관상의 대상이 아니라 신실한 자들에게 나누어준 음식이 관상의 대상이다. 그렇지 않다면 신실한 자들은 성상들을 관상하고 존숭함에 의해서 하나님과 교제하게 된다.[17]

이 점에 관해서 동방 기독교의 성찬 신앙은 중세 말기에 성체를 숭배하던 서방 기독교의 관습(이것은 화체설의 표현임)과 분명하게 대조된다. 동방에서는 성찬식에 특별히 적용된 철학적 용어가 없었다. 왜냐하면 성찬식은 기독론적 사실들―그리스도의 몸의 변화, 부활 후에 그리스도의 몸 안에서 발생했으며, 성령의 능력을 통해서 지금도 세례 받는 신자들의 집단 전체에서 작용하고 있는 "변화"―과 분리하여 생각되지 않는다. 그러므로 신학자들은 성찬을 지칭하기 위해서, *metabolē*(change), *metarythmēsis*(change of order), *metastoicheiōsis*(trans-elementation), *metamorphōsis*(transfiguration) 등처럼 고대의 전례 본문에서 발견되는 용어들을 사용했다. 그 언어는 항상 모호하고, 부정확하며, 성찬의 떡과 포도주에게만 아니라 그리스도 안에서 하나님의 모든 백성의 구원을 반영하는 유월절과 종말론적 개념들에게도 적용할 수 있는 것이었다. 니세포루스 총대주교(9세기초)는 "우리는 사제의 간구에 의해서, 지고한 성령의 강림에 의해서, 그리스도의 몸과 피가 신비하게 눈에 보이지 않게 임재하게 된다고 믿는다…그것은 그리스도의 몸이 몸으로 존재하기를 멈추기 때문이 아니라 그리스도의 몸으로 남아 있으면서 몸으로 보존되기 때문이다"[18]라고 기록했다.

아마도 신학자들이 고안해낸 사변적 논거들보다 더 중요한 것은, 전례적인 전통은 성찬 안에 나타난 바 그리스도의 몸(Body)의 기독론적이고 교회적인 차원을 보존해왔다는 사실일 것이다. 동방이나 서방의 다양한 지역적 전통에서 사용된 성찬 기도문이나 법규들은 그 단일한 비전에 의해서 결정된 몇 가지 공통된 특성을 가지고 있다. 첫째, 그것들은 일인칭 복수로 공식화 된 공동체의 기도문들이다. 그러므로 그리스도와의 교제는 개인적 신앙의 문제가 아니라 그의 하나의 몸(Body) 안에 함께 참여하는 일이다. 둘째, 그 기도문들은 세례를 받았기 때문에 이미 "그리스도 안에" 있는 세례 교인들의 집단이 하나님께 드리는 기도문이다. 세례를 받지 않은 예비 신자들, 출교된 자들, 그리고 회개한 사람들은 그 기도에 합류하지 않는다. 그러므로 회중들 안에서, 회중들을 통해서 그 기도를 아버지께 드리는 분 때문에 그 기도는 분명히 응답될 것이다. 한편 그 공동체의 지체들은 성령의 능력으로 말미암아 "그리스도 안에서" 그의 양자가 되며, 집합적으로 "왕 같은 제사장"이 된다. 그 기도 안에서, 그리고 그 기도를 통해서 그리스도는 제물을 드린다. 그리스도는 "제물을 드리는 분이고 제물로 드려지는 분, 제물을 받으시며 제물로 받아들여지는 분"이시지만(바실과 존 크리소스톰의 비잔틴 전례식문), 그것들은 그리스도로부터 분리될 수 없다: "세례를 받아 그리스도 안에 들어간 사람은 그리스도로 옷 입었으며" "하나님께서는 '아바 아버지!'라고 외치는 심령에게 그리스도의 영을 보내주신다"(갈 3:27; 4:6). 셋째, 동방의 성찬 규정에서 성령께 기원하는 것(*epiklēsis*)은, 마치 성찬의 떡과 포도주가 모인 공동체와는 어느 정도 상관 없이 변화되어야 하는 것인 듯이 그것들에게만 의지하는 기원이 아니라 모임 전체와 성찬의 음식들을 의지하는 기원이다:

> 당신께 구하고, 당신께 기도하며, 당신께 간구합니다. 당신의 성령을 우리에게 보내주시며, 여기에 제공된 이 선물들에게 부어주시며, 이 떡을 당신의 그리스도의 귀한 몸으로 만들어주시고, 이 잔에 들어 있는 포도주를 당신의 그리스도의 피로 만들어 주시옵소서. 당신의 성령에 의해서 변화시켜 주사, 그것들을 받는 사람들의 영혼이 정화되며 당신의 성령과 교제하며, 하늘 나라가 이루어지게 하소서.(성 존 크리소스톰의 기도문)

기독론적 관계에서, 성찬 행위에는 위격적으로 인간의 본성을 취하신 하나님의 아들이 그 본성을 제물로 하나님께 가져와서 드리는 것, 그리고 양자됨(*thesei*)이나 은혜(*chariti*)에 의해서 그 영화롭게 된 본성을 받은 사람들이 그를 그리스도로 기름 부으신 성령의 능력을 통해서 그 대제사장과 결합하게 되는 것이 포함된다. 동일한 성령은 신자들이 개인적인 신앙의 행위를 통해서 결합한 그리스도의 몸의 교제 안에서 모든 신자들에게 기름을 부어주신다.

신성과 인성 사이의 교제, "신화"의 교제, 그리스도의 두 본성 사이의 "특질들의 전달" 등의 개념에 기초를 둔 기독론에의 접근 방법에서는 구속을 바울이 로마서에서 사용한 법적 이미지보다 더 넓은 맥락에서 해석한다. 서방의 스콜라주의에서는 랍비의 율법을 기독교적으로 읽은 틀 안에서 만들어진 바울의 상징들에게 철학적이고 형이상학적인 차원을 부여했다. 그리스도는 하나님이셨기 때문에, 십자가에 달린 그리스도라는 제물은 하나님의 공의 앞에서 모든 인간들의 죄를 대속하기에 충분했다. 이러한 견해에서 보면, 하나님과 피조 세계는 서로에게 대해 비본질적인 것이며, 그리스도의 사역은 신적 공의라는 추상적인 개념을 만족시켜 주는 것으로 간주된다. 동방에서는 대속의 의미에 관한 논쟁이 진행되는 동안 1156-1157년에 콘스탄티노플에서 개최된 일련의 공의회에서는 제물이라는 개념에 대한 메톤의 니콜라스(Nicholas of Methone)의 접근 방식이 인정을 받았다(Soterichos Panteygenos의 견해는 거부됨). 니콜라스의 견해에 의하면, 대속은 "교환"(*antallagē* 또는 *antallagma*)으로 생각되어서는 안되며, "화해"(*katallagē*)와 신적 용서의 행위로 생각되어야 했다. 니콜라스는 기록하기를, "하나님은 우리에게서 아무 것도 받으실 필요가 없었다…우리가 (제물을 드리기 위해서) 하나님 앞에 간 것이 아니라 하나님께서 우리를 향해 내려오셔서 우리의 본성을 입으셨다. 그것은 화해의 조건이 아니라, 육체 안에서 공개적으로 우리를 만나기 위해서였다"[19]고 했다.

만일 이처럼 신화를 통한 구원의 교리의 중심에 알렉산드리아의 키릴이 옹호했던 바 강력한 "theopaschite" 주장—"하나님의 아들이 육체 안에서 고난을 당했다"—이 없다면, 이 교리는 하나님과 피조세계의 "합병"이라는 신플라톤주의적 개념과 동일시될 수 있었을 것이다. 이것은, 구원은 결코 형이상학적인 "합병"이 아니라 하나님 자신이 십자가를 지신 일을 포함하는 사랑의 비극이었음을 의미한다. 그러나 골고다는 범해진 신적 공의를 보상하는 대가에 불과한 것이 아니라, 하나님이 타락한 인류와 궁극적으로 동일시하는 지점으로서 전체 구원 계획의 일부이며, 그 다음에는 부활이 이어진다. 그리하여 비잔틴의 *Synodikon of Orthodoxy*(매년 행해지는 엄숙한 교리적 선포)에서는 (12세기의 기독론 논쟁들과 관련하여) 그리스도께서 "모든 경륜의 비밀에 의해서, 그리고 홀로, 그리고 자신 안에서 우리를 그리스도 자신과 화목케 하시고, 그의 아버지 하나님과 화목케 하시고, 생명을 주시는 지극히 거룩하신 성령과 화목케 하셨다"고 단언한다.[20] "그리스도의 제사(그리고 그가 가져온 대속)는 하나의 독립된 행동이기 때문이 아니라 구약 성서에 예비된 것, 성육신, 죽음, 부활, 교회 안에 성령의 임재 등을 포함하는 하나의 "경륜"의 절정이기 때문에 특이한 것이다."[21]

비록 모든 사람들에게 값없이 제공되었지만, 우리는 새로운 아담에 의해 세상에 들어온 새 생명을 개인적인 회심을 통해서 값없이 받아들이며 개인적인 금욕적 노력을 통해서 우리의 것을 삼아야 한다. 이처럼 개인적 차원의 기독교 체험을 강조하는 것이 전반적으로 동방의 수도원 문학에서 나타나는데, 이러한 강조점 때문에 어거스틴의 은혜의 교리의 지배를 받는 서방 영성의 대표자들은 "펠라기우스주의"나 "반펠라기우스주의"를 비난했다. 상황이 그러했지만, 신적 은혜와 인간의 자유 사이의 협력이라는 사상은 동방 기독교에서 개인적으로 하나님의 나라를 체험하는 성도들과 금욕인들에게 부여하는 권위를 설명해준다.[22] 그리하여 11세기에 새로운 신학자 시므온(Symeon the New Theologian)은, 과거 사도들의 시대는 물론이요 지금도 교회의 성찬 안에서 각각의 참 기독교인들이 이용할 수 있는 이 그리스도-중심적(christocentric)이고 성령-중심적(pneumatocentric)인 체험을 전하는 진정한 선지자로 등장했다. 그는 자기의 공동체 내에 있으면서 이 직접적인 경험을 구하기를 거부하는 수도사들을 비판하면서 다음과 같이 기록했다:

> 내가 이단자들이라고 부르는 사람들이 있다. 그들은 우리 시대 우리 가운데는 복음의 계명들을 지키며 거룩한 교부들처럼 되려는 사람이 없다고 말하는 사람…그리고 이것이 불가능한 일이라고 주장하는 사람들이다. 이런 사람들은 어떤 특별한 이단에 빠진 것이 아니라 단번에 모든 이단들에 빠진 사람들이다. 왜냐하면 이것은 다른 모든 이단들보다 더 불경하기 때문이다…이런 식으로 말하는 사람들은 모든 거룩한 성서를 파괴한다. 이러한 반 그리스도인들은 "이것은 불가능한 일이다. 불가능해"라고 말한다.[23]

시므온의 메시지는 교회 내의 카리스마적인 "지도력"의 문제를 초월한다. 시므온 및 많은 수도적 인물들의 견해에서 볼 때, 카리스마적 지도력은 제도적인 성직제도와 병행하여 예언 사역을 수행한다. 시므온의 메시지는, 모든 신자들은 자신의 신앙의 진정성을 나타내는 상징으로서 직접적으로 성령을 체험할 수 있다고 단언한다. 그러한 경향의 극단적인 형태는 메살리아니즘(Messalianism)이라는 분파로 나타났다. 이 분파에서는 세례, 성례, 성직 제도 등의 필요성을 부인했고, 개인의 "순수한 기도"가 하나님과 교제하는 유일한 수단이라고 생각했다. 정교회의 금욕적인 영적 전통은 이러한 개인주의적이고 카리스마적인 운동에 반대하여 수도사들의 "순수한 기도"는 구약 성서에서는 발언될 수 없다고 간주되었으며, 이제는 역사적 예수의 인격 안에 계시된 하나님의 이름을 항상 기억하는 것에 기초를 둔 "예수기도"(Jesus Prayer)라고 주장했다.

이와 같은 역사로의 복귀, 영성의 차원에서 신약 성서의 계시로의 복귀는, 동방 기독교계의 금욕적이고 "경험적"인 경향은 교부들과 공의회의 기독론적인 틀 안에서 스스로를 정의하고 있음을 함축하고 있다.

동방과 서방 교회는 예수 그리스도의 정체성과 관련하여 기독교회의 역사의 처음 9세기 동안의 교부들과 종교회의의 전통을 물려받았다. 그것은 여전히 개방되어 있는 전통으로서, 만일 어떤 사람이 역사적 예수의 인간 심리에 관한 주석적 문제들에 대한 보다 분석적인 이해를 필요로 한다거나, 또는 어떤 사람의 정신이 "본성"과 "은혜"를 구분한 어거스틴의 구분의 지배를 받고 있을 경우에 문제들을 재연시켰다. 이러한 문제들은 교부 시대의 신학자들에게는 실재하지 않는 것인 듯이 보였을 것이다. 그들의 경우에 기독론적 사상은 위격적 연합의 신비(이것은 독특한 것이기 때문에 분석이나 비교의 근거를 제공하지 않는다)를 분석하는 데 있는 것이 아니라, 단지 인간들에게 부활하신 분과의 교제를 통해서 사망을 극복하는 방법을 보여주는 데 있었다. 경험적으로 제한된 그들의 기독론 접근 방식이 반드시 취약한 것은 아니었다. 사실 교부들의 케리그마적이고 구세론적인 기독론은 성경적 "본문들"의 의미를 회복해야 한다고 주장하는 현대의 분석적 주석보다는 신약 성서에서 발견되는 제한 없는(open-ended) 기사에 더 가까웠다.

기독론에 관한 교부들의 전통이 지닌 개방성은 일부 문제들이 미해결 상태로 남아 있다는 사실 뿐만 아니라 건설적인 사고를 위해서 잠재적인 방법을 이용할 수도 있다는 사실에 있다. 고백자 막시무스의 특징인 바, 완전히 인간적인 것이 되기 위해서 독창적으로, 그리고 신적인 목적과 일치하여 스스로를 완전케 하라는 부름을 받은 역동적인 인간의 본성은 그리스도 안에 있는 분명한 인간적 의지라는 교리 안에 표현되어 있다. 이러한 막시무스의 기독론은 피조된 인간의 생명에게 영적 토대와 기독교인들이 완전히 자신의 것으로 삼아야 하는 의미를 공급해준다. 왜냐하면 신적인 로고스가 친히 그것을 취했고 그것의 구원을 위해서 육신 안에서 죽으셨기 때문이다. 더욱이 성상파괴 논쟁이 진행되는 동안, 정교회 신학자들은 인간이 그리스도를 "묘사할 수 있음"을 옹호했고, 동일한 표식에 의해서 신적 임재가 성례의 의식, 또는 가르치거나 전파하는 말 안에서 실현될 뿐만 아니라, 예술 작품 안에서도 표현된다는 것을 보여주는 데 성공했다. 인간 문화의 효력을 지지하는 이 증거의 결과들은 참으로 귀중한 것이다.

비록 기독교 역사의 1천년대에 동방과 서방에서 신학과 영성의 전통이 둘로 갈라지는 경향이 있었지만, 의식적으로든 그렇지 않든 간에 그것들은 공통적으로 아타나시우스, 키릴, 칼케돈 공의회, 막시무스, 그리고 "우상을 숭배하던" 과거 시대를 보존해왔다. 이 공통의 영적 토대는 장래의 재통합을 기대할 수 있는 주요한 소망이 된다.

주(註)

1) Cyril of Alexandria, *Le Christ est un: Deux diologues chrostologiques*, ed. G. M. de Durand (Sources chrétiennes 97; Paris: Cerf, 1964) 472. See the remark of A. Grillmeier: "Nestorius lets himself be guided by concepts and proceeds by way of meandering and repetituous *analyses*. Cyril is possessed by an intuition which rests on John 1:14 and the Nicene creed" (*Christ in Christian Tradition*, 365).
2) *Acta Conciliorum Oecumenicorum*, ed. E. Schwartz (Berlin alnd Leipzig: de Gruyter, 1914) I, 1, 1, p. 41.

3) 기독론 논쟁에 대해서는 Grillmeier, *Christ in Christian Tradition*; J. Pelikan, *The Emergence of the Catholic Tradition (100-600)*; and J. Meyendorff, *Christ in Eastern Christian Thought*을 보라.
4) 줄리안에 대해서는 특히 R. Draguet, *Julien d'Halicarnasse et sa controverse avec Sévère d'Antioche sur l'incoruptibilité du corps du Christ*와 Meyendorff, *Christ in Eastern Christian Thought*, 87-89을 보라.
5) 이러한 경향은 현대의 서방 신학자들 사이에서도 그대로 유지되고 있다. 비록 그들이 특별히 안셀름의 견해에 공감하는 것은 아니지만, 그들은 안디옥의 기독론은 키릴의 견해보다 더 존중할 만하다고 여긴다. 그러한 저서의 예를 들어보면 J. F. Bethune-Baker, *Nestorius and His Teaching*(Cambridge: Cambridge University Press, 1908); and C. Moeller, "Le Chalcédonisme et le Néo-Chalcédonisme", in *Das Konzil von Chalkedon*, ed. A. Grillmeier and H. Bacht, 637-720 등이 있다. 그러나 다른 사람들은 알렉산드리아 학파와 키릴의 견해에 대해 보다 더 이해하려는 태도를 취한다(특히 T. Torrance, L. Bouyer, and J. Pelikan 등의 저서를 보라).
6) 이 중요한 문제에 대해서 다룬 Meyendorff, *Christ in Eastern Christian Thought*, 86-89를 보라.
7) See *Homily* 44 *on Matthew* (PG 57, cols. 464-65); *Homily 21 on John* (PG 59, col. 128).
8) 동방 교회의 성탄절 찬송(이것의 기원은 8세기로 거슬러 올라간다)에서는 성모 마리아를 그리스도께 드리는 우리의 제물로 찬양한다.
9) *On the Lord's Prayer* (PG 90, col. 876B). On this point in Maximus, see particularly A. Riou, *Le Monde et l'eglise selon Maxime le confesseur* (Paris: Beauchesne, 1973); and F. Heinzer, "L'explication trinitaire de l'economie chez Maxime le Confesseur," in *Maximus Confessor: Axts du Symposium sur Maxime le Confesseur, Fribourg, 1-5 Septembre 1980*, ed. F. Heinzer and Christoph Schönborn (Fribourg: Editions Universitaires, 1982) 159-72. On the theology of deification in Maximus, the best general study is L. Thunberg, *Microcosm and Mediator*.
10) 여기에서는 그리스도 안에 있는 본성적 의지와 금언적인 의지의 관계라는 문제는 다루지 않는다(see Meyendroff, *Christ in Eastern Christian Thought*, 147-51).
11) *Ep. 101 to Cledinius* (PG 37, cols. 181C-184A).

12) *On the Holy Images* 1 *(PG* 94, col. 1245A). English translation by D. Anderson (Crestwood, NY: St. Vladimir's Seminary Press, 1980) 23. 성상파괴론과 그것이 지닌 기독론적 함의들에 대해서 알려면 Meyendroff, *Christ in Eastern Christian Thought,* 173-92을 보라.
13) 헌정사의 의미에 대해서는 스투디오스의 데오돌의 논평을 보라(*Letter to Naucratius* 2.67 [*PG* 99, col. 1296AB]; *On the Holy Images* 3 [*PG* 100, col. 420D]).
14) *On the Transfiguration* 2 *(PG* 96, col. 548C-549A).
15) *On the Holy Images* 1 *(PG* 94, col. 1348AB); trans. D. Anderson (modified), p. 81.
16) *On the Images* 2 *(PG* 99, col. 385B).
17) See L. Ouspensky, "The problem of the iconostasis," *St. Vladimir's Theological Quarterly* 8 (1964) 186-218.
18) *Contra Eusebium,* ed. J. B. Pitra. *Spicilegium Solesmense* (Paris, 1852-58; reprint, Berlin: Akademie-Verlag, 1963) 1:440, 447D.
19) *Treatise against Soeterichos,* ed. A. Demertrakopoulos (*Ekklesiastike Bibliotheke*; Leipzig, 1866: reprint, Hildesheim: Olms, 1965) 337-38.
20) *Synodikon* 의 본문은 *Triodion*이라고 알려진 전례서에 포함되어 있는데, 거기에는 사순절 기간의 성무일과도 포함되어 있다. See J. Gouillard, "Le Synodikon de l'Orthodoxie" in *Travux et Mémoires* (Paris: Editions de Boccard, 1967) 2:74.
21) See Meyendroff, *Christ in Eastern Christian Thought,* 199.
22) On the importance of this trend, see the article in this volume by J. Gribomont, "Monasticism and Asceticism I. Eastern Christianity."
23) Syméom le Nouveau *Théologien, Catechesis,* ed. B. Krivocheine (Sources chrétiennes 96; Paris: Cerf, 1963) 421-24. See *Hymns of Divine Love,* trans. G. Maloney, S. J. (Denville, NJ: Dimension Books, 1975); and *The Discourses,* trans. C.J. de Cantazaro (New York: Paulist Press, 1980).

참고 문헌

Bouyer, Louis. *The Spirituality of the New Testament and the Fathers.* Vol. 1 of *A History of Christian Spirituality.* New York: Seabury, 1982.

Burghardt, Walter J. *The Image of God in Man according to Cyril of Alexandria.* Woodstock, MD: Woodstock College Press; Washington, DC: Catholic University Press, 1957.

Draguet, René. *Julian d'Halicarnasse et sa controverse avec Sévère d'Antioche sur l'incorruptiblité du corps du Christ.* Louvain: Smeesters, 1924.

Grillmeier, Aloys. *Christ in Christian Tradition: From the Apostolic Age to Chalcedon (451).* Trans. J. S. Bowden. New York: Sedde & Ward, 1965.

_____ , and Heinrich Bacht, eds. *Das Knozil von Chalkedon: Geschichte und Gegenwart.* 3 vols. Würzburg: Echter=Verlag, 1951-54.

Kelly, J. N. D. *Early Christian Doctrines.* New York: Harper & Row, 1958.

Meyendorff, John. *Christ in Eastern Christian Thought.* Washington, DC: Corpus Books, 1969. Reprinted, Crestwood, NY: St. Vladimir's Seminary Press, 1975.

_____ . *Byzantine Theology: Historical Trends and Doctrinal Themes.* New York: Fordham University Press, 1974. Second printing with revisions, 1983.

Norris, Richard Alfred. *Manhood and Christ: A Study in the Christology of Theodore of Mopsuestia.* Oxford: Oxford University Press, 1963.

Pelikan, Jaroslav. *The Christian Tradition: A History of the Development of Doctrine.* vol. 1, *The Emergence of the Catholic Tradition (100-600).* Vol. 2, *The Spirit of Eastern Christendom (600-1700).* Chicago: University of Chicago Press, 1971, 1974.

Thunberg, Lars. *Microcosm and Mediator: The Theological Anthropology of Maximus the Confessor.* Acta Seminarii Neotestmentici Upsaliensis 25. Lund: Gleerup; Copenhagen: Munksgaard, 1965.

17. Baptism of Christ, Monastery Church at Daphne, 11th century

18. Descent from the Cross by Benedetto Antelami, Parma Cathedral, 12th century(central detail)

2. 서방 기독교:
구주이신 그리스도

버나드 맥긴(BERNARD MCGINN)

 대속자이신 그리스도의 위격과 사역에 관한 중세 서방 기독교의 신앙은 근본적으로 앞에서 존 마이엔도르프(John Meyendorff)가 훌륭하게 묘사한 교부 시대의 유산에 의해서 형성되었다. 커다란 기독론 논쟁들은 주로 동방에서 발생했다. 그러나 교황 레오 1세가 칼케돈 회의에 개입한 것, 단성론 논쟁이 진행되는 동안 서방 교회가 고백자 막시무스를 지지한 것, 또는 8세기에 동방으로 도피한 우상숭배적 수도사들을 교황이 격려한 것 등에서 보듯이, 서방 교회가 분열되지 않은 교회의 신앙을 증거하는 데 참여한 것은 매우 중요한 것이었다. 그럼에도 불구하고, 라틴 기독교가 공통된 신앙을 자기 것으로 삼고 표현한 방법들은 서방 영성 안에서 그리스도의 위치에 특별한 뉘앙스를 부여했다. 비록 이 책에 수록된 많은 논문들이 그리스도의 위격과 구원 사역에 대한 서방의 태도들 중 몇 가지 양상을 다루고 있지만,[1] 서방의 기독교 영성 안에 있는 이 중요한 요소를 간단히 요약한 이 글을 부록으로 첨가하는 것이 적절할 듯하다.
 이 시기에 동방과 서방의 기독교 내에서 신앙과 실천의 중심적 문제는 하나님에 대한 질문이 아니라 구원에 대한 질문이었다. "하나님이 존재하는가?"가 아니라, "어떻게 해야 우리가 구원을 받을

까?"였다. 하나님의 기름 부음을 받은 자이신 예수 그리스도는 인류에게 구원의 메시지를 가져다 주셨을 뿐만 아니라 친히 자신의 삶과 죽음과 부활 안에서 그 메시지를 실현하셨다. 성육하신 신인(God-man)이신 예수의 성질(constitution)에 대한 정의와 토론은 순수히 사변적인 이유에서 추구된 것이 아니라, 대속이라는 근본적인 문제와의 관련 때문에 추구되었다. 대속자이신 예수에 대한 서방 기독교의 태도에서, 우리는 서방교회의 기독론적 영성의 특징들을 가장 잘 살펴볼 수 있다.

우리는 그 주요한 문제들을 해결하기 위한 방법으로서 클레르보의 버나드의 『아벨라르를 공격한 편지』(Letter against Abelard)에서 인용한 유명한 구절을 사용할 수 있다:

> 구원 사역 안에는 특히 눈에 뜨이는 것이 세 가지가 있다. 그것은 하나님께서 자신의 영광을 버리심으로써 보여주신 겸손의 본보기, 십자가 상에서 죽기까지 나타내신 사랑, 그리고 구속의 신비(그 안에서 그분은 자원하여 사망의 지배에 복종함으로써 사망을 멸하셨다)이다. 그러나 세번째 요소가 없이 첫째 요소와 두번째 요소만 가지고서 우리를 구원할 수는 없을 것이다. 그렇게 하는 것은 허공에 그림을 그리는 것과 같기 때문이다.[2]

클레르보의 버나드와 전반적인 서방 기독교 전통에서 볼 때, 견고한 기독교 영성—즉, 그리스도의 구원 사역을 우리의 삶에 전용하려는 노력—은 항상 세 가지 요소, 즉 케노시스(kenosis)와 십자가 상에서의 죽음 안에 나타난 겸손과 사랑을 본받는 것, 대속(죄사함)의 신비를 객관적으로 전달하는 것, 그리고 그리스도 안에 있는 새로운 생명을 전달하는 것 등에 충실해야 한다. (옳은 것인지 그른 것인지는 모르지만) 버나드는 아벨라르가 구속 사역 안에서의 신적 공의의 객관적인 전달의 필요성을 부인했다고 확신했다. 그렇기 때문에 이 편지에서 발견되는 것처럼 대속에 대한 서방 교회의 이해를 훌륭하게 기록했다.

먼저 대속의 신비에 대한 발전적 이해에 대한 기사를 다루고, 그 다음에 특히 10세기에서부터 12세기에 이르는 중요한 기간에 그리스도의 겸손과 사랑을 본받은 것에 대한 간단한 기사를 다루는 것이 매우 도움이 될 것이다. Jacque Rivière는 교부 시대는 중세 시대의 대속의 신비에 대한 이해에 다음과 같은 세 가지 주제를 제공했음을 증명했다:

(1) 불멸성의 회복으로 이해된 신화(神化)
(2) 마귀의 "권리"라는 개념. 이것은 대속을 사탄의 인류 지배를 극복하는 것으로 보아 강조한다.
(3) 죄사함의 강조. 이것은 화목의 제물로서의 그리스도의 죽음을 강조한다.[3]

라틴의 대속 신학과 그에 수반되는 영성은 이 세 가지 주제를 기초로 한 일련의 복합적이고 발전적인 변화된 주제라고 볼 수 있다. 그리스 교부들의 사상에서 중심적 위치를 차지하는 신화 (*deificatio*)가 라틴 전통에 부재하는 것은 결코 아니다.[4] 어거스틴은 다음과 같이 주장했다:

> 하나님은 당신을 하나님으로 만들기를 원하신다(*deus enim deum te vult facere*). 그러나 그것은 당신을 낳은 부모님과의 관계에서처럼 본성에 의한 것이 아니라, 선물과 양자됨을 통해서 이루어진다. 그분은 인성을 통해서 당신의 죽을 운명에 동참했던 것과 동일한 방법을 사용하여 당신을 들어올려 불멸에 참여케 하신다…
> (*Sermon* 166 [*PL* 38, col. 909])

버나드는 사랑(*karitas*)의 최고 단계인 네번째 단계를 묘사하면서, "오 순수하고 성스러운 사랑이여! 오 달콤하고 즐거운 애정이여!…그러한 경험을 통과하는 것이 신화되는 것이다"라고 외쳤다.[5]

신화라는 주제와 대속에 대한 서방 견해를 구성하는 다른 요소들과의 상호 작용 때문에, 그것은 동방정교회의 특징적인 역할과는 약간 다르고 다소 제한된 역할을 지닌다. 대속과 관련하여 마귀의 권리라는 전통적인 이해와 죄사함이라는 대속의 견해 사이의 관계를 분석함으로써 대속에 대한 라틴 교회의 견해의 특징들을 살펴볼 수 있다. 한편 죄사함으로서의 대속이라는 견해는 발전하여 보속의 신학으로 꽃을 피웠다. 이러한 발전은 그리스도의 사역이 하나님과 마귀에 대한 인류의 관계를 얼마나 변화시켰는지, 그리고 사람들이 교회의 성례 제도와 그들 자신의 영적 실천을 통해서 이러한 새로운 관계를 어떻게 자신의 것으로 삼아야 하는지에 대한 이해에 영향을 주었다. 이 시대에 만들어진 바 "그리스도에 대한 서방의 이해"(이것은 야로슬라프 펠리칸의 표현이다),[6] 그리고 보속에 중심을 둔 대속에 대한 견해를 기초로 하여 형성된 새로운 신앙 체계들은 서방 영성의 발달에 따른 중요한 결과였다.

캔터베리의 안셀름이 1298년에 자신의 획기적인 기독론적 논문 『신은 왜 인간이 되셨는가』(1.1-10)에서 설파한 바와 같이, 대속과 관련하여 마귀의 권리라는 이해는 이론적으로 그다지 의미가 없는 것이었다. 그러나 중세 시대 초기의 기독론적 신앙에서 분명히 나타나는 바와 같이, 그것은 엄청난 상징적 힘을 가지고 있었다. 마귀는 동산에 있는 나무를 빌미로 하여 아담과 이브를 유혹하는 데 성공함으로써 인류를 통제할 수 있는 권리를 부여받았으며, 또 신인(神人)이 십자가 상에서의 승리를 통해서 이러한 사탄의 속박을 극복해야 했다는 개념은 선의 세력과 악의 세력 사이의 전쟁이라는 이미지를 상기시켜 주었다. 이러한 개념은 신학자들보다는 시인들이 더 효과적으로 표현했다. 특히 기독교의 탁월한 유물인 나무 십자가에 대한 강한 애착이 이 신앙에서 특별한 역할을 했다. 6세기의 궁정 시인 베나티우스 포르투나투스(Venatius Fortunatus)는 프와티예에 있는 라데곤다(Radegonda) 여왕의 새로운 종교 단체에 바친 십자가에 관한 시를 설명하기 위해서 지은 두 편의 위대한 찬송 *"Zeslilla regis"* 와 *"Pange lingua"* 에서 자기 자신과 그의 시대를 초월했다:

> 신실한 십자가!
> 다른 모든 것보다 유일하게 고귀한 나무여!
> 너의 동료들 중에는 잎사귀를 가진 것이 없고,
> 꽃을 피운 것도 없고, 열매를 맺는 것도 없구나;
> 너는 가장 매력 있는 나무요 가장 매력 있는 쇠로구나!
> 그런 너에게 가장 매력적인 분이 매달려 있구나.[7]

이 로마 시인은 기독교의 군기(vexilla)인 십자가의 영광, 미혹자인 사탄이 비천한 나무 십자가를 통해서 미혹했다는 주제, 그리고 그리스도의 육체적 고난에 대한 감정적인 공감 등 많은 주제들을 하나로 통합했다. 「예수 수난의 십자가의 꿈」(The Dream of the Rood)이라고 알려진 오래된 영국 시는 젊은 주인공 그리스도가 탁월한 전쟁 무기를 사용하여 사망의 세력을 극복하는 승리라는 중심 메시지에 집중한다. 예수 수난의 십자가는 우리에게 다음과 같이 말한다:

> 전능하신 하나님이 그의 띠를 푸셨다:
> 그분은 그가 많은 사람들 앞에서
> 두려움 없이 교수대에 올라가기를 원하셨다:
> 그는 인류를 해방 시켜야 할 것이었다.
> 그가 두 팔로 나를 안을 때에
> 나는 떨렸지만 땅에 엎드려 경배하지는 않았다.
> 나는 견고히 서야만 했다.
> 나는 예수 수난의 십자가에게로 들려 올려졌다.
> 나는 위대한 임금을 들어올렸다.
> 천국의 충실한 주는
> 결코 진실한 것들을 버리지 아니하신다.[8]

이 시대의 예술적 표현에서는 십자가의 나무에서 다스리시는 승리한 용사 임금이라는 그리스도의 이미지가 주도적으로 사용되었다. 그리스도의 삶의 기본 의미에 대한 동일한 상징적인 이해가 11세기에 사용된 부활절 속창(續唱) "Victimae paschali laudes"에서도 발견된다:

> 어린양(Lamb)이 양떼를 구속하셨습니다;
> 죄 없으신 그리스도께서 죄인들을 아버지께로 돌이키게 하셨습니다.
> 기이한 전쟁에는 생명과 사망이 관련되었습니다;
> 죽었다가 사신 생명의 주님은 이제 살아서 다스리십니다.[9]

캔터베리의 안셀름의 천재성 때문에 이 영성의 이론적 기초가 잠식되었을 때에도 사망과 마귀를 이기신 그리스도를 향한 중세 초기 신앙의 풍부한 상징주의는 망각되지 않았다. 안셀름은 서방의 기독론에 특이한 영향을 미쳤다. 중세 시대에 클레르보의 버나드는 그리스도를 향한 헌신의 대변인이었고, 토마스 아퀴나스는 보속 신학의 옹호자라고 할 수 있을 것이다. 한편 깊은 헌신적 신앙과 신학적 혁신을 결합한 안셀름은 신인(God-man)의 역할에 대한 특징적인 서방의 견해의 촉매 역할을 했다. 그의 저서 『신은 왜 인간이 되셨는가』에서는, 죄 사함으로서의 구속을 강조한 라틴의 견해를 보속이라는 분명하고 강력한 개념의 기초 위에서 재고하였다. 죄는 하나님의 "영광", 즉 그의 초월적 존재에 대한 무례이며, 그런 까닭에 신적 공의는 보속이나 형벌에 의한 보상을 요구한다고 간주되었다(1.13, 19, 22를 보라). "당신이 범죄한 동기가 된 것보다 더 많은 것으로 갚아야만 보속이 이루어지므로"(1.21), 엄청나게 큰 죄에 대해서는 그만큼 큰 보속이 필요한데, 그것은 오직 하나님이시며(그렇기 때문에 그러한 보속을 행하실 수 있다) 동시에 (보속을 행해야만 하는) 인간이신 분에 의해서만 이루어질 수 있다. 대속에 대한 보다 적절한 이해는 우리의 삶에서 그것의 실재를 자신의 것으로 만드는 일로 이어져야 한다는 안셀름의 관심사는 그의 글 "인간의 대속에 대한 묵상"(Meditation on Human Redemption)에 훌륭하게 표현되어 있다:

> 그리스도인의 영혼이여, 보라. 이곳에 당신의 구원의 힘이 있고, 당신의 자유의 원인이 있고, 당신의 대속의 값이 있다. 당신은 노예였으나, 이제 이 사람이 당신을 자유케 하셨다. 그분이 버림받고 유배된 당신을 회복시켜 주셨으므로, 당신은 이제 원 상태로 회복되었고 죽었다가 다시 살림을 받았다. 이것을 씹고 깨물고 빨아 마시라. 당신을 대속하신 분의 몸과 피를 먹고 마실 때에, 당신의 심령으로 그것을 받아 삼키라.[10]

전통적인 라틴 교회에서는 십자가와 새로운 보속의 신학에 애착을 가졌기 때문에, 십자가 처형을 구속의 중심 사건으로 여겨 관심을 집중하는 경향이 있었다. 그러나 이것 때문에 구원 계획(*ordo salutis*)의 다른 신비들을 전적으로 무시하지는 않았다. 십자가 처형을 묘사한 방법의 변화에서, 그리고 일부 저자들의 강조된 언어에서 분명히 나타나는 바, 십자가에 달리신 예수의 고난과의 개인적인 공감 의식의 성장도 과장되어서는 안된다. 서던(R. W. Southern)이 "구주의 인성에 대한 새로운 느낌"이라고 부른 것에 대한 일반적인 인식은 시토 수도회의 위대한 저자들에 의해 감동적으로 표현되었다. 우리는 올바른 견해를 가지고 그것을 바라보아야 한다.[11] 클레르보의 버나드의 저술에 나타난 그리스도의 역할을 살펴보면 이것이 증명될 것이다.

구속의 신비에 대한 버나드의 이해는 안셀름의 이해보다 더 전통적이지만 역시 심오하다. 버나드는 구주의 인성에 대한 헌신을 중요시했다. 그러나 그는 그러한 헌신이 필요하기는 하지만 완전한 영적 사랑으로 올라가는 데 있어서 낮은 단계에 불과한 것으로 보았다.[12] 클레르보의 버나드는 주로 상승과 하강이라는 우주적 법칙에 의거하여 그리스도의 사역을 이해했다. 인류는 교만이라는 그릇된 상승을 통했기 때문에 타락하여 죄의 구렁텅이에 빠졌는데, 오직 신인(神人)이 겸손히 하강하여 죽으심을 통해서(하나님만으로는 하강이 불가능했다), 그리고 무덤에서 승리하여 승천함을 통해서만 구조될 수 있었다. 버나드의 구속 신학은 수난 중심(passion-centered)이라기보다는 상승 중심(ascension-centered)이었다.[13] 버나드 및 시토회 수도사들은 그리스도라는 한 몸 안에 머리와 지체들이 결합해 있다는 바울의 주제를 채택했다. "머리가 앞서 가고 지체들이 따르는 것이 가장 합당하다."[14]

"아들의 형상을 본받는 것"(롬 8:29)은 존재론적 현실인 동시에 행동하라는 부름이다: 새로운 창조에는 모든 면에서 그리스도의 본을 따르라는 부름이 포함되어 있다. 이 시대의 시토회 수도사들 및 다른 라틴 저자들에게 있어서, 구속의 신비를 개인적으로 자신의 것으로 삼는 것(imitatio Christi라는 전통적인 주제를 통해서 가장 적절하게 표현되었던 듯하다)[15]은 그 목적에 추가된 것이 아니라 전체의 목적이요 목표였다. 그리스도를 본받는 것은 외적인 실천이라기보다는 내적인 태도를 말하는 것이었다(물론 외적인 실천을 배제하지는 않는다). 그것은 두 개의 근본적인 덕목—신적인 말씀이 자신을 낮추어 인간의 본성을 취하신 겸손, 그리고 구원의 계획(ordo salutis) 전체의 동기가 되는 요인인 사랑—에 중심을 두었다. 비록 버나드와 그의 동료들이 자기들의 표현에 새로운 개인적인 주석을 추가했지만, 그들의 주제는 옛 것과 동일한 것이었다:

> 이 아기를 닮기 위해서 노력합시다. 그분은 온유하고 마음이 겸손하시니, 그분에게서 배웁시다. 그래야만 하찮은 인간이 되신 것이 무의미한 것이 되지 않으며, 그분의 죽으심이 헛된 것이 되지 않으며, 십자가에 달리신 것이 헛된 것이 되지 않습니다. 우리는 그분의 겸손을 배우며, 그분의 온유함을 본받으며, 그분의 사랑을 받아들이며, 그분의 고난에 동참하며, 그분의 피로 씻음을 받읍시다.[16]

물론 죄사함과 신자들에게 새로운 생명을 전해주는 일에는 내적인 태도들 뿐만 아니라, 교회의 성례 생활을 통해서 구속의 은혜를 객관적으로 묵상하는 일도 포함되었다. 유아 세례가 규범화되어 있었던 중세 시대의 서방 기독교에서 이러한 묵상은 회개와 성찬 등의 성례와 크게 연결되어 있었다. 야로슬로프 펠리칸(Jaroslav Pelikan)은, 보속이라는 개념을 뒷받침하는 가장 분명한 배경은 교회의 참회 제도의 발달에서 발견되어야 한다는 점에 주목했다.[17] 그리고 11, 12세기에 발생한 바 참회의 실천을 체계화한 것과 기독론적 영성 사이에 많은 호혜적인 영향들이 있었음에는 의심의 여지가 없다.[18] 그와 유사하게, 베렌가(Berengar)와의 싸움에서 타협을 모르고 성찬의 떡과 포도주 안에 그리스도가 실제로 육체적으로 임재한다는 것, 그리고 구속하는 제사로서의 미사라는 개념 등을 강조한 것 역시 그리스도의 사역에 대한 서방의 견해와 밀접하게 연결되어 있었다. 10세기부터 12세기에 이르는 기간에 서방 교회에서는 그 전통적인 관습을 받아들였지만 최종적인 정식으로 받아들인 것은 아니었다.

주(註)

1) E. g., M. T. Clark, "The Trinity in Latin Christianity"; B. Ward, "Anselm of Canterbury"; and M. Pennington. "The Cistercians."
2) Bernard of Clairvaux *Letter*: Gill, 190. 9. 25. 나는 Ailbe Luddy, *The Case of Peter Abelard* (Dublin: Grill, 1947) 92를 사용했다.
3) J. Rivière. "Redemption," in Dictionnaire de *théologie catholique* (Paris: Vacant, 1902-50) vol. 13, cols. 1938-42.
4) See the article "Divinisation" in *Dict. Sp.* 4, cols. 1389-1413.

5) *On Loving God* 10.28. See the translation in *The Works of Bernard of Clairvaux*, Vol. 5, Treatises II (Washington, DC: Cistercian Publications, 1974) 120.
6) Jaroslav Pelikan, *The Growth of Medieval Theology (600-1300)* (Chicago: University of Chicago Press, 1978) 106.
7) This, the well-known translation of J. M. Neale, may be found with the Latin text in Matthew Britt, *The Hymns of the Breviary and Missal* (New York: Benziger, 1955) 120.
8) The translation of Michael Alexander, *The Earliest English Poems* (New York: Penguin Books, 1977) 107.
9) The text may be found in Britt, *Hymns of the Breviary,* 129.
10) The translation of Benedicta Ward, *The Prayers and Meditations of Saint Anselm with the "Proslogion"* (New York: Penguin Books, 1979) 234.
11) R. W. Southern, *The Making of the Middle Ages* (New Haven, CT: Yale University Press, 1963) 234. 이러한 유형의 헌신에 대한 고전적 진술을 보려면 Aelred of Rievaulex's sermon "Jesus at Twelve Years of Age"를 보라. 그것은 M. F. Toal, The Sunday Sermons of the Great Fathers (London: Longmans, 1957) 1;248-53에 일부 번역되어 있다.
12) See his *Sermons on Different Subjects 101* (*Sancti bernardi opera*, vol. 6, p. 368).
13) See Bernard McGinn, "Resurrection and Ascension in the Christology of the Early Cistercians," *Cîteaux* 30 (1979) 5-22.
14) *On the Resurrection* 1.8 (*Sancti Bernardi opera*, vol. 4, p. 45).
17) Pelikan, *Growth of Medieval Theology,* 143.
18) 보속이라는 관습의 발달에 대해서 피에르 마리 기(Pierre-Marrie Gy)의 논문에 다루어져 있다.

참고 문헌

원전(原典)

Anselme de Cantorbery: Pourquoi Dieu s'est fait homme. Sources chrétiennes 91. Paris: Cerf, 1963. Critical edition of the *Cur Deus Homo* with French translation and an excellent introduction by René Roques.

Sancti Bernardi opera. 8 vols. Rome: Editiones Cistercienses, 1957-77. Translations of many of Bernard's works may be found in the Cistercian Fathers Series (Kalamazoo, MI: Cistercian Publications, 1969-).

연구서(硏究書)

McIntyre, John. *St. Anselm and His Critics: A Re-Interpretation of the cur Deus Homo*. Edinburgh: Oliver & Boyd, 1954.

Saint Bernard Théologien (Analecta Sacri Ordinis cisterciensis 9.3-4 (Rome: Editiones Cistercienses, 1953).

Southern, R. W. *Saint Anselm and His Biographer*. Cambridge University Press, 1963.

Weingart, Richard E. *The Logic of Divine Love*. Oxford: Clarendon Press, 1970.

제11장
삼위일체

1. 카파도키아 교부들의 삼위일체론

토마스 홉코(THOMAS HOPKO)

카파도키아 지방 가이사랴의 대주교인 대 바실(Basil the Great, 379년 사망), 나지안주스의 주교였으며 후일 콘스탄티노플 대주교가 된 신학자 그레고리(Gregory the Theologian, 390년 사망), 그리고 바실의 동생으로서 닛사의 주교인 그레고리(394년 사망) 등은 기독교 역사에서 카파도키아 교부들이라고 알려져 있다. 그들은 그 시대 교회의 정통파의 지도자들이었는데, 당시의 정통파에는 바실과 그레고리의 동생인 세바스테의 피터(Peter of Sebaste), 그레고리 나지안젠의 사촌인 이고니온의 암필로키우스(Amphilochius of Iconium), 그리고 이 유명 인사들이 자기들의 교사요 지도자로 인정했던 일단의 여인들이 포함되어 있었다. 이들 중에서 바실과 그레고리의 할머니, 어머니, 그리고 누이인 마크리나와 에멜리아, 그

리고 나지안주스의 그레고리의 어머니요 누이인 마크리나 등은 교회의 성인들로 추대되어 있다.[1]

동방 기독교의 전례식문에서 "신적인 사랑에 의해 결합되어 한 몸 안에 있는 두 영혼"이라고 찬양된 바실과 그레고리 나지안젠은 아마 바실의 동생 그레고리에 의해서 영적이고 신학적으로 일치했던 듯하다.[2] 카파도키아 교부들은 마음과 정신은 하나였지만, 서로 매우 다른 사람들이었다. 바실은 건전한 목양적 감독으로서 지혜롭고 실질적인 인물이었다. 그는 교회에서는 활동가요, 예식의 개혁가요, 수도적 조직가이며, 니케아 정설을 두려움 없이 옹호한 자이며, 자상한 영적 아버지요 친구였다. 그의 동생인 닛사의 그레고리는 결혼했음에도 불구하고 금욕 생활에 전적으로 헌신했다.[3] 수사학적으로는 형 바실보다 재주가 많지 못했지만, 사고에 있어서는 형보다 더 사변적이고 신비적이었던 그는 그 시대의 헬레니즘 문화의 영향을 훨씬 더 많이 받았다. 이 때문에 카파도키아 교부들 중에서 그레고리만이 고전적 기독교 정설의 범주 밖에 있는 사상들을 옹호했다고 비난할 수 있을 것이다.

나지안주스의 그레고리는 바실의 절친한 친구였다. 그들은 그리스도를 따르기 전에 아테네에서 단기간 수도적 독거 생활을 하면서 함께 헬레니즘 철학과 학문을 공부했다. 바실은 아리우스주의 이단들로부터 양들을 보호하고 신앙을 옹호하기 위해서 강제로 그레고리를 감독직에 임명했으나, 그레고리는 목회 사역에서는 완전한 성공을 거두지 못했다. 성미가 까다롭고 민감하며 방어적이며, 쉽게 모욕을 느끼는 인물이었던 그레고리는 전투적인 감독 생활보다는 관상적 시인의 삶을 선택할 것을 요구했다. 그러나 삼위일체에 관한 연설들(이 때문에 그는 4 복음서의 저자를 본 따서 "신학자"라는 호칭을 얻었다)을 포함한 그의 위대한 신학적 저술들이 치열한 교리 싸움의 와중에서 배출되었다. 그는 한 번도 싸워야 할 기회를 간과하지 않았다. 특히 자신의 신학적 이상과 개인적 행동을 변호하면서 결정적인 승리를 거둘 수 있는 기회를 놓치지 않았다. 심지어 그는 교회의 교리, 특히 성령에 관해서 신중한 바실이 자신의 목회적 oikonomia 때문에 표현하려고 했던 것보다 훨씬 더 분명하고 강력하게 교회의 교리를 표현하도록 강요했다.[5]

그러나 카파도키아 교부들 중에서 가장 위대한 인물은 바실이다. 두 명의 그레고리는 모두 그를 자신의 스승이요 교사요 인도자였다고 찬양했다.[6] 그리고 교회는 그에게 "대"(the Great)라는 칭호를 수여했다. 바실의 영향력과 감화가 없었다면, 비슷한 정신을 가진 모든 남녀들 및 그의 동생과 친구의 특별한 재능들은 개발되지 못하고 표현되지 못한 채 영원히 기독교 신학의 목적 및 인류 전체의 영적 업적들의 영향을 받지 못했을 것이다.

카파도키아 교부들은 교회의 성례전적 의식에서 기념되며 순교자들과 성인들이 고백하였으며, 성경과 교부들(특히 알렉산드리아의 아타나시우스)의 저술들에서 증거되었고, 니케아 종교회의에서 교리적으로 공식화된 바 하나님을 보는 것과 체험하는 것 등에 대해 분명하게 언급하였는데, 이 때문에 정교회 신자들은 그들을 칭찬한다. 예상할 수 있는 바, 카파도키아 교부들은 그 시대의 철학적 언어와 범주들을 사용함으로써, 특히 "신비적 플라톤주의"의 언어와 범주들을 사용함으로써 이 과업을 완수했다.[7] 그들은 이미 헬레니즘 시대의 교리와 사고 방식에 몰두했던 오리겐과 필로에게서 비롯된 유대-기독교적 지적 전통을 물려받은 인물들이었다. 그러나 여러 시대에 걸쳐 그들을 따른 제자들이 볼 때에, 그들의 영광은 특별히 하나님을 보는 것, 그리고 기독교인들의 진정한 체험과 올바른 이해를 보호하고 보존하기 위해서 새로운 설명을 만들고 새로운 용어들을 만들어내는 것과 관련하여 이 전통이 지니고 있는 바 기독교와 양립할 수 없는 요소들을 극복한 그들의 능력에 있었다.[8] 비록 고전적인 정통 기독교 전통 안에서 지속적인 위치를 발견하지 못한 카파도키아 교부들의 가르침들(특히 닛사의 그레고리의 것)이 존재하고 있기는 하지만, 창조 세계, 특히 자기들의 모양과 형상을 따라 지어진 인간과 관계를 가질 뿐만 아니라 영원하고 거룩한 교제 안에 있는 성부 하나님과 성자와 성령의 본질과 행위에 관한 카파도키아 교부들의 가르침은 동방과 서방의 기독교인들 모두에 의해 받아들여져 왔다.

하나님을 보는 것
(The Vision of God)

카파도키아 교부들의 주장에 의하면, 이성이 있는 모든 피조물은 하나님의 존재를 긍정해야 한다. 하나님이 존재하신다는 것은 올바른 사고의 제재(題材)로서 어리석은 자들만이 그 사실을 부인할 수 있다.[9] 그러나 깊은 내면의 존재와 신성의 생명이라는 면에 있어서 하나님이 어떤 분이신지는 본질 상 영원히 피조물들에게 감추어져 있다. 하나님이 신성(Godhead)의 본질을 알리려 하지 않는 것이 아니라 알릴 수가 없는 것이다. 만일 그렇게 행하신다면, 그것은 모순, 즉 존재론적으로 있을 수 없는 일이 될 것이다. 피조물들이 이해할 수 있는 하나님, 피조된 정신들이 수용할 수 있으며 피조 세계의 개념들에 의해 정의될 수 있는 하나님이라면, 결코 하나님이라고 할 수 없을 것이다. 하나님의 본질(essence), 하나님의 *ousia*는 인간으로서는 결코 이해하거나 납득할 수 없는 것이다.[10] 나지안주스의 그레고리는 플라톤을 가리켜 말하기를 "신성에 대해 가르친 어느 그리스인 교사는 하나님에 대해 진술하기는 어렵다. 그러나 그분에 대해 정의하는 것은 불가능하다"고 가르쳤다고 기록했다. 그러나

이 교부는 "나의 견해로는, 하나님에 대해 표현하는 것은 불가능하지만, 하나님에 대해 진술하는 것은 한층 더 불가능하다"고 했다. 그는 계속해서 "하나님이 본질적으로 어떤 분이신지 아무도 발견하지 못했으며 발견할 수도 없기 때문이다"고 말했다(『강론』 28 4.16).

카파도키아 교부들의 견해에 따르면, 본질 상 완전히 초월적 존재이며 인간의 이해를 초월하신 살아계신 하나님이시지만, 그럼에도 불구하고 인간은 하나님을 알 수 있으며, 또 알아야만 한다. 그분은 세상을 창조하시고 구속하시고 거룩하게 하시는 자기-현시적 행위들 안에서 개인적으로 인간들에게 알려질 수 있다. 바실은 암필로키우스에게 보낸 편지에서 이 점을 강조하면서, 하나님의 본질을 완전하게 알 수 있다는 주장, 또는 하나님에 대해서는 전혀 알 수 없으며 따라서 기독교인들은 자신이 예배하는 분에 대해서 완전히 무지하다는 주장에 반대했다. 바실은 다음과 같이 말했다:

> 우리는 하나님의 위대하심, 능력, 지혜, 선하심, 우리를 향한 섭리, 판단의 공의로우심 등을 압니다. 그러나 그분의 본질은 알지 못합니다…우리는 하나님의 작용에 비추어 하나님을 알지만, 하나님의 본질에 가까이 갈 수는 없습니다. 그분의 행동(operations)은 우리를 향해 내려오지만, 그의 본질은 우리가 닿지 못하는 곳에 머물러 있습니다.(『편지』 234 1)

"그분의 행동은 우리를 향해 내려온다"는 표현은 모세가 산 위에서 하나님의 "등"을 본 것(출 33:23)을 해석한 나지안주스의 그레고리의 표현을 상기시켜 준다. 그레고리는 이 "등"(LXX *ta opisō*)을 하나님의 "위엄" 혹은 "피조물들 사이에 나타난 하나님의 영광"과 동일시하는데, 이 영광을 통해서 성 삼위의 "본질"이 마침내 우리에게 이른다고 한다(『강론』 28 3). 이것은 모세가 타는 떨기나무 속에 계신 하나님을 본 것을 "하강하여 인간적 본성에게 닿은" 피조된 것이 아닌 신적 본질의 빛으로 해석한 닛사의 그레고리의 교리에게도 적용된다(『모세의 생애』 2.19-21). 그는 "마음이 청결한 자는 복이 있나니 저희가 하나님을 볼 것임이요"(마 5:8)라는 그리스도의 말씀에 관한 유명한 주석에서도 동일한 주제를 개진하면서, "모든 본성을 초월하는 본질을 가지신 분, 보이지 않고 이해되지 않는 분이 자신의 행동들(operations, *energeiai*) 안에서 보이게 되며 주위의 사물들 안에서(*en tisi tois peri auton kasthorōmenois*)" 하나님의 은혜로 말미암아 깨끗하게 된 사람들에게 나타나신다고 말한다(*On the Beatitudes*, Sermon 6). 바실은 위에서 언급했던 편지에서 이와 같은 카파도키아 교부들의 공통된 가르침을 다음과 같이 요약했다:

> 그 음성은 "만일 네가 하나님의 본질을 알지 못하고 있다면, 너는 알지 못하는 것을 예배하는 것이다"라고 말하는 조롱자들의 음성이라는 것을 깨달으십시오. 나는 그분이 존재하신다는 것을 압니다. 나는 그분의 본질이 지성을 초월하는 것이라고 여깁니다. 그렇다면 나는 어떻게 구원을 받습니까? 믿음을 통해서 구원을 받습니다. 그것은 하나님이 어떤 분인지 알지 못하면서도 하나님이 존재하신다는 것을 알기에 충분한 믿음입니다. 그리고 "그분은 자신을 찾는 자들에게 상을 주시는 분이십니다." 그러므로 신적 본질에 대한 지식에는 그분의 불가해성에 대한 인식이 포함됩니다. 예배의 대상은 우리가 이해할 수 있는 본질을 가진 사물이 아니라, 존재한다는 것을 이해할 수 있는 본질을 소유하신 분입니다.
>
> (『편지』 234 2)

한 분이신 하나님과 성부

"본질의 존재를 이해할 수 있는 분"의 지식은 이스라엘의 하나님, 예수 그리스도의 아버지, 니케아 신조에서 표현한 바 "한 분 하나님, 전능하신 아버지"이다. 신자들은 믿음에 기초를 둔 개인적인 관계 안에서 세상에 나타난 하나님의 자기-현시적 행동들을 통해서 하나님을 알게 된다. 닛사의 그레고리는 아브라함의 여행에 관한 우의적 고찰에서 이것을 다음과 같이 확인했다.

> 아브라함은 신의 속성들에 대해서 인간의 본성으로 가능한 모든 추론을 거쳤다. 그리고 자신의 정신에서 그러한 개념들을 모조리 정리하여 깨끗이 한 후에, 전혀 개념이 섞이지 않은 순수한 믿음을 붙들었으며, 스스로 오류가 전혀 없는 하나님에 대한 지식, 다시 말해서 하나님은 인간이 알 수 있는 모든 상징을 초월하신다는 신앙을 형성했다…거룩한 길을 가는 사람들의 경우에, 믿음의 중재에 의한 것 외에는 하나님께 가까이 가는 다른 길이 없다는 것을 우리는 그의 삶을 통해서 깨닫는다. 진리를 찾는 영혼은 오직 믿음을 통해서만 불가해한 하나님과 연합할 수 있다.
> (*Answer to Eunomius' Second Book*)

신자는 오직 믿음으로 따름으로써 주님을 보게 된다. 그레고리는 모세가 산 위에서 본 하나님의 "등"에 대한 해석에서 다음과 같은 결론을 이끌어냈다:

> 그러므로 하나님을 보기를 간절히 원했던 모세는 이제 어떻게 하면 자신이 하나님을 볼 수 있는지 가르침을 받았다: 어디든지 하나님께서 인도하시는 곳으로 따라가는 것이 곧 하나님을 보는 길이다.(*Life of Moses* 252)

카파도키아 교부들의 견해를 따르자면, 믿음으로 하나님을 따르는 사람들은 하나님이 자신의 신성 안에 홀로 거하시는 것이 아님을 깨닫게 된다. 기독교 교부들이 볼 때에, 이것은 신비 중의 신비요, 진리 중의 진리이다. 하나님에게는 아들이 있으며, 하나님은 본래 아버지이시다. 그리고 그분의 아들은 하나님의 아들이기 때문에 아버지의 신성을 소유한 신적 존재이다. 이것은 니케아 공의회에서 선포된 믿음이요, 아타나시우스의 교리였다. 나지안주스의 그레고리의 견해에 의하면, 아타나시우스는 찬양하는 것은 곧 하나님 자신을 찬양하는 것이라고 간주했다(On the Great Athanasius 1).

> 우리는 한 분 하나님, 전능하신 아버지를 믿으며… 하나님의 독생자, 만세 전에 아버지께서 잉태하신 하나님의 아들 예수 그리스도를 믿는다. 그분은 빛(Light)에서 나온 빛(Light)이요, 피조된 것이 아니라 하나님과 동일한 본질을 가지고(homoousion tō patri) 탄생한 바, 참 하나님에게서 나온 참 하나님이시다. 만물이 그분을 통해서 지음을 받았다.[11]

  인간들이 자신의 인간적 경험에 비추어서 하나님께 아버지라는 호칭을 사용해왔기 때문에 하나님이 아버지인 것은 아니다. 하나님은 본래 하나의 필연적인 요소로서, 다시 말하자면 자신의 신적 존재와 생명을 나누어 가진 아들을 가지고 계시기 때문에 아버지이시다. 아타나시우스와 니케아 신조를 따른 카파도키아 교부들의 견해를 따르자면, 이것은 성경의 가르침이다. 그들은 참 되고 살아계신 하나님은 그의 말씀과 성령이 없이는 결코 존재하지 않는다는 것을 이스라엘의 성경 안에서 보았다. 하나님에게는 결코 지혜가 결여되어 있지 않으며, 능력과 영광이 결핍되어 있지도 않다. 동방 기독교인들은 최초의 신학자요 "신학의 창시자"라고 간주했던 제4 복음서의 저자와 더불어, 그들은 하나님의 말씀(logos tou theou)을 말씀이신 하나님과 함께 하는 "하나님", "그것이 없었다면 아무 것도 지음을 받지 못했을" 신적인 창조의 행위자로 보았다.[12] 그들은 이 하나님의 신적인 말씀을 하나님의 형상(*eikōn*), 지혜(*sophia*), 능력(*dynamis*), 인(*charaktēr*), 광채(*apaugasma*) 등과 동일시했다. 뿐만 아니라 하나님의 독생자(*ho monogenēs huios*), 나사렛 예수라는 실제의 인간으로서 육신으로 성육하신 분, 이스라엘의 메시아요 세상의 구주이신 분과도 동일시했다.[13] 그들은 성자를 통해서 하나님의 성령을 알게 되었다. 성령은 성부에게서 발출하여 성자 안에 거하며, 과거에 선지자들을 통해서 말했으며, 신자들의 내면에 거하시면서 그들을 모든 진리 안으로 인도해주신다.[14] 그러므로 믿음으로 하나님을 따름으로써 그들은 자기들이 사랑하는 성 삼위를 발견한다. 나지안주스의 그레고리가 증언한 바와 같이, 성 삼위는 처음 만난 때부터 그들의 마음을 기쁘게 해주고 그들의 정신을 사로잡았다.

> 내 영혼이 빛나는 천상의 관상에 전념하기 위해서, 내가 세상의 것들을 부인한 날, 지고한 지혜가 나를 인도하여 육과 관련된 모든 것으로부터 멀리 떨어진 것에게로 인도하며, 나를 거룩한 장막의 은밀한 처소에 숨기신 날, 그날부터 나는 성 삼위의 빛에 의해 눈이 멀었습니다. 성 삼위의 밝음은 정신이 생각할 수 있는 모든 것을 능가합니다. 성 삼위께서는 높이 들리운 보좌로부터 삼위 모두가 공통적으로 소유한 바 말로 형언할 수 없는 광채를 만물에게 부어주십니다. 이것이 이 세상에 있는 모든 것의 원천입니다.(*Poem on Himself* 1)

아나타시우스와 그리스 신학 전반에서 그렇듯이, 카파도키아 교부들의 경우에, 신앙의 대상이신 한 분 하나님은 우선적으로 전능하신 아버지이시다. 한 분 아버지가 존재하시기 때문에 한 분 하나님이 존재하신다. 우리는 성 삼위가 존재하신다고 말할 수 있을 것이다. 여기에서도 그들은 스스로 성경에 충실하다고 간주했다. 성경에서 "하나님"이라는 용어는 아들이요 말씀이요 형상을 소유하신 분, 주 예수그리스도에게만 속하는 고유 명사로서, 그분의 영은 곧 하나님의 영이다. 여기에서 그들은 또한 교회와 하나가 된다고 주장했다. 교회 안에서 "성부와 성자와 성령의 이름으로" 세례 받은 자들은 성령 안에서 성자를 통해서 성부를 찬양하기 위해서 성찬의 제물을 드리며, 궁극적인 기도의 대상이신 우리 아버지(Our Father)를 소유한다. 성자와 성령은 "신령과 진정으로" 아버지를 예배하는 모든 사람들 안에서 감화하신다.[15]

> 신격(Godhead)은 한 분이시므로, 하나님은 한 분이시다. 그리고 비록 우리가 세 개의 위격이 존재함을 믿고 있지만, 그분(성부)에게서 발출하는 모든 것은 한 분 하나님과 관련된다…그러므로 우리가 그 신격(Godhead), 또는 제일 원인(First Cause), 또는 모나키아(Monarchia, 즉 성부)를 바라보면서 우리가 감지하는 것은 한 분 하나님이시다. 그러나 신격이 거주하고 계시는 위격들을 바라볼 때, 그리고 영원히 동등한 영광을 가지고서 제1원인으로부터 비롯된 존재를 소유하는 위격들(즉 성부로부터 비롯된 성자와 성령)을 바라볼 때, 우리가 예배하는 대상은 셋이다.
> (Gregory Nazianzen *Oration 31* [*On the Holy Spirit*] 14)

바실은 "홀로 모든 것 위에 계신 하나님은 자기 자신의 본질(hypostasis)의 특별한 표식, 자신이 성부이며 자신의 위격이 어떤 원인에서 파생된 것이 아니라는 표식을 소유하신다. 그리고 이 표식을 통해서 그분은 특이하게 알려진다"(『편지』 38 4)고 말했는데, 이 표현은 그의 친구의 표현을 베낀 것이었다.

그러므로 카파도키아 교부들의 견해를 따르자면, 신앙의 대상이신 한 분 하나님은 성부이다. 그분은 "신격의 유일한 원인"으로서 성자와 성령보다 위대하신 분이며 "만물의 원인의 원인"이시다. 성자는 근본적인 본성의 동등성 안에서 자신의 불가해한 신성의 완전함과 절대적인 통일성을 만물과 공유한다.[16]

오늘 나는 당신에게 이것을 위임한다. 나는 이것을 가지고 너에게 세례를 주며 너로 성장하게 할 것이다. 나는 너로 하여금 자신의 생명, 통일 상태에 있으면서도 분명히 구분되는 삼위 안에서 발견되는 하나의 신격과 능력에 동참하고 그것을 옹호하도록 하기 위해서 이것을 너에게 준다…무한하신 삼위의 무한한 결합, 별도로 생각될 때에는 각기 하나님으로 간주되시는 분…함께 연결지어 생각되면 삼위이신 한 분 하나님이시다. 각각 하나의 본질(*to homoousion*)이기 때문에 각기 하나님이시며, (성부의) 모나키아이기 때문에 한 분 하나님이시다. 나는 한 분 하나님을 생각하는 순간 삼위의 광채의 조명을 받는다. 내가 삼위를 구분하는 순간에 내 생각은 한 분 하나님에게로 되돌려진다.

(Gregory Nazianzen *Oration 40* [*On Holy Baptism*] 41)

우리에게는 한 분 하나님이신 성부(그분은 만물의 근원이 되신다), 주 예수 그리스도(그분에 의해서 만물이 존재한다), 그리고 한 분 성령(그분 안에서 만물이 존재한다)만이 존재한다. 이 표현은 본성의 상이성을 나타내는 것이 아니라…하나이며 혼동되지 않는 하나의 본성을 지닌 인격들을 특징짓는 말이다.

(Gregory Nazianzen *Oration 39* [*On the Holy Lights*] 12)

세 개의 위격을 갖는 신격
(The Tri-Personal Godhead)

사랑이신 한 분 하나님은 자신의 신성 안에만 존재하시는 것이 아니다. 이것이 카파도키아 교부들이 신앙의 체험에서 이끌어낸 결론인데, 그것은 선(the Good)은 어떤 의미에서 반드시 자기 동참적(self-sharing)이어야 한다는 헬레니즘적 통찰과 반대되는 것은 아

니다.[17]

　카파도키아 교부들의 견해에 의하면, 하나의 위격을 갖는 개체인 하나님(위격을 갖지 않는 신성, 또는 초-위격적 신은 말할 것도 없음)이란 신적 계시의 사실들에 모순될 뿐만 아니라, "이성"—분명히 "아리스토텔레스 방식으로" 생각하는 사람들과는 달리 기독교인들을 위해 주장한 바 "사도들의 주장에 따른 이성"—에도 맞지 않다(『강론』 23 12). 하나님은 스스로를 하나님으로 표현해야만 하며, 단지 자신의 호의에 의해서가 아니라 자신의 본성에 따라 거룩하게 자신을 표현해야만 한다. 하나님은 자신의 위엄과 영광에 합당한 방식으로, 그의 신성에 합당한 바 말로 형언할 수 없고 불가해한 방법으로 자신의 표현해야만 한다. 세상의 창조는 완전한 자기 표현을 위한 하나님의 근본적인 욕구를 만족시킬 수 없다.[18]

　　그러나 모나키아(Monarchia)는 우리가 도의적으로 신봉하는 것이다. 그러나 그것은 하나의 위격에 한정되지 않는 모나키아이다. 왜냐하면 만일 통일체(Unity)가 스스로와 조화를 이루지 않는다면, 그것이 다원성의 상태에 들어간다는 것은 불가능하기 때문이다. 그러나 동등한 본성과 정신의 결합, 동일한 움직임, 그리고 그 요소들이 결합하여 통일을 이루는 일—이것은 피조된 본성으로서는 불가능한 일이다— 등으로 구성됨으로써 비록 수적으로는 구분되지만 본질 상의 분열은 존재하지 않는다. 그러므로 영원 전부터 이 원성에서의 움직임에 의해서 도착한 통일성은 삼위일체 안에서 쉼을 발견한다. 이것이 성부와 성자와 성령이라고 할 때에 우리가 의미하는 바이다.(『강론』 29 [On the Son] 2)

　하나님의 영원하고 피조된 것이 아닌 자아 표현이 신적인 말씀, 그의 독생자이다. 카파도키아 교부들은 기독교의 성서, 특히 요한과 바울의 저술들을 언급함에 의해서 뿐만 아니라 율법서, 선지서, 시편, 지혜 문학 등을 그리스도의 빛에 비추어 고찰함에 의해서, 그리고 이 고귀한 진리에 접근했지만 인간 정신과 심령의 타락한 상태가 본래 지니고 있는 한계 때문에 그것을 분명하고 완전하게 이해하지 못한 헬레니즘 철학자들의 형이상학적이고 신비적인 통찰들을 고찰함에 의해서 이 사실을 확인했다. 이렇게 기독교 사상에 유입된 헬레니즘적인 오류들은 다양한 이단들로 발전했고, 4세기에 카파도키아 교부들은 이러한 이단들을 대적해야 한다고 느꼈다.

카파도키아 교부들은 성육하신 하나님의 아들 예수를 히브리 성서에서 증거 된 하나님의 말씀과 지혜와 동일시했고, 그리스도의 영을 율법과 선지자들을 감화했던 하나님의 성령과 동일시했다. 그들은 또 예수를 그리스 철학자들의 말과 지혜와도 동일시했다.[19] 그러나 이 기독교 교부들은 하나님의 말씀과 지혜 및 그의 성령이 신격의 존재에 얼마나 필요하고 필수적인 것인지를(그러면서도 위격적으로는 하나님과 구분되며 전혀 열등하지 않음을) 보여줌으로써 유대인들 및 그리스인들을 대적하여 신격의 절대적인 통일성을 옹호해야 했다. 그들은 주장하기를, 하나님의 말씀과 지혜, 그리고 그의 성령은 결코 피조된 것일 수 없다고 주장했다. 왜냐하면 하나님은 결코 그들이 없이 존재하지 않으며, 그럴 수도 없기 때문이다.[20] 그들은 주장하기를, 만일 하나님에게 아들과 말씀과 형상이 있다면 (그분이 사랑이라면 반드시 그래야만 한다), 이 아들은 정확하게 아버지와 같은 존재여야만 한다. 왜냐하면 그를 아버지와 그의 성령보다 열등하게 생각하는 것은 아들 뿐만 아니라 아들을 낳은 아버지를 모욕하는 것이 될 것이기 때문이다. "아버지에게서 비롯된 위격들을 비하하는 것은 그 근원(Source)이신 분께 영광이 되지 않기 때문이다"(Gregory Nazianzen 『강론』 40[*On Holy Baptism*] 43). 그들은 주장에 의하면, 사실상 모든 경우에, 잉태된 것은 필연적으로 잉태한 모체와 동일한 본질(homoousios)을 지니며, 따라서 한 존재가 또 하나의 존재를 출산할 때에, 출산 되는 존재는 필연적으로 잉태하는 모체와 유사한 본질(homoiousios)을 소유하는 것이 아니고 완전히 다른 본질(heteroousios)을 소유하지도 않으며, 동등한 본질을 소유한다.[21] 또 그들은, 하나의 형상은 모든 면에서 그 원형과 동일해야만 한다고, 신적인 완전함이신 거룩하고 완전한 원형의 완전한 신적 형상이어야 한다고 주장했다. 그러므로 그들은 하나님의 아들이요 말씀이며 지혜요 광채인 하나님의 형상은 단지 하나의 형상이라는 점에서만 원형이신 아버지와 구분되어야 한다고 주장했다. 그분은 본질에 있어서는 달라서는 안되며, 열등하거나 결함이 있을 수도 없다. 하나의 위격적인 하나님은 하나의 위격적인 형상과 말씀을 소유해야만 한다. 그분은 위격으로서의 존재가 정확하게 아버지—아버지 자체가 아니라 그의 신적인 위격적 존재와 생명의 위격적인 표현—의 존재와 같은 위격적 아들을 지닌 위격적 아버지여야만 한다. 실제로 하나님의 아들은 위격적인 형태에 있어서 하나님의 존재와 생명이어야 한다.[22]

카파도키아 교부들이 기독교 신학에 기여한 점은, 성부 하나님 및 성자와 성령의 구체적으로 존재하는 주체(*hypokeimenon*), 그리고 그들의 신적 존재를 위한 본질(*ousia*)의 구분한 데 있다. 이 구분 및 이 구분에서 형성된 용어들의 특별한 정의는 기독교 전통 안에 들어가서 곧 교리적 진술들과 전례적 기도문에서 사용되는 교회의 전문 용어가 되었다. 그것은 후대에 그리스도의 위격과 본질, 그리고 하나님의 알 수 없는 본질(*hyperousios*)과 하나님의 세상에서의 행동 사이의 관계에 관한 신학적 논쟁에서도 사용되었다.[23] 그것은 오늘날까지도 기독교 사상가들 사이에서 논란의 주제로 남아 있다.[24]

카파도키아 교부들의 전집 중에서 이 주제에 관한 주요 저술로는 닛사의 그레고리가 쓴 편지 *To Ablabius: On "Not Three God"*와 바실이 동생 그레고리에게 보낸 유명한 『편지 38』이 있다. 학자들은 이 편지가 그레고리의 저서라고 생각해왔던 것 같다. 우리는 나지안주스의 그레고리의 연설문들에서도 그러한 가르침이 분명하게 제시되고 있음을 발견한다. 거기서 제시되는 사상은 다소 단순한 것이다. *prosōpon*보다 더 강력하고 훨씬 적절한 용어인 *hypostasis*는 신적이고 인간적인 존재들 안에서 주목되는 구체적인 실존자를 그것들의 고유 명사들에 의해 지명한다.[25] 그것은 "어느 것인가?"라는 질문에 대답한다. 또는 위격적인 존재들의 경우에 "누구인가?"라는 질문에 대답한다. 본질(essence)은 일반적인 것이나 흔한 것을 지칭한다. 그것은 "무엇인가?"라는 질문에 대답한다. 피조된 것이건 피조되지 않은 것이건 간에 존재하는 모든 존재는 위격적으로 존재한다. 즉 특별하고 특수하고 구체적인 실존자로서 존재한다. 그러나 모든 존재는 다른 존재들과 공통적으로 본질적으로, 실질적으로, 본성적으로 동일한 존재를 소유한다. 일반적인 말(horse-in-general)이라는 것은 없다. 다만 존재하는 말들이 있는데, 어느 말이라도 자신의 존재에 대한 질문을 받으면 동일한 정의를 제시할 것이다. 그러나 한 마리의 특별한 말에 대해 질문이 제기되면, 그에 대한 묘사는 달라진다. 그런 경우에는 그 말의 본질적인 특성들을 제시해야만 한다.

카파도키아 교부들이 사용한 예는 말이 아니라 사람들과 관계가 있다. 위에서 언급했던 편지들 및 나지안주스의 그레고리의 연설인 『성령에 관해서』에서, 교부들은 청취자들에게 세 사람—베드로와 야고보와 요한, 또는 바울과 실바와 디모데—를 상상하라고 요청한다. 그들은 말하기를, 그 세 사람은 인간으로서는 동일하다고 말한다. 그들의 인성은 모두 동일하다. 그러나 구체적으로 존재하는 특별한 인간들로서의 그들은 각기 자신의 이름과 인격적 특성들을 지니고 있으며 특징적인 본질을 지닌 인간들로서 서로 구분된다.

특별하고 특이한 방식으로 언급된 것은 본질이라는 명사에 의해서 지적된다. 우리가 "한 사람"이라고 말한다고 가정해 보자. 그 단어의 의미가 불명확하기 때문에 듣는 사람은 특정의 애매한 의미로 파악하게 될 것이다. 그 본성은 지적되었지만, 그 명사에 의해서 특별하고도 특이하게 지적되는 의미가 분명하게 제시되지 않는다.

우리가 "바울"이라고 말한다고 가정해보자. 우리는 그 명사가 지적하는 바에 의해서 존속하고 있는 본질을 제시한다. 그러므로 이것은 본질(hypostasis) 또는 "under-standing"이다. 이것은 일반적으로 상징되는 것 때문에 "설 자리"(standing)을 발견하지 못한 본질에 대한 불명확한 개념이 아니라, 표현된 특수성에 의해서 일반적이고 한계가 정해지지 않은 것들에게 설 자리와 한계를 부여해 주는 개념이다. 성서에서는 이런 종류의 구분을 하는 것이 통례이다…(Basil『편지』38 3)

저자는 계속해서 "그 다음에는 신적인 교의들, 당신이 인간사 안에서 실체와 본질과 관련하여 인식하는 상이함의 표준으로 넘어가라. 그러면 당신은 정도(正道)에서 벗어나지 않을 것이다"라고 말한다(『편지』38 3). 성부 하나님의 특별한 "존재 양식"(tropos hyparxeōs)은 독생자를 잉태한 자, 성령이 발원하는 근원이 되는 신격의 근원이요 원인이다. 성자의 "존재 양식"은 잉태된 자, 잉태된 존재가 아닌 하나님의 위격적 형상이요 말씀이 되어야 한다. 성령의 "존재 양식"은 또 하나의 성자가 아니라(그러므로 "생성"과 "발출"의 구분이 성립된다), "하나님의 영, 그리스도의 영, 주님의 영이요 주님 자신이시다…"[26] 그리하여, 세 위격의 본질은 동일하며, 각 위격의 특별한 특성들은 보존된다.

카파도키아 교부들은 이 논거를 신격에게 적용할 때의 결점을 분명히 인식했으며, 직접적으로 그것을 다루었다. 이것이 닛사의 그레고리가 아블라비우스(Ablabius)에게 보낸 편지의 특별한 목적이었다. 비록 우리가 인간들의 공통성, 심지어 본성의 완전한 동일성을 인정한다고 해도, 베드로와 야고보와 요한을 대면할 때에 우리는 여전히 "세 사람"에 대한 말할 것이며, 세 명의 별개의 존재로 다룰 것이다. 그렇다면, 우리가 성부와 성자와 성령을 만날 때에는 왜 "세 개의 신"으로 이야기하지 않으며 세 개의 신적 존재로 세지 않는가? 카파도키아 교부들의 대답—그리고 그들의 영적 비전과 지적인 개념화의 산물인 전통의 대답—은 하나님의 본질이 지닌 특성, 오늘날의 표현을 사용하자면 하나님의 본성의 본성(nature of God's nature)과 관계가 있다.

모든 피조물들은 제한되고 유한하며, (천사들은 예외이지만) 어떤 의미에서 물질적이고 육적이며, 시간과 공간의 제한을 받기 때문에 성장하고 변화한다. 그러나 하나님의 본성은 모든 면에서 이러한 범주들을 초월한다. 하나님은 거룩하시다. 하나님의 존재는 피조물들과 비교될 수 없다. 하나님은 자신이 만든 모든 사물과 완전히 다른 분이시다. 그렇기 때문에 하나님의 본질은 모든 피조 세계의 단어, 상징, 이미지, 개념 등을 초월한다. 그럼에도 불구하고, 카파도키아 교부들은 최소한 공식적으로, 그리고 도식적으로 "하나님께 적당한"(*logoi theoprepeis*) 개념들이 있다고 가르쳤다.[27] 그들은 하나님의 존재와 생명과 관련하여 그 심오한 내용에 있어서 피조 세계의 정의의 범주들을 초월하는 신적 본성은 사실상 세 개의 신적 위격—성부 하나님, 말씀이요 형상이신 그의 독생자, 그리고 지극히 거룩한 성령—들의 본성이라는 통찰을 옹호했다. 그리고 그들은 세 개의 위격들은 "세 개의 신"이거나 세 개의 구분되는 신적 개체가 아니라고 주장했다. 왜냐하면 그것들은 성부 하나님의 본성과 동일한 본성을 지닌 완전함과 절대적인 통일성을 공유하고 있기 때문이다.

그러나 만물 위에 계신 하나님만이 자신의 본질, 성부 됨, 그리고 어떤 원인에서 유래된 것이 아닌 본질의 특별한 표식을 소유하신다. 그리고 이 표식을 통해서 그분은 특별하게 알려진다. 그러므로 우리는 본질의 교제 안에서, 삼위일체 안에서 감지되는 표식들의 상호 접근이나 상호 교제가 없다고 주장한다. 그것에 의해서 삼위의 고유한 특성들이 믿음 안에서 전달되는 바, 이것들은 각기 하나님 자신의 특성들에 의해서 구분되어 이해된다. 이런 까닭에 진술된 표식의 상징들에 따라, 본질들의 구분이 발견된다. 무한하고, 불가해하고, 피조된 것이 아니고 무제한하고 유사한 속성들에 관한 한 생명을 주는 자연(Nature) 안에, 즉 성부와 성자와 성령에 관해서는 가변성이 없다. 그러나 그들 안에서 와해되지 않고 지속적인 교제가 발견된다.(Basil『편지』38 4)

카파도키아 교부들은 그들이 "삼신론"(tritheism)을 주장한다는 비난을 부인하기 위해서 이 『편지』38의 표현을 거듭 강력하게 사용했다. 바실은 "우리들을 삼신론자라고 비난하는 사람들에게 맞서서, 우리는 수적인 면에서가 아니라 본성 면에서 한 분 하나님을 믿는다고 고백하는 것으로 답변한다"고 말한다(『편지』8 2). 나지안주스의 그레고리는 "완전한 불경을 범하기보다는 차라리 통일체이신 하나님에 대한 불완전한 견해를 택하는 편이 낫다"고 주장하면서, "삼위는 각기 통일성(Unity)을 소유한다. 삼위는 각기 본질과 능력이 동등하기 때문에 자신과 결합된 것(즉 다른 위격들)과도 자기 자신과 결합한 것과 동등하게 결합한다. 우리가 이해한 바에 의하면 이것이 삼위의 통일성(Unity)에 대한 평가이다. 만일 이 평가가 참된 것이라면, 그것을 어렴풋하게나마 깨닫게 해주신 하나님께 감사해야 한다. 그렇지 않다면, 보다 훌륭한 평가를 구해야 할 것이다"고 덧붙였다(『강론』31 [On the Holy Spirit] 12, 16).

내가 하나님이라고 말할 때에, 그것은 성부와 성자와 성령을 의미한다. 왜냐하면 신격이 이들을 초월하여 확산되어 잡다한 신들을 만들어내지 않으며, 또 이것들보다 적은 범위에 제한되어 우리로 하여금 신에 관해 지극히 제한된 개념에 한정되게 만들지도 않기 때문이다. 모나키아를 구하기 위해서 유대화하거나, 무수히 많은 우리의 신들에 의해서 이교 신앙에 빠지게 하지도 않는다. 악은 서로 반대되는 방향에서 발견되지만, 어느 편의 것이든지 악은 동일하다. 그러므로 심지어 스랍들에게까지 자신을 숨기시며 거룩을 세 번 외침에 의해서 영광을 받으시는 지존자는 주 하나님이라는 칭호의 송영에서 만난다…

(Gregory Nazianzen 『강론』 45 [On Easter] 4)

닛사의 그레고리는 삼위의 통일성의 근거를 세상에서의 그들의 행동과 작용의 통일성에 두었다. 그는 아블라비우스에게 다음과 같이 편지했다:

> 우리는 성경의 제안을 좇아 조물주(Nature)에게는 이름을 붙일 수 없으며 말로 형언할 수도 없다는 것을 배웠습니다…이런 까닭에 우리가 사용하는 어떤 용어에 의해서도 신적인 조물주(Divine Nature)를 표현할 수 없음이 분명합니다. 그러나 그분 주위의 것들 중 어떤 것들은 우리에게 알려져 있습니다.
> (To Ablabius, On "Not Three Gods")

그레고리의 견해에 의하면, 하나님 "주위의 것들"이란 하나님의 행위들(*energeiai*)를 언급하는 것임을 이미 살펴 보았다.[28] 이 행위들은 항상 삼위의 행동이지만, 그들은 항상 완전하게 하나로 존재한다.

> 그러나 신적인 조물주(Divine Nature)의 경우에…성부는 무슨 일이든지 홀로 행하지 않고 성자와 함께 공동으로 행한다는 것, 또는 성자는 성령과 독립하여 특별한 작용을 한다는 것을 배우지 않았다. 그러나 하나님으로부터 피조 세계에 미치는 모든 작용은…성부에게 기원을 두고 있으며, 성자를 통해서 발출하며, 성령 안에서 완전하게 된다. 이런 까닭에 그 작용에서 파생된 명사는 그 작용을 행하는 행위자의 숫자와 관련하여 나누이지 않는다. 왜냐하면 어떤 행동과 관련한 각 위의 행동은 별개이거나 특별한 것이 아니다. 그러나 우리를 향한 하나님의 섭리의 행동과 관련되거나 우주의 통치와 구성에 관련하여 실현되는 모든 것은 삼위의 행동에 의해서 실현되지만, 실현되는 행위는 세 개가 아니다.
> (Gregory of Nyssa *To Ablabius, On "Not Three Gods"*)

삼위일체의 모든 행동—그리고 삼위가 행하는 모든 행동의 효과—은 하나의 행동이요 하나의 결과이기 때문에, 어떤 의미에서든 "세 개의 신"에 대해 말하는 것은 불가능하다고 그레고리는 말했다.

삼위일체 내의 교제

카파도키아 교부들의 기본적 가르침은, 인간들은 성 삼위 하나님의 형상과 모습으로 지음을 받았다는 것이다. 인간의 본성은 신적 본성을 반영한다. 그리고 인간은 삼위일체의 통일성 뿐만 아니라 삼위의 "연합"(henōsis)을 반영하도록 지음을 받았다.[29] 닛사의 그레고리는 다음과 같이 기록했다:

> 하나님은 하늘을 그의 형상으로 만들지 않았고, 달이나 태양이나 별들의 아름다움을 만들지도 않았고, 모든 지식을 초월하는 어떤 것도 만드시지 않았다. (오, 인간이여) 그대만이 영원하신 아름다움(Eternal Beauty)을 닮은 존재이다…그분의 영광이 당신의 순결함 안에 반영되어 있다. 피조 세계에 있는 어느 것도 그대의 장엄함과 견줄 수 없다.(Commentary on the Canticle, Sermon 2)

카파도키아 교부들은 성경의 가르침을 따라 인간은 자신의 소명을 성취하는 데 실패했다고 가르쳤다. 인간은 자기들 본래의 깨끗함을 더럽혔고 최초의 아름다움을 손상시켰다. 닛사의 그레고리의 표현을 빌자면, 그들은 하나님의 형상보다는 "뱀을 바라보고 그의 형상을 붙들었다"(Commentary on the Canticle, Sermon 5). 그러나 하나님은 그 형상을 회복시키고, 그 본성을 깨끗하게 하시며, 인간들을 적절한 길에 되돌려 놓으시며, 원래의 존엄성을 회복시켜 주기 위해 행동하셨다. 하나님은 성육하신 하나님의 아들 그리스도의 행위와 성령의 사역을 통해서 피조물들을 신화시키기 위해 행동하셨다. 이것이 신화(theōsis)의 교리이다. 카파도키아 교부들과 그리스 신학은 이 신화의 교리 때문에 잘 알려져 있다.[30] 나지안주스의 그레고리는 주현절 설교에서 이것을 선포했다. 그는 인간은 하나님의 형상으로 지음을 받았으며 하나님께서 "하나님 자신의 숨"을 인간들의 내면에 놓으셨으므로, 창조주-말씀(Creator-Word)의 위엄을 지니고 있음을 상기시킨 후에, "하나님의 말씀…빛에서 나온 빛, 생명과 불멸의 근원, 원형의 아름다움을 닮은 형상(Image of the Archetypal Beauty)…이 자신의 형상으로 돌아와서 우리 육체를 위해서 육을 취하셨으며, 우리 영혼을 위해서 자신과 지적인 영혼을 섞었으며, 닮은 것에 의해서 닮은 것을 깨끗하게 하시며, 죄를 제외한 모든 면에서 인간이 되셨다"고 했다(『강론』 38 [On the Theophany] 13).

> 부요함을 주시는 분이 가난해지신다. 왜냐하면 그분은 내가 그의 신성의 부요함을 취하게 하시기 위해서 내 육신의 가난을 취하시기 때문이다. 충만하신 분께서 스스로를 비우신다. 왜냐하면 그분은 내가 그분의 충만함에 동참하도록 하기 위해서 잠시 자신의 영광을 비우시기 때문이다. 그의 선하심의 부요함이란 무엇인가? 나를 에워싸고 있는 신비는 어떤 것인가? 나는 그 형상에 동참했으나 그것을 보존하지 못했다. 그분은 그 형상을 구원하고 육을 불멸하기 만들기 위해서 내 육에 참여했다. 그분은 첫번째 교제보다 훨씬 더 놀라운 두번째 교제를 전달해 주신다. 왜냐하면 과거에 그분은 보다 훌륭한 본성(Nature)을 전해 주셨지만, 이제 그분 자신이 보다 좋지 않은 본성에 참여하시기 때문이다. 이것은 이전 것보다 더 신적인 행위이며, 지식을 가진 모든 사람들이 볼 때에 훨씬 더 고귀한 것이다.
>
> (Gregory Nazianzen 『강론』 38 [On the Theophany] 13)

그레고리는 "Passover to the honor of the Trinity"라는 제목의 부활절 설교에서도 이 가르침을 계속한다. 그는 "행복해지도록 지음을 받았으나 범죄했기 때문에 추방된 우리가 살기 위해서는 성육하신 하나님, 죽임을 당해야 할 하나님이 필요했다"고 말했다(『강론』 45 [On Easter] 2, 28).

> 우리는 정결함을 얻기 위해서 그분과 함께 죽임을 당했다. 우리는 그분과 함께 죽음을 당했기 때문에 그분과 함께 다시 살았다. 우리는 그분과 함께 다시 살았기 때문에 그분과 함께 영화롭게 되었다. 그 때에 많은 기적들이 일어났다: 하나님이 십자가에 달리셨고, 태양이 어두워졌고…그분의 옆구리에서 물과 피가 흘러나왔고…바위가 갈라졌고…죽은 자들이 살아났고…무덤에서 누구도 제대로 기릴 수 없는 표적들이 나타났다. 그러나 이것들 중 어느 것도 내 구원의 기적에는 미치지 못한다. 몇 방울의 피(Blood)가 온 세상을 재창조하며, 모든 사람들에 대해서 응유 효소와 우유와의 관계가 되며, 우리를 끌어모아 압축하여 통일시킨다.
> (Gregory Nazianzen 『강론』 45 [On Easter] 28-29)

이 신학자는 오순절 설교에서 삼위일체의 통일성 안에서 인간들의 신화에 대한 설교를 완성했다. 그 설교에서 그는 성령의 사역을 강조했으며, 성령의 신성을 분명하게 선포하고 명백하게 "하나님"(God)이라는 칭호를 수여했다(『강론』 31 [On the Holy Spirit] 10).

> 그러므로 성령은 항상 존재했으며, 존재하고 있고, 앞으로도 항상 존재하실 것이다…그분은 영원히 동참 되어지지만 동참하지는 않으며, 완전케 해주지만 완전케 되지는 않으며, 성화시키지만 성화 되지는 않으며, 신화(神化)시키지만 신화 되지는 않는다. 그분은 영원히 그분 자신, 그리고 그분의 편에 가담한 분들과 동일하시다…양자의 영, 진리의 영, 지혜의 영, 지식의 영, 이해의 영, 경건의 영, 두려움의 영, 담대함의 영…그분에 의해서 성부가 알려지고 성자가 영화롭게 되며, 그분에 의해서만 그분 자신이 알려진다…

(Gregory Nazianzen 『강론』 61 [On Pentecost] 9)

바실은 성령이 하나님이라고 분명히 진술하기를 꺼렸다. 그러나 그는 그레고리의 비난에 대해 응답했으며, 그 목적에 바친 그의 논문에서 성령의 신성을 조심스럽게 증명했다. 그 논문에서 그는 성령의 신화하는 능력을 분명하게 선포했다:

> 성령을 통해서 우리는 낙원을 회복하고 천국에 올라가며, 하나님의 양자가 되며, 하나님을 우리 아버지라고 부를 자유를 얻게 되며, 그리스도의 은혜에 동참하게 되고, 빛의 자녀라고 불리게 되며, 영원한 영광에 동참하게 되며, 한 마디로 이 세상에서와 내세에서 충만한 축복을 유업으로 받게 된다.(Basil *On the Holy Spirit* 36)

닛사의 그레고리는 성령을 하나님의 나라(또는 왕권)와 동일시했다. 그는 『주기도문 주석』(*Commentary on the Lord's Prayer*)에서 "성령은 그 나라이다"라고 말했다(*Sermon* 3). 그는 다른 곳에서는 "기름 부으시는 분은 성부이시며, 기름 부음을 받는 분은 성자이며, 기름 부음 자체, '기쁨의 기름'(Oil of Gladness)는 성령이다"라고 말했다(*On the Holy Spirit*). 그리스도께 속한 사람들은 그리스도와 함께 하나님의 영에 의해 기름부음을 받고 은혜로 말미암아 하나님의 자녀, 즉 "신들"이 된다.[31] 이것이 인간들과 하나님의 교제, 그리고 신격 안에서의 교제—성령 안에서 성자를 통해서 성부와의 연합에 관한 카파도키아 교부들의 가르침이다.

인간들은 자신의 원형인 하나님과 마찬가지로, 서로와의 관계에 있어서 외면적인 방식으로 구분된 개인들로 지음을 받은 것이 아니다. 또한 그들은 개인적인 "입지"(standing)나 완전함이 없는 하나의 "집단"으로 존속하라는 부름을 받은 것이 아니다. 그들은 자신의 창조주처럼 공동체 내에 있는 개인들, 동일한 본성 안에 있는 특징적인 인격들로 지음을 받았으며, 모든 덕—최고의 덕은 사랑이다—들의 성취 안에서 존재와 행위의 완전한 결합으로 부름을 받는다.[2] 카파도키아 교부들의 가르침에 의하면, 그러한 완전함은 성령의 능력에 의해서만 가능하다. 그리고 카파도키아 교부들 자신이야말로 인간적인 위격들이 실재의 것이 되기 위한 완전함을 보여주는 가장 확실한 증거라고 많은 사람들은 주장하기도 했다.

> 한 사람이 자신의 악이라는 수치를 깨끗이 씻음을 받고, 본래의 아름다움으로 돌아왔을 때, 그리고 (그리스도를 통해서) 왕의 형상의 원형이 그의 안에서 회복되었을 때, 그는 보혜사에게 접근할 수 있다. 그렇게 되면, 그는 마치 태양처럼 자신 안에서 보이지 않는 형상을 당신에게 보여주실 것이며, 당신의 정결케 된 눈은 이 복된 형상 안에서 그 원형의 형언할 수 없는 아름다움을 보게 될 것이다. 그분으로 말미암아 심령들이 들려 올려지며, 허약한 자들의 손을 붙들어주고, 전진하는 사람들이 완전하게 된다. 그분은 흠이 없이 정결케 된 사람들에게 빛을 비추어 주시며, 자신과의 교제를 통해서 그들을 신령한 사람으로 만들어주신다. 빛이 투명한 물체에 닿으면, 그 물체 자체가 빛을 반사한다. 하나님의 조명을 받는 성령을 담고 있는 영혼들도 마찬가지이다. 그들은 마침내 신령하게 되며, 그들의 은혜를 다른 사람들에게 내보낸다. 여기에서부터 장래에 대한 지식, 신비에 대한 이해, 감추인 것들에 대한 이해, 놀라운 은사들의 분배, 천국 시민권, 천사들의 합창대 안의 자리, 하나님의 임재 안에 있는 끝없는 기쁨, 하나님처럼 됨, 그리고 모든 소원 중에서 가장 고귀한 것인 바 하나님처럼 되는 일(*theon genesthai*)가 임한다.(*On the Holy Spirit* 23)

주(註)

1) See Gregory of Nyssa *Life of Macrina*; Gregory Nazianzen *Oration 43 (Panegyric on St. Basil)*; Oration 7 *(On His Brother Caesarius)*; *Oration 8 (On His Sister Gorgonia)*; *Oration 18 (On the Death of His Father)*.
2) Feast of St. Basil(January 1): Matins, Canon 2, Ode 7, Troparion 3. 이 구절은 Gregory Nazianzen *Oration 43* (Panegyric on St, Basil) 20에서 인용한 것이다.
3) 닛사의 그레고리의 아내 테오세베이아는 아마 나지안주스의 그레고리의 누이였을 것이다. 나지안주스의 그레고리는 그레고리에게 보낸 편지(『편지』 95)에서 그녀를 "미인들 중에서 가장 아름다운 미인이며… 참된 여자 사제"라고 칭찬했다(see *NPNE*, series 2, vol. 5, p. 3).
4) 닛사의 그레고리의 그러한 사상의 예를 들자면, 이중 창조와 인류의 타락의 예견 안에서 만들어진 바 성욕이 지닌 특성에 대한 가르침(see *On the Making of Man* 16-22), 그리고 악의 도입한 자인 마귀까지도 포함하는 보편 구원의 교리 등이 있다(see *The Great Catechism* 26; and *On the Soul and Resurrection*).
5) *See Oration 43 (Panegyric on St. Basil)* 68; and Gregory's *Letter 58 to Basil*.
6) *Oration 43 (Panegyric on St. Basil)*; Gregory of Nyssa *On Virginity* 24; *Letter 10 to Libanius*.
7) See J. Daniélou, *Origen*, trans. Walter Mitchell (New York: Sheed & Ward, 1955) 85-86; see also idem, *Platonism et théologie mystique: Eassai sur la doctrine spirituelle de Saint Gregoire de Nysse* (Paris: Aubier, 1944).
8) See Daniélou, *Platonisme et théologie mystique;* V. Lossky, *The Vision of God*, trans. A. Moorhouse (London: Faith Press, 1963; reprint, Crestwood, NY: St. Vladmir's Seminary Press, 1983).
9) Gregory Nazianzen Oration 28 5-6; Gregory of Nyssa *The Great Catechism,* prologue; idem, *On the soul and Resurrection*.
10) Gregory of Nyssa: "Now the divine nature as it is in itself, according to its essence, transcends every act of comprehensive knowledge and it cannot be approached or attained by our speculation" (*On the Beatitudes*,

Sermon 6).
11) 최초의 에큐메니칼 공의회라고 알려진 니케아 공의회의 신앙의 상징.
12) Vesper hymns of the byzantine liturgy, Feast of St. John the Theologian, September 26 and May 8. also John 1:1-18.
13) 골 1:15; 고전 1:24; 히 1:3(translated as verbs, rather than Literally as nouns, in the Revised Standard Version), 그리고 요 1:1-18을 보라, where some ancient sources read "only-begotten God" (*theos*) in place of "only-begotten Son" (*huios*).
14) 요 15:26; 16:13을 보라.
15) 마 28:19; 롬 8:15-16; 갈 4:6;요 4:23-24; 그리고 Basil *On the Holy Spirit* 58-64도 보라.
16) *Basil Letter 38* 44. "아버지는 나보다 크심이니라"(요 14:28)라고 하신 예수님의 말씀을 해석한 바 카파도키아 교부들의 해석. "그들은 본성을 언급한 것이 아니라 기원을 언급한 것"이라고 한 Basil *Letter 8* 5; Gregory Nazianzen *Oration 28* (*On the Son*) 15; *Oration 30* (*On the Son*) 7; *Oration 40* (*On Holy Baptism*) 43을 보라.
17) 삼위일체와 자기동참적 선이라는 플라톤주의 사상의 관계를 위해서는 Gregory Nazianzen *Oration 29* (*On the Son*) 2; *Oration 38* (*On the theophany*) 9; *Oration 45* (*On Easter*) 5을 보라.
18) See Gregory Nazianzen *Oration 29* (*On the son*) 6-10.
19) Gregory of Nyssa *The Great Catechism* 1.
20) See Gregory of Nyssa *The Great Catechism* 1.
21) See Basil and Gregory of Nyssa's writings *Against Eunomius*; see also Gregory Nazianzen *Oration 29* (*On the Son*) 10-14.
22) See Gregory Nazianzen *Oration 30* (*On the Son*) 20; *Oration 38* (*On the theophany*) 13; Basil *Letter 38* 8.
23) 카파도키아 교부들이 삼위일체론적 용어를 기독론에 적용한 것에 대해서 알려면 J. Meyendorff, *Christ in Eastern Christian Thought* (Washington, DC: Corpus Books, 1969; reprint, Crestwood, NY: St. Vladimir's Seminary Press, 1975)을 보라. 그리고 이러한 용어들이 후대에 하나님의 본질과 에너지에 대한 논쟁에서 적용된 것에 대해서 알려면 V. Lossky, *The Mystical Theology of the Eastern Church*; idem *The Vision of God*을 보라.
24) 카파도키아 교부들의 삼위일체 신학의 현대적 적용을 보려면 *Women and the Priesthood*, ed. T. Hopko (Crestwood, NY: St. Vladimir's

Seminary Press, 1983)을 보라. 또 사회 철학의 발달에서 사용된 것을 보려면 N. Fydorov, *Filosofiya Obshogo Dela* (*Philosophy of the Common Task*)을 보라. 이것은 A. Schmemann, *Ultimate Questions: An Anthology of Modern Russian Religious Thought* (New York: Holt, Rinehart & Winston, 1965; reprint, Crestwood, nY: St. Vladimir's and seminary Press, 1982) 173-223에 수록되어 있다. 카파도키아 전통과 당대의 과정 신학 사이의 만남을 보려면 T. Hopko, *God and the World: an Eastern Orthodox* University Microfilms, 1982)을 보라..

25) See Gregory Nazianzen *Oration 39* (*On the Holy Lights*) 11; Basil *Letter 210* 5.
26) See Basil *Letter 38* 3-4; Gregory Nazianzen *Oration 31* (*On the Holy Spirit*) 29; Gregory of Nyssa *To Ablabius, On"Not Three Gods."*
27) See Gregory Nazianzen *Panegyric on St. Basil* 68; *Oration 21* (*On the Great Athanasius*) 35; *Basil On the Holy Spirit*; Gregory of Nyssa *Answer to Eunomius' Second book; Life of Moses* 2. 176-78.
28) Gregory of Nyssa *On the Beatitudes*, Sermon 6.
29) See Gregory Nazianzen *Oration 30* (*On the Son*) 8; *Oration 31* (*On the Holy Spirit*) 17; *Oration 42* (*The Last Farewell*) 15.
30) E. g., Gregory Nazianzen *Oration 21* (*On the Great Athanasius*) 2.
31) Gregory of Nyssa *Commentary on the Canticle*, Sermon 15; *Commentary on the Beatitudes*, Sermons 1, 5, 6,; see also Gregory Nazianzen *Oration 38* (*On the Theophany*) 7; *Oration 40* (*On Holy Baptism*) 45.
32) Gregory of Nyssa *Commentary on the Canticle*, Sermons 13-15; see also idem, *On Perfection*.

참고문헌

Kelly, J. N. D. *Early Christian Doctrines.* New York: Harper & Row, 1958.
Lossky, Vladimir. *In the Image and Likeness of God.* Edited by John H. Erickson and Thomas E. Bird. Crestwood, NY: St. Vladimir's Seminary

Press, 1974.
_____. *The Mystical Theology of the Eastern Church.* Translated by the Fellowship of St. Alban and St. Sergius. Cambridge: James Clark, 1957; reprint, Crestwood, NY: St. Vladimir's Press, 1976.

Payne, Robert. *The Holy Fire: The Story of the Fathers of the Eastern Church.* New York: Harper & Row, 1957; reprint, Crestwood, NY: St. Vladimir's Seminary Press, 1980.

Pelikan, Jaroslav. *The Christian Tradition: A History of the Development of Doctrine.* Vol. 1, *The Emergence of the Catholic Tradition (100-600).* Chicago and London: University of Chicago Press, 1971.

Prestige, G. L. *Fathers and Heretics.* London: S.P.C.K., 1949.
_____. *God in PATRISTIC Thought.* London: S.P.C.K., 1949.

2 서방 기독교의 삼위일체론

메리 클락(MARY T. CLARK)

　초기의 기독교의 기도는 하나님과 그들과의 계시된 교제 안에서 하나의 삼중성을 경험한 기독교인들이 발달시킨 바, 삼위일체 하나님에 대한 원시적이고 미발달된 신앙-의식을 나타낸다. 그들은 하나님, 그리스도, 그리고 성령의 창조적이고 구속적이고 성화시키는 사역을 인정했으며, 기도를 하면서 전례적이고 개인적으로 그들에게 이름을 붙였다. 성부와 성자와 성령에 대한 이러한 신앙은 성찬 의식 안에서, 세례 의식 및 다른 성례전적 의식(이러한 의식들은 기독교 공동체라는 환경 안에서 삼위일체께 기원했다) 안에서, 그리고 신약성서의 다양한 송영들과 기도문 안에서 볼 수 있었다. 그러나 하나님께 대한 신앙을 고백하는 데 사용된 삼부로 이루어진 정식들은 원래 하나님이 삼위일체라는 진술로서 생겨난 것이 아니었다. 초대 교인들은 본성(nature), 위격(person), 본질(hypostasis) 등의 개념을 알지 못했다. 3세기에 이르러서야 비로소 기독교인들은 신학적으로 삼위의 동등한 신성(神性)에 주의를 집중했다. 믿음을 이해하기 위해서는 신학적인 고찰이 불가피했는데, 그것은 서서히 진보하고 있었으며 항상 정확한 것은 아닌 깨달음이었다.
　그러한 고찰의 토대는 신적인 성부에 대한 그리스도의 계시 및 신적인 성령을 약속하시고 보내주신 것에 있었다. 기독교에서 "영성"(spirituality)이라는 용어는 철학적 생명이 아니라 "아바 아버지"(롬 8:14-17)라고 기도할 수 있게 만드는 성령 안에 있는 생명을 지적하기에 가장 적합하다. 성령 안에서(우리는 성령 안에서 하나님의 자녀가 된다) 그리스도와 연합하는 것이 기독교의 기도와 삶의 토대이다.

이 사실은 삼위일체가 기독교 영성을 위해 지니는 의미에 대한 통찰을 제공해준다. 그리스도에 의해 계시된 바 하나님 안에 있는 다양성은 물질계를 초월한 것들에 대한 개방성, 하나님과의 개인적인 대화, 언제 어디에서나 하나님 안에서 사는 것 등에 대한 인간의 기본적인 갈망들과 깊이 관련되어 있다. 아들을 통하지 않고는 아무도 아버지께로 갈 수 없으며, 성령 안에서가 아니고서는 누구도 아들을 인식할 수 없다(요 14:7; 15:27). 여기에서 우리는 기독교적 종교 체험의 신빙성을 위해서 성 삼위가 얼마나 필요한지를 알 수 있다.

삼위일체는 기독교의 이론적인 모퉁잇돌이다. 삼위일체 안에서 인류를 위한 하나님의 행동들의 질서 혹은 경륜이 종합된다: 창조, 구원, 영화(榮化). 이러한 기능들은 성부를 성자와 성령으로부터 구분하는 데 도움이 되지만, 성자의 성부로부터의 발생 및 성령의 발출의 계시는 거룩한 위격들의 구성이 관계에 의한 것임을 알려준다. 그러므로 삼위일체는 만물의 상호관계와 실재의 근본적인 통일을 위한 패러다임으로 간주된다.

그러므로 삼위일체는 실질적인 중요성을 갖는다. 삼위일체적 영성은 성부와 성자와 성령으로서의 하나님의 실재에 의해서 불러 일으켜진 기본적인 태도들, 다시 말해서 만물 안에서 성령 하나님을 경험하면서 성자가 성부를 향해 나타내는 사랑의 순종 이전의 침묵을 나타낸다. 어떤 종교적 전통들은 이런 태도들 중에서 특히 한 가지를 강조한다. 고대 기독교 세계에서 유행한 태도는 아버지에 대한 사랑과 순종 안에서 그리스도와 연합하는 태도였다. 바울은 그리스도가 아버지의 형상이라고 말했다(골 1:15). 창세기의 창조 기사에는 "하나님이 가라사대 우리의 형상을 따라 우리의 모양대로

19. *Philoxeny of Abraham*, San Vitale, Ravenna, 6th century.

우리가 사람을 만들자"(창 1:26)라고 기록되어 있다. 이레니우스의 견해를 따르면, 동방 교부들은 자연적인 능력들을 나타내기 위해서는 "형상"(image)을, 초자연적인 은사들을 나타내기 위해서는 "모양"(likeness)을 사용했다. 어거스틴이 사용한 형상이라는 개념 안에는 삼위일체 하나님으로부터의 파생물 뿐만 아니라 전형이 되는 원리(Exemplar-Principle)를 향한 경향을 나타내는 역동적인 특징과 닮음(likeness)이 내포되어 있었다. 닮음에 의해서 하나님께로 돌아가는 것이 삼위일체 영성의 목표였다. 일부 신학자들, 특히 마리우스 빅토리누스(Marius Victorinus)는, 그리스도가 아버지의 형상이므로, 하나님의 형상으로 창조된 인간은 곧 그리스도의 형상으로 지음을 받은 것이라고 했다. 어거스틴과 같은 다른 신학자들은 창세기 1:26의 기사에 의거하여 삼위일체 하나님에 의한 창조는 삼위의 형상 안에서의 창조라고 해석했다.

 이와 같은 형상이라는 주제(image-theme)는 삼위일체 교리가 실질적으로 함축하고 있는 의미를 강조한다. 여기에는 신화(神化)로의 소명, 즉 본성에 의한 유사성과 하나님과의 연합을 위한 은혜가 있다. 앞에서 말한 바와 같이 형상에 관한 어거스틴의 개념은 영혼 안에 있는 삼위일체의 자연적인 형상 뿐만 아니라 삼위일체 하나님을 향한 영혼의 역동적인 경향, 즉 성부와 성자와 성령 및 창조에 의해 동일한 교제로 초청을 받은 다른 모든 것들과의 일치로의 부름을 언급한다. 비록 이것은 하나님을 기억하고 이해하고 사랑하는 본성적 능력에 기초를 두고 있지만, 이 능력을 실현시키는 것은 하나님의 은혜나 믿음의 은사, 소망, 그리고 사랑이다. 은혜를 받은 영혼은 참으로 삼위일체를 닮은 모양(likeness)이다. 빅토리누스에 의하면, 완전히 닮은 모양은 부활 때에만 성취될 것이다(*Against Arius*, 1.19). 이 형상-주제(image-theme)와 삼위일체라는 주제의 상호 연결은 인간은 *capax Trinitatis*라는 어거스틴의 가르침에서 강조된다. 왜냐하면 인간은 항상 자기의 내면에 삼위일체의 형상을 가지고 있기 때문이다(*The Trinity* 14.8.11).

  나는 삼위일체 교리의 신학적 발달사를 제공하기보다는 삼위일체 교리와 형상의 교리 사이의 연결을 보여주는 주요한 대표자들에 대해 고찰하여 한다. 왜냐하면 이 연결이 서방 영성에서 지니는 중요성 때문이다. 이러한 대표자들로는 마리우스 빅토리누스, 히포의 어거스틴, 성 빅톨 수도원의 리차드(Richard of St. Victor) 등이 있다.

마리우스 빅토리누스

  마리우스 빅토리누스 아페르(Marius Victorinus Afer, 281-ca. 365)는 그리스 교부들의 사상에서 뿐만 아니라 터툴리안(160-ca. 220)과 프와티에의 힐라리(Hilary of Poitiers, 315-ca. 358)의 사상의 혜택을 받았다.

  터툴리안은 아프리카인으로서 그리스의 변증가들 및 신적 "경륜"에 관한 이레니우스의 가르침의 영향을 받은 인물이었다. 그는 하나님은 삼위일체이며 통일체라고 가르쳤다. 그의 신학의 핵심은 자연에 대한 스토아적 개념이다. 현재 우리가 소유하고 있는 것 중에서 삼위일체에 관한 최초의 공식적인 논문인 그의 저서 『기도』(*Prayer*)에서, 그는 삼위일체에게 경의를 표하기 위해서 하루에 세 번 기도할 것을 권했다. 그는 성육신을 구원의 방법으로 보았다. 왜냐하면 그것은 거룩한 위격들의 호혜적인 관계에 참여하는 길을 열어주기 때문이다. 말씀이 세상에 들어왔지만, 그렇다고 해서 하나님으로부터 분리되지 않았으며, 또 다양한 사명들에 의해서 하나님이 나누이지도 않았다. 삼위일체 내의 통일성은 파괴되는 것이 아니라 분배된다. 터툴리안은 신학에 법적 용어들을 도입했지만, 일상적인 단어들과 비유들도 사용했다. 그는 생명의 근원이신 성부, 생명의 대리인이신 성자, 그리고 생명을 주시는 분이신 성령에 대한 생생한 이해를 가지고 있었다. 그는 이 질서를 나타내기 위해서 다음과 같은 이미지들을 사용했다: 성부 안에 뿌리를 두고 있는 성령은 가지(성자)에서 딴 열매이다; 성부는 샘이고, 성자는 강이고, 성령은 시냇물이다; 성부는 태양이고 성자는 햇빛이며, 햇빛의 절정은 따뜻함과 생명의 담지자인 성령이다. 그 전통 안에는 이러한 상징들이 흔하지만, 삼위의 동등성을 제대로 그리지 못했다(Tertullian *Against Praxeas* 8). 터툴리안은 성령의 역할을 깊이 인식하고 있었다. 그는 성령은 하나님과의 교제를 주기 위해서 성자를 통해서 성부로부터 온다고 믿었다. 성자와 성령이 진실로 하나님일 때에만, 기독교인들은 실제로 신적인 생명을 받아 교제를 실현하게 된다. 터툴리안은 통일성과 삼위일체의 신학에서 하나님의 행동들에서부터 삼위일체의 내재적 생명으로, 그 다음에는 성령을 통하여 하나님의 생명을 수용하는 능력인 인간의 존엄성으로 진행했다.

프와티에의 힐라리는 아리우스주의를 옹호한 황제 콘스탄티우스로부터 아타나시우스를 거부하라는 요구를 받았지만 거절했기 때문에 프리기아로 추방 당했다. 그곳에서 그는 *homoousion*, 또는 성부와 성자와 성령의 동일 본질성(consubstantiality)과 관련된 동방교회의 논쟁들에 대해 알게 되었다. 그곳에서 그는 자기 자신을 비롯하여 사람들이 진정한 기도를 하며 홀로 거하시는 것이 아니라 삼위로 존재하시는 하나님을 경배하게 하고픈 소원에서 『삼위일체』(*The Trinity*)를 저술했다. 그는 사도적 열정을 가지고 저술했으며, 삼위일체에 대한 믿음이 구원의 원천이라고 확신했다. 그러므로 그는 당시에 유행하던 다음과 같은 세 가지 이단을 공격하여 논쟁했다.

(1) 성자는 하나님의 피조물이었다는 아리우스의 교리, 혹은 성자

종속설(subordinationism)
(2) 삼위양식설(modalism), 혹은 성부와 성자와 성령이란 동일한 신적 위격을 지칭하는 세 가지 상이한 명사에 불과하다는 사벨리우스의 교리
(3) 신적 그리스도의 선재(先在)를 부인한 포티누스(Photinus)의 교리.

아리우스는, 성부만이 잉태되어진 것이 아닌 존재이므로 성부만이 영원하고 참된 하나님이라고 추론했었다. 아리우스는 하나님이 본질적으로 잉태되지 않은 존재라고 생각했다. 아리우스는 335년에 사망했으며, 신기두눔의 우르사키우스(Ursacius of Singidunum)와 무르사의 발렌스(Valens of Mursa)가 그의 뒤를 이어 성자종속설의 대표자가 되었다. 힐라리는 그의 논문에서 성부와 성자와 성령의 동일본질을 강조한 니케아의 결정, 그리고 오리겐과 터툴리안과 카파도키아 교부들에게서 발견되는 바 성자의 특별한 지위를 강조한 것을 모두 지지했다. 힐라리는 그리스 교부들로부터 세 개의 위격으로 이루어졌으며, 각 위가 각기 서로를 포함하고 있는 한 분 하나님에 대해서 배웠다. 힐라리는 이단들을 대적하면서 성자의 신성을 옹호했지만, 그는 성부와 성자가 성령의 신성을 증거한다고 가르쳤으며, 또 구약 성경에 기록된 바 삼위일체를 나타내는 구절들을 지적하기도 했다. 그러나 그러한 구절들은 신약성경에서 삼위일체가 계시된 후에야 비로소 분명해졌다. 그는 주님에 대한 마태의 증언을 통해서 사람들이 쉽게 삼위일체의 실재를 확신하게 될 것이라고 믿었다: "그러므로 가서 모든 족속으로 제자를 삼아 아버지와 아들과 성령의 이름으로 세례를 주고 내가 너희에게 분부한 모든 것을 가르쳐 지키게 하라 볼지어다 내가 세상 끝날까지 너희와 항상 함께 있으리라"(마 28:19; Hilary *The Trinity* 2.1).

힐라리는 성부는 만물의 근원이며, 성자는 독생자로서 그를 통하여 만물이 존재하며, 성령은 모든 신자들 안에 거하는 은사라고 불

렸다. 그는 본질 상 영이시므로 어느 곳에나 존재하시는 하나님과 신자들로 하여금 하나님을 알며 신령과 진정으로 하나님을 예배할 수 있게 해주는 선물인 성령을 구분했다. 신자들에게 주어진 선물인 영은 완전한 하나님이며 어느 곳에나 편재하신다(The Trinity 2.31-32). 영은 사람들을 진리 안으로 인도하신다. 이 선물은 모든 사람들에게 제공되지만, 값없이 받아들이며 하나님의 계명에 충성함으로써 그것을 보유해야 한다. 이 선물과 더불어 소망과 사망의 두려움 극복이 함께 임한다.

마리우스 빅토리누스는 아프리카에서 태어난 로마인 연설가였는데, 고전적이고 철학적인 교육을 받았으며, 그리스어와 라틴어를 사용하여 저술했다. 그가 기독교로 개종한 이야기는 어거스틴의 『고백록』제8권에 실려 있다. 그는 일찍이 신플라톤주의적인 내면적인 지식의 삶으로의 소명, 물질적으로 살기보다는 지적으로 살라는 부름에 응답했었다. 그는 신플라톤주의의 *esse, vivere, intelligere*라는 셋으로 이루어진 한 벌에서 영혼 안에 있는 삼위일체를 닮은 이미지를 발견했다. 그는 기독교 신학자로서 아리우스와 반(半) 아리우스주의자들에 반대하여 존재(being)와 생명(life)과 지식(understanding)의 호혜적 현존과 동등성을 증명하기 위해서 이 셋으로 이루어진 한 짝을 사용했다. 여기에서 존재(being)인 성부는 생명(성자)이 출발하는 근원이며, 지식(성령)에 의해서 복귀하는 근원이다. 그리스도는 우주적 생명으로서 사람들을 하나님께로 인도하기 위해서 감각적인 세상에 고귀한 생명과 하나님의 지식을 가져온다. 그리스도의 사망 이후로 감추인 그리스도는 지식에 의한 하나님께로의 복귀 원리인 성령 안에서 행동하신다. 사랑의 삼위일체적 삶에 대해 개방되어 있는 사람의 내면에서의 성령의 임재로부터 관상적 복귀가 비롯된다. 삼위일체 안에서 폭포처럼 떨어지는 이 사랑은 성육신의 케리그마, "하나님께서 얼마나 세상을 사랑하셨는지"를 보여주는 계시이다. 빅토리누스는 요한과 바울의 저술들 안에서 이 신적인 겸양에 대해 읽고서 그것을 자신이 신플라톤주의자들에게서 인간의 소명에 대해 배운 것과 종합했다. 그는 『아리우스를 대적하여』 제1권에 다음과 같이 기록했다:

> 하나님께서 "하나님의 형상으로 존재하실 때에 자신을 비우셨으며" 먼저 육신 안에 거하여 인간적 출생의 운명에 동참하고 십자가에 달림으로써 고난을 당하신 것은 큰 신비이다. 그러나 만일 그가 창조에 의해서 인간에게서, 혹은 무에서부터, 또는 하나님에게서부터 비롯되었다면 이러한 일들은 놀라운 것이 아닐 것이다. 만일 그가 육신 안에 거하기 전에는 존재하지 않았다면, "자신을 비운다"는 것은 무엇을 의미할 것인가? 그리고 그는 어떤 존재였는가? 그분은 "하나님과 동등하다"고 말했다. 그러나 만일 그가 무에서부터 피조 되었다면, 어떻게 동등할 수 있는가? 그렇기 때문에 이것은 육체 안에 나타난 "위대한 신비"이다.(1.26)

그 신비는 삼위일체적 사명의 신비이다. 거기에는 신적 생명이 성자를 통해서 세상에 내려오는 것, 세례 때에 영혼 안에 내려오는 것이 포함되며, 또한 관상에 의해서 영혼이 성령을 통해 성부에게로 상승하는 것도 포함된다:

> 영혼의 로고스와 육신의 로고스가 부패로 말미암아 파괴된 후에 부활로 인도하는 사망의 신비에 의해서 성령의 인도하심 하에서 영혼과 육체를 일으켜 거룩하고 생명을 주신 지성으로 들려 올려지며, 지식과 믿음과 사랑에 의해 들려 올려지기 위해서는, 물질적 세력들에 의해 어지럽혀진 영혼의 어두움과 무지에게는 영원한 빛의 도움이 필요하다.(Victorinus *Against Arius* 1.48)

삼위일체 안에서와 세례 받은 영혼 안에서 행하는 성령의 역할에 대해서 빅토리누스는 그의 전임자들보다 더 많이 논했다. 그는 성령을 삼위일체 내의 여성 원리라고 불렀으며, 영(Spirit)이란 세 개의 신적 실재들의 동등성의 원리라고 말했다. 기독교인들에게 있어서 영은 하나님과의 연합의 원리이기도 하다. 금욕 생활은 우리를 지혜와 계시의 거룩한 영과 결합시키기 위해서 우리를 감각적 지식에서부터 분리시킨다. 믿음은 영에 의해서 주어진 하나님에 대한 지식, 신적 생명으로의 첫번째 부활로서 지혜를 준비해준다. 생명인 영혼은 성자를 닮은 형상이며, 성자는 성부의 형상이다. 영혼은 기독교적 행동 안에서 하나님을 닮아간다. 영혼이 삼위일체 하나님을 닮기 위해서는 사회적인 자질, 관상이나 성부에게로의 방향 전환으로 이어지는 사랑이 필요하다.

빅토리누스는 자신의 전임자들과 마찬가지로 모든 신적인 행동들 ad extra은 통일체인 삼위일체에 의해서 성취되며, 그러면서도 삼중적 본질을 반영한다고 가르쳤다:

> 삼위 안에는 삼중적 행위가 있습니다.
> 그러나 복된 삼위 일체는 오직 하나입니다.(*Hymn* 3)

어거스틴

어거스틴(354-430)은 빅토리누스가 번역한 몇 가지 라틴어 역본들을 통해서 신플라톤주의를 알게 되었다. 그러나 빅토리누스의 삼위일체 신학이 어거스틴의 신학에 영향을 주었던 것 같지는 않다. 그러나 빅토리누스와 어거스틴 모두 인간이 하나님의 형상으로 지음을 받았다는 것을 신적 소명의 핵심으로 보았다. 빅토리누스는 그리스도가 아버지의 형상이라는 바울의 진술 때문에 이것이 그리스도를 닮으라는 소명이라고 말했지만, 어거스틴은 인간이 삼위일체의 형상으로 지음을 받았으며 원죄 때문에 훼손된 그 형상을 재형성하라는 소명을 받고 있다고 조심스럽게 말했다. 우리가 나의 형상이나 너의 형상이 아니라 "우리의 형상으로 우리의 모양을 따라 사람을 만들자"라고 기록된 구절에서 형상에 대해 생각할 때에, 믿음은 우리에게 인간이 삼위일체의 형상으로 지음을 받았다고 믿어야 한다고 가르친다(Augustine The Trinity 14.19.25). 더욱이 인간 정신의 삼위일체는 하나님의 형상과 모양인데, 그것은 정신이 그 자체를 기억하고 이해하고 사랑하기 때문이 아니라 그 조성자를 기억하고 이해하고 사랑하기 때문이다. 정신은 그렇게 하는 동안에 지혜를 획득한다(Augustine The Trinity 14.19.15). 아담이 이 형상과 모양으로 지음을 받았기 때문에 모든 아담의 자녀는 capax Dei이다. 믿음과 소망과 사랑은 그 모양을 회복시켜 줄 것이며, 서서히 마음의 깨끗함과 평화를 가져올 것이다. 깨끗한 마음만이 하나님을 볼 수 있을 것이며, 화평을 이루는 자들만이 그의 지혜에 참여할 것이다. 사람은 믿음에서 사랑으로, 정신 안에서 삼위일체 하나님의 형상을 보는 데서부터 자기의 형상, 즉 인간들 안에서 하나님을 보는 데로 나아간다. 하나님을 닮은 사람은 그분을 볼 수 있게 되지만, 얼굴과 얼굴을 대면하여 보는 것이 아니라 거울을 통하듯이 희미하게 볼 수 있다.

  이처럼 삼위일체의 형상으로 지음을 받았다는 사실은 신적인 친밀함과 교제로의 부름이 된다. 어거스틴은 때때로 감각 세상에 몰두하는 것과 대조가 되는 내향성을 나타내기 위해서, 하나님을 닮음이나 영혼이 돌아가고자 갈망하는 대상인 은혜로운 완전의 상태, 하나님이 의도하셨으며 하나님의 지혜와 지식과 사랑으로 표현된 바 하나님께서 주신 삼위일체와의 친밀함의 실체, "당신 안에서, 당신에게, 그리고 당신 때문에" 기뻐하는 행복한 생활, 진리, 즉 하나님 안에서의 기쁨 등을 지적하기 위해서 복귀(return), 또는 "reditus"라는 용어를 사용했다(Augustine The Happy Life 1.4.35).

  어거스틴 자신의 회심은 믿음과 사랑의 은사를 통해서 삼위일체의 형상으로 재형성되는 것이었다. 하나님을 닮는 능력은 성자를 통해서 실현되지만 삼위일체와 관련된다. 바울이 가르친 것처럼, 만일 영혼이 하나님의 아들의 형상으로 지음을 받았다면, 영혼은 삼위일체의 형상으로 지음을 받은 것이 된다. 왜냐하면 그리스도께서 "나와 아버지는 하나이다"라고 말씀하셨기 때문이다. 그 형상은 원래 거룩하고 공의로우신 하나님의 형상으로 아담을 지으신 삼위일체에 의해서만 개조될 수 있다. 삼위일체는 사람들을 개조하여 거룩한 삼위와의 친밀함을 이루게 할 뿐만 아니라 기독교적 교제, 믿음과 사랑에 의해서만 성취될 수 있는 교제에 들어가게 하신다.

하나님께로 복귀하는 움직임은 하나님의 말씀이 주도한다. 말씀은 사랑 안에서 아버지에게서부터 오는 모든 것을 받아들이면서 사랑 안에서 모든 것을 복귀시킨다. 사랑은 하나님의 영을 지칭하는 특별한 명사이다. 하나님은 사랑이시고 삼위일체이시므로, 성자가 사랑이듯이 성부도 사랑이시다. 사랑이신 성부는 창조와 섭리의 원리이시며, 사랑이신 말씀은 회심과 조명의 원리이시며, 사랑의 원리이신 영은 성부에게로의 복귀의 원리이다. 삼위일체와의 사랑의 친교는 관상적인 지혜이며, 지혜는 참되고 유일한 하나님의 형상이요, 사랑을 통해서 하나님과 사회와 세상에 참여하는 역동적 과정이다. 거룩한 위격들과의 친교 안에서 영혼은 지혜와의 닮음을 획득하며 창조적이고 섭리적이고 신적인 행동, 조명하고 사랑하는 행동에 동참한다.

바울의 말을 따르자면(고전 13:12), 형상이란 다소 완전하게 하나님을 반영하는 거울이다. 그러나 그 형상은 기억하고 이해하고 의도하는 등의 지적인 행동들 안에 위치하기 때문에, 여기에서는 물질적인 형상을 암시하는 것이 아니라 삼위일체에 의해서 삼위일체 하나님을 지향하게 만들어진 행동을 암시한다. 장차 우리가 변화되는 날이 올 것인데, 그 때에 우리는 "저와 같은 형상으로 화하여 영광으로 영광에 이르니 곧 주의 영으로 말미암음이니라"(고전 3:18).

어거스틴은 이것을 영적 진보를 의미하는 것으로 해석하면서 "이것은 날마다 꾸준히 진보하고 있는 사람들의 내면에서 발생하는 것이다"라고 말했다(『고백록』 7.10). 그래서 그는 "내가 당신을 기억하고, 당신을 이해하고, 당신을 사랑하게 해 주십시오. 내 안에서 이러한 선물들이 증대되어 마침내 당신께서 나를 완전히 다시 형성해 주시기를 기도합니다"라고 기도했다(The Trinity 14.17.23).

어거스틴은 성육신의 신비에 대해 꾸준히 묵상했다. 이것은 그가 삼위일체의 신비가 영성 생활에 중요치 않다고 생각했다는 의미는 아니다. 이 두 가지 신비는 서로 밀접하게 연결되어 있다. 성육하신 그리스도는 삼위일체적 삶을 사셨다. 성령은 그를 광야로 인도하여 그의 아버지와 이야기하게 하셨다. 그리고 그리스도는 자기를 따르는 자들에게 삼위일체의 존재를 알리셨다. 교회는 세례 때마다 이것을 알리며 각 사람들을 서로 관계를 맺고 있는 이 삼위에게 맡긴다. 어거스틴도 빅토리누스처럼 피조물을 향한 하나님의 사랑에 의해 겸손해졌으며, 이것을 삼위일체 내에 있는 사랑의 생명의 반영이라고 보았다.

라틴 교부들과 그리스 교부들, 특히 나지안주스의 그레고리의 영향을 받은 어거스틴은 독특한 삼위일체 신학을 발달시켰다. 성자는 성부의 완전하고도 실질적인 표현이요 그의 자기 인식의 발생(generation)이며; 성령은 발아(spiration), 입맞춤에 의해서 성부와 성자에게서 발출한다. 그러므로 성령은 하나의 원리에게서 발출하듯이 성부와 성자에게서 발출한다. 성자는 오순절 때에 성령을 보내기 위해서 근원이 되시는 성부에게서 능력을 취하신다. 성부와 성자는 서로 공통적으로 가지고 있는 사랑, 즉 성령 안에서 만난다. 어거스틴은 가시적인 사명들(성육신, 그리고 예수께서 세례를 받으실 때와 오순절 날에 성령이 육적인 형태를 위한 것)이 우리로 하여금 신적인 관계들을 알게 했음을 강조했지만, 그는 눈에 보이지 않는 사명들, 즉 의롭다 함을 받은 영혼들 안에 삼위가 내주함으로써 기독교인들의 영성 생활이 얼마나 변화될 수 있는지에 더 큰 관심을 가졌다. 그는 요한과 바울로부터 성자의 임재에 대해 배웠고(요 14:23; 17:23; 갈 2:20; 롬 8:10; 엡 3:17), 바울에게서 성령의 임재에 대해 배웠다(고전 6:19; 12:11; 갈 4:6).

 삼위일체는 그들 자신의 교제에 의해서 하나님과 사람들, 그리고 사람들 간의 교제를 실현하기 위해 임재하신다. 성부 됨(Fatherhood)의 신비는 자기를 내어주심, 엑스타시, 신성 포기(kenosis)의 신비이다. 그분은 성자의 아버지로서 자신을 완전히 포기하시며, 구체화된 사랑인 성령을 호흡하여 내뿜으신다. 그의 말씀 안에서 모든 것이 알려지며, 그의 사랑인 성령 안에서 모든 것이 창조된다. 성자는 피조물들에게 성부를 계시하며, 성령은 신실한 자들의 심령 안에 양자의 영을 심어주어 그들이 하늘에 계신 자기의 아버지를 알고 그분께 외치게 해준다. 아들은 아버지를 영화롭게 하며, 성령은 아들을 영화롭게 하고(요 16:14) 신자들의 마음에 사랑을 부어 준다. 끊임없이 하나님의 형상과 모양으로 하나님에 의해서 피조 되기를 원하는 마음이야말로 기독교적 완전의 출발점이다. 우리도 성자와 같이 모든 것을 성부에게서 받아야 하며, 성부와 같이 자신을 선물로 내어주며 기도를 통해서 하나님께 유익하게 되고 사도들의 발을 씻어주신 그리스도처럼(요 13:14-17) 봉사함으로써 이웃에게 유익을 주기 위해 고집을 버려야 한다. 그리고 성령처럼 영원히 성부와 성자를 영화롭게 해야 한다.

 기독교 영성에 있어서 어거스틴의 삼위일체 신학이 지니는 가치는 아담이 삼위일체 하나님의 형상으로 지음을 받은 것, 그리고 공동체 내에서의 삼위일체적인 관계의 근거가 되는 사랑에 대한 고찰에 있다. 그는 관계를 삼위일체를 설명하기 위한 신학적 도구로 삼았을 뿐만 아니라 기독교적 삶의 중심적인 결과로 삼았다. 어거스틴은 바울의 영향을 받아 관상생활의 근본적인 목표로서 사랑을 인용했다. 성령이 성부와 성자와 동일 본질을 가지고 있다고 이해한 가장 초기의 신학자는 빅토리누스이지만, 빅토리누스는 성령과 지식을 동일시한 반면에, 어거스틴은 기독교적 삶에서 사랑의 구심성의 표현으로서 삼위일체 내에서의 성령의 통일시키는 기능에 집중했다. 그는 성령과 사랑을 분명하게 동일시한 최초의 인물이었다 (*The Trinity* 9.12.17).

> 성령도 이 동일한 통일성과 본질의 동등성 안에 존재한다. 성령이 그들 양자 사이의 통일체거나 또는 그들의 거룩함이나 사랑인지, 아니면 그가 거룩함이기 때문에 통일체이건 간에, 그가 둘 중의 하나가 아닌 것은 분명하다. 그를 통해서 둘은 하나로 결합되며, 그를 통해서 독생자는 성부의 사랑을 받으며, 자신을 잉태하신 분을 사랑한다. 그들은 그분 안에서 평안의 매는 줄을 통해서 영적인 통일을 보존한다(엡 4:3). 그것은 참여함에 의해서가 아니라 그들 자신의 본질에 의해서이며, 그들보다 탁월한 존재의 선물에 의해서가 아니라 그들 자신의 선물에 의해서이다. 우리는 하나님과의 관계에서와 인간들과의 관계에서 이 통일을 본받으라는 명령을 받고 있다. 모든 율법과 선지서는 이 두 계명에 의존하고 있다(마 22:37-40). (Augustine *The Trinity* 6.5.7)

삼위일체의 형상을 닮는 일은 정신의 활동에 한정되지 않는다. 거기에는 지식과 사랑과 행동의 종합이 요구된다. 삼위일체 내에 있는 실질적인 관계들은 기독교적 삶을 위한 패러다임이며, 기독교적 삶은 실질적인 인간들의 공동생활이다. 모든 물질, 모든 행동, 그리고 모든 자연적인 지식은 사랑을 위해 사용되어야 한다. 어거스틴은 요한과 바울의 서신들에 대해 논평하면서, "사랑은 성경의 정신이며, 예언의 효력이며, 성례에 의해서 주어지는 구원이며, 지식의 기초이며, 믿음의 열매이며, 가난한 자들의 재산이요, 죽어가는 자들의 생명이다"라고 말했다(*Commentary on the Epistle of John* 5.7; *Commentary of the Epistle to the Galatians* 4.5).

사랑의 튼튼하게 해주는 혜택을 받기 위해서 성령에 대해 개방적인 태도를 지니면 성도들의 교제가 형성될 것이다. 기독교 공동체는 배타적인 것이 아니라 우주적인 것이다. 그것은 한 마음과 한 뜻을 가진다. 어거스틴은 사도행전에 묘사된 공동체에서 감화를 받아 수도생활을 위한 『규칙』을 작성했다. 그는 "우리가 하나가 된 것 같이 저희도 하나가 되게 하려 함이니이다 곧 내가 저희 안에, 아버지께서 내 안에 계셔 저희로 온전함을 이루어 하나가 되게 하려 함이니이다"(요 17:22-23)라고 하신 그리스도의 기도에 대한 응답으로 삼위일체의 형상을 보다 완전하게 닮는 일의 성취를 위한 사랑의 교육의 중심지가 수도원이라고 보았다.

성 빅톨 수도원의 리차드

성 빅톨 수도원의 리차드(Richard of St. Victor, 1173년 사망)의 가르침에는 삼위일체 영성이 스며들어 있다. 리차드는 샴포의 윌리엄(William of Champeaux)이 파리에 세운 공동체에 소속되어 있었다. 성 빅톨 수도원의 휴(Hugh)는 그 수도원의 사변적이고 정서적인 신비주의를 대변하는 감동적인 인물이었다. 리차드는 휴의 신비적인 교리들을 체계화했으며, 중세 시대의 영적 스승이 되었다. 주로 인간 영혼 안에 임한 하나님의 임재에 대한 응답인 사랑을 통해서 삼위일체에게로의 신비적인 상승을 뒷받침하는 감화는 어거스틴의 감화로서, 그것은 빅톨 수도원의 수도사들을 통해서 헤일즈의 알렉산더(Alexander of Hales)와 보나벤투라(Bonaventure)에게까지 미쳤다.

성 빅톨 수도원의 리차드의 저서 『삼위일체』(The Trinity)에서, 우리는 믿음의 지식과 밀접하게 연결된 종교적 헌신을 볼 수 있다.

그의 신학은 그의 믿음을 나타냈으며, 그가 개인적으로 신조 (credo)를 자신의 삶과 융합시켰음을 표현했다. 리차드는 성 빅톨 수도원의 젊은 종교인들에게 하나님과 보다 밀접하게 연합하기 위한 방법으로서 이 방법을 추천했다. 사고(思考)의 종착점으로서보다는 출발점으로서 권위가 사용되었고, 사고 자체는 사랑을 위해서 사용되었다. 어거스틴, 디오니시우스, 보에티우스, 안셀름, 카시안 등의 영향을 받았음에도 불구하고, 리차드의 신학은 독창적이었다. 그의 사고를 인도한 기본적인 형이상학적 직관은 안셀름의 것을 닮은 것으로서, 하나님은 완전한 존재라는 것이었다. 그러나 요한과 어거스틴의 감화를 받은 리차드는 안셀름의 견해를 초월하였으며, 사랑이 지극히 완전하신 분의 지극히 완전한 특성이라고 칭했다.

완전한 사랑에는 사람들의 삼위일체가 요구된다: 우정의 사랑에는 다른 사람이 필요하다: 그러나 완전한 사랑에는 사랑하는 자가 사랑받는 자에 관심을 가지며, 사랑하는 자가 사랑받는 자를 보듯이 사랑받는 자가 사랑하는 자를 보는 관심에 동참하는 세번째 인물이 포함된다. 이와 같이 리차드는 어거스틴이 인용한 바 성부와 성자의 상호간의 사랑에 "동참하는 사랑"(shared love), 자신이 사랑하는 자에게서 느끼는 기쁨을 제삼자와 나누어 갖기를 원하는 연인을 추가했다. 연인은 사랑받는 자가 단지 사랑을 돌려주는 데 그치는 것이 아니라 완전하게 베풀어주는 종류의 사랑에 동참하기를 원한다. 성부께서 성자에게 자신을 완전히 주신 것처럼, 성자는 자기를 완전히 성령에게 주신다(Richard of St. Victor The Trinity 3.19). 두 사람의 사랑은 단순히 서로 사랑하는 데 그치는 것이 아니라 연합하여 하나의 사랑으로, 즉 그들로 하여금 가장 가능성 있는 연합을 이루게 해주는 또 다른 사람을 향한 공통된 사랑이 된다.

완전한 사랑의 특성인 바 동참하는 사랑은 제3의 위격이 있어야만 삼위일체 안에 존재한다. 그러므로 성령은 하나의 원리에서 발출하듯이 성부와 성자에게서 발출한다. 위격적인 특성들은 세 종류의 사랑—무상의(gratuitous) 사랑, 반응적-무상의(responsive-gratuitous) 사랑, 반응적(responsive) 사랑에 한정된다. 잉태된 존재가 아닌 성부의 위격적 특성은 주는 것이고, 성자의 위격의 특징은 받는 것이다. 성자 역시 성령에게 베풀어주며, 성령은 성부와 성자로부터 전적으로 받아들이며, 양자로부터 동시에 발출한다. 프와티에의 힐라리가 인식한 바와 같이, 성부는 주는 자요, 성자는 받는 자인 동시에 주는 자요, 성령은 선물이다. 거룩한 위격들은 사랑의 관계들에 의해서 구분되며, 자기들의 원천들에 의해서 구성된다.

삼위일체이신 하나님에 대한 리차드의 믿음-이해는 스스로를 초월하는 인격들 간의 사랑의 체험을 조명해준다. 영성 생활은 육적인 사랑에서부터 시작되는데, 그 사랑은 점차 해방되어 완전한 사랑, 상대방을 자기와 하나인 것처럼 여기는 사랑으로 나아간다. 그러나 본성적인 사랑이 신화되기 위해서는, 성령 안에 참여하는 일이 필요하다. 성령은 삼위일체 안에 있는 선물일 뿐만 아니라 인간 영혼들에게 주는 선물로서 그들로 하여금 "반응적 사랑"일 수밖에 없는 사랑 안에서 하나님을 향하도록 촉구한다. 인간의 영에 대한 성령의 행위는, 불이 쇠를 변화시키듯이 인간의 영을 변화시켜 영(Spirit, 사랑)을 닮은 것으로 만드는 것이다(Richard of St. Victor *The Trinity* 6.14). 이렇게 성령과 연합하는 변화는 영적 결혼으로 이어지며, 인간 영혼으로 하여금 사랑의 역사 안에서 열매를 맺게 만든다.

삼위일체 안에서의 위격들 간의 사랑은 하나님을 닮은 하나의 형상인 인간적인 사랑에게 무엇이 기대되는지를 조명해준다. 사랑은 개인적인 만족의 원천에 불과한 것이 아니다. 사랑은 의사소통과 상호관계에 의해 표현되는 교제의 원천이 되어야 한다.

리차드는 삼위일체 안에서 참된 기독교인들 상호 간의 사랑의 본보기를 인식하게 만들 사람들이 실천한 영성을 표현했다. 기독교인들은 삼위일체 하나님의 이름으로 세례를 받을 뿐만 아니라, 사랑에 의해 삼위일체를 반영하는 믿음의 공동체 안에 들어간다. 그들은 그러한 반영을 강화하라는 부름을 받고 있다. 이것은 성찬식을 통해서 지원되는데, 성찬식은 공동체의 축제일 뿐만 아니라 아무도 배제하지 않는 사랑의 영에 대해 개방적인 태도를 지니는 공동체를 육성하는 삼위일체적 예식이기도 하다.

초대 및 중세 시대 교인들의 영성 생활은 부활하신 그리스도와 함께 성부에게로 돌아가려는 열정적인 노력이었다. 영성의 의미는 비물질성, 인간 본성의 절반, 즉 육체를 부인하는 것이 아니었다. 영성이란 성령 안에서 성자를 통하여 성부와 교제하는 것, 하나님을 위한 사랑을 공유함으로써 인간들이 서로 교제하는 것이었다. 순교와 수도원 운동은 부정적인 요인이기보다는 적극적인 요인들이었다. 그것들은 기독교인들로 하여금 그리스도의 고난과 죽음 안에서 그리스도와 동등하게 되며 관상과 사랑에 의해서 삼위일체의 삶에 들어갈 수 있게 해주었다. 성부와 성자의 연합에서 발출한 사랑의 영은 공동체를 만들어내며, 모든 사람들을 성부와 성자, 그리고 서로에게 결속시켜 준다. 이것은 위대한 사명이다. 영성 생활은 "홀로 거하는 자(alone)에게서부터 홀로 계신 분(Alone)"에게로의 비상(飛翔)이 아니라, 성부와 성자와 성령의 삼중적 방법으로 모두와 관계를 갖는 것이다. 거기에는 성부의 관대함, 성자의 지혜, 공동체 안에서 표현되는 성령의 사랑 등에 대한 내적 개방성이 포함된다. 일찍이 터툴리안은 이 점에 유의하여 "이 기독교인들을 보라. 그들이 서로 얼마나 사랑하는지를"이라고 말했다(*Apology* 39).

기독교인들의 기도와 여러 가지 태도에 나타난 삼위일체 영성의 전후에는 삼위일체 교리의 발달이 있었다. 서신들과 복음서들이 기록될 당시 기독교 신앙에는 그리스도의 신성이 깊이 뿌리를 내리고 있었다(히 1:8-9; 요 1:1; 1:18; 20:28; 요일 5:20; 딛 2:13; 롬 9:4; 벧후 1:1). 신약 성경에는 스스로 성부의 외아들이요 아버지와 하나요, 아버지와 함께 성령을 보내는 분이라고 선포하시는 대속주이신 예수 그리스도에 대한 믿음의 구전 전승이 메아리치고 있다. 구전의 성경적 전통은 사도신경처럼 2세기에 전해진 로마의 신조 안에 표현되었고, 1세기에는 『디다케』(Didache), 2세기에는 저스틴 마터의 『유대인 트리포와의 대화』(Dialogue with Trypho the Jew)와 『변증』(Apology)에서 초기의 형태로 재현되었다. 이러한 상징적 표현에서부터 개념적 표현으로의 이동은 325년에 니케아에서 이루어졌다. 당시 아리우스의 주장에 반대하여, 성자가 성부가 아니라는 사실 외에는 성부에 해당되는 것은 모두 성자에게 해당되므로 성자는 성부와 동일 본질을 갖는다고 선포되었다. 바울은, 성령이 하나님과 동등하다고 가르쳤고(롬 8:14-18), 요한은 성령, 즉 다른 보혜사의 신성과 위격성을 암시했다(요 14:16; 5:26; 16:7). 성서에서 상징되었으며 기도 안에서 실현된 이 성령의 신성은 아타나시우스와 빅토리누스에 의해 개념화되었으며, 콘스탄티노플 공의회(381년)에서 하나의 교리로 형성되었다. 이 공의회에서는 니케아에서 시작된 삼위일체에 대한 정의를 완성했다. 성부와 말씀과 성령에 대한 기독교인의 믿음은 처음에는 기도, 자세, 행동 등에서 표현되었으며, 나중에 와서야 삼위일체의 교리로 분명히 표현되었다: *lex orandi, lex docendi*.

  종교회의의 규정이나 교의적 규정들이 신적 실재의 전체를 포함한다고 주장하지 않듯이, 그러한 규정들이 일으킨 영성은 자기 만족에 굴복해서는 안된다. 어느 시대에나 하나님의 계시라고 이해되어진 것대로 실천하며 살려는 노력하는 사람은 삼위일체의 신비를 제거하지 않는다. 삼위일체의 신비는 언제나 끊임없는 발달과 성부에 대한 부정적(apophatic) 체험의 기초를 긍정적 신학에 두며, 보다 완전한 영적 태도들을 일으킬 것이다. 중세 시대의 영성은 신학적 특성을 지닌 교부적 영성, 그리고 하나님의 자취인 우주와 하나님의 형상인 인간에 대한 견해에서 자라 나왔다. 영성생활의 발전과 배움의 사랑 사이에는 전혀 반대되는 것이 없었다. 성자와 성령의 기원은 지식과 사랑에서 발출하는 것으로 분명히 표현되었다. 지식과 사랑이 인간의 삶 안에서 서로를 장려할 때에, 강력하고 신빙성 있는 영성으로 말미암아 위대한 신비가들이 양성되었다. 지식과 사랑이 없으면 하나님께로의 복귀가 있을 수 없었다. 신적 통일로의 복귀는 사랑과 믿음 안에서 이 두 가지가 변화됨에 의해서 시작되었다. 하나님과의 형언할 수 없는 연합으로 인도하는 것은 종교적인 체험이었다.

이와 같이, 초대 시대와 중세 시대의 기독교인들은 삼위일체가 기독교적 삶과 무관하다고 생각하지 않았다. 그 때문에 그들은 내면성과 종말론을 생각하게 되었다. 그들은 내면 생활과 내세의 삶의 부요함에 관심을 집중하면서도, 삼위일체의 영성이 인간, 즉 육적인 것에 충분한 관심을 나타냈던가? 어거스틴은 영혼 안에서 하나님의 형상을 발견했으며, 빅토리누스와 성 빅톨의 리차드도 역시 그러했다. 그러나 인간이 그리스도의 형상을 따라 지음을 받았다고 가르친 빅토리누스는, 그리스도가 성육하셨기 때문에 전인, 즉 몸과 영혼이 그의 형상으로 지음을 받는다고 가르쳤다. 어거스틴은 이러한 주장을 받아들이지 않았지만, 그리스도는 우리가 삼위일체의 지식에 이르는 길이요 삼위일체 안에서의 삶에 이르는 길이라고 깨달았다. 그는 내재하시는 하나님이 만물 안에서 존중되고 사랑을 받는 세상에서 사랑과 순종 안에서 행동하셨으며, 성부의 신비에 대해 개방되어 있는 삼위일체적 삶을 사는 방법을 보여주는 본보기라고 깨달았다. 성육하신 아들, 즉 말씀은 인간적인 것과 우주적인 것들 안에 깊이 들어가 그것들을 거룩하게 만드는 과정을 가능하게 만드신다. 삼위일체 안에 있는 성자의 생명이 그로 하여금 신적인 것과 인간적인 것을 통합할 수 있게 했듯이, 인간 영혼 안에 있는 삼위일체의 형상은 한 인간으로 하여금 절대적인 것들을 향한 운동, 그리스도 안에서 만물을 회복시키는 운동 안에서 육을 포함하여 인간적인 것들과 신적인 것을 연합할 수 있게 해준다. 영혼의 삼위일체적 형상을 재형성하는 일은 성부의 형상으로서 유한한 역사적 세상 안에 살았던 분, 우리의 본보기요 중보자이신 예수를 통해서 이루어진다.

삼위일체의 교리는, 창세기에 있는 형상의 교리와 연결될 때, 인간의 존엄성에 대한 의식을 제공해준다. 인간은 합리성 때문만이 아니라 하나님의 형상으로 지음을 받았기 때문에 동물과 다르다. 모든 인간은 삼위일체의 통일, 하나님 및 다른 사람들과 교제하는 공동체에 속하라는 신적 소명을 가지고 있다. 은혜와 자유로운 선택을 통해서, 그리스도께서 생생하게 나타내셨던 바 새로운 사랑의 법에 순종할 때, 인간의 내면에 있는 손상된 하나님의 형상이 회복되며, 그의 실재 안에 삼위일체, 즉 공동체이신 하나님이 계시 된다.

참고문헌

Bouyer, Louis, *The Spirituality of the New Testament and Fathers*. Vol. 1 of *A History of Christian Spirituality*. New York: Seabury, 1982.

Daniélou, Jean. *The Origins of Latin Christianity*. Philadelphia: Westminster, 1977.

Hill, William J. *The Three Personed God*. Washington, D.C.: Catholic University Press 1982.

Panikkar, Raimundo. *The Trinity and the Religious Experience of Man*. New York: Orbis Books, 1973.

Prestige, G. L. *God in Patristic Thought*. London: S.P.C.K., 1959.

Sullivan, John E. *The Images of God*. Dubuque, IA: Priory Press, 1963.

제12장
하나님의 형상인 인간

1. 동방 기독교

라르스 툰베르그(Lars Thunberg)

  기독교 영성에서는 한 인간으로서의 인간이 매우 중요하다.[1] 이것은 기독교 영성이 개인주의적인 것이라는 의미가 아니다. 인간은 항상 사회적 맥락에서 간주된다. 기독교 영성의 주체는 이웃들과 함께 하는 인간이다. 이것은 인간론과 교회론이 상호 관련되어 있음을 의미하기도 한다.

  인간은 항상 하나님의 형상으로 지음 받았다고 이해된다. 한 인간의 형상으로서의 성품(image character)과 인간 실존의 목적(image purpose)이 기독교 영성의 특성을 이룬다. 그러므로 이 영성에서는 한 인간으로서의 인간과 공동위격적(copersonal) 대응자인 하나님이 결정적인 요인으로 간주된다. 마틴 부버(Martin Buber)가 유대교의 관점에서 "나-당신(I-Thou) 관계"라고 부른 것은 기독교 사상과도 관련을 지닌다. 신적 실재를 닮은 형상인 인간은 단순히 그 형상을 반영하는 거울로서만 이해되지 않으며, 하나의 개인적인 주체로서 자유 안에서 하나님으로부터 도전을 받으며 그 도전에 대해서 행동과 경건한 인식으로, 또는 죄악된 반역으로 반응하는 것으로 이해된다.[2]

이 기독교 영성의 기초는 초대 교회 안에 놓여 있었다. 이 영성을 대변하는 권위 있는 저자들과 영적 교부들은 그 영성의 인간론을 발달시켜 영적 발달에 관한 성찰의 간결한 기초로 삼았다. 이와 같은 배경에서는 "형상"(image)와 "위격"(person)이라는 두 개의 개념이 중요하다. 인간은 근본적으로 피조된 질서 안에서의 하나님과의 관계와 관련된 "성상론적"(iconological) 목적을 지니고 있는 존재, 동시에 하나의 위격, 즉 기존의 질서 안에 있는 불충한 저항의 중심지도 아니고 하나의 종(species) 안에 있는 개인도 아닌 자아를 발달시킬 수 있는 존재로 이해된다. 형상이라는 개념과 인격이라는 개념은 사실상 같은 곳에 속한다. 신적인 생명은 위격적인 것으로 이해된다. 하나님은 삼 위 안에 있는 신성이며, 따라서 하나님의 형상을 지니고 있는 인간도 당연히 하나의 위격이다.

초대 교회는 인간적 영성에 중요한 신학적인 주제들에 주의를 집중할 수 있는 비상한 능력을 소유하고 있었다. 그러한 주제 중에서 탁월한 것이 세 가지가 있으며, 각각의 주제는 특이한 기독교적 관점을 다룬다:

(1) 하나님에 대한 이해. 여기에서 신적 실재는 삼위일체로 간주된다.
(2) 구원에 대한 이해. 여기에서는 구세주이신 그리스도가 신인(神人) 양성을 지닌 신비(theandric mystery)로 이해된다.
(3) 하나님의 형상을 지니고 있는 것으로 간주되는 인간에 대한 이해.

위격이라는 개념은 이 세 가지 주제 모두에 관련된다.

초대 교회는 이 삼위일체 신학의 발달 안에서 하나님이란 표면적으로나 내면적으로 자신을 삼위—성부와 성자와 성령—로 나타내는 하나의 본질이라고 보았다. 이것은 곧 위격은 동일한 본질이나 종(species) 안에서의 개별화라는 통찰로 이어졌지만, 하나님은 위격들이시므로 그보다 더 많은 것을 나타낸다. 특히 동방의 고대 교회 전통에서는 신적 본성은 본질적으로 존재하는 것이 아니므로, 삼위일체의 위격들은 단지 공통된 본성을 지닌 세 개의 종속되는 현현들로 이해될 수 있었지만, 그것은 성부와 성자와 성령 안에서 자신을 나타내는 한에서만 존재하는 것이 분명하다.[3]

이것은 기독교적 인간론에 간접적인 영향을 준다. 고대 교회는 기독론(구원의 교리)을 발달시키면서, 그리스도를 하나의 신인(divine/human person)으로 보았는데, 이것은 곧 *인간의 범주가 본성적으로 주어진 한계들을 초월함*을 의미한다. 451년에 칼케돈 공의회가 진술한 바와 같이, 그리스도는 두 개의 본성으로 이루어졌으나, 그럼에도 불구하고 하나의 위격이다.[4]

마지막으로, 인간론의 발달에 이어서, 고대 교회는 복합적인 존재—몸과 영혼—이면서도 "하나님의 형상 안에 있는" 자신의 존재와 연결된 세상 안에서 하나님으로부터 어떤 목적을 부여받는 통일체로서의 인간에 초점을 두었다. 이 통일체는 한 사람이 한 인간이 되는 것과 관련이 있으며, 또한 한 사람의 인격적 존재가 그의 "형상"의 특성과 절대적으로 밀접하게 관련되어 있다.[5]

이와 같이 고대 교회 내에서의 인간에 대한 평가는 삼위 안에 있는 한 분이신 하나님, 또는 그리스도—두 개의 본성을 지닌 하나의 위격이신 바 신인이신 구세주—와 인간의 관계에 대한 고찰과 분리해서는 생각될 수 없었다.

형상의 특성(Image Character) 안에 있는 인간들과 그리스도

지금까지 진술한 것은 물론 수세기 동안 이루어진 발달의 결과이다. 이런 종류의 통찰은 처음부터 완전하게 발달된 것이 아니다. 이 인간론의 근원이 무엇인지는 분명히 알 수 있다. 그중 하나는 고대의 성경적 전승이다. 창세기 1:26은 하나님께서 자기의 형상과 모양으로 인간을 지으셨다고 말한다. 여기에서 사용된 히브리어 ṣelem과 dĕmût는 모두 동일한 사상을 표현한다. 즉 하나님의 의도에 따라 인간에게는 피조된 우주 안에서의 특별한 지위—하나님 밑에서 이름을 짓고 다스리고 요약하고 한 데 모으는 지위—가 주어졌다는 것이다. 다시 말해서, 인간은 세상에서 하나님의 총독이다. 그러나 이것은 인간 창조에 대한 성경의 이야기들 중 하나에 불과하다. 창세기 2:7에서 우리는 하나님께서 흙으로 인간을 지으시고 그 인간을 살리기 위해서 그의 코에 자신의 생기를 불어넣으셨음을 알게 된다. 초대 교회는 이 두 개의 창조 기사를 진지하게 다루지 않을 수 없었으며, 이 두 개의 이야기가 서로와의 관계에서 지니는 가능성 있는 의미들과 씨름해야 했다.

동시에 초대 교회는 인간이 아담 안에서 타락했으며 새로운 아담이신 그리스도 안에서 다시 회복된 것으로 간주하는 사도적 전승의 청지기였다(고전 15장에 나타난 바울의 주장). 바울도 역시 인간을 하나님의 형상으로 보았지만, 특별히 그리스도 안에 있는 형상으로 보았으며, 그리스도의 구속하심 덕분에 말세에 하나님의 영을 부여받는 존재로 보았다. 게다가 초대 교회는 헬레니즘적인 문화적 환경 안에서 출현했다. 따라서 초대 교회는 그리스 철학을 다루어야 했으며, 동시에 그리스어 구약 성경인 칠십인역 성경을 다루어야만 했다. 칠십인역 성경에서의 창세기 1:26의 번역은 분명히 독특하다: 인간은 "하나님의 형상으로"(*kat' eikona*), 그리고 "그의 모양을 따라"(*kat' homoiōsin*) 지음을 받았는데, 이것은 처음에 주어진 것과 시간의 범주 안에서 실현될 것 사이의 간격을 암시해주는 듯하다. 만일 이것이 인류의 타락과 죄악됨이라는 개념과 결합 된다면, 인간은 자신의 "존재론적인" 형상의 특성과 "도덕적" 유사성 사이의 긴장 안에 있는 것으로 이해될 수도 있을 것이다.[6]

기독교 전통에서 *그리스도는 항상 참된 하나님의 형상이시며*(창조적인 말씀이신 로고스와 동일하시며, 인간의 육신으로 성육하신 분), 인간들은 이 형상을 따라서, 즉 그 형상의 형상을 따라서만 존재한다.[7] 로고스는 하나님께서 인간을 자기의 형상으로 만드시면서 사용하신 원형(原形)이며, 그리스도는 인간적인 것이 되어야 할 것의 원형(原型)이라고 간주된다. 그러나 이원성을 지니신 그리스도는 하나의 위격이기도 하다. 따라서 인간들은 연속적으로 그 원형(原型)을 반영하면서 인격적 성취로서 하나님을 닮은 자신의 모양을 발달시킬 것이다. 이제 이러한 일반적인 관점이 초대 교회 내에서 어떻게 발달되었는지를 보다 자세히 살펴 보려 한다.

복합적인 존재인 인간

초기 기독교 전통에서는 인간을 이중적인 존재로 보았다. 인간은 육체(body)와 혼(soul)/영(spirit)으로 구성되어 있다. 이 사실은 하나의 문제점 뿐만 아니라 가능성을 나타낸다. 문제점은 예를 들어 오리겐에게서 반영된다. 오리겐은 창세기 1장과 2장에 기초를 두고서 이중 창조의 이론을 만들어냈다: 첫번째 창조는 하나님 주위에 모여졌으나 결국 타락하고만 깨끗한 영들의 창조이며, 두번째 창조는 타락한 창조를 구원하시며, 인간의 육체에게 자신의 타락하고 얼어붙은 영혼(psychai)을 모아들이는 하나님의 행동에 의해서 이루어졌다.[8] 이 이론은 창조가 근본적으로 선한 것이라는 성경적 이해와 충돌하기 때문에(창 1:31을 보라) 후일 이단으로 정죄 되었지만, 후대에도 여전히 영향력을 발휘했다. 하나의 가능성으로서의 인간의 이원성은 리용의 이레니우스(Irenaeus of Lyons, 200년경 사망)에 의해 처음으로 상세히 설명되었다. 그는 아담이 완전하지는 않았지만 자신의 능력을 완전하게 발달시켜야 하는 신적인 과업을 부여받았다고 간주했다. 이 발달은 타락으로 말미암아 중단되었지만, 인간들은 그리스도 안에서 회복되었기 때문에(그리스도 안에서 그들의 역사를 재현함) 그들은 창조 때에 의도되었던 존재가 되는 자유를 지닌다.[9]

카파도키아의 교부 나지안주스의 그레고리는 인간의 복합적인 구성이라는 문제와 씨름했다. 인간은 육체와 영혼이 "혼합된 존재" 또는 "뒤섞인 존재"이다. 인간은 "영인 동시에 육"이다. 이렇게 혼합된 존재인 인간은 "일종의 두번째 세상"인 세상에서 다스리는 자가 되며, "가시적인 창조 세계에 대해서는 완전한 가르침을 받지만 지적인 것들에 대해서는 부분적으로만 안다."[10] 이 사실은 인간의 타락함의 표현일 뿐만 아니라(오리겐의 경우), 하나님께서 인간 안에 육과 영을 창조하심으로써 창조주께 반역한 피조 세계의 불행한 운명(예를 들면 타락한 천사 루시퍼의 운명)으로부터 보존해주심의 표식이기도 하다.[11] 기독교 사상이 발달하면서, 인간이 복합적인 존재라는 사실은 하나의 특권으로서 인간으로 하여금 하나님의 특별한 지위를 강탈하거나 물질 세계에 흡수되지 않으면서 피조된 질서 안에서 특별한 지위를 갖게 하는 것이라고 간주해야 한다는 것이 분명해졌다. 인간은 에워싸인(in between) 위치(이것은 투쟁을 암시한다)에 놓여 있는데, 바로 이러한 위치가 인간을 연약하게 하고 우쭐대게 만든다. 동방의 기독교 사상의 전통에서는 첫번째 양상이 우월하다고 생각하였으며, 서방에서는 후자가 우월하다고 생각했다.

오리겐이 볼 때에, 비록 하나님께서는 섭리 안에서 자신의 교육적인 계획 안에서 영과 육의 부차적인 공존을 사용하셨지만, 원래부터 영과 육이 공존한 것이 아니었다.[12] 그러나 후일 이 이론을 거부한 기독교 저술가들은 처음부터 인간 안에 있는 영과 육의 공존 안에서 하나의 신적인 도구를 볼 수 있었다. 역시 카파도키아 교부인 닛사의 그레고리는 자신의 저서 『인간의 창조에 관하여』(De hominis opficio)에서, 오리겐의 주장이 metempsychōsis라는 사상과 밀접하게 관련되어 있다고 주장했으며, 또 물질 세계에 빠지는 것은 하나의 정화(淨化)를 함축하는 것이 아니라 연속적인 타락—또는 감각적 삶이 영성 생활보다 우선하는 것을 함축한다고 주장했다.[13] 그런데 이것 역시 인간이 하나님의 형상을 소유하는 것과 반대가 될 것이다.

보다 후대의 교부인 고백자 막시무스(662년 사망) 역시 오리겐의 이론을 거부하는 데서부터 시작하여, 몸과 영이 분리하여 존재할 수 없다고 보았다. 그것들은 필요에 의해서 서로 연결되어 있다. 인간이 복합적인 본성을 가지고 있다는 것이 바로 인간의 비밀이다. 하나님께서 그런 식으로 원하셨던 것이다.[14] 비잔티움의 레온티우스(Leontius, 6세기의 신학자요 수도사)도 동일한 신념을 가지고 있었다. 인간이 몸과 영으로 구성되어야 한다는 것이 하나님의 계획의 일부이다.[15] 그러나 막시무스의 견해에 의하면, 이 계획은 바로 인간을 이루고 있는 구성 안에 표현되었다. 몸과 영은 나름의 존재의 원리를 지닌 하나의 복합적인 본성을 이룰 뿐만 아니라, 하나의 완전한 종(species)을 형성한다.[16] 이와 같이 복합적인 존재인 인간은 독특한 존재이며, 이 독특함은 "그 형상을 따른" 것이다.

이것은 구세론적으로도 특별한 연관이 있다. 왜냐하면 인류의 복합적인 본성, 그리고 그리스도 안에 있는 인성과 신성의 통일성 사이에는 유사성이 있기 때문이다. 알렉산드리아의 키릴(444년 사망)은 이 유사성을 폭넓게 사용했으며, 그 시대 및 후대의 교회의 교사들 사이에서 유행하게 만들었다.[17] 초대 교회는 인간의 내면에 있는 하나님의 형상이 영혼 안에, 특히 영혼 중에서도 보다 고귀한 부분인 정신(*nous*) 안에 두었지만, 그리스도는 하나님의 참된 형상이므로, 이 유비는 온 인류에게 부차적인 형상의 특성—근본적이면서도 기본적인 것—을 전해 주는 듯하다.

소우주인 인간

초기의 전통에서는 인간이 두 가지 요소로 구성되어 있다는 것은 하나의 문제점일 뿐만 아니라 가능성이기도 했다. 이 가능성은 종종 소우주라는 인간의 특성으로 설명되었다. 소우주라는 인간관은 기독교 사상 이전에 생겨난 것이다. 고대 그리스의 사상에 그러한 개념이 존재하게 된 것은 아마도 동양의 영향인 듯하다. 이미 데모크리투스(Democritus)는 인간이 소우주라고 주장했었다. 플라톤도 비록 그 용어를 사용하지는 않았지만, 그의 저서인 *Timaeus*의 특징은 세상이 하나의 위대한 인간으로 묘사된다는 사실이다. 우리는 아리스토텔레스에게서 분명한 용어 사용을 발견하지만, 그 개념이 대단히 중요한 역할을 하는 것은 아니다. 그러나 스토아 철학 덕분에 그 사상이 융성하게 되었다. 왜냐하면 스토아 철학에서 그 사상은 하나님이 세상에 내재하신다는 사상과 밀접하게 연결되었기 때문이다. 이러한 기초 위에서 다음과 같은 정식이 만들어질 수 있었다: 두 존재가 유사하다고 가정할 때, 영혼과 인간의 관계는 하나님과 세상의 관계와 같다. 그러나 비록 플라톤은 세상을 인간적인 용어로 묘사했지만, 일반적으로 그 사상은 인간은 단지 자기 주위의 세상을 반영할 뿐이라는 식으로 인식되었다.[18]

그러므로 기독교 전통 안에서 그 사상에 하나의 새로운 요소가 추가되어야 했다. 세상은 대우주요 인간은 소우주라는 것이 여전히 진실로 여겨졌지만, 인간의 소우주라는 특성은 인간과 하나님의 관계와 관련되어 있다. 인간은 하나님의 형상으로 지음을 받았기 때문에 보다 넓은 의미에서 소우주이다. 고대 기독교에서 그 개념의 사용은 아마 유대인 철학자요 신학자인 필로(Philo)의 영향을 받아 발달했을 것이다. 그러나 필로는 인간에 대한 성경적 개념에 관심을 가졌기 때문에, 필로에게 있어서 그 문제는 이교도 철학자들의 경우보다 더 복잡한 것이었다. 철학적으로 그는 스토아 전통보다는 플라톤의 전통을 의지했다. 필로는 하나님의 형상으로 지음을 받은 인간과 흙으로 만들어진 인간을 엄격하게 구분했다. 그러므로 인간과 세상 사이의 유사성에는 이중적인 관점이 포함된다. 결국 진정한 유사성은 한편으로는 로고스와 인간 정신(nous), 다른 한편으로는 물질 세계와 인간의 몸 사이에 존재하는 것이다.[19] 일부 기독교 저술가들은 인간의 위상과 과업을 긍정적으로 평가하기 위해서 이 이원성을 사용했다.

이것은 카파도키아 교부들에게서 분명히 나타난다. 그들은 인간이 소우주라는 개념을 다소 빈번하게 사용했다. 가이사랴의 바실(379년 사망)은 인간은 자기 자신에게 주의를 기울임으로써 하나의 소우주 안에 있는 창조주의 지혜를 볼 수 있으며, 그럼으로써 우주적 질서를 닮은 인간의 내면에 있는 상이한 요소들 간의 상호 작용을 언급할 수 있는데, 이 두 가지 모두 안에 하나님의 창조적 지혜가 반영되어 있다고 주장했다.[20]

나지안주스의 그레고리는 일반적으로 혼합된 존재인 인간에게 이 용어를 사용하지는 않았지만, 그의 저술의 여러 곳에 소우주라는 모티프가 사용되어 있다.[21] 그러나 그는 외부 세상과의 관계에서 인간이 지니는 수용적 능력들을 언급하면서 인간에 대해서 "작은 세상"이라는 표현을 분명하게 사용했다. 그렇기 때문에 인간은 자신 안에 이 세상을 담고 있다고 말할 수 있을 것이다.[22] 영혼은 그렇게 행동하면서 동시에 인간이 소우주이기 때문에 인간에게 개방되어 있는 과업을 수행한다. 즉 영혼은 육을 하나님과의 살아 있는 관계로 인도해 들이라는 부름을 받는다. 독특한 요소들, 즉 지적이면서 영적인 요소와 제한되고 물질적인 요소의 통일체인 인간은 바로 그런 이유 때문에 "세상의 왕이요 하나님을 찬양하는 자"이다.

닛사의 그레고리는 인간이 피조된 우주를 닮았다는 것이 인간의 위대함의 이유가 되지 못한다는 점을 지적하기 위해서 노력했지만, 여러 곳에서 소우주라는 개념을 사용했다. 피조된 다원성은 소우주와 대우주 사이의 유사성 안에 존재하는 하나의 요소이다. 그러나 이 사실이 균형을 이루게 하기 위해서는, 인간의 내면에 있는 하나님의 형상이라는 교리에 대해 언급해야만 한다. 인간은 *지성적인 세계와 감각적인 세계 사이를 중재하라는* 소명을 받고 있다.[23] 물론 이것은 또 다시 인간의 타락과 죄악됨, 그리고 그에 따른 피조 세계의 무질서를 현실화한다.

초대 기독교 사상에서 볼 때, 태초의 인간의 미성숙 상태와 복합적인 본성은 인간으로 하여금 피조 세계의 관계에서 보다 고귀한 목적을 성취하는 자로서 작용하도록 초청하는데, 이것은 소우주의 특성이 중재라는 과업과 연결되어 있음을 의미한다. 이것은 특히 고백자 막시무스, 그리고 그보다 먼저 활동한 시리아의 저자 에메사의 네메시우스(Nemesius of Emesa)에게서 현저히 나타난다. 네메시우스는, 인간이 피조된 우주를 수동적으로 반영하는 자가 아니라, 정확하게 소우주의 기능을 수행하라는 부름을 받고 있다고 보았다. 인간은 자신을 세상에 있는 반대되는 요소들과 결합하면서 소우주로 활동하라는 부름을 받고 있다. 이 과업은 인간이 서로 반대되는 것들을 결합해야 한다는 것을 의미한다: 유한한 피조물을 불멸하는 것과 결합하며, 이성적인 존재를 비이성적인 것과 결합해야 한다. 네메시우스의 견해에서, 외부 세상을 반영하는 소우주로서의 인간이라는 개념과 하나님의 형상으로 지음을 받은 인간이라는 개념 사이의 긴장은 세상에서의 인간의 기능을 강조함을 통해서 명확하게 해소된다. 우리는 고백자 막시무스에게서 이 특별한 결합을 발견하는데, 그는 그것을 인간의 다섯 가지 중재라는 신학으로 발달시켰다. 이에 대해서는 나중에 살펴볼 것이다. 여기에서는 하나님의 형상으로 지음을 받은 인간은 복합적인 존재이며, 그의 통일성은 그로 하여금 그리스도 안에서 죄악됨에서 해방된 개인적인 성취로서, 그리고 피조된 세계 안에서 경건한 완전함 안에서 그 세상을 창조주와 연결 짓는 중재의 형상으로서의 자신의 특성을 구현할 수 있게 해준다.[25]

형상(Image)과 모양(Likeness) : 중요한 구분

인간의 구성(constitution)을 개념화하기 위해서, 초대 교회에서는 종종 창조에 관한 성경의 이야기에 등장하는 형상과 모양을 구분했다. 우리는 *ṣelem*과 *dĕmût* 라는 히브리 용어가 그러한 구분을 나타내는 것이 아니라 동의어에 불과함을 강조했었다. 그러나 구약성경에서 *eikōn*(image)과 *homoiōsis*(likeness)는 두 가지 의미의 구분에 대해 보다 관용적인 듯이 보인다. 오리겐은 이것을 두 개의 창조에 대한 자신의 관찰과 연결지었다. 창세기 1:26에는 하나님의 궁극적인 의도가 묘사되어 있으며, 따라서 형상과 모양이 언급된다. 그러나 1:27에서는 형상만 언급되는데, 오리겐은 이것을 인간이 최초의 창조 때에 형상의 존엄성을 받았지만 모양의 완전함은 (인간이 하나님을 적극적으로 본받는 것과 하나님의 교육적인 의도 때문에) 역사의 종말 때까지 유보되었음을 나타내는 것으로 해석했다. 그리하여 오리겐은 하나님의 모양은 인간이 하나님을 본받음을 통해서 획득된다고 보았다.[26]

후대의 기독교 저자들은 오리겐의 이러한 방침을 따랐다. 그러나 그 구분 자체는 오리겐 이전의 것이다. 알렉산드리아의 클레멘트(215년경 사망)는, 모양이란 본성적으로 주어진 것을 초월하는 어떤 것을 의미한다고 보았다. 아마 이 구분을 처음으로 사용한 교부는 이레니우스일 것이다. 그는 형상의 인간적 특성은 인간적 완전함의 표식이 아니라 하나의 과업을 지적하는데, 그 과업의 절정은 하나님을 닮는 것이라고 보았다. 그러나 고대의 모든 기독교 저자들이 그 구분을 사용한 것은 아니다. 그것은 부분적으로 성경적 해석의 지나침에 대한 반작용 때문이기도 하지만, 우선적인 원인은 지나치게 뚜렷한 구분 때문에 피조된 인간 안에는 무엇인가 결여되어 있으며 신적 형상을 담고 있는 부분인 정신은 그 관계를 통해서 육과 결속되므로 신적인 모양을 획득하기 위해서는 금욕적 노력을 통해서 자신을 해방시켜야 한다는 사상이 생겨날 가능성이 있었기 때문이다.[28] 이러한 경향을 따르는 사상들은 카파도키아 교부들, 특히 두 명의 그레고리의 마음을 끌었다. 아마도 이 때문에 그들은 그 구분을 사용하기를 주저했을 것이다.[29]

그러나 그것은 나중에 다시 유행하게 되었다. 예를 들어 고백자 막시무스는 이 점에 있어서 모양이 형상보다 우월하다고 본 포티케의 디아도쿠스(Diadochus of Photice, 451년에 칼케돈 공의회에 참석했음)의 영향을 받았을 것이다.[30] 그러나 이것이 유일한 설명은 아니다. 그가 그것을 사용한 것은 그것을 사용하는 데 대한 다소 지나친 거부(예를 들면 대부분의 라틴 교부들과 알렉산드리아의 키릴과 같은 유력한 그리스 교부의 경우)와 대조해서 살펴 보아야 한다.[31] 막시무스는 그 구분을 사용하는 것이 아무런 어려움도 야기하지 않는 것으로 보았는데, 그 부분적인 이유는 그는 그 구분이 사용될 때 지니는 참된 의미에 접근하는 방법을 가지고 있었기 때문이다. 이러한 의미는 대다수의 그의 선임자들도 소유하고 있었다.

그 구분 뒤에 놓여 있는 의미가 반드시 창조에 대한 오리겐의 특별한 이론과 연결되는 것은 아니다. 중요한 것은 형상이라는 개념은 하나의 활력을 포함하고 있다는 점이다. 형상은 하나의 지위 뿐만 아니라 잠재성을 나타낸다. 인간이 그리스도에 의해서 죄의 노예 상태에서 해방되어 창조 때에 주어진 잠재적 능력들을 완전히 성숙한 상태로 발달시킬 수 있게 될 때에만 그 잠재성은 꽃을 피우게 된다. 그 구분을 사용하는 것은, 주로 형상이라는 개념의 역동적인 면을 강조하는 목적에 유익이 된다. 인간은 하나님의 모양을 닮기 위해서 하나님의 형상으로 지음을 받았다. 이 모양이란 인간으로서의 그들의 성숙함이며, 또한 피조된 우주 안에서 소우주적이고 중재하는 과업의 성취이다.[32]

기독교 사상에서는 피조된 질서 내에서의 인간의 특별한 지위가 강조되었다. 하나님의 형상이라는 개념은 이것을 나타내는 도구였으며, 모양이라는 개념은 인간의 지위에 따른 적극적인 결과들을 강조하는 데 도움이 되었다. 그러나 하나님의 형상과 모양으로 지음을 받은 인간의 지위와 과업을 다른 관점에서 보기도 했다. 이 점과 관련하여 그 사상을 보다 구체적인 것으로 만들기 위해서는, 몇 가지 특별한 예증에 초점을 두며, 인간의 지위가 어떻게 개인적인 것이며 집합적인 것이 되는지에 유의하는 것이 현명할 것이다. 기독교 전통에서는 인간이 모든 면에서 대표자라고 간주한다:[33] 그리스도께서 완전히 하나님의 모양을 닮은 으뜸 되는 형상이요 우선적으로 대표적인 인간이 되시기 때문에 나머지 피조 세계와의 관계에서는 소우주적으로 대표자가 되며, 개별적으로 인간의 대표자가 되며, 하나님과의 관계에서는 피조된 질서의 대표자가 된다.

그러므로 우리는 문제가 되는 세 가지 양상에 대해 관찰하려 한다:
① 자신의 지배라는 양상 하에 있는 인간의 지위
② 자신의 관상적 능력의 양상 하에서의 인간의 과업
③ 로고스이신 그리스도 안에서 피조되고 회복된 인성의 통일체인 인간의 통일성.

우리는 이 세 가지 중에서 첫번째 양상에 대해서 보다 자세히 다루려 한다. 왜냐하면 그것은 여러 면에서 초기의 기독교 인간론의 특징이 되는 것을 요약하고 있기 때문이다.

세상에 있는 하나님의 이성적 대리인 인간

오늘날 기독교 전통에서 피조 세계 내에서의 인류의 지위를 지나치게 높이 평가했기 때문에 자연의 자원을 지나치게 사용하며 자연을 파괴할 가능성이 있다는 비난이 종종 제기된다. 그러나 초대 및 중세 시대의 신학과 관련해서 볼 때에 이것은 잘못된 비난이다. 이 시점에서 우리가 이 글을 시작할 때에 진술했던 것이 타당성을 지니게 된다: 초대 교회 내에서 발달된 기독교 인간론은 주로 인간의 영성에 관심을 가졌다. 인간의 형상의 특성의 일부인 바 인간의 세상 지배는 하나의 영적 과업이라는 의미에서 이해된다. 인간이 이 과업의 물질적인 측면에 몰입하는 것은 인간의 올바른 주권이라기보다는 죄악됨의 표현으로 간주된다.

물론 이 점에 있어서 초대 교회의 태도는 완전히 통일되지 않았다. 그러나 초대 교회의 전반적인 사고에서 생물학적인 것과 영적인 것 사이의 상호 작용은 현대의 이해 방식과는 달리 그 시대의 방식으로 이해되어야 하는 특성이 있었다. 초대 교회에서는, 인간은 주로 육을 소유하고 있는 영혼으로서, 육을 통해서 인간들은 소위 생물학적/물질적 창조세계라고 부를 수 있는 것과 관계를 갖는다고 생각했다. 인간 자체는 우주를 반영하는 소우주라고 간주되었다. 오늘날의 관점에서 볼 때에, 인간은 그와는 반대로 정신적이고 영적인 능력을 가지고 있어서 자신의 생물학적 조건들을 조사하고 초월할 수 있는 생물학적 존재이다. 초대 교회에서는 인간의 물질성과 유형성에도 불구하고 영적 존재로서의 자신을 유지할 수 있다는 점을 강조한 반면에, 오늘날 우리는 인간의 생물학적 구성을 당연히 여기며, 이 생물학적 능력에는 생물학적 생명에 의식을 부여하며 정신적 목적에 굴복하게 만드는 능력, 선을 위해서, 혹은 악을 위해서 사용될 수도 있는 능력이 있음을 강조하는 것을 중요하게 여긴다.[34]

물론 창세기 1:26과 1:28은 인간의 지배에 대한 초대 교회의 사상의 성경적 기초를 이룬다. 지배는 인간의 형상의 특성의 일부이다. 그러나 이것 역시 하나님의 지배가 인간의 지배의 본보기가 되며, 인간은 오직 하나님의 대리인으로서만 세상을 다스릴 수 있다는 것을 의미한다. 일반적으로 말해서, 피조된 세상에 대한 하나님의 관계에 대한 초대 기독교의 모든 사상이 문제가 되고 있다. 초대 교회 내에서 종종 창조에 대한 성경의 이야기들에 대해 논평 되었음은 놀라운 일이 아니다. 우리는 콩가(Yves Congar)가 만든 목록 안에서 그 시대의 인물들의 이름을 발견한다: 안디옥의 테오필루스, 히폴리투스, 알렉산드리아의 클레멘트, 오리겐, 페타우의 빅토리누스, 시리아인 에프렘, 가이사랴의 바실, 메네사의 유세비우스, 프루덴티우스, 닛사의 그레고리, 암브로스, 어거스틴, 몹수에스티아의 테오돌, 테오도렛, 가자의 프로코피우스, 사룩의 제이콥, 세빌의 이시도어 등.[35] 그러나 이 목록에서는 분명하게 그 주제를 다른 저서들만 언급하고 있다. 물론 보다 짧은 참고문헌들은 더 많다.

여기에서 우리는 인간이 하나님의 형상으로 피조 되었다는 사실과 관련된 바 인간 지배의 개념과 관련된 초대 교회 내의 몇 가지 주요한 관점에 초점을 두려 한다.

첫째, 창조에 대한 성경 이야기는 인간의 기능과 관련하여 제기되는 근본적인 문제들에 대한 답변으로 간주되었다는 사실이 중요하다. 따라서 그 이야기는 도덕적인 호소를 포함하기보다는 하나의 사실을 우선적으로 진술한다. 하나님의 창조에 대한 이야기는 하나의 명령이라기보다는 하나의 설명이다. 우리는 하나님의 명령과 의도의 실질적인 성취를 식별할 수 있다. 초대 시대에는 피조된 질서의 상태를 근본적으로 변화시킬 수 있는 기본적인 능력이 있다고 가정하지 않았으며, 많은 저자들은 이 사실을 간접적으로 증거했다.

오리겐이 하나의 예로 언급될 수 있을 것이다. 그는 창세기 1:26을 주제로 한 설교에서, 인간은 피조 세계 안에서 그 본문 안에서 언급된 것에 상응하는 지위를 지닌다고 나타냈다. 그러나 오리겐의 주된 관심사는 우의적 해석이었으며, 우리는 그것에게로 돌아갈 것이다.[36] 또 하나의 예는 창조의 날들에 관한 바실의 10번째 설교이다 (이것은 바실의 것이 아닐 수도 있지만, 그럼에도 불구하고 초대 교회의 사상을 대변하고 있다). 이 설교에서도 기본적인 태도는 유사하다: 동물들과의 관계에서 인간이 지니는 역할을 관찰해보면 창세기 1:26이 언급하는 상황을 알 수 있다. 연못에 사람의 그림자가 드리우면, 물고기들은 표면으로 올라오지 않는다. 돌고래는 사람이 접근하면 놀라며, 인간은 모든 동물들이 두려워하는 사자를 우리 안에 가둘 수 있다.[37] 저자의 태도가 어느 정도 잔인한 것처럼 보일 수도 있지만, 요점은 그것이 도덕성의 문제가 아니라 순수한 관찰의 문제라는 것이다.

따라서, 초대교회의 견해에 따르면, 인간의 지배는 피조된 질서에 간섭하는 행동들이 아니라 인간 자체의 지위에 따른 것이라고 여겼다고 결론지을 수 있다. 인간은 이성적인 존재이기 때문에 피조 세계를 지배한다. 따라서 비록 서방의 전통 안에는 어느 정도 상이한 태도가 출현하기도 했지만, 지배라는 개념은 존재론적, 혹은 형식주의적인 특성을 획득한다: 인간의 지배(그리고 그 밖의 여러 가지 인간의 주권의 표현들) 역시 분명한 하나님의 명령에 기인하며, 그것 때문에 하나님의 은사가 추가도 공급된다. 그러나 다스릴 수 있다는 것과 실제로 다스리는 것은 다르다. 여기에서 인간이 타락과 죄악됨 때문에 자신의 실질적 지배의 많은 부분을 상실했다는 논리적 결론이 등장한다. 초대 교회의 저자들은 이 두 가지 주장, 낙관적인 주장과 다소 염세적인 주장 사이에서 갈팡질팡하기도 했지만, 둘 중 어느 주장도 독단을 자아내지는 않았다.

대 바실의 것이라고 주장되는 바 창조의 날들에 대한 10번째 설교에서, 우리는 눈에 띄는 사실들에 관한 언급에 주목하게 된다. 그러나 이러한 사실들 역시 하나의 설명을 가지고 있다. 인간은 *자신의 합리성 덕분에 지배력을 발휘한다.* 인간은 이성의 탁월함 때문에 명령할 수 있는 능력을 받았으므로, 동물들을 지배할 수 있다. 인간은 새처럼 날지는 못하지만, 인간의 정신은 어디로든지 움직이며, 인간의 지성 때문에 만물이 인간의 지배하에 놓인다.[36]

그러나 이것은 사태의 한 가지 측면에 불과하다. 초대 교회는 인간이 세상을 실질적으로 지배하지만, 자신의 이기적인 욕구를 충족시키기 위해서 자신의 지위를 악용한다고 생각했다. 아담은 태초에 소유했던 것의 일부를 타락으로 말미암아 상실했다. 그리스도께서 인간의 지위를 회복시켜 주신 덕분에, 인간은 올바른 의미에서 지배할 수 있게 되었다. 이것은 곧 인간의 형상의 특성(image character)이 지니는 지배적인 국면들은 기독론을 통해서 적합하게 된다는 것을 의미한다. 한편, 인간은 피조된 자신의 이성적 본성 때문에 세상을 지배한다는 것은 여전히 사실로 남는다. 존 크리소스톰은, 세상의 어느 것도 인간보다 우월하지 못하며, 모든 것이 인간에게 복종한다고 주장했다.[38] 그리고 키루스의 테오도렛(Theodoret of Cyrus)은, 인간이 집, 성벽, 도시, 항구, 배 등을 건설하는 데서 지배력을 발휘한다는 점에 주목했다.[40] 반면에 알렉산드리아의 키릴은 실질적인 지배권의 행사 역시 하나님의 추가 은사 덕분이라는 점을 강조했다. 왜냐하면 우리가 소유한 모든 것이 하나님의 선물이기 때문이다. 아담이 최초에 소유했으나 타락으로 말미암아 상실했던 것을 그리스도 안에서 되찾았다. 이것은 인간의 정당한 지배권 행사는 구속의 결과임을 의미한다.[41]

이 견해를 변증적으로 표현할 수도 있을 것이다. 지배권은 인간의 이성적 본성을 통해서 주어는 한편, 지배권의 행사는 인간이 하나님에 대해 지니는 관계에 의지한다. 펠루시움의 이시도어(Isidore of Pelusium)는, 인간의 형상 특성(image character)은 그의 본성에 기인하는 것이 아니라 실제의 지배권에 기인하는 것이라고까지 주장했다. 아담은 하나님을 닮은 자신의 모양을 발휘했을 때에는 동물들의 이름을 지어 주는 능력을 소유했지만, 그가 불순종했을 때에 그에게서 이 능력이 제거되었다. 노아와 다니엘은 의인이었으므로 특별한 사람이었다. 노아는 방주 안에 동물들을 모아 들일 수 있었고, 다니엘은 사자들에게 두려움을 줄 수 있었다. 그러나 죄악된 인간들에게는 그러한 능력이 주어지지 않았다.[42] 이시도어의 태도는 서방 전통에서도 다소 특색있는 것이기는 하지만, 고대 교회에서는 전체 인간은 타락으로 말미암아 세상에 대한 지배권을 포기했으며, 그리스도를 통해서 이 지배권을 되찾았다고 간주했다.

인간의 지배권에 대한 초대 교회 내의 인식에 대해서는 더 많은 이야기를 할 수 있다. 특히 알렉산드리아의 전통 안에서 전체 개념을 영적으로 해석하는 일(spiritualization)이 이루어졌다. 이것은 중요한 일이다. 왜냐하면 이러한 경향은 인간의 지배권이라는 사상을 상대화하기도 하기 때문이다. 알렉산드리아인들은, 영적 의의로 해석하는 것(spiritualization)은 인간의 지배권은 인간이 자신의 정욕을 다스리는 것에 의존하며 또한 인간의 영성의 적절한 발달에 의존한다는 것을 의미한다고 보았다.

오리겐은 필로의 주장에서 약간의 도움을 받아, 창조 이야기를 이와 같은 영적 해석을 도입했다. 필로는 창세기 1:26에서 언급된 지배권을 정욕의 지배로 이해했다. 왜냐하면 정욕은 인간이 동물들과 공유하고 있는 것의 표현이기 때문이다. 그러므로 정욕을 지배하는 인간들만이 자신의 형상 특성(image character)을 충분하게 나타낸다. 오리겐은 기독교 전통 안에서 이러한 해석 방법을 이행했다. 오리겐 이후로 그것은 여러 가지 가능한 해석법들 중 하나로 간주되었다.[43] 이것이 함축하는 의미는, 인간이 어떤 존재인가 하는 것이 인간이 어떤 행동을 하는가보다 더 중요하다는 것이다. 이런 점에서 인간은 영과 육의 통일체이기는 하지만, 그가 어떤 존재인가 하는 것은 대체로 육보다는 이성적인 영과 관련된다.

이런 종류의 사고에 따른 두 가지 병행하는 결과를 요약할 수 있을 것인데, 그것은 초대 교회 전체와 관련이 있다. 첫째, 인간의 피조 세계 지배권은 이성을 통해서 발휘되어야 하며, 하나님의 지배권을 본보기로 삼아야만 한다. 둘째, 세상에 대한 인간의 지배권은 육적인 정욕들을 극복하는 일의 발달과 병행하여 발휘되어야 한다. 그러므로 올바른 의미에서 인간의 지배권은 독단적인 것일 수가 없다.

이러한 맥락에서, 우리는 소위 창조의 이성들(logoi)에 대한 초대 교회 내에서의 견해가 피조물의 확고한 본성들 및 목표들과 인간의 지배권 사이에 중요한 관계를 설정하고 있음을 잊어서는 안된다. 한편, 오리겐은 로고스의 신학을 완전히 발달시킨 최초의 기독교 저자이다. 피조된 질서 안에는 창조의 이성, 또는 원리들이 내재하고 있으며, 이 원리들은 신적인 말씀인 로고스(Logos)와 관련이 있다. 이 이성들은 로고스 안에 존재하고 있다. 그러나 아타나시우스는, 나름의 독립된 이성(*logoi*)에 따라 피조된 세상은 산산조각이 날 것임을 깨달으신 하나님께서 자신의 로고스에 따라 세상을 창조하셨다고 말했다. 비슷한 사상이 어거스틴에게서도 발견된다. 어거스틴은 영원 불변의 원리인 *rationes*에 대해 이야기한다. 그밖에 폰투스의 에바그리우스(399년 사망)와 아레오파고 사람 위-디오니시우스(6세기)도 이성(*logoi*)이라는 사상에 대해 설명했다. 위-디오니시우스—그리고 그의 저서를 주해한 스키토폴리스의 존—는 이성들(*logoi*)은 본질들을 구성하고 있는 사상들로, 그리고 신적인 의도들(피조된 것이 아닌 신적 에너지들이라는 후대의 교리에 앞서 등장한 지식)로 간주했다.[45] 고백자 막시무스도 이러한 방침을 따랐다. 그는 이성(*logos*)은 하나님의 본질과 동일하지도 않고, 세상에 있는 사물들의 실질적 존재와도 동일하지 않다고 보았다. 막시무스의 견해에 의하면, 모든 피조된 존재는 나름의 본성을 소유하고 있는데, 이 본성은 각각의 경우에 다소 분명하게 나타날 수도 있다.[46]

현재의 맥락에서 중요한 것은, 인간은 자신의 이성적, "논리적" 구조 때문에 자신의 이성 안에서 사물들에 대해 관상함으로써 피조된 우주를 연합시킬 수 있으며, 그리스도 안에서, 그리고 하나님 아래 있는 주요 원인에게 그것을 연결지을 수 있다. 이 능력은 세상에서 하나님의 대리인인 인간의 특권이지만, 오직 관상적 능력을 통해서만 그 능력을 발휘할 수 있다. 그러므로 인간의 지배권은 피조물들에게 결코 위협거리가 되지 않는다. 피조물들은 하나님과의 관계 안에서 하나님의 형상 안에 있으며, 자신을 존재하게 만든 원리들을 관상할 수 있는 존재인 인간들의 중재로 말미암은 하나님과의 관계 안에서 보다 고귀한 통일성을 발견한다. 그러므로 인간의 지배권은, 다른 목적들에 반하여 피조된 질서를 인간의 의지에 복종시키는 것을 의미하는 것이 아니라 차별화되어 있는 우주와의 창조적인 교제를 의미하는데, 그것의 목적은 하나님의 의도 안에서 불변한다.

그러나 이러한 결론들은 즉시 우리를 두번째 예, 즉 관상적 능력 하에 있는 인간의 과업으로 인도한다.

인간:
하나님의 형상으로 피조된 관상적 존재

초대 교회, 특히 동방에서 관상은 존재론적으로 시작하여 신비적으로 끝난다. 따라서 관상은 삼중적인 행위이다. 고백자 막시무스의 견해를 따르자면, 그것은 "본성적 관상"(즉, 본성에 대한 관상), 성서를 통해서 계시된 것들에 대한 영적 관상, 그리고 삼위 하나님에 대한 신비적 관상으로 이루어진다.[47] 이러한 의미에서의 관상은 인간이 하나님의 형상으로 지음을 받았기 때문에 가능하다.

그리스 사상에는, "대등한 것끼리는 서로를 안다"는 일반적인 원칙이 있었다. 따라서 하나님의 형상을 지니고 있는 인간은 하나님을 알 수 있을 뿐만 아니라, 자기를 향한 하나님의 의도에 따라서 피조된 사물들을 알 수 있다. 이성적 존재인 인간은 이성들($logoi$)을 소유하는데, 그것은 피조된 세계의 이성($logos$)과 교제할 수 있다. 따라서 이성적 존재인 인간은 자신의 관상 능력을 사용하여 피조된 사물들을 하나님 밑에 모아 두기도 한다.

이 능력은 성경에 나타난 하나님의 자기 계시와 관련해서도 유효하다. 성서 역시 하나의 "논리적" 내용을 가지고 있는데, 이것은 성서의 말씀들($logoi$)이 단어들로서 뿐만 아니라 본래 성서에 내재하는 신적 의도들로 간주되기 때문이다. 그러므로 인간과 성경과의 교제에는 이러한 의도들을 관상하는 일도 포함된다.[48] 그리하여 하나님의 형상으로서의 특성을 회복한 인간은 성경을 읽을 때에 그 안에 들어 있는 하나님의 기본 의도들을 읽을 수 있다. 그러나 이러한 형태의 관상은 인간의 지적 행위의 최고봉인 신비적 관상 이전에 행하는 중간 상태에 불과하다.

어떤 초대 기독교 전통에서는 신비적 관상을 테올로기아(*theologia*)라고 부른다. 이것은 관상의 최고 형태가 진정한 신학으로 간주될 수도 있었다는 말이다. 진정한 신학은 하나님 자신에 대한 지식을 수립한다.[49] 마지막으로 인간이 지닌 하나님의 형상으로서의 특성은 하나님과의 신비적인 교제로 이어진다. 그러나 이러한 교제는 교부들이 "순수한 기도"(pure prayer)[50]라고 부른 것, 또는 자신의 외부에 있는 것에 입각한 탈아 상태에서, 그리고 "마음"(heart)을 계발함에 의해서만 실현될 수 있다. 위-마카리우스(Pseudo-Macarius, 5세기초의 미지의 저자)는, 마음은 육적인 유기체의 주인이요 왕이라고 말했다.[51] 그러므로, 인간의 마음에 성육하신 말씀이 가득히 임재할 때에, 그 마음은 근본적으로 살아 계신 하나님을 향해서 개방된다. 세례의 은혜가 마음 안에 살게 되는데, 이것은 말씀이신 아기(Logos-child)가 신자의 마음 안에 탄생하여 성령의 은사들에 의해 양육되면서 성장하게 된다는 고대 기독교의 사상과 관련된 인식이다.[52] 따라서 존 클리마쿠스(John Climacus, 649년경 사망)는 말하기를, 관상 수도사인 "헤시카스트"(hesychast)는 육적인 거처, 즉 자신의 육체적/영적 존재 안에 비물질적인 것을 담으려고 노력한다고 했다.[53]

그러므로 모든 실질적인 행위, 모든 사상, 그리고 모든 에너지는 잠재적으로 이 인간적 중심 안에 존재하며, 예수 그리스도 안에서 평화를 소유한다. 시나이의 그레고리(Gregory of Sinai, 13세기말부터 14세기초)의 말에 의하면, 이것은 창조의 아침이 지니고 있던 원래의 단순성으로의 복귀를 내포한다.[54] 성경적 사고에서나 초대 교회의 사고에서, 단순성(simplicity)란 인간을 위한 하나님의 본래의 의도 회복을 의미하며, 여기에는 악의 세력들(이것들은 무한정한 다중성 안에서 인간과 세상을 분열시키려 한다)로부터의 해방, 그리고 다원적인 영성 안에서 개인적 발달을 지향하는 해방이 내포된다. 사막 교부들은 특히 이 점을 강조했다. 그들의 견해를 따르자면, 인간의 단순성에는 선함, 그리고 창조 때에 인간에게 주어진 바 하나님 자신처럼 되라는 소명의 성취가 포함된다.

그러나 이 같은 인간의 단순성(그리스도 안에서 회복된 것임)은 개인적인 능력과 특권에 불과한 것이 아니라, 인류 전체에게 속한 것이다. 그러므로 하나님의 형상으로 지음을 받은 존재인 인간에 대한 고대 기독교의 이해를 보여주는 본보기를 다음에 제시하려 한다.

인간의 집합성(Collectivity)과 하나님의 형상으로서의 특성

초대 교회에서는, 인간이 "아담의"(adamic) 통일성 안에 있다고 간주했다. 그것은 아담이 최초의 인간이었을 뿐만 아니라 아담 안에 모든 인류가 포함되어 있었다는 성경적 확신이기도 하다. 초대 교회도 이러한 확신을 가지고 있었다. 따라서 하나님께서 그리스도 안에서 성육하셔서 본질적으로 인간의 통일을 재확립하셨다는 교리에는 하나님께서 인간들 중의 하나가 되셨다는 것이 아니라 그가 인간의 본성을 취하셔서 완전한 인간이 되셨다는 것이 함축되어 있다. 그러므로 모든 인간은 성육의 영향을 받고 있다. 일부 고대 저자들은 이것을 개인의 인격적 구원이라는 문제로부터 어떻게 구별할 것인가를 문제거리로 삼았다. 따라서 오리겐 뿐만 아니라 닛사의 그레고리도 *apokatastasis*(전반적인 회복)의 교리와 밀접하게 연결되어 있었다. 존재론적인 차원과 개인적/구세론적 차원(여기에서 인간의 자유가 발휘될 수도 있을 것이다)의 구분을 통해서만 초대 교회는 이러한 긴장관계를 다룰 수 있게 되었다. 그러나 인류, 그리고 그리스도 안에서의 인류의 회복은 집합적 관점에서 간주된다는 것, 그리고 인류의 하나님의 형상의 특성 회복은 우주적 교제 안에 있는 모든 인간들과 관련된다.

그 교제는 바울이 이해한 바 그리스도의 몸인 교회 안에서 실현된다. 그러므로 초대 교회 안에는 인간이 지닌 하나님의 모양의 교회학적인 양상이 존재하고 있었다. 갈라디아서 3:28에 따르면, 그리스도 안에는(즉 교회 안) 유대인이나 헬라인, 종이나 자주자(自主者), 남자나 여자가 없이 모두가 하나이다.[56] 영성의 영역으로 옮겨가면, 이것은 곧 그리스도 안에 있는 사람들은 전쟁을 삼가며, 자유인과 종의 구분을 무시하며, 종교를 여러 분파와 당파로 분열시키는 일을 금해야만 한다. 이것이 고백자 막시무스가 이끌어낸 결론이었다. 그의 견해에 의하면, 교회는 인간적이고 이런 점에서 우주 전체와 연관된 모든 것을 자기 안에 모아 놓은 하나의 "위대한 사람"(great man)이었다.

그러나 이런 의미에서 인간의 집합성은 자명한 것이 아니다. 타락한 인간들에게 있어서, 그것은 죄악됨으로부터의 회복, 그리고 묵상이라는 과업의 이행과 관련된 문제이다. 고대 기독교 인간론의 이러한 특성에 대해서는 이 정도로 끝맺기로 한다.

타락했다가 회복된 인간, 우주의 중재자인 인간

고대 기독교에서는 인간의 타락과 죄악됨에 대해 많은 생각을 했다. 기독교 저자들은 순수한 관찰을 통해서 창세기 3장에 기록된 이야기의 정확성을 확신했다. 죄악된 자멸로 이어지는 과정에서 인간 자신이 행한 역할과 그로 인한 죄책, 그리고 타락의 결과 등이 다루어야 할 주된 문제였다.

일반적으로 말해서, 초대 교회에서는 인간의 타락을 하나의 반역으로 보았지만, 주요한 강조점에 있어서 동방 교회와 서방 교회의 의견이 완전히 일치하지는 않았다. 동방 교회에서 볼 때, 그 반역은 인간의 복합적인 본성 및 오감에서 비롯된 유혹과 연결된 것이었다. 인간이 세상을 대면하여 경험하는 주권은 인간으로 하여금 감각적인 세상이 제공하는 만족과 오감에 의존하는 데 내재된 위험을 무시하게 만들었다. 수도적 전통에서는, 이러한 경향의 성찰을 통해서 여덟 가지 중대한 악덕들의 목록을 작성했는데, 그 악덕 중에서 처음 두 가지는 폭식과 간음이었다. (창세기 3장의 유혹 이야기는 아주 문자적으로 이해되었다). 서방 교회에서는 최초의 유인(誘因)은 일종의 교만이었다는 점에서 반역 자체를 강조했다(인간의 타락 역시 종종 과격하게 판단되었다). 인간은 교만함 때문에 하나님께 합당한 존경을 거부했으며, 그 교만의 죄의 결과로 온갖 악덕들이 생겨났다. 어거스틴이 말했듯이, 인간의 기본적인 욕구는 반대되는 것, cupiditas, 죄악된 현세에의 욕망으로 전환되었는데, 이것은 인간의 관심을 창조주가 아니라 피조 세계로 돌려놓았다. 그리스도 안에서 이 cupiditas는 caritas, 즉 사랑으로 전환된다. 그럼으로써 인간은 태초에 의도되었던 방향, 즉 생명의 근원이시며 성취의 목표가 되시는 하나님을 향하게 된다.[57]

두 가지 경우에, 인간의 자유가 크게 강조되었다. 자유는 인간의 본성에 속해 있다. 하나님은 인간에게 자유를 주시면서, 타락과 반역의 가능성을 예측하셨다. 그러므로 구주이신 그리스도의 역할이 절대적으로 회복의 하나로 이해되지는 않았지만, 그 역할은 태초부터 계획되어 있었다. 인간의 자유 역시 그리스도 안에서 회복된다. 따라서 고대 교회는 많은 논란 끝에 그리스도 안에 두 개의 의지, 즉 신적인 의지와 인간적인 의지가 존재해야 한다는 결론에 도달했다(680-681년에 콘스탄티노플 공의회에서 교리로 성문화됨). 물론 그리스도 안에서 인간적인 의지는 항상 신적인 의지를 따른다. 그러나 의지의 자유에는 발달의 가능성이 연결되어 있다.

위에서 언급된 바 이레니우스에게서 비롯된 사상적 경향 안에서, 인간의 회복은 필연적으로 하나의 새로운 출발점을 의미했다. 이제 인간의 모양(likeness)을 발달시키는 데 있어서 태초에 하나의 가능성으로서 주어진 것(잠재성으로서의 인간의 형상 특성[image character])을 자유로이 사용하게 되었다. 이레니우스의 견해에 따르면, 그리스도는 인간의 과거 역사를 재현하시며, 동시에 그것을 새로이 출발시키신다. 거기에서부터 개인의 삶과 인류의 삶에서의 성취의 역사가 출현할 수 있다. 여기에서도 자유는 중요한 역할을 한다. 인간의 운명은 그들 자신의 선택에 따른 결과이며(닛사의 그레고리와 나지안주스의 그레고리는 이것을 강조했다),[38] 인간이 선택할 가능성이 있는 것들은 그들의 본성적 능력을 초월한다.

이 진술이 고대 교회에서 지닌 함축된 의미들을 보다 분명하게 보기 위해서, 우리는 성육(incarnation)과 신화(deification)라는 두 개의 개념을 고찰해야 한다. 고대 교회는 수세기 동안 요한복음 서문이 진정으로 무엇을 함축하는지에 대한 문제로 씨름했었다. 그 과정에서 그리스도가 절반은 하나님(half-God)이라거나 절반은 인간(half-man)이라는 사상은 완전히 거부되었다. 여러 공의회에서 그리스도의 완전한 신성과 완전한 인성이 확인되었으며, 451년의 칼케돈 공의회에서 이 신념이 표현되었는데, 역설적이기는 하지만 그 표현 방식이 장차 성육신을 보는 관점을 결정하게 되었다.

칼케돈 공의회 이후로, 성육신은 신적인 것과 인간적인 것의 위격적 연합으로 이해되었다. 그 연합은 신성과 인성이 뒤섞이거나 쌍방간의 파괴가 없는 것, 나름의 완전한 능력 안에서의 연합이었다. 따라서 성육신은 인간의 지위와 운명에 대한 이해와 관련하여 함축하는 의미와 더불어 "신인 양성을 지닌"(theandric) 역설, 혹은 신비였다. 이러한 교리는 하나님의 형상으로서의 특성을 지닌 인간을 확인해주며, 인간이 완전하게 발달하여 하나님의 모양을 실현하는 길을 열어준다. 또 이 교리는 하나님을 인간들과의 영원한 교제, 즉 오직 신비적 연합 안에서만 합당한 목적과 성취를 소유할 수 있는 개인적인 "나-당신 관계" 안에 묶어두는 듯이 보인다.

여기에서 신화(deification)라는 개념이 타당성을 지니게 된다. 인간으로 하여금 하나님처럼 되게 하기 위해서 하나님이 인간이 되셨다는 것은 이미 이레니우스가 지적했으며, 아타나시우스도 분명하게 진술했다.[50] 초대 교회는 인간이 피조된 질서에 속한다는 사실을 의심하지 않았으므로, 이것은 처음부터 하나의 역설이었다. 피조된 질서 및 거기에 속한 모든 것은 항상 유한한 반면, 하나님은 무한하시고 제한이 없으시며 영원하시다. 그러나 그 역설에는, 인간이 자신의 한계에도 불구하고 자신의 고유한 본성을 상실하지 않으면서 신적 실재와의 완전한 교제 안에 거하기 위해서 하나님과의 교제에 들어갈 수도 있다는 확신이 포함되어 있다. 그렇게 할 때에 하나님을 닮은 그들의 모양이 완전히 실현되며, 동시에 그들이 인간이 된다는 것이 함축하는 완전한 의미들이 표현된다. 인간은 신적 삼위일체의 역동성 안에 끌려들어 가며, 그 역동성은 인간의 완성된 생명인 교회의 생명 안에서도 표현된다.

따라서 소우주인 인간은 중재자의 역할을 할 수 있다. 아마 교회의 교부들 중에서 고백자 막시무스가 이 점에 관해 가장 분명하게 표현한 인물일 것이다. 그는 자신의 선구자들과 마찬가지로, 죄란 인간 자체, 그리고 피조된 질서의 붕괴를 의미한다고 보았다. 그러나 그리스도 안에서 회복된 인간은 온 우주를 재통합하며, 마침내 그것을 창조주와의 영원한 관계 안에 들여올 것이다. 이 시점에서 막시무스는 다섯 가지 중재에 대해 이야기했다. 그것은, 남녀 간의 중재(이것에 의해 적대감이 극복된다), 낙원과 인간이 거하는 세상 사이의 중재, 천국과 세상 사이의 중재, 감각적인 창조와 지적인 창조 사이의 중재(그럼으로써 모든 것이 창조 때에 하나님께서 의도하셨던 대로 우주적 원리인 로고스[*logos*]에 의해 결합된다), 그리고 마지막으로 신비적 연합과 엑스타시를 통한 하나님과 피조 세계 전체 사이의 중재(그럼으로써 하나님은 피조된 구분들이나 인간의 자유 의지를 파괴하지 않으면서도 만유 안에서 가장 중요한 분이 되시며, 모든 것으로 하여금 하나님을 닮은 완전한 모양 안에서 인간 주위에 모여 성취되게 하신다).[60]

이러한 이상은 초대 교회가 하나님의 형상과 모양으로 피조된 인간, 하나님과의 관계 안에서 영적 능력을 발달시키면서 자신의 한계를 초월할 수 있는 인간에 합당한 인간론을 발견하기 위해 고통스럽게 노력하는 과정에서 생각한 모든 것의 절정이다.

주(註)

1) 위격(person)이라는 개념은 현대에 사용되는 것이나 현대의 개성주의 철학자들의 특성인 것과 동일해야만 하는 것은 아니다. 그러나 위격이라는 현대의 개념의 어원은 삼위 하나님, 두 본성을 지니신 하나의 위격이신 그리스도, 그리고 복합적인 존재인 인간에 대한 초대 시대의 기독교적 사고에 있다.

제12장 하나님의 형상인 인간 505

2) See V. Lossky, "The Theological Notion of the Human Person," in Lossky, *In the Images and Likeness of God,* 111-23.
3) 초대 교회 내에서의 하나님에 대한 삼위일체론적 이해의 발달사를 알려면, J. Pelikan, *The Emergence of the Catholic Tradition (100-600),* 211-25을 보라.
4) 신인(神人)이신 그리스도에 대한 고대 사상의 역사에 관해서는, Pelikan, *The Emergence of the Catholic Tradition,* 226-77을 보라.
5) See Lossky, "The Theology of the Image," in Lossky, *In the Images and LIkeness of God,* 125-39.
6) 이 점에 관한 고대 기독교 사상의 가정들의 요약을 보려면, H. Crouzel, *Théologie de l'image de Dieu chez Origène,* 31-70을 보라.
7) 이 사상이 바울의 가르침을 토대로 하고 있음을 언급하는 Crouzel, 57을 보라.
8) (창세기 1장과 2장에 있는 두 가지 상이한 창조 설화에 기초를 둔) 이중 창조의 사상은 이미 유대인 신학자인 필로에게서 발견되었지만(see *On the Creation of the World* 134; *Allegory of the Jewish Law* 1.31) 오리겐에 의해서 수정되고 변화되었다(see *Commentary on John* 20.22 and a number of other places). 이것에 관해서는 Crouzel, 148-53을 보라.
9) *See Against Heresies* 4.38. On Irenaeus, see in general G. Joppich, *Salus carnis: Eine Untersuchung in der Theologie des hl. Irenäus von Lyon* (Münsterschwarzach: Vier-Türme Verlag, 1965).
10) See *Oration 38* 11.
11) 그레고리의 인간론에 관해서는 A.-S. Ellverson, *The Dual Nature of Man*을 보라; 특히 인간을 보다 비참한 타락으로부터 보존하신 섭리라는 특별한 사상에 대해서는 pp. 48, 55f., 58., 62f., 67f., 72f.을 보라.
12) See Crouzel, 149; and M. Harl, "Recherches sur l'orgénisme d'Origène…," *Studia Patristica* 8 (1966) 373-405.
13) *Doctrine of Man* 28; cf. *De anima et resurrectione* (PG 46, col. 108B).
14) See L. Thunberg, *Microcosm and Mediator.*
15) See Thunberg, 104-5.
16) Thunberg, 105-6.
17) See Thunberg, 108.
18) See Thunberg, 140ff.
19) Thunberg, 142.
20) Thunberg, 143.

21) See Ellverson, 16, 19, 38f., 51, 73.
22) *Oration 28* 22.
23) Thunberg, 143f.
24) Thunberg, 144f.
25) Thunberg, 145-52.
26) See Crouzel, 217-23.
27) See W. J. Burghardt, *The Image of God in Man according to Cyril of Alexandria*, 5.
28) See Thunberg, 131f.
29) 나지안주스의 그레고리에 관해서는 Ellverson, 43; 닛사의 그레고리에 관해서는 J. Gaïth, *La conception de la liberté chez Grégoire de Nysse*, 71f을 보라.
30) See Thunberg, 132f.
31) See Burghardt, 6.
32) See Thunberg, 132-37.
33) Lossky는 이것이 함축하고 있을 의미와 씨름했다 ("The Theological Notion of the Human Person," 120).
34) 이 마지막 요점에 관해서 Pierre Teihard de Chardin의 사고 방식에 대한 언급을 할 수 있다. .
35) Y. Congar, "Le thème du Dieu Créateur et les explications de l'Hexaéméron dans la tradition chrétienne," in *L'Homme devant Dieu: Melanges offerts au Père Henri de Lubac, I: Exégèse et patristique* (Paris: Aubier, 1963) 190-222.
36) *Homily on Genesis* 1.16.
37) Basile de Césarée, *Sur l'origine de l'homme*, ed. A. Smets and M. Van Esbroeck (Sources chrétiennes 160; Paris: Cerf, 1970) 186-95.
38) Ibid.
39) *Homilies on Genesis*, chapter 1 (*PG* 53, col. 72).
40) Wee *PG* 80, col. 105.
41) See Burghardt, 53ff.
42) Burghardt, 61f.
43) Origen *Homily on Genesis* 1.16. 고대 기독교의 창세기 해석에 관해서는 G. T. Armstrong, *Die Genesis in der alten Kirche*를 보라.
44) 위-디오니시우스의 저술에 관해 논평한 John of Scythopolis에 관해서는 H. Urs von Balthasar, *Kosmische Liturgie*, 644-71을 보라.

46) See Thunberg, 77-84.
47) 막시무스는 사실상 로고스(Logos)의 세 가지 구현—창조의 사물들 안에서, 성서의 문자들 안에서, 그리고 성육하신 그리스도 안에서—에 대해 언급했다. See A. Riou, *Le monde et l'église selon Maxime le Confesseur*, 62f. 여러 가지 관상 형태에 관해서는 Thunberg, 363-74을 보라.
48) 창조의 로고스들과 관련한 막시무스의 성경 이해에 관해서는 *Ambigua* 10 (*PG* 91, col. 1128)을 보라.
49) 동방 기독교 전통의 *theologia* 라는 개념에 관해서는 J. Meyendorff, *Byzantine Theology*, 8f을 보라.
50) 고대 기독교 전통에서 "순수한 기도"(pure prayer)에 관해서는 Thunberg, 384-91을 보라.
51) 위-마카리우스와 "마음의 기도"(prayer of the heart)에 관해서는 Meyendorff, *Byzantine Theology*, 68f을 보라.
52) 이 주제와 관련해서 H. Rahner, "Die Gottesgeburt: Die Lehre der Kirchenväter von der Geburt Christi im Herzen des Gläubigen," *Zeitschrift für Katholische Theologie* 59 (1935) 333-418을 보라.
53) 사다리의 요한(On John of the Ladder)에 관해서는 Meyendorff, *Byzantine Theology*, 70f.을 보라. 그리고 보다 폭넓게 취급한 서적으로는 W. Völker, *Scala Paradisi*을 보라.
54) 시나이의 그레고리에 관해서는 J. Meyendorff, *St. Gregory Palamas and Orthodox Spirituality*, 63ff.을 보라.
55) 수도원 운동과 사막 교부들의 이데올로기에 관해서는 D. Chitty, *The Desert a City*.를 보라.
56) 고백자 막시무스의 저서에 등장하는 바 갈라디아서 3:28의 해석에 관해서는 Thunberg, 325을 보라.
57) 인류의 타락에 관한 어거스틴의 이해를 알려면, Pelikan, *Emergence of the catholic Tradition*, 299ff.을 보라.
58) 닛사의 그레고리의 저술에서 자유를 강조한 것과 관련해서 Gaïth를, 그리고 나지안주스의 저술에서 자유를 강조한 것과 관련해서는 Ellverson, 43을 보라.
59) 고대 교회에서의 신화(神化)의 개념을 요약한 것을 보려면, Thunberg, 454-59; Lossky, "Redemption and Deification," in Lossky, *In the Image and Likeness of God*, 97-110 등을 보라.
60) 막시무스의 견해에 따른 다섯 가지 중재에 관해서는 Thunberg 352-

454을 보라.

참고 문헌

Armstrong, Gregory T. *Die Genesis in der alten Kirche*. Tübingen: Mohr-Siebeck, 1962.

Balthasar, Hans Urs von. *Kosmische Liturgie: Das Weltbild Maximus des Bekenners*. Einsiedeln: Johannesverlag, 1961.

Burghardt, Walter J. *The Image of god in Man according to Cyril of Alexandria*. Woodstock, MD: Woodstock College Press, Washington, DC: Catholic University Press, 1957.

Chitty, D. J. *The Desert a City: An Introduction to the Study of Egyptian and Palestinian Monasticism under the Christian Empire*. Oxford: Blackwell, 1966.

Crouzel, Henri. *Théologie de l'image de dieu chez Origène*. Paris: Aubier, 1956.

Ellverson, Anna-Stina. *The Dual Nature of Man: A Study in the Theological Anthropology of Gregory of Nazianzus*. Uppsala: Almqvist & Wiksell, 1981.

Gaïth, Jérome. *La conception de la liberté chez Grégoire de Nysse*. Paris: Vrin, 1953.

Garrigues, Juan Miguel. *Maxime le Confesseur: La charité avenir de l'homme*. Paris: Beauchesne, 1976.

Lossky, Vladimir. *In the Images and Likeness of God*. Edited by John H. Erickson and Thomas E. Bird. Crestwood, NY: St. Vladimir's Seminary Press, 1974.

_____. *The Mystical Theology of the Eastern Church*. Translated by the Fellowship of St. Alban and St. Sergius. Cambridge: James Clarke, 1957; reprint, Crestwood, NY: St. Vladimir's Seminary Press, 1976.

Meyendorff, John. *Byzantine Theology: Historical Trends and Doctrinal*

Themes. New York: Fordham University Press, 1976.

Meyendorff, John. *Byzntine Theology; Historical Trends and Doctrinal Themes.* New York: Fordham University Press, 1974. Second printing with revisions, 1983.

_____ . St. *Gregory Palamas and Orthodox Spirituality.* Crestwood, NY: St. Vadimir's Seminary Press, 1974.

Pelikan, Jaroslav. *The Christian Tradition: A History of the Development of Doctrine.* Vol. 1, *The Emergence of the Catholic Tradition (100-600).* Vol. 2, *The Spirit of Eastern Christendom (600-1700)* Chicago: University of Chicago Press, 1971, 1974.

Quasten, Johannes. *Patrology.* 3 vols. Westminster, MD: Newman Press, 1949-60.

Riou, Alain. *Le monde et l'église selon Maxime le confesseur.* Paris: Beauchesne, 1973.

Roques, René. *L'Univers Dionysien: Structure hiérachique du monde selon le pseudo-Denys.* Paris: Aubier, 1954.

Théologie de la vie monastique. Paris: Aubier, 1961.

Thunberg, Lars. *Microcosm and Mediator: The Theological Anthropology of Maximus the Confessor.* Acta Seminarii Neotestamentici Upsaliensis 25. Lund: Gleerup; Copenhagen: Munksgaard, 19/65.

Völker, Walther. *Kontemplation und Ekstase bei Pseudo-Dionysius Areopagita.* Wiesbaden: F. Steiner, 1958.

_____ . *Maximus Confessor als Meister des geistlichen Lebens.* Wiesbaden: F. Steiner, 1965.

_____ . *Scala Paradisi: Eine Studie zu Johannes Climacus und zugleich eine Vorstudie zu Symeon dem Neuen Theologen.* Wiesbaden: F. Steiner, 1968.

Wolfson, H. A, *The Philosophy of the Church Fathers.* Cambridge, MA: Harvard University Press, 1956.

2. 서방의 영성

버나드 맥긴(BERNARD MCGINN)

"너 자신을 알라." 델피의 아폴로 신전에 새겨진 이 신탁은 몇 개의 서방의 영적 전통의 중심에 놓여 있다. 기독교 저술가들은 그리스인이 인간의 신비에 대한 완전한 해답을 파악한 것이 없다고 느끼면서도, 이 그리스의 신탁을 즐겨 인용했다. 삼위 하나님만이 인간의 신비에 대한 해답을 계시하셨는데, 첫번째는 인간이 비록 타락하기는 했지만 "하나님의 형상과 모양으로"(창 1:26) 지음을 받았다는 구약 성경의 가르침에 의해서, 다음에는 우리로 아들의 참된 형상들이 되게 하기 위해서 독생자를 보내어 육신을 입게 하심으로써(롬 8:29; cf. 고전 15:49; 고후 3:18; 골 1:15-20) 계시하셨다. 인간론은 기독교 신앙과 실천의 거의 모든 분야를 다루는 복합적이고 광범위한 주제를 이룬다.

이러한 광범위한 범위와 다양성에도 불구하고, 중심 주제, 즉 하나님의 형상(*imago Dei*)으로 지음을 받은 인간에 대해 연구함으로써 서방 교회의 전통적인 인간론의 주요한 영적 차원들에 대한 이해를 획득할 수 있다. 그 형상은 현재 아버지의 완전한 형상이신 아들의 구원하시는 행동을 통해서 회복되어야 한다. 중세 시대의 어느 저자는 다음과 같이 간결하게 표현했다:

> 전능하신 분께서 피조물들의 중심인 인간 안에 자신의 형상을 표현하셨으므로…동일한 창조주께서는 자신과 동일한 신성을 지니신 성자를 세상에 보내셔서, 이미 형성된 이 형상을 보다 좋은 상태로

개선하기 위해서 아들로 하여금 이 형상을 취하게 하셨다.
(Ralph Galber *Histories*[*PL* 142, col. 663A])

서언

인간이 어떻게 하나님의 형상으로 지음을 받았으며 어떻게 하나님의 형상으로 재형성 되는지를 이해하는 데 사용된 서방 교회 저자들의 방법은 그들이 유대교 및 그리스의 자료로부터 물려받은 유산의 영향을 크게 받았다. 인간은 하나님으로부터 사랑의 순종 행위를 하라는 부름을 받았다는 히브리 견해는 기독교 저자들이 구약성경이라고 부른 거룩한 책들 안에 항상 등장하는 수단이었다. 영혼이 신성의 상징(*eikōn*)을 담지하고 있다는 개념을 지닌 그리스 철학자들, 특히 플라톤과 그의 추종자들의 인간론은[1] 거의 동등하게 유력한 것이었다. 물론 유대교의 인간론과 그리스의 인간론 사이에는 중요한 차이점이 있었다. 특히 그리스의 인간론에서는 몸(body)과 영혼(soul)을 구분했는데, 이것은 영혼을 참된 인격으로 강조하며 영혼의 불멸이 참된 인간의 운명이라는 주장으로 이어졌다. 전통적인 유대교의 인간론에서는 몸과 영혼의 구분에 대해서는 전혀 알지 못했으며, 종말론적인 국면에서 박해의 시기에 신적 공의를 증명하기 위해서 몸의 부활이라는 개념을 만들어 냈다. 두 전통 모두 하나님과 특별한 관계를 지니고 있으며 우주 안에서 특별한 지위를 지닌 의식적인 행위자로서의 인간을 강조했는데, 이것은 그 둘을 결합하려는 시도를 촉진하는 중요하고 가치 있는 것이었다.

이 두 가지 상이한 종교적 전통을 의지했다고 가정할 때, 4세기부터 12세기에 이르기까지의 라틴 저자들의 기독교 인간론에서 새로운 점은 무엇이었는가? 이 질문에 접근하는 한 가지 방법은 우주에 대한 인간의 관계, 자아에 대한 관계, 그리고 마지막으로 하나님에 대한 관계에 대해 질문하는 것이다. 전통적인 기독교 인간론에서는 이러한 관계들이 상관적인 것이라고 주장하는데, 그것은 옳은 주장이다. 그러나 보다 명확하게 하기 위해서 이 관계들에 대해 각기 별도로 조사해볼 수 있다.

인간과 세상의 관계에 관하여, 우리는 인간 신비의 현세적인 차원과 예증적인 차원을 구분할 수 있다. 인간 실존의 현세적 본성에 대한 기독교적 인식은 구약 성경에서 발견되는 바 하나님의 "강대한 행위들"(mighty acts)의 신학 위에, 그리고 묵시 문학 안에 나타나는 바 우주의 역사를 하나님께서 예정하셨다는 비전 위에 기초를 둔다. 이러한 인식은 그리스도-사건(Christ-event)의 궁극성에 대한 기독교 신앙고백에 의해서 결정적으로 변화되었다. 원래 구주의 부활은 묵시적 방식으로 새로운 신적 영원(aeon)의 시작으로 이해되었었는데, 누가복음과 사도행전에서는 역사의 중간점으로서 세상으로 전파되는 새로운 공동체가 본받아야 할 것으로 간주되었다. 히포의 어거스틴은 이 역사 신학의 모든 차원을 이해했다. 인간론에 기여한 그의 공적은 그의 역사 신학과 분리될 수 없다.

그리스 철학에서는 영혼을 우주의 중심, 물질계와 영계라는 두 극단을 결합하는 중간의 실재로 보았다. 그리스인들은 영혼은 신성에 참여하는 반면, 영혼과 결합되어 있는 육은 우주의 구조를 예시해준다고 보았다. 인간은 자신의 육적인 구성 요소 안에서 소우주로서의 위엄을 갖춘다. 르네상스 시대에 이르기까지의 기독교 사상가들은 소우주라는 주제를 인간론적 고찰의 중심 주제로 삼았지만,[2] 소우주에 대한 기독교적 이해는 종종 로고스가 인간의 본성과 연합함을 통해서 물질적 우주의 완성을 성취한 방법에 대한 고찰을 통해서 나름의 특성을 취했다.

인간론에는 사람들이 세상에 대한 자신의 관계를 고찰하는 방법 뿐만 아니라 그들 자신을 이해하는 방법도 포함된다. 여기에서도 역시 기독교 인간론 내의 표준적인 구성 요소가 중요하지만 결정적인 것은 아니다. 관상(theōria)이라는 그리스의 개념은 기독교 사상과 관습 안에서 장구하고도 중요한 역사를 소유해왔다.[3] 동방과 서방의 대부분의 기독교 사상가들의 견해에서, 하나님을 보는 것이나 하나님에 대한 관상은 내성적(內省的) 기법에 의해서 이루어지는 자아에 대한 참된 관상에서 출발한다. 이런 점에서 기독교 저자들은 플로티누스(Plotinus)와 같은 신플라톤주의자들의 영향을 많이 받았다. 플로티누스는 "우리는 눈을 감고 보는 새로운 방식에 호소해야 한다. 즉, 비록 사용하는 사람은 극히 적지만, 우리 모두가 태어나면서 지니고 있는 권리인 방심하지 않는 상태(wakefulness)에 호소해야 한다"고 조언했다(Enneads 1.6.8). 그러나 이교 철학자들은 외면적인 세상에서 물러나 내면에 묻혀 있는 신적 불티를 묵상하려 한 반면, 어거스틴 이후 서방의 기독교 저자들은 영혼 안에 하나의 신적 요소가 현존하는 것을 나타내기 위해서나 인간의 갈망과 성취 사이에 놓여 있는 비극적인 틈을 드러내기 위해서 내성(內省)을 사용했다.

바울의 기독교 신앙에는 인간의 자유라는 개념, 그리고 고전 시대의 철학 전통들과의 급격한 결별의 표식인 바 인간 자유와 역사의 관계가 함축되었다. 그것은 5세기에 어거스틴이 펠라기우스 및 그의 추종자들과의 싸움에서 거둔 승리 안에서 부흥했는데, 그것은 결정적인 사건이었지만 예기치 않았던 사건은 아니었다. 중세 시대의 서방 기독교인들에게 권해진 내성적인 지식은 영혼의 본성의 능력들에 대한 지식 이상의 것이었다. 그것은 인간의 죄악된 상태에 대한 실존적 인식에 뿌리를 두었기 때문에, 인간의 위엄과 불행—이것은 중세 라틴 전통의 주요 수사학 주제들 중 하나이다—에 대한 지식이다.

고대 희랍의 격언에서 주장했던 것처럼, "비슷한 것은 비슷한 것에 의해서 알 수 있다"(Like is known by like).[5] 각 사람은 자신이 하나님의 형상으로 지음을 받았음을 알게 될 때에, 보다 새롭고 정확한 하나님에 대한 지식으로 부름을 받는다. 회개한 젊은 어거스틴은 하나님과 영혼에 대해서만 알게 해달라고 기도했다 (*Soliloquies* 1.7)! 내면의 길, 즉 내성에 의한 자각은 상승의 길, 즉 하나님께 올라가는 길이기도 하다. 여기에서도 우리는 고전 시대의 세계로부터 물려받은 전통들과 유사한 것들 및 중요한 새 제도들을 볼 수 있다. 기독교 저자들이 자신의 인간론을 설명하면서 그리스의 철학 용어들을 많이 사용했지만, 우리가 하나님을 닮는 원천인 하나님의 형상(*imago Dei*)에 대한 중세 시대의 인식이 지니는 삼위일체론적이고 기독론적인 특성은 근본적으로 새로운 것이었다. 그리스인들에게서 취한 개념인 신화(divinization)는 기독교 신앙과 실천 안에서 새로운 내용을 부여받았다. 그것은 그 형상을 회복시키려는 은혜의 필요성을 새로이 강조함을 통해서였으며, 또한 형상에 대한 기독교적 지식의 기초를 신성에 대한 유동적인 그리스의 개념에 두지 않고 성부와 성자와 성령으로 자신을 계시하신 한 분 하나님의 신비에 기초를 두었기 때문이었다.

Imago Dei 영성에 속하는 세 가지 서방 전통

4세기에서부터 12세기까지 서방 기독교 내에 존재했던 세 가지의 *imago Dei* 영성을 구분할 수 있다. 즉, 주로 지적인 자아인 개인 안

20. Koimesis of Mary, Kariye Caime, Istanbul, 13th century

21. Creation of Adam, Cathedral of Chartres, 13th century

에서 하나님의 형상을 발견하는 영성, 하나님의 형상의 참 소재지인 자아의 자유에 초점을 두는 영성, 그리고 그 형상이 지닌 상호관계적(interpersonal) 특성을 강조하는 영성을 구분할 수 있다. 물론 이것들을 별개의 전통으로 생각해서는 안된다. 각 전통의 요소들이 모든 주요한 영적 교사들에게서 발견될 뿐만 아니라, 저자에 따라 주어진 강조점이 크게 변화될 것이며, 이러한 변화에 대한 연구는 중세 시대의 서방 인간론의 풍성함을 나타내는 데 도움이 될 것이다.

어거스틴과 지성적인 자아(subject)

마리우스 빅토리누스와 어거스틴은 하나님의 형상과 모양으로 지음을 받았다는 것의 의미를 이해하기 위해 신플라톤주의의 중요한 요소들을 사용했다.[5] 빅토리누스는 『아리우스를 대적하여』(359)의 첫번째 논문과 두번째 논문에서 참된 하나님의 형상(*imago Dei*)인 로고스(Logos)와 로고스의 형태를 본 따서(*ad imaginem*) 지음을 받은 인간 영혼을 구분했다(『아리우스를 대적하여』IA.20). 이 아프리카인 교사는 창세기 1:26에 묘사된 바 원래의 인간은 신의 형상을 지니고 있다고—영혼은 세 개의 거룩한 위격들과 일치하여 "존재하고" "살고" "이해" 하는 한편, 창세기 2:7의 지구 상의 인간의 창조 이야기에 기록된 바 육을 두 가지 성(性)으로 구분한 것은 남성이면서 여성인 로고스의 이중적 본성을 반영한다고 주장했다(『아리우스를 대적하여』IB. 61-64).

어거스틴도 빅토리누스와 마찬가지로 인간 자아의 *imago* 특성을 지적인 본성 안에 두었지만, 그의 풍부한 사상은 이 세 가지 전통 모두의 요소들을 포함하며, 따라서 그 이후의 서방 인간론을 위한 분수령이 된다. 이 책에서 우리는 하나님의 형상(*imago Dei*)과 관련한 어거스틴의 분명한 주장들에 초점을 둘 것이다. 그러나 거의 모든 저술들은 어떤 방식으로든지 인간과 하나님의 관계의 신비와 관련되어 있음을 지적해야 한다.

가장 많이 읽히는 어거스틴의 저서 『고백록』(397-400)은 인간의 운명에 대해 연구한 것으로서 두 부분으로 구성되어 있다. 제1권부터 제9권까지는 보통 사람으로서의 한 사람에 대해 이야기하고 있으며, 제10권부터 제13권까지에서는 인간의 신비에 대한 두 가지 신학적 묵상—기억(*memoria*) 분석(제10권)과 창조의 이야기를 영혼의 타락을 다룬 이야기로 해석한 것(제11-13권)—을 제공한다. 이 난해한 책에서, 어거스틴은 우주적 메시지를 전달하기 위해서 자기의 개인적인 삶의 이야기를 사용함으로써 신플라톤주의적 인간론과 분명하게 결별했다: 인간의 운명은 개인이 모든 것이 되시는 분(All)에게 다시 흡수되는 것이 아니라, 신께서 의지의 질서를 다시 바로잡음을 통한 참된 자아의 회복으로 간주된다. 참된 인간은 고백(*confessio*) 행위를 통해서 표현된다. 고백은 개인적으로 하나님께 직접 하는 것으로서 자신의 죄악됨의 고백(예. 2.1, 2.3, 10.1, 10.4)인 동시에 우리를 향한 하나님의 인자하심을 찬양하는 것(예. 1.1, 1.6, 1.15, 7.6)이기도 하다. 어거스틴은 신플라톤주의가 큰 역할을 한 자신의 지적 회심이 자신으로 하여금 자기의 내면에 있는 육적인 의지와 영적인 의지 사이의 갈등을 극복하게 하지는 못했음을 나타냈다. 그의 표현을 빌자면, 그것들은 "…불화에 의해서 내 영혼을 쇠약하게 만들었다(8.5). 동산에서의 회심 장면에서 사실적으로 묘사된 것처럼, 의지가 지향하는 두 방향 사이의 교착 상태는 그리스도의 은혜의 개입에 의해서만 해소될 수 있다(8.8-12).

어거스틴은 『고백록』에서 자신의 삶의 이야기를 하고 있지만, 그가 제공하는 메시지는 결코 개인적인 것이 아니었다. 영혼은 결코 혼자 힘으로 하나님에게서부터 떨어져 나가거나 하나님께로 돌아가지 못한다. 제2권 4-10절에 묘사된 배 도둑질처럼, 하나님으로부터 멀어지는 죄악된 여행을 묘사해주는 사건들은 언제나 에덴 동산에서 시작된 바 범죄하는 일에 있어서의 결속의 표현이다. 제9권에서 회복된 인성이라는 패러다임을 제시해주는 유명한 오스티아 항구의 광경은 어거스틴으로 하여금 잠시 모니카와 동행하면서 인간의 순례의 목표인 "신적인 지혜(Divine Wisdom)에 접촉하는"(9.10) 경험을 하게 해준다. 무식한 여인 모니카가 이 신비 체험에 동참했다는 사실은 인간의 운명은 우리 자신이 노력해서 이루어야 하는 것이 아니라 은혜의 사역임을 강조한다. 그것은 그 목표가 모든 사람들에게 개방되어 있음을 보여준다. 마지막으로 제10권에서 분명히 밝혀주는 바처럼, 하나님의 사랑이 어거스틴의 삶에서 이룩한 바 인간의 인격의 재형성과 회복은 영구적이고 완성된 성취가 아니라, 빈약하지만 지속적인 과정이다. 지속적인 회심이 기독교적 삶의 본질이다.

『고백록』은 어거스틴의 인간론의 기본 방침을 나타냈다. 그는 이교적인 신플라톤주의와 결별했을 뿐만 아니라, 부분적으로는 원죄의 결과를 그다지 강조하지 않고 하나님을 향한 금욕적인 노력이 지니는 내재적 가치에 비중을 두었던 초기 기독교의 인식과도 결별했다. 400년 이후의 신학적인 논쟁들, 특히 펠라기우스와의 논쟁은 어거스틴으로 하여금 자신의 주장들을 더욱 강화하게 만들었다. 그는 구원의 과정에서의 은혜의 효력에 관하여 타협을 모르는 주장을 펴게 되면서부터 점차 영혼의 타락이라는 개념과 하나님을 향한 본성적 갈망의 역할 등 『고백록』에서 발견되는 일부 플라톤주의적 요소들을 버렸다.[6] 이 기간 중에, 그가 『고백록』 13.11에서 간략하게 기록했던 바 영혼 안에 삼위일체와 닮은 것이 있다는 견해는, 400-417년 사이에 저술된 그의 위대한 저서 『삼위일체』에서 *imago Dei* 의 신학으로 꽃을 피웠다.

어거스틴은 형상(*imago*)이란 그 원형과 관련되며, 또한 그 원형을 표현하는 기준이 되는 특별한 종류의 닮음(*similitudo*)이라는 개념을 발달시켰다.

제12장 하나님의 형상인 인간　519

> 어떤 식으로든 하나님을 닮은 모든 피조물을 하나님의 형상이라고
> 부를 수 있는 것은 아니며, 하나님만을 자기보다 우월하신 분으로
> 소유하는 것만이 하나님의 형상이라고 불릴 수 있다. 왜냐하면 그
> 피조물과 하나님 사이에 어떤 것도 자리잡지 않을 때에만 형상은
> 완전한 의미에서 하나님의 표현이 되기 때문이다.
>
> 　　　　　　　　　　　　　　　　　　　(『삼위일체』 11.5.8).

　근접함(proximity) 때문만이 아니라, 그것의 본성이 회심을 통해서, 즉 창조의 순간 안에 있는 근원으로 돌아가는 힘을 통해서 형성되기 때문에, 그러한 형상은 그 근원의 표현이 된다.[7] 어거스틴도 빅토리누스와 마찬가지로, 일부 형상들은 자신의 근원과 동등한 관계를 가질 수 있다고 인정했다. 왜냐하면 이성적인 피조물들에게 존재를 부여하며, 모든 사물에게 어느 정도 다른 방식으로 존재를 부여하는 형성적 행위를 지닌 완전한 하나님의 형상(*imago Dei*)은 삼위일체의 제2 위이신 말씀이기 때문이다. 한편 어거스틴은 빅토리누스와는 달리 바울과 의견을 같이하여(고전 11:7) 인간은 말씀을 따라(*ad imaginem*) 지음을 받았을 뿐만 아니라 본질적으로 참된 하나님의 형상이라고 말할 수 있다고 주장했다(예.『삼위일체』 7.6.12).

　일부 그리스 교부들과는 달리, 어거스틴은 인간의 성적 구분을 타락의 결과라고 보기를 거부했다(예. *City of God* 14.21). 이것은 형상이 내적 인간(*homo interior*) 안에 거한다는 그의 주장과 결합하여, 어거스틴이 남성만이 참된 하나님의 형상을 가지고 있다는 것과 같은 성 차별적 의미에서 형상을 다루지 않았음을 분명히 해 준다(이것에 관해서는 *Literal Commentary of Genesis* 3.22.34를 보라). 그러나 그는 몇 가지 저서에서 필로에게서 시작된 바 타락 이야기를 우의적으로 해석했는데, 거기서 뱀은 감각 기능을 상징하며, 여인은 하나님을 향한 탁월한 이성을 상징한다.[8] 후일 이것은 서방의 인간론에서 인기 있는 주제가 되었다. 따라서 비록 어거스틴이

근본적인 가르침에서는 남성과 여성이 동등하게 하나님의 형상을 소유하고 있다고 주장했지만, 그가 양성에게 부여한 상징적 가치는 그 시대의 문화적 한계를 초월하지 못했다고 말할 수 있다. 그러나 전반적으로 서방 교회의 저자들은 남성과 여성 모두 인간에게 주어진 모든 차원의 인간의 영적 능력을 소유하고 있음을 분명히 했다. 개선된 인간의 목표는 이것들 중 어느 것을 억제하는 것이 아니라 그것들을 조화롭게 결합하여 영혼 안에 있는 바 *vir*, 또는 "사람"이라고 상징되는 최고의 능력이 인성과 신성 사이의 연결고리로서의 원래의 역할을 되찾게 하는 데 있다. 사막의 여자 교부 사라(Sara)가 현대인으로서는 이해하기 어려운 표현을 사용하여 "나는 성적으로는 여인이지만, 영적으로는 여인이 아니다"[9]라고 말하면서 지적한 바와 같이, 그러한 결합은 남성은 물론 여성에게도 개방되어 있다.

어거스틴은 초기의 저술들에서, 피조된 모든 실재가 삼위 하나님을 어떻게 반영하는지, 그리고 속사람이 어떻게 하나님의 특별한 형상으로 지음을 받았는지를 탐구했다. 이러한 방식은 412년 이후의 저서인 『삼위일체』(*The Trinity*)에서 확대되어 사용되었다. 이 책에서 어거스틴은 외면적 세계와 외적 사람(*homo exterior*)은 삼위일체의 흔적(*vestigia Trinitatis*)만 지니고 있으며, 속사람만이 진정한 삼위일체의 형상(*imago Trinitatis*)으로 간주될 수 있다고 주장했다. 왜냐하면 하나님께서 "우리가 우리의 형상을 따라 우리의 모양대로 사람을 만들자"고 말씀하셨고, 조금 뒤에는 "하나님이 자기 형상 곧 하나님의 형상대로 사람을 창조하시되"라고 기록되었기 때문이다. 만일 사람이 성부나 성자나 성령 중 하나의 위격의 형상을 따라 지음을 받았다면, "우리"라고 표현하는 것은 옳지 않다. 왜냐하면 "우리"는 복수 명사이기 때문이다. 그러나 사람은 삼위일체의 형상을 따라 지음을 받았기 때문에, "우리의 형상을 따라"라고 기록된 것이다(『삼위일체』12.6.6).[10]

어거스틴은 이 형상이 정신(*mens*) 안에, 혹은 영혼의 보다 고귀한 차원 안에 거한다고 이해했다. "이것을 근거로 하여 우리는 인간의 본성 중에서 짐승들을 능가하는 부분은 하나님의 형상으로 지음을 받았음을 이해해야 한다. 이것은 인간의 이성(*ratio*), 또는 정신(*mens*), 또는 지성(*intelligentia*)이다"(*Literal Commentary on Genesis* 3.20.30). 정신(*mens*)은 인간 자아의 지적인 면과 의지적인 면을 포함하므로(『삼위일체』 9.12.18), 어거스틴은 사랑과 지식에 기초를 둔 삼위일체적 형상으로서의 인간에 대한 지식을 발달시켰다. 어거스틴은 주요한 형상으로서의 정신의 지식과 자아 사랑을 보다 넓게 분석하는 일에 주의를 기울이기 전, 『삼위일체』(8.5-8)에서 삼위일체와 인간 상호 간의 사랑의 체험 사이의 관계를 탐구하는 사상의 경향을 발달시켰다.

어거스틴은 『삼위일체』의 마지막 권에서는 주로 삼위일체적 형상인 지적 영혼의 탐구에 노력을 기울였다. 이 주제에 관련하여 변화된 복잡한 주제들 때문에 제9-15권은 주로 철학적 사색의 실천이라고 볼 수도 있을 것이다. 비록 그 책에 많은 철학적 통찰이 포함되어 있지만, 그 책은 손상된 이미지를 자신의 삼위일체적 모범에 따라 재형성하시는 하나님과 협력하기 위한 가장 좋은 방법인 바 형상에 대한 폭넓은 영적 묵상 프로그램 안에서 이해되어야 한다. 이것은 그 저서를 끝맺음 하는 장엄한 기도에 표현되어 있다.

어거스틴은, 정신이 자아에 임재하는 것(14.8.9의 *principale mentis*, 또는 15.21.40의 *abstrusior profunditas memoriae*)이 어떻게 하여 내적 말씀의 생산을 통해서 자아에 대한 사랑과 지식의 행위를 일으키는지를 탐구했다(예. 14.7.10, 15.12.22). 『고백록』에서 어거스틴은 기억(*memoria*)에 매료되었는데, 이러한 태도는 『삼위일체』의 마지막 부분에서 절정에 달했다. 그곳에서는 인간의 모든 지적 행위의 기초인 기억은 동일 본질의 지식에 속한 행위로서 이해된 성자의 발현, 그리고 동등하게 같은 본질을 가진 사랑의 행위로 간주되는 성령의 발출의 토대가 되는 성부의 역할을 반영한다(예. 『삼위일체』 15.23.43). 어거스틴은 특히 *mens-notitia sui-amor sui*(예. 9.3.3)와 *memoria-intelligentia sui-voluntas sui*(예. 10.11.17)을 다룬 훌륭한 분석에서, 각 사람의 내면의 가장 고귀한 부분이 지닌 이와 같은 삼위일체적 구조를 탐구했다. 그러나, 정신을 삼위일체의 형상(*imago Trinitatis*)으로 이해하는 훈련이 목표는 아니다.

> 정신의 삼위일체는 자체를 기억하고 이해하고 사랑하기 때문에 하나님의 형상인 것이 아니라, 자신을 지으신 분을 기억하고 이해하고 사랑할 수 있기 때문에 하나님의 형상이다. 정신은 그렇게 행할 때에 지혜로워진다. 그렇게 행하지 않는다면, 비록 정신이 자체를 알고 기억하고 사랑한다 할지라도, 정신은 어리석은 것에 불과하다.(『삼위일체』 14.12.15)

하나님을 알고 기억하고 사랑하는 행위를 통해서 하나님의 은혜가 삼위일체의 형상을 회복할 수 있는 것은, 인간이 범죄한 후에도 그 형상을 보유하고 있기 때문이다. 어거스틴은, 우리 혼자의 힘으로는 아무 것도 할 수 없다고 주장했다:

> 우리는 우리 안에 있는 하나님의 형상을 흉하게 변형시킬 수 있다. 우리는 그 형상을 재형성할 수는 없다.
> (*Sermon* 43.4.4[*PL* 38, col. 255])

이러한 영혼창조설에서는 지적인 존재는 말씀에게로 회심함을 통해서 새로운 본성을 부여받는데, 이 이론의 본보기에 따르면, "재창조"는 오직 성육하신 말씀으로의 새로운 회심을 통해서만 이루어질 수 있다. 인간의 역사에 대한 어거스틴의 한 쌍의 견해는 솔기가 없이 결합된다.

마지막으로, 삼위일체의 형상(*imago Trinitatis*)인 인간 자아에 대한 어거스틴의 견해는 언제나 은혜와 자유의 신비에 관한 그의 사상에 비추어 고려해야 한다. 어떤 해석자들은 어거스틴이 말년에 인간의 내면에 있는 자유라는 개념을 축소시켜 소멸시켰다고 보았는데, 그러한 견해는 어거스틴이 전혀 소유하지 않았던 자유의 개념에 의존하고 있다. 어거스틴은 자유가 방해 받지 않는 자율성이라거나 개별적인 자아의 자기 결정이라는 개념에 단호하게 반대했다. 그는 자유에는 언제나 수정하는 자가 필요하다고 보았다. 그것은 "대상을 갖는" 자유이며, "근원을 갖는" 자유이다. 아담의 자유에는 어느 정도의 변통할 수 있는 자재로움(posse peccare et non peccare)이 있었는데, 그것은 그의 후손들에게는 개방되지 않은 것이었다. 타락 이후, 인간은 거리낌없이 죄에 속박되어 공의로부터 이탈한 왜곡된 자유를 누렸다. 그리스도께서 죄의 속박으로부터의 자유와 사랑에 따른 삶 안에서 은혜와 협력하는 자유를 수여하심으로써 우리의 자유 선택 능력(liberum arbitrium)에게 참된 자유(libertas)를 회복시켜 주셨다. 자유에 관한 어거스틴의 사상은 계몽주의 시대에 이르기까지 서방 기독교에서 중심적 위치를 차지했지만, 그것이 아무런 수정도 없이 받아들여진 것은 아니었다. 중세 시대의 서방 영성사에서, 그의 신학에서 엄격하게 예정론적인 의미를 함축하는 부분은 그의 사후에 수정되었고,[11] 그의 인간론은 다른 요소들과 뒤섞였다.

중세 시대 초기

하루하루 생존하는 것이 가장 절박한 관심사였던 죽어가는 문명의 한복판에서, 인간의 운명의 의미에 대한 고귀한 통찰들은 그것들을 구현하며 다음 세대에 전달해 주기 위한 문화적 제도와 지적인 제도들을 발견함에 의해서만 존속할 수 있었다. 베네딕트 수도원 운동은 중세 시대에 어거스틴의 인간론을 보존하기 위한 주요한 도구가 되었다. 수도사들이 물려받은 인간론 내의 플라톤주의적 요소들이 그들로 하여금 인간의 육체적 실체에 대한 완전한 이해를 훼손시켜 가면서 영혼만이 참된 하나님의 형상이라고 생각하게 만들었던 것처럼, 수도사들은 분명히 수도원 밖에서 완전한 인간의 운명을 성취한다고 생각하기 어렵다는 주장을 지향하는 경향이 있었다. 수도원적 엘리트 의식과 인간이 영과 육으로 이루어졌다는 이원론은 전통적인 중세 시대의 서방 영성에서 실질적인 난제였지만, 그것들의 효과는 종종 과장되어왔다. 그 전통 내의 다양한 요소들, 특히 인간의 육신에 대한 소우주적 인식과 우주의 위계 제도와 완전히 조화를 이룬 회복이라는 장엄한 광경을 강조한 것은 유전되어진 철학적 범주들 중 일부 안에 함축되어 있는 이원론의 허를 찌르는 데 도움이 되었다. 그와 유사하게, 수도사들에게는 수도원을 이 세상에서 하나님의 형상을 진정으로 회복하는 것이 가능한 유일한 원형 경기장(arena)로 간주하는 경향이 있었지만, 그들은 결코 수도사와 수녀들만이 구원받을 수 있다고 주장하지는 않았다. 비록 통제된 수도원의 순종과 겸손과 기도의 환경은 기독교의 가르침에서 완전한 삶을 위한 노력의 기본적인 토대로 간주되는 것의 좋은 본보기가 되지만, 하나님의 은혜의 신비한 사역은 하나의 기관이나 지역에 한정될 수 없었다.

5세기부터 12세기 사이에 서방의 인간론의 주요한 공헌을 나타내는 데 도움이 되는 두 명의 인물이 있다. 교황 대 그레고리(Gregory the Great, 590-604)는 철학적인 문제에는 그다지 관심을 갖지 않았다. 그러나 수도원 문화와 그 정신 상태를 형성하기 위해서, 특히 인간의 상황을 다루는 분야에서 그레고리보다 더 많은 일을 한 사람은 없었다. 그레고리의 인간론의 토대는 전반적으로 어거스틴의 인간론이었지만, 그는 자신의 인간론을 전개하면서 나름의 재능을 나타냈다. 인간의 불행이 죄의 결과라는 그레고리의 예리한 의식(이것은 그가 살았던 우울한 시대가 강력하게 요구했던 것이다)은 우리의 죄악된 상태로 인한 가책이 장차 천국에서 누리게 될 완전한 삶을 미리 맛보는 것으로서 하나님 체험에 대한 갈망을 일으킨다는 강한 인식과 결합했다. 그는 "하나님을 관상하는 중에 인간은 자신의 무가치함을 깨닫는다"는 것을 강조하면서, "그 관상 속에서 내면의 고요함을 맛보는 일이 경험된다"고 확신했다 (*Homilies on Ezechiel* 1.8.11; 2.12.14). 쟝 레크레르크는 다음과 같이 관찰했다:

> 그레고리는 하나님을 찾는 것과 하나님과 연합하는 것을 하나님에 대한 인간의 관계라는 일반화된 교리의 형태로 설명한다.[12]

9세기에 카롤링 왕궁에 거주한 아일랜드인 사상가 존(John the Scot)은 어거스틴의 견해에 기초를 두고서 일부 그리스 교부들의 견해를 서방의 전통과 융합하려 했다. 존의 저서 *Periphyseon*에는 현저하게 신플라톤주의적 특성을 지닌 심오한 신학적 인간론이 담겨 있다. 존의 사상은 어거스틴의 인간론이 베네딕트 수도원 운동과 융합함을 통해서 행한 것과 같은 방식으로 하나의 영적 프로그램의 기초가 되지는 못했다. 그러나 그것이 12세기에 전혀 영향을 미치지 못한 것은 아니다. 말씀을 따라(ad imaginem) 피조된 인간에 대한 그의 인식은 주로 지성주의적 전통 안에 위치한다. 형상은 인간의 고귀한 지적 본성 안에 거하며 삼위일체적 구조를 지닌다. 이 모든 것은 전통적인 것이다. 그러나 존은 더 나아가 인간(*homo*)이라는 사상은 하나님께서 만물을 창조하시게 된 최초의 원인들 중 으뜸 되는 것이라고 주장했다: "…인간은 최초의 원인들 가운데서 하나님의 형상으로 만들어졌다. 그리하여 그의 안에서 그를 구성하는 지적인 것과 감각적인 것 등 모든 피조물은 분리할 수 없는 하나의 통일체가 되어야 하며, 또 그는 모든 피조물들을 중재하는 관계이며 통합이 되어야 한다."[13] 최초의 창조는 영적인 것으로서, 그 안에서 최초의 인간인 아담에 대한 최초의 사상 안에서 만물이 결합된다. 교만으로 인한 아담의 타락은 차별화된 물질적 우주를 만들었으며, 우리는 현재 그 우주 안에서 살고 있다. 그러나 이 구분된 세상은 새로운 인간, 성육하신 말씀이신 그리스도의 구원 사역을 통해서 태초의 통일 상태로 되돌려진다.

이 장엄한 지식체계론적 구도는 존의 인간론이 지닌 특이함을 설명해준다. 인간에 대한 존의 정의는 이상적이다: "인간은 하나님의 정신 안에서 영원하게 창조된 특별히 지성적인 형상(idea)이다(Periphyseon 4.7). 그는 형상과 그것의 신적 원형 사이의 실질적인 유사성은 역설적이게도 지식 안에 있지 않고 무지 안에 있다고 보았다. 하나님은 자기 아래 있는 만물을 아신다. 그러나 하나님은 정의될 수 있는 특별한 실재가 아니기 때문에 자신이 어떤 존재인지 알 수가 없다. 하나님 자신에 대한 하나님의 지식은 그의 무한한 신비에 대한 초월적 의식이다. 우리는 자신의 참된 본성을 정의하거나 파악할 수 없다는 점에서 가장 참된 하나님의 형상이다. 우리의 참된 본성은 정확하게 하나님의 형상으로서 영원히 신비로 남는다.

> 자기 자신 및 자기의 하나님에 대해 곰곰이 생각하는 자들에게 있어서 보다 경이롭고 아름다운 것은, 인간의 정신은 그 지식 안에서 보다는 무지 안에서 더 찬양되어야 한다는 것이다. 인간의 정신 안에서는 그것이 존재한다는 사실을 아는 것보다는 그것이 무엇인지를 알지 못하는 것이 더 찬양받을 만하다. 그것은 신적 본성을 찬양함에 있어서 긍정보다는 부정이 더 위대하고 견실한 것과 마찬가지이다…(Periphyseon 4.7)[14]

존의 영적 지혜는 하나님의 형상인 인간에 대한 지성주의적 이해의 부정적(apophatic) 형태라고 묘사될 수 있다.

12세기

 서방 영성사에서 12세기는 오랫동안 하나의 전환점으로 간주되어 왔다. 하나님의 형상인 인간에 대한 이해의 관점에서 볼 때, 그 시대는 교부 시대에 뿌리를 두고 있는 전통들의 발달의 절정이요, 동시에 새로운 종교 체험들과 혁신적인 제도들과 관습들이 과거의 상징들과 가치관들을 변화시키기 시작한 시대이기도 하다. 어떤 사람들은 한 걸음 더 나아가 12세기에는 자기 성찰 추구, 새로이 의도와 동기를 강조한 것, 그리고 상호 간의 관계에 관심을 가진 것 등에서 "개인의 발견"을 목격했다. 그러나 새로운 개인주의적 주장을 강조하다 보면, 12세기의 사상가들을 과거(특히 어거스틴)에 연결시키는 유대(紐帶)의 복합성, 그리고 공동체나 집단과의 상호작용에 의해서, 그리고 원형이나 본보기와 일치함에 의해서 형성된 자아에 대한 12세기의 개념들과 보다 현대적인 개인주의 개념들 사이의 차이점들을 무시하게 된다.[15]

 우리가 이 시대의 인간론의 새로운 국면들에게 아무리 비중을 두려 해도, 12세기는 하나님의 형상인 인간의 신비에 매료되어 있었으며 이 신비에 대한 학문에 체계적이고 질서있는 정신 구조를 가져다 주었다는 데에는 논란이 있을 수 없다. 그 시대는 하나님의 형상을 회복하고 하나님께로 올라가는 일을 육성하기 위해서 매우 독창적으로 새로운 제도와 영적 수행의 실천을 추구한 시대였다. 시토회 수도사들, 성 빅톨 수도원의 수도사들, 전통적인 베네딕트회 수도사들, 그리고 카르투지오 수도회의 수사들의 신비 신학은 모두 인간론에 뿌리를 두고 있었다.

 지면 관계로, 인간론에 대해 저술한 모든 영적 대가들 및 그들의 견해의 영향을 받았으며, 그들의 견해에 반영된 바 수행과 기도에 있어서의 다양한 변화에 대해 완전히 살펴볼 수는 없다.[16] 우리는 형상 영성(image spirituality)과 관련된 세 가지 전통의 일반적인 주제를 따르면서, 두 명의 대표적인 인물, 즉 인간의 자유를 하나님의 형상의 소재지로 본 클레르보의 버나드와 상호관계적인 인간 자아가 어떻게 삼위 하나님의 형상인지에 관한 심오한 고찰을 한 성 빅톨 수도원의 리차드에 초점을 두려 한다.

  12세기의 많은 수도원 출신 저자들은 영혼(*De anima*), 그리고 그와 관련된 주제인 양심(*De conscientia*)에 관한 논문들을 저술했다. 인간론이 버나드의 사상의 중심이었음을 부인할 수는 없다. 이 분야에 관해 저술한 다른 시토회 수도사들, 특히 성 티에리 수도원의 윌리엄(William of St. Thierry)과 스텔라의 이삭(Issac of Stela)이 신학적으로 심오한 경지에 이르렀지만, 시토회 학파의 대가는 버나드였다. 자의식을 통찰하고 감정을 묘사하기 위한 도구로서 라틴어 산문을 사용한 그의 능력을 감안할 때, 중세 시대의 라틴 저자들 중에서 버나드만이 어거스틴과 필적할 수 있는 인물이었다.

  버나드가 자각(self-knowledge)을 강조했음은 유명하다. 자각은 삶에서 주요한 길이요 첫걸음이 된다. "천국은 '너 자신을 알라!'는 경구의 근원이었다. 아가서에서 신랑은 연인에게 '여인 중에 아름다운 자야 네가 알지 못하겠거든…'라고 말하지 않았던가(아 1:8). 자각은 세 가지로 이루어진다. 즉 자신이 어떤 일을 행했는지를 아는 것, 자신이 어떠한 대접을 받을 가치가 있는지를 아는 것, 그리고 자신이 무엇을 잃었는지를 아는 것이다."[17] 마지막 문장이 지적하는 바와 같이, 버나드는 항상 자각의 이론적인 구성 요소들보다는 그 실질적인 결과에 더 관심을 가졌다. 버나드의 견해에 따르자면, 개인의 죄 자각과 비천함의 고백을 증진하는 데 직접적으로 도움이 되지 않으며 오히려 *curiositas*, 즉 도덕적인 개선과 동떨어진 순수한 지적 활동으로 전환된 자각은 저주(anathema)였다. 이러한 태도는 버나드가 아벨라르(Aberard) 및 (옳은 판단이었든지 그렇지 않았든지 간에) 이렇게 왜곡시켰다고 판단된 사람들을 거세게 공격한 일의 기초였다. 그러나 버나드는 옳게 표현된 영적 개혁은 견실한 사상과 분석과 동떨어진 것이 될 수 없다는 것을 인정했다. 인간의 동기 부여에 대한 통찰이라는 면에서 볼 때, 그의 저서인 『겸손과 교만의 단계들』(Steps of Humility and Pride)은 관찰과 내성(內省)의 걸작이며, 『은혜와 자유 선택』(Grace and Free Choice)은 그 시대에 이 주제를 다룬 가장 심오한 교리적 저서이고, 『사랑하시는 하나님에 관해서』(On Loving God)와 『아가서 설교』(Sermons on the Song of Songs)은 자각과 자아 사랑의 단계에서 하나님과 사랑으로 연합하는 고지로 나아가는 길을 보여주는 걸작이다.

에띠엥 질송(Etienne Glison)이 "기독교적 소크라테스주의"(Christian Socratism)라는 논문에서 인정한 바와 같이, 버나드는 "인간의 자유 의지 안에서 탁월한 하나님의 형상을 발견한다."[18] 물론 버나드는 개인의 자율성으로 이해된 자유를 옹호하지는 않았다. 자유에 대한 어거스틴의 견해와 유사하게, 신적 존재의 자유롭고 자연적인 표현인 바 하나님의 선하심이 모든 자유의 근본적 원천이라는 의미에서 버나드의 견해도 근본적으로 신 중심(theocentric)이었다. 신적인 의지 안에서 자발성과 정확한 판단은 결코 대립될 수 없다. 그러나 인간이 이 세상에 존재하는 한, 인간의 내면에는 항상 잠재적이거나(타락 이전의 아담이나 현재 의롭다 함을 받은 사람의 경우) 실질적으로(여전히 죄의 지배하에 있는 사람의 경우) 그러한 대립이 존재한다. 버나드도 어거스틴과 마찬가지로, 죄를 범할 수 있는 자유란 하나님 안에서 발견되는 선을 자발적으로 확실하게 고수하는 참 자유의 희미하고 가증한 흔적에 불과하다고 보았다.

버나드 이전에도 사람들은 인간의 자유가 하나님의 형상의 참된 소재지라고 강조했었지만, 이것에 대한 버나드의 견해는 열정적인 이 수도사의 삶과 사상 안에서의 사랑의 역할에 의해서 좌우되었다. 유명한 연인들 및 사랑에 대한 사상이 충만한 시대에 살았던 버나드의 사랑의 힘과 집중력은 누구에게도 뒤지지 않았다. 사랑의 힘과 관련하여 그에게 가장 큰 감명을 준 것은, 사랑은 자발적이면서도 대체물을 허용하지 않으며 철저하게 몰입하게 만들 수도 있다는 사실이었다. 완전히 자유로우면서도 철저하게 "집착하는"(obsessive) 사랑이 버나드의 인간론 및 그것의 정수인 신비주의의 핵심이다. 사랑의 행위는 하나님과 인간 사이의 근본적인 접촉점인데, 이것은 『아가서 설교』의 유명한 본문에 나타나 있다: "영혼의 모든 움직임과 감각과 감정들 중에서, 비록 동일한 토대 위에서는 아닐지라도 피조물로 하여금 창조주에게서 받은 것을 창조주에게 갚을 수 있게 해주는 것은 사랑뿐이다."[19]

버나드는 자발적인 동의나 자유 선택(*liberum arbitrium*)은 "영혼의 자기 결정에 의한 습관"이라고 정의한다. 거기에는 의지의 자발적인 표현, 그리고 지성에 수반되는 판단이 포함된다.[20] 가장 일반적인 형태에서 이해될 때, 외면적인 강압의 부재라고 이해되는 자유는 인간의 절대적인 특성이다. 그러나 타락이 자유로운 것이므로 인간은 끝없는 범죄의 순환 안에 붙잡혀 있다고 말할 수 있을까? 여기에서 버나드는 바울의 가르침에 기초를 두고서 자유를 세 가지 상태로 구분한다. 인간이 타락 이전이나 이후에 항상 소유하고 있는 것은 *liberum arbitrium*(자유 선택), 또는 인간이 범하는 죄는 그들 자신의 비틀린 의지의 표현이라고 장담하는 필연성(예를 들면 외면적인 강압)으로부터의 자유이다. 인간이 타락으로 말미암아 상실한 것은 죄로부터의 자유, 또는 자유로운 의도이다. 그리스도는 자기의 추종자들에게 이 자유를 돌려 주셨으며, 세번째 자유, 최고의 자유인 애통으로부터의 자유, 즉 천국에서 하나님의 선하심을 끝없이 누리는 것을 소유하는 데 이르는 길에 그들을 세우셨다. 버나드는 그것을 다음과 같이 요약한다:

> 이 세상에서 우리는 권고의 자유를 통해서 자유로운 선택을 남용해서는 안 된다는 것을 배워야 한다. 그래야만 장차 즐거움의 자유를 완전하게 누릴 수 있을 것이다. 그러므로 우리는 우리 안에 있는 하나님의 형상을 회복시키고 있으며, 죄 때문에 빼앗겼던 이전

의 영광을 회복하기 위한 길이 은혜에 의해 포장되고 있다.[21]

버나드도, 대부분의 그 시대 사람들과 마찬가지로, 타락 이후에 인간은 보다 고귀한 유사성은 상실했지만 하나님과의 기본적인 관계는 그대로 보유했다는 것을 묘사하는 데 있어서 창세기 1:26에 기록된 바 형상(imago)과 모양(similitudo)의 구분이 유익하다는 것을 발견했다. 저자들마다 이 구분과 관련하여 각기 다른 방법으로 생각했으며,[22] 버나드도 많은 변형된 견해를 제시했다. 『은혜와 자유 선택』에서는 형상과 자유 선택이 동일시되고 있으며, 점진적으로 회복된 모양은 자유로운 조언과 자유로운 즐거움과 동일시된다. 반면에 『아가서 설교』에서는 형상은 영혼의 위대함(magnitudo)과 고결함(rectitudo) 안에 존재하며(죄로 말미암아 상실된 것 안에 존재한다), 모양(likeness)은 영혼의 영구적인 단순성, 불멸성, 그리고 자유 선택 안에서 발견된다.[23] 버나드 및 그 시대 사람들에게서 발견되는 이러한 변형된 견해들에도 불구하고, 12세기의 *imago Dei* 인간론에는 하나의 공통된 기초가 있다. 이것은 비록 인간이 죄 가운데서 타락했지만 여전히 하나님에 대해(capax Dei), 특히 이 세상에서 사랑으로 하나님과 연합하는 것인 바 궁극적인 *unitas Spiritus*의 체험을 지향하는 인간의 사랑하는 능력과 아는 능력을 재형성하시는 삼위 하나님의 행동에 대해 개방된 상태를 보유한다는 확신 안에 분명히 드러나 있다(고전 6:17을 보라).

어거스틴도 그랬지만, 12세기의 저자들도 이와 같은 회복과 연합을 향한 상승의 역동적 과정을 개인적인 노력으로 보지 않았다. 그들은 인간의 운명을 실현하는 것이 지닌 교회적, 공동체적, 그리고 상호관계적인 면들을 강조했다. 버나드를 비롯한 시토회 수도사들은 수도원을 "사랑의 학교"(school of charity)라고 생각했다. 그 학교 안에서 수도원장은 결정권을 지닌 아버지로서의 역할과 자녀를 양육하는 어머니의 역할을 했다.[24] 시토회 수도사들을 비롯한 많은 사람들이 열정적으로 추구한 사귐 숭배(cult of friendship)는 하나님께로 복귀하는 데 있어서 필수적인 부분이었다. 아엘레드(Aelred of Rievaulx)는 그것을 "여기에 우리, 즉 당신과 내가 있다. 그리스도께서 우리 사이에 거하시기를 기원한다"라고 훌륭하게 표현했다(*Spiritual Friendship* 1.1).

12세기의 저자들이 자신의 영적 프로그램 안에서 인간들 상호 간의 관계를 이해하고 이용한 방법과 관련된 복잡한 주제에 접근하는 많은 방법이 있다. 우리는 인간의 인격에 관한 성 빅톨 수도원의 리차드의 견해, 그리고 이것이 삼위일체에 대한 그의 견해에 어떻게 영향을 주었는지는 간략하게 살펴볼 텐데, 지면 관계상 중요한 저자들 중 단 한 사람의 광범위한 프로그램 중 일부만 살펴볼 것이다. 그럼에도 불구하고, 이 간단한 개관은 이 시대가 어떠한 공헌을 했는지를 보여줄 수 있을 것이다.[25]

(일부 다른 시토회 수도사들은 그렇지 않았지만) 클레르보의 버나드는 정신 기능 상태에 의한 심리 분석 체계(faculty psychology)의 발달에는 그다지 관심을 나타내지 않았다. 리차드는 영혼의 지적 능력과 정서적 능력 및 그것들이 하나님을 향해 상승하는 데 참여하는 방법을 분석하는 것에 지대한 관심을 기울였는데, 이것은 경험과 지식을 질서있게 배열하려는 12세기의 전형적인 욕구였다.[26] 리차드의 시대의 모든 사람들이 그렇듯이, 리차드도 영혼은 사랑과 지식이라는 두 개의 기본적인 능력을 소유하고 있다고 보았는데, 시토회 수도사인 스텔라의 이삭의 표현을 빌자면, 그것은 우리가 하나님을 향해 여행하는 데 사용되는 두 발이다(*Letter on Soul*[*PL* 194, col. 1880B]). 만일 사랑이 고귀한 능력으로서, 그 안에서 인간의 실질적인 변형, 또는 신화(神化)가 발생한다면, 이 목표에 도착하는 것은 반-지성적인 사랑이 아니라 대 그레고리의 표현에 등장하는 바와 같이 스스로가 지식의 형태인 사랑—*amor ipse notitia est*—이다(*Homilies on the Gospels* 27 [*PL* 76, col. 1297]). 거짓된 자

아-사랑인 *cupiditas*와 반대되는 참 사랑(*caritas*)에는 그 사랑의 대상이 포함된다. 성 빅톨 수도원의 리차드는 이것이 함축하고 있는 의미를 탐구하던 중에 대단히 중요한 공헌을 했다.

리차드는 어거스틴의 전례를 따랐고, 사랑(*caritas*)의 본질 분석을 통해서 삼위가 어떻게 한 분 하나님이실 수 있는지에 대한 통찰을 발달시켰다. 당연히 완전한 사랑, 또는 관대한 사랑의 유출인 하나님에게는 이 사랑의 대상, 곧 하나님 자신과 동등한 사람이 필요하다. "서로 사랑을 받는 사람들 안에서…각자가 완전해지기 위해서는 그들에게 나타내어진 사랑을 나누어 받을 사람이 필요하다"(『삼위일체』 3.11).[27] 세 개의 동등한 위격들이 공유하는 지고한 사랑으로 이해된 삼위일체의 견해는 리차드의 『삼위일체』(3.14-20)에서 발견되는 바 인간적인 사랑의 체험에 대한 민감한 분석에 기초를 두고 있으며, 거룩한 위격을 "신적 본성에 속한 말로는 전할 수 없는(incommunicable) 존재"라는 새로운 정의로 이어진다(『삼위일체』 4.18, 22). 이 정의에서 "말로는 전할 수 없는"(incommunicable)이란 "개체"(individual), 즉 나누어 소유할 수 있는 자아-정체성(self-identity)을 의미한다는 것을 강조하는 것이 중요하다. 다른 말로 표현하자면, "자아"(self)만이 자기-초월을 선택할 수 있기 때문에 하나의 위격(person, 신적인 것이나 인간적인 것)은 하나의 개별적인 자아이다. 리차드는 위격에 대한 자신의 새로운 개념을 삼위일체에 의해서 설명한다. 그러나 신적인 신비와 인간적인 신비는 언제는 상호관계를 갖기 때문에, 그 정의는 말로 전할 수 없는 것, 또는 개체, 이성적인 본성을 지닌 실존으로서의 인간에게 적용될 수 있다(4.23-24). 그러므로 인간도 거룩한 위격과 마찬가지로 사랑을 나누어 가지라는 부름을 받는다. 이것이 존재의 진정한 의미를 결정한다. 하나님의 형상과 모양으로 지음을 받았다는 것은 삼위일체가 공유하고 있는 사랑에 동참하며, 삼위일체처럼 그 사랑을 다른 사람들에게 전하도록 지음을 받았음을 의미한다. 이것은 특히 리차드의 논문인 『열렬한 사랑의 네 단계』(*The Four Degrees of Violent Charity*)의 네번째 단계에서 분명히 나타난다. 이 논문에서는 세번째 단계에서 영혼이 용해되거나 변형되어 하나님 안에 들어가거나 사망한 후에, "새로운 피조물"이 그리스도와 함께 일어나서 다른 사람들에게 사랑의 봉사의 생활을 하는 보다 높은 단계가 있다. 성 빅톨의 리차드는, 하나님의 형상으로 화한다는 것의 참 의미는 이 세상에서 그리스도의 형상이 되는 것이라고 간주했다.

전통적인 하나님의 형상의 인간론(*imago Dei* anthropology) 및 그것이 만들어낸 금욕적이고 신비적인 프로그램들은 세월이 흐르면서 더욱 분명하게 되었다. 참된 형상인 영혼이나 속사람에 중점을 둔 것, 그리고 이 전통 안에 있는 사상가들이 몸과 영혼의 실질적인 연합을 표현하는 데서 직면한 어려움들은 육을 경시하며 때로 금욕적 수행 준수의 건전성을 일그러지게 묘사하는 체계적인 다의(多義)로 이어졌다. 비록 전반적으로 서방 전통에서는 하나님의 형상을 소유한다는 점에서 남자와 여자가 동등하다고 주장했지만, 실질적인 면에서 여자는 여성에게 배정된 상징적 가치들과 일치하는 점에서 어느 정도 열등하다고 간주되었다. 그러나, 전통적인 라틴 인간론의 영성을 편견 없이 바라보면, 이것은 영구적인 가치가 있는 것들을 드러내 주었음을 알 수 있다. 그러나 그것들은 그 이후 시대에 항상 기억되거나 완전하게 이해되지 못해왔다. 이것들 중에서 주요한 것은 "인간론적 견해"라고 부를 수도 있는 것인데, 그것은 곧 하나님의 신비와 인간의 신비는 엄격하게 상호 관련되어 있다는 확신이다. 자각이란 인간의 장엄함과 비참함, 즉 하나님의 형상으로서의 장엄함과 죄의 올가미에 걸린 데 따른 비참함을 인식하는 것이다. 그러므로 하나님을 향해 나아가는 여행, 참 자아의 발견이기도 한 순례의 출발점은 내성(內省)과 겸손이다. 그러나 이렇게 역동적으로 새로운 인간을 창조하는 일은 오직 신적인 말씀이 먼저 우리를 위해서 완전하게 인간이 되심으로써 실험을 하셨기 때문에 가능하다.

주(註)

1) Alcibiades 1.133c.
2) 소우주라는 주제에 관해서는 Rudolph Allers, "Microcosmos from Anaximandros to Paracelsus," *Traditio* 2 (1944) 319-409을 보라.
3) 가장 상세한 연구서는 "Contemplation," in *Dict. Sp.* 2, cols. 1643-2193 이다.
4) 플라톤의 신화(神化)의 개념에 입각한 이 원리가 함축하는 의미를 알려면, *Timaeus* 90cd을 보라.
5) See P. Hadot, "L'image de la Trinité dans l'âme chez Victorinus et chez saint Augustine," *Studia Patristica* 6 (1962) 409-42. 이 책에 수록된 Mary T. Clark, "The Trinity in Latin Christianity"도 참고하라.
6) 상세한 것을 보려면 이 책에 수록된 J. Patout Burns, "Grace: the Augustinian foundation"을 보라.
7) 이것은 *Confessions* 13.2에 나타나며, *Literal Commentary on Genesis* 1.4-5 and 15에서 발달되었다.
8) 예를 들면 *The Trinity* 12. 13. 20. 필로에게 있는 근원은 아마도 *The Creation of the World* 56-60에서 발견될 것이다.
9) "The Sayings of the Fathers," in *Western Asceticism*, ed. Owen Chadwick (LCC 12, 1958) 121에서 발견되는 바와 같다.
10) Cf. *Literal Commentary on Genesis* 3. 19. 29.
11) 특히 529년에 개최된 제2차 오렌지 공의회에서.
12) Jean Leclercq, *The Love of Learning and the Desire for God* (New York: Fordham University Press, 1961) 42-43.
13) *Periphyseon* 2 (ed. I. P. Sheldon-Williams, 2:29).
14) 존의 인간론을 아는 데 도움이 되는 두 개의 주요한 본문 *Periphyseon*

2.28-29 (ed. Sheldon-Williams, 134-64)와 4.7 (Pl 122, cols. 762-72)이다. 여기의 본문은 col. 771BC를 인용한 것이다.

15) 과장된 주장에 대해서는 Colin Morris, *The Discovery of the Individual 1050-1200* (New York: Harper & Row, 1972)을 보라. 비평에 대해서는 Caroline Bynum, "Did the Twelfth Century discover the Individual?" in *Jesus as Mother: Studies in the Spirituality of the High Middle Ages* (Berkeley: University of California Press, 1982) 82-109; 그리고 John Benton, "Consciousness of Self and Perceptions of Individuality," in *Renaissance and Renewal in the Twelfth Century*, ed. Robert Benson and Giles Constable (Cambridge, MA: Harvard University Press, 1982) 263-95. Cf. M.-D. Chenu, *Léveil de la conscience dans la civilisation médiévale*을 보라.

16) 상세한 내용을 알려면 이 책에 수록된 Benedicta Ward의 "Anselm of Canterbury,"와 Jean Leclercq의 "Ways of Prayer and Contemplation: Western,"을 보라.

17) *Sermons on Different Questions* 40.3 (*Sancti Bernardi opera*, 6:236). See also *Sermons on the Song of Songs* 34-338.

18) E. Gilson, "Self-Knowledge and Christian Socratism," in Gilson, *The Spirit of Medieval Philosophy*, 211-12.

19) *Sermons on the Song of Songs* 83.2 (*Sancti Bernardi opera*, 2:300-301).

20) *Grace and Free Choice* 1.2-2.4.

21) *Grace and Free choice* 8.27 (*Sancti Bernardi opera*, 3:185).

22) Robert Javelet은 여섯 개의 상이한 변형물의 집단을 열거한다(*Images et ressemblance au douziéme siècle*, 1:214-24).

23) Cf. *Grace and Free Choice* 9.28-10.35; and *Sermons on the Song of Songs* 80-82.

24) See Caroline Bynum, "Jesus as Mother and Abbot as Mother; Some themes in Twelfth-Century Cistercian Writing," in *Jesus as Mother*, 110-69.

25) See Ewert Cousins, "A Theology of Interpersonal relations," *Thought* 45 (1970) 56-82.

26) 이 책에 수록된 Grover Zinn, "The Religious World of the Twelfth Century: the Regular Canons"을 보라.

27) 삼위일체에 대한 리차드의 견해를 보다 상세히 알려면, 이 책에 수록된 Mary T. Clark, "The Trinity in Latin Christianity"을 보라.

참고 문헌

원전(原典)

Augustine. *Confessions*. Translated by Rex Warner, New York: Mentor-Omega, 1963.

_____. *The Literal Meaning of Genesis*. translated by John H. Taylor. ACW 41-42. 1982.

_____. *The Trinity*. Translated by Stephen McKenna. Fathers 45. 1963.

Bernard of Clairvaux. *Sancti Bernardi opera*. 8 vols. Edited by Jean Leclercq et al. Rome:Editiones Cistercienses, 1957-77.

_____. *On Grace and Free Choice*. In *Bernard of Clairvaux: Treatises III*. Cistercian Fathers Series 19. Kalamazoo, MI: Cistercian Publications, 1977.

_____. *On the Song of Songs I, II, III, IV*. Cistercian Fathers Series 4, 7, 31, 40. Kalamazoo, MI: Cistercian Publications, 1971, 1976, 1979, 1980.

John the Scot. *Johannes Scottus Periphyseon: Libri I, II, III*. Edited by I. P. Sheldon-Williams with the collaboration of Ludwig Bieler. Dublin: Dublin Institute for Advanced Studies, 1968, 1972, 1981. Books IV and V are to follow.

Richard of St. Victor. *The Twelve Patriarchs, The Mystical Ark, Book Three of The Trinity*. Translated by Grover A. Zinn. Classics of Western Spirituality. New York: Paulist Press, 1979.

Theological Anthropology. Translated and edited by J. Patout Burns. Sources of Early Christian Thought. Philadelphia: Fortress, 1981.

Three Treatises on Man: A Cistercian anthropology. edited by Bernard Mcginn. Cistercian Fathers Series 24. Kalamazoo, MI: Cistercian Publications, 1977.

연구서(研究書)

Chenu, Marie-Dominique. *L'éveil de la conscience dans la civilisation médiévale*. Conference Albert-le-Grand 1968. Paris: Vrin, 1969.

_____. *Nature, Man and Society in the Twelfth Century*. Chicago: University of Chicago Press, 1968.

Courcelle, Pierre. *Connais-toi même de Socrate à saint Bernard*. Paris: Études augustiniennes, 1974-75.

Gilson, Etienne. *The Spirit of Medieval Philosophy*. New York; Scribner, 1940.

Javelet, Robert. *Images et ressemblance au douzième siècle*. 2 vols. Paris: Letouzey et Ané, 1967. .

Ladner, Gerhart B. *The Idea of Reform; Its Impact on Christian thought and Action in the Age of the Fathers*. Cambridge, MA: Harvard University Press, 1959.

L'Homme et son destin d'après les penseurs du moyen âge. Actes du premier congrés international de philosophie médiévale. Louvain and Paris: Nauwelaerts, 1960.

McGinn, Bernard. *The Golden Chain: A Study in the Theological Anthropology of Isaac of Stella*. Washington, DC: Cistercian Publications, 1972.

Otto, Stephan. *Die Funktion des Bildbegriffes in der Theologie des 12. Jahrhunderts*. Beiträge zur Geschichte der Philosophie und Theologie des Mittelaters 40/1. Münster: Aschendorff, 1963.

Pegis, Anton C. *At the Origins of the Thomistic Notion of Man*. The St. Augustine Lecture 1962. New York: Macmillan, 1963.

Sullivan, J. E. *The Image of God: The Doctrine of St. Augustine and Its Influence*. Dubuque, IA: Priory Press, 1963.

제13장
은혜:
어거스틴적 기초

팻아웃 번즈(J. Patout Burns)

서방 교회에서 하나님의 은혜의 역할에 대한 이해는 세 가지 전통의 상호 작용에 의해서 형성되었다. 각각의 전통은 4세기말부터 5세기초까지 로마령 아프리카에서 히포의 감독 어거스틴(Aurelius Augustine, 354-430)의 저술들 안에서 형성된 교리에 특별한 요소를 제공했다. 어거스틴의 가르침은 그 이후 라틴 세계의 은혜의 신학을 위한 토대 역할을 했다.

플라톤적인 신령주의(spiritualism)와 영지주의적 반-유물론(antimaterialism)에서부터 인간의 영은 신적 원리(divine principle)와의 본성적인 연합에서부터 비롯되어 그것으로 이끌려간다는 확신이 비롯되었다. 신적 원리는 육신의 세계가 지닌 한계 뿐만 아니라 피조물로서의 인간의 지위까지도 초월한다. 이러한 연합을 향한 최초의 단계인 금욕은 정신을 감각적 쾌락과 망상에 대한 애착에서 해방시켜 준다. 관상은 사람에게 참된 기쁨의 근원인 불변의 진리(Truth)와 통일(Unity)을 소개시켜 준다. 이러한 형태의 사고는 오리겐에 의해서 전달되었고, 어거스틴보다 연상이었던 닛사의 그레고리(330-395)와 밀라노의 암브로스(339-397)의 저술에 반영되었다.

두번째 전통에서는, 영적인 것을 포함해서 모든 피조물은 본성적으로 신적인 존재와는 다르며, 피조물은 자유 선택에 의해서 신의 뜻에 일치할 때에만 하나님과 연합할 수 있다고 단언했다. 자유로이, 그리고 완전하게 하나님의 계명에 복종하는 사람은 창조적인 개입을 통해서 상급을 받을 것인데, 하나님은 그러한 개입을 통해서 육신을 들어올려 불멸의 생명을 얻게 하시며, 선택되어진 선한 것 안에 의지를 견고히 하시며, 영을 변화시킴으로써 사람의 모든 소원이 성취되게 하신다. 이 전통에서는 몸을 강조하고, 정신이나 영의 지복을 위해서 소망을 제한하기를 거부했다. 이 견해의 근원은 우주를 다스리는 신의 뜻에 대한 자유로운 복종을 강조한 스토아 철학에 있었을 것이다. 그것의 기독교적 형태는 터툴리안(160-220)과 키프리안(258년 사망)의 저술에 분명히 나타난다.

마지막으로, 피조물들의 주도권과 자유 위에 군림하는 하나님의 주권에 대한 바울의 묵상에서부터 세번째 요소가 소개되었다. 인간이 선과 악 사이에서 자유 선택을 행하는 것은 자율적인 것이 아니며 제한이 없는 것도 아니다. 반복되는 죄에 의해서 형성된 습관들은 자유를 제한하며, 하나님의 섭리적인 통제는 심지어 악한 결정과 행동들까지도 하나님 자신의 선한 목적들에로 향하게 한다. 바울에 대한 기독교 주석가들은 인간의 믿음이 하나님의 소명에 의존하며, 선한 뜻은 그리스도의 자유케 하는 은혜에 의존한다는 것을 인정했다. 따라서 인간의 노력이 성공을 거두었을 때에는 하나님이 찬양을 받으셔야 했다. 바울의 저술들에 대한 어거스틴의 묵상은 이 전통적인 해석을 초월하여 은혜의 필연성과 효용에 대한 철저한 이해에 이르렀다.

이 세 가지 전통은 하나님의 은혜와 인간 자유의 상호 관계에 대한 초대 기독교 해석에 각기 다르게 기여했다. 어떤 사람들은 하나님을 향한 인간 심령의 본성적인 동경은 모든 사람이 결국은 회심하여 구원을 얻게 될 것이라는 하나님의 약속의 표시라고 간주했다. 다른 사람들은, 인간이 피조될 때의 목적이었던 바 하나님과의 연합을 영원히 박탈당한 저주받은 자들 안에서는 이 소원의 좌절이 무서운 고난의 근원이 된다고 이해했다. 일부 사람들은 자유 선택의 이행은 하나님께서 창조 때에 주신 선을 사람이 자기 것으로 삼고 발달시키는 과정이라고 보았으나, 다른 사람들은 그것이 하나님의 은총을 얻으며 인간 본성이 지니고 있던 원래의 능력을 변형 시켜줄 재창조의 상급을 받을 자격을 갖추기 위해서 규정된 과업을 수행하는 것이라고 보았다. 대부분의 사람들은, 하나님께서 자기 결정적인 피조물을 도우시며 그와 협력하신다고 인정했으나, 일부에서는 하나님께서 반대했던 사람의 내면에서 결정을 지시하시거나 새로이 방향을 설정하게 하신다고 주장했다.

이 세 가지 근원은 2, 3, 4세기에 서방 기독교에서 유행했던 은혜에 대한 이해 안에 결합되어 있었다. 터툴리안과 암브로스처럼 외관상 다양한 신학자들이 은혜와 자유에 대해 하나의 공통된 교리를 주장했다. 하나님께서는 선을 선택하고 악을 거부할 수 있는 절대적인 능력을 인간에게 부여해 주셨었다. 자아 결정 능력의 발휘는 선행하는 개인적인 선택에 의해서만 강화되거나 제한될 수 있다. 아담 안에 있는 인성의 타락의 결과와는 상관 없이, 성경에 기록된 하나님의 명령은 선을 향한 인간 본성의 능력을 분명하게 가리켜 준다. 하나님께서는 불가능한 것을 요구하시지 않으므로, 각 사람은 분명히 요구된 선을 행하고 금지된 악을 피할 수 있어야 한다. 견실하게 순종하는 사람은 상급을 받고, 중요한 실수를 하는 사람은 벌을 받을 것이다. 이 공통적인 교리는 일반적으로 하나님의 은혜의 역할을, 참된 선과 악을 분명히 밝히는 것, 본성적 능력에 의해

행할 수 있는 것을 촉진하며 뉘우치는 자의 허물을 용서하는 것 등으로 제한했다. 기독교인들은 하나님의 사랑과 용서의 계시에 의해서, 그리스도와 성도들이 보여준 본보기에 의해서, 상급의 약속과 형벌의 위협에 의해서 격려를 받는다. 하나님은 은혜를 주실 때에, 최고의 정의를 기준으로 해서 행동하신다. 어떤 도움은 모든 사람에게 공평하게 제공되며, 특별한 개인들이 이전에 행한 노력이나 이미 알려진 반응 때문에 그들에게는 특별한 은혜가 주어진다.

5세기에는 카시안(John Cassian, 360-435)과 펠라기우스가 이 공통적인 은혜와 자유의 교리를 대변했다. 펠라기우스는 그 교리의 근본적인 가정들 중 많은 것을 뒤집으려 한 어거스틴의 시도에 반대했다. 비록 이 초기의 관점은 서방 교회의 종교적 관습 안에서 지속되었지만, 그 신학 안에서는 유행하지 못했다. 어거스틴은 바울 서신들에 대한 새로운 해석을 도입했으며, 인간에게는 자율성 및 선한 의지와 행동을 향한 능력이 있다는 가정에 도전하기 위해서 플라톤적 전통을 사용했다. 기독교인 안에서의 성령의 작용에 대한 그의 혁신적인 이해는 라틴 신학의 토대가 되었다.

은혜의 교리에 대한 어거스틴의 해석은 일련의 집중적으로 전문화된 고찰에 의해서 진행되는데, 본성과 은혜의 관계에서부터 시작하여 그것의 효력으로 마친다.

본성과 은혜

어거스틴은 영계와 물질계를 날카롭게 대조했다. 신체의 세계는 어떤 완전성과 분명한 한계를 가지고 있다. 하나님은 세상을 창조하시면서 물질에게 다양한 잠재 능력을 주셨다. 이 잠재 능력은 후에 피조된 우주 내에 있는 힘들과 대리자들에 의해서 실현되었다. 하나님은 천사들과 인간들을 통해서 시행되는 섭리적 통치에 의해 물질 세상을 선하게 만드시고 유지하신다.

영적 피조물들도 어떤 본성적인 재능을 부여받았다. 그것들의 본성에는 생명, 불멸, 지식과 자유 선택의 능력 등이 포함된다. 그러나 그것들의 적절한 기능 발휘와 발달을 위한 자원들은 그들의 본성 안에 내재된 것이 아니며, 피조 세계에 내재된 것도 아니다. 영적 피조물들은 자기의 존재의 근원을 향하여 돌이킴에 의해서, 항상 신적 진리와 아름다움과의 연합을 통한 즉각적인 양육에 의해서만 선하게 된다. 신적인 말씀은 피조된 정신을 조명해주며, 세상을 창조하고 다스리는 데 사용되는 통일성이나 수학적 균형과 같은 우주적 원리들에 대한 이해를 전달해준다. 인간의 영은 자신의 신체를 유지하며, 신체적 행동을 수행하며, 물질 세계 위에서 판단하고 일할 때에 이러한 원리들의 지도를 받는다. 하나님의 빛으로부터 돌아선 인간의 정신은 신체의 기능들을 통합함으로써 타락과 사망을 예방할 수 있는 능력과 도덕적 지혜를 상실한다. 죄악된 인간 안에 남아 있는 우주적 진리에 대한 그러한 이해는 정신의 본성적인 능력에서 생겨나는 것이 아니라 흐려진 신적 조명에서 생겨난다.[1]

어거스틴은 또 피조물은 신적인 아름다움을 사랑하며 성령의 내주하심, 즉 사랑의 은혜를 통해서만 자신의 참된 가치에 합당하게 피조된 선을 원한다고 주장했다. 이 신적인 사랑은 피조물로 하여금 하나님 안에서 즐거워하게 하며, 그리하여 자기 자신과 다른 사람들을 사랑하며 하나님과의 관계에서 물질적인 선을 원하게 만드는 중력처럼 행동한다. 천사들과 인간들이 하나님의 선보다 자신의 선을 선호하며 물질계에 대한 그들의 권세 안에서 영광을 누릴 때 교만 때문에 죄를 짓는다. 사랑이 그처럼 왜곡되면, 그 사람이 원하는 모든 것이 죄악된 것이 된다. 성령의 개입에 의해서만 피조물은 돌이켜 사랑의 참된 위계 질서를 회복하게 된다.[2]

물질 세계와는 달리, 피조된 영들은 피조된 원리에 의해서는 결코 선함과 진리 안에 세워질 수 없다. 영들은 하나님의 지혜와 사랑의 인도와 가르침을 받을 때에만 제 기능을 발휘할 수 있다. 하나님 자신은 원래의 창조와 죄인들의 회복에 있어서 자신을 향한 회심을 완전케 하신다. 따라서 어거스틴은 사람의 모든 선한 의지와 사역은 하나님의 은혜, 하나님께서 먼저 자신을 진리와 아름다움으로서 전달하심에서부터 파생된다고 설명했다.

어거스틴은 하나님과 영적 피조물의 관계에 대한 이러한 인식에 하나님의 은혜와 인간의 자유에 관한 자신의 특별한 교리의 기초를 두었다. 이 종교적 형이상학에서는 피조된 영의 자율성이나 독립성을 배제한다. 그것은 피조물의 모든 기능의 중심에서 창조주의 행위를 발견한다. 이것이 어거스틴의 성경 해석 및 종교적 체험을 교리적인 신학으로 가다듬는 일의 기준이 되었다. 그것에서부터 신의 작용과 인간의 협력, 성령의 사랑의 은사의 우위성, 은혜에 의한 의지의 해방 등 서방 기독교의 특성이 된 주제들이 흘러나왔다.

영과 육

많은 기독교 저자들은 영과 육의 싸움에 대한 바울의 묘사를 해석하기 위해서 정신과 물질이라는 존재론적인 범주들을 사용한다. 육체는 만족을 모르는 고집 센 욕망들, 정욕과 감정, 지배욕의 소재지이다. 이 모든 정욕들은 육체적인 삶을 유지하기 위해서 한정된 자원을 확보하고 소비해야 하는 필연성으로부터 일어나는 듯이 보인다. 몸의 욕구와 그 욕망을 만족시키는 데 기울여진 에너지는 사회적 갈등의 원천이요, 다른 사람들을 지배하는 데 있어서 주요한 방편으로 인식되었다. 육체와는 대조적으로, 정신은 삶에서 안정된 것이며, 본질적으로 정욕과 무관하며, 다함이 없고 구분됨이 없는 진리에 의해 양육되며, 저급한 본능들을 조절하고 피조물들을 서로 조화롭게 하며 하나님과 연합하게 하는 사랑의 소재지로 특징지어졌다. 육체의 욕망들과는 달리, 영의 욕망들은 진보적이고 영구적인 성취를 허용한다. 이러한 차이점들 때문에, 많은 기독교 저자들은 인간적인 성취와 축복에 이르는 길을 육체의 요구를 제한하는 것이요 영의 자원을 배양하는 것이라고 묘사했다. 완전한 사람에게 있어서 행복은 결국 육이 변화되어 영의 삶과 동화되는 데서 획득될 것이다.

이처럼 영을 육과 반대되는 것으로 간주한 존재론적인 해석에는 인간을 지으신 하나님의 의도와 목적을 분명히 밝히는 일이 요구되었다. 인간 육체의 실제 상태, 그리고 육이 영에게 저항하는 것은 일반적으로 고의적인 탈선의 결과, 흔히 아담과 이브에 의해서 도입된 육욕적인 죄의 결과라고 설명되었다. 이 최초의 죄는 하나님께서 인간의 본성을 창조하시면서 주신 원래의 통일성을 깨뜨렸다. 그것은 육체에게 죽음의 운명을 가져다 주었고, 영에게는 연약해진 육체의 요구라는 짐을 지웠다. 구속의 은혜가 지닌 주요한 기능들 중에는 금욕에 의해서 육체를 지배하려 애쓰는 영에게 힘을 주며, 육이 죽은 자들에게서 부활할 때에 육을 영화(靈化)된 상태로 회복시켜 주는 기능이 있었다.[3]

어거스틴은 인간이 다양한 육체적 작용과 정신적 작용 안에서 경험하는 갈등을 인정했다. 이 긴장상태는 피조된 영 자체 안에 있는 하나님 사랑과 자아 사랑 사이의 보다 근본적인 구분의 표현이라고 이해되었다. 인간의 영은 원래 하나님의 진리와 아름다움과의 연합 안에서 만들어지고 세워졌다. 지혜의 인도를 받는 영혼은 자신의 모든 작용을 최고의 선이신 하나님을 향하게 함으로써 그 작용들의 조화를 이루었다. 천사들의 원죄와 마찬가지로, 인간의 원죄 역시 인간 개인의 선과 물질 세계를 지배하는 것에 대한 무질서한 사랑이다. 피조물은 신적 지혜의 인도하심을 거부했고, 교만하게도 자율적인 선택권을 행사했다. 따라서 어거스틴은 영과 육에 대한 바울의 개념을 하나의 영혼이 지니는 두 개의 반대되는 지향이라고 설명했다: 사랑 혹은 하나님께 대한 순종, 그리고 교만 혹은 피조물의 자율성. 피조된 영혼은 자신이 지니고 있는 바 본성적으로 하나님을 지향하는 태도에 반대함으로써, 자신의 파생된 선과 능력을 선호함에 의해서 내적으로 분열하여 "육"(flesh)이 된다.[4]

　신적인 지혜로부터 등을 돌린 정신은 통일, 균형, 조화 등에 대한 분명한 통찰을 상실한다. 그리하여 육체적 작용과 정신적 작용을 통합시키지 못하게 된다. 영은 더 이상 육체를 완전하게 지배하지 못하며, 타락과 죽음을 막아주는 원래의 건강을 유지하지 못한다. 욕망과 육체적인 작용의 에너지는 그다지 잘 다스려지지 않는다. 그 결과 육체 안에서 경험 되는 갈등은 인간의 영 안에 있는 보다 근본적인 부조화를 나타낸다. 인간 정신이 자체의 복합적인 활동들에 대한 통제와 조정력을 되찾기 위해서는, 평가, 감정적인 반응과 작용 등의 형태를 확립해야만 한다. 이러한 관습이나 습관은 대부분의 행동을 습관적인 것으로 만들며, 그리하여 사람으로 하여금 보다 중요하고 영적인 목표에 관심과 에너지를 집중시킬 수 있게 해준다. 일단 이러한 관습들이 자리를 잡게 되면, 그것들은 특별한 감각적인 대상에게 밀쳐버리거나 끌어당기는 능력을 준다. 그것들은 하나의 반응을 수정하며 새로운 행동 형태를 시작하는 그 사람의 능력을 제한한다. 덕스러운 관습들은 그 사람을 선한 선택과 행위 안에 머물게 해준다. 그러나 이기심에 뿌리를 둔 습관들은 뒤따르는 선한 의도들에 저항하며, 그 의도들이 행동으로 이어지는 것을 방해할 수도 있다. 관습들은 의지를 악에게 묶어 둘 수 있다.[5]

　이와 같이 어거스틴은 영과 육이라는 바울의 용어가 지칭하는 구분과 갈등에 대해 이중적 설명을 제공했다. 이 갈등은 인간의 정신 안에서 발생하는데, 성령의 은혜는 이 갈등을 다시 하나님께로 돌이키게 한다. 물질 세계와 다른 인간들을 지배하고자 하는 자아 사랑과 교만은 이웃 사랑과 하나님께 대한 순종이라는 성령의 은사를 대적한다. 둘째, 신적인 지혜에 주의를 기울이지 않으며 신적인 사랑을 상실한 영은 연약해지며 육욕을 일으킨다. 즉 정신은 자신의 목적을 위해서 육체의 욕망과 기능들을 통제하고 지시할 수 없게 된다. 정신과 의지는 신적인 인도하심과 실천을 잃음으로써 그 대신에 들어선 악의 노예가 된다. 사람이 돌이켜 사랑을 소유하게 될 때, 하나님에 대한 사랑은 교만을 극복하며 그의 욕망과 행동은 조화를 되찾기 시작할 것이다. 죽음으로부터의 부활과 하나님을 보는 일에 있어서 사랑이 완전함에 도달할 때에만 현세에의 육욕은 사라지고 완전한 통합이 회복될 것이다.[6]

그러므로 영과 육의 대립상은 정신과 육체의 대립상과는 같지 않고, 은혜와 죄의 대립상과 같다. 영을 따르는 삶은 하나님 사랑 및 이 사랑에 의한 개인적인 완성을 의미한다. 육을 따르는 삶은 교만함에 의해 다스려지며, 영과 육체와 인간 사회 내에서의 갈등이라는 특징을 갖는다.

자유 의지

의지의 자유에 대한 어거스틴의 개념은 본성 및 본성과 은혜의 관계에 대한 그의 전반적인 이해의 일부분이었다. 그것은 자유를 선과 악 사이에서의 자율적인 선택으로 간주한 통상적인 견해와는 크게 다른 것이었다. 자유에 대한 초기 기독교의 개념에서는, 인간은 창조 때에 절대적인 자기 결정(self-determination) 능력을 부여

받았으며, 그 능력에 의해서 선한 행동과 악한 행동에 대해 책임을 지게 된다고 가정했다. 그러한 자유와 책임은 상급이나 형벌을 위해 필요한 기초로 간주되었다. 이러한 형태의 개인적인 책임은 은혜의 역할을 제한하여 피조물이 선을 행하고 악을 거부하거나 뉘우치도록 촉진하는 것으로 한정했다. 신의 작용이 결코 피조물의 자율적인 결정을 대신할 수 없었다.

영적 피조물이 제대로 기능을 발휘하기 위해서는 신적 은혜가 필요하다는 어거스틴의 이해는 자유의 본성에 관하여 당시에 유행하던 가정들을 파괴하였다. 그의 이해에 의하면, 피조물은 신적인 지혜에 의해서만 선을 인식할 수 있으며 신적인 사랑을 통해서만 그 선을 성취할 수 있다. 어거스틴은 자율성에 초점을 두지 않았고, 피조된 자유란 선에 대한 하나님의 확실한 사랑, 그리고 그 선과 존재에 참여하는 정도에 따른 각각의 피조물에 대한 사랑에 참여하는 것이라고 설명했다. 그는 선과 악을 숙고하여 선택하는 자유, 즉 죄를 범할 수도 있고 범하지 않을 수도 있는 능력을 참 자유의 부족한 형태라고 간주했다.

영적인 피조물들은 본성적으로 선택 능력, 선택할 수 있는 대상들을 인식하고 선별하는 능력을 부여받았다. 이 능력은 사람이 선의 위계 질서에 반응할 때에 제대로 발휘된다: 저급하거나 부족한 선보다는 고귀하거나 보다 완전한 선을 사랑해야 하며, 개별적인 것은 보편적인 것에 종속되어야 하며, 개인의 선은 공동의 선에 종속되어야 한다. 악(evil)이란 본질적으로 실재하는 것이 아니라 존재하는 선이 부패한 것에 불과하므로, 피조물은 악을 선택함에 의해서가 아니라 선의 참 질서로부터 이탈함에 의해서 사랑하는 능력을 왜곡시킨다. 따라서 사람은 하나님이나 사회의 공익보다 자아를 선호할 때의 교만함에 의해서, 영적 유익보다 육체적 유익을 사랑하는 육욕에 의해서, 원리들에 대한 지적인 이해를 등한히 하고 개별적인 대상들에 대한 관능적인 경험에 관심을 기울이는 호기심에

제13장 은혜: 서방 신학의 토대가 된 어거스틴의 가르침

의해서 범죄한다. 이 이론에서, 피조물의 의도의 선함은 그의 자율성이나 자기 결정에서 파생되는 것이 아니라 그 대상물들의 선함의 질서에 대한 일치에서 파생된다.

지고선이신 하나님을 사랑하고 하나님과 관계를 갖고 있는 피조물들을 사랑하기 위해서, 피조된 인간은 반드시 하나님을 위한, 그리고 하나님이 다스리시는 세상을 위한 하나님 자신의 사랑에 참여해야 한다. 이 사랑은 피조물만의 활동이 아니다. 그것은 은혜로운 사랑의 결과이며, 성령의 내주하심의 열매이다. 어거스틴은 설명하기를, 하나님만이 완벽하게 선하시기 때문에 사랑은 모든 피조물의 본성적인 구성체의 일부가 아니라고 말했다. 또 피조물은 자신의 본성적 능력들에 의해서 그러한 사랑을 주도할 수도 없다. 왜냐하면 그렇게 되면 그들은 자신을 하나님이 지으신 것보다 더 선하게 만들 것이기 때문이다. 사람은 어떤 피조된 속성이나 성질을 추가함에 의해서 완전해지는 것이 아니라, 성령의 작용과 내주하심에 의해서, 하나님 자신의 사랑에 참여함에 의해서 완전해진다. 어거스틴은 이 교리의 기초를 로마서 5:5, "우리에게 주신 성령으로 말미암아 하나님의 사랑이 우리 마음에 부은 바 됨이니"에 두었다. 이처럼 피조된 것이 아닌 은혜가 부재할 때에, 피조물은 보다 열등한 선을 선택할 수는 있겠지만, 하나님을 가장 사랑할 수는 없으며, 또 이 열등한 선들 안에서 참 질서를 따르지도 않을 것이다. 성령의 영향을 받지 않으며 피조물에게만 속해 있는 의지는 혼돈되고 죄악된 것이다. 그러므로 어거스틴은 참 자유는 본성의 고유한 특성이나 성취가 아니라 성령의 열매라고 보았다. 성령을 빼앗긴 피조물은 자유롭지 못하며 죄의 노예가 된다.

그러므로 어거스틴의 자유 개념에서는 자율적인 선택을 가치있게 여기지 않는다. 신적 의지는 본성적으로 선에 대한 온전한 사랑과 동일하다. 비록 하나님은 지고한 자유를 누리시지만, 신적인 의지는 선과 악 사이의 선택에 관해 숙고하지는 못한다. 최고 차원의 피조된 자유는 천사들과 영광 중에 있는 성도들이 소유한다. 그들은 하나님과의 완전한 연합을 누리며, 선에 대한 적절한 사랑에 실패하지 않는다. 그와 정반대 되는 곳에 타락한 천사들과 저주받은 인간들이 있다: 그들은 자아-사랑 안에 고착되어 있으며, 보다 높은 선을 사랑할 자유를 소유하지 못하고 있다. 성령으로부터 사랑의 은사를 받은 지상의 사람들만이 선한 의지나 악한 의지 안에서 발휘될 수 있는 자유를 소유한다. 성령의 사랑은 그들을 이끌어 선을 사랑하고 성취하게 만든다. 반면에 육욕, 교만, 음란, 호기심 등의 습관들은 이러한 경향을 대적한다. 지상의 성도들은 이 신적인 사랑 안에서 진보하며 하나님의 충만한 사랑에 접근한다. 하나님을 보는 관조 안에서 사랑의 충만함을 받지 않는 한, 그들이 하나님으로부터 돌이켜 자아나 저급한 선을 향함으로 말미암아 그들의 사랑은 실패할 수도 있다. 지상의 죄인들은 무질서한 사랑의 속박을 받지만 그 안에 고착되지는 않는다. 성령은 여전히 그들을 해방시켜주며 그들로 하여금 다시 하나님께로 돌아가 하나님에게 연합하게 만들어줄 수도 있을 것이다.

그러므로 사랑의 은사인 성령의 내주하심은 피조물에게 올바르게 선택할 수 있는 거침없는 능력을 주지 않으며, 또 원치 않는 사람에게 하나님께서 명하신 것을 행하라고 강요하지도 않는다. 사랑은 사람으로 하여금 선을 행하도록 인도하고 끌어당겨 의지로 하여금 욕망과 즐거움의 감동을 받게 만든다. 사랑은 선을 행하려는 의지를 지니고 있는 하나의 중력을 가진 덩어리의 기능을 한다.[7] 피조물의 죄악된 의지에서 힘을 얻는 바 육욕과 죄악된 관습들은 인간을 자아와 저급한 선에게 이끌어간다. 성령께서 인간을 하나님께로 돌아가게 하실 때에도, 죄의 습관은 여전히 반대되는 영향력을 발휘하며 은혜에서 생겨난 자유를 제한한다. 어거스틴은 『고백록』 제8권에서 자기의 의지를 분열시키며 하나님께 완전히 헌신하지 못하게 만드는 적대적인 세력들의 갈등에 대해 기술했다. 그는 성령께서 이러한 악한 성향들의 지배에서 자신을 점진적으로 해방시키시고 신적인 아름다움의 영향력에 그를 개방시켜 주신 과정을 거슬러 올라가면서 기술했다. 그 책 제10권에서 그는 사랑의 다스림을 받는 기독교인 감독의 내면에 거하는 죄악된 방향의 지속적인 영향력에 대해 상세히 다루었다.

인간의 연대성

어거스틴 및 그 후의 대부분의 서방 신학자들은 단순히 인간들을 하나의 개체들로 여기지 않고 두 개의 백성이나 도시 안에 서로 결합되어 있는 것으로 보았다. 인간의 도시는 아담 안에서 생겨났고 그의 후손들 안에서 계속되고 있는 교만이라는 죄 안에서의 연대성 있는 결속이다. 신적 도시는 그리스도의 겸손과 순종 안에 세워졌으며, 믿음과 사랑 안에서 그리스도와 결합하는 모든 사람에게 미친다. 신적 도시의 시민들은 지상에서 사는 동안에는 하나님 사랑에 반대되는 자아 사랑에서 완전히 해방되지는 못한다. 그들은 또한 일시적인 평화에 대한 사랑에 의해서 통일된 가시적인 인간 공동체를 형성하려는 지상 도시의 지지자들과 섞여 있다. 이 두 백성은 처음부터 서로 섞여 있었으며, 마지막 심판 때에만 분리될 것이다.

하나님께서는 원래 인간을 신적인 지혜와 사랑에 참여하게 해주셨다. 최초의 인간인 아담과 이브는 하나님께서 우주를 만드시고 다스리시는 원리를 알고 있었다. 그들은 사랑의 감동을 받아 하나님의 의도와 일치하여 행동했다. 그들의 정신은 하나님의 지도를 따랐으며, 자기의 육체를 완전한 건강과 조화 안에 유지하기 위해서 생장 작용과 감각 작용을 통합했다. 정신이나 육체 안에서는 전혀 상충되는 욕망이나 부패가 경험되지 않았다. 만일 아담과 이브가 계속 하나님의 다스리심에 순종했다면, 그들의 선은 견고히 되었을 것이다. 그러나 그들은 교만 때문에 범죄하여 오성과 사랑이라는 신적인 은사를 상실했다. 그리하여 창세기 3장에 기록된 바와 같이, 그들은 마귀의 유혹에 빠졌고, 육욕에 의해서 범죄했다.[8]

통일과 균형의 원리에서 관심을 돌린 정신은 자신의 생명적인 기능들을 완전하게 조정할 수 없었다. 육체는 타락하기 시작했다. 그와 유사하게, 인간은 자아-사랑 때문에 근본적으로 하나님을 지향하던 태도를 버렸다. 인간의 욕망들과 감정들 사이에서 갈등이 분출했다. 타락한 인간 실존의 세 가지 특성—무지, 육욕, 죽을 운명—이 이러한 은혜들을 잃은 데서 생겨났다. 아담과 이브의 후손들은 태어나면서부터 은혜를 박탈 당하며, 그 박탈에 따른 이러한 결과들에게 예속된다.

비록 아벨부터 하나님의 도시의 시민으로 간주되며, 거룩한 천사들을 비롯하여 족장들과 선지자들도 그 시민에 포함되지만, 하나님의 도시는 예수 그리스도의 죽음과 부활 안에 세워졌다. 예수께서는 죄 사함을 이루시고 성령의 은사들을 회복하셨는데, 그것에 의해서 인간들은 하나님을 위해서 하나님을 사랑하며, 하나님을 위해서 피조된 인간들을 사랑하며, 그것들이 하나님과 갖는 관계 안에서 원한다. 인간이 그리스도와 연합하기 위해서는 그리스도의 구원하시는 사역을 믿고 그 믿음의 성례를 추구해야만 한다. 그리스도께서 오시기 전에, 하나님의 백성들은 구원의 약속들을 믿었고, 할례 및 그 시대에 적절한 여러 의식들에 의해서 자신을 그리스도에게 결속시켰다. 그리스도가 세상에 오신 후에는, 사람들은 복음의 전파를 믿고 교회 안에서 세례를 받는다.

모든 인간은 이 두 개의 도시(혹은 백성) 중 하나에 속해 있다. 각 사람은 육체적 출생을 통해서 아담에게서 태어나 지상 도시에

제13장 은혜: 어거스틴적 기초 553

존재하며, 믿음과 세례를 통해서 그리스도 안으로 다시 탄생함으로써 천국 도시에 들어간다. 그리스도와 결합하지 않는 사람들에게 임하는 저주는 성인들의 개인적인 죄의 보편성에 의해서 뿐만 아니라 유아들을 포함한 모든 사람들이 아담의 원죄에 참여함에 의해서 정당화된다. 비록 어거스틴은 원죄의 유전이라는 메카니즘을 설명하는 데 성공하지 못했지만, 아담의 후손들은 모두 교만이라는 원죄의 죄책과 정죄에 예속된다고 단언했다.

아담의 죄책이 유전된다는 교리는 두 개의 교의에 기초를 두고 있었다. 기독교인들은 예수 그리스도가 유일한 구세주, 인간을 하나님과 화목케 하는 유일한 분이라고 고백했다. 서방, 특히 북아프리카의 기독교인들은 사람은 교회와의 연합 안에서만 그리스도의 영에 동참할 수 있다고 믿었다. 유아들은 오직 세례에 의해서만 그리스도에게 연합될 수 있으며, 죽기 전에 회심했지만 세례를 받지 못한 사람들은 믿음과 사랑에 의해서 그리스도와 결합할 수 있을 것이다. 세례를 받지 않고 죽은 유아들과 복음을 한 번도 듣지 못한 이교도들은 아담 안에 머무르며, 아담의 죄에 동참하기 때문에 정죄를 받는다.[9] 이렇게 죄의 유전을 교리적으로 분명하게 표현한 최초의 인물은 어거스틴이었으며, 서방 기독교계에서 전반적으로 이 교리를 받아들였다. 그 교리는 418년에 카르타고 종교회의에서 확인되었고, 529년에 오렌지 공의회에서 재다짐 되었으며, 교황 보니페이스 2세(Boniface II, 532년 사망)에 의해 확고히 되었다.

어거스틴은 이 두 도시의 교리를 발전시키면서, 개인들은 공유된 사랑에 의해서 하나의 백성을 이룬다고 설명했다. 하나님의 도시는 사랑에 의해서 세워지며, 지상의 성도들 뿐만 아니라 천사들과 영광 중에 있는 축복 받은 사람들도 포함한다. 그리스도의 부활 때부터 심판하려고 재림하시기까지의 기간에 지상에 존재하는 실체인 이 도시는 가시적인 기독교 공동체인 교회와 완전히 동일시되지는 않는다. 어거스틴은 교회 안에 있는 이 거룩한 사람들의 집단을 성도들의 사회라고 불렀다. 비록 이 사람들이 서로를 확인할 수 없을 수도 있지만, 성령은 공유된 사랑에 의해서 이 사람들을 연합하신다. 이 상호 간의 사랑은 성도들을 연합시켜줄 뿐만 아니라, 성도들의 인내와 용서를 통해서 가시적인 교회의 교제를 형성한다. 이 사랑에 동참하지 않는 죄인들은 성도들의 능동적인 사랑에 의해서 교회의 통일 안에 거하게 된다. 분파주의자들은 교회의 통일을 거부하며, 죄인들을 관용하기를 거부한다. 그리하여 그들은 사랑을 거스르는 죄를 범하며 성령을 잃게 된다. 부당하게 출교된 사람들과 계속해서 사랑을 실행하는 기독교도들은 가시적 교회 밖에서도 계속 천국 도시의 시민으로 존재한다. 마지막으로, 하나님은 장차 개종하여 자기의 백성에 합류해야 할 사람들을 알고 계시다. 그러므로 교회나 세속 사회 안에는 천국 도시와 지상 도시가 섞여 있다.

어거스틴은 사랑이 지닌 두 개의 상이한 사회적 기능을 정의했다. 그는 순교자인 카르타고의 감독 키프리안의 견해를 따라, 성령이 교회 안에 주신 한 쌍의 은사인 성화시키는 능력과 일치를 연결했다. 그러나 그는 감독이 일치의 수호자요 성화의 대리인이라고 본 키프리안의 견해에는 동의하지 않았다. 많은 감독들은 자기의 직무에 합당하지 못했으므로, 그들은 성령을 소유하거나 전달하지 못한다고 판단되었다. 어거스틴은 죄를 용서하는 능력은 그리스도에 의해서 보편적(공번된) 교제 안에 있는 거룩한 백성인 성도들의 모임에게 주어진다고 설명했다. 성직에 임명된 지도자들은 이 무리의 대리인들로서 성례를 집전하는데, 이러한 무리의 기도는 하나님의 성화시키는 은혜를 획득한다. 원래 내적 회심이 없는 상태에서 세례를 받은 기독교인은 성도들의 기도를 통해서 믿음의 은혜를 받게 되며, 이어 그들과의 연합 안에서 사랑을 받게 될 수도 있다. 사랑은 일치와 성화의 원리이므로, 오직 공번된 교회의 교제(교통) 안에서, 즉 성도들의 사회라는 사회적 환경 안에서만 사랑이 받아들여지고 발휘될 수 있다.

마지막으로, 어거스틴은 교회의 일치 안에서의 사랑의 역사는 신자의 신앙고백의 기초와 시험 기준을 제공한다고 설명했다. 예수님의 생애에 발생한 대부분의 사건은 탄생, 설교, 치유, 사망 등 유사한 인간적 사건들을 통해서 확인될 수도 있을 것이다. 그러나 하나님에 대한 개념은 그것의 의미를 제공해주며 신조의 단어들에게 내용을 부여해주는 일반적인 경험적 토대를 갖지 못하고 있는 듯하다. 어거스틴은, 요한일서 4:7-8에 따르면 하나님은 사랑이시며 공동체 내에서 사랑을 함께 나누는 데에서만 알려질 수 있다는 것을 관찰했다. 따라서 그는 기독교 공동체를 구성하는 사랑에 참여하는 것은 믿음 안에서 고백 되어지는 대상이신 하나님에 대한 특권적인 경험이라고 간주했다. 기독교 신자라면 그리스도를 움직였던 사랑에 동참하기를 거부하면서 그리스도의 구속하시는 사역에 대한 믿음을 고백할 수는 없을 것이다. 공동체 내에서의 사회적인 사랑의 체험은 기독교 신앙의 본질에 속하는 것이다.[10]

하나님의 도시의 구성에 있어서 성령의 역할에 대한 어거스틴의 교리, 그리고 믿음은 사랑에 의존한다는 교리는, 2세기말부터 북아프리카의 기독교계를 분열시킨 바 교회의 본질에 관련된 논쟁들에서부터 생겨났다. 도나투스파와의 논쟁은 그로 하여금 기독교 공동체 내의 하나님의 임재와 활동에 대한 이해를 발전시키게 하였다. 이 가르침은 서방 기독교의 특성인 공산주의(communitarian) 영성을 위한 신학적 토대를 제공했다. 은혜가 지닌 사회적 차원에 관한 그의 고찰은, 하나님께 이르는 것은 인간 사회에서 물러나서 홀로 행하는 관상을 통해서 가장 훌륭하게 성취될 수 있다는 가정에 도전했다. 그는 예수 그리스도의 아버지는 수도원, 교회 회중, 가족, 심지어는 공무나 군대 안에서 이루어지는 성령의 사랑의 은사의 작용 안에서 계시된다는 것을 발견했다. 수도원 내에서 생활하는 수도사들은 가장 훌륭한 사람들로서 어거스틴과 동시대의 사람인 존 카시안에게 그 이상을 마련해준 은수사들을 능가한다는『베네딕트

22. Creation and Fall of Adam and Eve, Manuscript Illumination, 13th century (M. 638, folio 1 Verso)

의 규칙』의 진술들 안에서 이것의 영향을 감지할 수 있다.

구원의 역사적 과정

 바울이 기독교인의 개인적 역사를 율법에 선행하는 실존, 율법 아래 있는 실존, 그리고 그리스도 안에 있는 실존 등으로 구분한 것은 한 사람이 아담 안에 있는 죄를 떠나서 그리스도 안에 있는 은혜를 통하여 천국 도시의 영광으로 이동해 가는 과정을 다룬 어거스틴의 분석의 틀을 제공해 주었다. 이 절에서는 이러한 단계들에 대해 살펴보게 될 것이며, 율법에서 은혜로, 그리고 은혜에서 영광으로 이동하는 두 가지 중요한 이동에 대해서는 다음 절에서 연구하게 될 것이다.
 첫번째 단계에서, 인간은 지혜 및 선의 참된 질서에 대한 사랑을 박탈 당한 아담의 타락한 자손으로서 생활한다. 그들은 자아 사랑을 따르고 그것을 충족시키려 한다. 그들은 죄와 은혜 사이에서 갈등하는 것이 아니라 자신의 무질서한 욕망들 사이에서 갈등을 경험한다. 그들은 이러한 상태에서 사는 동안에 죄에 대한 속박을 완전하게 하는 습관들을 확립한다.
 두번째 단계에서, 은혜의 최초의 움직임은 선의 참 질서 및 반드시 성취해야 할 행동이나 피해야 할 행동에 대한 지식을 회복시킨다. 하나님은 내적인 정신의 조명, 그리고 그의 사자들, 특히 모세의 외면적인 가르침을 통해서 이러한 종류의 은혜를 제공하신다. 율법 아래 있는 사람들은 자기가 반드시 행해야 하는 선을 인식하며, 선을 행하기를 거부하거나 실패하는 데 따른 형벌이 공의로운 것임을 인정한다. 그러나 하나님의 법에 일치하려는 노력은 성공하지 못한다. 그 법 아래 있는 사람을 움직이는 동기는 자아 사랑이며, 따라서 그 사람은 자신의 존재 전체를 가지고 하나님을 사랑하라는 첫째 가는 최고의 계명을 성취하지 못한다. 그 사람의 자아 사랑 및 일시적인 만족을 바라는 욕망은 장래의 형벌을 피하려는 목적을 대적하고 정복한다. 그 법 아래서 의지는 분열되며, 그 사람은 피할 수 없는 정죄에 직면한다.

많은 신학자들은 구원의 경륜 안에서 신적인 법이 지니는 기능을 강조한 바울의 주장에 대한 이러한 해석을 받아들이지 않았다. 그들은 공의로우신 하나님은 그의 백성이 성취할 수 있는 것만을 명령하신다고 믿었다. 그들은 인간 본성의 선한 능력을 측량하는 척도로 율법을 사용했다. 그들은, 그리스도의 은혜는 그의 죽음과 부활 후에만 작용하게 되었다고 가정했다. 그렇기 때문에 인간 본성은 이스라엘의 족장들과 성도들 안에서만 작용했다고 추론했다. 이에 대해서 어거스틴은 이 견해는 십자가의 희생이 절대적으로 필요한 것이 아니었다는 것, 그리고 그리스도는 새로운 아담, 즉 하나님의 나라에 들어오는 모든 사람의 구주가 아니라는 뜻을 내포한다고 응답했다. 그는, 그리스도의 독특성은 그가 성육하기 전에도 그의 은혜가 작용했다는 것, 하나님의 도시와 그리스도의 나라를 구분할 수 없다는 것을 요구한다고 결론을 내렸다. 어거스틴의 관점은 여기서 승리하였다.

하나님의 명령을 성취하지 못하고 하나님이 위협하셨던 정죄를 피하지 못함으로 말미암아 자기 신뢰가 파괴된 사람은 그리스도의 복음의 전파에 귀를 기울일 준비가 된 사람이다. 어거스틴은 주장하기를, 사람이 세번째 단계로 옮겨가기 위해서는 그리스도의 구원하시는 능력을 믿고 성령의 은사를 구하는 기도를 해야 한다고 했다. 신자는 사랑의 은혜를 통해서 하나님을 사랑하며 그리스도의 몸의 지체로서 그리스도와 연합하는 단계로 옮겨간다. 회심한 사람은 교회 안에 내재하는 성화의 능력에 의해서 아담의 죄와 개인적으로 범한 모든 죄에 대한 죄책을 용서받는다.

  사랑의 은혜란 곧 피조물 안에 신적인 사랑, 즉 성령이 임재하고 작용하는 것이다. 사랑은 올바른 사랑의 질서를 회복시켜 주므로 제한된 선보다는 완전한 선을, 개별적인 선보다는 보편적인 선을 선호하게 된다. 사랑은 교만, 육욕, 호기심 등 기존의 능력을 극복한다. 어거스틴은 로마서 7장에 대한 해석을 바꾸어, 선을 향한 무력한 소원에 대한 바울의 묘사를 하나님의 법을 완전하게 성취하기를 원하지만 습관과 육욕의 지속적인 저항 때문에 실패하는 사람들의 상황에 적용했다. 어떤 사람의 내면에서 사랑이 성장하게 되면, 이러한 상반되는 욕망들은 보다 질서 있게 극복되며, 그 사람의 내면의 분열은 점차 치료된다. 성령은 세상의 성도들에게는 사랑에 부분적으로만 동참하는 것을 허락한다. 세상의 성도들은 날마다 힘과 용서를 구하는 기도를 드려야 하며, 그럼으로써 다시 교만에 빠지지 않게 된다. 사랑은 교회 안에서 거룩케 하는 힘으로서 허다한 죄를 덮어주므로, 교회 안에서 하나님과 이웃에 대한 사랑을 고수하는 사람은 다른 모든 죄와 허물들의 사함을 받는다.

  지상에서의 삶이 끝날 때까지 사랑과 선행과 교회의 일치 안에 거하는 신자들은 하나님에 의해서 충만한 은혜 안에 들어가게 된다. 네번째 단계인 이 영광의 단계에서, 그들은 하나님을 보는 관조에 의해 조명되며, 하나님 자신과 그가 창조하신 세상을 위한 하나님 자신의 사랑에 완전히 참여한다. 이처럼 신적인 진리와 사랑에 완전하게 동참하는 것은 그들로 하여금 참된 자유와 완전한 선 안에 서게 해 준다. 모든 반대되는 성향과 경향에서 해방된 그들은 은혜 안에서 견고하게 되며, 죄를 범할 수 없게 된다. 육이 부활할 때에, 육체는 불멸성을 회복하게 되며, 전인(全人)은 다시는 상실되지 않을 통일성과 조화를 획득한다.

  인간이 죄에서부터 영광으로 나아가면서 거쳐야 하는 네 단계에 대한 어거스틴의 묘사는 기독교적 삶의 구조를 설명하기 위해 널리 사용되었다. 사랑이 선 안에서의 즐거움을 강화함으로써 사람으로 하여금 하나님의 명령들을 따를 수 있는 힘을 주는 방법에 대한 어거스틴의 설명은 서방의 기독교 신학을 편협한 도덕주의를 넘어서게 해주었다. 사랑이 피조물들을 하나님께 연합시켜 준다는 그의 견해는 서방 세계로 하여금 동방 교회가 신플라톤주의적 영성으로부터 흡수한 보화들을 받아들이게 만들어 주었다. 그러나 이 플라톤주의적 기독교는 순종과 금욕을 통한 영혼의 정화를 하나님과의 관상적 연합이라는 보다 고귀한 영성에서 분리하려는 경향을 지녔다. 어거스틴은 불완전한 지식의 제한을 받지 않는 사랑에 의한 연합에 초점을 둠으로써, 그리고 선행은 사랑을 위한 준비가 아니라 사랑의 표현이라고 주장함으로써 이러한 경향에 대처했다.

값없고 유효한 은혜

어거스틴은 사랑의 은혜를 하나님에 대한 사랑 및 하나님이 명하시는 선에 대한 사랑을 불어넣어 주시는 성령의 내주하심이라고 이해했다. 이 교리는 서방 기독교에서 전반적으로 받아들여졌다. 기독교인이 죄에서부터 은혜로, 은혜에서부터 영광으로 옮겨 가는 데 있어서의 성령의 활동에 대한 그의 설명은 당시에 주장되었던 확신에 반대되는 것이었으므로 부분적으로만 인정을 받았다.

어거스틴은 로마서 9장을 설명하려는 일련의 시도에서(이 시도의 절정은 『다양한 질문들에 관해서 Simplician에게 보내는 글』이다) 하나님께서 야곱이나 에서의 공로가 될 행위들에 대한 언급이 전혀 없이 야곱을 택하셨다는 것, 그리고 인간이 구원에 이르기 위해 거쳐야 하는 노력들의 성공에 대해서 하나님만을 찬양해야 한다는 것 등 바울의 두 가지 주장에 대해 깊이 고찰했다. 어거스틴은 몇 가지 설명을 주의깊게 검토한 후에, 하나님께서는 자신이 아브라함의 약속의 후사로 야곱을 선택하신 원인이 된 선한 공적들의 원인이 되셨다고 결론을 내렸다. 어거스틴은 이러한 선택에 대한 이해를 장성한 기독교인들의 회심 과정에 적용하면서, 하나님께서는 사람들이 이전에 행한 선행이나 이후에 행할 선행과는 상관없이 특별한 개인들을 선택하셔서 그리스도 안에서 믿음의 은혜를 받게 하신다고 주장했다. 모든 인간들은 아담 안에서의 인간의 공통된 타락과 자신이 개인적으로 추가하여 범한 죄들 때문에 정죄를 받아야 하므로, 이 은혜에 대한 권리를 소유한 사람은 아무도 없다. 하나님께서는 회심하도록 선택하지 않은 모든 사람들을 의롭게 정죄하신다. 어거스틴은 기독교인이 된 사람들은 복음을 한 번도 듣지 못하거나 회심할 기회를 갖지 못한 사람들보다 더 하나님의 은혜를 받을 자격이 있다고 믿는 것을 거부했다. 그는 개인적인 선택의 기회를 한 번도 가져보지 못한 채 죽은 유아들을 하나님의 선택의 패러다임으로 삼았다. 세례 받은 유아들은 구원을 받고 세례를 받지 않은 유아들은 정죄를 받는다. 그런데 세례를 받은 유아나 세례를 받지 않은 유아나 자신이 상급을 받거나 정죄를 받는 원인이 된 선이나 악을 행하지 않았다. 어거스틴은 요한복음 6:45, 65; 빌립보서 2:13; 고린도전서 4:7 등의 성경 본문에 기초를 두고서, 회심의 은혜와 그 후에 따라오는 어른들의 경우에도 사랑은 개인적인 공적과는 상관없이 주어지는 것, 절대적으로 무상의 것이라고 주장했다. 로마서 9:18을 보면, 하나님께서는 자기 뜻에 따라서 어떤 사람에게는 자비를 베푸시고, 어떤 사람에게는 자비를 거두신다.

  게다가 어거스틴은 "그런즉 원하는 자로 말미암음도 아니요 달음박질하는 자로 말미암음도 아니요 오직 긍휼히 여기시는 하나님으로 말미암음이니라"고 한 로마서 9:16에 대한 표준적 해석을 거부했다. 그의 해석에 의하면, 이 본문에서는 인간이 신적 주도에 독립적으로 협력하는 것을 배제한다. 그것은 신적 활동이 실제로 신간으로 하여금 선한 의지와 행위 안에서 협력하게 만든다고 주장한다. 그는 이 해석을 구원 과정 안에서의 두 개의 중요한 이동 단계—죄로부터 은혜로 나아가는 회심, 그리고 은혜에서 영광으로 나아가는 견인—에 적용했다. 그는 각각의 경우에 성령의 행위가 무상으로 주어지는 선물이라는 것, 그리고 그 행위의 효력을 옹호했다.

회심의 과정에는 복음 전파와 신자의 응답이 포함되었다. 어거스틴은 하나님께서 택하신 사람의 내면에서 성령이 역사하시면서 회개하고 믿고 사랑을 구하는 기도를 하려는 결정을 일으킨다고 주장했다. 회심을 선택하지 않는 한 누구도 회심하지 않는다. 그러나 죄인으로 하여금 회심하려는 의지를 갖게 하시는 분은 성령이시다. 바울이 성령의 내적 역사와 외적 역사를 통해서 갑자기 회심한 것은 어거스틴이 이 신적 작용의 효력을 증명하기 위해 사용하는 패러다임이 되었다. 그는 자기 자신의 삶 속에서, 그리고 자신의 복음 전파를 받은 사람들의 삶 속에서 이루어진 동일한 은혜의 역사에 대해 묘사했다.

신적 선택, 무상으로 주어지는 사랑의 선물, 믿음의 은혜의 효력 등에 관한 이 교리는 중대한 반대에 직면했다. 그러나 로마 감독들의 협력과 열성적인 지지자들의 노력 덕분에, 이 교리는 529년 오렌지 공의회에서 기본적으로 인정을 받았고, 결국 전반적으로 받아들여졌다.

어거스틴은 생의 마지막 5년 동안, 선택, 무상의 은혜, 효력 등의 원리들을 기독교인들이 영광에 이르는 데 필요한 선한 의지와 활동 안에서의 견인(堅忍)에 적용했다. 사랑의 은혜는 교만과 육욕으로 이끄는 유혹들을 제거하지 않으며, 또 악한 습관들과 유전된 욕정에서 비롯된 어려움들을 제거하지도 않는다. 그러므로 사랑은 기독교인에게 선한 것 안에서 제한된 자유를 준다: 즉 범죄하는 능력이나 범죄하지 않을 능력을 준다. 범죄하는 사람은 피할 수 있는 데도 불구하고 실족한 것에 대해 책임을 진다. 그러나 견실하게 선을 행하는 능력을 발휘하는 사람은 더욱더 은혜의 도움을 받으며, 하나님의 감동하심을 받아 필요한 선을 의욕하고 또 실천하게 된다.[11]

어거스틴은 하나님께서는 택함을 받은 사람들이 사랑과 그 역사를 지속하게 만드는 실질적인 소원을 일으키신다고 설명했다. 하나님은 섭리에 따라 환경을 통제하심으로써 특정의 유혹들을 막아주시며, 적절한 죽음의 순간을 마련해 주신다. 성령은 그리스도를 모든 죄로부터 보존해주었던 것과 비슷한 작용에 의해서, 선택받은 기독교인들로 하여금 선한 것을 원하거나 실족하여 악에 빠졌던 일을 뉘우치게 만든다. 성령은 인간이 계속 신실한 상태로 남아 있도록 강요하지 않는다. 견인의 은혜는 선을 행하려는 소원을 뒷받침해주며, 시험을 극복하게 해준다. 성령께서 이런 방식으로 지탱해주는 선한 의지를 갖지 못한 기독교인들은 사랑이 그들의 내면에서 일으켜준 헌신을 유지하지 못한다. 그들은 선을 포기하며 정당하게 정죄를 받는다. 하나님은 택한 자들을 선택하시며, 그들로 하여금 견인하게 하신다. 하나님만이 미리 알고 계시며, 자신이 부르시지만 택하지 않는 자들의 죄를 일으키시지 않는다.

어거스틴은 또한 하나님께서는 인간이 이전에 행한 선행이나 이후에 행할 선행과는 상관없이 사랑 안에서 견인하는 은혜를 주신다고 주장했다. 그는 전에도 회심의 은혜가 무상의 은혜라는 것에 대해서 동일한 주장을 했었다. 물론 회심하기 전의 모든 사람의 행동은 죄악된 것이므로 정죄 받아야 마땅하다. 회심한 이후에 행하는 선행은 믿음과 사랑이라는 신적인 은사의 결과이다. 그러므로, 사람은 회심의 은혜와 관계가 없으며 따라서 그 은혜를 요구하기 위한 토대 역할을 할 수도 있는 공로들을 소유하지 않는다. 그러나 사랑의 은혜 아래 살고 있는 기독교인들은 선한 것을 원하고 행하는 일에 협력해야 할 책임이 있다. 그러나 어거스틴은, 견인의 은혜가 없으면 그들은 이러한 협력을 유지하지 못할 것이라고 주장했다. 그리하여 어거스틴은 사랑의 공로들은 견인의 은혜를 받기 위한 독립된 토대를 제공하지 않는다고 결론 지었다. 하나님은 이전에 행한 공로들과는 관계가 없이 택함을 받은 자들을 사랑 안에서 양육해주시며, 하나님 자신이 일으키셨던 견인에 대한 상급으로서 영생을 주신다. 하나님은 택함을 받지 못한 자들을 은혜에서 떨어지게 만드는 자유 선택을 막지 않으신다. 하나님은 그들의 죄를 벌하시는데, 그것은 그들이 사랑의 은혜 안에서 주어진 능력을 발휘함으로써 피할 수 있었을 죄이다.

　신적 작용의 무상(無償)성과 효력에 대한 어거스틴의 교리는 로마서 9장에 대한 그의 해석에 의해 주도되었다. 영광과 구원으로 인한 찬양은 하나님께만 속한다. 피조물은 하나님의 은혜에 의한 성취들에 대해서 하나님으로부터의 상급을 요구할 수 없다. 물론 그 이론에서는 정죄 받은 죄인들이 아니라 영광 중에 들어간 성도들에게 초점을 둔다. 그러나 많은 신학자들은, 어떤 사람들을 조건 없이 무상으로 선택하신 것에는 그 사람들에 못지 않게 천국이나 지옥에 들어갈 자격이 있는 다른 사람들을 근거 없이 거부하는 것이 포함된다고 판단했다. 어거스틴의 교리에는 하나님께서 유효 은혜를 주시거나 필요한 도움을 거두심에 의해서 구원하시고 정죄하시려는 자신의 의도를 성취하시는 데 사용되는 이중 예정(double predestination)이 포함되는 듯하다. 하나님께서 이미 믿음과 사랑의 은혜를 받은 기독교인들에게 견인의 은혜를 주지 않으시는 의도는 특히 이해하기 어렵다.

　마지막으로, 현실성과 필연성의 구분도 난해하다. 신실하게 남아 있을 수 있는 기독교인들이라도 견인의 은혜가 없으면 필연적으로 신실한 상태로 머물지 못하게 된다. 실족할 가능성이 있는 사람도 이 은혜에 의해서 실제로 견고하게 선다. 어거스틴만큼 예민한 지력을 갖지 못한 사람들이 생각할 때에, 견인의 은혜의 필요성, 효력,

그리고 무상성은 하나님만이 구원과 정죄에 대한 완전한 책임을 지시게 만드는 듯했다.

어거스틴이 분명하게 표현한 이 교리와 관련된 논쟁에서, 대부분의 신학자들은 이 교리를 반대했다. 529년에 오렌지 공의회에서, 하나님께서 영광이나 형벌로 예정하신다는 논제는 분명하게 정죄 되었고, 택함 받은 자들의 견인 안에서의 신적 작용의 교리는 무시되었다. 9세기에 교회는 곳샤크(Gottschalk)가 주장한 이중 예정설을 정죄했다. 그 교리는 16세기에 존 칼빈에 의해 부활했으며, 1547년에 트렌트 공의회의 칭의의 교령(Decree of Justification)에서는 그것을 정죄했다. 그러나 그 후에 얀센주의자들은 그것을 다른 형태로 제의했다.

어거스틴은 이전의 전통을 수정했고, 서방 기독교 안에 신적 은혜의 교리를 위한 새로운 토대를 놓았다. 이러한 이해는 일련의 명제들로 요약될 수 있을 것이다. 은혜의 주된 형태는 사랑이다. 그것은 사람으로 하여금 하나님을 사랑하고, 이웃의 유익을 구하고, 하나님과의 관계에 따라 피조된 선들 안에서 즐거워하게 만든다. 도덕적 행위와 종교적인 행위에는 이 은혜가 절대적으로 필요하다. 그 은혜가 없으면 인간의 모든 의지와 행위는 죄악된 것이 된다. 사랑은 피조물이 소유할 수 있는 피조된 성품이 아니라 성령의 내주하심이요 영향력이다. 이 교리는 13세기에 자연적 질서와 초자연적 질서를 구분한 것, 그리고 피조된 영이 지닌 본성의 불완전함을 강조한 것 등의 기초가 되었다. 회심과 믿음과 용서라는 최초의 은혜는 무상의 은혜이며 효과가 있는 은혜이다. 그것은 이전에 행한 선한 행위에 의해서 획득되는 것이 아니며, 자율적이고 독립된 동의에 의해서 받아들여지는 것도 아니다. 그러나 그 후에 주어지는 사랑의 은혜는 자유로운 인간의 협력을 요청하는데, 그 은혜는 인간의 협력을 촉진할 뿐 만들어내지는 못한다. 이렇게 선한 의지와 행위 안에서 은혜와 협력하는 것은 영원한 구원을 위해서 필요하다.

어거스틴은 죄에 대한 이전의 교리 역시 변화시켰다. 아담이 지은 원죄의 죄책은 그의 혈통 안에서 태어난 모든 인간에게 전가된다. 이 죄책은 그리스도의 구원하시는 은혜를 통해서 용서함을 받지 못한 모든 사람에게 영원한 정죄를 가져온다. 교만, 또는 자신의 선함이나 능력을 사랑하는 것은 근본적인 죄, 또는 모든 영적 피조물이 하나님으로부터 근본적으로 이탈하는 것이다. 어거스틴은 육욕과 정욕은 이전에 지은 교만의 결과라고 설명했다.

비록 어거스틴의 사상 안에 있는 이러한 교리들에 반드시 필요한 것인 바 피조된 영들의 활동에 대한 종교적 형이상학과 이해가 일반적으로 받아들여지지는 않았지만, 이러한 원리들의 기초가 된 바울의 해석은 널리 받아들여졌다. 신적 은혜에 대한 어거스틴의 진술은 1,000년이 넘도록 서방 기독교인들의 종교 체험 형성에 영향을 주었다.

주(註)

1) *On Music* 6.5.8-13; *On Genesis against the Manichaeans* 2.7.9; 2.11.15.
2) *On Genesis against the Manichaeans* 2.15.22-2.17.26; *Confessions* 13.9.10; 13.21.31.
3) 예를 들어 Gregory of Nyssa *On the Creation of Man* 16-18; and Ambrose of Milan *On Paradise and Letter* 21 3-10을 보라.
4) *On Genesis against the Manichaeans* 2.15.22-2.17.26; *LIteral Commentary on Genesis* 11.5; 11.27-32.
5) *On Music* 6.5.9-14; *On the Lord's Sermon on the Mount* 1.12.34-36.
6) *Letter* 140 22.54; *Against Two Letters of the Pelagians* 1.10.17-1.11.24.
7) *Confessions* 13.9.10; *City of God* 11.28.

8) *Literal Commentary on Genesis* 11.5; 11.27-32; *City of God* 13.20-21; 14.10-13.
9) *On Nature and Grace* 4.4.
10) *Treatises on the First Epistle of John* 5.7; 6.13; *On the Trinity* 8.46-8.9.13.
11) *On Condemnation and Grace* 10.26.-12.38.

참고 문헌

Brown, Peter. *Augustine of Hippo: A Bibliography*. Berkeley: University of California Press, 1969.

Burnaby, John. *Amor Dei: A Study of the Religion of St. Augustine*. London: Hodder & Stoughton, 1938.

Burns, J. Patout. *The Development of Augustine's Doctrine of Operative Grace*. Paris: Études augustiniennes, 1980.

Cochrane, Charles Norris. *Christianity and Classical Culture: A Study in Thought and Action from Augustus to Augustine*. New York: Oxford University Press, 1957.

Evans, Robert F. *Pelagius: Inquires and Reappraisals*. New York: Seabury, 1968.

Gilson, Étienne. *The Christian Philosophy of Saint Augustine*. New York: Random House, 1967.

Holte, Ragnar. *Béatitude et saggesse: Saint Augustine et le problème de la fin de l'homme dans la philosophie ancienne*. Paris: Études augustiniennes, 1962.

O'Donovan, Oliver. *The Problem of Self-Love in St. Augustine*. New Haven, CT: Yale University Press, 1980.

Portalié, Eugène. *A Guide to the Thought of St. Augustine*. Chicago: Regnery, 1960.

Teselle, Eugene. *Augustine the Theologian*. New York: Herder, 1970.

제14장
전례와 영성

1. 동방의 전례 신학

폴 마이엔도르프(PAUL MEYENDORFF)

988년에 블라디미르 공이 키에프에서 파견한 사절들은 콘스탄티노플을 방문했고, 유스티니안 황제가 "새로운 로마"의 성당 교회로 삼기 위해서 설립한 성 소피아 성당(Hagia Sophia)의 예배에 참석했다. 사절들은 자기들이 "이 세상에 있는지 천국에 있는지" 알 수 없었다고 보고했다. 『러시아 주요 연대기』(*Russian Primary Chronicle*)의 저자는 이 경험 때문에 러시아인들이 비잔틴 기독교를 받아들이게 되었다고 주장했다.[1] 이것은 그 "위대한 교회"(Great Church)의 예배의 영향력에 대한 적절한 묘사이다. 그 영향력은 그리스인들에게서 기독교를 받아들인 야만족들만 느낀 것이 아니라, 시리아의 야곱파(Jacobites), 아르메니아인, 로마인 등을 포함하여 나름의 전통을 가지고 있는 기독교 민족들도 느꼈다. 물론 비잔틴의 예배 자체는 자율적인 것이 아니었다. 왜냐하면 그것은 시리아의 예배가 진보한 것이었고, 외면적인 근원들, 특히 예루살렘의 전례의 영향을 받았기 때문이다. 그러므로, 대부분의 동방 교회 교인들이 비잔틴 전례를 지지했기 때문에, 그리고 그 전례의 절충적 본질 때문에, 비잔틴 전례는 동방 교회의 전례적 정서를 대표한다고 주장할 수 있다. 이런 이유 때문에, 그리고 지면이 한정되어 있기 때문에, 이 책에서는 주로 성찬식의 발달과 관련하여 전례에 대한 비잔틴의 접근에 초점을 두려 한다.

나아가 이 글에서는 범위를 더욱 좁혀서 세례와 성찬이라는 두 가지 성례에 대해서만 살펴보게 될 것이다. 이 두 가지를 선택한 것은 우연한 선택이 아니다. 왜냐 하면 이 두 가지 성례는 기독교적 삶의 근원이요 절정으로 간주되었으며, 그 시대 내내 동방에서 그러한 상태로 남아 있었기 때문이다. 세례는 한 사람이 교회의 지체가 되는 방편이며, 성찬은 한 사람이 이러한 회원 자격을 확인하며 그것을 경험하는 방편이다. 전례라는 경험은 정확하게 기독교 신앙의 체험이며, 따라서 하나님에 대한 지식 및 신적 생명 자체에 참여하기 위한 원천이요 가능성이 되었다. 이것이 동방 교회에서 사용된 *theōsis*, 혹은 신화(神化)의 의미이며, 전례는 그것의 가장 완전한 표현이요 실현으로 인식되었다. 이것은 또 신학과 전례가 동방에서 밀접하게 연결되어 있었던 이유이기도 하다. 그렇기 때문에 이 신학과 전례를 분리하여 생각할 수 없다.

세례

역사적으로 세례에 대한 동방 교회의 관습과 이해의 특성은 성례의 연합하게 하는 양상이다. 세례, 성유식(chrismation, 후일 서방에서는 이것은 견신례라고 불렀다), 그리고 성찬식을 포함하는 입문 의식들은 하나의 연속적인 행위로 간주된다. 성유식은 물세례 이전(동방 교회의 경우), 또는 이후에 행해진다(서방 교회의 경우)는 사실에 대해서 많은 연구가 있었지만, 이것은 흔히 훨씬 나중에 입문 의식이 별도의 특징직인 성례들로 나누어진 것을 설명하거나 정당화하려는 맥락에서 이루어져 왔다. 이러한 모든 요소들을 포함하는 입문식은 새로 개종한 사람이 그리스도의 몸인 교회에 들어가는 의식이며, 그 의식의 절정은 성찬의 연회에 동참하는 것이다. 성찬은 유아들을 포함하여 세례를 받은 모든 신자들에게 개방되어 있다. 동방에서는 이러한 행위들이 분리될 수 없는 행위로 남아 있다.

처음 몇 세기 동안, 동방 교회와 서방 교회는 그 의식 자체 안에 있는 서로 다른 관습들을 따랐다. 예를 들어 터툴리안과 힙폴리투스에게서 찾아볼 수 있는 초기 서방의 관습은 물세례, 기름 부음, 그리고 안수로 이루어졌다. 기름 부음은 모세가 아론에게 기름을 부은 것과 관련된 것이었고, 안수하는 것은 주교가 성령의 은사를 전해주는 것이라고 간주되었다. 동방에서는 그 순서가 반대였고, 종종 세례보다 기름 부음이 먼저 행해졌다. 이것은 『유다행전』(3세기 초), *Didascalia*(3세기 중엽), 그리고 시리아어로 된 『요한행전』(4세기 초) 등의 문헌에서 발견된다. 어느 지방에서는 세례 받기 전에 행하는 기름 부음은 성령의 은사를 완전하게 전해주는 것으로 여겨졌다. 이 관습은 아마 사도행전(예. 10:44-48; 9:17-18)에 묘사된 세례 관습에서 파생된 듯하다. 사도행전의 본문에서는 성령이 세례 전에 전달된다. 어떤 경우에, 기름 부음은 성령의 은사와 전혀 상관이 없는 것으로 간주되었다. 크리소스톰은 성령을 주시는 것을 세례 때에 물에 들어가는 것(침례) 자체와 연결시켰다(*Second Baptismal Catechesis* 25-26). 그러나 이렇게 관습이 서로 다르다고 해서 전혀 어려움이 발생하지는 않았다. 왜냐하면 그 의식의 통일성이 유지되는 한, 실제의 의식에서 그 의식을 구성하는 다양한 요소들이 어떻게 분배되는지는 그다지 문제가 되지 않았기 때문이다. 실제로, 그 의식 안에는 놀랄 만큼 큰 통일성이 존재하고 있었다. 그렇기 때문에 이러한 요소들이 대단히 상이하게 분배되거나 설명되었음에도 불구하고, 주요한 동일 요소들은 기독교 전체에 현존하고 있는 것이다.

4세기 이전, 이러한 초기 시대에 동방에서는 세례는 주로 그리스도께서 요단 강에서 받으신 세례를 재연하는 것으로 간주되었다. 세례반(洗禮盤)은 자궁으로서, 거기에서부터 새로이 중생한 사람, 즉 "하나님의 아들"이 나온다고 한다. 우리는 시리아에 기원을 둔 *Didascalia Apostolorum*에서 이러한 견해를 발견한다:

> 주님은 주교를 통해서 성령을 당신에게 주셨으며, 당신은 주교를 통해서 하나님의 말씀을 배우고 하나님을 알았다. 당신은 주교를 통해서 인침을 받았고, 주교를 통해서 빛의 아들이 되었고, 주교를 통해서, 즉 주교의 안수에 의해서 주님은 당신들 각자에게 증거하시며, 거룩한 음성으로 "너는 내 아들이다: 오늘 내가 너를 낳았도다"라고 말씀하신다.(*Didascalia* 9)

에베소에 기원을 둔 『유다 도마 행전』(*Acts of Judas Thomas*)에서도 세례를 "새 사람을 낳는 것", 그리고 "새 사람을 삼위일체 안에 자리잡게 하는 것"이라고 말한다. 후일 몹수에스티아의 테오돌(428년 사망)은 세례반은 기독교인들을 새로운 생명으로 들어가게 해주는 "자궁"이라고 말했다. 이 문헌의 특성은 로마서 6:3-5과 강력하게 연관된 세례—그리스도의 죽음과 매장을 재연하고 거기에 동참하는 것으로서의 세례— 신학의 부재이다.

이 나중 해석은 교회 발달에서 중요한 시기인 4세기에만 우세했다. 교회가 인정을 받고 공식적인 국가의 종교로 변화된 이후, 다양한 배경과 동기를 지닌 사람들이 교회에 물밀듯이 유입되었다. 콘스탄틴 황제는 제국 전역, 특히 예루살렘에서 방대한 건축 운동을 벌였다. 그 당시만 해도 예루살렘은 하찮은 도시에 불과했다. 교회는 이러한 새로운 환경에 적응하며, 새로운 신자들에게 적절한 가르침을 제공하며, 적절한 의식과 설명을 계발해야만 했다. 동시에 신학적 분쟁이 거세어졌는데, 이것도 역시 의식들, 그리고 특히 의식들 배후에 있는 신학에 중요한 영향력을 발휘했다.

전례를 사실(史實)로 기록하는 과정은 예루살렘에서 가장 강력하게 감지되었다. 콘스탄틴 대제 때에 시작된 건설 계획 덕분에 성묘(Holy Sepulchre), 시온, 골고다 등의 건물로 이루어진 단지가 구성되었다. 이 교회들은 곧 순례의 중심지가 되었다. 그리스도의 지상 생활에서 주요한 사건들이 발생한 예루살렘 교회의 전례는 그 환경의 영향을 받지 않을 수 없었다. 특히 부활절 철야기도에서 절정에 달하는 성주간(Holy Week)의 전례들은 대체로 복음서에 기록된 사건들의 재연이 되었는데, 그것은 순례자 에게리아(Egeria)가 제공한 묘사에서 볼 수 있는 바와 같이 각각의 사건이 발생한 장소를 향한 화려한 행진들을 갖춘 것이었다.[2] 이러한 형태의 전례는 구경꾼들에게 강력한 영향을 주었으며, 로마 제국의 주요한 중심도시들, 특히 로마와 콘스탄티노플의 전례가 곧 그것을 본받게 되었다. 교회력, 특히 확정된 축제들의 주기는 이러한 역사적 사실화 현상의 발달에 따른 큰 혜택을 입고 있다. 이것 역시 교회의 절기들 안에서 주로 종말론적인 것을 강조하던 것에서부터 보다 역사적인 것을 강조하는 것으로의 이동을 나타낸다.

이러한 사실화(史實化) 경향은 먼저는 예루살렘에서, 그 다음에는 다른 곳에서 세례에 대한 견해에 영향을 미쳤다. 특히, 세례반이 있는 곳으로 행진하는 것과 세 번 물에 들어갔다가 나오는 것을 포함한 세례 의식은 예수께서 요단 강에서 받으신 세례의 재연이 아니라 예수의 죽음과 부활의 재연이라고 해석되었다. 이 해석은 로마서 6장에 기초를 둔 것으로서 항상 존재해왔던 것이지만, 이제 전면에 등장하게 되었다. 예루살렘의 키릴은 이 신학을 예루살렘의 전례 의식에 적용했다. 세례반으로 나아가는 것은 그리스도의 시신을 무덤으로 가져가는 행진으로 설명되었다. 물 속에서 나오는 것은 부활의 상징이었다. 이와 같이 우리의 세례는 그리스도의 고난을 상징적으로(*en eikoni*) 모방(*mimēsis*)한 것이지만, 우리는 진리 안에서(*en alētheia*) 구원을 받으며, 그리스도의 참된 고난에 참여(*koinōnia*) 한다(*Mystigogical Catechesis* 2.5). 이 시대의 주요한 교리 문답 교수자인 암브로스, 크리소스톰, 그리고 몹수에스티아의 테오돌도 이 의식에 관해 논평했고, 동일한 방법론을 사용했지만, 그 의식을 구성하는 각 부분에 각기 다른 의미를 부여했다. 그러나 그들 모두 안에는 사실(史實)화 하는 경향이 분명했다.

이러한 경향을 설명하기 위해서 예루살렘과 그곳의 의식들을 지적하는 것만으로는 충분히 못하다. 그것은 교회가 물밀듯이 밀려드는 새로운 신자들에게 나타낸 반응의 일부였는데, 그들에게는 그리스도의 신비를 매력적이고 극적인 방법으로 설명해야만 했다. 게다가 그것은 기독교 신앙의 역사적 기초를 강조하는 방법이기도 했는데, 기독교 신앙은 헬레니즘 문화의 반-역사적 선입견과 매우 대조를 이루었다. 이것은 체계적인 접근이 아니라 목양적 접근이었다. 교회는 이제 소위 헌신적인 엘리트들로 구성되는 것이 아니라, 보다 분명하고 직접적인 구조를 필요로 하고 요구하는 많은 무리들로 구성되었다.

4세기에, 이 모든 요소들은 새로운 형태의 문학—요리문답 문헌, 특히 비법 전수적인 요리문답—의 발달로 이어졌다. 이것은 많은 개종자들 때문에 필요하게 되었는데, 개종자들은 세례를 받기 위한 준비 기간을 거쳐야 했다. 이 준비 기간의 마지막 단계는 부활절 준비 기간인 사순절 기간에 이루어졌다. 이것은 금식, 축귀, 성경 읽기, 그리고 가르침 등으로 이루어졌다. 가르침에는 보통 신조에 포함된 신앙 조항들에 대한 설명이 포함되었다. 에게리아가 제공한 묘사는 이 프로그램의 상세한 개요를 제공해주며, 키릴의

*Procatechesis*와 18편으로 된 *Catechetical Orations*는 그 시대에 행해진 교수법을 보여주는 본보기가 된다. 4세기의 예루살렘 신조는 초기의 다른 모든 신조들과 마찬가지로 세례 때의 신앙고백인데, 이것은 소위 니케아 신조의 기초가 되었다. 니케아 신조는 오늘날도 기독교 세계 전역에서 사용되고 있다. 세례식은 부활절 전날 밤에 거행되었고, 그 후에 새로 개종한 사람은 성찬을 받기 위해서 순교자 기념 성당인 콘스탄틴의 바실리카로 행진했다. 그 다음 부활절부터 8일 동안, 새로 세례를 받은 사람은 날마다 비법 전수의 강연을 듣기 위해서 Anastasis에 모였다. 이 강연은 그들이 방금 경험한 세례와 성찬의 신비를 설명하는 것이었다. 입문 의식을 거친 후에야만 기독교 신앙의 신비 의식들에 대해 그들에게 설명되었다.

여기에서 몇 가지 중요한 결론을 이끌어낼 수 있다. 첫째, 기독교의 메시지, 기독교의 내용은 전례라는 맥락 안에서 계시되었다. 이것은 오늘날도 동방 교회들의 특징이 되고 있다. 신조들은 처음에는 주로 세례 때에 행하는 신앙 고백이었다. 둘째, 성서는 전례의 맥락에서 읽고 설명되었다. 셋째, 전례의 체험, 세례, 성찬식 체험이 그것들에 대한 설명에 앞서 시행되었다. 전례 의식이 그것들에 대한 설명보다 먼저 존재했고, 설명은 의식에 부수되는 것으로서, 종종 각 시대의 목양적이거나 논쟁적인 욕구에 적응하기 위해 변화되기도 했다. 설명도 의식의 형태에 영향을 줄 수 있었지만, 일찍부터 확립된 의식의 기본 구조는 근본적으로 변화되지 않았다.

위대한 요리문답 교수자들이 그 의식들에 접근하기 위해 사용한 방법도 중요하다. 왜냐하면 그들은 전례, 특히 의식의 가시적인 행위에 성경 석의 방법을 적용했기 때문이다. 신약 성경에서는 이미 성경에는 문자적 의미와 영적 의미가 있다고 간주했었다. 게다가 영적 의미는 부차적인 것이 아니었다. 오리겐 시대에서부터 성경에는 두 가지 의미가 있다고 언급되었다. 그것은 (1) 문자적, 또는 역사적 의미와 (2) 영적, 신비적, 또는 우의적 의미이다. 후일 영적 의

미는 세 가지로 세분되었다:
(1) 우의적인 해석—교의적인 것. 이것은 구약 성경이 그리스도와 교회를 언급하는 것으로 해석한다.
(2) 비유적인(tropological) 해석—도덕적이고 영적인 것. 이것은 우의적인 것들을 기독교적 삶의 신비, 우리가 무엇을 믿으며 무엇을 행해야 하는지와 관련짓는다.
(3) 신비적(anagogical) 해석—종말론적인 것. 이것은 천국에서 우리를 기다리고 있는 최종적인 성취를 언급한다.[3]

비록 논평가들은 자신의 비법 전수에 있어서 각기 다른 면을 강조했지만, 4세기 이후로 이것은 동방에서 전통적인 방법이 되었다. 이것에 대해서는 나중에 살펴보게 될 것이다. 키릴은 세례를 받기 전에 세례 후보자의 옷을 벗기는 것에 대해서 묘사했는데, 거기서 우리는 이 방법이 세례 의식에 어떻게 적용되었는지를 볼 수 있다:

> 우리는 옷을 벗었다. 이것은 옛 사람과 그 행위를 벗어버리는 것을 상징하는 것이었다. 우리 자신을 벗어버린 우리는 벌거벗었다. 이렇게 함으로써 우리는 벌거벗고서 십자가에 달리신 그리스도, 벌거벗음으로써 권세와 정사들을 무력하게 만드셨고 공개적으로 그들을 짓밟으신 그리스도를 모방한다…오, 당신은 모든 사람들 앞에서 벌거벗었지만 부끄러워하지 않는다. 왜냐하면 진실로 당신은 낙원에서 벌거벗었지만 부끄러워하지 않았던 첫 사람 아담의 형상이었기 때문이다.(*Mystagogical Catechesis* 2.2)

여기에서 처음에는 하나의 실제의 행동에 불과했던 의식적 행위에 적용된 이 해석은 옷을 벗는 단순한 행동에 다양한 면을 지닌 의미를 제공한다. "옛 사람과 그 행위를 벗어버리는 것"은 비유적, 또는 도덕적 차원을 제공한다. 그리스도께서 벌거벗은 채 십자가에 달리신 것과 권세들을 이기고 승리하신 것—이것은 십자가의 신학적 의미를 간단히 요약한 것이다—은 우의적 의미, 또는 교의적 의미를 나타낸다. 낙원의 아담을 언급한 것은 우리가 구원의 역사에 삽입된 것, 새로운 차원의 생존, 종말론으로 통과해 들어간 것을 상징한다: 이것은 신비적(anagogocal) 차원이다. 이 해석 방법이 얼마나 매력적이고 유익한 복음 전파 도구를 제공해주는지는 쉽게 알 수 있다. 그러나 여기에는 위험성도 도사리고 있다. 특히 그 의식을 구성하는 각각의 요소들을 의식 전체로부터 분리하여 다룰 때에 위험이 따른다(후일 실제로 이러한 일이 발생했다).

4세기 이후로는 세례에 관한 서적을 거의 발견할 수 없다. 이것은 대체로 유아 세례의 일반화에 기인한다. 이미 수세기 전부터 유아세례가 존재했었지만, 대부분의 새 신자는 어른들이었다. 게다가 콘스탄틴 대제, 크리소스톰, 바실 등 많은 사람들은 세례를 미루다가 말년에 받았다. 유아 세례의 일반화와 더불어 세례를 받기 위해 요리문답을 받으려는 욕구가 쇠퇴했고, 세례를 받기 위한 준비 과정도 사라지기 시작했다. 그 결과 동방과 서방에서 세례는 당연한 것으로 간주되기 시작했고, 그리하여 교회의 신학, 특히 교회학에서 차지했던 탁월한 지위를 상실하기 시작했다. 이 시대에 동방과 서방에서 입문 의식에 대한 접근 방식에 중대한 차이가 생기기 시작했다.

어거스틴의 반(反) 펠라기우스 신학의 영향 및 그 신학에서 아담에 의해서 인류에게 초래된 죄책으로서의 원죄를 강조한 것으로 말미암아, 서방에서는 세례를 주로 죄사함으로 이해하기 시작했다. 그리하여 세례의 신학은 주로 부정적인 것이 되었다. 어린이들은 죄 안에서 태어나므로 세례라는 완화제가 필요한 것으로 간주되었다. 더욱이 안수에 의해서 행해지는 견신례는 주교에 의해서만 수행되어야 한다는 서방 교회의 요구로 말미암아 결국 입문 의식은 두 개의 동떨어진 요소로 분리되기에 이르렀다. 왜냐하면 주교가 전통적으로 세례를 행하는 날인 부활절과 오순절에 모든 지역 교회에 참석할 수는 없었기 때문이다. 이것은 또 다시 입문 과정을 마치지 않은 어린이들을 성찬식에 참여하지 못하게 하는 것으로 이어졌다.

동방에서는 원죄에 대한 어거스틴의 개념을 받아들이지 않았고, 원죄의 결과를 죄책으로 보지 않고 죽어야 할 운명의 결과로 보았다. 죄책은 개인적인 자유의지의 행사, 즉 개인적인 죄를 통해서만 획득된다.[4] 그리하여 세례는 죄사함이 아니라 죽을 운명에서 해방되어 교회의 삶에 통합되는 것으로 인식되었다. 이것은 분명히 긍정적인 신학이다:

> 하나님은 거룩하십니다…그분은 만물을 지으시고 새롭게 하십니다. 어제 포로 되었던 자들이 오늘은 자유로운 사람이요 교회의 시민이 되었습니다. 전에는 죄의 수치 안에 있었던 사람들이 이제 담대함과 의로움을 소유합니다. 그들은 자유로울 뿐만 아니라 성도들입니다. 성도들일 뿐만 아니라 의롭습니다. 의로울 뿐만 아니라 아들입니다. 아들일 뿐만 아니라 후계자입니다. 후계자일 뿐만 아니라 그리스도의 형제입니다. 그리스도의 형제일 뿐만 아니라 공동 상속자입니다. 공동 상속자일 뿐만 아니라 그의 지체입니다. 그의 지체일 뿐만 아니라 성전입니다. 성전일 뿐만 아니라 성령의 도구입니다…당신은 세례의 유익이 얼마나 많은지 아십니까? 많은 사람들은 세례의 유익이 죄사함뿐이라고 생각하지만, 우리는 세례가 주는 10가지 영광을 열거할 수 있습니다. 바로 이러한 이유 때문에 우리는 비록 죄가 없는 어린 아이들에게도 세례를 주어, 그들도 의로움, 양자됨, 유산, 그리스도의 형제와 지체가 되는 은혜를 받게 하며, 또 그들이 성령의 거처가 되게 하려는 것입니다.(Chrysostom Baptismal Catechesis 3.5-6)

세례 받은 사람은 *theōsis*, 즉 신화하라는 부름을 받는다. 그의 목표는 신적 생명에 참여하는 것이라고 이해된다. 세례 안에서 받는 은사들은 신자들의 삶에서 실현되어야 한다. 『사도 헌장』(*Apostolic Constitutions*, 380년경)에서는 유아 세례를 당연한 것으로 가정하며, 원죄에 대해서 전혀 언급하지 않고, 훌륭한 기독교적 교육과 조직을 크게 강조한다(6.15). 세례는 인간의 선택에 의존하는 것이 아니라 값없이 주어지는 선물, 새로운 생명의 약속이다. 동방에서의 세례 정식은 항상 탄원 형태를 지닌다: "하나님의 종 …이 성부와 성자와 성령의 이름으로 세례를 받습니다." 이것은 세례가 인간의 주도권이 아니라 하나님의 주도권에서 비롯됨을 가리킨다. 기독교인들은 하나님의 주도권에 반응하라는 부름을 받는다.

동방에서는 다른 모든 성례들을 비롯하여 세례를 삼위일체적 행위로 본다. 그것은 성부에 의해서 주어졌고 성령에 의해서 유효한 것이 되는 성자의 선물이다. 이것은 무엇보다도 삼위일체적인 세례 정식에 의해서 나타난다. 게다가 물과 기름을 성별하기 위해 드리는 기도는 하나님께 성령을 보내달라고 요청하는 기도이다. 예루살렘의 키릴은 성찬식 때에 떡을 놓고서 성령 강림을 구하여 드리는 기도와 성유를 놓고서 드리는 기도 사이에 분명한 평행선을 그었다(*Mystagogical Catechesis*). 그러므로 세례를 받은 사람들은 요단강에서 세례를 받으신 그리스도처럼 성령에 의해서 성령으로 기름부음을 받는다(*Mystagogical Catechesis* 3.1) 그리스도와 결합되었으며 성령으로 충만하게 된 그리스도인은 인간적인 신화(神化)의 과정을 시작한다. 세례에 대한 이러한 견해는 비잔틴 교회에서 지금도 표준이 되고 있다.

성찬

이 신화(神化)의 과정은 성찬 안에서 성취된다. 성찬은 영화롭게 된 그리스도의 몸에 실제로 참여하는 것이다. 바실, 닛사의 그레고리, 크리소스톰, 예루살렘의 키릴 등을 포함한 4세기의 모든 위대한 인물들은 성찬의 떡과 포도주를 대단히 실질적으로 다루었다. 영생과 일치의 원천인 성찬식은 기독교적 삶에 필수적인 것이다:

> 날마다 성찬에 참여하여 그리스도의 거룩한 몸과 피를 받는 것은 선하고 유익한 일입니다. 그렇기 때문에 그분은 "내 살을 먹고 내 피를 마시는 자는 영생을 가졌고"라고 분명하게 말씀하셨습니다 (요 6:55). 자주 생명에 참여하는 것은 곧 다양성을 지닌 생명을 소유한다는 것을 의심하는 사람이 있습니까? 나는 일 주일에 네 번―주일, 수요일, 금요일, 그리고 안식일―에 성찬에 참여하며, 또 성인들을 기념하는 일이 있을 때면 다른 날에도 성찬에 참여합니다.(Basil 『편지』 93)

4세기에 발생한 극적인 사건들은 성찬 신학과 관습에도 큰 영향을 주었다. 이미 구조와 내용면에서 확립되어 있었던 그 의식들은 외면적이고 그다지 중요하지 않은 부분만 변했을 뿐 거의 변하지 않았다. 그러나 성찬에 대한 인식은 커다란 변화를 겪었다. 이제 교회에는 많은 새로운 신자, 혹은 잠재적 신자들이 몰려들었지만, 예비 신자와 고해자는 성찬에 참여할 수 없었다. 세례 받는 일을 연기하는 일이 흔히 있었다. 그 때, 설교자들은 성찬과 관련하여 경외와 두려움이라는 요소를 강조하기 시작했다. 이것은 "많은 사람들"(masses)이 성찬의 떡과 포도주를 받지 못하게 하려는 욕구에 대한 반응이었다. 신실한 자들은 이에 대한 반응으로 성찬 참여를 포기했으며, 그리하여 공동체는 성찬에 참여하는 엘리트 집단과 그렇지 않은 다수의 집단으로 분열되었다. 곧 "성찬 참여"(*koinōnia*)는 개인적인 신앙 행위가 되었다. 그리하여 하나의 식사, 교제로서의 성찬에 대한 전통적인 개념은 파괴되고, 이러한 적극적인 참여를 그다지 중요하지 않게 여기지 않는 견해가 등장하기 시작했다.[5]

이 시대의 중요한 사회적 변화들 및 신학적인 논쟁들은 성찬에 대한 이러한 새로운 접근 방식이 취할 방향을 결정했다. 아리우스 논쟁으로 인한 위기로 말미암아 정통파에서는 성자종속설과 양자설(adoptionism)에 대한 반작용으로 그리스도의 신성의 선재(先在)를 다시 강조하게 되었다. 정통파에서는 송영의 정식("…성부와 성자와 성령에게")을 제거했고, 두-본성 정식을 강조했다. 알렉산드리아 학파는 그리스도의 신성을 강조했고, 그의 중보하시는 권한은 하나의 신적인 기능이라고 여겼다. 그들은 그리스도의 구원하시는 사역의 역사적 경륜에는 그다지 관심을 갖지 않았다. 반면에 안디옥 학파는 그리스도의 인성과 역사적 행위, 그리고 그의 중보하시는 권한이 인간적인 것임을 강조했다. 기본적인 기독교적 신비에 대한 이렇게 다양한 접근 방식은 두 학파가 지닌 상이한 성경 해석 방법을 반영하기도 했다. 오리겐을 추종하는 알렉산드리아인들은 성경의 신비적 의미, 혹은 영적 의미를 강조했고, 안디옥 사람들은 문자적이고 역사적인 의미를 강조했다.

그리하여 안디옥 학파의 전례식문 저자들은 자신의 석의 방법을 의식 및 전례에 사용되는 본문에 적용했으며, 그것이 그리스도의 삶에서 발생한 구원의 행위들을 모방하거나(*mimēsis*) 기념하는 것(*anamnēsis*), 그리고 천국에서의 전례를 세상에서 미리 맛보는 것이라고 생각했다. 이러한 접근 방식이 몹수에스티아의 테오돌에 의해 종합되었다. 그는 392년부터 428년 사이에 요리문답의 특성을 지닌 설교집을 저술했다.

> 그러므로 신적인 실재의 분명한 형상인 바 이 엄위한 희생제사 의식이 거행될 때마다, 우리는 자신이 천국에 있다고 상상해야 한다…천국에 계신 그리스도께서…이 상징들 아래서 희생물로 바쳐지고 있다는 것을 상기할 때에 믿음은 우리로 하여금 신적인 실재들을 마음속에 그려볼 수 있게 해준다. 믿음으로 말미암아 지금 거행되고 있는 기념식을 깊이 묵상할 때에, 우리는 우리를 위해서 행하신 그리스도의 죽으심, 부활, 그리고 승천을 다시 한 번 보게 된다.(*Catechetical Homily* 15.20)

몹수에스티아의 테오돌은 계속하여 의식들이 어떻게 그리스도의 사역을 대표하는지를 묘사했다. 그는 은사의 전달 과정을 묘사하면서, "우리는 이제 고난을 받고 계시는 그리스도, 그리고 우리를 위한 희생제물이 되기 위해 제단에 놓인 것을 보아야 한다"고 했다(*Catechetical Homily* 15.25). 부활은 성변화(聖變化)를 통해서 성취되며, 은사들을 나누어 받는 것은 부활하신 주님의 출현과 흡사하다. 테오돌도 교회 내의 여러 부분을 상징으로 사용한 체계를 채택했는데, 이것은 예루살렘에서 발달한 것이었다. 제단은 무덤으로, 교회당 동쪽 끝에 있는 타원형으로 된 부분(apse)은 동굴 무덤이라고 여겨졌다. 이러한 유형의 해석은 8세기에 게르마누스를 통해서 비잔틴 전통에 유입된다.

영적 의미로 해석하는 오리겐의 경향을 추종하는 알렉산드리아 학파의 접근 방식은 매우 다르다. 5세기말의 인물인 위-디오니시우스는 전례를 영혼이 눈에 보이지 않는 실재에게로 올라가는 것을 나타내는 우의라고 보았다.

> 내가 말한 바와 같이 성소의 입구에 장엄하게 그려져 있는 이러한 상징들은 불완전한 사람들에게 맡깁시다. 그것들은 그들의 관상을 충분히 충족시켜 줄 것입니다. 우리는 성찬식을 결과에서부터 그 원인까지 깊이 생각하며 예수님께서 우리에게 주실 빛에 감사할 때에 우리는 모형들의 복된 선을 분명하게 반영하고 있는 지적인 실재들을 조화롭게 관상할 수 있을 것입니다.
> (『교회의 위계 제도』 3.3)

여기에서는 성경의 예표론에 대해 다루지 않으며, 그리스도에 대해서는 성육신을 제외하고는 그의 지상에서의 활동에 대해 전혀 언급하지 않는다. 구원은 원형(原形)과의 연합이며, 신화(神化)는 도덕적 완전을 통해서 성취된다. 디오니시우스는 한 번도 그리스도의 몸과 피로서의 성찬에 대해 말하지 않았다.

7세기의 고백자 막시무스는 이 전통의 위대한 대변자였다. 그는 디오니시우스의 영적 해석 방식을 받아들였지만, 자신의 해석을 추가했다. 그의 해석에서는 전례를 그리스도 안에 있는 하나님의 섭리를 기념하는 것이요 *parousia*와 종말(eschaton)을 미리 맛보는 것이라고 간주했다. 그러므로 전례는 모든 구원사를 상징하며; 교회 건물은 온 우주의 상징이며; 복음서 강독은 그 세상의 완성이며; 주교가 보좌에서 내려오는 것, 예비신자를 쫓아내는 것, 그리고 문을 닫는 것 등은 그리스도의 강림, 악인들의 추방, 그리고 신부의 신비한 방으로 들어가는 것을 상징한다(*Mystagogy* 14-16). 위-디오니시우스보다는 약간 더 현실적이기는 하지만, 막시무스 역시 성찬에 대해 상징적인 견해를 가지고 있었다. 알렉산드리아 학파의 접근 방식의 장점은 4세기 이전 전례의 특징이었던 바 종말론적인 강조에 있었다. 한편 그 결점은 8세기에 동방 교회에 충격을 준 성상 파괴 논쟁에서 뚜렷이 나타났다.

전례에 대한 접근 방식을 볼 때, 성상파괴론이 발생하기 전의 비잔틴 전통에서는 일반적으로 위-디오니시우스와 막시무스의 접근 방식을 따랐다. 8세기에 이것은 성찬의 본질에 대한 논쟁으로 이어졌다. 754년의 성상파괴론 공의회에서는 오래 지속되어온 전통에 호소하면서, 어떠한 그리스도의 형상도 받아들일 수 없으며 성찬만이 정당한 그리스도의 상징이라고 선언했다.[6] 성상 옹호자들, 특히 스투디오스의 테오돌(Theodore of Studios)과 니세포루스(Nicephorus) 대주교는 이 주장을 거부했고, 성찬은 "전형"(type)이 아니라 "진상"(truth)으로서, 그리스도께서 영화(榮化)된 후에도 이것은 "하나님의 몸"이라고 주장했다. 성상 파괴론이고 영적으로 해석하는 주장에 대한 반작용에서, 정통파에서는 훨씬 더 현실적이고 구상(具象)주의적인 접근 방식과 아울러 기독론적이고 구세론적인 방침을 취하기 시작했다. 그리하여 성화에서 그리스도는 상징적으로 한 마리 양으로 묘사되지 않고 인간으로만 묘사되었다.[7] 그리고 전례에 대한 신비적(영적) 접근 방식에 보다 역사적이고 구상주의적인 안디옥 학파의 해석이 추가되었다. 성상 파괴론자들을 대적하여 전례를 옹호했으며 730년에 성상 파괴론자들에 의해 해임된 대주교 게르마누스(Germanus)는 *Historia*라는 제목으로 거룩한 전례에 관한 비법 전수서를 저술했다. 이 책에서 그는 두 전통을 결합시키려 했다. 다음은 그 저서에서 발췌한 전형적인 구절이다.

> 스랍 천사의 모양을 한 열렬한 지지자들의 대표단과 부제들이 행진하면서 드리는 거룩한 찬송은 모든 성도들과 의인들이 스랍 천사들과 눈에 보이지 않는 존재들, 그리고 신비한 제물이 되려 하시는 위대한 임금 그리스도 앞에서 달려가는 천군들의 입장을 상징한다…그것은 요셉이 그리스도의 시신을 십자가에서 내려 깨끗한 세마포로 싸고 향료를 바른 후에 니고데모와 함께 바위를 파서 만든 새 무덤에 매장한 것을 모방한 것이기도 하다.(*chap. 37*)

Cherubicon(573-574년에 저스틴 2세 치하에서 소개됨)의 본문에 분명히 나타나는 바와 같이, 거룩한 전례를 나타내는 초기의 비유적 표현에 안디옥 학파에서 유래된 후대의 상징들이 추가되었다. 안디옥 학파에서는 전달되는 은사들은 십자가에 달리신 그리스도의 몸을 나타내는 것으로 간주했다. 성찬식 때에 사용되는 여러 가지 물건들은 모두 이 이차적 의미로 해석되었다. 이 후대의 전통은 부수적인 의식들, 성찬 식탁, 또는 선물 준비 등의 발달에 큰 영향을 주었다. 그러나 성체 기도(anaphora)에 대한 게르마누스의 접근 방식은 철저하게 성경적인 것으로서 우의를 찾아 볼 수 없다. 이 시대 전체에 걸쳐서 그 의식에 대한 해석은 변화되었지만 의식 자체의 구조와 두 가지 초점—성체 기도와 liturgy of word—은 근본적으로 변하지 않았다. 게다가 주석가들의 관심은 주로 전례의 가시적인 면들, 행진, 전례가 행해지는 장소 등에 있었다.

성상파괴 논쟁 이후의 시대에는 특히 동방 기독교의 특징적인 현상인 iconostasis가 발달했다. 원래 성체 안치소를 둘러싼 울타리는 성화들로 뒤덮였다. 비잔틴 정신에서 볼 때, 이것은 성찬의 "신비" 요소를 강조했다. 게다가 성찬은 육체적 눈으로 볼 수 있는 것이 아니라 양식(糧食)으로 받아야 하는 것이었다. 그 신비는 벽, 특히 iconostasis에 그려 놓은 그리스도와 성인들의 성화들을 통해서 볼 수 있었다. 따라서 중세 시대에 서방에서 발달했던 것과 같은 성찬의 떡과 포도주 숭배는 있을 수 없었다. 더욱이 비잔틴인들은 성찬과 관련하여 성변화(聖變化, metousiōsis)라는 용어를 사용하지 않았다. 그들은 항상 성찬의 떡과 포도주를 그리스도의 몸과 마찬가지로 신화(神化)된 떡과 포도주로 보았다. 따라서 크리소스톰의 것이라고 간주되는 성체 기도에 수록되어 있는 바 성령 강림을 구하는 기도에서는 "우리에게와 이 선물들 위에" 성령을 보내 주실 것을 요청한다. 초점은 떡에 있는 것이 아니라 교회로서 모인 사람들에게 주어진다. 성찬식의 열매는 "영혼의 정화, 죄사함, 성령의 교제, 천국의 충만함" 등이다. 그러나 iconostasis의 발달과 신비 의식 차원의 강화는 성직자와 평신도 사이의 분열을 심화시켰다. 왜냐하면 이제 감추어져 있는 성소는 성직자들만의 영역이었기 때문이다. 이것은 9세기에 평신도들에게 포도주를 주지 않은 데서도 표현되었다. 그 이후에는 비록 계속해서 2종의 성찬을 베풀었지만, 숟가락을 사용하여 주었다.

성찬식의 해석에 관한 논쟁이 소위 1054년의 대분열의 원인이 되었음이 중요하다. 동방과 서방 사이의 논란이 된 문제는 무교병의 사용이었다. 서방에서는 성찬식 때에 무교병을 사용했고, 동방에서는 발효된 떡을 사용했다. 동방에서는 발효된 떡은 그리스도의 살아 있는 몸을 상징한다고 주장했다. 서방에서 무교병을 사용했다는 사실은 그들이 아폴리나리스 파(Appolinarians)였음을 보여주었다. 왜냐하면 그들은 예수가 인간의 영혼을 소유하신다는 것을 부인했기 때문이다. 더 나아가 동방에서는 성찬의 떡이 인성과 공동본질의 것, "우리의 일용할 양식"이 되기 위해서는 정상적이고 평범한 발효된 떡이어야 한다고 주장했다. 그들은 떡은 인성의 "상징"이며, 인성은 그리스도의 변형된 인성으로 변화된다고 이해했다. 반면에 중세 시대 서방의 신앙에서는 떡의 "초본질성"(supersubstantiality), 또는 상위(相違)를 강조했다. 서방 교인들은 이처럼 분명히 사소한 세부 예배 규정들은 그다지 중요시하지 않았고, 다만 동방의 교인들이 서방의 관습을 비난하는 일을 멈추고 그들이 계속해서 발효된 떡을 사용하는 것을 기꺼이 허락하게 되기를 원했다. 이것이 1054년에 극적인 사건들이 발생한 주요 이유이며, 그 사건들로 인한 주된 분쟁이었다. 그 당시 비잔틴인들은 싸움의 다른 면들을 제시하는 일조차 하지 않았다.

이처럼 사소한 문제에 대한 비잔틴인들의 비타협적인 태도는 그들의 성찬 신앙에 대해 많은 것을 알려 준다. 첫째, 그들은 성찬과 관련된 본문들과 의식들을 신학의 전거로 여긴다. 이것이 바로 전통적인 성경 해석 방법들을 전례에 적용할 수 있는 이유이다. 성경과 전례는 교회의 생명의 주요 원천이요 표명이며, 영원한 진리의 계시이다. 성경 구절이 그렇듯이, 하나의 의식이나 성찬식문은 문자적 의미 뿐만 아니라 영적 의미도 소유하고 있으며, 문자적 의미가 참되고 중요하듯이 영적 의미도 참되고 중요하다. 이러한 접근 방식 안에는 위험이 도사리고 있다. 특히 우의적 해석의 비약을 일관성 있고 지속적인 비전에 의해서 억제하지 않을 때, 그리고 의식 전체를 고려하지 않은 채 여러 가지 의미를 구분할 때에 위험이 발생한다. 그럼에도 불구하고, 성체 예의가 교회의 신학의 주된 근원이라는 개념은 여전히 동방 교회의 특징이 되고 있다.

비잔틴 세계에서는 이것과 밀접하게 연결되어 찬송가 작곡(hymnography)이 확산되었다. 그런데 이 찬송들은 당시 남아 있는 몇몇 초대 기독교 찬송들과는 매우 달랐다. 로마노스(Romanos the Melode) 및 그를 모방한 사람들의 *kontakia*는 사실상 시적인 설교였다. 이러한 찬송들은 나름대로 성찬식 안에 자리를 잡았다. 동방 기독교에 항상 존재하고 있었던 수도사들은 처음에는 그러한 가사들이 비성경적이라고 여겨 반대하고 그 곡조도 지나치게 세속적이라고 여겨 거부했다. 그러나 후일 그들은 자기 나름대로의 찬송을 발달시켰다. 대체로 6세기에서부터 8세기에 이르는 커다란 신학적 논쟁 기간에 작곡된 이 수도적 찬송들은 동방의 교부 신학의 요약이다. 이 찬송들은 주로 수도원의 예배 안에서 제 위치를 발견했는데, 11세기 이후 수도원의 예배가 완전히 성당의 예배를 대신하게 되었다. 이 찬송집은 부피가 크고 다양하기 때문에 사용하기 어렵기는 하지만, 동방 교회의 경건, 금욕주의, 신학 등을 연구하는 주요한 자료가 된다.

전례는 교회력—축일들과 예비 금식일의 시기들로 구성된 전례에 관한 달력—이라는 배경 안에 표현되었다. 이러한 교회력은 그리스도의 삶에서 발생한 주요한 사건들은 물론이요 구원과 관련된 하나님의 행위들의 재연이라고 간주되었다. 동방 교회 교인들은 이러한 행사에 참여함으로써 자신을 구원사, 그리스도의 삶에 동화시켰다. 성찬식은 각각의 축일이나 축제 기간의 절정이었다. 그러나 금식 기간, 특히 "위대한" 사순절(Great Lent) 기간에는 성찬을 행하지 않았다. 한편 이 위대한 사순절은 세례 준비 기간이라는 원래의 의미를 상실하고 구원의 중심적 신비인 부활절 준비 기간이 되었는데, 이 기간에 각각의 신자들은 자신의 죄악된 본성 및 자신이 하나님으로부터 멀어져 있음을 다시 발견하라는 요청을 받았다.

이상의 모든 사태에서 결론을 이끌어낼 수 있다면, 그것은 곧 전례는 성경 및 전통과 함께 동방 교회 영성의 핵심적인 구성 요소라는 점이다. 그것은 또 교회라는 집단을 구성하는 신자들이 자신이 의도했던 존재, 즉 그리스도의 몸의 지체요 신적 생명에 동참하는 자가 되는 데 사용되는 방편이다. 그러므로 전례는 기독교 신앙과 경험의 어떤 부분과도 분리될 수 없다. 그것은 기독론이나 구세론에 반드시 필요하다. 왜냐하면 우리는 전례를 통해서 성육하신 예수를 알게 되며, 그의 성육하신 몸에 참여하며, 우리 자신을 그분에게 결합시킴에 의해서 거룩하게 되기 때문이다. 그것은 인간론에도 반드시 필요하다. 왜냐하면 전례를 통해서 인류의 신 중심적인 본성이 드러나기 때문이다. 그것은 교회학에도 빠질 수 없는 요소이다. 왜냐하면 교회가 그 본연의 참된 존재, 즉 살아 계신 그리스도의 몸이 되는 것이 곧 전례이기 때문이다. 그것은 삼위일체 신학에도 중요한 것이다. 왜냐하면 그것을 통해서 하나님의 메시지와 신(神) 체험이 우리에게 전해지기 때문이다. 그러므로 동방 교회 신자들은 전례가 없는 기독교는 있을 수 없다고 여겼다.

주(註)

1) S. H. Cross, trans., "The Russian Primary Chronicle," *Harvard Studies in Philology and Literature* 12 (1930) 199.
2) John Wilkinson, ed., *Egeria's Travels* (2nd ed.; London: S.P.C.K., 1980).
3) R. Taft, "The Liturgy of the Great Church," 59-60.
4) 이러한 동방 교회 신학의 개요 및 이것이 서방의 접근 방식과 대조되는 점을 알려면, J. Meyendorff, *Byzantine Theology*, 143-46을 보라.
5) Taft, 68-69
6) G. D. Mansi, ed., *Sacrorum conciliorum nova et amplissima collectio* (Florence: Zatta, 1759-98) xiii, 261D-264C.
7) Quinisext Council in Trullo, canon 82 (Mansi ii, 977-80).

참고 문헌

Bornert, R. *Les commentaires byzantins de la divine liturgie du VIIe au XVe siècle*. Archives de l'Orient 9. Paris: Institut français d'Études Byzantines, 1966.

Erikson, J. H. "Leavened and Unleavened: Some Theological Implications of the Schism of 1054." *St. Vladimir's Theological Quarterly* 14 (1970) 155-76.

Mother Mary and K. Ware, trans. *The Festal Menaion*. London: Faber & Faber, 1969.

Meyendorff, J. *Byzantine Theology: Historical Trends and Doctrinal Themes*. New York: Fordham University Press, 1974. Second printing with revisions, 1983.

Riley, H. *Christian Initiation*. Catholic University of America Studies in Christian Antiquity 17. Washington, DC: Catholic University Press, 1974.

Schmemann, A. *Introduction to Liturgical Theology*. London: Faith Press, 1966.

Schulz, H.-J. *Die byzatinische Liturgie: Glaubenszeugnis und Symbolgestalt*. Sophia 5. 2nd ed. Trier: Paulinus-Verlag, 1980.

Taft, R. "The Liturgy of the Great Church: An Initial Synthesis of Structure and Interpretation on the Eve of Iconoclasm." *Dumbarton Oaks Papers* 34-35 (1980-81) 45-75.

Whitaker, E. C. *Documents of Baptismal Liturgy*. 2nd ed. London: S.P.C.K., 1970.

Yarnold, E. J. *The Awe-Inspiring Rites of Initiation: Baptismal Homilies of the Fourth Century*. Slough, England: St. Paul Publications, 1972.

23.The Riha Paten, 6th century

24. The Chalice of the Abbot Suger from St. Denis, French, 12th century

25. Sacrifice of Abel and Melchizedek, San Vitale, Ravenna, 6th century

2 서방 기독교의 성례와 전례

피에르 마리 기(PIERRE-MARIE GY)

우리는 주요한 성례들을 하나씩 구분하여 취급하지 않고 성례의 영적 역사에 있어서의 여러 상이한 순간들을 살펴보려 한다. 우리의 목적은 힙폴리투스, 암브로스, 어거스틴 등이 활동한 시대, 로마의 위대한 성찬중시론자들의 시대, 카롤링 왕조 시대와 그 이후 시대, 그리고 마지막으로 12세기의 성례전 영성의 내적 접합(articulations)을 파악하는 데 있다.

그리스어로 행해진 로마 최초의 전례: 로마의 힙폴리투스의 *Apostolic Tradition*

『사도 전통』(*Apostolic Tradition*)의 저자는 분명히 힙폴리투스(Hippolytus)이다. 그는 로마인 사제요 조그만 분파적 공동체의 창시자로서 235년에 교황 폰티아누스(Pontianus)와 함께 유배지에서 사망했다. 그의 저서(그리스 원어로 된 것은 유실되었음)에서는 그가 구상한 전례와 그 자신의 개인적인 신학적 사상에 따라서 재구성한 전통에 대해 묘사하고 있다. 이 문서의 중요성은, 3세기초에 로마에서의 기독교 전례(그리스어로 거행됨)의 상태를 제공하고 있다는 것, 그리고 그 전례를 최초로 신학적으로 종합했다는 것(이것은 후일 특히 동방에서 널리 영향을 미치게 된다). 3세기의 두 명의 중요한 기독교 교사인 로마의 힙폴리투스와 동방의 오리겐은 완전하게 발달된 구조를 지닌 유대교 기도를 마련한 랍비들의 적수였다.

　기독교 영성에서, 세례는 가장 중요한 성례였다. 왜냐하면 여러 차례의 박해에도 불구하고(혹은 박해 때문일 수도 있다) 기독교는 신속하게 전파되었기 때문이다. 터툴리안은 "기독교인들의 피는 씨앗이다"라고 말했는데, 이것은 그것이 교인들의 숫자를 증가시킨다는 뜻이다(*Apology* 50.13). 세례 받은 사람들의 대부분은 어른들이었다. 그리고 터툴리안의 반대되는 권고―이것은 "기독교인들은 탄생하는 것이 아니라 만들어진다"는 그의 정식으로 요약되었다―에도 불구하고, 기독교인 부모의 자녀들은 어렸을 때에 세례를 받았다(*Apology* 18.4). 4세기에 입증된 바와 같이, 기독교 가정의 자녀들이 장성한 후에야 세례를 받은 것은 초기 기독교 관습을 영속적인 보존에 기인한다기보다는 속죄의 고행을 요구받는 데 대한 두려움에 기인한 것인 듯하다.

　세례 의식은 이미 개인적인 회심, 가르침, 축귀 등 준비 기간을 갖춘 공산주의적 구조를 갖추고 있었다. 준비 기간에 이어 부활절 전날 밤에 세례 의식이 거행되었다. 교리 문답 준비 과정에 입문하려면, 복음에 일치하지 않는 모든 생활방식을 버려야 했다. 세례 의식들은 일련의 예식으로 구성된 하나의 과정으로 이루어졌다: 실제의 성례는 성부와 성자와 성령에 대한 신앙을 묻는 삼중적 질문과 세 번 물에 들어가는 것으로 구성되었다. 서방에서는 다른 세례 정식이 알려져 있지 않았다가, 7세기와 8세기에 이르러 신앙의 질문에 "성부와 성자와 성령의 이름으로 세례를 주노라"라는 정식―이것은 삼위일체에게 기원한다는 점에서 분명히 성령 강림을 구하는 기도의 특성을 보존하고 있다—이 결합되었다. 세례에 이어 두 차례의 기름 부음(사제가 행하는 것과 주교가 행하는 것), 안수, 그리고 마지막으로 성찬식이 거행되었다. 세례식 및 그 후에 이어지는 의식들이 거행되는 동안 드리는 기도들은 삼위일체의 행위를 표현했고, 죄사함과 중생이라는 세례의 결과와 "성령 충만을 받기 위해서" 안수하는 것을 구분했다(Hyppolytus, *Apostolic Tradition* 21). 힙폴리투스가 사용한 구분은 세례의 효과는 오로지 죄사함뿐이라고 주장한 터툴리안의 구분보다 훌륭한 것이다.

   힙폴리투스의 견해에 따르면, 성찬은 2세기라는 틀 안에 위치하는데, 그 틀에 따르면 *eucharistia*라는 단어는 떡과 포도주를 놓고 드리는 감사 기도, 그리고 "성체화된"(eucharistized) 떡과 포도주 자체를 지칭했다. 모든 성체 영성에 필수적인 것인 바 성찬 기도와 성찬의 떡과 포도주를 연결짓는 일이 사라졌다. 이는 동방에서는 성찬이 하나의 의무로만 간주되기에 이르렀기 때문이고, 서방에서는 로마 교회의 관습 때문이었다. 한편 이것은 *eucharistia*의 두 가지 의미를 묘사하기 위해 두 개의 표현을 제공했다. 기도는 *gratiarum actio*라고 불렸고, 그리스도의 몸과 피는 *eucharistia*라고 불렸다(중세기에 서방 로마 가톨릭 교회에서는 *eucharistia*가 감사를 의미한다는 사실을 완전히 무시했는데, 그러한 의미는 르네상스 시대에 재발견되었다).

   힙폴리투스는 성찬이 지닌 이 두 가지 측면을 다루면서, 유대교의 기도와 상반되는 기독교의 독창성을 드러내려 했다. 그의 시각에서 볼 때, 유대교와 기독교는 모두 하나님을 찬양하지만, 감사를 드리는 것과 성찬식을 행하는 것은 기독교인들에게만 있는 것이었다. 왜냐하면 기독교인들만이 성자, 즉 인간이 되신 하나님의 선물을 인정했기 때문이었다(*Against the Heresies* 14). 따라서 성찬이 새 언약을 숭배하는 근본적인 행위가 되는 것은 성육신 때문이었다. 성찬의 떡과 포도주가 "육신이 되신 예수의 살"이며, 또 그렇게 되기 때문에 우리는 감사를 드린다.

『사도 전승』에 수록된 성찬 기도의 본문은 두 가지 특성을 가지고 있다. 즉 기도의 통일된 본질(이것은 일련의 유대교의 감사 기도와 반대가 된다), 그리고 기도의 통일성을 촉구하는 동기가 될 수 있었던 삼위일체적 구조이다. 랍비들이 감사 기도(berakah)에 거룩한 이름을 찬양하는 데서 절정에 달하는 바 구원하시는 행위로 인하여 하나님을 찬양하는 분명한 구조를 부여한 것과 거의 같은 시기에, 힙폴리투스는 자신의 몸과 피를 주신 구속주이신 그리스도를 통하여 성부께 드리는 감사인 성찬을 고안했는데, 그 다음에는 성령을 구하는 기원이 이어지며, 마지막으로 교회 내에서의 삼위일체 찬양이 이어졌다. 힙폴리투스의 견해에 따르면, 이렇게 성령을 구하는 요청은 아직 떡과 포도주를 그리스도의 몸과 피로 변화시켜 주실 것을 요청하는 성찬식 기도(epiclesis)로 발달하지는 않았다. 그러나 그는 삼위일체를 찬미하고 그에 대한 신앙을 고백하는 곳이며 성령이 활발하게 활동하는 장소인 교회에 대한 정교한 신학을 가지고 있었다(Apostolic Tradition 35). ekklēsia라는 단어는 교회 공동체와 신약 성경에서처럼 기도하면서 모인 교회를 지칭했다(이 단어는 3세기말이 되어서야 비로소 교회 건물에 적용되었다). 성령께서 교회(ekklēsia) 안에서 활발히 활동하시기 때문에, 교회로 가야 했다.

서방 세계에서의 전례: 암브로스와 어거스틴의 시대

비록 2세기 중엽에 이르러 아프리카가 아니라 로마에서 기독교인들의 라틴어 사용이 시작되었다는 학설이 이제 확립되었지만, 라틴 세계가 전례를 받아들인 것은 3세기 중엽부터 4세기 후반 사이의 어느 기간이었다. 정확하게 4세기 후반에 전례와 교부들의 요리문답서의 기본 구조를 형성하는 주요한 성찬 기도 본문들이 동시에 출현했다. 한편 이러한 요리문답서의 저자들은 성례전 신학과 영성을 다룬 교부로 남아 있다. 일반적으로 4세기 이후의 성찬 기도 본문들을 식별하기는 어렵다. 그러나 서방에서는 로마의 성찬 기도문과 최소한 암브로스가 지은 네 편의 찬송을 다룬 최초의 역본에서는 그것이 가능하다. 게다가 암브로스는 로마의 *prex*에 대해 주석했는데, 성찬 기도 본문과 비교할 때에 그의 논문은 독창적이다. 만일 그가 로마의 미사 전문(典文)을 인용하지 않았다면, 그의 가르침을 토대로 그것을 복원하는 것은 불가능하다. 부활절 주간에 행한 그의 성례적 요리문답을 보여주는 두 개의 문헌이 현재 남아 있다: 그가 구두로 행한 것을 필사한 것인 『성례에 관하여』(*De sacramentis*, 여기에는 로마의 미사 전문이 인용되어 있다), 그리고 그의 설교를 토대로 한 작품인 *De Mysteries*. 이 두 문헌은 흥미로운 차이점을 가지고 있으며, 그가 입문식이라는 개념을 의지한 것은 현장에서 행하는 설교가 지닌 자연스러운 요소라기보다는 하나의 문학적 기교였음을 보여준다(이 사실은 어거스틴에게도 적용된다).

4세기에 부활절 세례 준비 기간이 발전하여 생겨난 것이 사순절이다. 서방의 전례에서 이 기간은 사마리아 여인(요 4:5-42), 날 때부터 장님인 사람(9:41), 나사로의 부활(11:1-46) 등 요한복음에서 인용한 세 개의 인용구를 뼈대로 구성되었다. 우리는 로마서 6장을 세례에 적용한 것과 이것을 비교할 수 있다. 로마서 6장은 초대 교회의 세례 신학에서 그다지 중요하지 않았으며, 그리스도의 세례에 의해 완전히 감화를 받고 있던 시리아의 세례 전통에서 그 때까지 아무런 역할도 하지 않았었다. 속죄(penance)와 관련하여 주요한 복음적 패러다임은 예수께서 베드로에게 열쇠의 능력을 수여한 것이라기보다는 닭이 울 때에 베드로가 회개한 것이라고 볼 수 있다. 이것 때문에 베드로는 그리스도에 대한 신앙을 부인했던 사람들(*lapsi*)을 위한 회개의 본보기가 되었다.

세례를 받고 나서 안수하는 동안에 행하는 로마 교회의 기도는 새로 세례를 받은 사람이 이사야 11:2에 열거된 성령의 일곱 가지 은사를 부여 받게 되기를 구했을 가능성도 있다: "전능하신 하나님, 우리 주 예수 그리스도의 아버지, 물과 성령으로 당신의 종들을 중생케 하셨으며, 그들에게 죄사함을 주시고…당신과 함께 살고 계시며 성령과 더불어 다스리시는 우리 주 예수 그리스도의 이름으로…보혜사 성령을 부어주시며 지혜와 총명의 신을 주시는 분"(*Gelasian Sacramentary* n. 451; *On the Sacraments* 3.8). 밀라노에서 채택된 가톨릭의 성찬 기도는 동방 교회와 서방 교회에서 따라야 할 모든 것들 중에서 기독교적 성찬의 희생제사적인 면을 가장 강조한 것이었던 듯이 보인다. 힙폴리투스의 성찬식문(*anaphora*) 및 이것의 영향을 받은 것들과는 대조적으로, 이 기도는 통일되어 있지 않으며 성령에 대한 특별한 언급을 포함하고 있지 않다. 이 기도에서는 성찬물의 엄위한 특성(*tremendum*)을 전혀 강조하지 않았는데, 이것은 후일 안디옥파의 성찬식문도 마찬가지였다. 이것은 동방에서는 4세기부터 낮은 음성으로 기도문을 암송하는 일이 행해졌지만, 서방에서는 8세기에 로마보다는 프랑크족 국가에서 이러한 기도가 등장한 이유를 설명해줄 것이다.

서방 영성을 위해서는 가장 중요한 암브로스의 요리문답과 어거스틴의 요리문답은 그들이 속한 지역 교회들 사이의 차이점에 의해서, 그리고 그들의 상이한 인격에 의해서 구분된다. 이 경우에 어거스틴은 암브로스에게서 세례를 받고 입문한 예비 신자이기보다는 터툴리안과 키프리안을 존중하는 한편 도나투스파를 대적하는 입장을 취한 아프리카인 감독이다. 어거스틴과 암브로스는 그 시대의 다른 주요 기독교 저자들과 더불어 입문에 대해 동일한 개념을 가지고 있었고, 처음 생겨난 이후로 기독교적 견해의 일부였던 원리들을 소유한 성례들을 다룬 성경적이고 교회적인 요리문답(catechesis)을 공유했다. "입문"(성례로의 입문이 아니라 성례에 의한 입문)은 점진적인 성장을 의미하는 것이 아니었다. 이러한 성례 존중의 행동들 안에서 마음의 눈은 믿음의 빛을 받아들이고, 그리스도께서 우리로 하여금 참여하게 하시기 위해 주신 바 눈에 보이지 않는 신적인 실체들을 발견했다. 이것은 교부들이 기독교적이라고 인정했던 플라톤주의의 가장 중요한 부분이었다. 게다가 기독교적 해석을 따르자면, 구약 성경에 기록되어 있는 하나님의 중요한 구원의 행위들은 새 언약의 성례 안에서 발생하는 것의 상징이요 예표(豫表)이다. 만일 현대인이 이러한 예표론을 크게 의지하고 있는 성찬식문이나 요리문답(예를 들면 그 기원을 5세기로 볼 수 있는 바 사제를 임명할 때 행하는 서방 교회의 기도)을 읽는다면, 종종 구약 성경으로 돌아가는 듯한 인상을 받을 수도 있을 것이다. 그것의 역도 성립된다: 일반적으로 초대 기독교에서는 신약 성경을 예시하는 구약 성경의 분명한 역할을 확신하고 있었으므로, 그 자체의 인간적이고 종교적인 가치는 기독교적 실체들에 대한 하나의 설명 안으로 사라졌다.

성례의 교회적 차원과 관련하여, 교부들은 세례와 성찬은 먼저 교회를 만듦에 의해서, 정확하게 표현하자면 모교회(church-mother)를 만듦에 의해서 기독교인들을 만든다고 생각했다. 이 교회는 전체 공동체이며, 또 세례에 의해서 새로운 자녀들을 낳는다.

교회는 다른 성례들, 예를 들면 참회자들의 화해에서도 적극적인 역할을 한다. 개개인의 영적 운명을 다루기 이전까지만 해도 교부들의 성례 존중의 요리문답은 교회론적이었다. 요리문답과 신학적 접근 방식의 역전은 12세기 이후로 전개되었다.

암브로스와 어거스틴은 각기 이처럼 보다 일반적인 맥락 안에 나름의 강조점을 가지고 있다. 성찬과 관련하여, 암브로스는 떡과 포도주가 그리스도의 말씀에 의해서 변화된다는 것을 설명하기 위해서 구약 성경의 예표들을 사용했다. 특히 그는 성찬식 기도에서 사제가 드린 기도문의 표현과 그리스도께서 친히 중심에 세우신 것들을 분명히 구분했다. 그는 그것들은 사제가 인용한 그리스도의 말씀이라고 설명하지 않고, "주 예수 그리스도께서 친히 '이것은 내 몸이다' 라고 말씀하셨다고 설명했다(On the Mysteries 5.4). 이러한 성별의 기도를 드리기 전, 제단의 떡과 포도주는 평범한 떡과 포도주에 불과하다. 그러나 성별의 기도를 드린 후에는 그리스도의 몸과 피가 된다. 이와 같이 암브로스는 새로이 발달되고 있는 성찬 성별의 신학을 제시하고 있다. 그러나 그의 성찬의 영성은 떡과 포도주를 엄위한 것으로 보는 것보다 선행한다(혹은 이러한 개념에 반대한다). 그는 성찬 경험을 강력하게 묘사하기 위해서 아가서를 의지한다.

어거스틴의 성찬 존중의 영성은 매우 다른 방향으로, 즉 훨씬 더 교회론적으로 발달했다. 그의 영성에서는 그리스도의 역할을 다른 방식으로 취급한다. 그는 떡과 포도주가 그리스도의 몸과 피로 변하는 것에 그다지 관심을 기울이지 않는데, 이것은 서방 세계로서는 약간 놀라운 사실이다. 이것은 후일 암브로스의 영향을 크게 받았다. 어거스틴의 초점은 성찬에 의해서 양육되는(어떤 면에서는 만들어지는) 교회적인 몸으로 재빨리 옮겨갔다: "하나님의 말씀에 의해 거룩하게 되어 제단 위에 놓인 이 떡은 그리스도의 몸이다. 잔, 또는 하나님의 말씀에 의해 거룩하게 된 바 그 잔에 든 것은 그리스도의 피이다. 만일 당신이 합당한 상태에서 그것들을 받는다면, 당신이 받은 것은 당신 자신이 된다"(*Sermon 22*).

우리는 성찬에 대한 이 교회론적인 견해(이것은 로마의 전례에는 그다지 영향을 미치지 않았지만, 중세 시대의 성찬 신학에는 심오한 영향을 주었다)를 어거스틴의 시편 해석과 비교할 수 있다. 이번에도 그의 해석과 암브로스의 해석 사이에는 놀라운 차이가 있다. 암브로스는 그리스도와의 개인적인 관계를 중시했다: "그리스도는 하나님의 도시를 기쁘게 해 주는 강이시니 그리스도를 마시라. 그리스도는 평화이시니 그리스도를 마시라. 당신을 대속하신 피를 마시려면 그리스도를 마시라. 그리스도의 말씀을 마시려면 그리스도를 마시라"(*Commentary on Psalm 1* n. 33). 반면에 어거스틴은 머리인 그리스도 및 그와 연합한 교회적 몸 전체의 기도하는 음성이 시편이라고 간주했다:

> 성자의 몸은 기도할 때에 그 머리와 분리되지 않는다. 우리 주 예수 그리스도, 하나님의 아들만이 "자기 몸의 구주", 우리를 위해서 기도하시며, 우리 안에서 기도하시며 우리의 기도의 대상이 되신다. 그분은 우리의 제사장으로서 우리를 위해 기도하신다. 그분은 우리의 머리로서 우리 안에서 기도하신다. 그분은 우리의 하나님으로서 우리의 기도를 받으신다. 그러므로 우리는 그분 안에 있는 우리의 음성과 우리 안에 있는 그분의 음성을 인정해야 한다.(*On Psalm 85*, n. 1)

그래서 암브로스의 시편 해석과 그의 성찬 신학 사이에는 상호 관계가 있는 듯이 보인다. 비록 어거스틴의 시편 해석은 성찬 자체에 대한 그의 접근 방식보다 더 많은 영향력을 그 후 몇 세기 동안 발휘했지만, 그의 시편과 성찬에 대한 접근 방식 안에서도 비슷한 통일성을 관찰할 수 있을 것이다. 반면에 시인인 암브로스는 서방 교회 전례 찬송의 주요한 형태를 확립했다. 그것은 성가 영창(특히 수도원의 성무일과에서의 영창)을 밀어낸 것이 아니라 보완했다. 동방에서는 찬송이 성가 영창을 어느 정도 대신했었다.

중한 죄를 위한 것으로서 단 한 번만 받을 수 있었던 고대 기독교의 참회 의식들은 전례와 관련된 영성의 주제와 거의 관계가 없었다. 그러나 전체 공동체가 하나님 앞에서 죄인의 용서함을 구한 것은 예외이다. 그러나 어거스틴은 회개의 보속을 일반적인 영성, 특히 수도원 영성과 결합하려 했다. 우선, 그는 기독교적 삶 전체 안에서 회개의 행위에 중요한 역할을 할당함으로써, 기독교가 지닌 참회의 국면들을 이제 두 단계(세례 때의 회심과 성례 때의 회개)가 아니라 세 단계로 재구성할 것을 제안했다(*Sermon* 352). 그는 여기에다가 세상에서의 자신의 마지막 날에 대한 참회의 기도를 추가했는데, 이것에 대해서는 그의 친구 포시디우스(Possidius)가 자세히 이야기한다:

> 그는 우리와 개인적인 대화를 하는 동안에 세례를 받은 후에는 비록 칭찬받을 만한 교인들과 사제들일지라도 공정하고 타당한 회개를 행하지 않고서 이 세상을 떠나서는 안된다고 말하곤 했다. 그는 회복되지 못할 중병에 걸려 앓는 동안에 친히 이 일을 행했다. 그는 다윗의 참회의 시편들을 다시 복사시켰는데, 그것은 그다지 많지 않았다. 그는 병상에 있는 동안 벽에 붙여 놓은 네 개의 시편을 쉬지 않고 읽으면서 한없이 울었다. 그는 죽기 열흘 전, 우리에게 자신의 주의가 산만해지지 않도록 자기 방에서 나가 달라고 부탁했다…우리는 그의 뜻을 존중해주었고, 그는 내내 기도에 몰두했다.(*Life of Augustine* 31)

로마 가톨릭 교회의 전례에 관한 책들

우리는 6세기 이후의 상이한 서방 교회 전례들, 특히 로마 가톨릭 교회의 전례에 관한 책들이 존재하고 있음을 알고 있다. 로마 가톨릭 교회의 전례는 거의 모든 서방 세계에서 다른 전례들을 대신하게 되었다. 이와 같은 로마 교회의 전례에 관한 서적들과 관련하여 세 가지 일반적인 특성을 관찰할 수 있다:
(1) 전례의 교회성(ecclesiality)의 여러 가지 등급들 사이의 구분
(2) 고대 기독교가 지녔던 성례를 존중하는 특성들의 감소
(3) 4세기부터 8세기에 이르는 형성기에 발달된 대부분의 요소들이 그후 수세기 동안 안정을 유지한 것.

위의 세 가지 특성 중 첫번째 특성은 전례에 대한 현대적 정의에 비추어서 이해해서는 안된다. 현대적 해석에 따르면, 유능한 교회의 권위자들은 전례에 관련된 것들은 교회의 기도에 속한다고 생각한다. 고대 교회에서는 이러한 양상이 부인되지 않았다. 그러나 그것은 기도나 기념 행사가 실질적인 교회의 모임과 결합되는 것만큼 강조되지는 않았다. 이것을 보여주는 중요한 예를 들자면, 한 주교와 그가 이끄는 신자들의 성찬식, 일반적으로 주일날 행하는 성찬, 부활절 전날 밤에 행하는 기독교 입문식 등이 있다. 한편 결혼과 장례식은 회집된 교회(ekklēsia)의 전례라기보다는 가정사(家庭事)에 관한 기도의 행위로 여겨졌다. 수도사들의 성무일과는 완전히 자율적으로 조직되고 지켜졌다. 물론 아침기도(laud)와 저녁기도(vesper)로 이루어진 교회의 성무일과(스페인의 전례와 현대 역사가들은 이것을 "cathedral Offices"라고 부른다)와 밤과 낮의 상이한 기도 시간에 개최되는 수도사들의 기도 집회들 사이에 일종의 융합

이 발생했었다. 카롤링 왕조 시대에는 이런 방식으로 조직된 성무일과는 로만 성무일과(Roman Office)로 간주되었고, 그것을 대신할 수 있는 것은 『성 베네딕트의 규칙』에 따른 성무일과뿐이었다. 이 수도적 성무일과는 후일 그레고리 개혁 때에 교회의 공식적인 기도가 되었다.

둘째, 위에서 언급했던 바 전례의 교회성(ecclesiality)의 등급과 관련하여, 고대 말기에 전례의 관습과 영성 안에서 특정의 변화들이 나타났다. 8세기의 *Gelasian Sacramentary*에 포함되어 있는 바, 부활절 전야에 대한 그레고리 시대 이전의 강론의 저자는 아마 대 그레고리(446년 사망)일 가능성이 있다. 이 강론들은 그리스도의 죽음과 부활, 구원의 역사, 그리고 교회의 신비가 부활절 세례 안에 어떻게 연결되어 있는지를 4세기 요리문답에서 사용한 것과 동일한 방법을 사용하여 훌륭하게 표현하고 있다. 예를 들면, 아브라함의 제사를 다룬 본문에 수반되는 기도를 들 수 있다: "신실한 자들의 참된 아버지(pater summe)이신 하나님, 당신께서는 양자 삼음을 통하여 온 세상에 당신의 약속의 자녀들을 증가 시키시며, 당신의 아들 아브라함을 약속하신 대로 모든 족속의 아버지로 삼으셨습니다. 당신의 백성이 당신의 부르심의 은혜 안에 들어가도록 허락하여 주옵소서."(*Gelesian Sacramentary*, n. 434). 그러나 모든 사람들이 기독교인들이 되어감에 따라, 어른들의 세례보다 유아세례가 더 성행했으며, 세례문답은 거의 완전히 사라졌다. 6세기에 로마에서는 사순절 기간 중 주일날마다 수행되었던 바 전체 공동체 앞에서 행하던 세례와 관련된 심사는 없어지고, 그 대신 평일에 행해졌다. 사순절 전체의 분위기는 세례적인 것보다는 참회의 분위기가 되었으므로, 부활절 전날 밤에 세례와 관련된 주제를 그대로 유지한 채 행하는 그레고리의 연설들은 대 그레고리의 영성이 지닌 수도적 차원과 조화를 이루어 교훈적이고 내면적인 언외(言外)의 의미를 함축하게 되었다. 부활절 전날 밤이 아닌 때에 주교에게서 견신례를 받아야 했던 세례 교인의 비율에 대해서는 거의 알려진 것이 없다. 그 수효는 중세 시대에 증가한 듯하며, 견신례는 종종 아주 간략하게, 그리고 거의 개인적으로 행해지기도 했다. 심지어는 여행 도중의 주교를 만났을 때에 행하기도 했다. 게다가 참회자들의 화해(reconciliation)는 점차 사라졌으며, 죄 용서를 위한 기도가 전례에서 보다 중요한 위치를 차지했는데, 특히 죽은 자들을 위한 기도에서 중요한 위치를 차지했다.

그러나 로마 가톨릭 전례의 대부분은 4세기부터 8세기 사이에 만들어졌으며, 그 전례력(liturgical year), 성경 강독문, 송영과 기도문 등은 금세기까지 실질적으로 변화되지 않았다. 서방 기독교 영성을 고려할 때에 이것은 대단히 중요하다. 왜냐하면 서방의 영성은 직접적으로든지 간접적으로든지, 의식적으로든지 무의식적으로든지 이 전례들이 풍성했던 시대의 영향을 심오하게 받아왔기 때문이다.

이 현상은 주로 전례의 의미, 주요한 절기와 축일, 그리고 특별한 의식들과 본문들의 상세한 내용 등을 지닌 전례력의 흐름 안에서 등장한다. 교부 시대의 저자들이나 중세기의 저자들은 전례력을 인간적인 (타락한) 시대 안에서 특별히 의식적인 것이라고 보지 않았다. 교회를 그 종말론적 성취로 이끌어가는 것은 구원의 시대 안에서 고찰되며 그 역동성에 의해서 교차되는 이 인간적인 시대였다. 이미 부활절과 관련하여 어거스틴에 의해 발달되었던 이 신학은 대 레오(Leo the Great)에 의해 확대되어 몇 개의 전례와 관련된 축일들을 포함하게 되었다. 거의 같은 시기에(4-5세기, 또는 그보다 일찍) 동방 교회와 서방 교회가 공통적으로 지킨 주요한 축일들과 절기들이 등장했다: 사순절과 부활절, 성탄절과 주현절, 승천일과 오순절. 이렇게 공통된 축일들의 틀 안에는 하나의 주목할 만한 차이점이 있다: 그것은 주현절의 의미이다. 로마 및 서방에서의 모든 지역에서 이 축일은 *vocatio gentium*—이교 민족들이 그리스도에 대한 믿음에 접근한 것—의 효시가 된 최초의 이방인들인 동방 박사들을 경배하는 축일이었다. 서방에서는 이러한 일련의 공통적인 축일들 외에 강림절을 추가했다(6세기 후반에 로마에서). 이 축일과 다른 절기들 안에 존재하고 있었으며 신약 시대부터의 구원사 이해에 반드시 필요한 것인 바 그리스도의 초림과 재림 사이의 종말론적 긴장은 12세기경에 붕괴되기 시작했다.

   순교자들, 여러 성인들, 성모 마리아 등을 경배하는 축일들은 영성의 본보기로서의 그들의 삶을 강조하기보다는 부활절 신비와 그들의 관계, 그들이 내세에 들어간 것, 지방 제의의 현장이 되는 그들의 무덤, 그리고 그들의 중보기도와 교회 내에서의 효력 있는 임재 등을 강조했다. 마지막 요점을 보여주는 좋은 본보기는 베드로와 바울을 기념하는 축일에 드리는 성찬식 기도의 첫 부분인데, 거기서는 주님께 다음과 같이 호소한다:

> 영원하신 목자여, 당신의 양떼를 버리지 마시고, 베드로와 바울의 계속적인 보호 하에 두시사, 당신께서 그들의 목자요 당신의 대리인의 책임을 맡기신 이 두 성인의 지도를 받게 하여 주시옵소서.(*Gregorian Sacramentary* n. 591)

   7세기 이후로, 로마와 콘스탄티노플, 그리고 로마 카톨릭 교회의 전례를 받아들인 여러 지역에서의 성인 숭배는 그 지역적 특성을 상실하고 성유물 숭배로 발달했다. 그러나 중세 시대 말기에 성인들을 숭배하는 축일들과 전례력의 절기들 사이에 일종의 경쟁 상태가 발달했다. 중세 시대에 로마 및 여러 곳에는 전례력의 틀을 마련하는 데 도움을 준 성인들의 축일을 포함하여 여러 가지 주요한 축일이 있었다. 영성사를 고찰함에 있어서 이러한 축일들 사이에서 일어난 변화들은 퍽 중요하다. 예를 들면, 부활절과 관련하여 성탄절을 중시한 것, 또는 12세기에 시작된 바 성모몽소승천 축일(8월 15일)을 강조한 것을 들 수 있다.

   카롤링 왕조 이전의 가톨릭 교회의 전례에는 그 자체로 특이한 것이거나 또는 다른 전통들 안에서보다 탁월한 몇 가지 눈에 뜨이는 특성이 포함되어 있었다. 예를 들면 성경적 요소들의 우세함, 성찬의 희생제사적인 양상과 종말론적 양상, 그리고 축일에 드리는 기독론적인 기도들이 있다. 성경에의 집중은 미사와 성무일과에 포함된 영창들에서 목격된다. 수도적 성무일과에서 찬송에 부여한 지위, 그리고 7세기나 8세기에 그리스인 수도사들이 성무일과에 도입한 몇 가지 교송(交誦) 성가들은 별 문제로 하고, 이러한 영창에서는 거의 절대적으로 시편을 사용했다. 미사에서 사용되는 바 신약 성경과 구약 성경에서 인용한 본문들에게 각각의 자리를 할당한 것은 로마 및 다른 곳에서 중요하다. 콘스탄티노플, 그리고 아마 안디옥에서는 신약 성경만 강독했다(부활절 전날 밤 및 다른 중요한 철야 날에). 이것은, 비록 구약 성경이 시리아와 이집트에서 널리 사용되기는 했지만, 기독교 전례와 유대교 전례를 분명하게 구분하려는 의도를 지닌 것이었다. 로마에서는 주일날과 부활절 주간 중 평일에 읽는 성구는 신약성경의 것이었으며, 반면에 다른 절기 중의 평일에 읽는 성구는 구약 성경의 것이었다. 여기에 성무일과 안에 있는 성경 강독도 추가해야 한다. 7세기부터 시작하여 그 원리는 한 해 동안 밤에 행하는 성무일과 때에 읽는 성경에 완전히 적용되었던 듯하다. 모든 사실을 고려할 때, 많은 구약 성경 구절들을 포함하는 기독교 전례들은 강력한 비유적 해석을 고집했으며, 반면에 안디옥에서는 기독교의 비유적 성경 해석에 대한 유대교의 비판을 고려하여 성찬식 때에 외견상 거의 절대적으로 신약 성경을 사용할 것을 주장했다.

4세기 카톨릭 교회의 eucharistic *prex*는 그 이후 몇 세기 동안 몇 가지 요소들에 의해 보완되었는데, 이러한 요소들은 성찬에 대한 카톨릭 교회의 견해를 나타낸다. (5세기 초반에 동방 교회의 영향을 받아) 성찬식 기도에 *Sanctus*가 삽입되었는데, 그 후 그 서문은 미사 때마다 변화되었지만, 일반적으로 그 기도의 나머지 부분은 변하지 않았다. 그러나 프랑스의 전례와 스페인의 전례에서 이 기도는 그대로 남아 있거나 변했다. 5세기에 이르러 성찬의 의미는 두 개의 변화 가능성이 있는 기도문— 제물을 놓고 행하는 강론(이것은 교회법보다 우선했다), 그리고 성찬식 후에 드리는 기도—에 의해서 표현되었다. 그 기도문들이 분명하게 제시하는 주제들과 이러한 많은 본문들은 몇 가지 특색을 가지고 있다고 볼 수 있다. 첫째, 감사라는 근본적인 개념은 서문의 첫 부분에서만 등장할 뿐 나머지 부분에서는 거의 전개되지 않는다. 나머지 부분은 성찬의 희생제사적인 특성 강조와 간구의 기도이다. 그러나 성찬식이 끝난 후에 행하는 강론은 "우리로 하여금 항상 감사하게 하옵소서"라고 요청하는 원인이 된다(*Gregorian Sacramentary*, supplement 1128). 그것은 단순히 성찬을 받은 후에 감사를 드린다는 것이 아니라, 감사의 행위(eucharistic action)와 성찬 참여의 결과로서 보다 일반적인 기독교적 삶의 태도와 관련된 문제이다. 그러나 가톨릭 교회법과 그에 수반되는 일련의 기도에서, 이러한 감사의 행위는 다른 전례 안에서보다 더 희생적인 듯이 보인다. 그것은 "영적 제사"(spiritual sacrifice)이며, 우리는 그것이 우리를 하나의 제물과 영원한 전례(*munus aeternum*)로 만들어줄 것을 요청한다(*Gregorian Sacramentary* n. 553; Roman Missal of Vatican II의 eucharistic prayer 3도 보라).

이미 주목한 바와 같이, 성령 강림을 구하는 기도는 원래 힙폴리투스의 『사도 전승』에 기원을 두고 있을 수도 있지만, 로마 가톨릭의 교회법에서는 성령 강림을 구하는 기도를 포함시키지 않았다. 가톨릭 교회의 성찬 전통에서는 그것을 오순절과 그 이후의 시기에 속하도록 했다. 게다가 이 의식서(儀式書)는 암브로스나 어거스틴이 제시한 성찬과 관련된 주제들을 통합시키지 않았다. 그 대신에 그 책은 보다 세계적인 풍미, 아마 보다 오래되고 근본적인 풍미를 보존하고 있었다. 이 기도문들에서, 성찬의 열매는 교회의 생명 안에 있는 유익한 약인데, 교회의 생명은 이미 그 종말적인 실현을 시작하고 있다. 따라서 "우리가 받은 성물(sancta)들이 우리에게 활력을 주고 영원한 자비를 받을 준비를 시켜주며, 깨끗하게 해주실 것"(*Gelesian Sacramentary* n. 1217), 그리고 "천국의 성례에 의해서 우리가 영원한 구원 안에서 성장할 것"(*Gelesian Sacramentary* n. 1212), 심지어 "우리가 영원한 기쁨 안에서 이번에 이루는 것(성체)을 받게 되기를"(*Gelesian Sacramentary* n. 541) 요청했다.

성체론적 구조 안에서 그리스도의 위치는 역사가들이 기독교 전례 안에서 가장 근본적인 것이라고 간주한 윤곽에서 벗어나지 않는다. 강론들도 감사 기도와 마찬가지로 그리스도의 중보를 통해서 성부에게 드려진다. 그들은 자신의 간절한 소원들을 진술한 후, 마지막에 삼위일체께 영광을 돌리는 정식과 더불어 그리스도의 중보를 기원한다. 이러한 중보는 하늘로 올라갈 뿐만 아니라 세상으로 내려오기도 한다. 이렇게 그리스도를 통해서 기도하는 방식은 시편을 사용하는 데서 부분적으로 발견된다. 성탄절과 승천일의 경우에서처럼, 전례와 관련된 축일이 기독론적 교리와 크게 조화를 이루는 곳에서는 하나님이신 그리스도에게 드리는 영창이 우세하다. 7세기에 동방 교회의 영향 하에 성체 분할식을 위한 영창으로서 미사에 도입된 *Agnus Dei*("하나님의 어린 양"이라는 구절로 시작되는 기도), 그리고 『성 베네딕트의 규칙』에 나타나는 바 "주여, 내 입술을 열어 주소서"(시 50:17), "하나님, 오셔서 나를 도와 주시옵소서"(시 69:2), 시편 94편(*Venite exultemus*) 및 그에 따르는 교송 송가와 만과(晚課)의 첫 부분 등을 해석한 것에서도 하나님이신 그리스도에게 기원한다.

카롤링 왕조 시대 및 그 이후 시대의 가톨릭 교회 전례

　로마 가톨릭 교회의 전례(그리고 영창)는 점차 프랑크족이 거주하는 모든 지역에 전해졌으며, 샤를마뉴 대제는 공식적으로 그것을 자기의 제국 안에서 시행하게 만들었다. 그리하여 언어학적 진보로 말미암아 대부분의 신자들은 라틴어에 대한 지식을 박탈당했음에도 불구하고, 대부분의 서방 세계에서 그것은 기도 수련(school of prayer)이 되었다.

　전례와 성례 중심의 삶에 대해서 카롤링 왕조가 기여한 주요한 공적들 중에는 아말라리우스(Amalarius)의 전례 해석 및 개인적 참회의 확산이었다. 죄의 목록과 그에 상응하는 보속 행위를 규정한 고해 규정서에만 기초를 두고 고찰할 경우, 개인적인 참회는 영성에서 멀리 벗어난 것인 듯이 보인다. 그러나 특히 수도사들 사이에는 하나의 회개의 영성이 있었다. 그 영성은 처음에는 영국에서 개인 기도 모음집 안에서 주요한 역할을 했고, 나중에는 알쿠인(Alcuin)의 사역 덕분에 유럽 대륙에서 주요한 역할을 하게 되었다. 이러한 관점을 보여주는 전형적인 본보기는 알쿠인이 자기 자신을 위해서 어떻게 기도하는지와 관련하여 애니안의 베네딕트(Benedict of Aniane)의 질문에 대해 제공한 반응이다:

　"내가 그리스도께 기도하는 방법은 다음과 같다: '주님, 나를 도우사 내 죄를 깨닫고, 정직하게 고백하고 그에 상응하는 보속을 행하게 해주시며 내 죄를 사해 주옵소서'"(*Life of Alcuin* 9.17).

　이러한 장르에 속하는 개인 기도문들은 미사가 거행되는 동안 신자들 뿐만 아니라 사제도 암송할 수 있었다. 시리아에서는 이미 수세기 동안 이러한 관습이 지속되어 왔었다. 개인 기도의 중요성은 그레고리의 개혁을 전후하여 감소되었다. 성찬식 전에 개인적으로 고해하는 서방 세계의 관습이 일반화된 것은 아마 카롤링 왕조 시대의 일이었던 듯하다. 카롤링조 시대의 회개 의식서도 규정된 보속을 완전히 행하지 않더라도 고해를 한 즉시 면죄가 주어질 가능성에 대해 언급했는데, 이러한 예외 규정은 세월이 흐르면서 하나의 규칙이 되었다.

알쿠인 이후 세대 사람들—한편은 리용의 아고바르(Agobard)와 플로루스(Florus)이고, 상대편은 메츠의 아말라리우스(Amalarius of Metz)— 사이에서 발생한 논쟁들은 전례와 관련된 새로운 정신 구조(특히 아말라리우스)와 전례에 대한 과거의 견해를 엄격하게 고수하는 사람들의 반대를 보여준다. 아고바르는 전례는 완전히 성경적이어야 한다고 주장했으며, 로마에서 유래된 교송 성가집에서 일부 교회와 연관된 혼합물들을 제거했다. 플로루스는 미사가 전체적으로 구원의 신비라는 전통적인 교부적 개념을 옹호했고, 반면에 아말라리우스는 미사와 성무일과의 각 부분에는 개별적인 신비가 포함되어 있는 것으로 해석했는데, 이것은 5세기초에 몹수에스티아의 테오돌이 적용했던 전례적 해석 경향을 따른 것이었다. 당시 플로루스는 아말라리우스의 사상들을 정죄하는 데 성공했지만, 그것들은 그 이후의 영성의 사상들을 위한 길을 열어놓았다. 전례는 성경의 장면들을 상연하는 것으로 생각되었는데, 그것은 시적(詩的)인 고안물들을 포함시키는 것을 허용했다. 전례의 성례 중심적 특성의 특별한 실현인 이 극적인 요소는 여러 가지 다양한 형태를 취했다. 사제 서임식은 어떤 의미에서 눈에 보이는 방식으로 거행된다: 사제에게는 예복이 입혀지고, 두 손에 기름 부음을 받으며, 성배(聖盃)와 성반(聖盤)이 수여된다. 이 의식은 대단히 인상적이기 때문에 신자들은 더 이상 자기 생각대로 성찬을 받을 수 없었다. 사제가 성별(聖別)의 말을 할 때 그리스도를 회상케 하는 외적인 요소들이 동반되었다(예를 들면 눈을 들어 하늘을 바라보는 것). 그러나 무엇보다도 주요한 축일에 행하는 미사 때에 사용하는 영창에는 전례식문을 가다듬고 그 의미를 아름답게 치장하기 위해 수식어구들이 삽입되었다. 부활절 때에 성찬식 전에 부르는 노래인 *Introit*에서, 성자는 성부에게 다음과 같이 말한다:

> 보십시오. 내가 갑니다. "나는 부활했으며 항상 당신과 함께 거합니다." 나는 당신의 신성에 참여함을 통해서 영원히 당신과 함께 존재해왔습니다. 성부의 오른 편에 앉아 계시면서 "당신께서는 내게 손을 얹고 계십니다"라고 노래하십니다. 우리는 세상에서 우리와 같은 몸을 가지신 분의 광채에 놀라고 경배하고 사랑합니다. "당신의 지혜는 경이로운 것입니다."

부활절 때에, 아마 *Introit*를 중심으로 하여 전례와 관련된 최초의 드라마인 *Quem quaeritis*("네게 누구를 찾느냐?")가 구성되었다.

카롤링 왕조와 그 이후 시대의 전례가 지닌 가장 중요한 두 가지 시적(詩的) 요소는 성무일과 찬송(hymns of Office)과 속창(續唱)이었다. 이것들 및 다른 본문들이 성경적 찬송들과 교회가 창안해 낸 것들(아고바르는 이것을 배제시키기를 원했다) 사이의 혁신적인 균형 상태를 전례에 불어넣었다. 이렇게 교회의 기도의 중심에서 새로 발달한 문학 장르들은 지속적인 영적 영향력을 갖게 될 몇 개의 대작(大作)을 배출했다. 몇 개만 언급해 보면, 아마도 라바누스 마우루스(Rabanus Maurus)의 작품일 「Veni Creator」(여기에서는 *Filioque*에 대한 신앙고백에, 비록 수세기가 지나면서 완화되기는 했지만 원래는 논쟁적인 것이었던 함축된 의미가 수반되었다); 11세기의 궁중 신부 위포(Wipo)가 지은 속창 「Victimae paschali laudes」: 또는 11세기에 아키텐에서, 아마도 Le Puy의 성모 마리아의 성소에서 작곡되었을 것으로서 성모 마리아에게 드리는 「Salve Regina」 등이다.

12세기의 성례 존중 영성과 성례 존중 신앙

 중세 시대 신앙을 연구한 위대한 역사가들 중 한 사람인 베네딕트회 수도사 앙드레 윌마트(André Wilmart)는, 11세기 중엽의 영적 본문은 그보다 몇 십 년 후에 저술된 저서보다는 수세기 전에 저술된 교부들의 저서들과 훨씬 더 밀접하다고 생각했다. 사실상, 11세기말에 기도의 내면화, 그리스도의 인성에 대한 접근 방식, 마리아 숭배 신앙 등과 관련된 영성에 심오한 변화가 있었다. 12세기의 신학과 학교에서 가르친 교회법과 관련해서도 비슷한 관찰을 할 수 있다. 이 시기에 전례 자체는 그다지 변화되지 않았지만, 다양한 영성들의 만남으로 말미암아 12세기 중반의 성례와 관련된 관습들을 크게 변화시키게 될 새로운 요인들이 생겨났다.
 만일 클레르보의 버나드의 인격과 지위, 그리고 클뤼니 수도원 및 그 전례의 진정한 영적 가치를 인정하지 않았다는 사실을 고려한다면, 버나드와 클뤼니 수도원 사이의 갈등은 그 시대의 특징적인 사건이었다. 전례 존중의 영성사에 있어서 클뤼니 수도원의 중요성은 11세기에 클뤼니 수도원의 전례식 기도문들이 겪은 발달보다는 확실한 요소들이 그 수도원의 예배 관습들과 통합된 방법에서 발견된다. 클뤼니 수도원의 수행은 축일들의 엄숙함의 등급을 나타냈다(장백의, 소매 없는 외투, 명종곡[鳴鐘曲]). 슈거(Suger) 수도원장이 복음서의 책이나 거룩한 성찬을 기리기 위해 가장 귀중한 객체들―이것들은 모두 카롤링 왕조의 전례 존중 영성을 그대로 계승하고 있다―을 사용한 Saint-Denis에도 동일한 사실이 적용된다. 게다가 슈거는 전례를 수행하는 공간을 스테인드 글래스로 조명하는 고딕식 예술을 도입하면서 위-디오니시우스의 신학 작품들에서 이끌어낸 해석을 제공했다. 위-디오니시우스는 슈거가 당시 재건한 교회 안에 매장되어 있다고 알려져 있었다. 클레르보 및 여러 지역에서, 오리겐의 감화를 받은 버나드는 페르시아인 신학자 피터 아벨라르(Peter Aberard)가 개진한 바 내면성이라는 특징을 지닌 영성을 지지하면서 이런 형태로 전통적인 전례의 영성을 지속시키는 데 반대했다. 어떤 면에서 버나드가 일으킨 논쟁들이 믿게 만드는 것보다는 클뤼니의 전례와 보다 밀접한 시토 수도회의 전례에서는, 축일들의 등급은 외적인 엄숙함에 의해서 나타나는 것이 아니라 일과(日課: 조석으로 읽는 성경 구절)의 수효, 수도원의 두 가지 미사를 특별히 거행하는 것, 그리고 무엇보다도 설교 안에서 나타났다. 시토와 클레르보의 경우에 클뤼니 수도원의 타종(打鍾)과 일치하는 것은 설교가 포함된 축일들이었다. 버나드의 영적 여행 안내서는 그로 하여금 모든 인간적인 예술(이것은 클뤼니 수도원에서는 하나님의 영광에 공헌했다)을 하나님을 찾는 데 위험한 것으로 간주하여 체계적으로 배제하게 했다.

버나드의 저술에서 성찬을 제한적으로 다룬 것을 고려하여 판단해보면, 여기에서도 버나드의 영성은 오리겐의 내면화를 특징으로 하는 듯이 보일 것이다. 그러나 그 때문에 시토회 수도사들이 12세기 후반에 버나드와 그의 동시대 사람들이 그리스도의 인성과 고난에 집중한 것과 동시에 발생한 감사의 신앙 운동(eucharistic piety movement)을 주도하는 데 방해가 되지는 않았다. 여기에서 그리스도에 대한 헌신(그리고 마리아에게도 어느 정도 헌신하는 것)을 새로이 강조한 것은 전례의 형태에는 그다지 구체적인 영향을 주지 못했지만, 성탄 신앙, 성주간, 감시 미사의 헌신 등에서처럼 그것들을 실천하는 방법에는 심오한 영향을 주었음에 유의해야 한다. 그러나 후자의 진보는 이제부터 우리가 살펴보려 하는 다른 원인들에게도 기인한다.

11세기 중엽에, 서방 기독교의 성찬 신학은 투르의 성 마틴 학교의 학장이요 수사 신부인 베렌가(Berengar)의 가르침의 영향을 크게 받았다. 베렌가는 어거스틴에게서 인용한 구절들을 모아 변증적으로 해석함으로써 성찬에 대한 전통적인 견해를 공격했고, 신학사상가들로 하여금 상징주의와 현실주의 중 하나를 선택하도록 요구했다. 이 두 가지는 그 이전의 신학자들과 교부들에 의해 서로 연결되었던 것이었다. 비록 베렌가가 인용한 어거스틴의 저술 내용들은 성례의 개념과 일곱 가지 성례의 목록을 신학적으로 분명하게 표현하게 만든 12세기 중엽의 사상에서 중요한 역할을 했지만, 베렌가의 교리에 대한 신학자들과 교황권의 반대는 매우 거셌으며 초현실적 형태로 표현되었다. 베렌가는 성별 후에 제단에는 그리스도의 몸과 피가 임재한다는 것, 즉 사제가 떼어 수찬자들이 씹는 것은 그리스도의 몸이라는 것을 인정해야만 했다. 그리스도의 몸이 나타나거나 피가 흐르는 순간에 발생하는 많은 성찬의 기적들 안에는 이 교리가 내포되어 있는 듯하다. 화체설이라는 용어(이것은 12세기 중엽에 사용되기 시작했다)와 이 교리 역시 스콜라주의 신학자들에 의해서 다시 해석되었다. 스콜라주의 신학자들은 실질적인 성찬에의 임재와 떡과 포도주라는 부수적 요소들을 구분했다. 그러나 성찬 예배의 발달에서 신학적 토론보다는 그리스도에 대한 헌신이 더 강력한 역할을 했다. 감사 미사의 신앙은 십자가에 달린 예수를 향해 표현되었으며, 감사 미사의 신학(eucharistic theology)은 그리스도의 고난을 기념하는 것보다는 그리스도의 성찬 안의 임재와 성별에 초점을 두었다.

 성찬의 신성함에 대한 종교적 인식은 진정한 임재를 예배하는 것으로 발달했으며, 또한 성체 수령에 필요한 조건들을 점차 인식하게 되었다. 12세기경에 귀한 보혈을 흘리는 데 대한 두려움 때문에 성배(聖盃)로부터 직접 성체를 수령하는 관습이 사라졌다. 역시 이 시기에 어린 아이들이 세례를 받을 때에 성찬을 받는 일도 사라졌다. 왜냐하면 그것도 역시 포도주를 가지고 행해졌기 때문이다. 이 시기에 이르기까지, 그 관습은 구원을 받기 위해서는 성찬을 행해야 한다는 요한의 가르침(요 6:53)에 의해서 명해진 것인 듯이 보였었다. 12세기에는 성찬에 참여하기 전에 자기를 살피라는 바울의 답변(고전 11:28)이 중심을 차지했다. 신학과 목회 관습은 제4차 라테란 공의회의 법규 21에 규정된 성례 중심적 관습의 새로운 형태를 향한 단계들을 밟아 나가기 시작했다. 태어난 직후에 세례를 받은 어린 아기들은 스스로 신앙고백을 할 수 있는 시기, 분별 연령에 도달해야만 성찬을 받을 수 있게 되었다.

12세기에는 죄고백에게도 감사 미사에 헌신하는 것만큼의 중요성을 부여했다. (제4차 라테란 공의회에서 공식적으로 규정된) 보속의 양식은 보속 행위들의 목록들을 포기한다는 점에서만 선행하는 "규정된"(tariff) 죄고백과 달랐다. 왜냐하면 그 이후로 그것들은 사제에 의해 결정되었기 때문이다. 이 때부터 내적 통회의 우월성이 훨씬 더 강조되었다. 이 시기의 기독교인들은 성찬식보다는 죄고백에 더 많이 참여했으며, 이러한 보속의 성례 강조가 어떤 의미에서 고대 기독교의 세례 중심의 영성의 일부를 대신했다.

참고 문헌

Bouyer, Louis. *Eucharistie: Théologie et spiritualité de la prière eucharistique*. Tournai: Desclée, 1966.

Camelot, Pierre-Thomas. *Spiritualité du baptême*. Paris: Cerf, 1960.

Daniélou, Jean. *The Bible and the Liturgy*. Notre Dame, IN: University of Notre Dame Press, 1956.

Fischer, Balthasar. *Die Psalmen als Stimme der Kirche: Gesammelte Studien zur christlichen Psalmenfrömmigkeit*. Trier: Paulinus-Verlag, 1982.

Gy, Pierre-Marie. "Liturgies occidentales." In *Dict. SP*. 9, cols. 899-912.

Jungmann, Josef Andreas. *The Mass of the Roman Rite: It's Origins and Development.* 2 vols. New York: Benziger, 1951-55.
____. *The Place of Christ in Liturgical Prayer.* London: Champman, 1965.
____. *Christian Prayer through the Centuries.* New York: Paulist Press, 1978.
Mayer, Anton. *Die Liturgie in der europäischen Geistesgeschichte.* Darmstadt: Wissenschaftliche Buchgesellschaft, 1971.
Wilmart, André. *Auteurs spirituels et tests dévots du Moyen Age latin.* Paris: Études augustiniennes, 1971.

제15장
성상과 예술

레오니드 오우스펜스키(LEONID OUSPENSKY)

　동방정교회 신앙과 다른 기독교 신앙을 구분해주는 특성 중의 하나는 성상들에 대한 태도이다. 정교회 전통에서는 성상이 반드시 필요하며 다른 무엇으로도 대치할 수 없다. 그것들은 교회를 장식할 뿐만 아니라 거룩한 저술들의 내용을 묘사한다. 그것들은 예배를 충만하게 드리기 위해 필요한 조건이기도 하다.
　이것은 곧 성상은 교회가 우연히 부수적인 방법으로 사용하게 된 바 인간의 창조적 활동의 자율적 영역의 표현에 불과한 것이 아니다. 성상은 교회의 본질적인 실체(esse)에 속한다. 그것은 기독교의 계시를 표현하는 데 이바지하는 교회 내의 인간적 활동의 전반적 질서의 핵심적 부분이다. "교회는 많은 언어를 사용한다. 그러나 그것들은 각기 기독교 신앙의 참된 표현들과 일치하는 한에서만 교회의 언어이다."[1] 그러므로 성상은 그 내용과 의미를 통해서 성경을 포함하여 교회의 생명과 믿음의 본질적 요소들에 의해 표현되는 것과 동일한 진리를 전달한다.
　성상은 예배의 필수적인 요소로서 본질적으로 하나의 '전례'예술 형태이다. 그러므로 성상에 관한 교회의 가르침에서는 성상을 전반적인 신적 경륜이라는 맥락 안에 두며, 그것들이 존재론적으로 정교회 가르침의 모든 내용과 관련되어 있다고 본다. 이 특정한 성상적 표현의 심미적 평가는 그것의 예술적 및 신학적 가치에 기초를 두어야 한다는 것을 의미한다. 하나의 성상의 궁극적인 가치는 예배자의 영성생활을 위해 그것이 지니는 중요성에 있다. 이 사실만이 성상을 다른 형태의 예술로부터 구분해준다.

현재 유행하는 견해와는 달리, 성상들의 기초가 되는 신학이 기독교가 시작될 때부터 존재해온 것처럼, 성상들도 기독교 초창기부터 존재해 왔다. 제7차 에큐메니칼 공의회(787: 니케아 제2 공의회)에서는 다음과 같이 선포했다: "우리가 기독 교회들의 출현에서 어디서나 배울 수 있는 바 성상을 만드는 전통은…사도적 복음 전파 시대에 이미 존재하고 있었다. 거룩한 교부들이 그것을 증거하며, 우리 시대에까지 보존되어온 저술들을 저술한 역사가들이 그것을 확인해 준다."

이러한 단언을 함에 있어서, 정교회는 단지 표면적인 확인 역할만 하는 문서들이나 물질적 증거의 인도함을 받은 것이 아니라 교회의 믿음의 토대, 즉 기독교적 계시의 내용과 의미의 인도함을 받았다. 기독교의 본질을 표현한 것인 성상은 무엇보다도 성육신을 확실하게 증거해준다. 하나님이 인간이 되셨을 때, 피조 세계에 하나님의 형상이 나타났다. 성상은 구약성경의 원형이 성육하신 하나님의 아들 안에서 성취되었음을 증거하므로, 하나님의 형상이건 인간의 형상이건 피조된 형상을 만들지 말라는 구약 성경의 금지 규정에 예속되지 않는다. 두번째 계명의 금령은 폐지 되었다. 왜냐하면 하나님께서 아들의 위격 안에서 눈에 보이게 되셨으며, 따라서 생생한 형태로 표현될 수 있게 되셨기 때문이다.

일차적인 성상의 표현은 "손으로 만든 것이 아닌" (*acheiropoiētos*) 형상의 전통을 묘사한다. 전설에 따르면, 그것은 그리스도께서 친히 에데사의 왕 아브가르(Abgar)에게 보내셨으며, 8월 16일에 구세주께 드리는 찬송에서 예배되는 형상이다. 복음서 기자 누가가 묘사한 바 하나님의 어머니인 *Theotokos*의 성상들과 관련된 전통들도 교회의 기억에서 거의 동등하게 중요하다(예를 들어, 5월 21일에 *Theotokos*의 블라디미르 성상을 예배하는 것). 성육하신 하나님의 아들과 그의 거룩한 어머니인 영원한 동정녀 마리아라는 두 인물은 신적 경륜과 기독교적 계시의 본질을 나타낸다. 교부들의 정식에 의하면, "인간이 하나님이 될 수 있게 하시기 위해서" 즉 인류가 영원한 하나님의 생명의 충만함에 참여할 수 있게 하시기 위해서 "하나님께서 인간이 되셨다." 이 두 가지 원형적인 성상들은 성자가 예수 그리스도 안에 성육하신 것, 그리고 인류가 하나님의 어머니 안에서 "신화"(神化) 하는 것을 증거한다. 우리는 그것들을 통해서 성상들의 형태 안에 있는 교회의 예술의 모든 프로그램을 이해할 수 있게 된다. 이런 까닭에 이 두 가지 성상에 관련된 교회의 전통들이 정교회 예배의 생생한 구조 안에 합병되었던 것이다.

새로운 세계관

기독교에 의해서 세계 안에 발생한 과격한 변화 때문에 세계관에서도 과격한 변화—인간의 운명과 창조적인 인간의 작업에 관한 의식과 사상의 진정한 재생—가 도입되었다. 이 재생은 우선적으로 물질, 특히 인간의 몸을 향한 새로운 태도 안에서 표현되었다. 한편으로는 육(flesh)을 숭배하면서도 다른 편으로는 몸을 멸시하는 이교 제의들과 달리, 기독교에서는 물질을 "비물질화"하기를 거부했다. 오히려 기독교에서는 물질적 부활을 통한 인간 본성의 실질적인 변모와 몸의 구원을 확언했다. 물질은 구원의 도구가 되며, 따라서 결정적인 중요성을 획득한다. 다메섹의 존은 다음과 같이 말했다: "나는 물질을 예배하지 않는다. 나는 나를 위해서 물질이 되신 분, 물질 안에 거처를 취하기를 원하셨던 분, 물질을 통해서 나의 구원을 이루신 분이신 물질의 창조주를 예배한다."[2] 이와 같은 물질의 구속적인 특성이 교회의 거룩한 예술 안에 표현되었다.

교회는 처음부터 우상숭배와의 싸움에 휘말렸으며, 동시에 기독교적 세계관을 위협하는 이교 문화의 요소들을 제거하기 위해서 노력했다. 교회는 성상들 안에서 자기 나름의 언어를 창조하기 위해서, 애매하고 육욕적인 것, 또는 망상적인 것을 기존의 예술 형태들로부터 깨끗이 제거해야만 했다. 초기부터 교회는 알렉산드리아의 클레멘트의 표현을 빌자면 스스로를 진리의 표현으로 제시함으로써 "미혹하고 매료시키려고" 위협하는 예술 안에 있는 모든 경향들을 대적하여 싸웠다(*Protrepticus* 4). 여기에는 선택의 과정이 필요했다: 기독교적 계시를 나타내고 확언하는 것을 허용해줄 성화들만이 보존되며 기독교 예술의 새로운 언어와 합병되었다. 이 과정에서의 지배적인 요소는 일반적으로 주장하는 것처럼 기독교에 미친 이교 신앙의 영향이 아니라, 이교의 관습과 예술 형태들을 기독교화하고 "교회의 규율을 따르게 하는 것"(churching)이었다. 그러므로 초기 기독교 예술이 "이교 지향적"이었다고 말하는 것은 옳지 못하다.

이교로부터 차용해온 표현 형태와 수단들은 새로운 내용으로 채워졌고, 이 새로운 내용이 다시 그 형태들을 변화시켰다.

> [기독교 예술은] 대체로 고대 그리스 예술의 연장선상에 있었으나…그것이 존재하기 시작한 처음 시대부터 독자적인 일련의 문제들을 제기했다. 그것은 결코 기독교적인 고대라고 묘사할 수 없다…초대 기독교인들의 새로운 주제는 단지 외면적인 사실들만이

아니었다. 그것은 새로운 세계관, 새로운 종교, 본질적으로 실재에 대한 새로운 이해를 반영한다. 그렇기 때문에 이 새로운 주제들을 낡은 고전적 형태로 옷 입힐 수 없었던 것이다…기독교 예술가들은 이 새로운 형태를 구현하기 위해서 모든 창조적인 노력을 기울였다.[3]

이 새로운 예술은 처음에는 카타콤의 그림에서 기본적인 특징을 획득했다. 카타콤의 예술가들은 새로운 세계관을 표현하기 위해서 그 시대의 일상적인 예술 언어를 채택했지만 그 언어는 다른 의미를 지니게 되었다. 이제 기독교 이전 세계의 상대적 아름다움에 초점을 두지 않고 창조, 특히 성육 안에 나타난 신적 아름다움에 초점이 두어졌다. 이제 더 이상 피조된 실존이 지닌 무상한 차원 안에서 아름다움을 보지 않고, 피조물과 피조 세계의 미래의 변모 안에서 아름다움을 보았다. 기독교 성화론(iconography)에는 리듬과 조화의 감각이 보존되어 있다. 그러나 기독교 예술가의 목표는 이교 예술가의 목표와는 다르다. 고대 예술에서는 외면적인 것들을 가능한 한 흡사하게 재현한 데 반해, 기독교 성화에서는 공간, 인간의 몸, 그리고 사물들을 묘사하면서 바로 이러한 환상적인 양상들이 제거된다. 빛과 그림자, 시각적 관점, 그리고 무상한 삼차원 세계가 지닌 다른 표식들은 단순하게 사라진다.

물론 하나의 적절한 신학 용어가 교회가 존재하게 된 출발점에서 발견되지 않듯이, 믿음의 표현에 적합한 예술적 언어가 즉각적으로 만들어진 것은 아니다. 게다가 초기 기독교적 삶의 환경, 그리고 성상파괴론적 경향의 존재 등은 성상들의 광범위한 확산의 유인이 되지 못했다. 결국, 우리는 기독교의 처음 몇 세기 동안 상징이 풍부하게 사용되었음을 발견한다. 그럼에도 불구하고, 이미 카타콤에서는 이 시대의 처음 몇 세기의 것으로 간주되는 바 구약 성경과 신약 성경을 그린 장면들이 나타났다. 게다가 사도 시대에도 성상이 존재했고, 또 그것들을 존숭했음을 증거해주는 문서들이 있다.

그중 하나가 2세기의 위경 『요한행전』이다. 이 문서는 복음서 기자 요한의 생전에 그의 제자들 중 하나가 그의 성상을 존숭했다고 말해준다. 그밖에도 가이사랴의 유세비우스의 증거가 있는데, 그는 복음서에 등장하는 일화의 주인공인 혈루병에 걸린 여인이 세운 그리스도의 상에 대해 묘사한다. 유세비우스는 다음과 같이 덧붙인다:

> 내가 살펴본 채색된 성화에는 사도 바울과 베드로, 그리고 그리스도의 상들이 보존되어 있었다.[4]

콘스탄티노플이 건설된 330년에는 이러한 성상들이 드물었음에도 불구하고, 로마 및 제국의 동쪽 지역의 기독교 예술은 이미 오랜 역사를 소유하고 있었다.

4세기에 교회의 상황이 변화되었다. 콘스탄틴 황제 때에, 교회에게는 그 신앙을 말이나 형상으로 자유로이 전파할 수 있는 기회가 주어졌다. 그 결과, 콘스탄티노플은 비잔틴 제국의 예술의 중심지가 되었다. 그전까지는 기독교인들은 순교자들이 교회의 참된 기둥이라고 생각했었다. 콘스탄틴 대제 이후에는, 교부들과 교사들 및 금욕적 수도사들이 기독교의 영웅으로 인정되었다. 그 시대는 위대한 교부들—대 바실, 신학자 그레고리(Gregory the Theologian), 존 크리소스톰, 아타나시우스, 알렉산드리아의 키릴 등—의 시대였다.

거룩한 금욕인들의 경험과 그들의 저술들이 기독교 세계 전체에 알려졌다. 그리하여 교회의 가르침과 거룩한 교부들과 금욕인들의 생생한 영적 체험은 교회 예술에 자양을 주는 주요한 원천이 되어 지도와 감화를 주었다. 한편, 예술은 그 시대에 교의로 형성되고 있었던 진리들을 전달해야 하는 과업에 직면해 있었다. 다른 한편으로, 예술은 그러한 진리들에 대한 생생하고 구체적인 경험을 생생한 기독교의 형태로 나타냈는데, 그 안에서 교의와 생명은 각기 서로를 표현한다. 이 시대에도 그 전 시대에서와 마찬가지로 성상의 주요한 역할은 기독교적 계시의 실체와 타당성을 증거하는 것이었다.
　신학 사상이 발달함에 따라, 많은 교부들은 자신의 논거들의 토대를 성상에 두었다. 그들은 예술적이거나 심미적 가치에 대한 관점에서 교회 예술을 찬양한 것이 아니었다. 그들은 교회 예술을 보다 큰 설득력을 가진 복음 전파의 수단으로 보았다. 거룩한 교부들은 지식을 획득하는 두 가지 기본적 수단인 보는 것과 듣는 것에 대해 언급하면서 말은 듣기 위한 것이며 형상은 보기 위한 것임을 강조했다.
　4세기에도 즉흥 예배를 제한하는 소위 "예배법"의 출현과 함께 전례의 변화가 초래되었다. 예배법은 교의적 정의와 논쟁의 시대에 형성되었으며, 이 시기에 교회 예술법에 대한 정의도 형성되었다.
　개종자들이 증가함에 따라, 복음 전파 방식의 변화 및 보다 큰 교회들이 필요하게 되었다. 처음 몇 세기 동안의 상징들은 그 상징들의 내용과 의미를 분명하게 이해하는 소수의 입문자들의 요구 조건들을 충족시켜 주었다. 그러나 4, 5세기의 많은 개종자들은 이러한 상징들을 쉽게 이해할 수 없었다. 따라서 보다 분명하고 구체적인 표현이 필요하게 되었다. 교회는 성상들을 수단으로 하여 가르쳤을 뿐만 아니라 이단과 맞서 싸우는 데 있어서 성상들을 의존하기도 했다. 거짓 교훈에 대한 교회의 대답은 예배와 성상에 대한 정통적인 가르침이었다. 성화들의 세부 묘사 및 전체 프로그램은 교리적 오류들을 반대하는 교회의 가르침을 반영했다. 4, 5세기에 이러한 필요성 때문에 구약 성경과 신약 성경의 사건들의 전체 역사적 주기들을 묘사하는 커다란 불멸의 프레스코화들이 등장하게 되었다. 주요한 복음서의 일화들과 관련된 곳에 건설된 팔레스틴의 많은 교회들은 모자이크화로 장식되었다. 이러한 교회들 중 어떤 것은 콘스탄틴 대제 시대의 것이고, 나머지는 그 이후의 것이다. 5세기나 6세기에 이르러 그러한 성화들의 주제가 근본적으로 정의되었다. 우리는 그것들이 유명한 몬자(Monza)와 보비오(Bobbio)의 성유 그릇에 재현되어 있음을 발견한다.[5] 거기에 묘사된 장면들은 이미 확립되어 있던 성화에 관한 규범들을 나타내주는데, 우리는 이것을 정교회의 축일을 묘사한 성화들에서 발견한다.

성상에 관한 최초의 교리적 정의

최초의 기독교인들은 이론적으로 정의되지는 않았지만 계시된 진리를 구체적이고 직접적으로 경험했다. 교회는 이단이나 거짓 교훈에 대한 대답으로서 역사적 위기에 대처하기 위해서, 혹은 성경에 있는 용어상의 애매함을 바로잡기 위해서 교의적 정의를 내렸다. 성상들과 관련된 정의들에 대해서도 같은 사실이 적용된다.

성상 사용을 실증하는 것으로서 성육신의 교의에 대한 최초의 공식적인 신학적 언급은 제6차 에큐메니칼 공의회(Trullanum, 692)의 교령에서 발견된다. 이 공의회에서는 실질적인 필요성에 응답하여 처음으로 성상들의 특성과 기본적 개념을 정의했다. 이 때에 그리스도의 두 본성, 즉 그의 신성과 인성에 대한 참된 신앙고백을 위한 교회의 교리적 싸움이 종식되었다. 성상들과 관련된 정식은 다음과 같은 공의회의 설명에 의해서 정당화되었다: "미성숙한 이교와 유대교의 잔재가 성숙한 진리의 밀과 섞여 있다."

다시 말해서, 7세기의 교회 예술에서는 직접적인 묘사 외에도 그리스도의 인간적 형상을 대신할 구약 성경의 상징들을 사용했다. 밀이 아직 익지 않은 동안에는 상징이 필요했다. 왜냐하면 그것들은 밀이 익는 일을 촉진하기 때문이다. 그러나 완전히 익은 진리의 밀의 등장과 더불어, 상징들은 건설적인 역할을 하지 못하게 되었다.

그 공의회는 주로 어린양의 상징에 관심을 가졌다. 구약 성경의 흠 없는 어린 양은 그리스도를 예시하는 데 그치는 것이 아니다. 그것은 그리스도의 속죄 제물로서의 주된 역할을 표현하는 기본적인 상징이었다. 공의회의 규정 82의 본문은 다음과 같다:

> 이제부터 세상 죄를 제거하신 어린 양, 우리 하나님이신 그리스도는 옛날과 같이 어린양의 형태가 아니라 그의 인간적 형태로 묘사되어야 할 것을 선언한다. 그리함으로써 말씀이신 하나님이 당하신 치욕을 이해하며, 그분이 당하신 고난, 그분의 구원하시는 죽음 및 세상을 대속하신 것과 아울러 육체 안에서의 삶이 기념될 것이다.

진리는 말씀에 의해서 계시될 뿐만 아니라, 그 형상에 의해서 보여지기도 한다("내가 진리요…" 요 14:6). 말씀이 육신이 되어 우리 가운데 거하셨으므로, 그 형상은 시간적인 지상에 나타남으로써 눈으로 볼 수 있고 묘사할 수 있게 된 바를 상징적으로가 아니라 직접적으로 보여 주어야 한다.

그 공의회에서는 더 나아가 다음과 같이 선언했다: "이처럼 고대의 표상들과 그림자들을 교회에게 전달된 진리의 상징으로 받아들였으므로, 오늘날 우리는 은혜와 진리 자체를 율법의 완성으로서 선택한다." 그 공의회에는 구약 성경에서와 기독교 초기 시대에 사용된 상징 대신에 그 상징이 예시했던 진리를 직접적으로 나타낼 것을 명령했으며, 그 상징들의 의미를 밝힐 것을 요구했다. 성화와 관련된 상징주의는 완전히 배제되지는 않았지만, 배후에 놓여졌다. 성화의 예술적 언어 자체도 상징적인 것이 되어야 했다. 여기에서 기독교의 처음 세대 이래로 존재했던 교회 예술의 과업이 구체적인 용어로 형성된다. 성화는 그 형상의 주제에만 관심을 가지는 것이 아니라(동일한 주제가 다른 방법에 의해서도 표현될 수 있으므로), 그것이 표현되는 방법에도 관심을 가진다. 주제의 역사적 실체는 영적이고 종말론적인 진리를 드러내 준다. 규정 82에서는 "말씀이신 하나님의 겸손"을 성상 안에서 식별할 수 있어야 한다고 요구하면서, 소위 성화를 다룬 교회법에 이론적 기초를 제공한다.

"성숙하지 못한 유대교의 잔재"가 인간의 형상 대신에 성서적 상징들을 고수하는 데 남아 있다고 본다면, "성숙하지 못한 이교의 잔재"는 교회가 초창기부터 대적해 왔으나 아직까지도 교회 예술에 영향을 주고 있는 예술 형태의 흔적 안에 표현되어 있다.

퀴니섹스트(Quinisext) 공의회의 규정 100의 본문은 다음과 같다:

> "네 눈은 바로 보며, 네 마음을 힘써 지키라"고 지혜는 요구한다(잠 4:23, 25). 왜냐하면 육체적 감각들은 쉽게 영혼 안에 들어오기 때문이다. 그러므로 우리는 판 위에 그린 그림이건 그와 유사한 다른 사물이건 간에 자극적이고 수치스러운 쾌락에 의해서 지성을 부패하게 만드는 잘못된 회화(繪畵)들을 사용하지 말며, 또 그러한 그림들을 만드는 사람은 출교할 것을 명한다.

성상파괴론과 정통주의의 승리

8, 9세기에 있었던 성상파괴 운동 때문에 교회 예술의 발달은 한 세기 이상 지연되었다(성상파괴 운동은 730-787년과 813-843년에 벌어졌다).[6] 성상파괴론자들은 예술을 적대시한 것이 아니라 오히려 진작시켰다. 그들은 다만 제의적인 성상들—그리스도의 형상, 성모 마리아의 형상, 그리고 성인들의 형상—을 박해했을 뿐이다. 성상파괴 논쟁이 진행되는 동안, 거의 모든 성상들이 파괴되었다. 성상파괴론자들은 성화에 관심을 가졌을 뿐만 아니라 신적 성육신에 대한

정통적 신앙고백에도 관심을 가졌다. 그 논쟁은 본질적으로 교의적인 것이었고, 거기에는 바로 신학의 핵심이 포함되어 있었다. 플로로프스키(G. Florovsky)가 제시한 바와 같이, 성상파괴론적 이단은 오리겐과 신플라톤주의자들이 표현했던 잔존하는 헬레니즘적 심령주의에 뿌리를 두고 있었다. 그것은 기독교 이전의 헬레니즘으로의 복귀, 보다 정확하게 말하자면 영과 물질을 분리했던 그리스 문화로의 복귀였다.[7] 그러한 체계에서는 성상은 기도와 영성생활을 방해하는 요인으로 이해된다. 그 이유는 그것이 "조야한 물질"로 만들어졌기 때문일 뿐만 아니라, 실질적으로 물질인 인간의 몸을 표현하고 있기 때문이다. 다시 말하자면, 성상파괴론은 복음의 증거와 성육신의 실재를 부인하는 것을 의미했다.

제1차 성상파괴 시대는 제7차 에큐메니칼 공의회(787)와 더불어 종식되었다. 이 공의회는 교회의 믿음을 성상 숭배의 교리 안에 인쳤다. 이 공의회는 성삼위와 성육신에 관한 주요한 가르침들로써 에큐메니칼 공의회들의 시대를 끝맺음했다. 그러나 제7차 공의회도 역시 미래에 관심을 가졌다. 성상파괴 논쟁은 교회로 하여금 성상의 기독론적인 토대를 확립하게 만들었고, 이것은 교회 예술 언어를 분명하고 깨끗하게 만드는 결과를 낳았다. 이단들과의 싸움에서도 그랬듯이, 성상파괴론과의 싸움에서, 교회는 복음의 신학을 성상 안에 표현하기에 적절한 형태들을 발견했다.

제7차 공의회의 정의(定義, horos)에서는 우선적으로 성상이 복음서의 가르침과 일치하는 것임을 확언했다. "왜냐하면 서로를 전제로 하는 사물들은 서로를 계시해주기 때문이다." 문자적 형태와 회화적 형태 등 두 가지 형태 속에서 동일한 증거가 표현된다. 각각의 형태는 동일한 교회의 거룩한 전통의 빛 안에서 동일한 계시를 제공한다. 성육신 안에서, 말씀과 하나님의 형상은 예수 그리스도의 신적인 위격 안에서 세상에 계시된다. 복음과 성상은 함께 신적 계시의 문자적 표현과 회화적 표현의 통일성을 이룬다.[8] 그 공의회에서는 또한 신적 인간적 행동의 협력과 연합을 증거하는 십자가와 복음서 역시 동등하게 존숭해야 할 대상이라고 선포했다.
그 공의회의 교의적 정의의 내용은 다음과 같다:

> 형상에게 바쳐진 존숭은 그것의 원형에게로 옮겨가며, 성상을 존숭하는 사람은 그 성상 안에 표현되어 있는 위격(hypostasis)을 존숭한다.(*NPNF* 14:549ff)

그리스도의 성상은 그가 자신의 모친에게서 취한 인간적 본성에 따른 신적인 위격을 묘사한다. 이렇게 신성과 인성을 지닌 사람이라는 개념은 칼케돈 공의회의 교리의 핵심이며, 따라서 성상과 관련된 신학의 핵심이다. 실제로 제7차 공의회의 정의에서는 칼케돈에 대한 특별한 언급을 했다. 그러므로 신인(神人)의 형상이든지 성인의 형상이든지 간에 모든 형상은 교리적으로 반드시 진정성이 있어야 함이 물론이다. 신적인 인물이건 인간적인 인물이건 간에 하나의 구체적인 인물을 묘사한 성상은, 만일 그것이 진정한 것이라면, 자연 현상이나 인간적 사상으로 대치될 수 없다. 그러므로 성인들에 대한 정교회의 성화론(聖畵論)에는 일관성이 있다. 한 인물과의 교제를 통해서만 그 인물이 지니고 있는 것에 참여할 수 있다.

성상 존숭의 교리는 예술 존숭의 교리가 아니다. 존숭은 전반적으로 모든 형상들에게 바쳐지는 것이 아니라 한 인물의 형상에 바쳐지는 것이며, 그리함으로써 "하나님 나라는 너희 안에 있느니라"(눅 17:21)고 하신 그리스도의 말씀을 실현하는 것이다. 다시 말하자면, 성화는 예술적 형태로 표현된 복음이다. 그것은 복음의 성취로서 인간적 본성이 신적 생명에 참여하는 것을 나타낸다. 그러므로 그것은 "인간으로 하여금 하나님이 되게 하시려고 하나님께서 인간이 되셨다"는 교부 시대의 정식의 실현을 나타낸다.

정교회의 교회 예술의 주된 주제는 인간이다. 어떤 예술도 성상에서처럼 인간에게 많은 관심을 기울이지 않으며, 또 그것을 높은 곳에 올려놓지도 않는다. 성상 안에 묘사되어 있는 모든 것은 인성과 관련이 있다. 존재의 위계 질서 안에서 인간은 최고의 지위를 점유한다. 인간은 창조의 중심에 서며, 주위의 세계는 인간의 거룩함에 의해서 드러나는 것으로 묘사된다. 성상은 종말론적인 그리스도의 나라, 허다한 사람들 가운데 그리스도의 영광이 나타나는 것을 시각적으로 예기하는 것이다: "내게 주신 영광을 내가 저희에게 주었사오니"(요 17:22).

기독론 논쟁이건 삼위일체 논쟁이건 간에 모든 과거의 교리적 논쟁들은 신성과 인성의 관계, 즉 기독교적 인간론과 관련된 것이었다. 그러므로 교회의 공변된(catholic) 의식(意識)에서는, 성상파괴론에 대한 승리를 기념하여 정교회의 승리(Triumph of Orthodoxy)로 경축한다. 그것은 성상이 계시된 진리를 증거하는 교회의 증거인 한 성상 자체가 승리라고 선포한다. 정교회의 성상 안에서 기독교 인간론은 가장 생생하고 직접적인 표현을 발견한다. 성상은 신적 성육신의 진리와 열매들의 계시이므로, 인간의 삶에 대한 하나님의 관계와 세상에 대한 인간의 삶의 관계에 관한 기독교의 가르침을 가장 완전하고 심오한 방법으로 표현한다. 2차 성상파괴론 분쟁을 종식시켰으며 성상의 승리를 기념하는 절기로 지켜지는 정교회의 승리는 신적 성육신의 교리의 최종 승리를 나타내는 것이기도 하다.

불변하는 전통과 변화하는 형식들

성상의 기독론적 토대가 제7차 에큐메니칼 공의회에서 분명하게 다짐 되었으므로, 그 공의회 이후로 과거와 현재의 영적 경험을 토대로 하여 성상의 내용과 영적 본질을 드러내려는 결정적이고 분명히 의식적인 경향이 등장했다. 그리하여 무게 중심은 성상의 기독론적인 측면(이것은 그전 시대에 강조되었던 것이다)에서부터 성령론적인 내용으로 옮겨졌다. 이 성령론적 내용은 정교회의 승리라는 전례 안에 표현되었다.

  10세기에 정교회 안에서 영성생활의 부흥이 일어났으며 새로운 신학자 시므온(Simeon the New Theologian, 949-1022)에게서 절정에 달했다. 영적 부흥과 더불어 교회 예술이 활발해졌다. 이 시기에 교회 예술의 원래의 과업이 완전히 실현되었다: 정교회 성상의 고전적 언어가 형성되어 가능한 한 인간적인 방편을 사용하여 기독교적 계시의 진리를 시각적으로 표현했다. 이 예술적 언어는 정교회 신앙의 영적 체험을 가장 완전하게 전달해주는 형태를 획득했다. 이 시대에서부터 시작하여 성상은 최고의 정교함과 명료함, 그리고 최고의 형태에 도달했다. 예술은 영적 경험의 실체와 분리할 수 없이 섞여 있었다. 형태는 내용을 가장 설득력 있고 분명하게 전달해 주는 것이라고 인식되었다. 성상은 신자의 관심을 원형(原形)에 고정시킴으로써, 신자가 그 원형을 닮는 내적 과정에 도움을 준다. 정교회 예술의 예술적 언어는 변화될 수 있으며(왜냐하면 그 예술이 취한 형태들은 생생한 체험의 형태이며, 따라서 세월이 흐름에 따라 변화하기 때문이다), 또 불변한다(왜냐하면 영적 체험 자체는 본질적으로 불변하기 때문이다).

  성상파괴론 이후의 시대에, 새로운 사람들의 집단이 교회에 들어왔는데, 그들은 대부분 슬라브족 혈통을 가진 사람들이었다. 각 민족은 기독교 전통을 그 과거와 현재와 미래를 포함하여 전체적으로 받아들였다. 새로 개종한 사람들에게 있어서 네스토리우스나 유티케스나 성상파괴론 등의 이단들은 생소한 문제들이 아니라 그들 자신의 믿음과 삶의 왜곡을 나타내는 것이었다.

새로 개종한 민족들은 이미 형성되어 있는 교회 예술의 언어 및 그 신학적 토대를 물려 받았다. 각 민족들은 이것을 기초로 하여 자기들 나름의 독창적인 예술적 언어를 발달시켰다. 이러한 독창성의 표현은 정교회 내에서 믿음의 일치는 예배의 형태와 교회의 삶의 표현의 다양성을 배제하지 않을 뿐만 아니라 오히려 그러한 다양성을 요구한다는 사실의 지지를 받았다. 이것은 믿음은 전통에 대한 독창적이고 창조적인 경험을 통해서 끊임없이 갱신되어야 하기 때문이다. 교회에 들어온 각 민족은 나름의 민족적 특성들을 가져왔으며, 외면적인 예술적 표명이나 거룩함에 있어서 자기 나름의 특성에 따라 성장했다. 교회 예술은 수동적으로 받아들여진 것이 아니라 창조적으로 받아들여졌고, 따라서 그것은 지역적인 예술적 전통들과 합병했다. 거룩함과 성상은 살아있는 경험의 결과로서 민족적인 색채와 형태를 획득했다. 러시아, 세르비아, 불가리아 등 여러 민족의 거룩함이 특수한 형태를 취하여 출현함에 따라 특수한 유형의 성상들이 등장했다.

성상의 내용 및 그것이 정교회에서 지니는 중요성은, 교회가 100년이 넘도록 성상파괴론적 시대에 치열한 싸움을 하면서 성상을 보호해야 한다고 느낀 이유를 분명히 해준다. 정교회에서 볼 때, 성상의 내용은 기독교적 삶의 길, 특히 기도에 관한 진정한 영적 지도를 제공해준다. 신자는 성상을 통해서 그리스도나 성인과 교통한다. 예배의 필수적인 요소이며 진정한 전례 예술로서의 성상은 지상 교회와 천상 교회의 통일—정교회 예배 안에서, 그 예배를 통해서 실현되는 통일—을 증거해준다.

다른 형태의 교회 예술이 그렇듯이, 성상의 등급과 그 역할 및 구성은 교회의 예배 체험에서 성장해 나왔다. 그것은 교회의 보편적 경험을 예술가의 개인적인 경험과 의식 및 그의 특이한 비전과 대면시킨다. 성상은 단순히 예술가가 착상해 내거나 고안해낸 것이 아니다. 예술가는 고귀한 영감의 분출 상태에서 성상을 만들어내는

26. Enthroned Pantocrator Receiving Obeisance of Leo IX, Hagia Sophia, Istanbul, 11th century

27. Our Lady of Vladimir, Dormition Cathedral, Moscow, 12th century

28. Nativity of Christ, Monastrey Church at Daphne, 11th century

것이 아니다. 성상은 불변하는 공번된 교회의 전통에 따라서 만들어지며, 또 그 전통의 표현으로서 만들어진다. 교회의 예술적 언어의 특성은 교회의 공번된 의식에 의해 발달된 규범에 의해서 결정된다. 그러한 규범을 관례적으로 성상과 관련된 "법규"(canon)라고 부른다. 교회의 삶과 사역의 다른 분야에서도 그렇지만, 예술에 있어서도 교회법은 교회가 인류를 구원의 길로 인도하기 위해 사용하는 수단이다. 그 교회법의 테두리 안에서만 성상과 관련된 전통은 교회의 예술 언어로서의 기능을 실현한다. 그러므로 예술적인 가치와는 상관없이, 모든 규범적인(canonical) 성상은 정교회 신앙 안에 있는 믿음과 영성생활, 그 참된 "질서"(order)를 뜻한다. 그 "성상의 질서"는 기독교가 가져온 혁명의 본질을 시각적으로 나타냄으로써 인간 존재가 기독교 계시에 참여하게 하는 것을 목표한다. 그 "질서"는 여러 세대의 성상 작가들에 의해서 금욕적 노력, 기도, 자기부인, 그리고 관상에 의해서 발달되었다. 오로지 구체적으로 체험된 개인적인 계시의 체험만이 우리로 하여금 성상 안에서 그들이 표현하고자 한 것에 일치하는 단어와 형태와 색깔을 발견하게 만들어줄 수 있다. 이러한 일치는 성상의 전체적 질서에 의해서 표현된다. 이런 까닭에 규범적인 성상의 결정적인 "유형"(style)의 발달 및 성상을 제작하는 데 사용된 자료들의 선정도 이러한 맥락 속에 있다.

교회의 예술적 언어인 성상은 하나님께 드리는 우리의 제물들의 전 복합체에 참여하는데, 그것을 통해서 인간의 운명이 실현된다. 즉 세상을 변모시키고 성화시키는 운명(즉 소명), 죄로 말미암아 더럽혀진 물질을 치유시켜야 하는 운명, 모든 것을 하나님과의 영원한 교제의 수단으로 변화시켜야 하는 운명을 실현한다.

주(註)

1) John Meyendorff, "Philosophy, Theology, Palamism, and 'Secular Christianity,'" *St. Vladimir's Seminary Quarterly* 10 (1966) 207.
2) John of Damascus, *On the Divine Images* 1.16 (trans. David Anderson; Crestwood, NY: St. Vladimir's Seminary Press, 1980) 23.
3) V. N. Lazarev, *Istoriya visantiiskoy zhivopisi*(Moscow: Gosudarstvennoe: Izdatel'stvo "Iskusstvo," 1947) 38.
4) Eusebius *Ecclesiastical History* 7.18 (trans. G. A. Williamson; Baltimore: Penguin Books, 1967) 302.
5) André Grabar, *Les Ampoules de la Terre Sainte* (Paris: Klincksieck, 1958).
6) André Grabar, *L'Iconoclasme byzantin* (Paris: Collége de France, 1957).
7) Georges Florovsky, "Origen, Eusebius, and the Iconoclastic Controversy," *Church History* 19 (1950) 96.
8) Vladimir Lossky, *In the Image and Likeness of God* (Crestwood, NY: St. Vladimir's Seminary Press, 1974) 125-39.

참고 문헌

Bryer, Anthony, and Judith Herrin, eds. *Iconclasm*. Center of Byzantine Studies. University of Birmingham, 1976.

Graber, André. *Christian Iconography: A Study of Its Origins*. Princeton, NJ: Princeton University Press, 1968.

Ouspensky, Leonid. *Theology of the Icon*. Crestwood, NY: St. Vladimir's Seminary Press, 1978.

_____, and Vladimir Lossky. *The Meaning of Icons*. Translated by G. E. H. Palmer and E. Kladlobovsky. Crestwood, NY: St. Vladmir's Seminary

Press, 1978.
Trubetskoy, Eugene N. *Icons: Theology in Color*. Translated by Gertrude Vakar. Crestwood, NY: St. Vladmir's Seminary Press, 1973.
Weitzmann, Kurt, et al. *The Icon*. New York: Alfred A. Knopf, 1982.

제16장
기도와 관상의 길

1. 동방 교회

칼리스토스 웨어(KALLISTOS WARE)

영적 여행: 개요

"중요한 일은 마음 속에 지성을 가지고서 하나님 앞에 서는 것이며, 또 생명이 다할 때까지 밤낮으로 쉬지 않고 계속 하나님 앞에 서는 것이다." 이것은 19세기의 러시아인 주교인 은둔자 테오판(Theophan the Recluse, 1815-1894)의 말이지만,[1] 1세기부터 11세기까지 활동한 그리스 저자들과 시리아 저자들에게서 발견되는 기도에 대한 견해를 정확하게 반영하고 있다. 테오판의 진술에는 초기 교부적 영성에서 기본적인 중요성을 지닌 세 가지 요점이 두드러지게 나타난다. 첫째, 기도한다는 것은 하나님 앞에 서는 것이다. 그것은 무엇을 요청할 필요가 없이, 심지어는 말조차 필요없이 다만 하나님과의 인격적인 관계, "얼굴과 얼굴"을 대면하는 것으로서, 그것의 가장 심오한 것은 말이 아니라 침묵 가운데 표현된다. 둘째, 그것은 **마음 안에**, 그 인격의 내면의 깊은 중심, 피조된 인간이 피조된 것이 아닌 사랑이 직접 열릴 수 있는 곳에 서는 것이다. 테오판은 머리와 마음을 예리하게 구분하는 일을 피한다. 왜냐하면 그는 우리에게 마음 안에서 "지성"(intellect) 또는 "정신"(mind)을 가지고 서라고 말하기 때문이다. 이 둘은 서로 연합되어야 한다. 셋째, 이렇게 "서는" 관계나 태도는 **지속적인** 것이어야 한다. "생명이 다할 때까지 밤낮으로 쉬지 말아야 한다." 기도는 여러 가지 행위 중 하나가 아니라, 우리의 실존 전체와 관련된 행위, 우리가 착수하는 다른 모든 일들 안에 현존하는 차원이다: "항상 기도하라"(살전 5:17). 그것은 우리가 때때로 행하는 것이 아니라, 우리의 존재 자체이다.

기도는 살아 있는 인격들 간의 직접적인 만남이므로, 정밀한 규칙들의 테두리 안에 제한할 수 없다. 기도는 자유롭고 자발적이며 예측할 수 없는 행위이다. 많은 동방교회 저술가들은 이러한 자유를 존중했기 때문에 기도와 관상에 대한 추상적인 이론이나 정확한 정의, 또는 영성생활의 여러 단계의 개요 등을 제공하지 않는다. 이렇게 비체계적이고 실존적인 접근 방법은 특히『사막 교부들의 금언』(이집트, 4-5세기)에서 발견된다. 이것은 이성적인 사색보다는 직접적인 경험의 언어로 표현하고 있다. 거기에 수록된 충고는 단순하고 직선적이다:

> 사부 마카리우스는 '우리는 어떻게 기도해야 합니까?' 라는 질문을 받았다. 그는 "많은 말을 할 필요가 없다. 단지 그대의 두 손을 펴고서 '주님, 당신이 가장 잘 알고 계시오니 당신의 뜻대로 자비를 베푸소서' 라고 하라. 만일 갈등이 더 치열해지면, '주님, 도와 주소서' 라고 하라. 주님은 우리에게 필요한 것을 잘 알고 계시며, 우리

에게 자비를 베푸실 것이다."라고 대답했다.[2]

기도하는 사람에 대해 언어적인 "성상들"이 주어지지만, 통상적으로 사물을 논증적인 추상적 용어로 설명하려고 하지는 않는다:

> 한 형제가 스케티스에 있는 사부 아르세니우스의 수실을 찾아왔다. 그가 창문으로 완전히 불꽃 같이 된 아르세니우스의 모습을 보았다. 그 형제는 이 광경을 보기에 합당했던 것이다. 그가 문을 두드리자, 노인은 나와서 그를 보고 당황하면서 물었다. "오랫동안 문을 두드렸는가? 그대는 여기서 아무 것도 보지 못했는가?" 그 형제는 "그렇습니다"라고 대답했다. 아르세니우스는 그 형제와 대화를 나누고서 그들 돌려보냈다.
>
> 그에 대해 다음과 같은 이야기가 있다. 토요일 저녁이면 그는 주일 영광을 준비하다가 지는 해를 등지고 하늘을 향해 두 손을 뻗고 기도하곤 했다. 그는 계속해서 그렇게 기도하다가 다음날 아침에 뜨는 해가 얼굴을 비출 때면 자리에 앉았다.[3]

살아 있는 기도의 신비 앞에는 사려깊은 침묵이 있다. 아르세니우스의 육체적 변형 안에 정확하게 무엇이 관련되어 있었는지, 그가 밤새도록 홀로 오랜 시간을 보내면서 무엇을 관상했는지에 대해서는 분명한 언급이 없다.

그러나 개인적인 경험이라는 요소를 등한히 하지 않으면서도 보다 체계적인 방법으로 기도에 대해 이야기하는 다른 자료들이 있다. 흔히 영적 여행의 기본적인 두 단계를 구분한다. 그것은 활동적인 생활(*praxis, praktikē*)과 관상생활(*theōria*)이다. 이 구분은 이미 알렉산드리아의 클레멘트(ca. 150-ca. 215)와 오리겐(ca. 185-ca. 254)에게서 발견되는데, 거기에서는 마르다는 활동적인 생활의 상징으로, 마리아는 관상생활의 상징으로 다루어진다(cf. 눅 10:38-42).[4] 초기에는 이 두 가지 용어는 오늘날과는 약간 다르게 사용되었다. 현대 서방 교회, 특히 로마 가톨릭 교회에서 활동적인 생활이란 가르침이나 설교나 사회 사업에 종사하는 종단의 회원들과 관련되며, 관상생활은 카르투지오 수도회와 같은 봉쇄 수도자들과 관련된다. 그러나 그리스 교부들의 저서에서 그 용어는 외면적인 상황이 아니라 내면의 발달에 적용된다. 활동적인 생활이란 덕을 획득하고 정욕을 극복하기 위한 금욕적인 노력을 의미하며, 관상생활이란 하나님을 보는 것을 의미한다. 이 두번째 용법에 따르면, 대부분의 은수사들과 봉쇄적인 삶을 사는 종교인들은 지금도 활동적 단계에서 분투하고 있으며, 반면에 만일 세상에서 완전히 외면적인 봉사에 헌신하고 있는 의사나 사회사업가가 내적 기도를 실천하며 마음의 침묵을 획득했다면, 그는 동시에 관상생활을 추구하고 있다고 볼 수 있다.

관상 생활은 다시 하나님에 대한 관상과 자연에 대한 관상으로 나뉘며, 따라서 두 단계로 이루어졌던 것이 세 단계가 된다: 활동적 생활(praktikē), 자연에 대한 관상(또는 자연적인 관상, physikē), 그리고 엄격한 의미에서 하나님을 보는 것(theōria)인 관상(이것은 theologia, 또는 gnōsis, 영적 지식 등의 용어로 불린다). 오리겐은 이 삼중적인 구조를 사용하여, "윤리학", "자연학" 그리고 "신비신학"(혹은 enoptics)에 대해 말했으며, 각 단계를 성경 중 하나의 특별한 책과 연결하여 "윤리학"은 잠언, "자연학"은 전도서, 그리고 신비신학은 아가서와 연결지었다.[5] 폰투스의 에바그리우스(Evagrius of Pontus, 346-399)는 이 구조를 보다 정교하게 만들었고, 그 후 고백자 막시무스(ca. 580-662)와 같은 그리스 전통 내의 대부분의 저자들이 이 구조를 채택했다.

이제 에바그리우스의 견해에 따라 세 단계를 자세히 살펴 보자.

활동적인 생활(Praktikē). 활동적인 생활은 회개(metanoia)와 더불어 시작된다. 회개란 단지 죄로 인해 애통해 하는 것이 아니라 "마음의 변화", 근본적인 회심, 우리의 삶 전체의 중심을 다시 하나님께 두는 것을 말한다. 영적으로 큰 뜻을 가진 사람은 하나님의 은혜의 도움을 받아 자신의 인간적 본성을 왜곡시키는 뿌리 깊은 정욕들을 극복하기 위해서 노력한다. 에바그리우스와 대부분의 그리스 저자들의 표현에서, "정욕"(*pathos*)이라는 용어는 질투, 육욕, 억제되지 않는 분노 등처럼 영혼을 거세게 지배하는 무질서한 충동을 의미했다. 따라서 정욕은 비본성적이며 본질적으로 악한 것, 즉 하나의 "병적 상태"로 간주되며, 따라서 우리의 인간 됨의 참된 일부가 아니다. 그러나 이따금 보다 긍정적인 견해가 지배한다: 키루스의 테오도렛(Theodoret of Cyrus, ca. 393-ca. 466)은 성적 본능을 포함하여 모든 정욕을 원래 하나님께서 인성 안에 두신 충동들로서 우리의 생존에 반드시 필요하며 선한 목적을 위해 사용할 수 있다고 보았다. 정욕 자체가 죄악된 것이 아니라, 그것을 악용하는 것이 죄악이다.[6] 후일 비잔틴 시대에 그레고리 팔라마스(Gregory Palamas, ca. 1296-1359)도 비슷한 견해를 채택하여, 우리의 목표는 정욕을 억제하거나 죽이는 것이 아니라 "그 방향을 바로 잡는 것"이라고 주장했으며, 심지어 "신적이고 복된 정욕"이라는 표현을 사용하기도 했다.[7]

기독교인들은 정욕을 대적하여 싸우라는 부름을 받았을 뿐만 아니라, "생각들"(*logismoi*)이 우리의 의식에 처음 나타나자 마자, 그리고 그것들이 외면적 행동으로 나타나거나 정욕으로서 뿌리를 내리기 전에 그것들을 대적하여 싸우라는 소명을 받고 있다. 에바그리우스는 여덟 가지 기본적인 악한 "생각"의 목록을 제공했는데, 그것은 약간의 수정을 거쳐 중세 시대에 카톨릭 교회 내에서 통용되던 바 일곱 가지 "대죄"의 목록이 되었다. 에바그리우스의 목록은 다음과 같다: 탐식, 육욕, 탐욕, 낙담(*lypē*), 분노, 의기소침이나 열의가 없음(*akēdia*), 허영심, 그리고 교만. 영적 구도자는 자기의 마음을 계속하여 지켜보며 자각이 증대되면서, *nepsis*(절제, 또는 경성함)와 *diakrisis*(분별력, 선한 생각과 악한 생각을 구분하는 능력)를 획득한다. 이 성품들에는 *penthos*(내면적인 비탄)와 *katanyxis*(양심의 가책, 또는 회한), 그리고 눈물의 은사가 동반된다. 눈물은 회개의 눈물에 그치지 않는다. 처음에는 비통한 애통함의 눈물이었으나 점차 감사와 사랑의 달콤한 눈물로 변화된다. 정교회 영성에서 눈물의 은사를 고전적으로 취급한 것인 바 『신적 상승의 단계』의 일곱째 단계를 존 클리마쿠스(7세기)는 "기쁨을 창출하는 슬픔"이라고 말했다.

에바그리우스는, 활동적인 생활의 최종 목표는 *apatheia*(무정욕, 정욕으로부터의 자유)를 성취하는 것이라고 보았다. 이 용어는 스토아 철학자들에게서 취한 것으로서 알렉산드리아의 클레멘트가 처음으로 기독교적 맥락에서 정규적으로 사용한 것인데, 에바그리우스는 때때로 의심스러운 방법으로 그 용어를 사용했다. 그러나 전반적으로 그는 그 용어를 부정적으로 이해하지 않고 긍정적으로 이해했다. 그것은 현대적 의미에서 무관심(apathy)이 아니라, 우리의 죄악된 욕망을 하나님으로부터 오는 새롭고 보다 선한 에너지로 대치하는 것이다(에바그리우스는 apathy라는 개념을 나타내기 위해서는 *akēdia*[의기소침]이나 *anaisthēsia*[무감각]을 사용했다). 그것은 모든 감정의 부재 상태가 아니라 재통합과 영적 자유의 상태이다. 존 카시안(John Cassian, ca. 369-435)은 에바그리우스의 가르침을 서방교회에 전달하면서, *apatheia*를 *puritas cordis*(마음의 청결)이라고 번역했고, 포티케의 디아도쿠스(Diadochus of Photice, 5세기 중엽)는 "무정욕의 불"(fire of dispassion)[8]이라고 말하기도 했다. 에바그리우스는 무정욕을 사랑과 연결시켰다: "아가페(*Agapē*)는 무정욕(*apatheia*)의 소산이다."[9] 우리는 욕정에서 해방되어야만 비로소 자유롭게 사랑하게 된다.

자연적 관상(*Physikē*). 두번째 단계인 자연적 관상(natural contemplation)은 심미적 방식이나 19세기의 낭만주의에 의해서 이해되어서는 안되며, 신학적으로 이해되어야 한다. 그것은 만물 안에서 하나님을 보고 하나님 안에서 만물을 보는 것이다. 즉 각각의 피조된 실체들 안에서, 그것들을 통해서, 그 안에 임재해 있으면서 동시에 그것을 초월하시는 신적 임재를 식별하는 것이다. 그것은 각각의 사물을 하나의 성례로서 취급하는 것, 자연 전체를 하나님의 책으로 보는 것이다. 에바그리우스는 다음과 같이 말했다: "그 시대의 지혜자들 중 한 사람이 의로운 안토니에게 와서 물었다. '사부여, 당신은 책들로부터의 위로를 박탈 당하고서 어떻게 지내십니까?' 안토니는 '철학자여, 피조된 자연이 나의 책이며, 나는 언제든지 하나님의 말씀을 읽고 싶어할 때마다 그 책은 바로 내 옆에 있다오' 라고 대답했다."[10]

에바그리우스는 자연적 관상을 세분하여, "두번째 자연적 관상"(이것의 대상은 육체의 감각에 의해서 감지되는 물질 세계이다)과 "첫번째 자연적 관상"(이것은 물질이 아닌 것, 영적 실재의 신적인 영역을 지향한다)으로 나누었다. 자연적 관상의 중요한 측면은 성경의 내적 의미를 묵상하는 것이다.

하나님에 대한 관상(*Theoria*). 세번째 단계인 하나님에 대한 관상에서, 기독교인은 더 이상 피조물을 통해서 창조주에게 접근하지 않으며, 무매개적인 사랑의 연합 안에서 얼굴과 얼굴을 대면하여 직접 하나님을 만난다. 신성은 말과 이해를 초월하는 신비이므로, 이러한 관상을 하는 동안 인간의 정신은 단순히 응시하거나 접촉에 의해서 하나님을 직관적으로 파악하기 위해서 개념과 말과 형상(추론적인 사유의 차원)을 초월한다. 에바그리우스의 표현처럼, 정신은 "벌거벗은" 상태가 되어 다원성을 초월하여 통일성을 향한다. 그것의 목표는 "순수한 기도", 도덕적으로 순결하고 죄악된 생각에서 해방되었을 뿐만 아니라, 지적으로 순결하며 모든 생각에서 해방된 기도이다. 그래서 그는 다음과 같이 기록했다:

기도할 때에, 당신의 내면에 신성의 어떤 형상도 만들지 말며, 당신의 마음에 어떤 형태의 인상도 남기지 말며, 비물질적인 방법으로 비물질적인 분에게 다가가라…기도는 모든 생각을 벗어버리는 것을 의미한다…기도하는 동안 감각들로부터 완전히 해방된 지성은 복되도다.[11]

관상이 보다 높은 단계에 이르면, 주체와 객체를 구분하는 의식은 희미해지고, 그 대신에 모든 것을 포용하는 통일성의 의식만이 존재하게 된다. 카시안이 거론한 이집트의 안토니의 말은 다음과 같다:

수도사가 기도하는 동안에 자기 자신을 의식하거나 또는 자신이 기도하고 있다는 사실을 의식한다면, 그의 기도는 완전한 기도가 되지 못한다.(『집회서』 9.31)

엘리오트(T. S. Eliot)의 말을 빌리면, "음악이 지속되는 동안에는 당신이 그 음악이다."

이런 방식으로 부정적(apophatic) 태도는 신학 뿐만 아니라 기도에도 적용된다. 카파도키아 교부들이 유노미우스의 합리주의와 극단적인 아리우스파에 반대하여 주장했듯이, 신학 안에서 그것은 하나님에 대한 모든 긍정적인 진술들은 부정적인 진술들에 의해 제한되고 균형을 이루어야 함을 뜻한다. 왜냐하면 언어적 정식은 초월적인 신비를 완전하게 포함할 수 없기 때문이다. 기도의 영역에서, 그것은 마음에서 모든 이미지와 개념을 제거해야 한다는 것, 그리하여 하나님에 대한 우리의 추상적인 개념들 대신에 하나님의 직접적인 임재의 의식이 자리잡게 되어야 한다는 것을 의미한다. 따라서 닛사의 그레고리(ca. 330-ca. 395)는 새긴 형상을 만들지 말라고 한 십계명 중 첫번째 계명을 상징적으로 해석했다(출 20:4). 인간이 만들어낸 그림이나 지적이고 추상적인 개념에 의존하는 것은 일종의 우상숭배이다. 왜냐하면 그것은 하나님의 살아 계신 실재 대신에 신성에 대한 우리의 개념을 선호하는 것이기 때문이다. 돌로 만든 형상들 뿐만 아니라 개념적인 형상들도 부숴 버려야 한다(『모세의 생애』 1.165-66).[12] 그레고리는 "정신이 파악한 모든 개념은 구도자에게 장애물이 된다"고 기록했다. 우리의 목표는 말과 개념을 초월하여 일종의 "임재 의식"(sense of presence)을 획득하는 것이다. "신랑은 임재해 계시지만 눈에 보이지 않는다."[13] 이렇게 비형상적이고 비추론적인 하나님 임재 의식은 그리스어 원전에서는 종종 평정과 내면의 고요를 의미하는 hesychia라는 용어로 표현된다(여기에서 hesychasm과 hesychast라는 단어가 유래되었다). hesychia는 말의 부재, 즉 말들 사이의 휴지(休止)라는 부정적인 의미에서의 침묵이 아니라 경청하는 태도라는 긍정적인 의미에서 침묵을 의미한다. 그것은 비어 있음이 아니라 충만함을, 공백이 아니라 임재를 의미한다.

헤시키아(hysychia)가 동방 기독교에서 실천되는 내적 기도의 유일한 형태라고 생각해서는 안된다. 많은 저자들은 그리스도의 삶, 특히 그분이 당하신 고난을 상세히 상상하면서 묵상할 것을 권했다. 이것은 수도사, 혹은 은둔자로 알려진 마크(Mark, 5세기초?)와 니콜라스 카바실라스(Nicolas Cabasilas, 4세기)에 의해 강조되었다. 다메섹의 피터(Peter of Damascus, 11-12세기)는 동일한 장(章)에서 형상 없는 기도(imageless prayer)와 상상적인(형상 있는) 묵상(imaginative meditation)에 대해 논했다. 이 두 가지 방법은 상호 배타적인 것이 아니라 보완적이다.

인간이 관상기도를 하면서 하나님을 파악하는 기능을 에바그리우스는 nous, 즉 지성, 혹은 정신이라고 묘사했다. 그는 기도를 "지성의 최고의 지적 작용"이라고 정의했다.[14] 그러나 이 맥락에서 nous란 추론적인 이성을 의미한 것이 아니라, 직관, 혹은 내면의 "시각"을 통해서 영적 진리를 직접적으로 이해하는 것을 의미한다. 만일 그에게 지성주의자(intellectualist)라는 용어를 적용해야 한다면, 이 단어가 오늘날 일반적으로 사용되는 것과 매우 다른 의미로 사용되고 있음을 인정해야 할 것이다. 그밖에 다른 그리스 교부들은 기도를 정신(nous)의 작용 아니라 마음(kardia)의 작용이라고 간주했다. 이렇게 다른 용법을 기초로 할 때, 초기 영성의 두 조류, 또는 학파를 구분할 수 있을 것이다. 하나는 주지적 조류이고 다른 하나는 정의적(affective)인 조류이다. 그러나 그 차이점을 과장해서는 안되며, 특히 "마음"이라는 용어를 올바르게 이해해야 한다. 정신(nous)이라는 용어를 사용한 교부들이 이 용어가 배타적으로 혹은 일차적으로 추론적인 이성만을 의미한다고 간주하지 않은 것처럼, 마음이라는 용어를 사용한 저자들도 이것이 감정만을 의미한다고 간주한 것은 아니다.

예를 들어, 『마카리우스의 설교』(Macarian Homilies, 시리아? 4세기말)에서는 마음이 인간의 전인, 참된 자아의 영적이고 도덕적인 중심, 각 사람이 가장 참되게 "하나님의 형상으로" 존재하는 곳이라고 보았다:

> 마음은 모든 신체적 유기체를 다스린다. 그리고 은혜가 마음의 목장을 온전히 소유할 때에, 그것은 모든 지체와 생각들을 지배한다. 마음 안에는 지성(nous), 그리고 영혼의 모든 생각과 기대가 있으며, 이런 식으로 은혜는 몸의 모든 지체에 스며들어간다…마음은 그리스도의 궁전이다…왕이신 그리스도는 그곳에 오셔서 쉬신다.[15]

여기에서는 머리와 마음의 이분법이 존재하지 않는다. 왜냐하면 지성은 마음 "안에" 있기 때문이다. 마음은 몸과 영혼, 의식과 무의식과 초의식, 인간적인 것과 신적인 것 등이 만나는 곳이다. 그 단어는 포괄적인 의미를 지닌다. 존 클리마쿠스의 말에 의하면 "시편 기자는 '내가 전심으로 부르짖었사오니'(시 119:145)라고 말한다. 즉 내 몸과 영과 혼으로 부르짖었다는 의미이다."[16] 그레고리 팔라마스는 그것이 "도구들 중의 도구"라고 말했다(Triads 2.2.28). 선불교에서는 이것을 "연꽃의 중심"[17]이라고 한다. 이처럼 "마음"을 포괄적인 방식으로 이해하게 되면, 동방 교회 저자들에게 있어서 "마음의 기도"(prayer of the heart)가 단지 서방 교회가 말하는 "정의적인 기도"(affective prayer)를 의미하는 데 그치는 것이 아니라, 전인으로 드리는 기도(prayer of the whole person), 기도자가 기도하는 행위와 완전히 하나가 되는 기도를 의미한다는 것이 명백해진다.

이상이 오리겐, 에바그리우스, 막시무스 등이 제안한 기본적인 삼중 구조이다. 다른 저자들에게서도 약간 다른 형태의 삼중적 유형들을 발견할 수 있다. 닛사의 그레고리는 『모세의 생애』에서 각기 출애굽기에서의 신현현에 상응하는 세 가지 단계를 이야기했다: 빛(타는 떨기나무, 출 13:2), 구름(빛과 어두움의 섞인 것. 출 13:21의 불기둥과 구름 기둥 참조), 어두움(시내 산 정상에서의 어두움, 출 20:21). 아레오파고 사람인 위-디오니시우스의 것이라고 알려진 저술에서는, 정화(purification), 조명(illumination), 합일(union)이라는 세 단계에 대해 언급한다. 이 구조는 중세 시대에 서방에서 널리 채택되었다. 그러나 그리스 전통에서는 에바그리우스의 구조가 더 널리 사용되었다.

에바그리우스의 "해법도"(解法圖)에서는 두 가지 결점을 찾을 수 있다. 첫째, 그는 종종 마치 이 세 단계가 연속적인 단계인 듯이 말했는데, 사실상 이 세 단계는 서로 독립되어 있으면서도 동시에 공존하는 세 개의 심화되는 차원들이라고 보아야 하지 않을까? 사실상 이것은 다른 사람들이 채택했던 견해이다. 에바그리우스는 영혼의 정욕들이 "죽을 때까지 지속된다는 것"을 인정했다.[18] 이것은 이 세상에서는 누구도 첫째 단계, 또는 "활동적"(active) 단계를 완전히 초월할 수 없음을 의미한다. 둘째, 에바그리우스의 구조에서 사랑은 지식(gnōsis)보다 낮은 차원에 놓인다. 사랑은 무정욕(apatheia)과 연결되며, 따라서 첫번째 단계인 praktikē의 마지막 부분에 놓이는데 반해, 지식은 세번째 단계의 최고 지점을 차지한다. 에바그리우스의 말을 빌자면, "정신(*nous*)의 완성은 비물질적 지식이다"(『영지론』 3.15). 닛사의 그레고리는 이 관점을 뒤집어서 사랑을 최고의 위치에 두었다: "지식은 변형되어 사랑이 된다"(『영혼과 부활에 관해』[*PG* 46, col. 96C]). 고백자 막시무스는 에바그리우스의 구도를 사용했지만, 사랑의 지고성을 확실하게 강조했다:

> 신적인 사랑보다 위대한 것은 없다…사랑은 사람은 신으로 만들며, 하나님을 인간으로 계시해주고 나타내준다.[19]

역시 에바그리우스의 영향을 받았지만 자신이 받아들인 것을 개작한 시리아 사람 이삭(Issac of Nineveh, 7세기)은 이렇게 기록했다:

> 우리가 사랑에 도달하면, 우리는 하나님에게 도달하며, 우리의 여행은 끝난다.[20]

그러나 또 다른 관점에서 보면 그 여행은 결코 끝난 것이 아니다. 하나님이 무한하시므로, 천국에 있는 복된 사람들도 하나님에 대한 사랑과 지식 안에서 쉬지 않고 성장할 것이다. 오리겐은 이렇게 확언했다:

> 지식과 지혜를 추구하는 데 전념하는 사람들의 노력에는 끝이 없다. 하나님의 지혜와 관련된 곳에 어찌 끝이나 한계가 있을 수 있겠는가? 사람이 그 지혜에 가까이 갈수록 그는 그 지혜가 그만큼 더 깊이 있다는 것을 발견한다. 그리고 그 지혜의 깊이를 파고 들어 갈수록, 자신이 결코 그것을 이해하거나 말로 표현할 수 없으리라는 것을 깨닫는다…그러므로 하나님의 지혜를 향해 가는 여행자들은 갈수록 그 길이 더 활짝 열려서 마침내 무한에까지 펼쳐진다는 것을 발견한다. (*Homilies on Numbers* 17.4)

따라서 닛사의 그레고리는 주장하기를, 이 모든 것은 현세에서만 아니라 내세에도 동등하게 참되다고 했다. 그는 이처럼 신적인 무한으로의 끝없는 진보를 묘사하기 위해서 빌립보서 3:13의 *epektasis*("앞에 있는 것을 잡으려고 나아가다")를 사용했다: "…뒤에 있는 것은 잊어버리고 앞에 있는 것을 잡으려고." 그는 역동적인 견해를 채택하여, 완전의 본질은 우리는 결코 완전해지지 못하지만 끊임없이 "영광에서 영광으로"(고후 3:18) 전진한다는 사실에 있다고 주장했다. 쟝 다니엘루(Jean Daniélou)는 그레고리의 관점을 다음과 같이 훌륭하게 요약했다:

> 하나님은 한층 더 친밀해지시며 또 한층 더 멀어지신다…지극히 작은 어린아이도 하나님을 알지만, 가장 위대한 신비가에게 하나님은 알려지지 않는다. 그렇기 때문에 영혼은 하나님을 소유하고 있으면서도 여전히 그분을 찾는 것이다.[21]

그 길은 시간적으로 뿐만 아니라 영원히 앞으로 뻗어갈 것이다.

상승의 길: 예수기도

우리는 어떻게 이 영성의 길을 출발해야 하는가? 어떻게 해야 우리는 내면의 고요, 또는 헤시키아(*hesychia*)를 획득하며, 추론적인 사색의 차원에서 무매개적이고 비추론적인 합일의 차원으로 나아갈 수 있을까? 어떻게 해야 우리는 말을 멈추고 듣기 시작할 수 있을까?

동방 기독교는 언제나 하나의 특별한 "기법"만 따로 떼어서 헤시키아에 들어가는 특별한 방법이라고 간주하기를 주저했다. 마음의 고요는 마음 자체가 추구할 수 있는 것이 아니며, 기독교적 삶의 온갖 표현들, 예를 들면, 교회의 교리에 대한 정통적인 믿음, 전례 기도, 성례, 성경 읽기, 계명 준수, 봉사 활동, 이웃을 향한 실질적인 긍휼 등을 전제로 한다. 이 모든 것은 하나의 유기적 통일을 이룬다. 그럼에도 불구하고, 이 전체성 안에는 내면의 침묵에 도움을 주는 것으로서 특별하게 귀중한 것이라고 여겨지는 한 가지 기도 방법이 있다. 그것이 곧 예수기도이다.

예수기도는 자주 반복하기 위해 고안된 것으로서 구세주께 드리는 짧은 기원이다. 흔히 그것은 "하나님의 아들 주 예수 그리스도시여, 나를 불쌍히 여기소서"라는 형태를 취한다. 이것이 "표준" 공식으로 간주될 수도 있지만, 실질적인 표현은 매우 다양하다. 예를 들면, 끝 부분에 "죄인"이라는 단어를 추가할 수도 있고, "우리를 불쌍히 여기소서"라고 복수형을 사용할 수도 있으며, 보다 간단하게 "주 예수 그리스도시여, 나를 불쌍히 여기소서"라고 하거나 "주 예수여 나를 불쌍히 여기소서"라고 할 수도 있을 것이다. 그러나 중세 시대 서방에서는 기원할 때에 "예수"라는 이름만을 사용하기도 했지만, 정교회에서는 일반적으로 그렇게 사용되지 않았다. 그 거룩한 이름(Holy Name)이 매우 능력이 있고 영적 에너지로 충만하다고 느껴지기 때문에, 그것을 다른 단어들과 섞어서, 말하자면 "희석하여" 사용해야 할 필요가 있었다. 그 단어 자체만 끊임없이 반복하게 되면, 내적 긴장 상태가 야기될 수도 있기 때문이다.

예수기도는 두 가지 주된 상황에서 사용된다. 우리는 교회나 자기 방에서 다른 행동을 하지 않고 홀로 있으면서 기도하는 공식적인 "기도 시간"에 예수기도를 되풀이하여 암송할 수 있다. 또 일상적인 일을 하면서, 특히 반복적이거나 기계적인 일을 하면서, 또는 하루 중 우리가 무슨 일이 일어나기를 기다리면서 낭비할 수밖에 없는 순간순간에 자유로이 예수기도를 할 수 있을 것이다.

예수기도를 일종의 "기독교적 만다라"라고 부르기도 하는데, 이것은 잘못된 것이다. 예수기도는 단순히 운율적인 기원이 아니다. 그 기원에는 특별한 인격적 관계와 의식적으로 고백하는 믿음이 함축되어 있다. 이 기도의 목표는 단순히 모든 생각의 정지에 있는 것이 아니라 하나님을 만나는 데 있다. 그 기도는 성육하신 하나님의 아들, 참된 신이시면서 완전한 인간이신 분, 우리의 주요 구세주이신 분께 대한 분명한 신앙고백을 구체적으로 인격적으로 표현한다. 이러한 인격적인 관계, 분명한 신앙고백이 없으면 예수기도를 드릴 수 없다.

서방의 신자들은 19세기 중엽에 살았던 익명의 러시아인 평신도의 이야기인 『순례자의 길』을 통해서 예수기도와 친숙하게 되었다. 그러나 예수기도 자체는 그보다 훨씬 옛날부터 사용되었다. 정교회 저자들은 일반적으로 그 기도가 기독교가 시작될 때에 만들어졌고, 그리스도께서 친히 사도들에게 가르치셨다고 주장한다. 이것을 입증하는 분명한 증거는 부족하지만, 그 기원은 최소한 4, 5세기인 것이 확실하다. 정교회의 전통 안에서 발견되는 예수기도에서는 다음과 같은 네 가지 요소를 구분할 수 있을 것이다:

(1) "예수"라는 거룩한 이름을 부름
(2) 죄로 인한 애통함을 느끼면서 하나님의 자비를 구함
(3) 빈번하게, 또는 계속해서 반복하는 훈련
(4) 비추론적인, 또는 부정적(apophatic) 기도에 도달하려는 소원.

두번째 요소와 세번째 요소는 이미 4세기 이집트, 특히 니트리아(Nitria)와 스케티스(Scetis) 사막의 영성에서 발견된다. 『사막 교부들의 금언』에서 지적하는 바와 같이, 초기의 수도사들은 언제 어디서나—교회에서 예배시 기도할 때에만 아니라 하루 종일—신적 임재의 의식, "하나님에 대한 기억"을 유지하고자 했다. 은둔자 테오판의 경우와 마찬가지로, 그들에게 있어서도 "쉬지 말고 기도하라"

(살전 5:17)라는 바울의 말은 곧 모든 행동에 기도가 동반되고 스며들어야 한다는 의미였다. 그들의 표현을 빌자면, "서서 기도할 때에만 기도하는 수도사는 결코 진정으로 기도하는 것이 아니다."[22]

사막 교부들이 매일 행하는 작업은 보통 바구니를 짜거나 골풀로 멍석을 짜는 것과 같은 단순한 수작업(手作業)이었다. 이러한 작업을 하면서 "하나님에 대한 기억"을 보유하기 위한 방법으로서, 시편이나 수도사가 암송하고 있는 성경 본문을 암송하는 일이 장려되었다. 그리고 길다란 성구를 암송하기보다는 같은 구절을 되풀이하여 암송하는 것을 권장했다. 이처럼 짧은 성구나 정식을 되풀이하는 관습은 존 클리마쿠스 시대에는 "독백 기도"(monologic prayer)—하나의 말씀(*logos*)이나 구로 이루어진 기도—라고 알려졌다. 수도사는 이러한 독백 기도를 통해서 수작업, 즉 "외면적인 작업"을 하면서도 기도의 "내면적 작업"을 병행할 수 있었다. 『금언』에서는 "사람은 언제나 내면적으로 일을 하고 있어야 한다"고 했다.[23] 테오판 주교는 그 목표를 다음과 같이 요약했다:

두 손으로는 작업을 하면서, 정신과 마음은 하나님과 함께 하라.[24]

처음에는 다양한 정식들이 되풀이 하여 사용되었다. 어느 수도사는 시편 51편 1절, "하나님이여, 주의 인자를 좇아 나를 긍휼히 여기시며…"[25]을 되풀이하여 암송했고, 어느 수도사는 끊임없이 "내가 범죄하였사오니, 하나님이여 나를 용서하소서"라는 말씀을 암송했다.[26] 이 두 경우에, *penthos*와 통회의 요소가 두드러진다. 카시안은 자신이 이집트에서 경험한 것을 토대로 하여 시편 70편 1절—"하나님이여 속히 나를 건지소서 여호와여 속히 나를 도우소서"—을 되풀이하여 사용할 것을 권했다(『집회서』 10.10). 때때로 사부 마카리우스가 제안한 기도에서처럼, 간단히 "주여, 도우소서"라고 줄여서 사용하기도 했다(그러나 여기서 반복적 사용에 대해 명시적으로 아무 것도 말하지 않는다).[27] 『사막 교부들의 금언』에는 예수의 이름을 포함하는 기도문이 몇 개 있지만, 그 이름을 특별히 우위에 두지 않았고, 그 이름이 헌신을 위한 결정적인 초점으로 작용하기 시작하지 않았다.

초기 이집트는 우리가 언급했던 네 가지 요소 중 두번째 요소와 세번째 요소—penthos와 독백 기도—를 뒷받침하는 분명한 증거를 제공한다. 그러나 예수님의 이름을 특별히 부르는 것인 첫번째 요소를 보여주는 증거는 제공하지 않는다. 네번째 요소인 비추론적 기도와 "생각을 제거하는 것"에 대해서는 4세기에 에바그리우스가 가르쳤다. 그러나 그는 여기에서 사막에서 자기 주변에서 생활하던 콥트인 수도사들이 아니라 오리겐이나 카파도키아 교부들을 의존했다. 사실, 철학 교육을 받지 못한 무식한 사람들인 대부분의 콥트인 수도사들은 "신인동형론자"였다. 그들은 창세기 1장 26절을 문자적으로 이해하여 인간의 형태를 하나님께 돌렸다. 그들은 비형상적이고 부정적인 기도의 의미를 거의 이해하지 못했다. 에바그리우스는 개념과 형상들을 부인하라고 촉구했지만, 어디에서도 이러한 "순수한" 기도를 실제로 성취할 수 있는 특별한 방법을 제안하지는 않았다. 그는 "간략하고 강력한 기도를 사용하라"[28]라고 말했지만, 이 충고를 지성을 버리는 것과 연결하지는 않았다. 그러므로 네번째 요소인 비추론적인 기도는 이집트 수도원 운동의 초기에 이미 알려져 있었지만, 처음에는 세번째 요소인 반복 훈련과 연결되지 않았다.

비록 가장 초기의 증거는 이집트가 아니라 소아시아와 그리스 북부의 것이기는 하지만, 5세기에 "예수-중심"의 영성이 출현하기 시작했다. 안키라의 닐루스(Nilus of Ancyra, 430년경 사망)는 그의 많은 서신들 중 네 곳에서 끊임없이 예수의 이름을 기억하고 부르는 것을 옹호했지만, 이러한 언급들은 우연적인 것으로서 산발적으로 등장한다. 닐루스보다 약 한 세대 후에 활동한 포티케의 디아도쿠스의 가르침에서는 예수기도가 중심을 차지한다. 그는 네 가지 요소들 중 세 가지를 밀접하게 연결했으며, 예수의 이름을 거듭해서 부르는 것이 비추론적 기도를 획득하는 방법이라고 보았다. 그러나 그는 두번째 요소인 *penthos*, 또는 내적 슬픔을 특별히 우위에 두지는 않았다.

디아도쿠스는, 어떻게 해야 우리의 분해된 기억을 다시 통일시킬 수 있느냐고 물었다. 어떻게 해야 항상 활동하는 우리의 지성을 쉼 없는 상태에서 고요의 상태로, 다원성에서 "적나라"(nakedness)의 상태로 가져갈 수 있는가? 디아도쿠스의 대답은 다음과 같다:

> 우리가 하나님을 기억함으로써 지성의 모든 출구를 차단해 버리면, 지성(*nous*)은 활동하려는 욕구를 만족시켜줄 과업을 우리에게 요구한다. 그 목적을 완전히 성취하기 위해서, 우리는 오직 "주 예수" 기도만 하면 된다…지성으로 하여금 끊임없이 그 내면의 성소에서 열심히 이 구절에 집중하게 하면, 지성은 어떤 정신적 이미지에게도 관심을 갖지 않게 된다.[29]

디아도쿠스가 "오직 '주 예수' 기도만"이라고 말한 것에 유의해야 한다. 4세기 이집트에는 다양한 정식들이 있었지만, 이제는 다소 통일되어 가고 있다. 이렇게 끊임없이 반복함을 통해서 예수기도는 한층 더 자발적이고 "자동적"(self-acting)이 된다. "어머니가 자녀에게 자기와 함께 '아버지'라는 단어를 되풀이하여 발음하도록 가르침으로써 자녀로 하여금 잠자는 동안에도 아버지를 부르는 습관을 형성하게 해주듯이, 영혼은 자신의 묵상을 함께 하고 '주 예수'라는 말을 함께 되풀이 해줄 은혜를 소유한다."[30]

그러므로 동방 기독교의 본문들 안에 흔히 등장하는 표현을 사용한다면 예수기도는 지성이나 마음을 "지키는" 방법이 된다. 비록 말로 하는 기도이기는 하지만, 예수의 이름을 부르는 것은 아주 간단하고 단순하기 때문에 기도자로 하여금 언어를 초월하여 살아 있는 하나님의 침묵에 도착할 수 있게 해준다. 디아도쿠스는 여기서 형상 없는 기도를 권하면서 그러한 기도를 획득하기 위한 실질적인 방법을 제안함으로써 에바그리우스보다 확실하게 진보했다. 그의 저서 『영지론』(Gnostic Chapters)은 예수의 이름에 초점을 두고서 독백적인 반복과 모든 생각을 벗어버리는 것을 통일시키는데, 예수기도의 역사에서 지극히 중요한 촉매 역할을 한다.

이레네 오셰르(Irénée Hausherr)의 말에 의하면, 디아도쿠스는 널리 보급되어 있던 의미에서 예수를 "기억하는 것"만 염두에 두었을 뿐, 하나의 특수한 정식을 통한 분명한 기원을 염두에 두지는 않았다.[31] 그러나 『영지론』의 어법은 단순히 예수라는 인물을 회상하는 것 이상을 함축한다. 그러나 디아도쿠스가 "주 예수"라는 단어 뒤에 "불쌍히 여기소서"와 같은 표현이 따라야 한다고 의도했었는지는 확실치 않다. 어쨌든, 그는 "예수"라는 이름만 부르는 것을 제안하지는 않았다. 레프 길레(Lev Gillet)는, 예수기도가 "예수"라는 단어를 독자적으로 사용하는 것에서부터 시작했다고 주장하지만, 이것은 그럴 듯하지 못한 주장이다.[32] 초대 시대의 것으로서 현재 남아 있는 모든 증거들은 그와 정반대로 그 거룩한 이름이 다소 긴 기도 정식의 일부였다고 제안한다.

예수기도의 "표준적인" 형태라고 규정지을 수 있는 것이 처음으로 분명하게 언급된 것은 6, 7세기의 일이다. 바르사누피우스(Barsanuphius)와 가자의 존(John of Gaza, 6세기초), 그리고 그들의 제자인 도로테우스(Dorotheus)에게서, 우리는 "주 예수 그리스도시여, 나를 불쌍히 여기소서"라는 형태를 발견한다(여기에는 "하나님의 아들"이라는 표현이 없다). 바르사누피우스도 "예수여, 나를 도우소서"와 같은 짤막한 표현을 권했다.[33] "주 예수 그리스도, 하나님의 아들이시여, 나를 불쌍히 여기소서"라는 표준적 형태는 6세기나 7세기초의 이집트 수도사인 사부 필레몬(Abba Philemon)의 전기에서 발견된다.[34] 시나이와 관련된 세 명의 저자, 존 클리마쿠스(7

세기), 헤시키우스(Hysychius, 8-9세기?), 그리고 필로테우스(Philotheus, 9-10세기?)도 예수기도에 대해 언급했지만, 이들 중 누구도 정확한 기도의 정식을 제공하지는 않았다. 그들은 디아도쿠스의 견해에 가깝게 동의했으며, 예수기도가 내적 주의를 통일시키며 정신에서 모든 형상들을 제거하며, 헤시키아를 획득할 수 있는 방법이라고 여겼다. 그러나 예수기도의 초기의 발달이 주로 시나이에서 이루어졌다고 돌리는 것은 잘못된 일이다.[35] 시나이는 초기의 증거에서 예수기도와 관련되어 있는 여러 중심지들 중 하나일 뿐이다. 사실상 가장 오래된 증거들은 시나이에서 유래된 것이 아니며, 그 역할은 예수기도의 전통을 만들어내는 것이라기보다는 그것을 전달하는 것이었던 듯하다.

5세기부터 8세기 사이에, 예수 기도는 동방 기독교권에서 하나의 인정된 영성적 "길"로서 등장했다. 그러나 그것이 보편적으로 사용되었다고 생각해서는 안된다. 몇 가지 예를 들어보면, 아레오파고 사람 위-디오니시우스, 고백자 막시무스, 시리아의 이삭, 새로운 신학자 시므온 등의 저서에는 이 기도가 전혀 언급되지 않는다. 14세기 초에 시나이의 그레고리(Gregory of Sinai, 1346년 사망)는 "헤시키아(hesychia), 또는 지성과 관상을 지키는 것"을 실천하는 데 대한 안내를 구하기 위해서, 아토스 성산에 갔다. 문맥을 볼 때, 예수기도가 이 전반적인 묘사에 포함된 것이 분명하다. 그는 처음에는 자기를 도와줄 사람을 전혀 발견할 수 없었다. 그는 여러 번 탐문한 후에야 비로소 이 문제에 관해 어느 정도의 식견을 가진 세 명의 수도사를 발견할 수 있었다. 그의 제자요 전기 작가인 칼리스토스(Kallistos)가 주장하는 바에 의하면, 다른 사람들은 모두 "활동적인 생활"을 추구하는 데에만 관심을 가지고 있었다.[36]

14세기에, 특히 시나이의 그레고리의 저술들을 통해서 예수기도는 널리 알려졌다. 1782년에 『필로칼리아』(*Philokalia*)가 출판되면서 이 기도 사용이 더 촉진되었다. 『필로칼리아』는 고린도의 마카리우스(Macarius of Corinth)와 성산의 니코데무스(Nicodemus of the Holy Mountain)가 신령한 글들을 편집한 방대한 전집이다. 『필로칼리아』의 번역본들로 말미암아 러시아와 루마니아에 예수기도가 더 잘 알려지게 되었고, 지난 40년 동안 많은 서방의 기독교인들도 그 기도를 사용하게 되었다. 과거에는 그 기도가 주로 수도원을 중심으로 제한되게 사용되었지만, 오늘날 그것은 많은 평신도들의 영성 생활의 일부가 되어 있다. 예수님의 거룩한 이름을 부르는 것이 오늘날처럼 널리 귀하게 여겨지고 실천된 적은 없는 듯하다.

예수기도를 사용하는 데 특히 도움이 되는 세 가지 방법이 있는데, 그중 하나는 내면적인 방법이고, 나머지 둘은 외면적인 방법이다. 내면적으로 도움을 주는 방법으로서 신령한 교부나 "장로"(그리스어로는 *gerōn*, 또는 *geronta*; 슬라브어로는 *starets*)의 개인적인 지도가 중요한 역할을 한다. 사막 교부들의 시대 이후로 정교회의 가르침에서는, 그리스도 안에서의 삶의 모든 면에서 그렇듯이 예수기도의 사용에 있어서 순종의 필요성을 강조했다. 『금언』(*Apophthegmata*)에 다음과 같은 글이 있다:

> 만일 젊은 사람이 자신의 의지에 의해서 천국으로 올라가고 있는 것을 보거든, 그의 발을 붙잡아 끌어 내리시오. 그것이 그 청년에게 유익하기 때문입니다.[37]

스투디오스의 테오돌(Theodore of Studios, 795-826)은 "참된 아버지, 하나님 안에서의 아버지(father-in-God)보다 더 바람직한 것이 무엇이 있겠는가?"라고 물었다(『편지』 1.2 [*PG* 99, col. 909B]). 『순례자의 길』을 읽는 사람들은 순례자의 구도에 있어서 장로(*starets*)가 행한 결정적인 역할을 기억하게 될 것이다. 정교회의 문서에서는 신령한 아버지(abba)와 신령한 어머니(amma)를 언급한다.

예수기도의 실천에 도움을 주는 두 가지 외면적인 방법 중에서 첫번째 방법은 기도의 밧줄(그리스어로는 *komvoschionion*, 러시아 어로는 *chotki*)을 사용하는 것이다. 이것은 가톨릭 교회의 로사리오 와 비슷한 것으로서, 구슬이 아니라 매듭지어진 양모로 만들어진다. 이것이 예수기도와 결합되어 사용되었음을 보여주는 최소한 250-300년 전의 증거를 찾을 수 있다. 그보다 더 오래 전부터 사용되었을 수도 있다. 기도 밧줄의 주된 목적은 기도를 한 횟수를 세는 데 있는 것이 아니라 규칙적이고 운율적으로 기도하게 하는 데 있다. 만일 기도할 때에 두 손도 나름의 역할을 한다면 기도에 집중하기가 쉽다는 것은 경험으로 알 수 있는 사실이다.

두번째 방법은 호흡 조절을 포함하는 육체적인 기법인데, 예수기도와 관련하여 권장되어 왔다. 이 방법이 어디서 기원한 것인지는 잘 알려져 있지 않다. 초대의 저자들은 "네가 호흡하는 것보다 더 자주 하나님을 기억하라"고 충고한다(나지안주스의 그레고리,『강론』27 4[*PG* 36, col. 16B]). "우리는 쉬지 않고 호흡하듯이, 쉬지 말고 하나님을 찬양하고 노래해야 한다"(Nilus of Ancyra『편지』*1* 239[*PG* 79, col. 169D]). 아마 여기에서의 의미는 은유적인 것에 불과한 듯하다: 쉬지 않고 호흡을 해야 하듯이, 우리의 일부인 기도도 쉬지 말아야 한다. 그러나 존 클리마쿠스는 보다 명확하게 말한다: "예수에 대한 기억이 너의 모든 호흡에 임재하게 하라," 또는 "너의 호흡과 하나가 되게 하라"(『사다리』단계 27). 헤시키우스는 한층 더 구체적으로 말한다: "예수기도를 너의 호흡과 결합하라" (『경성과 거룩에 관하여』2.80[*PG* 93, col. 1537D]).[39] 여기에서는 은유적인 의미가 배제되지는 않았다. 그러나 존과 헤시키우스가 예수 기도를 구성하는 단어들과 호흡 작용의 리듬 사이에 일종의 조정을 염두에 두고 있었을 가능성이 있다. 콥트어로 된 마카리우스의 집록(7-8세기?)에는 한층 더 분명하게 표현되었다:

"호흡을 할 때마다 '나의 주 예수 그리스도시여, 나를 불쌍히 여기소서. 내가 당신을 송축합니다. 나의 주 예수 그리스도시여, 나를 도우소서'라고 기도하는 것은 쉽지 않은가?"[40]

이러한 어법에는 단순한 유비 이상의 것이 포함되어 있으며, 분명히 어떤 호흡법을 지적한다.

그러나 상당히 세월이 지난 후인 13, 14세기의 그리스어 자료에서 비로소 그러한 신체적 방법에 대한 분명하고 상세한 증거를 발견할 수 있다. 그러나 이 시대의 묘사도 결코 완전하지 못하다. 신중을 기하려는 이유 때문에, 그 기법의 많은 면이 문서에 기록되지 않았고, 다만 각각의 영적 교부가 자기 제자들에게 구두로 그것을 가르쳤다. 두 개의 짧은 논문에 가장 완전한 기록이 제공되어 있다: 13세기말에 아토스 산에서 활동한 수도사, 니세포루스(Nicephorus the Hesychast)의 저서인 『경성과 마음을 지키는 것에 관하여』; 그리고 『세 가지 기도의 방법에 관하여』(이 글은 새로운 신학자 시므온[949-1022]의 것이라고 하지만 연대적으로 그보다 후대의 것으로서 니세포루스의 것일 가능성이 많다).[41] 시나이의 그레고리와 칼리스토스, 그리고 익나티우스 크산토포올로스(Ignatius Xanthopoulos, 14세기말)의 저술에서 보충적인 세부 내용이 발견된다.

그 방법에는 세 가지 특징이 있다:
(1) 특별한 자세를 취한다. 머리와 어깨를 구부리고 앉아서 마음이 있는 곳, 또는 배꼽을 응시한다.
(2) 호흡하는 속도를 늦춘다. 그리고 숨을 내 쉴 때와 들이 쉴 때에 맞추어 예수기도의 단어들을 조정한다. 『순례자의 길』에서는 심장 박동에 맞추어서 그 기도를 하기도 한다. 그러나 13, 14세기의 본문에서는 전혀 그러한 암시가 없다.
(3) "내면 탐구"(inner exploration) 훈련을 통해서, 정신과 신체가 상관되어 있는 중심지들, 특히 마음에 주의를 집중한다. 숨을 들이쉴 때에 지성을 마음 안으로 내려 보냄으로써 "마음 안에서 지성이 드리는 기도"(prayer of the intellect in the heart)를

일으킨다. 이 "헤시카스트"의 방법은 요가(Yoga)나 수피즘(Sufism)에서 사용하는 방법과 놀랄 만큼 유사하다. 그러나 직접적인 영향을 받았다는 증거를 발견하기는 어렵다.

니세포루스가 제안한 기법을 제멋대로 무절제하게 사용하게 되면 신체적으로나 정신적으로 해롭다는 것은 쉽게 증명할 수 있었다. 그리고 실제로 니세포루스 시대의 정교회에서는 그것이 완전한 형태로 사용되는 것이 거의 없었다. 숙련된 스승의 개인적인 지도를 받을 필요가 있었다. 그러나 그레고리 팔라마스(Gregory Palamas)는 신체적 방법이 인간에 대한 건전한 교리에 입각한 것이라고 옹호했다. 몸과 영혼은 하나의 완전한 통일체를 형성하므로, 영혼은 물론이요 몸도 기도에서 적극적인 역할을 해야 한다는 것이다. 그러나 사실 그는 그 방법에 우선적인 중요성을 부여한 것은 아니며, 그 방법이 주로 초심자들에게 유용하다고 보았다.[42] 어쨌든 그것은 도움을 주는 외적인 방법 불과하며, 심신과 상관된 기법을 전혀 사용하지 않고서도 완전하게 예수기도를 드릴 수 있을 것이다.

현대의 정교회 저술가들은 이전 시대의 가르침을 요약하면서 예수기도를 실천하는 데 있어서 세 가지 단계를 구분한다:

(1) 예수기도는 큰 소리로 암송하는 "입술의 기도"(口誦 祈禱)로서 시작한다. 처음 단계에서는 그 기도의 단어들 자체를 충실하게 되풀이 해야 한다는 필요성을 크게 강조한다. 초심자들은 자신이 단번에 말이 필요 없는 마음의 기도로 전진하고 있다는 생각에 미혹되지 말고, 온 힘을 이 일에 집중해야 한다.

(2) 그 기도는 점차 내면적인 것이 되어, "지성의 기도"(prayer of the intellect), 또는 정신의 기도가 된다. 이 단계에서는 그 기도를 소리 내어 드리지 않고 내면적으로 기도하게 될 것이다. 의식 안에서 끈질기게 떠오르는 심상들은 부드럽고 확고하게 제거되거나 밀쳐지며, 정신적인 심상이나 개념이 동반되지 않는 그리스도의 직접

적인 임재에 대한 의식이 한층 강력해진다.

 (3) 마지막으로, 그 기도는 지성의 기도에서 마음의 기도로 내려간다. 이 때에 지성과 마음은 하나가 된다. 따라서 그 기도는 "마음의 기도"(prayer of the heart), 보다 정확하게 표현하자면, 마음의 기도 안에 있는 지성의 기도가 된다. 즉 전인(whole person)으로 드리는 기도가 된다. 극히 드물게, 그러한 기도가 끊임없이 계속될 수도 있겠지만, 대부분의 경우 그 기도는 간헐적으로 잠시 동안 획득되는 특별한 상태이다. 마음의 기도는 결코 예수의 이름을 부르는 모든 사람들에게 자동적으로 주어지는 것이 아니며, 그것은 하나님의 은총의 특별한 선물이다. 그것은 단순히 인간의 노력의 결과가 아니라 우리 안에서 활동하는 신적 에너지의 결과이다: "내가 아니요 오직 내 안에 계신 그리스도"(갈 2:20). "내 안에 계신 그리스도"의 기도와 마찬가지로, 예수기도도 보다 깊은 차원에 도달하면 "자기 활동적"인 것이 되며, 카톨릭 교회의 신비 신학에서 "주부적 관상"(infused contemplation)이라고 칭하는 상태로 이어진다. 이제 영혼은 활동적이 아니라 수동적이 된다. 위-디오니시우스의 표현을 빌자면, "…신적인 것들에 대해서 배우는 데 그치는 것이 아니라 직접 경험한다"(『신명론』2.9[*PG* 3, col. 648B]).

영적 여행의 종착점 찬란한 어두움

 이 삼중적 방법의 종착점인 하나님과의 관상적 합일은 동방 교회에서도 서방 교회에서와 마찬가지로 빛과 어두움이라는 상징을 사용하여 묘사된다. 어두움이라는 상징은 특히 알렉산드리아의 클레멘트(유대인 저자 필로의 방법을 의지했음), 닛사의 그레고리, 아레오파고 사람 위-디오니시우스에 의해서 사용되었다. 이 저자들은 신비적 상승을 나타내주는 본보기로서 "암흑" 속에 계신 하나님을 만나기 위해서 시내 산으로 올라가는 모세를 취했다(출 20:21). 이 맥락에서 암흑은 십자가의 요한의 신학에서 "감각의 어두운 밤"처럼 정화(purification)를 위한 예비 단계를 의미하는 것이 아니라, 신적 신비를 대면하는 궁극적인 합일을 의미한다. 그러나 암흑이라는 상징보다도 거룩한 빛이라는 상징이 더 자주 사용된다. 그것은 이레니우스, 오리겐, 나지안주스의 그레고리, 에바그리우스, 마카리우스의 설교, 새로운 신학자 시므온, 그레고리 팔라마스 등에 의해 사용되었다. 이 저자들은 시내산의 암흑이 아니라 모세가 본 "청옥을 편 듯이 청명한 하늘"(출 24:10)과 에스겔이 본 병거(겔 1장. 이것은 유대교의 신비주의에서도 중요하게 다루어진다), 그리고 변화산에서 예수께서 얼굴이 변화되신 것 등을 본보기로 삼았다. 물론 어떤 경우에든지, 그 묘사는 상징적인 것에 불과하다. 위-디오니시우스가 지적했듯이, 하나님은 "빛도 아니고 어두움도 아니기" 때문이다(『신비신학』 5[PG 3, col. 1048A]).

새로운 신학자 시므온(Symeon the New Theologian)은 어떤 저자들보다 더 뚜렷하게 신적인 빛을 그의 영적 가르침의 중심에 두었다.

> 우리는 하나님이 빛이심을 증거한다. 또 그분을 뵈올 자격이 있다고 여겨진 사람들은 모두가 빛이신 그분을 보았으며, 그분을 받은 사람들은 빛이신 그분을 받았음을 증거한다. 왜냐하면 그분의 영광의 빛이 그분보다 앞서 가기 때문이다. 빛이 없으면 그분은 자신을 나타내실 수 없다. 그분은 빛이시므로, 그분의 빛을 보지 못한 사람들은 그분을 보지 못한 것이다. 그리고 그 빛을 받지 못한 사람은 은혜를 받지 못한 것이다.[43]

시므온은 아직 평신도였던 20세경부터 신적인 빛을 여러 차례 보았다. 그는 이 빛이 "비물질적인 것"이라고 했는데, 그것은 지성의 빛을 은유적으로 표현한 것은 아니었다. 그 빛은 실체와 감각을 초월하는 것이었지만, 그에게 있어서는 하나의 존재하는 실체요 감각을 통해서 볼 수 있는 것이었다. 그로부터 3세기 후에, 그레고리 팔라마스는 이 "비물질적인 빛"을 하나님의 피조된 것이 아닌 에너지들과 동일시함으로써 이 빛의 특성을 분명하게 설명했다. 그의 주장에 의하면, 이 에너지들은 하나님 자신, 행동하시는 하나님이지만, 하나님의 본질과는 구분되어야 한다. 하나님의 본질은 인간이 알 수 없는 것이며, 이 세대에서나 다음 세대에서나 누구도 그 본질에 참여할 수 없다. 그러나 시므온은 어떤 때에는 팔라마스와 동일하게 이야기하는가 하면, 다른 경우에는 인간이 그 에너지에 참여할 수 있을 뿐만 아니라 하나님의 본질에도 참여할 수 있다고 말했다.

시므온의 견해에 의하면, 하나님은 모든 이해를 초월하는 신비이다. 따라서 비록 때때로 시므온은 우리가 하나님의 본질에 참여한다고 말했지만, 이것은 우리가 하나님을 철저하게 알 수 있다는 의미가 아니다. 시므온의 견해에 의하면, 신적인 빛을 본다는 것은 하나님께서 주시는 피조된 은사를 경험하는 것이 아니라 하나님 자신과의 합일이다. 더욱이 그것은 변모시키는 합일이다. 시므온은 자신이 관상한 빛에 참여하는 것, 그리고 그 자신이 빛으로 변화되는 것을 알고 있었다. 그의 『신적 사랑의 찬미』에는 다음과 같은 찬송이 들어 있다:

오, 말로는 형언할 수 없기에 사람이 이름을 붙일 수 없는 빛이여,
만물 안에서 작용하기에 많은 이름을 가진 빛이여…
그대는 어떻게 떨기나무와 어울리는가?
어떻게 그대는 계속 불변하며, 철저히 접근할 수 없는 빛이면서,
떨기나무의 본질이 소멸되지 않게 보존하는가?

어떻게 그것을 변화시키지 않으면서도 완전히 변형시키는가?
그것은 떨기나무로 남아 있으면서도 빛이지만,
빛이 떨기나무는 아니다.
그러나 빛이여, 그대는 전혀 혼동이 없이 떨기나무와 결합하며,
떨기나무는 빛이 되는데, 아무 것도 변화되지 않은 채 변형된다.[41]

여기에서 시므온은 기본적인 신비적 역설을 지적한다. 즉 하나님은 미지의 존재이시면서 동시에 잘 알려진 분이라는 것, 만물을 초월하시면서도 어디에나 편재하신다는 것이다. 전적 타자(Wholly Other)는 동시에 특이하게 우리와 가까이 계시며, 계속 초월적 존재로 존재하시면서도 사랑의 합일 안에서 피조된 인간들과 결합하신다. 우리 인간은 이 합일에 의해서 "신화"되며, 우리의 인격적 정체성을 상실하지 않고서 완전히 신적 생명에 들어간다.

우리가 지금까지 언급한 대부분의 저자들은 우선적으로 다른 수도사들을 위해 저술한 수도사들이었다. 그러나 그렇다고 해서 그들이 수도원 환경이 아닌 곳에서는 헤시카즘(hesychasm)과 예수기도를 사용하는 것이 불가능하다고 간주했다고 여겨서는 안된다. 그와는 반대로, 그들은 이 방식이 보편적인 가치를 가지고 있다고 보았다. 새로운 신학자 시므온은, "아내와 자녀, 많은 하인들과 재산, 그리고 세상에서 탁월한 지위를 가진 사람"도 "하나님을 보는 일"(vision of God)에 도달할 수 있으며, "반드시 동굴이나 산이나 수실이 아니라 도시 한복판에서 살면서도 지상에서 천국 생활"을 살 수 있다고 주장했다.[45] 시나이의 그레고리(Gregory of Sinai)는 제자인 이시도어(후일 총대주교가 됨)에게 아토스 산을 떠나 데살로니가로 가서 도시 한복판에서 평신도들의 영적 지도자로 활동하라고 말했다. 그레고리 팔라마스(Gregory Palamas)는 "쉬지 말고 기도하라"는 명령을 수도사들 뿐만 아니라 모든 기독교인들에게 예외 없이 적용해야 한다고 주장했다. 니콜라스 카바실라스(Nicolas

Cabasilas)는 다음과 같이 기록했다:

> 모든 사람들은 자신의 기술이나 직업 생활을 계속할 수 있다. 장군은 계속 군대를 지휘하며, 농부는 계속 땅을 경작하고, 기술자는 계속 기술자의 삶을 살 수 있다. 아무도 자신의 생업을 포기할 필요가 없다. 사막으로 들어가거나 자신에게 익숙하지 않은 음식을 먹거나 평소와는 다른 옷차림을 하거나, 자신의 건강을 해치는 등 무모한 일을 할 필요가 없다. 왜냐하면 자기 집에 머물면서 생업을 포기하지 않고서도 지속적인 묵상을 실천할 수 있기 때문이다.[46]

예수기도를 사용하는 법을 배운 현대의 기독교인들은 직접 경험을 통해서 카바실라스의 말이 진리임을 입증할 것이다. 예수기도는 짧고 간단하기 때문에, 언제 어디서나, 특히 근심이나 스트레스 때문에 복잡한 형태의 기도가 불가능할 때에 시행할 수 있는 기도이다. 예수기도는 우리 각 사람으로 하여금 "도시의 헤시카스트" (urban hesychast)가 되어, 외면적인 압박들의 와중에서도 내적으로는 고요함의 은밀한 중심지를 보존하며, 어디로 가는지 마음 속에 자신의 사막을 소유할 수 있게 해준다.

주(註)

1) Quoted in Igumen Chariton of Valamo, *The Art of Prayer: An Orthodox Anthology* (London: Faber & Faber, 1966) 63.
2) *The Sayings of the Desert Fathers: The Alphabetic Collection,* trans. Benedicta Ward (London: Mowbray, 1975) Macarius the Great 19 (p. 131).
3) *The Sayings*, Arsenius 27, 30 (trans. Ward, pp. 13, 14).

4) Origen *Commentary on John*, fragment 80.
5) Origen *Commentary on the Song of Songs*, prologue (ACW 26, 1957) 40-41.
6) Theodoret *The Cure of Pagan Maladies* 5 (*PG* 83, col. 952BC).
7) Gregory of Palamas *Triads in Defence of the Holy Hesychasts* 2.2.19-22; 3.3.15. See Gregory Palamas, *The Triads,* ed. John Meyendorff; trans. Nicholas Grendle (New York: Paulist Press, 1983).
8) Diadochus of Photice *Gnostic Chapters* 17, in G. E. H. Palmer, P. Sherrard, and K. Ware, *The Philokalia* (London: Faber & Faber, 1979) 1:258.
9) Evagrius of Pontus *Prakikos* 81 in *Evagrius Ponticus: The Praktikos: Chapters on Prayer*, trans. John Eudes Bamberger (Spencer, MA: Cistercian Publications, 1970) 36.
10) *Praktikos* 92, in *Evagrius Ponticus*, 39.
11) *On Prayer* 67, 71, 120, as translated in Palmer et al., 63, 64, 68.
12) See the translation by A. J. Malherbe and E. Ferguson, *Gregory of Nyssa: The Life of Moses* (New York: Paulist Press, 1978) 95-96.
13) Gregory of Nyssa *Commentary on the Song of Songs* 6 and 11, in *Gregorii Nysseni in Canticum Canticorum,* ed. H. Langerbeck (Leiden: Brill, 1960) 183, 324.
14) *On Prayer* 35, as translated in Palmer et al., 60.
15) *Homilies,* collection H, 15.20 and 33.See A. J. Mason, *Fifty Spiritual Homilies of St. Macarius the Egyptian* (London: S.P.C.K., 1921) 116, 122.
16) John Climacus, *The Ladder of Divine Ascent*, trans. C. Luibheid and N. Russell (New York: Paulist Press, 1982) step 28, p. 281.
17) P. Reps, *Zen Flesh, Zen Bones* (Harmmondsworth: Penguin Books, 1971) 155.
18) *Prakikos* 36, in Bamberger, 25.
19) *On Love* 1, 9; *Letter* 2(*PG* 91, col. 401B); Palmer et al., 2:54, 171.
20) *Mystic Treatises,* trans. A. J. Wensinck (Amsterdam: Akademie van Wetenschappen, Verhandelingen, XXIII, 1, 1923) 212.
21) See *From Glory to Glory: Texts from Gregory of Nyssa's Mystical Writings*, ed. Jean Daniélou and Herbert Musurillo (New York: Scribner, 1961; repr. Crestwood, NY: St. Vladimir's Seminary Press, 1979) 54.

22) F. Nau, ed., *Apophthegmata*, the Anonymous Supplement, § 104, *Revue de l'Orient chrétien* 12 (1907) 402. 초기 기독교에서 정상적인 기도 자세는 무릎을 꿇거나 앉는 것이 아니라 서는 자세였다.
23) F. Nau, ed., Anonymous Supplement, §241, *Revue de l'Orient chrétien* 14 (1909) 363.
24) Chariton, p. 92.
25) *The Sayings*, Lucius 1 (trans. Ward, p. 121).
26) *The Sayings*, Apollo 2 (trans. Ward, p. 36).
27) *The Sayings*, Macarius the Great 19 (trans. Ward, 131).
28) *On Prayer* 98, as translated in Palmer et al., 1:66.
29) *Gnostic Chapters* 59, as translated in Palmer et al., 1:270.
30) *Gnostic Chapters* 61, as translated in Palmer et al., 1:271.
31) Irénée Hausherr, *The Name of Jesus*, 220-29.
32) Lev Gillet, "A Monk of the Eastern Church," 68. 이 견해와 반대되는 것으로 Hausherr, 104를 보라.
33) See F. Neyt, "The Prayer of Jesus," *Sobornost* series 6, no. 9 (1974) 641-54.
34) See Palmer et al., 2:348.
35) As is done, for example, by "A Monk of the Eastern Church," 24; Hausherr, 279-80의 비평을 보라.
36) Patriarch Kallistos, *Life of St. Gregory of Sinai* 7; cited in K. Ware, "The Jesus Prayer in St. Gregory of Sinai," *Eastern Churches Review* 4(1972) 5.
37) F. Nau, ed., Anonymous Supplement, §244, *Revue de l'Orient chrétien* 14 (1909) 364.
38) Trans, C. Luibheid and N. Russell, 270.
39) 번역본으로는 Palmer et al., 1:195를 보라.
40) See A. Guillaumont, "The Jesus Prayer among the Monks of Egypt," *Eastern Churches Review* 6 (1974) 67.
41) 이 두 저서를 번역한 영역본에 대해서는 E. Kadloubovsky and G. E. H. Palmer, *Writings from the Philokalia on Prayer of the Heart* (London: Faber & Faber, 1951) 22-34, 152-61을 보라. See I. Hausherr, *La méthode d'oraison hésychaste*(Orientalia Christiana 9, 2[36]; Rome, 1927).
42) *Triads* 1.2.7 (ed. Meyendorff and trans. Gendle, 45).
43) *Discourse (Catechesis)* 28, in *Symeon the New Theologian: The*

Discourses, trans. C. J. de Catanzaro (New York: Paulist, 1980) 298.
44) *Hymn* 28.114-15, 160-67, in *Hymns of Divine Love by St. Symeon the New Theologian* (Denville NJ: Dimension Books, n.d.) 150-51.
45) *Discourse* 5 and 6 (trans. de Catanzaro, 93, 123).
46) Nicholas Cabasilas, *The Life of Christ,* trans. C. J. de Catanzaro (Crestwood, NY: St. Vladmir's Seminary Press, 1974) 173-74.

참고 문헌

Hausherr, Irénée. *The Name of Jesus. Kalamazoo,* MI:Cistercian Publications, 1978.

Lossky, Vladimir. *The Mystical Theology of the Eastern Church.* Translated by the Fellowship of St. Alban and St. Sergius. Cambridge: James Clarke, 1957; reprint, Crestwood, NY: St. Vladmir's Seminary Press, 1976.

_____. *The Vision of God.* Translated by A. Moorhouse. London: Faith Press, 1963; reprint, Crestwood, NY: St. Vladmir's Seminary Press, 1963.

Louth, Andrew. *The Origins of the Christian Mystical Tradition: From Plato to Denys.* Oxford: Oxford University Press, 1981.

Maloney, George A. *The Mystic of Fire and Light: St. Symeon the New Theologian.* Denville, NJ: Dimension Books, 1975.

Meyendorff, John. *St. Gregory Palamas and Orthodox Spirituality.* Crestwood, NY: St. Vladmir's Seminary Press, 1974.

Gillet, Lev. "A Monk of the Eastern Church," In *The Prayer of Jesus.* New York; Desclée, 1967.

Regnault, L. "La prière continuelle 'monologistos' dans la littérature apophtegmatique," *Irénikon* 47 (1974) 467-93.

2 서방 교회

쟝 레크레르크(Jean Leclercq)

    고대에 서방으로 전해진 기도의 이해 및 실천은 11세기말 이전까지는 거의 발달하지 않았다. 그러다가 11세기말에 묵상의 방법들과 관련하여 변화가 일어났다. 이러한 발달에 있어서 수도원운동이 결정적인 역할을 했다. 먼저 일반적인 기도에 대한 근본적이고 영속적인 개념을 설정하고 나서, 그 다음에 이 기도의 여러 가지 형태 중에서 "묵상"의 출현과 발달의 위치를 정하며, 마지막으로 수도적 기도는 그 기도가 존속하며 열매를 맺을 수 있는 환경을 만들어준 "생활 방식"과 뗄 수 없다는 점을 상기해야 한다.

6-11세기: 기도의 통일성 및 그 실천에서의 다양성

    기도의 통일성과 다양성은 기도를 지칭하는 용어들 안에서 분명히 나타난다. 9세기에 활동한 성 마이클의 스마라그두스(Smaragdus of St. Michael)는 그가 발휘한 영향력 및 그가 제시한 종합 때문에 중요한 증인이 된다.[1] 기도에게 주어진 명칭들은 다양했지만, 그것들은 모두 하나의 실체가 지닌 상이한 양상들, 즉 하나의 공통된 행위가 지닌 다양한 움직임이나 상이한 단계들을 표현하려는 시도였다. 이 명칭들은 허다한 본문들의 경우에서처럼 어느 정도는 서로 교환하여 사용될 수도 있고, 혼동되어 사용될 수도 있다. 몇 가지 예를 살펴 봄으로써, 우리는 최소한 이러한 용어들 중 특정한 것의 적절한 의미를 식별하며 그것들이 표현하는 사상들 사이에 존재하는 유대를 인식할 수 있다.

주요 관심사는 주님의 가르침에 따라 쉬지 않고 기도하는 데 있었다(눅 18:1). 어거스틴은 소원이 있어야만 쉬지 않고 기도할 수 있다고 분명하게 주장했다. 쉬지 않고 시행하는 다성 기도(choral prayer)가 제정된 중세 수도원 운동 시대는 유일한 예외였지만, 끊임 없는 기도는 부분적으로는 항상 각 사람이 자신의 유익을 위하여 마음의 고요 안에서 개인적으로 행해졌다. 그럼에도 불구하고, 수도생활은 하나의 목표로서 방해함이 없이 세상에서 가능한 모든 형태와 분량까지 기도를 증진시킬 수 있는 것으로 제시되기도 했다. 어떻게 하여 이 목표가 모든 사람들이 성취할 수 있는 바람직한 것으로 판단되었고 성인들에 의해 성취되었는가? 영을 하나님 안에 사로잡혀 있게 만들며, 정상적인 인간 심리에 일치하여 영의 주의력을 유지할 수 있게 해줄 여러 가지 "훈련"을 교대로 행함에 의해서이다. 그 어휘 자체가 기도생활이 그렇게 이해된다는 결론을 암시한다.

*Oratio*는 영이 어떤 본문에서 차용한 단어의 중재를 받지 않고서 하나님과 대화하며 하나님과 연합할 때에 발생한다. 전통적으로 *oratio*에 필요한 세 가지 조건—*pura, brevis, frequens*—이 있는 것으로 간주되었는데, 그것은 *oratio*가 취한다고 가정되는 세 가지 특성과 일치하며, 각각 나머지 두 가지 조건에로 흘러간다. "순수함"(*pura*): 정신이 분산됨이 없이 기도해야 한다. 일반적으로 이런 상태를 오래 유지할 수는 없으므로, 순수한 기도는 "간결"(*brevis*) 해

야 한다. 그러나 우리는 이렇게 짧은 기간 동안만 집중하는 것에 대한 보상으로 그것을 "자주"(*frequens*) 되풀이할 수 있다. 이것이 서방 기독교 전통의 일관된 가르침이다. 이것은 예를 들자면 어거스틴, 카시안, 베네딕트, 힐데마르(Hildemar), 라바누스 마우루스(Rabanus Maurus), 아르브리셀의 로버트(Robert of Arbrissel) 등에게서 발견된다. 심오한 행위인 기도는 "개인적인 것", "홀로 행하는 것", "인격적인 것"이라고 지칭되었다. 그것은 자발적이고 신속한 감탄문들, 즉 "화살"(ejaculatory) 기도문들—이것은 남의 눈을 피해서 다른 영적 활동들 사이에서 행해졌기 때문에 "은밀한"(furtive) 기도라고 불리기도 했다—로 구성될 수 있다. 그것은 개인적으로, 또는 공동체 내에서 시편 영창을 한 뒤에 행할 수 있었다. 그런 경우에 그것은 다른 형태의 기도나 성가 영창과 교대로 행해질 수 있었다. 그 두 가지는 서로 섞였다. 그것들 사이에는 연속성과 병합이 이루어졌다. 그것들은 마치 동일한 것이 된 듯했다.

기도와 독서

*oratio*는 종종 *lectio*와 제휴되었다. 후자는 기도 생활에 반드시 필요한 것이었다. 학자들은 많은 문헌들을 연구한 결과 이러한 결론에 도달했고, 또 그 이유를 발견할 수 있었다. 수도원 성인전은, 수도사들이 독서를 실천해야 한다고 생각한 방법, 그리고 그들의 심리학에서 그것이 지녔던 중요성을 어렴풋이나마 알게 해준다. 금욕적 훈련들이 그렇듯이, 그것은 필수적으로 지켜야 하는 일, 사람이 영적 전통에 입문할 때에 통과해야 하는 정상적인 통로들 중 하나였다. 그것은 수도사들이 자기 자신을 알고 성찰하며 자신이 어떻게 변해야 하는지 숙고하기 위해서 사용하는 수단이었다. 그것은 절대적으로 필요한 것이 되었다. 일부 수도사들은 심지어 말을 타고 여행을 하면서도 독서에 힘썼다. 울스탄(Wulstan)에게는 독서가

필수적인 것이 되어, 오후에 낮잠을 자는 동안에도 누군가가 그 앞에서 읽어 주어야 했는데, 혹시 읽던 사람이 잠시 읽는 일을 멈추면 잠에서 깨어났다고 한다. 그의 전기 작가인 맘즈베리의 윌리엄(William of Malmesbury)은 다음과 같이 덧붙여 말했다: "사람들은 그에게 성인들의 전기를 비롯하여 여러 가지 교훈적인 책을 읽어주었다"(*Life of Wulstan* 3.3). 그는 기본적으로 성경 및 다양한 성경 주석을 읽었다. 독서할 때에는 주의를 집중해야 했고, 독서가 지녀야 할 특성 중 하나로서 가장 강조되는 것은 연속성이었다. 간략한 *oratio*와는 달리, *lectio*는 오랫동안 행할 수 있었다. 또 그것은 가능한 한 자주 행해야 한다고 간주되었고, 그리하여 그것과 연관되는 기도를 자주 해야 한다는 점에 기여했다. 이 모든 훈련은 마음을 깨끗하게 하기 위한 것이었다. 왜냐하면 그것들은 행위자를 주님과 연합해 주기 때문이다. 따라서 빈번함이라는 요소는 일종의 연속성이 되었다. 최소한 그러한 것이 이상적인 프로그램이었다.

   *lectio*는 *oratio* 다음에 행해졌는데, *oratio*는 그 행위자로 하여금 다시 독서에 임할 수 있게 해주고, 촉진해주고, 지속할 수 있게 해주었다. 그러나 *oratio*는 계속 목표로서 존재했다. 그것은 사람이 도중에서 멈추지 말고 반드시 도달해야 할 목표였다. *lectio* 안에서 하나님이 자신을 계시하시며, *oratio* 안에서 사람이 자신을 하나님께 드린다. 그러므로 이 둘은 분리될 수 없었고, 수도사들은 이 두 가지에 전념해야 했다. 그들은 이 둘을 필요에 따라 임의적으로 교대로 행함으로써, 이 둘이 서로 섞여 심지어 동일한 것이 되게 해야 했다. 예를 들어, 우리는 마르세이유의 이사른(Isarn of Marseille)에 관해서 "그의 독서는 곧 기도였다"라는 글을 대할 수 있다. 그의 전기 작가는 "그는 독서에 있어서 지성의 가르침보다는 마음의 감명을 구했다"고 했다(*Life f Isarn* 1.9). 이와 같이 그는 영적 독서 안에서 쉬지 말고 기도하라고 하신 주님의 말씀을 수행하는 수단을 보았다.

29. Transfiguration of Christ, Apse, Church of the Virgin, Monastery of Catherine, Mount Sinai, 6th century

마지막으로, 기도생활의 형태와 표명들 중 하나, 그 실천 중의 하나는 *meditatio*이다. 이 단어는 때로 복수형으로 사용되지만 일반적으로는 단수로 사용되며, 두 개의 전통—성서, 그리고 고대의 교육 방식—에서 전용한 하나의 수행을 지칭한다. 이 점과 관련하여 두 전통은 어느 정도 관련되어 있는데, 그것들은 중세 시대에 출현했다. 우리는 최소한 각 전통에서 전용된 것이 무엇인지를 식별할 수 있다. 성서와 랍비 학파들의 전통을 따르자면, 묵상은 주로 단어와 어구를 되풀이하여 발음하는 행동이 기본이 되는 기억 행위(act of memory)이다. 라틴 교회의 교수법에서는, 때때로 깊은 사색(reflection)을 향한 노력을 강조했다. 어떤 경우이건 간에, 실제로 이 두 전통에서 유래된 수행은 그 전통들 나름의 요소들을 결합했으므로, 묵상 역시 동일한 특성을 지녔다.

첫째, 묵상의 목표는 일차적으로 본문을 읽는 것이었다. 읽은 다음에는 그것을 소리를 내어 반복했다. 이것은 결코 개념들에게만 전념하는 추상적인 행위가 아니었다. 그것은 언제나 성경을 통해서 전달되었으며 주석가들에 의해 설명된 하나님의 말씀을 묵상하는 것이었다. 성서의 책들 중에서도 전통적인 기독교적 관점에서 해석된 시편은 특별히 묵상에 적당한 책이었다. 그것은 영혼 안에 그리스도의 임재를 유지시켜 주었다.

둘째, 묵상은 강요가 없이 실천되었다. 독서에 의해서 충분히 묵상하려는 마음을 품게 되었다. 본문의 자극을 받아 주의 집중이 이루어지는데, 이 상태가 사라지는 것은 곧 깊은 사색의 불을 다시 붙이기 위해서 다시 읽어야 할 시간이 되었다는 표식이었다. 그러므로 묵상은 시간이나 방법의 구애를 받지 않았다. 사실상, 그것은 방법의 부재를 함축하고 있었다. 특정의 문법적 규칙을 따르는 *lectio*와는 달리, 그것은 "자유로운" 활동이었다. 따라서 묵상은 독서의 연장(延長)이요, *oratio*를 위한 준비였다. 그것은 관상(觀想)을 일으키며, 하나님의 말씀과 행위에 대한 경모심을 유도했다.

마지막으로, 묵상은 신적 신비들에로 주의를 환기시키며 영에게 그것들에 대해 고찰할 수 있는 자유를 준다는 이유 때문에, 즐거운 영적 활동이었다. 그것은 한 번도 견인이나 어두운 시기들을 견뎌내는 인내나 무미건조한 시기들에서의 담대한 견인을 시험하는 기준으로 제시된 적이 없었다. 그것은 "즐거운 것" 또는 "향기로운 것"이라고 불렸고, 근본적으로 성경 본문들과 연결되어 있었다. 이러한 형태를 갖는 묵상은 기독교인들이 유혹과 싸우며 하나님과의 일치를 유지하는 데 필요한 행위들 중 하나였다.

성서와 전례(liturgy)

기도는 성무일과(Divine Office)의 틀 안에서 실천되었고, 결과적으로 전례에 의해서 형성된 분위기 안에서 실천되었다. 기독교의 전통에서(그리고 회당 예배에서도) 성무일과의 모든 부분은 독서와 찬송(중세 시대에는 시편 영창이라고 불림)의 요소를 번갈아가며 행하는 것으로 이루어졌다. 여기에는 시편만이 아니라 성서 및 성서 외의 다른 찬미들, 그리고 기타 기도의 정식들과 침묵 시간이 포함되었다. 특히 철야기도나 밤에 행하는 성무일과의 경우가 여기에 해당되는데, 이것을 위해서 방대한 성경 본문들이 수집되었다: 성구집(聖句集), 설교 집성, 순교자 수난기. 성무일과 때에 행하는 독서는 *lectio divina*라고 한다. 물론 *lectio divina*는 성무일과의 일부로서 행해지는 독서에만 한정되지는 않았다. 그러나 성무일과 중에 행해지는 독서는 성무일과의 요소들 중 하나였고, 완전하게 행해진 독서는 성무일과를 보완해주었다. 모든 독서의 "자료"는 최우선적으로(*par excellence*) 성서, 즉 성경이었다. 그러나 이것은 전통과 상관 없이 활용되지는 않았다. 마찬가지로, 전례와 관련된 책들은 항상 교부들의 저술들을 주석한 것이었는데, 교부들은 하나님의 말씀의 씨앗을 출발점으로 하여 교회의 교리를 만들었다. 여기에 기술된 독서의 종류는 그 실천 방법에 의해서 구분된다. 그것은 학문적 연구와 동일시되지 않았고, 또 열정을 가지라는 권면들과도 동일시되지 않았다. lectio는 도덕적 행동을 위한 교훈들을 초월하여 기도 자체, 그리고 인간 사회 안에서 하나님의 말씀을 위한 봉사에 전인이 참여할 것을 가르쳤다. 어떤 형태의 봉사에 참여하는지는 각 사람의 분별력과 관대함에 맡겨졌다. lectio는 엄격한 의미에서의 하나의 "학과"(lesson)를 가르치는 것이 아니라, 통합적이고 영구적인 것의 형성에 기여했다. 그것은 영적 추구를 지원해주는 모든 행위, 또는 학습의 유인들이 기도가 될 수 있는 환경이 되는 지성(mentality)을 만들었다. 그것은 결코 정신 집중 행위나 학문적 탐구 행위가 아니었다. lectio는 평온하고 여유로운 묵상, 사랑의 성향, 성경 해석이나 적어도 그 결과에 대한 열렬한 관심 등을 촉진시켜 주었다. 그것은 성서적 학문에 의해 다루어진 문제들이 종교적인 문제로 머물러 있게 되는 영적 분위기, 사람이 언제나 신비한 방법으로 영감 받은 저자들, 특히 그리스도의 경험에 참여하는 법을 배울 수 있는 믿음의 분위기를 창조하였다.

평온한 사색과 기억의 요소를 지닌 독서는 사람으로 하여금 쉽고도 지속적으로 하나님을 기억하게 만드는 경향이 있었다. 카시안의 표현을 빌자면, 이처럼 "영속적으로 하나님을 기억하는 것"(『집회서』10.10)은 인간의 기억을 깨끗이 하여 그 본래의 직감적이고 자유로운 기능들을 발휘하게 해준다. 이와 같이 무엇인가를 암기하는 것은 자신이 이미 읽거나 들은 것을 적극적으로 다시 표현하며, 내면화하며, 상상할 수 있게 해준다. lectio는 거룩한 상상력을 발달시켜 주었다. 그것은 자신이 믿는 것을 아는 것이 아니라 그것과 다시 친숙해지는 것 또는 새로운 방법으로 발견하는 것—그것에 새로이 동의하며 그것을 사랑의 경험으로 옮기는 것과 관련된 것이었다.

이 구조가 지닌 특별히 중요한 면은 기도 생활에서 시편을 사용하는 방법이었다. 시편은 성서의 요약이었다. 거기에는 성서의 인물들과 사건들에 대한 암시가 가득했으며, 동시에 성서를 요약하고 그 사건들을 이미 기도로 변형된 방법으로 회상했다. 성서는 기도에 관한 가장 훌륭한 주석이었다. 시편이 없었다면 성서는 하나님의 임재 안에서 찬송하기 위해서 하나님의 감화 하에 지어진 이 시편 특유의 찬송가적 표현이 결여되었을 것이다. 전례는 연구할 가치가 있는 역사적이고 문학적인 문서로서의 시편이 아니라 하나님의 백성들의 모든 역사에서 경건과 문화의 발달에 기여한 일종의 기도의 표현으로서의 시편에 대한 이해와 감상을 가르쳤다. 이것은 충분한 기도 속에서 읽고 해석한 전통적인 방법에 따라 시편을 읽는 것을 전제로 한 것이었다. 시편은 경건의 오랜 진보, 점진적이고 발전적인 형성을 증거해 주었다. 시편은 문자 그대로의 의미로 이해되어서는 안되는 것이었다. 전례는 시편의 심오하고 영속적인 진리 및 그 표현의 아름다움에 대한 식견을 양성해 주었다. 이 예술적 작품들의 집성을 시적으로 읽는 일은 사람들로 하여금 하나님의 성령이 그것들을 지어 하나님의 백성들에게 준 독창성을 이해하는 데 도움을 주었다. 시편은 종종 신약 성서에 의해서 구약성서를 조명하거나, 역으로 구약 성서에 의해서 신약 성서를 이해하는 효과적인 과정에서 매우 유익하게 사용되기도 했다.

전례는 시편의 세계에 들어가기 위한 열쇠들을 제공했다. 성경 강독, 교송 성가, 서곡(序曲), 개요, 제목, 본기도(本祈禱), 그리고 전통적으로 사본들에서 시편 전후에 수록되어 있는 다른 기도문들 등을 통해서 전례는 그 주제들을 펼쳐 놓았다. 이러한 기독교에서의 시편 해석은 전례의 전통 안에서 기도의 학교로 발달했다. 성서의 여러 책에서 발췌한 본문들을 나란히 배열하면서 사용한 전례의 시적인 형식을 통해서 각각의 본문은 나머지 본문들에게 새로운 빛을 비추어 주었다. 그 결과 특히 성가 영창과 의식(儀式)이 추가될 때에 특이한 미학적 장르가 생겨났다. 미적 분위기에서 읽혀지는 본문들은 다른 경우보다 더 심오한 인상을 남겼다. 클레르보의 버나드는 "노래하는 자만이 들을 수 있다…"고 기록했다(『아가서 설교』 1.6.11).[2]

예배가 개인적인 것이 아니었기 때문에 *lectio*도 역시 개인적인 것이 아니었다. 그것은 항상 교회와 연합하여 행해졌고, 교회로부터 전통적으로 전해내려 온 본문들을 받았다. 그러므로 *lectio*는 교회를 통해서, 그리고 반드시 교회를 위해서 행해졌다. 그것은 교회의 영속적이고 보편적인 특성에의 참여를 촉진시켰다. 전통적으로 이러한 교제에 도달하는 데서 선호된 방법들 중에 하나는, 신자들이 생활하고 읽고 기도하는 바로 그 환경 안에서 다른 사람들과 교제하는 것이었다. 이 행동은 "대담"(colloquy), "회의"(conference), "대화"(conversation) 등의 용어로 묘사된다. 오늘날 우리는 "함께함"(sharing)에 대해서 즐겨 말하는데, 이 단어는 중세 시대의 개념에 정확하게 일치한다. 그들은 이러한 상호 교환 안에서, 각 사람이 주고 받는 이러한 기회 안에서, 자연스럽게 *lectio*를 보완해주는 요소를 보았다. 성 마이클의 스마라그두스는 다음과 같이 기록했다:

> 독서보다는 대화하는 것이 더 좋다. 대화는 쉽사리 학습으로 이어진다. 실제로 질문을 제기함으로써 불명료한 점을 피할 수 있다. 종종 이의를 제기한 결과로서 감추어졌던 진리가 밝혀지기도 한다. 우리는 상담을 하면서 모호하거나 불명료한 것을 즉각적으로 발견할 수 있다.(『수도사들의 왕관』 [PL 102, col. 636AB])

그 이전에 대 그레고리(Gregory the Great)는 다음과 같이 인정했었다:

> 거룩한 말씀 안에 나 혼자서는 이해할 수 없는 많은 것들이 담겨 있을 수 있는데, 나는 종종 형제들과 함께 있는 동안에 그것들의 의미를 파악할 수 있었다.(『에스겔 설교』 7.1.8[*PL* 76, col. 843])

수도원에서는 이 "함께 함"(sharing)은 lectio와 결합되며 흔히 "밤 독서"(night reading)라고도 불리는데, 만과(晚課)나 종도(終禱) 전후에 행해진다. 이러한 노력으로 말미암아 lectio는 점차 열매, 기쁨의 열매를 맺었다. 제롬은 논평하기를, lectio는 "영혼으로 고생하게 하기 위한 것이 아니라 영혼의 기쁨과 교훈을 위해서 필요하다"고 했다(『편지』 130,15). 중세 시대의 어느 수도사는 "전혀 수고함이 없이"라고 덧붙이곤 했다. 최초의 발견 뒤에는 철저한 탐구가 따랐으며, 그 결과 경이를 경험하게 되었는데, 이 경험은 지속적인 것이 되는 경향이 있었다. 수도사들은 고대인들이 강조했었던 이 즐거움(frui)에 대해 말했다. lectio는 기도의 모든 활동들 및 다른 활동들—독서 전후에 행하는 연구, 복음 전파 및 목회 사역, 공동체적 교제 등—을 통합한다는 점에서 평화를 가져왔다. 무엇보다도 성서는 모든 기도를 뒷받침해주었다. 성서는 차례로 읽어야 할 책들의 연속이 아니라 전적으로 그리스도에게 중심을 둔 특이하고 신비한 어떤 것의 전개였다. 그것은 궁극적으로 우리가 그리스도를 찾는 데 도움을 준다. 그리하여 우리의 삶과 체험에 그리스도 안에 있는 것을 가져다 준다. 즉 그리스도를 만나고 그의 성령을 받고, 그분의 신비한 몸과의 교제에 들어가게 해준다. 하나님의 말씀으로 기도하면서 그 말씀을 읽는 것, 오늘의 시대를 포함하여 여러 시대를 거쳐온 전통에 따라 하나님에 대해서 읽는 것, 하나님에 대해 공부하는 것 등은 모두 하나님의 임재를 우주 전체에 빛내기 위해서 생생하게 하나님을 만나기 위한 방법이었다. 스마라그두스는 대 그레고리가 사용했던 개념과 용어를 부활시켰다. 그는 기도와 시편 영창에 대해 논하고 나서 하나님 사랑과 이웃 사랑에 대해 논하기 전에 독서와 교제에 대해 다루면서 다음과 같이 기록했다:

성경은 그것을 읽는 사람과 함께 싹을 내고 성장한다. 무식한 독자들은 그것을 탐구하게 되지만, 교육을 받은 사람들은 그것이 항상 새롭다는 것을 발견한다.(『수도사들의 왕관』 3[PL 102, col. 598A]).

관상기도(觀想祈禱)

중세 시대 사람들은 기도 행위가 지닌 바 부지런하고 빈번하고 반복해서 행해야 한다는 특성을 전하기 위해서 수도사들을 반추 동물에 비유했다. 이것을 나타내는 본문들은 무척 많다. 그중 하나가 반추의 여러 단계를 지칭하는 단어들을(씹음, 미각, 소화 및 그 결과들) 영적 활동에 적용하는 것의 정당성을 옹호한 성 제라르(St. Gerard of Brogne)의 전기이다(『제라르의 생애』 20).[3] 이러한 상징들은 사람의 삶이 신성과 융합하고 기도가 성장하기 위해서, 하나님의 말씀을 인간의 삶과 통합하는 일의 중요성을 보여 주려는 것이었다. 이 모든 수행(실천)들은 중세 시대에 "영성 훈련"(spiritual exercise)이라고 불린 수행을 구성하며, 이 표현이 단독으로 사용되었다는 사실은 다양한 "훈련들" 사이에 존재하는 통일성을 나타내준다. 독서, 묵상, 기도 등은 금욕주의와 보속과 뗄 수 없는 관계를 지닌다. 보속이 그렇듯이, 그것들은 회개를 전제로 하며, "관상"으로 이어진다고 생각되었다.

관상(*contemplatio*)이라는 용어는 종종 *lectio, meditatio, oratio* 등과 연결되곤 했다. 이 용어는 올바르게 이해되어야만 한다. 그것은 오로지 관상 생활 단계에 속하는 것으로서 특별하고 희귀한 단계인 수준 높은 기도의 상태들만 일차적으로 지칭한 것이 아니다. 여기에서 사용된 단어들—*oratio, lectio, meditatio* 등—은 "관상기도"를 구성하는 행위들과 영적 태도들을 지칭한다.

관상기도에 대한 묘사는 후대에 보다 발달된 기사들이나 실질적인 논문들의 대상이 되기 전에도, 이미 13세기초부터 특히 성인들의 전기에 빈번하게 등장했다. 그러나 성인전이건 성인전이 아니건 간에, 이러한 문서에 기록된 것은 고대의 자료들이 드러내 주는 것과 일치한다. 기도가 기도를 예비해주고 확장시켜주는 여러 가지 영적 활동에 둘러싸여 있을 때에, 그것은 언제나 하나의 통일된 활동의 문제요, 관상생활의 문제였다. 만일 기도의 행동이 일반적으로 간단한 것이었다면, 기도의 상태는 지속적이고 습관적인 것이 될 수 있었을 것이며, 또 그렇게 되어야만 했다. 그것은 하나님께로의 주의 집중과 묵상이라는 지속적인 태도로 구성되는데, 그러한 태도의 결과로 모든 것이 기도와 동경이 되었다. 이 마지막 단어는 이 모든 행위의 이유를 드러내 준다: "우리는 한두 차례만 기도에 전념하는 데 그치지 말고, 자주 부지런히 전념하며, 하나님으로 하여금 우리 마음의 소원을 알게 하며 우리의 음성을 들으시게 해야 한다. 이것이 '너의 간구가 하나님께 알려지게 하라'고 말한 이유이다. 끊임없이 부지런히 기도하면, 그 결과 하나님은 우리의 간구를 알게 되신다"(Bernard of Clairvaux 『대강절 설교』 9).[4]

11세기 이후

11세기말부터 기도의 활동들 중 하나가 특별한 부류의 문학의 대상이 되었는데, 여기에는 두 장르가 포함되었다. 첫째 장르는 어거스틴이 기도하면서 하나님이나 자기 자신에게 말한 본문들을 확장하는 것이다(예, 『고백록』과 『독백』). 페캄의 존(John of Fécamp, 1078년 사망)은 3권으로 편집된 긴 찬양과 탄원의 기도집을 편집했다. 『신학적 고백』이라는 제목의 그 책은 후일 짤막한 항목에 따라 나뉘었는데, 어거스틴 및 다른 저자들로부터 발췌한 유사한 발췌물들을 결합한 그 책은 『성 어거스틴의 묵상』이라는 제목으로 널리 읽혔다. 그것은 독자가 개인적인 독서의 대상으로 삼을 수 있는 정식들을 제공하려는 데 있었다. 안셀름(1109년 사망)은 『묵상과 기도』라는 문선(文選)을 저작했는데, 이것도 같은 장르에 속하는 것이었다.[5] 여기에는 전혀 조직적인 것이 없었다: 관건은 그저 *lectio divina*를 위한 자료를 제공하는 데 있었다. 또 힘든 것도 없었다: 훈련의 깊이를 판단하는 기준은 그것이 제공하는 즐거움이었다. 이와 유사하게, 본네발의 아놀드(Arnold of Bonneval, 1156년 이후에 사망)는 그리스도의 신비들을 다루는 본문들을 편집했는데, 그것들도 역시 동일한 방법으로 읽혀져야 했다. 후대의 편집자들은 이것들 중 일부에 『묵상집』이라는 제목을 붙였다. 성 티에리의 윌리엄(William of St. Thierry, 1148년 사망)도 『묵상 기도집』이라는 제목의 책을 출판했는데, 그것은 어거스틴이나 페캄의 존의 것이라고 추정되는 본문들의 장르와 유사한 것이었다. 시토회 수도사들 중에서 클레르보의 버나드는 자신의 논문 『새 기사도를 찬미하며』의 후반부에 거룩한 장소에서 성취된 그리스도의 신비들 각각에 관한 일련의 고귀한 고찰들을 삽입했다. 아엘레드(Aelred of Rievaulx)는 『은둔자들을 위한 규칙』에서 그리스도의 신비들을 관상하는 데 필요한 주제들을 제안했다. 이러한 본문들은 모두가 묵상적 독서를 위한 자료를 제공해 주었지만, 묵상의 본성에 관한 정교한 고찰이나 방법은 제공하지 않았다.

묵상의 본성에 관한 고찰이나 방법을 다룬 본문들은 베네딕트 수도회의 전통을 벗어난 곳에서 등장하기 시작했다. 성 빅톨 수도원의 휴(Hugh of St. Victor) 및 그의 이름을 빌어 저술들을 배포했던 수사 신부들은, 묵상을 기도의 여러 활동 중의 하나로 규정하여 그 위치를 과거 수도적 전통에서보다 더 정확하게 규정했다.[6] 이로 인해 몇 개의 분류 체계가 생겨났는데, 그것은 갈수록 더 체계적이 되었지만, 아직 이러한 활동들 각각에 참여하는 방법은 포함하지 않았다. 카르투지오 수도회의 구이고 2세(Guigo II, 1188년경 사망)의 저서 『수도사들의 사다리』에도 같은 사실이 적용된다. 이러한 구분들과 윤곽을 토대로 하여 후일 묵상 및 그와 관련된 행동들을 실천하는 방법이 출현하여 발달했다. 이러한 두번째 문학 장르는

"체계적인 기도"(methodical prayer)를 장려하기 시작했다.

여기에서는 상상력이 강력한 위치를 차지하고 있었다. 버나드는 "우리의 상상력 안에 하강하시는" 성육하신 말씀이라는 개념을 제시함으로써 이러한 강조점을 정당화했다(『복된 동정녀 탄생에 관한 설교』 10).[7] 하나님은 우리의 상상력을 구원하고 성화시키기 위해서 처음에는 성경 안에서, 나중에는 성육신 안에서 자신을 보여 주셨으므로, 상상력을 선용하는 것은 우리로 하여금 하나님과 관련된 주요한 활동과 태도인 기도에 도달하는 데 도움이 된다. 12세기의 익명의 수도사, 아엘레드, 그밖에 후대의 많은 인물들은 버나드가 제시한 원리들을 실제로 적용하여 상상을 통해 가다듬은 묵상집을 제시했다.

부지런한 기도를 위한 조건과 그 효과

위에서 논했던 일련의 기도 활동들은 하나의 생활 방식, 즉 수도원 운동 안에서만 인식되고 실현되었다. 수도원 운동은 시대와 환경과 전통에 따라 여러 가지 변형된 요소들을 가지고 있었지만, 공통된 요소들도 포함하고 있었다. 모든 기도는 종종 시편 영창이라고 불린 것에 의해 도입되고 유지되고 성장했음은 말할 필요도 없다. 시편 영창이란 성무일과 전체를 포함하며, 시편을 기본적 본문으로 한 것이었다. 대부분의 수도원에서의 실질적인 삶의 역사는 일부 특별한 시대를 제외하고는 수도원들이 소수의 수사들과 수녀들을 포함하는 제한된 공동체를 이루고 있었음을 보여준다. 이러한 소규모 수도원들 중 다수는 복합적인 전례를 위해 필요한 모든 사본들을 마음대로 활용할 수 없었기 때문에 그 전례 생활이 제한되어 있었다. 그러나 성무일과는 가능한 모든 곳에서 다른 모든 기도를 활성화시켰고, 확대할 수 있게 해 주었다. 중단 없이 시편들을 연속적으로 암송하는 그룹들로 이루어진 *laus perennis*(연속적인 찬미) 6세기부터 8세기까지 특정한 곳에서만 이루어졌다. 길게 행해지는 시편 영창인 prolix(긴 찬미)는 지속적으로 실천된 것은 아니지만 클뤼니를 비롯한 여러 곳에서 실시되었다.

이 모든 기도에는 묵상이 포함되어 있었으며, 따라서 세속생활의 소음과 소동으로부터의 분리가 포함되어 있었다. 거기에는 금욕이 포함되었으므로 금식, 철야기도, 그리고 수도원의 계율 전체가 포함되었다. 또 침묵, 마음의 정화, 겸손, 회개, 인내 등이 포함되었다. 규칙적인 생활을 계속하는 데 따른 단조로움 때문에 발생하는 권태(taedium)는 수도사가 관대하게 받아들여야 할 자기부인의 형태 중 하나가 되었다. 다양한 종류의 작업도 일상생활의 일부가 되었다.

우리가 활용할 수 있는 모든 증거를 토대로 하여 판단하건대, 이 삶의 중심은 기도에 있었다. 거기에는 일상적인 활동들의 연속과 주기적인 전례의 전개에 의해 도입된 다양성이 포함되어 있었다. 그것은 환희나 슬픔이 없는 평화 및 모든 종류의 예술 활동에서 나타나는 고요한 기쁨을 일으켰다. 수도적 기도 생활이 요구하며 진작시키는 고요와 유유자적함(quies, otium)이야말로 예술적 창조력의 근원이었다. 그 삶이 만들어낸 모든 작업은 수도원 영성에서 상상력과 소망—철저하게 성서적인 상상력과 자발적으로 천상의 예루살렘을 향하는 소망—의 중요성을 증거해준다.

주(註)

1) 기도에 관한 Smaragdus의 주요 저서는 『수도사들의 왕관』(*Diadem of Monks*)으로서, *PL.* 102, cols. 593-690에서 발견될 것이다. 그는 『베네딕트의 규칙』에 대한 주석서도 저술했다.

2) *Sancti Bernardi opera*, ed. J. Leclercq et al. (8 vols; Rome: Editiones

Cistercienses, 1957-77) 1;8.
3) *MGH, SS* 15, p. 671.
4) *Sancti Bernardi opera*, 5:18.
5) 이 책에 수록된 베네딕타 와드(Benedicta Ward)의 글을 보라.
6) 이 책에 수록된 Grover Zinn의 글을 보라. .
7) *Sancti Bernardi opera*, 5:282.

참고 문헌

Bulter, Cuthbert. *Western Mysticism: The Teaching of Augustine, Gregory and Bernard on Contemplation and the Contemplative Life*. 3rd ed. London: Constable, 1967. .

Leclercq, Jean. *The Love of Learning and the Desire for God: A Study of Monastic Culture* New York: Fordham University Press, 1961.

_____. "*Otium Monasticum* as a Context for Artistic Creativity." In *Monasticism and the Arts*, 63-80. Edited by Timothy Gregory Verdon. Syracuse, NY: Syracuse University Press, 1984.

_____. "Prayer at Cluny." *Journal of the American Academy of Religion* 51 (1983) 351-65.

Rousse, Jacques, and Hermann Joseph Siebn. "Lectio divina." In *Dict. Sp.* 9, cols. 470-96.

Severus, Emmanuel von, Aimé Solignac, and Matthias Gossens. "Méditation." In *Dict. Sp.* 10, cols. 906-19.

Szarmach, Paul, ed. *An Introduction to the Medieval Mystics of Europe*. Albany: State University of New York Press, 1984.

Vaggagini, Cipriano, ed. *La pregheria nella Bibbia e nella tradizione patristica e monastica*. Rome: Biblioteca di cultura religiosa, 1978.

Vogüé, Adalabert, de. "*Orationi frequenter incumbere*: Une invitation à la prière continuelle." *Revue d'ascétique et de la mystique* 41 (1965) 467-72.

제17장
초대 교회의 순결관

피터 브라운(PETER BROWN)

일부 지역에서는 일찍부터, 300년경 이후로는 보편적으로, 남자나 여자 모두가 동등하게 실천한 순결(virginity)의 이상은 기독교회 내에서 도덕적으로나 문화적인 우위를 차지했으며, 종교개혁 시대까지 아무런 도전을 받지 않았다. 교회의 지도력은 성적으로 금욕적이라고 알려진 사람들의 수중에 들어갔다(그 속도와 정도는 기독교 종파에 따라 달랐다). 결과적으로 기독교 공동체의 권위의 구조와 주요한 이상은 유대교, 조로아스터교, 후일에는 모슬렘교 등 이교의 이상과 결정적으로 대조가 되었다. 유대인들은 4세기초 이라크의 감독인 아프라트(Aphraat)에게 "당신은 저주를 받아 무익함을 증가시켰다"고 말하곤 했다(Aphraat *Demonstration* 18.1). 존 크리소스톰은 "이 덕목은 인간의 본성을 초월하는 것이다. 그것은 인간사 안에서는 생소한 요인이다"라고 대답하곤 했다(*Religious Women* 1.5[PG 47, col. 514). 이런 이유 때문에 순결은 흔히 기독교 신앙의 초인적인 근원들의 표명으로 과시되기도 했다.

기독교에서 "순결"이라고 함은 일생 동안 성욕을 억제하는 것을 의미하는 경향이 있었다. 그러므로 육체적으로 순결한 상태는 여인들은 물론이요 남자들까지 포함하여 모든 인간이 갈망해야 할 상태로 간주되었다. 전통적으로 젊은 여인의 순결은 결혼하기 전까지는 가정에서 지켜 주어야 했다. 그러나 일반적으로 남성들이 더 성적 금욕을 선택했다. 여기에는 모든 성적 관계를 철저히 부인하는 것이 포함되었다. 젊은 사람이나 홀아비가 그러한 금욕생활을 할 수도 있고, 결혼관계를 유지하면서 성생활을 하지 않을 수도 있었다. 문제는 그러한 금욕생활을 영속적으로 유지하는 것이었다. 금식과 같이 일시적인 절제는 초대 교회 내에서 널리 실천되었다. 그러나 일시적인 성적 금욕에는 영속성이 결여되었기 때문에, 그것은 동일한 상징적 보호를 받지 못했다. 본 논문의 목적은 순결이라는 이상이 초대 교회에서 그처럼 탁월한 위치를 차지한 이유를 설명하는 데 있는 것이 아니다. 그보다는 4세기와 5세기의 기독교인들에게 있어서 그것이 정확하게 무엇을 의미했는지를 설명하는 것이 더 도움이 될 것이다. 그 시대에 아타나시우스, 닛사의 그레고리, 존 크리소스톰, 시리아인 에프렘(Ephrem), 암브로스, 제롬 등은 순결을 실천하는 것을 찬양하기 위해서 근래의 고전적 문화 중에서 기독교적 형태를 취한 모든 자료를 동원했다. 그들은 매우 솔직하고 정밀하게 그러한 이상이 지닌 인간적이고 사회적인 함의(含意)를 드러냈다. 그러므로 본 논문에서는 이러한 저자들이 말한 것보다는, 그들의 설교의 근저에 놓여 있는 진지한 관심사에 초점을 두려 한다.

성욕에 대해 현대적이고 포스트 청교도적(post-Puritan) 개념을 지닌 현대인들은 고대 지중해 연안 지역의 사람들에게 있어서 순결이라는 개념이 지녔던 함축된 의미를 하찮게 여기기 쉽다. 고대인들에게 있어서 그 개념의 중심은 우리가 자동적으로 생각하는 것처럼 하나의 목적으로서의 개인의 성욕 억제 자체에 있었던 것이 아닙니다. 우리는 고대 세계에서 사용되었던 그 비유적 표현의 정확한 의미에 충실해야 한다: 순결은 하나의 사회적 행위에 의해서 종식된다고 예상되는 상태였다. 처녀는 결혼에 의해서 자신의 순결을 상실하고 아이를 낳아 두 혈통이 섞여 새로이 출발하는 계기를 마련해야만 그 배우자만큼은 아니지만 분명하게 그 사회의 생산적인 구성원으로 간주되었다. 성교는 반드시 필요한 행위로서 거기에 따라 인류의 단결과 영속성이 좌우되었다. 다행히 그것은 상당한 개인적인 즐거움과 연결될 수도 있는 행위이기도 했다. 사실상 그것은 남녀 모두에게 있어서 인간의 감각 중에서 가장 즐거운 것이며, 그렇기 때문에 가장 억제할 수 없는 감각 중의 하나였다. 그러므로 순결을 잃는 것은 사회의 새로운 구성원이 되는 행위이기는 하지만, 동시에 인간이라면 누구나 누리고 싶은 달콤하고 거센 욕망과 개인적인 차원에서 결합하는 것이기도 했다. 이런 까닭에 개인적인 성 경험 및 그러한 경험을 하고픈 욕구는 결혼 관계에 함축된 사회적 의미와 뗄 수 없이 섞여 있었으므로, 순결에 관한 초기 기독교의 논문은 마치 성의 즐거움을 공격하는 글인 듯이 보인다. 그러나 그 논거는 분명히 다음과 같은 무언의 논리를 가지고 있다: 서로 연합하여 성적 충동의 힘과 즐거움을 받아들이는 것은 서로 연합하여 곧 기꺼이 결혼하려는 의도를 의미했다. 이것은 또 사회의 구성원이 되려는 의도를 의미했다. 그러므로 자신의 순결한 상태를 보존하고자 하는 사람들은 "인간의 본성 자체와 맞서 싸워야 한다"는 말은, 단지 충족되지 못한 성욕의 긴장 상태들과 맞서 싸우는 것만을 염두에 둔 표현이 아니었다. 이러한 내면적인 육체적 갈등들의 배후에는 무언의 거센 힘으로 개인을 휩쓸어 가서 결혼하여 자신의 자연적이고 사회적인 역할을 행하게 만들려는 위협, 자녀를 낳기 위해서 성적으로 활동하게 만들려고 위협하는 사회적 관습이라는 요인을 대적하게 만드는 노력이 놓여 있다.

그러므로 순결을 지지하는 것은 사회의 응집력의 토대들을 나타내는 하나의 다른 이미지에 전념하는 것이었다. 고대인들의 견해에서 보면, 아름답게 자란 잔디밭은 깎아 주어야 하며, 밭은 갈아주어야 열매를 맺을 수 있듯이, 순결도 상실되기 위해서 있는 것이었다.

그것은 청년과 처녀들이 육체적 성숙의 과정에 의해서 "결혼"이라는 영속적인 계약을 맺게 되는 과정 중의 한 단계에 불과했다. 그 한 단계만을 영구적으로 유지하는 것은 곧 결혼이라는 유익한 관계의 순환을 저지하는 것이며, 그러한 순환에서 생겨나는 결속을 부인하는 것이었다. 4세기에 이르러, 그러한 견해는 실질적으로 많은 좋은 지위에 있는 젊은 사람들이 "자기의 육체를 거룩하게 만들기로" 결심함으로써, 자신이 사회 안에서의 흐름을 벗어나서 순결 상태를 유지함으로써 자기 마음대로 육신을 다룰 권리가 있다고 생각하고 있음을 분명히 했다. 그리하여 육체는 더 이상 사회가 가하는 요구의 침투를 받지 않을 수 있었다. 그런 의미에서, 젊은 여인의 육체의 순결과 마찬가지로 젊은 남자의 육체도 사회의 침투를 받지 않고 흠 없이 보존될 수 있었고, 처녀는 남성들이 그렇듯이 바깥 세상에 대한 견고한 경계선으로 존재할 수 있었다. 사실 육체는 전통적인 사회 구조에 암시적으로 영향을 주는 선택을 함으로써 발휘하는 의지의 자유의 초점이 되었다.

이 개념이 지닌 근본적인 사회적 함의(含意)는 여러 가지 방법으로 표현되었다. 성적 금욕의 삶은 세상에서 "천사들의 삶"을 정확하게 본받는 것이라고 제시되었다. 이것은 사회 안에서의 삶(천국의 천사들보다 더 조화로운 무리가 어디에 있는가?)이지만, 결혼이나 가족이나 혈연관계 등의 유대에 의해서 형성된 것이 아닌 사회에서의 삶을 의미했다. 이것이 그리스도께서 "하나님의 아들들"에게 주신 약속에 대한 해석이었다: "사람이 죽은 자 가운데서 살아날 때에는 장가도 아니 가고 시집도 아니 가고 하늘에 있는 천사들과 같으니라"(막 12:25; cf. 마 22:29-30; 눅 20:34-36).

아담과 하와의 타락 이야기에 대한 해석은 언제나 아담과 하와가 지녔던 순결한 상태에 초점을 두었다. 랍비들의 창세기 해석과는 대조적으로, 아담과 하와는 성적인 존재 이전(presexual)의 존재요, 사회적인 존재 이전(presocial)의 존재로 제시되었다. 하나님께서는 그들이 결혼관계 안에서 서로에게 자신을 주어 에덴 동산 안에서 성관계에 의해서 하나님께서 의도하신 결혼을 완성하도록 지으신 것이 아니었다. 그와는 반대로, 아담과 하와가 그릇된 방법, 즉 성관계 안에서 결합한 것이 그들의 타락이었고, 그것은 필연적으로 그러한 행위로 이어졌다. 보다 급진적인 견해에 의하면, 타락 자체는 아담과 하와가 동물들을 모방하여 성관계를 가짐으로써 자신이 지녔던 천사 같은 상태를 버린 데 기인하는 것이었다. (닛사의 그레고리와 존 크리소스톰과 같은 저자들에 의해 표현된) 보다 덜 과격한 해석에서는, 결혼을 통한 위안, 성관계, 자녀 등을 원하는 인간의 욕구는 죽음에 대한 두려움 및 타락 이후에 즉시 임한 육체적 무상함에 대한 의식에서 솟아난다고 보았다. 어떤 경우이든지, 진실로 "인간적인" 사회―즉 하나님의 보좌 주위에 있는 천사들의 합창처럼 조화로운 것으로서 순수하게 자발적인 결합에 의해 형성된 사회―는 결혼 관계와 혈연 관계, 그리고 사람들이 타락 이후의 상태에서 동물 세계와 공유하는 성적 충동 등에 기초를 둔 현재의 인간 사회의 구조를 판단하는 척도가 되었다.

안타깝게도 우리는 사회에 대해서 "비신화화"(de-mystified) 된 견해를 가지고 있다. 더 이상 사회의 결집과 충원의 토대를 본성적인 충동들―성적 결합 및 결혼과 후손을 얻는 기쁨을 향한 충동들―의 성취에 있다고 주장할 수 없다는 점에서 그것은 자연적인 것이 못 된다. 현존하는 인간 공동체는 성적인 사회 계약으로 맺어진 인위적인 창조물에 불과하다고 간주된다. 아담과 하와와 마찬가지로, 각 사람은 자신의 육체를 사회에 복종시키거나 사회로부터 거두어들일 자유가 있다. 그리고 대부분은 소규모의 "타락"을 선택하는데, 그것으로 말미암아 연약해진 인간은 천사들의 조화로운 사회와 결합할 수 있는 자유를 쉽게 포기하고, 그 대신에 결혼한 사람들의 가시 돋치고 무상하고 더럽혀진 "교제"(communion)를 확장시키기로 결심한다.

이러한 견해들에 대해 가장 과격하게 해석하는 사람들은 대체로 창조의 이상, 사회적으로 무리를 짓는 것의 선택적인 형태에 몰두한 사람들임을 깨달아야 한다. 순결이라는 개념 및 아담과 이브의 이야기에 대한 과격한 해석은 자발적인 연합체로서의 기독교 공동체의 가능성들을 탐구할 수 있는 커다란 정서적 힘을 가진 개념적 도구들을 제공해주었다. 성적인 사회계약에 의해서 지탱되는 것이 아닌 사회는 여러 면에서 백지 상태(tabula rasa)이므로, 그것을 에워싸고 있는 세계 안에 있는 조류에 따라 대단히 다른 방법으로 스스로를 재구성할 수도 있을 것이다. 그 사회는 결혼 뿐만 아니라 정상적인 결혼관계와 관련된 다른 모든 "분리의 벽"들—노예 제도와 여성 배제 등—도 포기할 수 있었을 것이다.

초대 교회 안에는 이러한 급진주의가 놀랍게도 널리 퍼져 있었다. 현재 우리가 알 수 있는 바에 의하면, 그것의 뿌리는 엣세네파에서 증명되며 사해 사본에서 입증되는 바 유대교의 분파적인 조류에 있었다. 300년경에, 급진적인 집단들—학문적 편의상 Encratites("abstainers")라고 불림—을 기독교 공동체들의 주된 합의에서 분리하는 선이, 성적 금욕에 기초를 둔 완전한 사회의 재구성을 기독교인들이 공동체 전체에 적용할 것을 기대하는 급진주의자들과, "천사 같은" 결속이라는 강력한 희망은 엘리트들 사이에서만 작용해야 한다고 생각한 사람들 사이에 그어졌다. 54년에 바울이 고린도교회에 첫번째 편지를 보낸 이후로, 기독교 공동체들, 특히 도시 공동체들 내에는 그처럼 위험하고 매력적인 경험은 지도자들에게만 적용되는 것으로 한정하려는 강력한 경향이 있었다. 급진적인 조류는 끊임없이 확산되어 "금욕인들"(abstainers)의 소 집단들을 형성하는 경향이 있었다. 이러한 공동체들 중 다수는, 자기들이 아담과 하와의 타락 신화로부터 끌어낸 급진적인 결론들에 맞추어 생활했다. 그들은 공동체 내의 여성들을 속박하지 않음으로써 그 시대 사람들에게 놀라움을 주었다. 그 공동체 내의 여성들은 순결한 "형제들"과 쉽게 섞여 지내며, 종종 지도자 역할을 하기도 했다. 그러나 급진적 조류는 "위대한 교회"의 상위 계층으로 향했다.

이렇게 방향 전환을 한 급진적 조류는 하나의 물줄기와 충돌했다. 오리겐에게서부터 제롬에게 이르기까지 남성과 여성 모두에게 접근할 수 있는 유식한 엘리트 "동정인"(童貞人) 교사들의 출현, 소형 교체 사회로서 대규모의 수도원과 수녀원들이 출현하여 지중해 지역 전체에 걸쳐 안정된 세계의 한 구석에 자리를 잡은 것, 독신주의적인 상부 성직자들의 단체 정신 등은 결집력, 세월을 초월하여 살아 남으려는 의지, 그리고 정치적 공동체의 권위 등을 소유한 집단들을 교회 내에 만들려는 욕구에서 생겨났다. 그런데 그 집단에는 고대 정치적 공동체가 의존했던 하나의 요소, 즉 견고한 가족 관계와 혈연관계가 결여되어 있었다. 동정(童貞)의 상태는 "참된" 결속의 상태로, 따라서 "참되고" 영속적인 후손의 근원으로 찬양되었다. 우리는 이러한 과장된 어법이 단순한 수사학이라거나, 또는 많은 무익한 남성 육체와 빈 자궁 안에서의 생산적인 충동을 승화하고 있음을 나타내는 것이라고 간주하지 않도록 조심해야 한다. 우리는 그러한 주장 안에서 4, 5세기의 성직자들과 금욕인들이 지녔던 열정에 접할 수 있다. 그들은 스스로 생각하기에 가족 관계에 기초를 된 사회의 유기적 결속이 아니라 선택의 자유에 기초를 둔 사회를 건설하려는 소수의 특혜를 받은 사람들의 뜻인 바, 겉으로는 형태가 없는 것 같지만 견고한 토대 위에서 영구적인 제도들과 영속적인 문화 전달 체계를 만드는 일에 열정을 쏟았다. 이 일은 항상 그렇지는 않았지만 순결에 대한 그들의 고귀한 이론에 비추어서 행해졌다. 한편 어린이들은 그들의 의지와 거의 상관없이 수도원이나 성직자에게 증여되는 일이 빈번했다.

이러한 동기들이 표준적 형태의 순결 개념 안에 내포되어 있었다. 현대의 독자가 그것들을 다시 포착하는 것도 중요하겠지만, 고대 말기의 기독교인에게 발생했던 것이 그것들만은 아니었다. 신적인 것과 인간적인 것들 사이의 "중재"(mediation)의 형태로서 순결에 호소한 것 역시 중요하다. 닛사의 그레고리는 다음과 같이 기록했다.

> 동정녀 탄생 안에서, 순결은 하나님으로 하여금 인간들의 삶에 참여하도록 했고, 순결의 상태에서 인간에게 천국의 것들을 향한 소원을 날아갈 수 있는 날개가 주어졌다. 그러므로 순결은 인간과 하나님의 친밀함을 보장해주는 연결 고리가 되었다. 그리고 순결 상태의 중재에 의해서 완전히 상이한 본성을 지닌 두 존재의 조화로운 결합이 이루어진다.(*On Virginity* 2)

위와 같은 글을 읽을 때에, 우리는 그 당연한 결과를 기억해야만 한다. 왜냐하면 이것은 구조적 인간론이라는 최근의 전통에 의해서 발언되었기 때문이다. 즉, 비록 "종교의 중심 '문제'는…사람(Man)과 하나님(God) 사이에 일종의 다리를 다시 놓는 것이지만… '중재'는 언제나 일상적이고 '합리적인' 범주에서 보면 '변칙적인' 세 번째 범주를 도입함에 의해서 성취된다…그 중도(middle ground)는 변칙적이고 비자연적이고 신적인 것이다. 그것은 전형적으로 모든 금기(禁忌)와 의식적인 관례의 초점이다."[1]

사실상 순결이라는 상징 주위에는 언제나 무거운 역설의 의미가 둘러싸고 있다. 왜냐하면 여기에 등장하는 사람들은 성교(性交)의 결과로 태어난 평범한 남녀, 자신의 성적인 본성이 지닌 영속적인 힘을 너무나 잘 알고 있으며, 동료 인간들과 마찬가지로 먹고 자고 숨 쉬려는 욕구에 종속되며 결국은 죽을 운명을 지닌 인간들이기 때문이다. 그러나 그들은 동시에 세상에서 "천국의 천사들과 같은 생활"을 했고, 자신의 육체 안에 태초에 아담과 하와가 지니고 있었던 고결함을 보존하고 있었으며, "부활의 첫 열매"를 즐겼다. 그들은 종종 의식에 의해서 동료 인간들과 구분되어 특권을 받은 "그리스도의 신부"로 구분되었다. 4세기에는 결혼 예식에 기초를 둔 것으로서 수녀들에게 베일을 씌우는 예식들이 아주 명백해졌고, 구속력을 지니게 되었다. 그리고 남성의 수도 서원도 엄숙하게 행해졌다. 이 모든 일의 결과로서, 그들의 연약한 육체가 "성령의 전(殿)"이 된다고 여겨졌다.

이러한 관점에서 볼 때, 즉 순결한 육체를 인간적인 것과 신적인 것 사이에서 "변칙적인 중개자"로 여겨 강조하는 관점에서 볼 때, 고대 말기에 순결이라는 이상이 출현한 것을 설명하기 위해서 사용되는 원인들을 재평가해야 할 필요가 있다. 현대 학자들은 흔히 성욕에 대한 태도들에 대해서만 설명하지만, 그렇게 해서는 안된다. 그러므로 순결이라는 이상의 출현을, 인간의 육체적인 구성 요소들, 특히 성적인 구성 요소들과 관련하여 이교 사회와 기독교 사회 안에서 증가한 불안에 의해서 설명해서는 안된다. 이것은 부차적인 원인이며, 고대 기독교가 하나님과 인류 사이에 있는 그럴듯하고 확실한 중개의 형태를 찾으려고 노력함에 의해서 그 종교 체계 안에 자리잡게 된 소리 없는 지질학적 압력들과 비교할 때에 매우 피상적인 것에 불과하다.

고대 말기의 기독교인들은 그 시대의 일반인들과 마찬가지로 하나님과 인간, 신적인 것과 세상적인 것, 하나님의 눈에 보이지 않는 창조(천사들의 사회)와 눈에 보이는 피조물(물질계와 인류) 사이의 거리를 의식하고 있었다. 그런데 그들은 여기에다가 덧붙여 이들 반대되는 영역들의 결합 가능성, 특히 그러한 결합이 인간들의 인격을 통해서 발생할 가능성을 강조했다. 지고하신 하나님이 그리스도의 위격 안에서 아무런 중개가 없이 인간의 육신과 직접 결합했다는 교리 때문에 이교도들이나 유대교인이나 회교도들은 기독교를 어리석은 종교라고 간주했다. 성육신의 신비가 지닌 놀라운 의미는 모든 위대한 기독교 저자들의 정신에 깃들어 있었다. 그들은 다소 평화로운 순간이면 펜을 들어 순결 생활을 찬양하는 보다 쉬운 주제로 글을 썼다. 종교는 참여와 변화와 의식적인 승진 등의 극적인 의식들을 포함하고 있었는데, 그러한 의식들에 의해서 인간들은 하나의 범주에서 반대되는 다른 범주로 이동했다. 세례는 신자를 흙으로 지음을 받은 존재에서부터 천사들의 불 같은 본질에게로 고양시켜 주었다. 신자들은 성찬식 때에 하나님의 보좌 앞에서 스랍 천사들과 함께 노래하고, 그 다음에 하나님의 몸과 피에 참여하러 나아갔다. 예언, 순교, 금욕적인 성화 등이 인간을 천사들처럼 하나님과 가깝게 해준다고 믿었다. 우주에는 세상에 있는 신자들을 위해 드리는 성인들의 간구가 울려 퍼졌으며, 성인들 및 성유물 숭배는 천국과 세상의 결합이라는 지속적인 가능성 안에서 그 무모한 신념을 구체적인 것으로 제시했다.

다른 종교 체계들은 이러한 특징적인 경험에 거의 참여하지 않았음에 유의해야 한다. 유대교 및 후대의 이슬람교에서는, 하나님과 인류, 창조주와 피조물이라는 반대되는 주제가 너무나 강력하게 의식되었기 때문에 "천사 같은" 인간들을 중개 인물로 삽입하는 것을 받아들일 수 없었다. 이것이 아마 순결이 특별히 우월하다는 개념이 이들 종교에서 중심적인 위치를 차지하지 못한 여러 가지 이유 중 하나일 것이다. 그 시대의 플라톤 학파의 사상은 기독교인들과 마찬가지로 중재하는 정반대되는 범주들의 존재 가능성을 믿었다. 그러나 그 사상은 상이한 결론들에 도달했다. 플라톤주의자의 경우에 중재 되어야 할 필요가 있는 바 반대가 되는 주요한 것(antithesis)이 순수한 영들의 보이지 않는 세계, 즉 지혜로운 신들과 이데아들의 세계와 눈에 보이는 물질 세계 사이의 것이라면, 인간은 물질에 너무나 깊이 물들어 있어서 중재하는 지위로 올라갈 수 없는 듯이 여겨졌다. 무형의 존재인 다이몬(*daemon*), 신들처럼 불멸하며 인간처럼 육체적 감정을 지닌 변칙적인 피조물들은 이교의 지성인들 안에서 천국과 세상 사이의 틈을 채워준 무형의 상징들이었다.

중재라는 중요한 문제에 대한 이와 같은 여러 가지 반응에 직면하여, 역사가는 고대 말기에 순결이라는 개념이 그처럼 두드러지게 된 이유를 설명하기보다는, 이 개념이 기독교 사회에서 지닌 특별한 특징, 즉 인간적인 것과 신적인 것의 "변칙적이고 비본성적이고 신적인" 중재의 중요한 소재지로서 개별적인 인간의 육체를 상징적으로 크게 강조한 것을 설명해야 한다. 순결은 육체의 유형적 상태를 의미하는 것이었다. 순결한 여인의 흠 없는 육체가 그 개념을 구성하는 상징 전체에 남아 있다. 이러한 상태에 있는 육체—최소한 장래의 성적 경험으로부터 영구히 제거된 육체—는 아주 구체적으로 "성령의 전"으로 취급되었다. 어느 논문에서는 동정인을 "육체를 부여받은 성령"이라고 표현했다. 여기에 극적인 관점의 변화가 있다. 위대한 플라톤주의자인 플로티누스(Plotinus)가 별들의 질서 안에서 눈에 뜨이게 되는 바 우주 전체의 "거룩한" 몸 안에서 보았던 바 신적인 세계와 물질 세계 사이의 즐겁고 변화시키는 포옹이 기독교의 영성 안에서는 그 폭이 좁혀져 그리스도께서 그 신부, 즉 각각의 동정인을 포옹하는 것으로 변화되었다. 이 포옹은 육체 자체를 거룩하게 한다고, 그 훌륭한 향기를 가지고서 선한 로마인 수녀의 연약한 물질적 구조에 침투한다고 기대되었다. 그러므로 "평범한" 물이 성령에 의해 거룩하게 된 몸에 튀지 않게 하기 위해서 목욕을 하는 동안 물통 안에서 기대지 말라고 엄숙하게 충고했다.

여기서 우리는 고대 말기에 순결 상태가 함축한 사회적 의미의 중요성에 대해 다시 살펴보아야 한다. 순결한 육체가 "변칙적" (abnormal)인 것은 그것이 성적인 충동들을 완전히 극복한 인간의 육체(평범한 사람들이 볼 때에는 신비하기 짝이 없는 상태)였기 때문이 아니었다. 우리가 지금까지 탐구해온 보다 심오한 차원에서 보면, 순결한 육체는 정상적인 범주들을 기준으로 할 때 심각하게 반사회적이기 때문에, 즉 자연스럽게 정의된 사회에 속하지 않기 때문에 변칙적이었다.

한 사람의 사회의 요구로부터의 완전한 이탈을 강조하는 것은 인간에 대한 유서 깊은 견해들을 수정하는 결과를 낳았다. 닛사의 그레고리와 암브로스 등 순결에 대해 저술한 많은 저자들은 여전히 경솔하게도 플라톤주의적 우주 안에서 움직였다. 그러나 비록 그들이 플라톤의 저술에서 차용한 표현들을 사용하기는 했지만, 그들에 의해 강조된 바 순결의 이상이 함축하고 있는 의미들은 고전적 그리스의 사상이 지닌 한 가지 중요한 면—자아와 육체를 분명하게 구분한 이분법…그리스 문화가 인간 문화에게 준 가장 광범위하고 가장 의심스러운 선물"을 잠식하게 되었다.[2]

순결에 관한 그들의 저서에서는, 소크라테스가 플라톤의 *Phaedo*에서 매우 공감하면서 말했던 바 영혼의 육체로부터의 "이탈"보다는 다른 관점, 즉 육체의 사회로부터의 이탈을 중요시했다. 소크라테스는 그리스의 폴리스에 뿌리를 둔 주민이었다. 그는 결혼하고 자녀를 낳고 아테네의 군인으로 복무한 경험이 있는 사람이었다. 아마 처형되기 전에 그는 독약이 효력을 발휘하게 되면 진정한 소크라테스, 소크라테스의 영혼으로 하여금 방해 받지 않고 영원한 아름다움을 즐기게 내버려 둔 채 잠잠히 눕게 될 말 많고 변덕스럽고 무식한 동료인 육체에게 작별을 고하는 법을 배우면서 일생을 보내지 못한 것을 유감으로 생각했을 것이다. 그러나 플라톤은 폴리스가 그 도시의 청년들의 육체를 완전히 장악하고 있음을 한 순간도 의심해본 적이 없었다. 도시의 젊은 여성들의 생식력은 자녀 출산을 위해 동원되어야 하며, 젊은 남성들의 고귀한 영은 자손을 낳고 전쟁을 수행하는 데 이용되어야만 한다고 확신했다. 그와는 반대로, 닛사의 그레고리의 감화를 받은 젊은 남녀들은 "자기 육체를 거룩하게 만들기로" 결심하고서 스스로를 사회가 부과한 요구들로부터 격리함으로써 스스로를 거룩하게 했다. 그들의 육체는 자아를 사회로부터 분리한 강력한 분수령을 넘어섰다.

물론 이 육체를 전보다 더 제어하기 어려울 때도 있었다. 일반적으로 상투적인 금욕적인 권면들은, 길들여지지 않은 육의 힘을 대면했을 때에 자아와 육이라는 플라톤적 이분법을 지나치게 의존했다. 사막 교부들의 거칠지만 지혜로운 학교에서 양육을 받은 탁월한 통찰력을 지닌 소수의 금욕적 저자들—에바그리우스와 존 카시안, 후대의 인물로는 가자(Gaza)의 도로테우스와 존 클리마쿠스 등—은 육체를 나타내는 여러 가지 다른 상징들은 도덕적 싸움에 대한 미묘하게 다른 접근 방법을 함축한다는 것을 깨달았다. 이 싸움은 이제 육체를 부인하는 것을 지향하지 않고, 육체를 거룩하게 하는 것—육체 안에서 성적인 감정들의 등락에 관심을 기울이는 것—을 지향했다. 이러한 감정들은 때로 진정한 자아와는 생소한 분야에서의 동요로서보다는, 하나님의 인자하심에 의해 육체의 깊고 신비한 곳에 나타난 영혼의 보다 깊은 긴장들을 상기시켜주는 자비로운 것으로 취급되었다. 630년경에 존 클리마쿠스는 다음과 같이 기록했다: "나는 가능하다면 자신의 육체를 거룩하게 만든 사람만이 성인으로 분류될 수 있다고 생각한다"(『신적 상승의 사다리』 단계 15).

C'est le premier pas qui coûte. 육신을 사회로부터 완전히 이탈시키는 것은 인간적인 결속의 한 형태—성적 욕구, 성적 결합, 그리고 가족, 자손, 친척 등 그러한 결합에서 생겨난 자연적인 연합의 형태들에 의하여 최소 공분모로 표현된 사회의 공통적인 결속들—가 지닌 본성에 대해 특별히 구체적이고 자세하게 진술하는 것이었다. 그것은 자유로이 선택된 의지들의 조화에 들어갈 수 있는 자유로운 사람들의 고귀한 운명—고대 말기의 기독교인들은 이것을 "하늘 나라의 천사들"의 완전한 삶의 특별한 기쁨이라고 믿었다—과 조화를 이루는 결속의 형태를 추구할 수 있는 개인의 권리를 옹호하는 것이었다.

초기 동방정교회에서의 성모 마리아 숭배는 친숙지 않은 각도에서 이것들에게 접근함으로써 순결에 관한 표준적인 기독교 설교의 기초가 된 관심사들을 분명히 드러내 주었다. 하나님의 어머니 (*Theotokos*)요 인류를 위해 중보해주는 자인 성모 숭배의 열정이 증대된 배후에서, 우리는 순결 상태에 대한 반(半) 의식적인 논리가 최종적으로 사라졌음을 감지할 수 있다. 5, 6세기의 미술, 전례, 시, 그리고 설교 안에서 우리는 금욕인들과 수녀들의 후원자 등 제한된 엘리트들 뿐만 아니라 근동 지방의 비잔틴 제국의 기독교 대도시의 주민들도 이러한 관심사에 관심을 가졌음을 보게 된다.

순결에 대한 논의는 대체로 인간적 연합의 본질에 대한 논의였다. 그것은 개인이 행하는 것과 행하지 않는 것이 동료 인간들과 동일해야 한다는 것에 대한 논의였다. 동정녀라는 인물 및 그녀와 그리스도의 특별한 관계 안에서, 초대 기독교의 순결관 고유의 역설들은 위기에 처했다. 하나님이신 그리스도께서 마리아의 자궁으로부터 자신의 육을 취하고 그녀의 젖가슴에 의존함으로써 그 육을 양육함으로써 가능한 가장 친밀한 방법으로 인류와 자신의 결속을 다짐하셨다. 동방정교회에서 볼 때에, 사회의 어떤 자연적인 유대도 자궁과 젖가슴이라는 이중의 결속만큼 강력하거나 훌륭한 유대를 될 수 없었다. 이집트의 설화에서 어느 여왕이 왕자의 생명을 구하기 위해 탄원하면서 "왕이시여, 내 사랑하는 아들이 내 젖을 먹고 자란 것처럼, 이 왕자도 여인의 자궁에서 잉태되어, 그 가슴에서 젖을 먹고 자라지 않았습니까?"라고 말했다고 한다.[3]

비잔틴 제국 도시의 주민들은 거칠기로 악명이 높고, 빈부의 격차, 권세 있는 자와 무력한 자의 격차가 큰 사회에 속해 있었다. 이러한 현상은 존 크리소스톰과 같은 설교자들의 영혼을 아프게 했다. 이 주민들은 공통된 인간 본성에 속한 마지막 권리요, 분열되고 비인간적인 세계에서 인간적인 사랑을 요구하는 공통된 요구로서 모자(母子) 간의 따뜻한 결속에 대한 강력한 기억에 의존했다. 그리고 하나님께서는 고난 받는 인류와 자신의 친밀한 연합을 분명히 하기 위해서 그 결속을 선택하셨다.

그러나 인간들의 경우, 순결이라는 개념이 지닌 추진력은 자연적인 결속들 모두를 증발시켜 버렸었다. 만일 그리스도가 인류 중 한 사람으로 간주 되어야 했다면, 그는 전통적, 사회적, 성적 계약이라는 손상된 결속을 통해서 형성된 인간일 수는 없었을 것이다. 그는 순결한 태의 열매가 되어야 했다. 동정녀 탄생에 관해 저술한 저자들은, 그리스도가 항상 "태의 열매"(fruit of the womb)라고 언급되어왔음을 분명히 했다. 즉 그리스도는 남녀의 성적 접촉과는 상관없이 홀로 자궁 안에 잉태되었다는 것을 분명히 했다. 이런 점에서 그는 아담이 최초에 지녔던 위엄을 되찾았다. 두 몸의 결합이나 한 몸이 다른 몸에 들어가거나, 남성의 정액이 혼합됨에 의해서 아담이나 하와나 그리스도가 탄생한 것이 아니다. 하나님께서는 "순결한" 것, 아무도 손을 대지 않은 에덴의 흙으로 아담을 지으셨고, 하와는 아담의 갈비뼈를 취해서 만드셨다. 그리스도는 남성의 정액의 개입 없이 마리아의 자궁 안에서, 완전히 처녀의 육으로 형성되었다. 그리하여 그리스도는 인간 처녀들이 일생 동안 끊임없이 수고하면서 대적해야 하는 넌더리 나는 결속들—마리아의 자궁 안에서 그리스도가 형성된 것과는 반대로 잉태라는 행위와 연결된 무법한 혼합처럼 개인적이고 널리 스며드는 것으로 간주되는 결속들—과는 전혀 상관없이 인간 세상에 들어오셨다.

그러나 순결의 표준적인 패러다임의 완전한 승리로 말미암아 정신과 마음은 만족지 못한 상태로 남게 되었다. 새로운 아담이신 그리스도라는 인물은 "흙에서 태어난" 존재들, 불완전한 인간들의 명멸에 너무나 쉽게 에워싸일 가능성이 있는 데 반해, 하나님이신 그리스도는 자신의 신적 신분으로 말미암은 탁월한 위엄에 의해서 인류와 분리된 상태로 머물러 있을 수 있었다. 인간 사회를 통해서 태어난 것이 아닌 인간적인 존재가 어떻게 자신의 동료 인간들을 향한 인간적인 깊은 연민, *sympatheia*를 나타낼 수 있었을까? 그처럼 친밀한 감정은 극히 희귀한 인간적 특성이라는 것을 너무나도 잘 알고 있는 비잔틴 사람들은 *sympatheia*를 매우 존중했다. 여기서부터 초기 비잔틴 신자들이 인간 마리아와 신적인 아기 사이에 설정된 자궁과 젖가슴이라는 이중의 결속을 감정적으로 매우 중요하게 여기게 되었다. 우리는 "홀로 인류를 사랑하시는" 하나님, 그리고 긍휼하신 하나님(Compassionate One)께 기도할 수 있을 것이다. 그러나 이와 같은 별명들이 참된 것이며 매일매일의 생존과 관련된 것임을 재확인하기 위해서, 비잔틴 사람들은 성화 및 동정녀 찬송들을 의지했다. 왜냐하면 마리아는 하나님이 인간이 될 수 있게 했고, 그를 자신의 자궁 안에 넣고 다니며 자기의 젖가슴을 통해서 그의 육체적 생명을 유지시켜 줌으로써 하나님을 인간으로 만들었기 때문이다.

그리하여 마리아는 모든 비잔틴 사람들이 생각만 해도 무서워 떠는 하늘 나라의 황제와 가까워질 수 있었다. 연약한 인간이 이용할 수 있는 신적인 위엄이라는 의식은 4세기의 시리아인 에프렘과 6세기의 로마노스 멜로데스(Romanos Melodes) 등 동방의 위대한 기독교 시인에게서 훌륭하게 표현되었다. 만군의 통치자를 무릎 위에 눕혀 놓고 있는 동정녀의 상징 안에서 전체 기독교 사회의 형태가 가시적으로 제공되었다. 연약한 자가 강력한 자에게, 인류가 하나님에게 접근하는 데 대한 깊은 소망과 두려움이 베들레헴의 구유 주위에 몰려 있었다:

> 마리아는 지금 불 같은 분을 안고 있습니다.
> 신적인 불길이 마리아의 옆구리에 안겨 있습니다.
> 타오르는 하나님께서 마리아의 가슴에 매달려 있습니다.
> . . . .
> 오, 누가 강보에 싸여 있는 신적인 불을 보았습니까?
>
> (Ephrem the Syrian *Carmina Soghita* 1)

그 고요한 순간을 관상하면서, 우리는 인간이 하나님께 가까이

30. Roundal of Saint Thecla in the Lions' Den, Egyptian, 5th century

31. Icon of the Virgin: Tapestry Panel, Egyptian, 6th century

갈 수 있는 방법에 관해 빈번하게 치열한 토론이 벌어졌던 500년의 세월이 갑자기 해결되었다고 가정할 수 있을 것이다(그것은 고대의 육의 결속들에 의해서 이루어진 따뜻한 구조의 많은 부분을 희생시킨 결과였다). 또한 그것은 고대 말기의 찬송가 작가들과 설교자들 (훌륭한 수도사들이나 수도사들을 칭송하는 사람들)이 자주 뇌리에 떠오르는 육욕에 의해서만 표현할 수 있었던 사랑의 접촉의 순간에 해결되었다고 가정할 수 있다:

> (오 하나님의 어머니여), 당신은 오른 팔을 펴서 그분을 안아 왼팔에 눕혔습니다. 당신은 고개를 숙였으며, 당신의 머리카락이 흘러내려 그분에게 닿았습니다…그분이 손을 내밀어 당신의 젖가슴을 붙잡았고, 입으로 만나보다 더 달콤한 젖을 빨았습니다…스랍 천사들도 감히 바라볼 수 없는 분, 천사들도 쳐다볼 수 없는 얼굴을 가지신 분을 성처녀(Holy Virgin)는 안고 어르셨습니다…그녀는 두려움 없이 담대하게 그분을 "내 아들"이라고 불렀고, 그분은 그녀를 "내 어머니"라고 불렀습니다."
>
> (Cyril of Jerusalem *Discourse on the Theotokos*)[4]

주(註)

1) Edmund Leach, *Genesis as Myth* (London: Cape, 1969) 10.
2) E. R. Dodds, *Pagan and Christian in an Age of Anxiety* (Cambridge: Cambridge University Press, 1965.
3) *Encomium on Theodore the Anatolian, in Miscellaneous Coptic Texts in the Dialect of Upper Egypt*, ed. E. A. W. Budge, 593.
4) *Discourse on the Theotokos by Cyril Archbishop of Jerusalem*, in *Miscellaneous Coptic Texts in the Dialect of Upper Egypt*, ed. E. A. W. Budge, 701, 717.

참고 문헌

Alvarez Campos, Sergio. *Corpus Marianum Patristicum*. Burgos: Ediciones Aldecoa, 1974-

Amand, D., and M. C. Moons, "Une curieuse homélie grecque sur la virginaité, addressée aux pères de famile." *Revue bénédictine* 63 (1953) 18-69, 211-38.

Ambrose of Milan. *Concerning Virgins*. Translated by E. de Romestin and H. T. F. Duckworth. NPNF, 2nd series, 10. 1955.

Armstrong, A. H. *St. Augustine and Christian Platonism*. Villanova, PA: Villanova University Press, 1967.

Aubineau, M. "Les écrits de S. Athanase sur virginité." *Revue d'Ascétique et Mystique* 31 (1955) 140-71.

Baltensweiler, H. *Die Ehe im Neuen Testament*. Zurich and Stuttgart: Zwingli, 1967.

Black, M. "The Tradition of Hasidaean-Essene Asceticism: Its Origins and Influence. In *Aspects du Judéo-christianism*, 19-33. Edited by M. Simon. Paris: Presses universitaires de France, 1965.

Brown, P. "Sexuality and Society in the Fifth Century: Augustine and Julian of Eclanum." In *Tria Corda: Studi in onore di Arnaldo Momigliano*, 49-70. Edited by E. Gabba. Biblioteca di Athenaeum 1. Como: New Press, 1983.

Budge, E. A. W., ed. *Miscellaneous Coptic Texts in the Dialect of Upper Egypt*. London: British Museum, 1915.

Cameron, Averil. "The Theotokos in Sixth-Century Constantinople: A City Finds Its Symbol." *Journal of Theological Studies* 29 (1978) 79-108.

Chadwick, H. "'All Things to All Men:' 1 Cor. 9.22,' *New Testament Studies* 1 (1955) 261-75.

_____. "Enkrateia." In *Reallexikon für Antike und Christentum*, 5:343-365. Stuttgart: Hiersemann, 1960.

Clark, Elizabeth A. "Ascetic Renunciation and Feminine Advancement: A Paradox of Late Ancient Christianity." *Anglican Theological Review* 63 (1981) 240-57.

Consolino, F. E. "Dagli 'exempla' ad un esempio di comportamento cristiano: Il 'de exhortatione virginitatis' di Ambrogio." *Rivista storica italiana* 94 (1982) 455-77.

_____. "Modelli di santità femminile nelle più antiche passioni romane." *Augustinianum* 24 (1984) 83-113.

Crouzel, H. *Virginité et Mariage selon Origène*. Paris: Desclée de Brouwer, 1963.

Duval, Y. M. "L'originité et du *de virginibus* dans le mouvement ascétique occidental: Ambroise, Cyprien, Athanse." In *Ambroise de Milan: xvième centénaire de son élection épiscopale,* 9-66. Edited by Y. M. Duval. Paris: Études augustiniennes, 1974.

Foucault, M. "Le combat de la chasteté." *Communications* 35 (1982) 15-24.

Gaiffier, B. de. "Intactam sponsam relinquens." *Analecta Bollandiana* 65 (1947) 157-95.

Gregg, R., and D. Groh. *Early Arianism: A View of Salvation*. Philadelphia: Fortress, 1981.

Gregory of Nyssa. *Grégoire de Nysse: Tratié de la Virginité*. Edited by M. Aubineau. Sources chrétiennes 119. Paris: Cerf, 1966.

_____. *Ascetical Works*. Translated by V. W. Callahan. Fathers 58. 1967. 특히 *On Virginity* (pp. 3-75) and *Life of Saint Macrina* (pp. 161-91)을 보라

Grosdidier de Matons, J. *Romanos le Mélode*. Sources chrétiennes 99, 110, 114, 128, 283,. Paris: Cerf, 1964, 1965, 1967, 1981.

Gryson. R. *Les Origines du célibat ecclésiastique du premier au septième siècle*. Gembloux: Duculot, 1970.

Guillaumont, A. "Monachisme et éthique judéo-chrétienne. In *Judéo-christianisme: Volume offert au Cardinal Jean Daniélou,* 199-218. Recherches de sciences religieuses 60. Paris: Centre nationale des letters, 1972.

_____. "Le nom des Agapètes." *Vigiliae Christianae* 23 (1969) 30-37.

Harl, M. "La prise de conscience de la 'nudité' d'Adame: Une interprétation de Genèse 3.7 chez les Pères grecs." *Studia Patristica* 7 (1966) 486-95.

Jerome. *Letters*. Translated by C. C. Mierow. ACW 33. 1963. 특히 *Letter* 22 (pp. 134-79)을 보라.

John Chrysostom. *Jean Chrysostome: La Virginité*. Edited by H. Musurillo and B. Grillet. Sources chrétiennes 125. Paris: Cerf, 1963.

Klijn, a. F. J. "The 'Single One' in the Gospel of Thomas." *Journal of Biblical Literature* 81 (1962) 271-78.

Kretschmar, G. "Ein Beitrag nach der Ursprung frühchristlicher Askese." *Zeitschrift für Theologie und Kirche* 61 (1964) 27-67.

Meeks, W. A. "The Image of the Androgyne: Some Uses of a Symbol in Earliest Christianity." *History of Religions* 13 (1974) 165-208.

Methodius of Olympus. *Méthode d'Olympe: Le Banquet*. Edited by H. Musurillo. Sources chrétiennes 95. Paris: Cerf, 1963.

_____. *The Symposium:: A Treatise on Chastity*. Translated by H. Musurillo. ACW 27. 1958.

Müller, M. Die *Lehre des heiligen Augustinus von der Paradiesehe und ihre Auswirkung in der Sexualethik des 12. u. 13.* Jahrhunderts. Regensburg: Pustet, 1954.

Murray, Robert. "The Exhortation to Candidates for Ascetical Vows at Baptism in the Ancient Syriac Church."" *New Testament Studies* 21 (1974-75) 59-80.

_____. *Symbols of Church and Kingdom: A Study in early Syriac Tradition*. Cambridge: Cambridge University Press, 1975.

Niederwimmer, K. *Askese und Mysterium*, Göttingen: Vandenhoeck & Ruprecht, 1975.

Pagels, E. "Adam and Eve, Christ and the Church: A Survey of Second Century Controversies Concerning Marriage," In *The New Testament and Gnosis: Essays in Honour of Robert Mcl. Wilson*, 146-75. Edited by A. H. B. Logan and A J. M. Wedderburn. Edinburgh. T. & T. Clark, 1983.

Patlagean, E. "L'historie de la femme déguisée en moine et l'évolution de la sainteté féminine à Byzance." *Studi medieval* 3rd series 17 (1979) 597-623.

_____. "Sur la limitation de la fécondité dans la haute époque byzantine." *Annales* 24 1969) 1353-69.

Refoulé, F. "Rêves et vie spirituelle d'apreès Évagre le Pontique." *La vie spirituelle: Supplément* 14 (1961) 470-511.

Roldanus, J. *Le Christi et l'Homme dans la Théologie d'Athanase d'Alexandrie*, Leiden: Brill, 1977.

Rousselle, A. *Porneia: De la maîtrise du corps à la privation sensorille*. Paris: Presses universitaires de France, 1983.

Smith, J. Z. "The Garments of Shame." In *Map is Not Territory*, 1-23. Leiden: Brill, 1978.

Van Eijk, Ton H. C. "Marriage and Virginity, Death and Immortality." In *Epekatasis: Mélanges J. Daniélou*, 209-35. Edited by C. Kannengiesser. Paris: Beauchesne, 1972.

Veyne, P. "La famile et l'amour sous le haut Empire romain." *Annales* 33 (1978) 35-63.

Vöönus, A. *A History of Asceticism in the Syrian Orient*. 2 vols. Corpus scriptorum Christianorum Orientalium 184, 197. Louvain: Corpus scriptorum Christianorum 1958-60.

제18장
영적 지도

도널드 코코란(Donald Corcoran)

　엄격하게 말해서, 현대적 의미에서의 영적 지도(指導)는 초대 기독교에서의 형식화되고 자의식이 강한 관습과는 다른 것이다. 그러나 넓은 의미에서 영혼을 지도하고 돌보는 일은 설교, 서신, 도덕적 권면의 특성을 띤 논문 등 많은 초대 기독교의 문헌에서 주요 주제로 다루어졌다. 예를 들어 암브로스, 어거스틴, 캔터베리의 안셀름 등이 쓴 많은 서신은 개인의 영적 지도를 위한 것이었다. 처음 몇 세기 동안의 기독교 저술가들은 어느 정도 도덕적 지도를 위한 고대 그리스 철학자들의 관심사를 물려 받았었다. 그러므로 예를 들어 알렉산드리아의 클레멘트의 『교사』(The Teacher)는 대체로 기독교의 도덕 생활과 관련된 문제들을 다루고 있다. 닛사의 그레고리의 저서인 『순결에 관하여』와 존 클리마쿠스의 『신적 상승의 사다리』에서는 영적 지도의 필요성을 강력하게 권면한 것을 발견할 수 있다. 중세 시대의 영성에 큰 영향을 준 대 그레고리의 『목양적 보살핌』(Pastoral Care)은 전반적으로 성직자들의 영적 형성을 지향한 것이었지, 영적 지도를 위한 지침서는 아니었다.

기독교 전통에서는 항상 그리스도나 성령이 영혼을 참된 인도자라고 강조해왔다. 우리는 여기에서 신령한 교사나 인도자가 필수불가결한 존재는 아니지만 중심적 역할을 하는 다른 주요한 영적 전통들과의 현격한 차이를 발견한다. 어떤 전통에서는 사제 관계가 반(半) 제도화 된 전수(傳授) 형태와 관련되어 있었다.[1] 초대교회는 영지주의자들과의 싸움을 통해서 그 전수가 교회의 전체 공동체 안에 있다는 것, 따라서 개인적이고 비밀한 것이 아니라 공적이고 공개적인 것임을 확실히 했다. 개인 대 개인의 전수를 책임지는 특별한 영적 교사라는 의미에서의 영적 스승은 기독교에서는 대단히 드물었다. 물론 이러한 현상에 어느 정도 근접한 두 개의 하위 전통—초기의 수도적 사막 교부들, 그리고 18, 19세기 러시아의 startsy—이 존재하기는 했었다.[2]

비록 기독교계에서 영적 교사의 존재는 어느 정도 예외적이기는 하지만, 영적 지도가 대단히 공식화되고 제도화되었으며 성례전적 신앙고백과 연결되어 있었던 서방 기독교에서도 특정한 인물이 위대한 지도자로 탁월한 지위를 차지해왔음을 쉽게 인정할 수 있을 것이다. 프랑스에서 17세기는 부셋(Bousset), 페넬론(Fénelon), 프란시스 드 살(Francis de Sales), 베륄(Bérulle) 등 때문에 종종 영적 지도의 위대한 시대라고 불린다. 또 우리는 프랑스의 위대한 영적 지도 사제인 Abbé Huvelin(1910년 사망)을 지적할 수도 있을 것이다. 그는 바론 폰 휘겔(Baron von Hügel)의 영적 지도자였고, 휘겔은 저명한 영국인 신비 작가 에블린 언더힐(Evelyn Underhill)의 영적 지도자였다. 기독교 전통에는 많은 위대한 영적 지도자들이 있다. 그러나 선(禪)에서처럼 반 공식화된 전수 계보는 존재하지 않는다.

특히 서방 기독교 내에서의 영적 지도는 보통 다른 전통들 안에서의 영적 교사와 제자라는 현상보다 더 제한되고 덜 개인적인 관계를 암시했다. 서방 기독교 내의 영적 지도는 임명을 받은 성직자들의 성역이었다. 그것은 성례전적 죄고백과 연결되어 있었기 때문에 특히 지난 2세기 동안에는 강력한 도덕적 강조점을 가지고 있었다. 예를 들어 프랑스에서는 영적 지도자는 "양심의 지도자"(le directeur de conscience)라고 불렸다. 반대로 동방 기독교는 항상 영적 지도와 죄사함을 구분해 왔다. 러시아의 startsy는 거의 완전히 성직 수임을 받지 않은 수도사들이었다. 그러므로 이레네 하우세르(Irénée Hausherr)는 일반적으로 이해되는 의미에서의 "영적 지도"라는 용어는 동방 기독교에서의 영혼 보살핌을 묘사하기에는 부족하다고 평했다.[3] 동방정교회에서의 영혼 보살핌은 도덕에 대한 편협한 관심보다는 거룩함을 추구하는 데 초점을 두었다. 무엇보다도 동방 기독교는 항상 성령의 역할, 영혼을 지도하는 데 있어서의 영적인 요소를 강력하게 의식해왔다.

교부 시대와 중세 초기의 영적 지도에 대한 개념들은 수도원 전통과 경험의 영향을 크게 받은 것이었다. 우리는 기독교 전통 안에는 언제나 영혼들을 보살피고 지도하는 데 대한 관심이 있었다고 분명하게 가정할 수 있지만, 1세기부터 12세기까지의 문헌에는 그것을 보여주는 증거가 거의 없다. 심지어 수도원 전통 안에서도 수도생활의 점진적 제도화로 말미암아 공동체 형성과 생활을 위한 특별한 규칙이 초기 수도원 운동 내에서의 원로와 제자들 사이의 고도로 개인적이고 카리스마적인 상호 작용을 대신하게 되었다. 12세기에 대중적인 운동과 탁발 교단들이 일어나면서, 평신도들의 영적 지도에 관심을 갖게 되었다. 영적 진보에 대한 어느 정도 개념적이고 일반화된 개념의 출현은, 곧 누구든지 어느 정도 객관적인 과정을 통해서 지도를 받을 수 있음을 의미했다. 영적 지도라는 용어는 중세 시대 말기에 들어서 비로소 일반적으로 사용되었다.

영적 아버지/어머니라는 수도적 전통은 다른 위대한 영적 전통에서의 영적 스승과 제자라는 현상과 매우 닮은 초기 기독교의 현상이다. 초기 기독교 수도원 운동에서 "사부"(abba)는 힌두교의 구루(guru), 선(禪)의 선사(禪士), 수피즘의 교주(sheik)의 역할과 매우 흡사한 역할을 했다. 사막 교부들은 초대 기독교 시대의 탁월한 영적 지도자였다. 사막 교부들은 4세기부터 6세기 사이에 이집트, 팔레스틴, 시리아 등지의 사막과 광야에서 생활한 최초의 기독교인 수도사요 수녀들이었다. 기독교의 수도원 운동의 기원은 복합적이다. 그러나 가장 강력한 요인들 중 하나는 사람들이 다른 사람들을 인도하여 보다 위대한 하나님 체험을 하게 해줄 수 있는 노련한 금욕적이고 영적인 교사인 "원로"(elder)를 찾아서 사막으로 갔다는 단순한 사실이었다.

사막의 원로는 아람어로는 아바(abba), 또는 아마(amma)라고 불렸다. 사막 교부들의 가르침에 대한 다소 방대한 문헌 증거가 『교부들의 금언』(*Apophthegmata Patrum*)이라는 금언집에 수록되어 있다.[4] 이 금언집은 수피즘이나 하시디즘이나 선 등 다른 종교적 전통 안에서 발견되는 영적 문학 장르와 흡사하다. 금언들은 처음에는 구전으로 전해졌으며, 따라서 대단히 간결하다. 금언들은 사막 원로들의 풍성한 지혜를 드러내 주지만, 영적 지도 방법에 대해서는 거의 말해주지 않는다.

처음 몇 세대의 사막 교부들은 일반적으로 사용하기 위한 영적 교리를 작성하려 하지 않았다. 단지 원로들이 만난 사람들이나 상황이나 문제들에 대해 나타낸 바 깊은 영적 생활에서 우러난 반응이 있었을 뿐이다. 폰투스의 에바그리우스와 존 카시안과 같이 후일 사막을 방문한 사람들은 사막에서의 금욕 생활을 보다 개념적으로 설명하고 요약했다. 존 카시안은 마음의 순결을 금욕 수행의 목표라고 기술했지만, 『금언』에서 그것은 영적 경성(nēpsis), 근심으로부터의 자유(amerimnia), 하나님을 기억하는 것 등 금욕적 노력의 여러 목표 중의 하나에 불과하다. 가자 지역의 교부들의 주제는 하나님을 기억하는 것이었다. 교수 방법에 관심이 없었고 공식화된 구조도 없었으므로, 사제 간의 상호작용이 지닌 개인적이고 카리스마적인 본질은 금언집 안에서 우리에게 전해내려 온 다양한 구체적인 이야기들을 통해서만 드러난다. 교부들의 인격이 다양하고 풍성한 만큼 가르침도 다양하고 풍성하다. 10년 동안 사막에서 생활한 존 카시안은 자신의 저서 『집회서』에서 "거룩한 생활은 설교보다 더 감화를 준다"고 말했다.[5] 또 다음과 같은 금언도 있다: "아브라함은 손님을 접대하였기에 하나님께서 그와 함께 하셨고, 엘리사는 고요함을 사랑하였기에 하나님께서 그와 함께 하셨다. 그러므로 하나님의 뜻을 따르는 데 있어서 당신의 영혼이 원하는 대로 행하고 당신의 마음을 지키라."[6]

영적인 부자 관계

초기 수도적 환경에서의 기독교인 지도자의 특징은 성령 안에 있는 부권(父權)이었다.[7] "땅에 있는 자를 아비라 하지 말라"(마 23:9)고 한 그리스도의 명령에도 불구하고, 초기 기독교에서는 인간의 영적 지도란 성부 하나님의 인자와 성령의 카리스마적 은사를 나누어 주어 사람들로 하여금 영성 생활을 하게 만드는 것이라고 여겼다. 그러므로 사도 바울은 성령 안에서 제자들을 잉태하는 것에 대해 말했고, 오리겐은 "끊임없이 하나님에 의해서 잉태되는 사람은 행복한 사람이다"라고 기록했다(On Jeremiah 9.4). 영적 지도자로서의 사막 교부들의 특징들은 신적인 특성을 지닌 것에 대한 그들 자신의 심오한 경험을 반영하고 있었다.

우리는 주요한 종교적 전통들 안에 있는 각각의 영적 지도 형태 안에서 특징적인, 혹은 지배적인 가락을 발견한다. 유대교 신비주의인 하시디즘의 영적 지도자의 특징은 넘쳐 흐르는 기쁨과 자기의 공동체와의 밀접한 유대(紐帶)였다. 선사(禪士)들의 특징은 끈질기고 엄격하게 생각들을 타파한 것이었다. 영적 부권이라는 개념이 다른 전통에서도 우연하게 발견될 수 있겠지만, 그 경우에 그것은 초기 기독교 수도사들의 경우에서처럼 지도자라는 지배적인 이미지를 갖지는 않는다. 그러므로 부권—"성령 안에서 자식을 잉태하는 것"—은 영적 지도의 다른 전통들과 비교해 볼 때 특히 수도적 환경에서의 기독교적 영적 지도가 지니는 독특한 특성이다.

위대한 사막의 영적 지도자들은 제자들에게 비범한 인내, 온유, 관용을 나타냈다. 동시에 그들을 대면하여 바로잡아주고 권면하기 위해 필요한 힘도 나타냈다. 사막의 원로들은 놀라운 통찰력과 섬세함을 가지고 있었고, 다른 사람들의 약점을 다룰 때에는 불쌍히 여기는 마음을 나타냈다. 물론 사막 교부들의 탁월한 성품은 사랑과 다른 사람을 판단하지 않는 태도였다. 가자(Gaza)의 위대한 사막 교부인 바르사누피우스(Barsanuphius)는 제자에게 "요컨대, 너 자신을 향한 너의 관심보다는 너를 향한 나의 관심이 더 크고, 너를 향한 하나님의 관심은 한층 더 크다"고 기록했다.[8] 사막 교부들의 온유함은 위대한 사부 푀멘(Abba Poemen)에 대한 다음과 같은 이야기에서 증명된다:

> 몇 명의 노인들이 사부 푀멘을 찾아와서 물었다. "예배 시간에 졸고 있는 형제를 보면, 그를 깨워야 할까요?" 푀멘은 이렇게 대답했다: "나는 졸고 있는 형제를 보면, 그의 머리를 내 무릎에 대고 쉬게 해줍니다."[9]
>
> 사랑의 가치는 스스로 부과한 금욕 생활 중에서 가장 위대한 것보다 더 뛰어나다. 그러므로 어느 익명의 원로는 말하기를, 엿새 동안 금식하는 형제는 결코 병자들을 위해 봉사하는 형제와 대등할 수 없다고 했다.[10]

Exagoreusis: 마음의 생각을 털어놓는 일

사막의 금욕 수행 중에서 가장 알려져 있지 않은 것 중의 하나가 "마음의 생각을 털어놓는 일"(manifestation of thoughts)이었다. 지도의 기법을 다룬 것을 든다면, 바로 이 수행일 것이다. 그것은 "자기의 마음을 여는 영성"(spirituality of opening one's heart)이라고 묘사되어왔다.[11] 제자들이 자신의 내면에서 진행되는 모든 것을 영적 원로에게 알리는 것이 장려되었다. 그것은 성례전적인 죄고백보다 훨씬 광범위한 의미를 지녔다. 그 수행의 목표는 사죄(赦罪)에 있는 것이 아니라, 그 사람의 인격 안에 있는 심오한 의지의 경향들을 분별하는 능력을 증대시키는 데 있었다. *Exagoreusis*는 참된 자각(自覺)을 가져왔으며, 카리스마적 은사를 부여 받은 원로에게 영혼을 치료하는 의사가 될 기회를 제공했다. 존 카시안은 "마음에서 일어나는 모든 생각을 교부들에게 털어놓는 것"의 필요성에 대해서 기록하면서, "어두운 지하 동굴에서 나온 더러운 뱀에게서 해방되어야 한다. 그렇지 않으면 우리의 마음이 부패할 것이다"고 그 이유를 제시했다.[12] 이 수행에는 분명히 심리학적인 지혜가 들어 있다. 이 수행은 결코 강요된 상태에서 행해지지 않았다. *Exagoreusis*는 젊은 고행자로 하여금 "생각"(*logismoi*)이 지닌 산만하게 하는 본질을 보다 잘 인식할 수 있게 해주며, 마음의 내적 평화(*hysychia*)를 성취하기 위해서 정신을 고요하게 만드는 데 도움을 주었다. 이것의 목표는 한 가지 생각(*monoloigistos*)에 집중하는 것, 하나님을 의식하는 일에 초점을 두는 사람이 되는 데 있었다.[13] 이 점에 있어서 그것은 요가나 선과 같은 동양의 영적 훈련과 놀랍도록 비슷하다. *Exagoreusis*는 사람이 자기 영혼의 짐을 아무에게나

무분별하게 털어 놓는 것이 아니었다. 사부 푀멘은 "그대가 마음으로 신뢰할 수 있는 사람이 아니면 누구에게도 당신의 영혼을 열어 놓지 말라"고 충고했다.[14] *Exagoreusis*는 확신과 깊은 신뢰에서 비롯된 자연스러운 수행이었다.

Diakrisis(영적 통찰력)와 예언

사막 교부들에게 있어서, 영적 통찰의 은사란 절제, 균형, 신중 등을 의미했지만, 특별히 다른 사람들의 영적 상태와 욕구를 꿰뚫어 보는 통찰력(*diakrisis*)—다른 사람의 마음을 읽는 능력을 의미했다. 이것은 하나님께서 주신 능력으로서, 자연적인 감수성이나 인간 본성에 대한 통찰력을 초월하는 것이다. 초기의 수도적 문헌들은 영적 통찰력이 없이는 영성생활의 진보가 불가능하다는 일치된 견해를 나타내고 있다. 카시안의 『집회서』에서 사부 모세(Abba Moses)는 분별력이 없는 수도사들에 대해 경고하면서 그들을 "고대와 현대의 난파선들"이라고 불렀다.[15] 사부 안토니(Anthony)는 "어떤 사람들은 고행에 의해서 자기 육체를 괴롭혀 왔지만, 영적 통찰력이 부족하기 때문에 하나님으로부터 멀리 떨어져 있습니다"라고 조언했다.[16] 영적 통찰력은 모든 덕을 세우는 기초와 같다.

어떤 사막의 원로들은 다른 사람의 마음을 읽는 특별한 능력을 나타냈다. 예를 들어 사부 미오스(Abba Mios)는 "진실로 마음을 읽는 사람"이라고 불렀다.[17] 한 원로가 한 "말씀"(*rhēma*), 감화력 있는 영적 조언을 하는 모든 경우에 마음을 읽는 능력이 발휘된다고 추정된다. 그러한 "말씀"을 주는 능력은 예언(prophesy)이라고 불렀다. 예언은 다른 사람들을 지도하기 위한 목적으로 주어지는 것으로서 성령의 직접적인 감화였다. 어떤 사막의 교부들은 특별한 권고의 은사를 가졌기 때문에 그 이름에 예언자라는 호칭이 추가되기도 했다. 그 예로 바르사누피우스의 제자인 예언자 존(John the Prophet)을 들 수 있다. 영적 통찰력, 예언, 그리고 뛰어난 사랑 등은 사막의 위대한 영적 지도자들의 주된 특성이다.

금언의 한 구절이 특별히 후기 동방 기독교의 수도적 전통 안에서 기독교의 변화의 모든 과정을 요약하기에 이르렀다: "그대의 피를 바치고 성령을 받으라."[18] 사막의 원로들은 제자들로 하여금 성령을 받게 하기 위해서 온갖 노력을 기울였다. 제자가 마음을 열어놓지 않는 한, 원로는 예언의 은사를 발휘하지 않았다. 카시안의 『집회서』에는 사부 모세가 언급되는데, 그는 믿음을 가지고 진심으로 통회하는 마음으로 구하는 사람에게만 가르침을 준다는 불변의 법칙을 가지고 있었다.[19] 어떤 의미에서 보면, 제자가 진지하게 구하고 마음을 열어놓은 상태에 있어야만 스승의 내면에서 그러한 능력이 만들어진다고 볼 수 있었다. 그러나 사막의 원로들은 이것을 힌두교나 수피즘의 전통에서처럼 극단적으로 믿지는 않았다. 성령의 효용은 스승과 제자 모두가 마음을 열어놓는 데 의존하는 것이었다.

초기의 수도사들은 엘리야를 사막의 고행자의 본보기로 삼았다. 엘리야의 외투를 주는 것으로 상징되어진 바 엘리야의 영이 엘리사에게 전달된 것(왕하 2:13)과 대등한 내용이 위대한 안토니가 사막의 바울(Paul of the Desert)의 상의를 물려 받았다는 이야기에서 발견된다.[20] 우리는 신령한 교부가 지닌 바 성령께 호소하며 힌두교의 *shakitpat* 체험이나 수피즘의 *baraka* 체험과 유사한 영적 능력을 전달하는 경험을 창출해 내는 특별한 능력을 나타내는 표식을 발견할 수 있다. 18세기 러시아의 스타레츠(starets)인 사로프의 세라핌(Seraphim of Salov)의 제자인 모토빌로프(Motovilov)는 이것을 아주 훌륭하게 표현했다.[21]

오늘날 영적 지도에 대한 관심이 폭넓게 부흥하고 있다. 지도자와 피지도자의 관계를 위한 바람직한 본보기는 교우 관계인 듯하다.[22] 이것은 부자 관계보다 더 평등한 본보기이다. 그러나 우리는 초기 수도원 운동에서는 영적 지도를 위한 실질적인 역할 모델로서 부모의 자녀 양육을 취하지 않았음을 기억해야 한다. "성령 안에서의 잉태"는 기도 및 거룩함을 얻기 위한 노력의 필요성을 강조하는 것으로서, 당대의 영적 지도의 실천을 가르치는 데 있어서 중요하다. 영적 지도를 단순히 특별한 사역의 형태, 카운셀링과 심리학적 통찰에 의해 촉진될 수 있는 기술로 보는 위험이 있다. 모든 시대의 위대한 기독교 지도자들이 그렇듯이, 사막의 원로들은 성령이 영혼의 참된 지도자임을 크게 강조했다.

주(註)

1) 주요한 영적 전통들 안에서의 사제 관계를 다룬 훌륭한 연구서로는 *Le Maître Spirituel dans les grandes traditions d'occident et d'orient*을 보라.
2) 러시아의 startsy의 역사를 다룬 개론서로는 Derwas Chitty, *The Desert a City*를 보라. 수도원 운동의 초기 역사를 알려면 Smolitsch, *Leben und Lehre der Starzen* (Cologne: Jacob Hegner, 1952)을 보라.
3) Irénée Hausherr, "Direction spirituel," in *Dict. Sp.* 3, col. 1009.
4) 금언집에는 두 가지가 있다. 사부들의 이름에 따라 알파벳 순서로 편집한 것이 있는데, 이것은 현재 영어로 번역되어 있다. *The Sayings of the Desert Fathers*, trans. Benedicta Ward를 보라. 또 한 가지는 영적 통찰력, 순종 등과 같은 주제에 따라 편집하여 수록한 것이다. "The Sayings of the Fathers," in *Western Asceticism*, ed. Owen Chadwick, 33-181을 보라.

5) John Cassian, "First Conference of Abba Chaeremon," *The Conferences*, trans. Owen Chadwick, in *Western Asceticism*, 247.
6) "The Sayings of the Fathers," trans. Owen Chadwick, in *Western Asceticism*, 39.
7) 영적 부권이라는 문제를 다룬 것으로서 Basil Steidle, "Helige Vaterschaft," *Benediktinische Monatschrift* 14 (1932) 214-36을 보라. Adalbert de Vogüé, "Experience of God and Spiritual fatherhood," *Monastic Studies* 9 (1972) 83-99도 보라.
8) *Barsanuphe et Jean de Gaza: Correspondence*, 38.
9) *The Sayings*, Poemen 92 (trans. Ward, p. 151).
10) "The Sayings of the Fathers," trans. Owen Chadwick, in *Western Ascetism*, 184-85.
11) François Neyt, ""A Form of Charismatic Authority," *Eastern Churches Quarterly* 6 (1974) 60.
12) John Cassian, "The Second Conference of Abbot Moses," *The Conferences*, trans Edgar C. S. Gibson, in NPNF, 11: 312.
13) Lucien Regnault, "La prière continuelle 'monologistos' dans la litérature apophtegmatique," *Irenikon* 47 (1974) 467-93.
14) *The Sayings*, Poemen 201 (trans. ward, p. 163).
15) John Cassian, "The Second Conference of Abbot Moses," *The Conferences*, trans. Owen Chadwick, in *Western Ascesticism*, 308.
16) *The Sayings*, Anthony 8 (trans. Ward, p. 2).
17) *The Sayings,* Mios 2 (trans. Ward, p. 127).
18) *The Sayings,* Longinus 5 (trans. Ward, p. 104).
19) John Cassian, "The First Conference of Abba Moses," *The Conferences*, trans. Owen Chadwick, in *Western Asceticism*, 195.
20) Helen Waddell, *The Desert Fathers* (Ann Arbor, MI: University of Michigan Press, 1966) 38-39.
21) "The Conversation of St. Seraphim with Nicholas Motovilov," in *A Treasury of Russian Spirituality*, ed. G. P. Fedotov(New York: Sheed & Ward, 1948) 266-80.
22) See Kenneth Leech, *Soul Friend* (New York: Harper & Row, 1977); see also Tiden Edwards, *Spiritual Friend* (New York: Paulist Press, 1980).

참고문헌

Barsanuphe et Jean de Gaza: Correspondence. Translated and edited by Lucien Regnault and Phillipe Le Marie. Solesmes, France: Abbaye Saint-Pierre, 1972.

Chitty, Derwas. *The Desert a City: An Introduction to the Study of Egyptian and Palestinian Monasticism under the Christian Empire.* Oxford: Blackwell, 1966.

Corcoran, (Sister) Donald. "The Spiritual Guide: Midwife of the Higher Spiritual Self." In *Abba: Guide to Wholeness and Holiness East and West.* Kalamazoo, MI: Cistercian Publications, 1982.

Hausherr, Irénée. *Direction spirituelle en Orient autrefois.* Rome: Pontifical Institute of Oriental Studies, 1955.

Le Maître Spirituel dans les grandes traditions d'occident et d'orient. Hermes 4. Paris, 1966-67.

McNeill, John T. *A History of the Cure of Souls.* New York: Harper, 1951.

Merton, Thomas. "The Spiritual Father in the Desert Tradition." *Cistercian Studies* 3 (1968) 3-24.

The Sayings of the Desert Fathers: The Alphabetical Collection. Translated by Benedicta Ward. Kalamazoo, MI: Cistercian Publications, 1975.

Vogüé, Adalbert de. "Experience of God and Spiritual Fatherhood." *Monastic Studies* 9 (1972) 83-99.

Western Asceticism. Edited by Owen Chadwick. LCC 12. 1958.

32. Relief of a Bearded Saint, Coptic, 6th-7th century

제19장
기독교적 삶의 실천: 평신도 계층의 탄생

쟈끄 폰텐(Jacques Fontaine)

　예수 그리스도의 말씀과 행위 안에 있는 구원의 복된 소식을 전파하고 증거하는 일은, 세례를 받은 사람들만이 하나님의 은혜에 따라 적절한 시간과 환경에서 행할 수 있는 일이다. 그러므로, 1,000년의 세월이 흐르는 동안 서방 기독교인들의 종교적 관습과 내적인 태도들에 대해 논하기 위해서는, 평신도 계층 특유의 영성의 기원과 관련된 문제에 접근해야 할 필요가 있다.

　그러나 이러한 관점을 가지고서 단어에 의지하지 않은 채 기독교인들의 삶을 연구하는 것이 합당한 일인가? 성서에서의 하나님의 백성, 즉 *laos theou*와 20세기의 우리가 평신도라고 부르는 계층 사이에는 어떤 관계가 있는가? 사실, "하나님의 백성"이라는 개념은 교회의 전통의 연속성을 이중으로 증명해 주는 정확한 의미를 보존해왔다. 한편, 세례를 받은 사람들은 모두 전해지고 실천되고 점진적으로 분명해지지만 근본적인 내용은 변화되지 않는 하나의 믿음의 "저장소"를 받았으며, 그것을 보존하고 전해야만 한다. 동시에 성경적 저자들과 주석가들이 끊임없이 구원의 기본적인 사건들을 다룸에 따라서, "결코 사라지지 않을"(마 24:35) 하나님의 말씀을 지나가는 형적들로 가득한 세상에서 끊임없이 실현하는 일이 요구된다. 그것은 전체 교회의 삶 안에서는 완전한 모순이며, 따라서 교회의 평신도의 삶에서도 모순이다.

교회 내의 이러한 사람들에 대한 전통적인 사회학에서는 오랫동안 평신도들을 일종의 "나머지 법칙"(method of the remainder)에 의해서 정의해왔다. 가장 오래된 기독교 공동체들의 시대에서부터, 개인적인 덕의 발달과 성직 제도의 발달로 말미암아, 더 좋은 편(*klēros*)을 선택한 사람들—*clerici* 뿐만 아니라 『성 어거스틴의 규칙』에 묘사된 바와 같이 "완전한 아름다움을 사랑하는" 모든 사람들은 따로 구분되었다. 그 결과로 세례 받은 일반인들, 즉 평신도들이 남게 된다. 이 사람들은 어거스틴이 *civitas Dei peregrinans*라고 부른(예. *City of God* 15.21) 사람들의 집단에 속하는 추종자들의 계보가 아닐까? 평신도에 대한 이 소극적인 견해는 오래 전의 것이다. 그것은 하나의 엘리트주의에 뿌리를 두고 있다. 다시 말해서 귀족적이고 플라톤주의적 과거의 유물로서 게르만족 사회의 과두정치적이고 전제적인 구조를 통해서, 그리고 2세기에 행해진 "백 배, 육십 배, 삼십 배의 결실"에 관한 설교를 통해서 중계된 이원론에 뿌리를 두고 있다. 이러한 이원론은 순교자들과 금욕인들에게 보다 신령한 "보상"을 예비해 주었다(백 배의 결실, 육십 배의 결실). 기독교인들 중에서 무식하고 평범한 사람들에게는 삼십 배의 결실밖에 배정되지 않았다.

계시록과 베드로전서에 있는 두 개의 성구는 평신도의 종교적 권위를 정의해준다. 어거스틴은 그의 저서 『하나님의 도시』(20.10)에서 이 두 성구가 귀중하다고 주장하였다: "그들은 하나님과 그리스도의 사제들로서 천 년 동안 그와 함께 다스릴 것이다(계 1:6).

이것은 주교들과 사제들에게만 해당되는 말이 아니었다." 우리는 이 구절이 세례 받은 모든 사람들에 대한 말이며, 따라서 우리가 평신도라고 부르는 사람들에게 적용되는 말이라고 자신있게 주장할 수 있다. 어거스틴은 계속하여 다음과 같이 말했다: "동시에 우리는 모든 사람들은 동일하게 신비한 기름 부음 때문에 기름 부음을 받은 자들이며, 동시에 독특한 제사장을 섬기는 자들이라는 점에서 그들 모두가 제사장이라고 말할 수 있다. 이에 대해 사도 바울은 '왕 같은 제사장들이요 거룩한 백성'(벧전 2:9)라고 말했다." 이 세례 받은 자들의 공동체 내에서, 평신도들의 봉사 영역은 근본적으로 세상이다. 그들은 "세상에 속한 동시에 교회에 속하며, 진실로 성직자도 아니고 수도사도 아니다."[1] 그러므로 평신도들은 "이 세상으로부터 이익을 취하되 진실로 세상에 의해서 이익을 얻지 않는 듯이 행하는" 사람들이다(고전 7:31).

　1,000년의 세월을 통해서 기독교인들의 삶 속에 그러한 영성의 특별한 흔적들이 나타난다. 이 10세기 동안의 믿음과 사랑의 실천은 그러한 영적 이해의 흥망성쇠를 보여준다. 그것은 기독교 사회에서 성직자들이 평신도들로부터 분명하게 구분되는 한도 안에서 서서히 분명해진다. 1-3세기의 신자들은 세상에서의 생존의 영적 가치를 제대로 인식하지 못했지만, 4세기의 처음 30년 동안에 이루어진 콘스탄틴 대제 시대의 전환점 및 테오도시우스 황제 시대에 이교 신앙을 공식적으로 억제한 것(379-395) 등은 기독교가 로마 사회 전체에 침투해 들어갈 수 있는 새로운 계기가 되었다. 평신도들은 선한 방향으로나 악한 방향으로 영향력을 발휘하기 시작했다. 6세기초의 로마의 몰락―로마는 이미 476년에 정치적으로 사라졌다―은 서방 세계에서 중세 사회를 영적인 권위에게로, 그리고 종종 성직자들의 세속적 권위에게로 넘겨주었다 그러나 8-9세기에 있었던 카롤링 시대의 "개혁"은 평신도들 및 그들의 생활 방식에 대한 고찰에 새로운 관심을 기울였다. 이 세 가지 국면은 기독교인들

의 삶에서 "평신도들의 영성"이 어렵게 탄생한 것을 다룬 이 간단한 글의 출발점이 된다.

초기 기독교(1-3세기)

기독교 공동체의 삶을 다룬 가장 오래된 라틴 본문에서 그 구성원들의 활동이나 구조에 거의 관심을 기울이지 않은 것은 당연한 일이다. 112년에 당시 동부 지방의 속주(屬州)인 비티니아(Bithynia)의 총독이었던 소 플리니(Pliny the Younger)의 법정에 섰던 기독교인들은 간접적으로 자기들의 아침 예배, 세례 서원, 공동 식사들을 언급했다. 그들 중에서 노예였던 두 사람은 스스로를 집사(플리니는 *ministrae*라고 기록했다)라고 불렀다. 총독은 그들을 이해하지 못했고, 오랫동안 억류하지도 않았다. 자기의 속주 내에서 반-기독교적 소요 및 기독교의 급속한 성장에 당황한 그는 그 사건을 트라얀 황제에게 맡기기 위해서 유명한 편지를 썼다(*Epistle* 10.96.7ff).

로마에 살면서 그리스어로 저술한 로마의 클레멘트가 처음으로 우리 시대의 의미와 그다지 다르지 않은 의미에서 평신도(*laikos*)라는 단어를 사용한 것은 한층 더 흥미롭다(1세기말에 쓴 그의 *Epistle to the Corinthians*를 보라). 클레멘트는 유대교의 성직자 제도와 기독교 공동체의 성직자 제도 사이의 연속성을 감지하고서 그 단어를 사용하고 그 의미를 정의하게 되었다. 만일 "특별한 봉사"의 기능이 제사장들과 레위인들 뿐만 아니라 대제사장에게도 해당되는 것이라면(여기서 클레멘트는 이 세 계층 안에서 "주교, 사제, 그리고 기독교의 집사의 상징"을 보았음이 암시된다), "평신도들의 기능은 평신도에게 적합한 교훈들의 구속을 받는다"(*Epistle to the Corinthians* 40.5). 클레멘트의 표현은 그리스도의 교회 내의 평신도 전통을 위한 긍정적인 특성을 제안한다. 그것은 장래의 *ordo sacerdotalis*의 생활 규칙과 구분되는 평신도 전통 특유의 생활 규칙이 존재했다고 가정한다.

3세기초에 터툴리안은 카르타고에서 "봉사의"(ministerial) 과업을 평신도들과 성직자들에게 분배하는 것과 관련하여 정밀함이 부족하다고 생각했다. 앞에서 언급했던 어거스틴의 저서 『하나님의 도시』가 등장하기 훨씬 전에, 터툴리안은 요한계시록 1:6에 기초를 두고서 자신의 저서 『순결에의 권면』(*Exhortation to Chastity*) 제7장에서 다음과 같은 질문을 제기했다: "우리 평신도들도 제사장이라는 것은 진리가 아닌가?…제사장 계급과 일반인들 사이의 차이점을 이루는 것은 교회 내에서의 권위, 그리고 하나님께서 이 계급의 구성원들로 하여금 함께 앉게 하시면서 주신 영예이다." 권위—고대 라틴어의 *auctoritas*가 지닌 사회적, 사법적, 정치적 의미를 지님—를 발휘하는 기능은 교회의 성직자들이 장차 사제석(*presbyterium*)이라고 불리게 될 장소, 즉 *quadratum populi* 맞은편의 주교좌를 둘러싸고 있는 반원형의 의자를 점유하는 특별한 위치를 차지하는 것에서 가시적으로 표현되었다. 터툴리안은, 필요할 경우에는 평신도 성찬을 주재하고 세례를 줄 수 있다고 주장했다: "교회의 성직자들이 참석하지 못하는 경우에, 당신은 자신의 책임하에 제물을 봉헌하고 세례를 베풀고 제사장의 역할을 해야 한다. 왜냐하면 비록 평신도일지라도, 그 세 가지가 재결합하는 곳에서 교회가 발견되기 때문이다."(*Exhortation to Chastity* 7.3)[2]

이 토론은 3세기 중엽 데시우스(Decius)와 발레리안(Valerian) 치하의 박해로 고난을 받는 교회 안에서 하나의 논쟁으로 발달했다. 배교했던 기독교인들—실족했던 사람들(*lapsi*), 또는 이교도 당국자들이 교부한 "고백 신고서"(bills of confession)를 구입한 사람들—을 다시 받아들이는 문제는 실질적으로 일부 "고백자들"의 주장에 대해 감독이 "절대적 권위를 발휘하는" 권리에 반대되는 것이었다. 배교하지 않고서 고문을 피해 나온 이 고백자들은 실족했던 사람들(*lapsi*)을 즉시 사면해주기 위해, 즉 감독이 부과한 보속을 행하지 않고서 기독교 공동체에 복귀할 수 있게 해주기 위해서 자신의 카리스마적인 특권을 사용하려 했다. 카르타고의 키프리안은 배교했던 사람들의 생전에 사면을 허락하려 하지 않은 "엄수파"에 반대했을 때와 같은 열정을 가지고서 그러한 주장들에 반대했다. 이렇게 합리적인 중도(中道)를 발견하려는 노력을 감안할 때, 키프리안이 성직자, 즉 주교의 절대적 권력에 복종한 평신도들에게 감독의 권력을 발휘하려는 의지의 수호자라고 보는 것이 크게 잘못된 것임을 알 수 있다. 그러므로 아프리카에서 교회가 조직된 초기에서부터 주교는 평신도들이 선출한 *seniores laici*로 구성된 의회의 도움을 받아야만 했다. 이 의회의 기원은 아마 유대인 공동체에 있는 듯하다. 이 의회는 주교에게 행정적 기능과 통치 기능, 그리고 사법권과 가르치는 기능을 보장해 주었다.

키프리안의 서신에는 그와 동일한 메시지가 포함되어 있다. 만일 그 카르타고의 주교가 자신의 권위가 하나님으로부터 전달된 것이라고 확신했다면, 그는 그 권위가 성직자들로부터 온 것일 뿐만 아니라 평신도들에게서 온 것이기도 한 것임을 확실히 알고 있었을 것이다. 그도 로마의 코넬리우스(Cornelius)와 마찬가지로 자신이 "하나님의 판단, 그리고 성직자들과 평신도들의 투표에 의해서 임명된 주교"라고 생각했다(*Epistles* 68.2.1). 만일 그가 자신이 개인적인 기름부음에 의해 은사를 받았다고 느꼈다면, 그가 다양한 형태로 성령의 "권면들"을 받았다면, 평신도 신앙고백자들은 그것에 의해 기쁨을 느끼지 않을 수 없었을 것이다.

이러한 예언적 영성주의(pneumatism)는 실제의 회심 체험을 살펴봄으로써 보다 잘 이해할 수 있다. 키프리안은 『도나투스에게』

(*To Donatus*)라는 변증적 논문의 서두에 자신의 삶에 대한 자세한 기록을 남겼다. 속인이 회심하여 기독교인이 되면서 경험한 내면의 갈등에 대한 이 상세한 묘사에서 우리는 네 가지 요점을 취할 수 있다. 지적인 집착으로 돌릴 수 없고, 순수 이성이 기독교 신앙의 내용에 동의하는 것으로도 돌릴 수 없는 이 경험은, 개인적인 구원을 간절히 추구하는 것 및 전 세기말에 이교도인 마다우라의 아풀레이우스(Apuleius of Madaura)의 영적 여행의 지침이 되었던 신적인 것과의 교제와 분리될 수 없다. 전자도 후자와 마찬가지로 오늘날 우리가 고대의 "제2의 종교성"(second religiosity)이라고 부르는 것을 드러내준다. 어두움, 근심, 낙심, 내적인 비통: 이 점에서 키프리안은 아풀레이우스의 저서인 *Metamorphoses*의 서두에 나오는 루키우스와 흡사하다. 이 소설 제2권에서 우주적 어머니인 이시스(Isis)의 계시에 의해서 루키우스에게 임한 계시의 심리학적 표명과 키프리안이 받은 세례의 결과 사이에서 일종의 유사성이 발견되기도 한다. 키프리안에게 임한 흔들리지 않는 확신의 근원은 내적 조명(*phōtismos*)이었다. 그러나 가장 근원적인 요소는 성령의 임재와 생기를 주는 힘에 대한 의식이다. "우리의 전인(全人)은 하나님께 속해 있다." 하나님께서 친히 우리 안에 들어오신다. 그러므로 키프리안은 내면적으로 자유와 신령한 은혜(*gratia spiritualis*)—이것은 자유를 적절하게 발휘하는 것을 허락해준다—라는 신적인 은사를 경험했다. 그는 이러한 사건들 안에서 최종적으로 마음을 평화롭게 해 주고 귀신들을 억제하는 이중의 능력, "…원수(즉 사탄)의 모든 공격을 지고한 권리에 의해서 억제하는 능력"을 경험했다.

세례를 받고 "새 사람"이 된 사람의 새로운 생존에 대한 이와 같은 전투적인 견해의 근원은 바울에게 있는데, 그것은 오랫동안 로마의 스토아주의(예. 세네카)에서 귀중하게 여겨졌던 은유적 견해를 반영하기도 한다. 그러나 3세기에 그것은 예외적으로 부흥하여 잔인한 박해로 말미암은 순교에 대한 기독교의 이상을 높이 여기게 되었다. 터툴리안은 초기에 저술한 『순교자들에게』(*To the Martyrs*) 라는 권면서에서 처음으로 이것을 문자로 표현했다. 사탄과의 전쟁은 감옥에서 시작되었다. 감옥에서 "당신은 심지어 자기의 집에 있는 악한 자를 짓밟았다." 이러한 감옥은 장래의 순교자들을 위한 "은둔처"이기도 했다. 하나님의 용사는 싸우러 나아가기 전에 이곳에 은둔했다. 기독교인들에게 있어서 감옥은 사막과 예언자들의 관계와 같았으며, 그리스도를 본받되 그의 고난까지 본받는 최고의 성취이기도 했다. 왜냐하면, "우리는 징집 요구에 응답한 순간부터 살아 계신 하나님을 봉사하라는 부름을 받고 있기 때문이다"(1.4; 2.8; 3.1).[3]

이 "그리스도의 군대"는 키프리안이 복음을 전파하는 데 있어서 주요한 주제가 되었다. 그의 『편지』 58은 순교를 위한 준비를 갖추기를 원하는 티바리스 사람들에게 보낸 것이다. 이 순교는 "피 세례", 감사의 희생제사의 가치를 지니고 있었다(『편지』 73.22.2). 그 순교자는 로마식으로, 말이 아니라 행동으로(*rebus non verbi*) 가르쳤다. 키프리안은 계속해서 권면하기를, 고귀한 믿음이 지닌 이 모든 감정들은 "당신이 말로 가르친 것을 행동으로 옮김으로써 형제들의 영혼을 감동시킬 수 있게 해준다"(『편지』 76.6.1). 그러나 키프리안은 피 흘려 행하는 순교보다는 생활에서의 순교를 기독교 윤리의 이상으로 강조했다. 그는 독자로 하여금 성경에 기록된 순교의 본보기 안에서 "그리스도를 따르는 일" 안에서의 용기보다는 인내와 기쁨과 평화에 기초를 둔 기독교적 삶을 실천한 사람들을 보게 해주었다. 177년에 리용에서 순교자들이 당한 고문 이야기(Eusebius *Church History* 5.1), 202-203년에 카르타고에서 발생한 퍼페투아와 펠리시타스의 수난 이야기(*Passion of Perpetua and Felicitas*), 또는 키프리안이 256년에 광산에 유배된 신앙 고백자들에게 보낸 편지(『편지』 76) 등은 순교에 참여한 남녀 평신도들이 많았음을 보여준다. 우리는 "단순한 반대의 정신"을 지닌 광신적 신앙으로 기독교 순교자들을 책망했던 마르쿠스 아우렐리우스가 죽음을 앞둔 철학자의 영혼 안에서 보고자 했던 바 "합리적이고 장엄하며 비극적인 소동이 없는" 영웅적 행위를 볼 수 있다(『명상록』 11.3). 키프리안에게 있어서 가장 큰 기쁨은 젊은 아우렐리우스처럼 정당하게 순교를 피한 평신도 신앙고백자들을 *ordo sacerdotalis*라고 부를 수 있게 되는 것이었다. 젊은 아우렐리우스의 경우에 그의 할머니와 두 명의 삼촌이 순교했기 때문에 순교의 은혜는 그 가문의 전통이었다(『편지』 39.3).[4]

그 세기 중엽에 발생한 큰 박해들은 로마 제국 내에의 전례없는 위기와 동시에 발생했다: 전염병, 기근, 외적의 침입, 내란(계시록 6장의 말 탄 사람들 모두가 연합되어 있고, 기독교 전통에서 그리스도라고 간주한 흰 말 탄 사람도 포함된다). 그리스도는 자신이 고난 받는 백성들의 죽음의 제사를 통해서 승리할 때에 승리하는 그 백성의 역설적인 승리를 통해서 다시 한 번 면류관을 받으신다. 이 불행한 사건 안에서 사람들은 "말세"가 임박했다고 믿을 수 있었다. "주님의 음성과 사도들의 증언은 시대의 몰락과 적그리스도의 접근에 대해 미리 우리에게 가르쳐 주었다. 모든 선한 것은 사라지고, 모든 악하고 적대적인 것들이 이익을 보게 될 것이다." 이것은 254년에 키프리안이 주재한 아프리카 공의회가 스페인의 사제 펠릭스(Felix) 및 레온과 아스토르가의 신자들에게 보낸 메시지에 기록된 구절이다(『편지』 67.7). 고민으로 가득한 "재림론"과 근접한 이 새로운 종말론적 기대는 이미 수세기 동안 유대교와 기독교의 묵시 문학에 수록되어왔던 궁극적 대 파국에 대한 극적인 환상들에게 새로이 현실성을 부여했다. 우리는 시인 콤모디안(Commodian)의 거의 야만적인 시에서 이것을 찾아 볼 수 있다. 그는 일반 기독교인들의 공통된 정신 상태를 훌륭하게 반영했다. 충격을 주는 일도 주저하지 않았던 이 기독교인은, 그럼에도 불구하고 요구하는 것이 많고 엄격한 기독교적 도덕을 전파했다. 그는 형제들의 모든 결점에 대해 비평적이었다. 그는 형제들에게 참된 "그리스도의 군사"로서 "날마다 순교" 하라고 권했다.

콤모디안의 『교훈집』(*Instructions*)에 수록된 몇 편의 짧은 시에서 찾아볼 수 있는 이와 같은 풍자적인 묘사 안에서, 우리는 순교자들에 대한 설화들보다는 훨씬 덜 영웅적이지만 진실로 사회적이고 심리적인 사실을 깨달을 수 있다. 이들 기독교인들의 대다수는 말세의 재앙을 기대하면서 무력하게 생활하지 않았다. 그들의 활동이 예배와 기도에만 치중된 것은 아니었다. 그들은 처음에는 세속적인 활동을 장애물로, 심지어 위험한 것으로 보기도 했지만, 세속적 활동도 하면서 생활했다. 키프리안은 성직자들에게 "군사로 다니는 자는 자기 생활에 얽매이는 자가 하나도 없나니 이는 군사로 모집한 자를 기쁘게 하려 함이라"(딤후 2:4)는 바울의 말을 상기시켰다. 그는 처음에는 평신도들에 대한 이 부정적 개념의 창시자이었던 것처럼 보이는데, 이것에 대해서는 우리가 처음에 항의한 바 있다. 그러나 사실상 그것은 반대라기보다는 정도의 차이를 나타내는 것이었으며, 따라서 그는 전세계의 평신도들이 사도적 사명의 선구자가 될 수 있는 자유를 한층 더 많이 허락했다.

2세기말부터 특히 아프리카의 기독교인들은 로마 사회의 모든 계층과 모든 지역에 침투해 들어갔다. "우리는 어제 이곳에 도착했지만, 이미 도시, 섬, 마을, 자치시, 추수 밭, 군대, 지파, 공의회, 궁전, 원로원 등 당신이 관할하는 모든 지역을 비롯하여 지구를 채우고 있습니다. 우리는 당신의 신전들만 남겨 두었습니다."(*Tertullian Apology* 37.4). 마르쿠스 아우렐리우스의 통치 말기에 시작된 큰 위기로 말미암아 붕괴하기 시작한 로마 세계에서, 터툴리안은 쉽게 기독교인들의 정치적 충성심을 강조할 수 있었다. 그들은 분열이나 반역에 참여하지 않았다. 그들은 세상에 대해 당당하고 적극적인 태도를 취했는데, 그러한 태도로 말미암아 그들은 "황제를 향한 자신의 선한 의도를 백성들을 향한 의도를 증거할 때와 마찬가지로 성실하게 증거할 수 있었으며 사람들의 지위에 상관하지 않고서 선을 행할 수 있었다"(*Apology* 36.2-3). 이런 까닭에 『디오그네투스에게 보낸 편지』의 저자인 터툴리안은 그 시대 사람들과 조화를 이루면서 자기의 청중들에게 "우리는 당신들과 동일한 생활을 하고 있습니다…우리는 광장이나 시장을 멀리 하지 않으며, 목욕탕과 상점과 양품점과 여관 및 온갖 교역의 장소들을 부인하지 않으며, 이 세상 안에서 당신들과 함께 살고 있습니다"라고 말할 수 있었다 (*Apology* 42.3).[5]

평신도들이 볼 때에 이러한 결속은 참되고 실질적인 사랑의 원형이요 자연스러운 형태였다. 그것은 기독교 가정 안에서, 배우자들 사이에서(터툴리안의 *To His Wife* 끝부분을 보라), 그리고 로마의 클레멘트가 이미 언급했던 바(*Epistle to the Corinthians* 21.8) "그리스도 안에서의 교육"에 의해서 확인된다. 그것은 모든 종류의 직업 안에 나타난다: "우리는 당신과 함께 바다를 항해하며, 당신과 함께 군사로서 복무하며, 당신과 함께 밭을 경작하며, 상업에 종사합니다. 그러므로 우리는 자신의 모든 행동들을 혼합하며 또 대중의 뜻에 따라 우리가 수고하여 거둔 산물을 당신을 위해 사용합니다"(*Apology* 42.3).

평신도들의 복음적 열심은 기독교적 회합에 의해서 날이 갈수록 증대되었다. 이러한 회합들은 대규모 기도회나 성찬식에만 한정된 것이 아니었다. 여기에는 애찬(*agapē*), 그리고 가족 무덤 근처나 무덤 위에 세워진 식탁에 차려지는 장례 음식도 포함되었다. 유대교 전통에 따라 그리스도가 권하신 "사랑의 행위"(마 25:35ff)는 갈수록 증가하는 공동체들 내의 보다 엄격한 조직을 요구했다. 이 적극적인 사랑은 더 이상 원시 교회를 본받아 조직되지 않았다(집사 제도의 기원일 수도 있는 "공궤": 행 6:2). 그것은 기독교인들이 점차 공개적이 되는 교제를 나누면서 함께 회집할 수 있는 장소 안에서의 전문적인 모임(*collegia*)의 용례를 모방하려는 경향이 있었다.

터툴리안은 기독교 공동체를 하나의 몸(corpus)이라고 제시했는데(Apology 39.1), 이 단어는 collegium만큼이나 사법적인 의미를 함축하고 있었다. 왜냐하면 유스티아누스 법전(Digest)은 corpus fabrorum et naviculariorum에 대해 말하고 있기 때문이다. 그러나 그것은 "하나의 동일한 신앙에 대한 공통된 이해, 하나의 종규의 통일성, 하나의 소망이라는 결속"에 의해 구성되는 "하나의 몸"이다. 공동체는 성경을 공통적으로 읽는 것을 통해서 "종규를 보다 긴밀하게 결속시키고, 그 교훈들을 분명하게 표현할 수 있게 되었다"(Apology 39.3). 그리고 자발적인 희사에 의해서 모금된 공동의 기금은 부유하지 못한 사람들에게 나누어 주었다. 그것은 죽은 자, 가난한 자, 고아, 늙은 종들, 파선한 사람들, 추방된 사람들, 감옥에 갇힌 사람들 등을 향한 효과적인 사랑의 광경으로서 순교와 함께 탁월한 매일의 복음화인 듯이 보였다. 이 dilectionis operatio는 이교도들로 하여금 "그들이 서로 얼마나 사랑하는지를 보라"고 말하게 만들었다(Apology 39.7).

성직자들과 평교인들 사이에는 성직자 계층을 구성하는 것과는 거리가 먼 커다란 침투성이 남아 있었다. 성직자들은 대체로 가장 훌륭한 평신도들 중에서 직접 모집되었다. 키프리안이 공표한 "교회의 종규"와 공식적이면서도 어느 곳에나 존재하는 이교 신앙이 제기하는 양심과 관련된 구체적인 상황 사이의 조정은 완화되지 않았다. 터툴리안과 키프리안이 저술한 논문들은 주요한 불화의 문제점들을 보여준다. 터툴리안은 로마의 호화 쇼에서부터 여인들의 화장하는 것, 젊은 여인들이 화관(花冠)을 쓰는 것에서부터 베일을 쓰는 것, 재혼에서부터 모든 형태의 우상 숭배, 학교에서부터 광장(forum)과 군대에 대해서까지, 기독교인과 이교도 사이에서 일종의 격리를 만들어내는 거의 실천하기 어려운 엄격함을 전파했다. 그러나 이 수사학자의 놀라운 주제에는 종종 결의론자(決疑論者)의 전제들이 수반되기도 했다. 사람들은 자신이 희생제사 의식 때에 약간 떨어져 있다는 조건으로 이교의 약혼 파티에 참석할 수 있었고, 다른 사람들의 피를 흘리지 않는다거나 황제의 흉상을 숭배하기를 거부한다는 조건으로 군대에 복무할 수 있었다. 혹시 어떤 사람이 경찰이나 행정부로 옮겨줄 것을 요청할 수 있었을까? 터툴리안은 거기에 대해서는 말하지 않는다. 그러나 현대의 학자들은 그럴 수 있다고 가정한다.

3세기 중엽에 로마에 있던 공동체들의 결의론을 반영하는 책인 『사도 전승』(Apostolic Tradition)은 무의식적으로 기독교인들이 교수라는 직업, 즉 신화학(神話學)과 다신론을 가르치는 교사로서의 직업에 대해 관대한 태도를 지녔음을 표현했다. 터툴리안은 매우 분개하면서 다음과 같이 말했다: "만일 자녀에게 세상 학문을 가르치는 사람(최근에 개종한 기독교인)이 있다면, 그 사람은 그런 행동을 버리는 것이 좋을 것이다. 그러나 그 외에 달리 생계를 유지할 방법이 없다면, 그 행동은 용서 받을 수 있다"(『사도 전승』 16). 약 50년 전에 터툴리안이 이러한 학교 교사들과 문학 교수들, 즉 "우상 숭배 전파자들" 앞에서 당황했던 것은, 터툴리안이 사람이 성경을 읽고 그 의미를 이해하기 위해서는 알파벳을 배워야 한다는 사실에 복종했음을 암시해준다(On Idolatry 10). 이교 제의와 관련된 직업—검투사, 무언극 배우, 포주, 신상(神像)을 만드는 사람들—만이 아니라 폭력과 방탕, 즉 호화 쇼의 포르노와 변태 성욕에 의해서 이익을 보는 직업에 종사하는 것도 금지되었다. 그러나 군인들의 경우는 그다지 분명하지 않았다. *ius gladii*로부터 필요한 경우에 사형 선고를 내리는 책임을 위임받은 행정장관의 경우도 동일했다. 세네카(Seneca)는 이미 강력한 용어를 사용하여 폭력과 "민족 대량 학살이라는 영광스러운 죄"를 합법적으로 범하는 것을 비난했었다. 그러므로 기독교인들이 볼 때에, 이웃 사랑이 루실리우스(Lucilius)에게 보낸 이 편지에 수록된 세네카의 격언(*homo res sacra homini*)에 새로운 깊이를 주었음은 놀라운 일이 아닌가

(*Epistles* 95.33)?

설령 원리들이 분명하다고 해도, 그 원리들의 적용은 그만큼 분명하지 않았다. 영의 엄격함과 관대함 사이의 토론은 기독교인들 사이에서 이미 시작되어 있었다. 지나칠 정도로 관용했던 순교자들과 기독교인들은 이미 하나님의 나라의 도래를 위해서 상보적(相補的)인 방법으로 일하고 있었다. 그러므로 평신도들의 주도에 맡겨진 자유의 범위는 키프리안이 확신하고 있었던 권위의 한도 내에서 가정할 수 있는 자유보다 더 컸다. 종종 공격적인 이교 신앙의 압박과 때로 강압적인 성직 계급의 권위의 압박 때문에 이 범위가 억압되지는 않았다. 터툴리안은 이미 어느 정도 신중한 관용으로 이어질 돌파구를 마련했었다. 그는 기독교적인 것도 없고 이교적인 것도 없는 타락한 영역이 존재한다고 인정했었다(*On the Crown* 8.4ff). 그는 평신도들이 도덕적 질서와 영적 질서 안에서의 행동과 "의도의 관리"(direction of intention)에 대한 그들 자신의 책임을 깨닫도록 했다. 비록 위험이 없는 것은 아니었지만, 그리하여 평신도는 날마다 문명 사회에서 생활하면서, 3세기에 기독교 신앙이 문명에 삽입된 방법, 그리고 기독교가 문화 변용(變容)에 의해 점점 더 깊이 변화된 방법을 발견할 수 있었다.

개인의 양심에 대한 평신도의 관심은 하나의 예에 의해서 묘사될 수 있다. 지방 총독 디온(Dion)이 양심적 병역 거부자인 테베사의 막시밀리안(Maximilian of Tebessa)에게 황제를 위해 복무하고 있는 기독교인 군사들의 예를 제시했을 때, 이 젊은 징집병은 "그들은 자신에게 가장 좋은 것이 무엇인지를 알고 있습니다. 그러나 나는 기독교인이기에 잘못된 일을 할 수 없습니다"라고 대답했다. 그가 "잘못된 일"(*mala facere*)이라고 말한 것은 사람들의 피를 흘리게 하며 "병영 종교"(camp religion)의 예식을 돕는 것을 의미했다. 이 징집병은 양보하지 않았고, 형제들의 일에 개입하여 그들에게 군대에서 복무하는 동안의 의무를 말해 주지 않았다. 각 사람은 하나님과 사람들 앞에서 자신의 행위에 대해 책임을 져야 하지만, 무엇보다 자기 양심 앞에서 자신의 행동에 대해 책임을 져야 한다.

그보다 40년 전(막시밀리안은 295년에 처형되었고, 키프리안의 편지 59는 255년에 쓴 것이다), 키프리안은 배교자들(*lapsi*)을 다시 받아들이는 일과 관련하여 자신의 개인적인 견해를 평신도들에게 강요하려 하지 않았다. 그는 배교했던 자들과 관련한 결정의 자유를 구속하려 하지 않았다. "이 문제에 관하여 평신도들은 자신이 어떻게 해야 하는지를 알아야 한다—*Viderint laici*…!—하나님의 영광을 수호하고 하나님의 유익을 지키는 보다 중요한 책임은 주교들에게 있다"(『편지』 59.13.5). 우리는 여기에서도 150년 전에 클레멘트의 『편지』에서 설명했던 바 "평신도들에게 적당한 교훈들"이라는 개념을 발견하게 된다. 키프리안도 자신이 배교자들 중 한 사람을 너무 엄격하게 대한다고 생각한 기독교인들을 자기 멋대로 다룬 것은 잘못된 조처였음을 깨달아야 했다. 그는 자신이 공동체의 의견을 존중해야 한다는 것을 깨달았다: "사람들의 반대와 충고에도 불구하고 나 자신의 연약함 때문에 그 사람은 다시 교회에 받아들여졌으며, 그가 행해야 할 보속에 충실하지 못했기 때문에 전보다 더 악한 것으로 드러난 사실로 미루어 볼 때 공동체가 분노한 것은 정당한 일이다"(『편지』 59.15.4). 이것은 키프리안이 자기의 "백성들"(*populus*, 또는 *plebs*)이라 부르거나 자기의 "형제들"(*fratres* 또는 *fraternitas*)이라고 부른 사람들을 얼마나 존중했는지를 가리켜 준다.

기독교인들은 위험에 처했을 때에 자신이 피에 취하여 서슴치 않고 가혹 행위를 하려는 증오심으로 가득하고 가학적인 군중들을 직면하여 용감하게 죽는 것 외에 아무 일도 할 수 없다는 것을 알았다. 177년에 리용에서의 상황이 그러했다. 그러나 모든 이교도들이 철학자 켈수스(Celsus)의 *True Discourse*에 스며 있는 바 기독교인들에 대한 증오심에 따라 행동한 것은 아니다. 갈렌(Galen)은 기독교인 순교자들은 "참된 철학자들처럼 죽음을 경멸하고 있기 때문에"[7] 참된 철학자처럼 행동했다고 생각했다. 진보적인 직업들의 세련된 지적 환경 덕분에 이제 호교론적 싸움이 필요하다고 생각되지 않았으며, 이교도와 기독교도 사이에 진정한 대화가 시작될 수 있었다. 이것은 3세기초에 로마에서 활동했던 변호사 미누키우스 펠릭스(Minucius Felix)의 저서 『옥타비우스』(Octavius)에 나타나 있다. 이 저서는 형태상으로는 대화라는 문학 장르에 속한다. 이교도인 케킬리우스 나탈리스(Cecilius Natalis)와 기독교인인 옥타비우스 야누아리우스(Octavius Januarius)는 두 개의 대조적인 담화에서 교대로 기독교에 대한 과거의 반론(反論)들에 대해 논했다. 확고한 동시에 정중한 옥타비우스의 응답은 기독교인들의 신조들 및 그들의 생활 방식에 대한 매력적인 영상을 제공했다. 미누키우스는 독설을 미소로 변화시켰다고 설명하고 제안하는 형식을 사용했다. 그는 자기의 회담자들로 하여금 이 참된 철학을 향해 나아가게 하려고 노력했다. 이런 의미에서 『옥타비우스』는, 키케로가 『호르텐시우스』(Hortensius)에서 했던 것처럼 아리스토텔레스가 예시했던 철학적인 장르라고 할 수 있다. 미누키우스는 성급하게 요리문답을 받지 않았고, 한번도 그리스도라는 이름을 입 밖에 내지 않았다. 이러한 태도는 미지근하고 준-객관적인 기독교 신앙에서 비롯된 것이 아니었다. 미누키우스는 단지 세례 요한과 같은 방식으로 "길을 예비" 하려 했을 뿐이었다. 즉 이교도들의 편견과 중상을 제거하고, 마음과 영혼의 문을 열게 하며, 여인들과 어린 순교자들이 "하나님의 도움이 없으면 아무도 이러한 고문을 견뎌낼 수 없다는 것"을 증명했음을 보여 주려 했다(『옥타비우스』 37.6).

이런 의미에서 평신도인 미누키우스는 이러한 종류의 "복음화를 위한 준비"를 훌륭하게 증거해준다. 이러한 준비가 없었다면, 바울이 조롱하는 아레오바고에서 아테네 사람들에게 기독교 메시지를 전하는 것이 불가능했듯이, 최초의 기독교 메시지의 전파는 불가능했을 것이다(행 17:16-34). 따라서 통치 계층을 복음화하는 일에 봉사하는 유식한 기독교인들, 평신도, 법률가, 또는 수사학자들의 사도직은 대단히 세심하게 발휘되어야 했다. 곧 락탄티우스(Lactantius)는 『신적인 제도들』(*Divine Institutions*)에서 개화된 로마인들을 회심시키는 일을 위해서 고대 문화를 이렇게 적용하는 것과 관련된 이론과 실제를 제공하게 된다.

기독교 국가인 로마 제국의 평신도 (4-5세기)

교회 안에서 평신도들을 자극하는 불편한 상태를 정의해주는 바 "주위 세상에 참여하는 것과 반대하는 것의 변증적 관계"(Y. Congar)는 "세상"(world)이라는 성경적 용어의 애매함에서부터 시작된다. 이것은 라틴어 역 성경에서처럼 *mundus*를 나타내는 공간적인 비유로 보거나, 또는 *saeculum*이라는 단어 안에 포함되어 있는 시간적인 상징으로 볼 수도 있다. 세상은 "헛되고 헛되며, 바람을 잡는 것과 같다." 그러나 요한복음 3장 17절에 의하면, 하나님께서는 "세상을 심판하려 하심이 아니요 저로 말미암아 세상이 구원을 받게 하려고" 아들을 세상에 보내셨다. 4세기에 세상과 교회가 교차하는 곳에서의 평신도의 "개척자적" 소명은 그전 3세기 동안보다 더 역설적인 것이 되었다. 거기에는 여러 가지 역사적 이유가 있다. 여기에서는 다섯 가지 주요한 이유를 살펴보려 한다.

연대적으로 첫번째 이유는 3세기의 위기 및 그것이 이교 영성과 기독교 영성에 미친 영향 때문에 일시적인 생존이라는 일반적인 의미에서 세상의 가치를 평가절하 한 것이었다. 육체, 시간, 그리고 모든 형태의 고대 문명의 가치를 평가절하 하는 것은 하나의 중요한 조류로서 다즈(E. R. Dodds)는 1963년에 『불안의 시대의 이교도와 기독교인』(Pagan and Christian in an Age of Anxiety)이라는 제목의 강의에서 지나칠 정도로 강력하게 체계화했다. 비록 "이 세상의 상징", 즉 로마 세계가 바야흐로 사라질 듯이 보였다고 하더라도, "영원이라는 관점에서 그것이 무엇이 문제가 되는가?" 303년의 대 박해를 넘어서서, 그것이 이번에는 진실로 세상의 종말이 될 것인가? 일부 신자들은 4세기 내내 이러한 고민을 느꼈다. 그 시대의 정치적/군사적 역사는 그들에게 객관적인 이유가 결여되어 있지 않았음을 보여준다.

그러나 두번째 사실은 완전히 첫번째 이유와 반대가 된다. 그것은 312년에 콘스탄틴 대제가 의심 없이 기독교로 개종한 것이다. 그 이듬해에 종교의 자유가 공식적으로 선포되었을 뿐만 아니라 기독교 성직자들에게도 특권이 주어지기 시작하여, 그들은 법에 의해 정의된 사회적 집단 *ordo sacerdotalis*가 되었다. 그리하여 성직자와 평신도가 구분되었다(사회적으로 말하자면 공식적인 구분).

세번째 사실(이것은 아마 앞의 것들의 결과라기보다는 원인일 것이다)은 회심이 급격하게 증가한 것이었다. 오랫동안 사회적으로 무시와 의심을 받아오던 소수 집단이었던 기독교인들이 이제 그들의 인간적 실체에 있어서 일반 사회와 일치하는 모험을 하게 되었다. 주교들은 자신을 기독교 제국 내에서 활동하는 특별한 유형의 관리로 간주하기 시작했다. 이 점에 관해서 우리는 이교도인 암미아누스 마르셀리누스(Ammianus Marcellinus)나 그 시대 말기에 활동한 적의로 가득한 기독교인 술피키우스 세베루스(Sulpicius Severus)의 풍자적인 교권 반대론(anticlericalism)을 언급하는 것으로 만족해야 한다.

네번째 사실은 앞의 세 가지 사실과 상관이 있으며 같은 시대에 발생한 사건으로서, 그것을 "안토니의 전환점"(turning point of Anthony)이라고 부를 수 있을 것이다. 수도원 운동은 처음부터 순교의 이상과의 연속선상에서 출현했다. 그것은 "날마다" "피를 흘리지 않고 행하는" 순교가 되었다. 그것은 서방에서는 4세기 중엽 이전에는 출현하지 않았었다. 그러나 그 전 세기에 "교회 안에서 하나의 (영적) 운동을 시작한 평신도" 안토니가 출현했다. 그러나 4세기말 서방의 수도사들은 이집트에서 사막 교부들이 행했던 것처럼 사제직을 맡지 않으려고 세상과의 관계를 끊지는 않았다. 서방의 성직 위계제도는 아주 일찍부터 특정의 금욕적 공동체들의 자율성 및 그 공동체에 참여한 성직자들에 대한 그들의 관심 등을 삭감함으로써 나름대로 조심스러우면서도 훌륭한 수도 운동을 소유하고 있었다. 우리는 4세기 말의 스페인에서 이것을 볼 수 있다.

다섯번째 사실은 테오도시우스(Theodosius) 시대의 전환점이었다. 여기에는 이교 의식들을 규제하는 황제의 칙령들의 급증, 이교도 쿠데타의 실패, 그리고 테오도시우스의 기독교 군대가 이교도 반군들을 진압한 것 등이 포함된다. 당시 제국의 승리로 말미암아 이교 신앙 자체를 반대하게 되었다. 제국의 법에서는 로마 시의 이교 사제들을 위한 공식적 보조금을 금지함으로써 이교 신앙에 치명타를 주었다.

이 다섯 가지 변화의 영향을 받아 세례 받은 평신도들의 생활 방식이 보다 훌륭하게 정의되었다. 세례당의 본당 회중석의 *quadratum populi*에 있는 성상 안치소 외부에 자리해야 하는 서민들(*plebs*)의 생활방식이나 *fideles*의 생활 방식 등이 정의된 것이다. 암브로스나 어거스틴은 아직 우리처럼 문제를 제기할 수 없었지만, 그들 두 사람은 오랫동안 평신도로 생활했었다(그들은 30년 이상 세례를 받지 않고 생활했었다). 심지어 암브로스는 세례를 받기 전에 주교가 되었다. 그들의 설교는 한 때 평신도였던 사람이 자신이 개인적으로 경험하여 알고 있는 인생 문제들을 지닌 평신도에게 주는 연속적인 요리문답이라고 간주될 수 있다. 이런 까닭에 4세기의 목회자들은 항상 믿음과 삶 사이의 중개자가 되려고 노력했다. 그들의 가르침은 신자들의 일상생활에서 시작하여 일상생활로 돌아갔다. 그러므로 시편에 관한 어거스틴의 설교에는 기독교의 일상적인 생활 리듬을 지닌 진정한 교수법이 포함되어 있었다. 그것은 평신도들의 실질적인 믿음을 날마다 깊게 하고 양육하려는 목적을 지니고 있었다.

그러나 거기에는 그 이상의 것이 포함되어 있다. 우리는 평신도를 위해서, 그리고 평신도에 의해서 저술된 매우 다양한 문학 작품을 소유하고 있다. 즉 회심을 다룬 이야기, 서신, 묘비에 새겨진 비문, 그리고 피르미쿠스 마테르누스(Firmicus Maternus)의 저술들에서부터 프루덴티우스(Prudentius)의 『심마쿠스를 대적하여』(Against Symmachus)에 이르는 위대한 변증적 저서들이 있다. 이러한 문서들이 이러한 세밀한 각도에서 연구된 사례가 거의 없다. 또 우리는 라틴어로 된 찬송들도 잊어서는 안된다. 그것들은 처음에는 특별한 성가대가 아닌 기독교인들의 집단들이 생각하고 노래하고 묵상했던 것이었다.

우리는 제시된 문제에 대해 계속 대답하기 위해서 이 방대한 문서 자료 안에서 세 가지 주제만 끌어내려 한다. 4세기에 평신도들의 삶은 여전히 예전의 이교적인 것과 새로운 기독교적인 것 사이의 심각한 내적 갈등이었다. 그러나 콘스탄틴 대제의 전환점에 의해 해방된 평신도들(특히 유식한 평신도들)은 새로운 영적 여행 안내서들을 만들어냈다. 마지막으로, 가장 초기의 금욕주의와 세속적인 것의 가치에 초점을 두는 세속적인 성직자들 사이의 논의에서는, 역시 세상에서 살고 있는 확신을 가진 기독교인들을 위해서, 그리고 그들에 의해서 이루어진 바 중도(中道)를 찾으려는 조용하지만 엄청난 노력을 숨겨서는 안된다. 4세기의 많은 평신도들은 성직자들과 수도사들이 그들의 작은 사제 공동체나 금욕적 공동체 내에서 행한 것 이상으로, 터툴리안의 역설이라고 불릴 수 있는 삶을 살았다. 제식(祭式) 문명—이것은 로마 제국의 제식 문명으로 존속했다—에서 볼 때, 신들은 어디에나 존재했으며, 따라서 (만일 우리가 이교 의식과 제의들에 대한 귀신론적 해석을 받아들인다면) 세례 받은 사람들은 어디를 가거나 사탄의 존재를 대면하게 되었다.

313년에 선포된 종교의 자유에도 불구하고, 또는 그 때문에, 4세기에 세례 받은 자들에게 도전하는 이교도의 지속적이고 악의적인 반응은 단순히 로마의 끈질긴 *mos maiorum*에 기인하는 것은 아니었다. 이러한 이교적 종교성은 계속해서 일상생활과 기념비적인 대중 사업, 집단적인 의식들, 호화 쇼와 경기 등에 표현되었다. 그것은 사분령(分領) 하에서 새로이 활력을 얻었었지만 서방에서만큼 유해하고 오래 지속되지는 않았다. 한편 이 사분령은 4세기초에 있었던 대 박해 때에 종식되었다.

새로 개종한 평신도들이 이러한 조상들의 의식들을 버리는 데서 경험하는 어려움은 4세기초에 있었던 스페인의 엘비라 공의회의 금령(禁令)에 잘 묘사되어 있다. 우리는 여기에서 그 당시 많은 세례 받은 사람들이 바에티카에서 세례 서원을 하면서 얻은 준(準) 종교 혼합주의적 자유를 찾아볼 수 있다. 개종한 *flamini*는 계속 희생제사를 드렸다. 어떤 신자들은 자기의 딸을 이교도 사제와 결혼시켰고, 공동 묘지에 가서 "죽은 자들의 영혼을 괴롭힐 수 있는" 촛불을 켰고, 심지어 자기들이 수확한 것을 유대인들이 축복하게 하기도 했다. 이것은 무수히 많은 성적(性的)인 죄에 대해서는 말하고 있지 않다. 엘비라의 교부들은 엄격한 이단인 노바티아누스파였다고 주장된다. 그들은 도박, 세속적 삶과 영원한 삶과 관련하여 이교 영성을 불러 일으키는 초자연적인 보증을 하는 것, 그리고 2세기말에 있었던 아풀레이우스 숭배와 4세기말의 프레텍스타투스 숭배를 금지했다. 이러한 조처들은 313년에 밀라노에서 콘스탄틴과 리키니우스(Licinius)가 취한 조처와 일치하는 것이었다. 이 두 황제는 자신이 "우리 및 우리의 다스림을 받은 모든 사람들과 관련하여, 모든 종류의 신들을 달래는 일"에 관심을 갖고 있다고 말했다(Lactantius *On the Death of Persecutors* 48.2).

　이러한 종교적인 불확실함은 때가 되면 사라져야 했다. 어거스틴의 설교를 보면, 그의 교구민들 중 일부가 그와 비슷한 타협을 했었음을 알 수 있다. 그들은 영생을 소유하기 위해서 그리스도에게 기도했지만, 세속적인 일에서 성공하기 위해서는 그리스도보다 더 가깝고 친밀했던 과거의 신들에게 기도했다. 4세기 중엽에 알프스 남쪽의 이탈리아에서 베로나의 제노(Zeno of Verona)는 지방의 영지에 이교의 예배당을 보유하고 있는 기독교들이 있음을 발견했다(*Sermon* 1.25).

　4세기 중엽에 베로나에 살았던 이 기독교인들은 유대교와 마니교의 개종 권유에 직면하여 대단히 연약했던 듯이 보인다. 어느 방랑 설교자는 한 공동체 전체를 완전히 되찾을 수 있었다. 술피키우스 세베루스(Sulpicius Severus)의 말을 믿는다면, 이러한 일이 이교의 창시자인 프리스킬리안(Priscillian)과 더불어 아키텐의 작은 마을 Eauzé에서 있었다(*Chronicle* 2.48). 이러한 타협을 극단적으로 반대하는 입장은 병적인 꼼꼼함으로 나타났다. 예를 들면, 어거스틴이 빗대어 조롱했던 푸블리콜라(Publicola)는 어거스틴에게 말하기를, 분명한 정신과 균형을 지닌 기독교인은 이교 신앙의 잔재로 말미암아 오염되었다고 생각되는 이웃이나 사람과의 관계에 대해서 망설이지 말고 성숙한 판단을 해야 한다고 했다(*Epistle* 47). 이 반응은 양심과 관련된 일에 있어서 평신도의 개인적 판단의 자율성에 호소한다는 점에서 주목할 만하다. 이렇게 개인적인 책임을 존중한 것은 푸블리콜라의 편지에서 어쩔 수 없이 장려한 성직자들의 지배에 완전히 반대가 되는 것이었다.

　평신도의 개종은 4세기 내내 계속될 듯이 보였다. 그러나 수적인 증가와 질적인 성장이 양립할 수 있었을까? 4세기 평신도들의 기독교 신앙은 극도로 애매한 것이었으며, 그들의 도덕성 역시 마찬가지였다. 풀 수 없는 *permixtio* 안에서 죽정이와 알곡이 발견되었다. 말세에 곡식을 수확하여 탈곡하는 것과 포도를 으깨는 일을 경계하라! 어거스틴은 끊임없이 자기의 양무리에게 이 말을 되풀이해서 말해 주었는데, 거기에는 그럴 만한 이유가 있었다.

기독교가 공식적인 종교가 되어 라틴 세계의 문화에 보다 깊이 적응하게 됨에 따라, 일부 평신도들은 그리스도의 신비에 대한 개인적이고 집합적인 관계의 새로운 형태를 발견했으며, 그것을 교회 안에서나 세상에서 동시에 행동으로 옮겼다. 그들은 고대 말기 수세기—예술사가들은 이 시대를 "영성의 시대"라고 지칭하기에 이르렀다— 동안에 영향을 준 그 종교적 부흥에 독창적인 경향을 부여하는 것 이상의 일을 했다.

비록 처음 몇 세기 동안에 평신도들이 취했던 봉사의 기능들은 점차 성직자들에게로 넘어갔지만, 하나님의 백성들은 *quadratum populi* 안에서 4세기에 공적으로 발달한 전례의 핵심적인 주체와 객체로 머물러 있었다. 평신도들의 참여는 여러 가지 방법으로 표현되었다: 응답송과 환호의 찬양, 성경 강독과 설교를 경청하는 것(종종 군중이 설교자를 중단시키기도 했다), 제물을 가져오는 것 등. 고올 지방의 힐라리와 알프스 남쪽 이탈리아의 암브로스가 찬송가를 지은 것은 신자들을 전례에 더욱 밀접하게 관여시키기 위한 것이었다. 프와티예의 힐라리(Hilary of Poitiers)의 훌륭한 정의에 의하면, 이 찬송은 "경건한 신앙고백의 반응"이었다. 그것의 효과는 "음성을 높여 환호함으로써 원수에 대한 두려움을 내어쫓고, 마귀를 물리치며, 부활에 대한 믿음에 의해서 사망을 정복하는 것"이었다(*On Psalms* 65.4). 날이 갈수록 증가되어 일요일과 연례 축일들에 거행된 전례들은 합하여 평신도들이 기념해야 할 절기가 되었는데, 그것들의 절정은 지상 여행의 커다란 성례들—하나님의 말씀과 성찬—이었다. 이 시대에 교회의 동쪽 끝의 반원형 부분을 장식하는 성화에 주로 등장하던 바 영광 중에 계신 그리스도는 "이제도 계시고 전에도 계시고 장차 오실" 분이셨다(계 1:4). 그분 안에서, 그리고 그분을 통해서 비천한 일상 생활의 현실이 끊임없이 표현되었다. 다시 말해서, 기독교 전례의 핵심인 바 하나님께서 인간에게 임재하시는 것과 인간이 하나님 앞에 자신을 제시하는 것의 사실적 묘사 안에 일상생활의 현실이 표현되었다. 평신도들은 설교의 적극적인 청취자였는데, 설교의 비유와 상징과 믿음의 교수법과 신학적 덕목이나 도덕적 덕목 등은 그들의 온갖 일상생활의 형태 및 종종 기독교인들이 그 시대의 로마 세계에 사는 데 따르는 어려움 등에서 취한 것이었다.[8]

이러한 집합적인 영성의 또 다른 강력한 중요성은 순교자 숭배의 발흥과 순례의 발달에서 발견된다. 이러한 현상은 대체로 전례의 발흥과 관련하여 발생했다. 고대의 *mediae potestates* 존숭(이것은 문자적으로 인간과 신 사이에서 "중재하는 것"이다)인 죽은 자 숭배는 로마의 영성에 깊이 뿌리를 내린 신앙이요 의식이었기 때문에, 평신도들은 교회의 전례에 만족할 수 없었다. 그리하여 이것은 기독교 순교자들의 무덤과 그들이 남긴 성 유물 숭배로 구체화 된 순교자 숭배의 인간적 근원이었다. 그것의 건축적 표현, 전례적 표현, 금석학적 표현의 형태는 특히 4세기 후반에 매우 다양해졌다.[9]

순교자 숭배의 발흥은 많은 대중과 귀족적인 엘리트들이 교회에 들어온 것과 더불어 발생했다. 그 현상을 순수하게 대중적인 현상으로 간주하거나, 귀족들의 지휘에 의해서 시작된 것으로 간주해서는 안된다. 그것은 분명히 방탕과 장례식에서의 술 취함의 구실이 될 수 있었을 것이다. 그것은 고대의 영웅 숭배의 이동이나 잔존이기도 했다. 그럼에도 불구하고 이 시대 이후로, 로마의 다마수스(Damasus), 밀라노의 암브로스(Ambrose), 히포의 어거스틴 등은 이러한 특혜를 받은 영적 중재자들에 대한 숭배 제의를 자기들의 본보기인 그리스도, 신약 성경의 히브리서에서 찬양된 특이한 중보자 숭배에 종속시킴으로써 그 제의의 방향을 설정하고 정화시키려 했다.[10] 성 유물 숭배는 그 후 수세기 동안 사람들이 성인에게 육체와 영혼을 치유하는 "덕"을 부여하는 데 비례하여 계속 성장했다.

순례자들은 예배를 위해서 뿐만 아니라 성인에게 치유나 축귀나 죄사함을 요청하기 위해서 순교자들의 무덤 위에 세워졌거나 그들의 유물의 존재에 의해서 성화된 성소를 찾아갔다. 이와 같은 기독교 신앙의 새로운 표현은 금욕고행에 전념했던 서방의 귀족 출신의 위대한 두 여인에 의해서 저술된 4세기말 이후의 문헌에서 입증된다. 그 두 여인은 갈리키아(Galicia)의 스페인계 로마인으로서 383-384년에 동방을 순례했으며 『항해 일지』(A Journal of a Voyage)의 저자인 에게리아(Egeria), 부유한 로마인 부인 파울라(Paula)이다. 그녀의 양심을 지도한 인물인 제롬은 404년에 그녀가 사망했을 때에 묘비에 383-384년에 있었던 그녀의 여행에 대해 기록했다(Jerome 『편지』 108). 두 여인은 예루살렘과 성인들의 유적을 보기 위해서" 그리고 신구약 성서에 등장하는 하나님의 백성들 및 순교자들의 무덤, 그리고 이집트 사막에서 생활하는 무수히 많은 수도사들을 보기 위해서 순례를 떠났다(『편지』 108).

이 경건한 여행은 세 가지 유형의 특별한 장소들을 목적지로 했는데, 그러한 방문은 상호 배타적인 것이 아닌 세 가지 형태의 목적에 부합하는 것이었다. 그 목적이란 시나이에서부터 팔레스틴에 이르는 지역을 다니면서 구원의 사건들이 발생했던 곳에서 그 사건들을 회상하려는 것, 살아 있는 거룩한 사람들과 사막의 수도사들을 방문하는 것, 다마수스가 로마의 순교자들의 무덤에 새겨 순례자들이 읽도록 하기 위해 저술한 Epigrmas에서 표현한 것과 같이 바실리카 안에 안치된 순교자들의 유해를 존숭하는 것 등이었다. 4세기말이나 5세기초에, 스페인계 로마인 프루덴티우스(Prudentius)는 이탈리아와 로마의 순교자들의 무덤 성소들을 순례하기 위해서 로마로 항해했다. 이 순교자들에게 바쳐진 그의 저서 Book of

*Crowns*에 수록된 많은 시들은 마치 이 육적이면서도 영적인 여행의 노정에서 발견하는 나뭇잎들과 같다. 6월 29일에 거행되는 베드로와 바울의 축일이나 고백자 펠릭스를 기리는 2월 14일 등 축일에는 주변 지역의 많은 사람들이 순례 여행을 했다. 그러나 예루살렘과 로마에는 이미 순례자가 빈번하게 방문하기 때문에 국제적인 장소라고 부를 수 있는 곳들이 있었다. 고올 지방의 투르도 유명했다. 그곳은 마틴(Martin)의 사후에 대단히 활기를 띠게 되었으며, 그리하여 마틴을 숭배하는 일은 중세 시대에 예외적인 발달을 보았다.[11]

이들 세대의 영적 발명은 집단적 전례나 개인적인 예배의 영역에만 한정되는 것이 아니다. 이것들은 문학적인 형태들에 관심을 가지며 그것들을 통해서 고대의 사상과 미학의 궁극적인 형태에 관심을 갖기 때문에 보다 방대하고도 심오한 문화 변용의 가시적인 국면들에 불과하다. 우리는 단지 4세기에 등장한 저서들의 저자인 네 명의 훌륭한 교육을 받은 평신도들에 대해 살펴보게 될 것이다.[12] 그들은 시(詩)의 내적 투명성을 통해서 우리로 하여금 인간과 하나님 사이의 실존적 대화—이것을 통해서 우리는 개인적인 차원에서 영성을 정의할 수 있다—를 보다 즉각적으로 들을 수 있게 해 주는 시인이기도 하다.

공식적인 수사학자이며 콘스탄틴 대제의 아들을 가르친 교사였던 락탄티우스(Lacrantius)는 『신적 제도들』(*Divine Institutions*)에서 만족스러운 변증을 제공했다. 그 책에서는 이교의 가장 훌륭한 문화적/종교적 전통은 이방인들의 구약 성서의 일종으로 제시되어 있다. 락탄티우스는 기독교 메시지를 정교하게 표현하는 데 있어서 수사학과 시를 사용하는 것을 정당화하고 보장했다. 이렇게 교회와 그 문화적 세계 사이를 중재하는 일은 평신도 저자의 특수한 기능의 전형적인 예이다. 3세기의 미누키우스 펠릭스(Minucius Felix)와 유사하면서도 "은밀하게 기독교적"인 완곡 표현은 적게 사용한 락탄티우스의 산문은 어떤 면에서 보면 콘스탄틴 시대의 복음화의 앞쪽 가장자리에 있다.[13] 락탄티우스가 327년에 저술한 『피닉스에 관하여』(*On the Phoenix*)라는 시는 대체로 아직 이교적인 궁정에서의 공식적 예식을 위해 저술된 것으로서 더이상 "은밀하게 기독교적"인 작품이 아니었다. 여기에서 락탄티우스는 이미 1세기에 로마의 클레멘트에게서 나타났던 바 부활의 신화에 대한 기독교적 해석을 물려받았다. 그러나 정치적 메시지와 종교적 메시지는 여전히 알렉산드리아 학파적 경향을 띤 묘사적인 상상력의 에너지 안에 포함되어 있었다. 그 안에서 그리스도의 부활의 자취는 황제의 권력의 지속성을 나타내는 정치적 상징의 배후에서 은밀하게 등장했다.[14] 부활하신 그리스도의 신비가 『신적 제도들』에서 옹호한 합법적인 정치적 용도를 지닌 정교한 상징들을 통해서 등장할 때에 지니는 혼합 상태의 특징은 콘스탄틴 대제 시대의 기독교가 지닌 반 준-종교 혼합주의적 영성이었다. 그 신화의 특권적 사용은 라틴 기독교의 문화 변용의 "위대한 시대"의 적절한 서곡을 이룬다.

보르도의 어소니우스(Ausonius of Bordeaux)는 고올-로마 혈통의 기독교인이었다. 그는 제국 내에 자리잡은 기독교 신앙, 또는 제국의 확립 때문에 짓밟힌 영성을 잘 표현하였다. 그는 철학자라기보다는 수사학자였지만, 그의 믿음은 진지하고 내면적인 믿음이었다. 우리는 그의 저서 안에서 이상하게도 서로 상이한 차원에 위치하고 있는 영적 태도들을 발견한다. 이 시인은 *Ephemeris*에서 거룩한 속성을 지닌 호칭 기도(litany)로 시작하는 육보격(六步格)의 시 형태를 지닌 길다란 기도로서 자신의 하루를 시작했는데, 그 시의 분위기는 우리로 하여금 티베리아누스의 신플라톤주의적 시를 생각나게 만든다. 그 다음에는 성경보다는 『스키피오의 꿈』(*Dream of Scipio*)에 더 가까운 그림이 이어진다.[15] 어소니우스는 "쉬지 않고 기도하는" 사람은 아니었다. 그는 긴 기도를 마친 후에 "내가 하나님께 드리는 기도는 이것으로 충분하다"고 선언했다. 날마다 행하는 아침 기도 의식에 마음을 쓰는 이 형식주의적 인물은 새해가 되면 황제에게 시를 지어 바치곤 했는데, 그 시의 후렴은 이교적인 기도였다: *Iane veni; novus anne, veni; renovate veni sol!*(*Carmina* 3.5).[16] 어소니우스는 자신의 제자요 친구였던 파울리누스(Paulinus)가 금욕주의를 채택한 데 대해 강력하게 반발했었다. 그러나 그가 파울리누스의 방대한 토지를 헐값에 팔아넘긴 일로 인해 비방을 받을 만큼 잘못을 범했었는가? 이 위대한 평신도 지주(地主)의 진정한 영적 책임은 어디에 있었는가?[17]

이 복합적이고 다원적인 영성의 결과로서, 384년경에 로마 원로원 의원인 안토니우스(Antonius)의 자서전적 신념과 신앙고백이 출현했다. 그것들은 영적 여행에 대한 명쾌한 고백을 우아한 시로 표현하고 있는데, 그것은 2세기 전의 인물인 저스틴의 증언을 상기시켜 준다: "나는 모든 분파들을 섭렵했지만, 그리스도를 믿는 것보다 더 좋은 신앙을 발견하지 못했다"(『트리포와의 대화』2). 안토니누스가 우주의 창조와 관련하여 "우주적인 신"에 대한 고대 헬레니즘과 로마 신학과 어긋나지 않는 방법으로 그리스도를 찬양했음에 주목해야 한다. 그러나 다른 한편으로 보면, 이 그리스도는 자비하시고 용서가 많으시며, 선하심이 공의로우심을 능가하는 하나님이셨다. 안토니우스는 이렇게 복음적인 국면을 가장 귀하게 여겼으며, 열심으로 그것에 대해 많은 말을 했다.

이제 위대한 서방 기독교 시인들에 대한 언급의 마지막으로 칼라구리스의 프루덴티우스(Prudentius of Calagurris)에 대해 다루려 한다. 그는 한 때 테오도시우스 황제의 개인 고문이었고 어느 속주의 총독이었다.[18] 그는 시란 완전한 삶의 경건한 연습과 결합된 하나의 영적 연습이라고 생각했다. 프루덴티우스의 시적인 저서가 중세 시대에 미친 지속적인 영향을 고려할 때에, 이러한 견해는 수세기 동안 편지들(시문학)에 대한 사랑과 하나님을 향한 갈망 사이의 분명한 협력을 보증해준다. 프와티에의 힐라리나 밀라노의 암브로스가 지은 찬송이 전례에 사용되는 시에 필수적인 것이었듯이, 프루덴티우스의 시는 서방의 영적 시에 필수적인 것이었다. 그의 저서에서 특별한 관심을 둔 두번째 초점은 『심마쿠스에 대한 반박』(Against Symmachus)에 수록된 두 개의 노래에서 발견된다. 여기에서 우리는 테오도시우스 황제 시대의 제국의 "공식적인 영성"을 가장 완벽하게 표현한 것을 발견할 수 있다. 그것은 위험하게도 기독교의 종교적 승리를 테오도시우스 왕조의 정치적 승리와 결합하고 있다. 프루덴티우스는 개화된 로마의 도시들과 기독교 도시들을 아직도 이교를 신봉하고 있는 시골 지역의 야만적 세계 및 이단적인 게르만족 침입자들과 대조했다. 그는 계속하여 로마에 복종하는 세상에서 하나님의 나라를 출발시키게 될 기독교 제국의 거룩한 사명에 대해 확신했다. 아마도 그는 고트족이 로마를 장악하기 몇 년 전에 이러한 망상을 지닌 채 사망했을 것이다. 이제야말로 어거스틴이 『하나님의 도시』에서 이러한 관점을 바로잡아야 할 때였다.

  기독교인들의 집단적이고 개인적인 창조적 능력은 콘스탄틴 시대의 교회 및 제국 내에서 그 교회의 다소 애매한 조직이 지닌 내부적인 모순들을 이용했다. 이런 까닭에 우리는 술피키우스 세베루스가 그의 저서인 『연대기』(Chronicle)를 완성할 때에 사용한 과장되고 비참한 대차대조표—불화 때문에 목사들로부터 버림받은 기독교인들에 대한 것—를 다소 어림잡아 읽어야 한다.[19] 이 까다로운 금욕인의 복수심에 불타는 문장은 평신도들이 서서히 기독교화된 것을 전혀 공정하게 다루지 못하고 있다. 첫째, 수도적 금욕과 순결을 지키는 것을 찬양하는 일이 유행했기 때문에, 몇몇 극단주의자들(예를 들면 제롬)의 경우를 제외하고는, 결혼생활과 가정생활이 지니고 있는 성화시키는 탁월한 가치가 가려지지는 않았었다. 이것을 이해하기 위해서 두 가지를 인용해 보자. 첫째는, 베로나의 제노가 결혼한 사람들의 공동체 안에 임재해 계신 그리스도에게 드린 훌륭한 기도이다:

당신은 솜씨 좋은 마부처럼 아직 미숙한 목에 결혼이라는 거룩한 멍에를 얹은 사람들을 일치시키시사 그들이 노동에 있어서나 감정 면에서 동등하게 노력할 수 있게 해주십니다.(Sermon 1.4)

이 문장 자체는 어거스틴의 『결혼의 효용에 관하여』(On the Good of Marriage)에 등장하는 설명만큼의 가치가 있다.[20] 어거스틴은 요한복음 주석에서 가정을 교회의 작은 세포라고 찬양했다. 어거스틴은, 한 가정의 아버지는 자기의 기능을 발휘하면서 "자기의 집 안에서 하나의 교회의 직무를 성취할 것이며, 자기 가정에서 그리스도를 섬김으로써 감독의 직무를 수행할 것이다"라고 했다.[21]

세상에서의 평신도의 활동에 대한 이 긍정적 평가에서 두번째로 중요한 요점은 육체 노동의 복권이다. "학예"(liberal arts)는 "목수의 아들"이 되신 하나님의 자녀들에게 적합한 유일한 일이 아니다. 이런 의미에서 『수도사들의 작업에 관해서』(On the Work of Monks)라는 어거스틴의 논문의 요점은, 육체 노동은 전혀 하지 않고 성경 묵상과 기도에 전념한다고 자부하는 이 금욕인이 제기한 문제를 능가했다. 실제로 파코미우스(Pachomius) 이래로 동방의 최초의 수도사들은 철저히 하나님을 추구하기 위해 조직된 삶의 강령 안에서 육체 노동을 중시했다. 따라서 그들은 대단히 오래된 로마의 전통(Cincinnatus와 같은 관리-노동자의 전통)과 동일선상에 있었다. 육체 노동을 비천한 것으로 여겨 멸시하는 경향을 지녔으며 노예를 소유하고 있던 귀족 사회에서, 육체 노동자를 존경하는 것은 혁명적인 일이었다. 또 노동에 대한 이러한 재평가를 보다 넓은 맥락, 즉 『하나님의 도시』 제22권을 장식하는 바 인간의 재능 창조를 찬양하는 맥락 안에 둘 필요가 있다. 어거스틴은 "인간의 재능으로 하여금 모든 것을 발명하고 그것을 배우며 실천하게 해주는 것은 그것의 자연적인 고귀한 가치이다"라고 말했다. 이 구절 다음에 이어지는 바 인간의 창조를 찬양하는 호칭기도에서는 물질적인 기법에서부터 미술, 그리고 시에서부터 학문에 이르기까지 다양한 직업에 종사하고 있는 평신도들의 몫인 모든 세상적 행동들의 가치와 의미를 크게 확언했다(『하나님의 도시』 22.24).[22]

그러므로 사회 생활의 모든 조직에게는 제국의 모든 사회 계층 안에서 행하는 기독교 평신도들의 다양한 행동에 의해서 가치가 부여되었다. 따라서 이 사회는 끊임없이 형제애를 발휘했는데, 이것은 옛 로마의 덕목인 *humanitas*를 변화시켰다. 베로나의 제노의 말에 의하면, 이 사랑이 "도시와 민족들을 확실한 평화 안에 보존해준다. 사랑은 시련을 진압하고 잔인함을 없애고 분을 삭여주는 왕자를 지켜 무기들을 쓸모 없게 만든다…"(*Sermon* 1.36). 이 기도는 흔히 사람들이 생각하듯이 그다지 이상화된 것은 아니다. 몇 년 후에 암미아누스 마르셀리누스(Ammianus Marcellinus)는 로마의 궁정과 몇몇 위대한 가문의 사회를 좋지 않게 묘사했다. 몇몇 사람들이 볼 때에, 기독교인들의 내면의 평화와 로마 제국이 수호하고 강요해야 하는 버질의 사명으로 보유하고 있는 평화는 엄격하게 서로 결속되어 있었다. 이것이 『하나님의 도시』 제19권의 주요 내용이다. 제롬의 편지에 기록된 내용과는 달리, 많은 개종한 군인들은, 투르의 마틴처럼(*Life of Martins* 3), 당장에 케사르의 군대에 복무하는 일을 그만 두지는 않았다. 그러므로 4세기의 많은 거룩한 평신도들은 여전히 터툴리안의 *vobiscum militamus*를 실천했다. 야만족이 국경 지방을 위협할 때, 기독교인들은 세상에서 도피하여 수도원 안에 피신해서는 안 되었다. 어거스틴은 아프리카의 백작인 보니페이스(Boniface)에게 이것을 단호하게 말했다. 그는 책임 있는 지도자요 한 사람의 기독교인으로서 교회와 제국에 절실하게 필요한 평화를 담대하게 지켜야만 했다.

『하나님의 도시』는 하나님을 섬기는 일과 케사르를 섬기는 것을 혼동하는 위험을 바로잡았다. 어거스틴은 *romanitas*에 깊이 집착했고, 또 기독교 제국이 하나님의 나라의 발달에 제공하는 실질적인 이익을 확신하고 있었다. 그럼에도 불구하고 집단적 권력의 의지,

33. Reliqury Box of the True Cross, 7th-8th century

고대 로마인들의 *amor laudis* 위에 세워진 세상 도시의 세력과는 거리를 두었다. 그러나 그는 실제로 신비하게 건설되었지만 이 세상에서는 안정되고 가시적인 방법으로 이루어지지 않은 하나님의 도시의 본질에 대해 생겨날 수 있는 망상들을 경계했다. 어거스틴은 도시들보다는 시민권을 강조하면서, 평신도들이 정치적으로 기독교 제국의 두 개의 군대(*militiae*)—군대와 공적인 직무—에 종사함으로 말미암아 제기되는 문제들을 내면화했다. 그들은 믿음과 두려움을 가지고서 *permixtio*의 신비를 실현해야 하는데, 이 경우에 이 세상에서는 장래의 택자들과 유기된 자들이 교회 안에서 뿐만 아니라 교회 밖에서도 동행한다.[23]

이와 같이 4세기에는 이 세상의 삶에 깊이 관여하고 있는 평신도들이 영적으로 가치 있는 것들을 자유로이 표현할 수 있었다. 그 이유는, 이 시대의 위대한 영적 지도자들은 수도사나 주교가 되기 전 오랫동안 정치적, 군사적, 문화적 경험을 하면서 평신도 생활을 했던 인물이었기 때문이다. 이것은 지극히 개인적인 그들의 영성의 여러 가지 형태와 주제들이 평신도들의 믿음과 양심에게 제기된 문제들과 암암리에 일치하거나 직접적으로 일치하는 이유를 보다 쉽게 설명할 수 있다. 수도 서원과 교회의 사제 제도라는 두 가지 도전에 직면한 평신도들은 부득이 독자적인 소명의 특수성—세상에서나 교회에서나 동일하게 불편한 것—을 보다 잘 정의해야 했다.

중세 시대 초기(6-10세기) 서방 평신도의 수행과 신앙

5세기부터 10세기에 이르는 유럽 문명의 태동기에, 기독교인들의 종교 생활의 형태와 내용은 이전 시대의 풍성한 유산을 부인하지 않는 상태에서 수정되었다. 이러한 변화들 안에서 네 가지 주요한 요인을 강조해야 한다.

406년부터 시작되어 476년에 마지막 황제가 폐위될 때까지 게르만 민족들이 로마의 영토에 이주함으로 말미암아 서방에서 심각해진 로마 세력의 공백기가 지난 후, 주교―이들은 종종 도시에서의 모든 책임을 지는 관리에 불과하기도 했다―들의 세력과 게르만족 왕들의 세력은 영적 질서 안에서는 물론 세속적 질서 안에서도 서로에게 도전하게 되었다. 파괴적인 동시에 효과적이기도 한 이 긴장 상태는 특히 800년 성탄절에 교황 레오 3세가 로마에서 샤를마뉴 대제의 즉위식을 거행한 이후에 직면한 어려운 상황에서 자체적으로 해결되었다(어느 프랑스 시인은 교황과 황제를 "하나님에게 속한 두 개의 반쪽들"이라고 표현했다).[24] 주권자에게 성례를 베푸는 것은 이미 데이빗이 서고트족의 왕들에게 기름 부음을 행한 것(672년에 왐바에서), 그리고 751년에 보니페이스가 찰스의 아버지 페핀에게 기름 부음을 행한 것에서 전례적으로 표현되었다. 그리하여 평신도의 머리는 갈수록 신성해진 사회적 피라밋의 꼭대기에 놓인 거룩한 인물이 되었다. 한편으로는 로마 원로원의 귀족층과 게르만족 귀족, 다른 한편으로는 메로빙 왕조의 불명예스러운 일들이 있기까지 그들이 권세를 행사한 대상인 수도원과 성직 계급 사이에는 거의 동등한 동맹이 이루어져 있었다. 그 결과 도덕성이 없는 무식한 평신도들이 군주들의 후원으로 주교나 수도원장이 되었다. 혈통과 문화와 부귀에 의존하는 고귀함을 지닌 이러한 특혜를 받은 사람들과 비교할 때에, *populus Christianus*는 가난하고 신분이 비천했으며 탈-문화화(deculturation)했다. 이 마지막 현상은 외적의 침입으로 인한 파괴, 고대 시대에 존재했던 공립 학교들이 사라짐, 그리고 순전히 구전 문화에 맡겨진 언어의 타락 등으로 말미암아 가속되었다. 지식계급(*litterati*)과 무식한 계급(*illitterati*)을 대조하는 데에는 몇 가지 의미가 필요하지만, 그것은 종종 중세 시대에 사용된 성직자와 평신도라는 두 단어의 근본적인 차이를 강조하기도 했다.

이와 같은 기독교인들의 분열은 시골에서 더욱 현저했다. 기독교 시인이며 칼라구리스의 제국 관리였던 프루덴티우스는 5세기초부터 이미 기독교화된 로마의 성읍들의 문명과 반대되는 전원적이고 이교적인 야만주의를 시골에서 목격했다. 4세기 후반에 활동한 고올-로마의 시인 엔델레키우스(Endelechius)가 저술한 시의 표현을 빌리자면, 시골 거주자들의 복음화가 증대되고 시골 교구들이 형성되었음에도 불구하고, 그리스도는 오랫동안 "찬양하는 도시인들의 하나님"이었다.[25]

로마에 정복되지 않은 북 유럽 지역(아일랜드, 스코틀랜드, 독일), 그리고 고대 로마의 속주였던 루마니아, 특히 약간만 로마화되거나 전혀 로마화 되지 않았던 지역에서는 표현, 사회 구조, 도덕적 가치관, 언어, 종교 등과 관련된 고대의 민족적 형태들과 기독교 신앙 사이에 어느 정도의 묵계가 이루어져 있었다. 이것은 죽음, 장례, 무덤 숭배 등과 관련된 기독교 의식들에서 증명될 수 있다.[26] 5세기 중엽에 로마에서는 대 레오(Leo the Great)가 루우-퍼커스 축제(*Lupercalia*)를 지킨다거나, 또는 그의 보살핌을 받는 교인들이 성 베드로의 바실리카에 들어가기 전에 태양에게 입맞춤을 하기 위해서 주위를 돌았기 때문에 비방을 받았다. 로마에서 멀리 떨어진 지역의 상태는 어떠했을까! 이교를 신봉하는 시골에서의 축제와 제의 장소들의 기독교화는, 4세기에 마틴(Martin)과 그의 경쟁자들이 이

교의 성소들을 대적하여 수행한 수도원적 "특공대"의 모험적인 문화, 예술 파괴에 대한 반작용으로서 중세 시대 초기에 교회가 취한 유익한 모험이었다. 카시노 산에 있는 아폴로의 성소와 신성한 나무의 성소에 베네딕트가 임명된 것에서 증명되듯이, 수도사들은 이 전통을 계속 이어갔다(베네딕트는 이 두 장소를 파괴하는 일부터 시작했다. Gregory the Great *Dialogue* 2.8.11을 보라).

중세 사회는 점차 새로운 구분에 따라 조직되었는데, 이에 따르면 평신도들은 귀족이 아닌 기독교인들, 그리고 보다 낮은 수준의 결혼한 기독교인들로 구성되었다. 대 그레고리가 소개한 바 수도사, 말씀 전파자(성직자), 결혼한 사람들(*conjugati*)이라는 구분을 따라, 고대 인도-유럽에서 사용했던 세 가지 구분—*oratores*(성직자와 수도사 등 기도의 사람들), *laboratores*(육체 노동, 특히 농사에 종사하는 평신도들), 그리고 *equites*(말을 타고 전쟁에 참여하며 기사가 되는 귀족들)—으로의 점진적인 복귀가 이루어졌다. 그리하여 평신도들은 세속 사회와 기독교회가 공통적으로 지닌 하나의 구조 안에 이중으로 몰아 넣어졌다. 이로 말미암아 평신도의 신앙의 질이 저하 되었고, 수도사와 평신도 사이에 "변증적"이라고 할 수 있는 관계가 형성되었다. 물론 목회자들은 세례 받은 평신도들로 이루어진 회중의 영성의 품위와 열정을 보존하려고 노력했고, 카롤링 왕조의 개혁에서는 기독교인들의 종교생활을 개선하려고 노력하여 어느 정도 성공을 거두었다.

5, 6세기에 발생한 극적인 사건들로 말미암아 야기된 문화 수준의 저하, 로마의 기독교 엘리트들이 점차 사라지고 야만족인 게르만 민족들이(이들은 이교도이거나 아리우스파였다) 자리잡음으로 말미암아, 복음화 뿐만 아니라 훨씬 전에 복음화된 주민들의 영적 상태도 전반적으로 붕괴되었다. 야만족들이 기독교국인 로마 제국에 침입함으로 말미암아, 사람들은 양심의 괴로움과 회의주의에 빠졌다. 우리는 5세기의 라틴 문헌에 이러한 내면적 위기가 반영되어

있음을 발견한다. 이러한 질문은 폴 오로시우스(Paul Orosius)가 로마의 제국주의를 반대하여 저술한 『이교도들을 대적한 역사』(Histories against the Pagans)나 살비안(Salvian)이 『하나님의 통치』(The Government of God)에서 로마인들의 악덕을 공격하여 퍼부은 독설 안에서 발견된다.

펠라의 파울리누스(Paulinus, 어소니우스의 손자)가 그러했듯이, 많은 사람들은 그 안에서 자신의 관습을 바꾸라는 섭리적인 권면을 보지 못했지만, 이 깊고 영속적인 충격은 믿음을 뒤흔들어 놓았다. 파울리누스는 자신을 개종시켜 이 길을 걷게 하신 하나님에게 『감사의 시』를 바쳤다(459년). 스탕달이 말한 것처럼 고대 귀족들이 "적"에서 "흑"으로 통과한 것—사실상 공적인 책임에서부터 "감독으로서의 책임(sarcina episcopalis)으로 통과한 것—에도 불구하고, 글을 읽을 수 없는 사람들의 수효는 학교들이 사라지는 데 비례하여 증가했다. 심지어 6세기에 주교 학교와 수도원 학교가 등장하기 전까지는 성직자들 중에서도 글을 읽지 못하는 사람들이 증가했다. 이러한 학교에서는 특히 성직자나 수도사가 되려는 평신도들의 자녀들을 환영했다. 평신도의 상태로 복귀한 사람들은 폭력의 세계에 휩싸였는데, 그곳에서는 게르만족 왕들의 주위에 있는 귀족 사회에 터툴리안이 용서할 수 없는 죄(peccata irremissibilia)라고 부른 살인, 간음, 우상숭배 등이 지배하고 있었다. 투르의 그레고리(Gregory of Tours, 594년 사망)의 『프랑크족의 역사』(History of the Franks)를 읽으면, 결코 6세기의 메로빙 왕조의 엘리트들에게 아첨하는 것이 아닌 이미지를 추출해낼 수 있다. 국민들은 기근이 아니더라도 영양실조, 사회적 불안과 전염병, 그리고 귀족들의 잔인함 등의 영향 하에 있었다. 로마의 평화(Pax Romana) 시대는 현세에서의 생존의 가치가 저하된 시기였으며, 로마 제국의 말기는 가장 불안정한 시기였다. 이러한 상황에서, 대다수의 평신도들이 볼 때에 기독교는 그리스도에게 속한 사람들이 마음대로 구사할 수 있는 초자연적인 능력의 종교가 되었다. 공의로우시기 때문에 거리가 멀고 두려운 하나님보다는 자비하시기 때문에 사랑해야 할 하나님이셨기 때문에, 평신도들은 성인들의 중보에 의지하고, 그들의 무덤과 유물들을 숭배했다. "성 유물들은 초자연적인 능력을 일상생활의 필요에 따라서 이용할 수 있는 통로였다."[27] 그러므로 마술적-종교적 인물과 접촉하는 의식들이 일반화되고 제도화되었다. 물질적/영적인 구원을 기다리는 갈급한 신자들은 질병이나 허약함의 치료, 귀신 들림에서의 해방, 그리고 이 세상과 내세에서의 안전을 위해서 이러한 의식이나 사물들을 의지했다.

성 마틴의 기적을 다룬 많은 문헌들은 믿음에 대한 이러한 기본적인 표현들에 관해 많은 것을 말해준다. 성인들의 무덤과 유물들을 둘러싼 성소들과 축일들은 시간과 공간을 가로지른다. 많은 사람들이 순례에 나섰으며, 때로는 아주 멀리 여행하기도 했다. 그들은 4세기 이후로 주로 성지, 이집트, 그리고 로마의 동부 지역 대부분을 목적지로 하는 영적 순례를 하면서 서방 세계를 넘어 여행했다. 고대 중동 지방의 대부분을 정복한 이슬람 교도인 아랍인들이 637년에 예루살렘을 정복했으므로, 순례자들의 성지 여행이 어렵고 위험하게 되었다. 십자군 원정의 시대가 다가왔는데, 십자군들은 스스로를 무장한 순례자라고 생각했다. 이것이 카롤링 왕조 시대 이후로 서방에 순례의 중심지들이 증가한 이유이다. 1000년이 넘도록 많은 무리가 끊임없이 그곳을 찾고 있다. 로마 제국 및 장래의 공국들과 왕국들의 모든 지역에서 신자들이 찾아왔다. 그들은 로마나 투르 등지에 있는 고대 기독교의 성소 뿐만 아니라 노르만디에 있는 성 미쉘 산(Mont Saint-Michel), 남부 이탈리아에 있는 가르가노 산(Monte Gargano), 스페인의 캄포스텔라에 있는 야고보의 것이라고 알려진 무덤 등 거룩하다고 알려진 새로운 장소들을 찾아갔다.

초자연적 능력에 대한 믿음은 두려우면서도 은혜로운 곳으로서의 이 거룩한 장소들의 명성에 영향을 주고 강화했지만, 이러한 순례 여행은 옛 순례자들의 의도만큼이나 다양한 의도를 지니고서 계속 순례자들을 끌어 모았다. 그러나 순례 여행은 특히 하나님을 향한 물질적/영적인 추구라 할 수 있는 방랑 안에서의 영적 이탈이라는 개념의 영향 하에 새로이 중요시 되었다. 이러한 이상은 아일랜드의 수도사들에 의해서 특히 7, 8세기에 유럽 대륙에서 실천되고 널리 전파되었다. 이들은 참회자들에게 관세를 부과하는 동시에 회개의 순례 여행의 발달을 장려했다. 잔인하면서도 신심이 깊었던 안주(Anjou)의 백작 풀크 네라(Fulk Nerra)는 아주 늙어서 네번째 예루살렘 순례를 하던 중 사망했는데, 그는 예루살렘의 성묘(Holy Sepulchre) 앞에서 스스로를 채찍질 했었다.

만일 참된 기독교가 수도원 운동 안에 도피하지 않았다면, 중세 초기 수도원 운동의 문화적/영적인 역할은 무엇으로도 대체할 수 없는 것이었음이 분명하다. 비록 훌륭한 평신도들이 메로빙 왕조의 고관인 완드릴레(Wandrille)나 라데곤데(Radegonde) 여왕처럼 수도원에서 일생을 마치지는 않았지만, 수도원은 평신도들의 영성의 원천이었다.[28]

5세기 이후로, 완전함 삶으로의 회심은 은둔 생활이나 공주생활로만 표현되지는 않았다. 평신도들은 계속 세상에서 살면서 동시에 회심자(conversi)의 삶을 영위했다. 그들은 제3회나 현대의 세속적 기관 구성원의 선조라고 표현될 수 있을 것이다. 고귀한 평신도들을 위한 가장 놀라운 본보기는 클뤼니의 수도원장이었던 아울리악의 제라르(Gerald of Aurillac, 909년 사망) 백작이다. 그의 전기는 오도(Odo)가 저술했다. 제라르는 세상적인 물건들로부터 이탈했지만, 그럼에도 불구하고 계속 그것을 가난한 자들을 위해 사용하기 위해서 관리했다. 그는 세상을 버리지 않았으며, 세상에 있는 사람들의 시련에 동참했고, 최소한 7번이나 로마로 순례 여행을 했다. 공의롭고 겸손하고 모든 사람들을 사랑하며, 자기의 말에 충실하며, 수도사가 아니지만 순결한 인물이었던 제라르는 수도원을 세웠다.

그 수도원은 9세기말에 로마의 성인 세베루스를 수호신으로 하여 건설되었다. 그는 경건한 평신도의 전형이었던 듯하다.[29]

중세 시대 초기 몇 세기 동안에 완전한 삶에 대한 풍부한 경험은 카롤링 왕조의 인물들이 『성 베네딕트의 규칙』의 사용을 일반화하려고 노력하면서 강요한 획일성과 대조를 이루었다.[30] 오늘날 우리가 보기에 하나의 절대적인 출발점이라기보다는 개혁의 결실인 듯이 보이는 이 규칙의 제53장 "손님들을 환영하는 것에 관하여"의 중요성을 기억해야 한다. 이 규칙은 "믿음 안에 있는 모든 형제들과 순례자들"을 위한 것인데, 여기에는 성직자와 수도사들만 포함되는 것이 아니다. 우리는 손님들에게 가능한 한 정중해야 한다. 이처럼 균형잡힌 생활 방식은 평신도들에게 기독교의 옛 형태 및 *romanitas*의 가치, 공통된 법의 준수에 기초를 둔 영적 자유의 본보기, 최초의 복음적이고 사도적인 공동체의 형태를 실현하는 것, 다양한 형태의 집단적 폭력과 개인적인 폭력으로 말미암아 끊임없이 동요되고 탈선되는 세상에서 *conversio morum*과 *stabilitas*의 의미 등을 전해 주었다.

아주 근본적인 면에서 서방의 수도사들은 학문에 대한 사랑을 하나님을 향한 수도적 갈망에 적용하면서, 고대 교부 문화의 유산을 구원하고 보존했다. 일찍부터 그들은 평신도 교육에서도 역시 중요한 역할을 했다. 7세기에 은수사 발레리우스 베르기덴시스(Valerius Bergidensis)가 비에르조(Bierzo)에 운영하고 있었던 조그만 학교를 통해서 알 수 있는 바와 같이, 이것은 고대 학교의 사라짐을 완화시켜 주었다. 수도원 공동체들은 급속하게 자기들 나름의 학교들을 발달시켰으며, 세상 출신의 젊은 학생들에게 책, 독서, 쓰기 등을 존중하고 사랑하는 태도를 심어 주었다. 만일 이러한 태도가 없었다면 성서는 평신도들의 영성을 포함하여 기독교 영성 안에서 항상 유지해야 하는 기본적인 위치를 보유할 수 없었을 것이다.

서방의 위대한 수도원—4세기의 마르무띠에르(Marmoutier)와 5세기의 레렝(Lérins) 등 고올 지방에서—안에서 완전한 삶을 실천한 많은 주교들은 사역의 말과 행동에 의해서 *cura animarum*을 행사하면서 자기들에게 맡겨진 양떼들의 교리적, 도덕적, 영성 형성에 관심을 두었다. 도시 공동체들에게 활기를 불어넣는 것, 시골에서의 복음화를 장려하는 것은 대다수의 주교들이 인내하면서 솜씨 좋게 전념해야 할 과업이었다. 지역 종교회의에서 기록한 서명을 통해서 우리에게 이름이 알려진 대다수의 주교들을 H.-I. Marrou는 "역사의 보병(步兵)들"이라고 불렀다. 선교사 주교들은 자기의 양들을 위해서 켈트족, 색슨족, 게르만족의 환경 안에서 로마 기독교의 새로운 문화 변용을 향한 시도를 배가했다. 이러한 노력의 탁월한 본보기를 6세기의 마지막 10년 동안에 대 그레고리가 보낸 서신에서 찾아 볼 수 있다. 이 교황은 영국인 노예들을 지적이고 종교적으로 만드는 데 관심을 가졌다. 그리하여 이들 영국인(*Angli*)들은 인종적으로나 언어적으로 자기 형제들이 *angeli*가 되는 데 도움을 줄 수 있었다. 심지어 그는 영국의 색슨족을 복음화 하는 동안 선교사들이 그 지방의 이교 신전들을 교회로 만들어 사용하는 것을 권장했다(*Epistles* 11.56).

과거에 로마 사회였으며 이미 선교의 땅이 된 유럽에서 새로운 기독교 사회를 건설하려는 공동 노력도 그에 못지 않았다. 정교한 문학 작품들에 의해서 평신도들을 위한 요리문답서를 구분할 수 있다. 이러한 요리문답서들은 저술 연대도 다르고 저자들이 이 지극히 평범한 목양적 저서들을 저술한 환경도 다르다. 6세기초에 아를르의 카에사리우스(Caesarius of Arles)가 아를르 지방 사람들 및 주교의 말을 듣고 예배를 돕기 위해서 찾아온 주위의 시골 사람들에게 행한 *Sermons to the People*가 현재 남아 있다. 그것은 형태와 내용면에서 작은 설교들을 조금씩 발달시킨 *sermo humilis*이다. 6세기말에 고올 지방의 주교인 브라가의 마틴(Martin of Braga)은 국왕미로(Miro)를 위해서 "자연적인 인간의 지성의 법을 따라 선한 행동을 하는 평신도가 쉽게 따를 수 있는 교훈들"을 저술했다 (*Formula of the Moral Life*, prologue[*PL* 72, col. 23]). 같은 해에, 교황 그레고리는 *Moralities of Job*를 수도사들에게, 그리고 *Pastoral Rule*를 성직자들에게 바쳤다. 그러나 그의 성경 주석, 특히 복음서 주석은 로마 교구의 평신도들을 위한 것이었다.

 7세기초에 저술된 세빌의 이시도어(Isidore of Seville)의 *Synonyms of Lamentations of a Sinful Soul* 중 "교인들의 의무"라는 항목에서는 평신도 예비 신자들, 세례 교인들, 견신례를 행한 사람들, 결혼한 사람들, 그리고 참회자들에게 동등하게 관심을 기울이지 않았다. 이 책은 언어학적, 수사학적, 영적 교육의 입문서였는데, 젊은 성직자와 수도사들은 물론이요 세빌의 젊은 평신도들은 이 책에서 훌륭한 가르침을 발견할 수 있었다. 이시도어는 『금언집』(*Sentences*)을 구성하고 있는 "영적 계약"(spiritual testament)에서 자기가 서고트 왕국에서 시작하려고 꿈꾸었던 기독교 사회를 축소하여 묘사했다. 그의 『금언집』에서는, 권위 있는 직무를 수행하는 사람들―교회의 주교들, 왕과 그의 대리인들―의 국가적인 의무 뿐만 아니라 비천하고 가난한 자들을 보살피는 것이 중요하게 다루어진다. 완전한 삶 및 그 삶이 지닌 종교적/도덕적 긴박성에 대한 호소가 스페인 교회의 모든 계층에게 이루어졌다. 그 나라 최초의 평신도인 왕 시제부트(Sisebut)의 요청을 받아, 이시도어는 방대한 백과사전인 *Etymologies*를 저술했다. 이 책은 우선적으로 평신도들을 겨냥한 것으로서 대체로 세속적인 경향의 지적 개론서이다.[31]

 8세기초에 아일랜드에서는 완전히 다른 지평에서 요약적이고 신랄한 풍자서인 『시대의 12가지 악습』(*Twelve Abuses of the Age*, *PL* 4, col. 869-82)이 출현했다. 여기에는 12가지 중요한 상세한 묘사가 수록되어 있는데, 거기에서 평신도가 가장 중요한 위치를 차지한다. 이 풍자서에는, 구제하지 않는 부자와 가난하지만 교만한 사람, 덕

제19장 기독교적 삶의 실천: 평신도 계층의 탄생 765

이 없는 스승과 공정치 못한 왕, 교육을 받지 못한 시민과 무법한 사람들, 종교가 없는 노인과 유순하지 못한 청년, 불평이 많은 기독교인과 부정한 여인 등이 짝을 이룬다.[32] 이 아일랜드인 저자의 유머어가 라틴 풍자의 상세한 묘사 및 키프리안의 논문 『도나투스에게』(*To Donatus*)를 통해서 그에게 전해진 로마 사회의 악습들에 대한 다소 음침한 묘사와 비교할 수 없다는 점에서, 그가 우화시를 예시(豫示) 했다고 볼 수 있다. 그러나 그 때문에 그가 자연 상태에서 아일랜드의 평신도 사회가 더디 기독교화한 것을 관찰하지 못한 것은 아니다. 키프리안의 이름으로 출판된 이 작은 책은 이시도어의 저서들과 카에사리우스(Caesarius)의 설교집이 중세 초기에 누린 것 못지 않은 성공을 거두었다.

중세 초기의 평신도의 종교 생활이 지닌 이러한 엄청난 모순들에게 카롤링 왕조의 개혁은 어떤 새로움을 가져다 주었는가? 몇 가지 새로운 요인들이 있다. 그것은 평신도 계층 및 그들의 종교적 관습 형성을 보장하려는 한층 더 세밀한 노력, 평신도에 의한 평신도의 가정 형성에 대한 관심, 평신도의 도덕과 영적 교육에 대한 성직자들의 고찰, 기독교 메시지를 위한 새로운 매체를 개발하거나 발달시키려는 시도 등이다.

샤를마뉴는 새로운 제국의 최초의 평신도로서 행동으로 설교를 했다. "그는 밤낮으로 빠지지 않고 이 교회(유명한 아헨의 팔라틴 교회당)에 갔다. 그는 밤의 성무일과를 위해서도 교회에 갔다…또 그는 전례적 학과를 읽는 방법을 바로잡고 시편을 노래하곤 했다. 그는 이 두 가지 일의 전문가였다"(Einhard *Life of Charles* 26). 이 군주는 789년에 발행한 *General Monition*에서 "어린이들이 읽는 법을 배울 수 있는 학교를 세우며, 모든 수도원과 교구에서 시편을 배우고 쓰기, 노래하기, 계산법(천문학적인 자료를 토대로 하여 절기의 날자를 계산하는 것), 문법 등을 배우게 하며, 학생들로 하여금 잘 교정된 책들(시편집과 미사 전서)을 가질 수 있게 하라"고

명했다. 이 군주는 이렇게 성직자들의 지적 수준을 높이면서, 평신도들로 하여금 기독교 신앙 및 그에 필요한 다양한 조건을 보다 잘 이해하게 하며, 전례에 참석하게 하며, 그리하여 도덕적으로나 영적으로 기독교인들이 재무장하는 데 성공할 것을 꾀했다. 그 결과, 아일랜드인들의 영향 하에서, 비밀 참회라는 관습이 발달되었다. 샤를마뉴의 고문인 스페인 사람 테오둘프(Theodulf)의 *Chapters*에서는 평신도들이 행해야 할 최소한의 종교적 훈련을 규정했다. 그것은 주기도문과 사도신경을 배워 암송하는 것, 밤낮으로 기도하는 것, 그리고 만일 이 두 가지 기도문을 알지 못할 경우에는 "주님, 당신은 나를 지으시고 조성하셨사오니 나를 불쌍히 여겨 주소서. 하나님이여, 죄인인 나를 불쌍히 여기소서"라고 기도하는 것, 안식일을 지키는 것, 토요일 저녁 기도 및 주일날 아침 기도에 출석하는 것 등이다. 이 훌륭한 프로그램이 과연 어느 정도 적용되었을까?

기독교적 가정 교육에 의해서 귀족 계급을 형성한 것은 특이한 장르의 저서인 『내 아들을 위한 입문서』(*Manual for My Son*)에서 증명된다.[31] 이 책은 우제스(Uzés)에서 두오다(Dhuoda)라는 게르만족 이름을 지닌 평신도 여인이 843년초에 라틴어로 저술한 것이다. 두오다는 샤를마뉴의 사촌의 아들인 버나드의 아내였는데, 그녀는 이 글을 당시 16세였던 아들 윌리엄에게 바쳤다. "규칙이요 본보기요 입문서"인 이 책은 바야흐로 카롤링 왕조의 상류 사회에 진출하려 하는 그 청년을 위한 필휴서(必携書)였다. 두오다는 자기 아들에게 성경과 라틴 교부들과 카롤링 왕조의 종교적 저술가들에 의해 육성된 가장 훌륭한 종교 문화를 전달해 주려 했다. 윌리엄은 그 책의 서두에 표현된 것처럼 "어머니의 사랑을 위해서 자신이 반드시 해야 할 일"이 무엇인지를 그 책을 통해서 항상 읽어야 했다. 이 책에서는 종교에 대해 기이하게 묘사한다: "초월하시는 하나님의 위엄은 그리스도에 의해 실질적으로 침식 당했다. 소망만이 성령의 은사를 힘 입어 인간을 절망적인 연약함에서 구해줄 수 있다. 성령은 덕행의 공격으로 우리의 악덕들을 뿌리뽑도록 도와줄 것이다." 윌리엄은 위대한 사람들과 비천한 사람들에게 순응해야 하며, 항상 주님께 충실해야 했다. 그러나 6년 후에 윌리엄은 보르도의 백작이 주도한 바 아키텐의 왕 페핀에게 저항한 반역에 참여했다가 포로가 되어 처형되었다. 그 입문서(*Manual*)는 나름대로 군주들의 귀감이 었으며, 이제 막 발달하기 시작한 하나의 문학 장르였다.

오를레앙의 요나스(Jonas of Oreleans)는 "결혼을 한 사람들은 어떻게 하나님께 합당한 생활을 영위할 수 있는가?"라는 질문에 대한 응답으로 마트프리드(Matfrid) 백작을 위해서 『평신도 교육』(*Instruction of the Laity*)이라는 책을 저술했다(828년 이전). 요나스는 이 교부적인 명문집(名文集)에서 부부 생활에 대한 그다지 엄격하지 않은 청교도적 개념을 향한 발전을 보게 하기 위해서 어거스틴과 제롬을 지나치게 자주 언급한다. 평신도의 기독교적 삶에 대한 그의 일반적인 충고는 한층 더 흥미롭다: 자주 의사소통을 하며, 교회에게 십일조 바치기를 주저하지 말며, 사제들과 가난한 자들을 존경하며(사냥이나 개 경주에 지나치게 열심을 내어 이러한 의무 수행을 게을리 하지 말라), "기독교인에게 합당한 규칙"을 지킴으로써 손님 접대에 힘쓰라. 이 "기독교인에게 합당한 규칙"은 분명히 베네딕트의 『규칙』 제53장과 관련이 있다. 이러한 귀감들로부터 카롤링 왕조 시대의 평신도들의 생활 방식을 배울 수 있지 않은가? 이 본문들과 그것들의 교부적 교훈들을 세심하게 비교해야만 분별할 수 있는 하나의 반응이 등장한다. 한편, 공의회들은 노예들의 결혼과 배우자들 간의 상호 동의의 자유를 보호했고, 일부일처제를 명했으며, 동족 결혼과 간음과 이혼 등을 맹렬하게 공격했다. 이러한 이론적이거나 표준적인 본문들은 우리로 하여금 유한한 인간들이 공통적으로 영위하는 실질적인 기독교적 삶을 간접적으로만 볼 수 있게 해준다. 믿음과 도덕을 회복하며, 무엇보다도 이교의 관습들을 완전히 버리기 위해서 해야 할 많은 일이 있었다. 789년의

*General Monition*에서는 점성술사와 마술사들을 금지했으며, 나무나 바위나 샘물 앞에 촛불을 켜는 것도 금지했다. 그렇다면 우리는 2세기 전에 브라가의 마틴(Martin of Braga)이 고올 지방의 사람들이 행하는 이교적 관습들을 공격한 설교—*On the Correction of the Peasants*—로부터 멀리 떨어져 있는가? 아니면 7세기초에 이시도어가 빛을 잃고 있는 별들을 도우려는 목적을 지닌 마술 의식에 심취한 스페인 사람들을 교훈하려고 했던 노력으로부터 멀리 떨어져 있는가?

선조들의 관습들을 기독교화 하는 이 어려운 과업을 촉진하기 위해서는, 목양적 웅변을 제대로 이해해야 한다. 그러나 로마의 여러 지방에서는 평신도들이 라틴어를 거의 이해하지 못했음에도 불구하고, 전례에서는 라틴어만 사용되고 있었다. 이런 까닭에 813년에 투르 공의회에서는 "조야한 로마어"로 설교를 되풀이할 것을 규정했다. 9세기의 것으로서 프랑스 북부의 로망스어로 된 요나스의 설교, 10세기의 것으로서 앵글로 색슨어로 된 설교 등이 현재 남아 있다. 그러나 라틴어를 사용하는 유식한 성직자들과, 라틴어를 그다지 알지 못하며 미사의 제물 준비와 같이 전례의 행렬 성가 부분에만 참여하는 일반 교인들 사이의 장벽을 제거하는 것은 어려운 일이었다. 10세기에 베로나의 교회에서는 모국어로 부르는 찬송과 춤이 등장했다.

이제 프레스코화라는 매체에 대해서 다루려 한다. 동방 기독교의 성상파괴론을 피한 카롤링 왕조의 서방 기독교는 이 로마네스크 이전 시대에 교회의 벽에 걸어 놓은 신구약 성서를 묘사하는 예술 작품들을 이용하는 방법을 알고 있었다. 심지어 투르의 성 마틴 성당의 프레스코화에 보존된 명문을 통해서 알 수 있듯이, 성인전도 이용되었다. 그러나 아키텐 사람들이 귀중하게 여겼던 성상(聖像)들은 성직자들에게는 전혀 만족을 주지 못했다!

이와 같이 평신도 영성은 1000년 동안 서방 기독교에서 어렵게 발달해왔다. 그것은 세 가지 몰수—정치적/사회적, 수도원적, 그리고 문화적 몰수—의 희생자였다. 그러나 종종 성직자들과 수도사들은 오랫동안 평신도 생활을 해온 사람들 중에서 선발되었는데, 그들은 자신들이 영위했던 세속적 삶의 경험과 결별하기가 어려웠다. 목회자들은 처음에는 평교인이었던 인물들이었다. 교황 그레고리도 과거에는 로마의 지방 장관이었다. 수도사였다가 사제가 되었다가 마지막에는 성직자들과 수도사들 중에서 가장 거룩한 교황이 된 이 평신도는 인간적인 결점에 대해 자비로우며 훌륭한 평신도가 되는 데 따른 어려움을 훌륭하게 인식한 다음과 같은 지혜로운 좌우명을 잊지 않았다: "거룩한 교회는 어떤 잘못은 바로잡아주며, 어떤 잘못은 온유하게 용서해주며, 또 다른 일들에 대해서는 못 본 체하고 사려깊게 관심을 기울인다…"

주(註)

1) See *The Layman in Christian History*, ed. S. C. Neil and H. R. Weber; and Y. Congar, *Lay People in the Church*.
2) 현재 진행되고 있는 이 가설적 논의는 (터툴리안의 경우에서처럼) 극도로 불합리한 것인가? 그것은 몬타누스파 이단의 결과인가(그 논문의 연대는 211-212년이다), 아니면 단순히 아직 아프리카 공동체들 안에 존재하고 있던 관습의 표현일 뿐인가? 어쨌든, 그 본문은 위대한 교회 안에서와 분파들 안에서 한층 더 크게 발생한 분쟁에 초점을 둔다. 이 분쟁에는 처음부터 융통성 있는 직무의 구분에 익숙해져 있던 평신도들의 항의에 반대하는 성직자들의 다짐이 포함되어 있다.
3) *militia dei* or*Christi*에서 파생된 이 비유에서 터툴리안은 *sacramentum*:이라는 단어가 지닌 두 가지 의미를 활용한다: 군대에서의 맹세, 그리고 마귀 및 그의 모든 허세를 버리겠다는 세례 때의 약속(*On the*

Crown 3.3을 보라).
4) 그의 견해에 의하면, 그 제도는 charism을 성취하는 것으로서 위에서 언급된 분쟁을 해소하는 훌륭한 해결책이었다. 키프리안은 코넬리우스가 253년 9월 14일에 로마에서 순교한 후, 그리고 259년 1월 21일에 타라고나의 프루쿠오수스가 순교하기 전인 258년 9월 14일에 순교한 감독의 전형이 될 것이다. 이 엄숙한 순교의 사건들은 마치 죽은 자의 유해를 매장하고 피로 물든 린넨을 성유물로서 나누어 갖기 전에 전체 공동체가 참여하는 전례와 같았다. 이와 같이 순교자 숭배는 이미 탄생하여 존재하고 있었으며, 죽은 자를 숭배하는 제의와 밀접하게 연결되어 있었다.
5) *cohabotamus*라는 단어는 의무와 권리, 자유로운 동거의 행위와 의도 등을 함축하는데, 이것은 마치 복음이라는 반죽 안에 감추어진 누룩처럼 기독교인들은 이 인간 세상의 중심에 두어 부풀어 오르게 만든다..
6) "Acta Maximilian," in H. Musurillo, *The Acts of Christian Martyrs* (Oxford: Oxford University Press, 1979) 247.
7) Fragment from *Liber de Sententiis politiae Platonicae* of Galen.
8) 평신도들의 영성이 지닌 이러한 특성은 신학적인 동시에 문학적인 연구서들을 통해서 보다 잘 알 수 있다. 그러한 책의 예를 들면 다음과 같다: Pascuale Borgomeo, *L'Église de ce temps dans la prédication d'Augustin*; and Suzanne Poque, *La langages symbolique dans la prédication de saint Augustin*.
9) 이 제의의 인간론적이고 사회적인 개선, 진화, 그리고 구체적인 형태의 발달 등에 대해서는 최근에 다음과 같은 세 권의 책에서 분명하게 밝혀졌다: Victor Saxer (*Morts, martyrs, reliques en Afrique chrétienne aux premieres siècles*), Peter Brown (*The Cult of the Saints*), and Yvette Duval (*Loca Sanctorum Africae*).
10) 만일 그것이 하찮은 유물을 미신적으로 숭배하는 것으로 전락할 수 있다면, 그것을 정화하여 그리스도를 위한 새로운 형태의 영적 제사로 만들어 골로새서의 신비한 표현대로 "그리스도의 남은 고난을 자기 육체에 채울" 수도 있었을 것이다.
11) *peregrinatio*와 *peregrinus*라는 단어는 처음에는 해외로의 항해와 항해자를 의미했다(per agros-externos에서 파생됨). 특히, 제국의 말년에 동방으로의 문화적인 항해라는 주제가 문학 작품에서 일반적으로 받아들여졌다. 위대한 사람들이 살았거나 매장된 장소로의 순례는 동양에서 성소나 입문식의 중심지를 방문하는 여행에서와 마찬가지로 장래

의 기독교 순례의 효시가 되었다. 전자의 예로는 키케로가 시라쿠사 교회에서 발견한 아르키메데스의 무덤(*Tusculanae disputationes* 5.23), 또는 그가 플라톤의 아카데미나 아테네에 있는 에피쿠루스의 유적을 방문한 것을 들 수 있다 (*De finibus* 5.1, 3). 후자의 예로는 하드리안의 항해를 보라.

12) The rhetorician Lactantius in 327, the Bordelaise professor Ausonius in the second half of the century, the Roman senator Antonius around 384, and finally the high official Prudentius during the Theodosian period. An African, a Gaul, a Roman, a Spaniard: the sampling could hardly have ben better.

13) I am inclined to believe that he was both the spokesman for and the inspiration o this.

14) It was a question of celebrating this continuity first in Rome in 327 and in these *unicennalia* of Constantine, which were also the *decennalia* of his son Crispus.

15) But did not Petronius Probus do as much in juxtaposing in his two funeral inscriptions a vertical imagery of ascension to heaven and a voyage to the land of the dead worthy of the ancient "*katabasis*," or journey to the lower world?

16) Ornamental paganism? An image warranted by the contemporary recovery of solar iconography applied to Christ? It is difficult to understand, let alone to judge.

17) The cause of asceticism of Paulinus appears, upon serious reflection today, to be less easy to defend than had generally been thought. And in the ninth century, Gerard of Aurillac showed himself to be more circumspect (see above, p. 461-62).

18) With only his diverse poems as a starting point, it would have been possible to describe the major characteristics of the spirituality of cultured laypersons during the century of theodosius and of his son. It appeared more advisable to confine our discussion of this rich work to two particular characteristics.

19) Having painted with a Sallustian darkness the divisions successively provoked within the clergy by the Arian controversy and by the "Priscillian affair," he opposed to the bishops torn by theological passions "the people of God and all the best Christians held in shame and in

derision" *(plebs dei et optimus quisque probo ac ludibrio habebatur* [Chronicle 2.51.8]).

20) Even if it is true that Emile Schmitt has shown that Augustine developed, through all his works, a baptismal theology of conjugal life, thus making baptism the source of the sanctification of spouses (see *Le mariage chrétien dans l'oeuvre de saint Augustin*).

21) *Episcopale implebit officium, ministrans Christo.* Augustine forthwith invited all laypersons to do the same "in their own way," by their good conduct, their almsgiving, and even "in preaching the name of Christ to whomever they can" (*On John* 51.13).

22) As of all things created, Augustine could say of these things what he wrote to be engraved in the paschal candle: "All this is yours, and it is good,since it is you who have created it in your goodness" (city of God 15.22).

23) The state of lay christians, in this domain also, id "to live together with all people, joined together by this great thread of the gospel, and in this world as on an ocean…

24) Victor Hugo, *Hernani*, v. 1480.

25) It is thus that the term *paganus* (source of the world which designate the "pagan" in the European languages) is definitely linked with its ancient meaning of "peasant" and of pagi (our "countries," from the original Latin sense of "villagers" and their territory), that of a fidelity to the beliefs and rites of the pre-Roman rural religions.

26) See the article by P. Riché in this volume.

27) R. W. Southern, *Western Society and the Church in the Middle Ages* (Baltimore, MD: Penguin Books, 1970) 31. People often returned to the "bargaining" of the Roman with his gods: "I give to you so that you will give to me" (*do ut des*). To this God, the just his God, the just judge, it was necessary to be rigorously accountable for one's sins, Though penances that the Irish would teach the West.

28) See the article of J. Leclercq, "Monasticism and Asceticism, II: Western Christianity," in this volume.

29) see "Life of Gerald of Aurillac," by Odo of Cluny, in *St. Odo of Cluny*, trans. and ed. G. Sitwell (New York: Sheed & Ward, 1958) 89-180.

30) See the article by J. Leclercq, "Monasticism and Asceticism, II: Western

Christianity," in this volume.
31) The next-to-last paragraph of book 7, *De Deo, angelis et sanctis*, in chapter 14, "Of the Rest of the Faithful," was content with the gloss *Laicus popularis. Laos enim Grace populus dicitur.*
32) No monk is represented here, which could signify in a negative say the original milieu of this work.
33) If we leave out of consideration the treatise on education entitled *Methods of Instruction (Institutionum disciplinae)*, taken to be Visgothic from the seventh century by some, and by others as later, perhaps of the Carolinian era.

참고 문헌

SGeneral Bibliography

For present conceptions of the spiritual theology of the laity and the way in which the Christian churches portray the history of the laity, from the Catholic point of view, see the important work of Congar (*Lay People*). The same author has a more properly historical and spiritual sketch in the article "Laïcat." for the non-Catholic view, see Neil and Weber, an excellent history whose first three chapters treat of our period. See also the recent studies in Schroer and Muller. On the text of 1 Pet 2:9, see Sandevoir. See also the first part of *Historire vécue*, Vol. 1, *De la clandestinité à la chrétienté*, in which five chapters concern our period. Consult also the substantial syntheses of the two first volumes of Bouyer et al. and the remarkable prologue of Karl Rahner to the anthology *Kirchenväter und Laien*. Notables summaries with important bibliographies on liturgies during the course of the first millennium can be found in E. Lanne and P.-M. Gy. Artistic expressions of the spiritual life during these centuries are presented in the exceptional catalogue of the Metropolitan Museum of Art's exposition *Age of Spirituality*, ed.

Weitzmann. See also the accompanying volume of papers, *A Symposium*.

The first three centuries

A small though weighty and personal book is that of the biblical scholar Jaubert.See also the collection of Hamman (*La vie quotidienne des premiers chrétiens*). On the status and function of laity during these centuries, being with Meslin. See also. E. Lanne ("Le laïcat") and A. Faivre. Of a more general nature, Grant is useful. On the tendency to devalue temporal existence, Dodds should be compared with the rather different view of Brown (*Making of Late Antiquity*). On Tertullian's openness to ancient civilization, the distinguished book of Fredouille should be completed by a look at the paradoxical work of Rambaux. Cyprian's relation to our inquiry is treated by Saxer (*Vie liyurgique*). A fine study of a central theme of Cyprian's pastoral spirituality is Deléani. On the origins of the cult of the martyrs, see Saxer (*Morts, martyrs*).

The age of Constantine and Theodosius

The works of Augustine remains the essential and richest witness. For his pastoral attitude toward the laity, begin with the classic book of Van der Meer. See also Brown (*Augustine*). The practical ecclesiology of Augustine and the spirituality of the laity found in Hamman (*La vie quotiedienne en Afrique*). On daily sanctification, see Fontaine ("Le pédagogie"). On the rehabilitation of the temporal in Augustine's thought, see the capital work of Marrou. For the poetic evidence about the diverse. spiritualities of lettered laypeople and the Christian people in general, see Fontaine (*Naissance*). On the cult of the martyrs, besides the detailed and accurate study of Saxer (*Morts, martyrs*), see the very personal essay of Brown (*Cult of the Saints*), with the corrections suggested in Fontaine ("Le cult des saints"). Archaeology allows a concrete view of the origin and forms of expression of the cult in the work of Duval. On the wpirituality of marriage, see the new study of Pietri. Augustine's conception of marriage has been given a positive evaluation in the work of Schmitt.

The early Middle Ages

The fundamental works on lay culture and that of the clerics who

제19장 기독교적 삶의 실천: 평신도 계층의 탄생 775

instructed theme are those of Riché. On beliefs and culture, see the patricular but rich work (especially on Gerard of Aurillac) by Poulin. ON the forms of popular religion,consult Boglioni. On pilgrimage, the fundamental work is Koeffing. See also Sumption and, now in press, Maraval. On the role of miracles, see Ward. for Spain, there is the detailed paper of Hillgarth, and Leslin ("Persistances"). for Gaul, see *Césaire d'Arles*, ed. Delage, with an important introduction. OM lay converts and religious practices in fifth-century Gaul, see griffe. the spirituality of the aristocracy during the carolingian period is illustrated by *Dhuda*, ed. riché. For the spirituality of the princes, see the recent thesis of Reydellet, which should be complemented by the study of the "mirrors of the princes" begining with Hadot.

Boglioni, P., ed. *La culture populaire au Moyen Age*. Montreal: University of Montreal Press, 1977.

Borgomeo, Pascuale. *L'Église de ce temps dans la prédication d'Augustin*. Paris: Études augustiniennes, 1972.

Bouyer, Louis, Jean Leclercq, and François Vandenbroucke. *A History of Christian Spirituality*. New York: Seabury, 1982. Vol. 1, The Spirituality of the New Testament and the Fathers. Vol. 2, *The Spirituality of the Middle Ages*.

Brown, Peter. *Augustine of Hippo: A Biography*. Berkeley: University of California Press, 1967.

―――. *The Cult of the Saints: Its Rise and Function in Latin Christianity*. Chicago: University of Chicago Press, 1981.

―――. *The Making of Late Antiquity*. Cambridge, MA: Harvard University Press, 1978.

Césare d'Arles: Sermons au peuple, I. Edited by M. J. Delage. Sources chrétiennes 175. Paris: Cerf, 1971.

Congar, Yves. *Lay People in the Church: A Study for a Theology of the Laity*. Westminster, MD: Newman Press, 1965. The third French edition of 1964 has a fasicle of addenda and corrigenda.

―――. "Laïc et Laïict." In *Dict. Sp*. 9, cols. 79-108.

Deléani, Simone. *Christum sequi: Etude d'un thème dans l'oeuvre de saint Cyprian*. Paris: Études augustiniennes, 1979.

Dhuda: Manuel pour fils. Edited by P. Riché. Sources chrétiennes 225. Paris: Cerf, 1975.

Dodds, E. R. *Pagan and Christian in an Age of Anxiety*. Cambridge: Cambridge University Press, 1965.

Duval, Yvette. *Loca sanctorum Africae: Le cult des martyrs en Afrique du IVe au VIIe siècle*. 2 vols. Rome: École française de Rom, 1982.

Faivre, A. "Clerc/Laïc, histoire d'une frotière. "*Recherches de sciences religieuses* 57 (1983) 195-220. Treats the period down to the sixth century.

Fontaine, J. "Le cult des saints et ses implications sociologiques. "*Analecta Bollandiana* 100 (1982) 17-41.

_____. "La pédagogie augustinienne des rythmes du tempts dans les *Enarrationes in psalmos*." In Le temps chrétien. Paris CNRS, 1984. Forthcoming.

_____. *Naissance de la poésie dans l'Occident chrétien du IIIe siècle*. Paris: Études augustiniennes, 1981.

Fredouille,J. C. *Tertullien et la conversion de la culture antique*. Paris: Études augustiniennes, 1972.

Grant, Robert M. *Early Christianity and Society*. San francisco: Harper, 1977.

Griffe, E. *La Gaule chrétienne à l'époque romaine*. Paris" Letouzey et Ané, 1965.

Hadot, P. "Fürstenspiegel." In *Reallexikon für Antike und Christentum*, vol. 8, cols. 555-632. Stuttgart: Hiersemann, 1972.

Hamman, A. G. *La vie quotidienne des premiers chrétiens (95-197)*. Paris: Hachette, 1960.

_____. *La vie quotatidenne en Afrique du Nord au temps de saint Augustin*. Paris: Hachette, 1979.

Hilgarth, J. N. "Popular Religion in *Visigothic Spain*." In *Visigothic Spain: New Approaches,* 3-60. Edited by Edward James. Oxford: Clarendon Press, 1980.

Histoire vécue du peuple chrétien. Vol. 1, *De la clandestinité*. Edited by Jean Delumeau. Toulouse: Privat, 1979.

Jaubert, Annie. *Les premiers chrétiens*. Paris: Seuil, 1967.

Koetting, B. *Pergrinatio religiosa: Wallfahrten in der Antike und das Pilgerwissen in der alten Kirche. Regensburg*: Münster, 1950.

Lanne, E. "Le laïcat dans l'église et vie spirituelle." In *Dict. Sp.* 9, cols 884-911.
Maraval, P. *Lieux saints et pèlerinages dans l'Orient byzantin jusq'aux invasion arabes (IVe-VIIe siècle)*. In Press.
Marrou, H.-I. "Le dogme de la resurrection des corps et la théologie des valeurs humaines selon l'enseignement de saint Augustin." *Review des études augustiniennes* 12 (1966) 112-36.
Meslin, M. "Ecclesiastical Institutions and Clericalization in the Early Church." In *Sacralization and Secularization*, 41-52. Concilium 47. New York: Paulist Press, 1969.
_____. "Persistances païennes en Galice vers la fin du VIe siècle." In *Hommages à Marcel Renard*, 2:72-124. Brussels: Latomus, 1969.
Neil, S. C., and H. R. weber, eds. *The Layman in Christian History*. Philadelphia: Westminster, 1963.
Pietri, C. "IVe-V^e siécles, le mariage chrétien à Rome." In *Histoire vécue du peuple chrétien*, 105-31.
Poque, Suzanne. *Le language symbolique dans la prédication de saint Augustin*. Paris: Études augustiniennes, 1984.
Poulin, J. C. *L'ideal de sainteté dans l'Aquitaine carolingienne d'aprés les sources hagio graphiques (750-900)*. Quebec: University of Lavel Press, 1975.
Rahner, Karl. Prologue to *Kirchenväter und Laien: Brief der Seelenfürung*. Translated by L. W. Weussenheimb. Freiburg: Herder, 1954.
Rambaux, c. *Tertullien face aux morales des trois premiers siécles*: Paris: Les Bells Lettres, 1979.
Reydellet, M. *La royauté dans la littérature de Sidoine Apollinaire à Isidore de Séville*. Rome: École française de Rome, 1981.
Riché, Pierre. *Daily LIfe in the World of Charlemagne*. Philadelphia: University of Pennsylvania Press, 1978.
_____. *Les écoles et l'enseignement dans l'Occident chrétien de la fin du Ve siéle au mileau du XIe siécle*. Paris: Aubier, 1979. Contains an important bibliography.
_____. *Education and Culture in the Barbarian West, Sixth through Eighth Centuries*, Columbia, SC: University of South Carolina Press, 1976.
Sandevoir, P. :Un royaume de prêtres." In Études sur la premiére Epître de

Pierre, 219-29. Paris: Cerf, 1980.

Saxer, V. Morts, martyrs, reliques en Afrique chrétienne aux premiers siécles: Les témoignages de Tertulien, cyprien et Augustin à la lumière de l'archéologie africaine. Paris: Beauchesne, 1980.

_____. *Vie liturgique et quotidienne à Carthage verse le milieu du IIIe siècle: Le témoiginage de saint Cyprien et de ses contemporains d'Afrique.* Rome: Città del Vaticano, 1969.

Schmitt, Emile. *Le mariage chrétien dans l'oeuvre de saint Augustin.* Paris: Études augustiniennes, 1983.

Schroer, H., and G. *Muller, eds. Von Amt des Laien in Kirche und Theologie: Festschrift für Gerhard Krause.* Berlin: de Gruyter, 1982.

Sumption, Jonathan. *Pilgrimage: An Image of Medieval Religion.* London: Rowman & Littlefield, 1975.

A *Symposium: Age of Spirituality.* New York: Metropolitan Museum of Art, 1980.

Van der Meer, Frederic. *Augustine the Bishop: Church and Society at the Dawn of the Middle Ages.* New York: Sheed and Ward, 1961.

Ward, Benedicta. *Miracles and the Medieval Mind.* Philadelphia: University of Pennsylvania Press, 1982.

Weitzmann, Kurt, ed. *Age of Spirituality: Late Antique and Early Christian Art, Third to Seventh Centuries.* New York: Metropolitan Museum of Art, 1979.

저자 소개

Bernard McGinn, coeditor of this volume, is Professor of historical Theology and the History of Christianity at the Divinity School of the University of Chicago. His books include *Visions of the End*(1970), *Apocalyptic Spirituality*(1979), and *The Calabrian Abbot: Joachim of Fiore in the History of Christian Thought*(1985).

John Meyendorff, coeditor of this volume, is Professor of History at Fordham University and Professor and Dean at St. Vladimir's Orthdox Theological Seminary in Crestwood, New York. His books include *St. Gregory Palamas and Orthodox Spirituality*(1959), *Christ in Eastern Christian Thought*(1969), and *Byzantium and the Rise of Russia*(1981).

Jean Leclercq, O.S.B., consulting editor of this volume, is a monk of the Benedictine Abbey of Clervaux in Luxemburg and Professor in the Institute of Religious Psychology at the Gregorian University in Rome. Author of over fifty books, he was the principal editor of thw modern edition of Bernard of Clairvaux's works(1967ff.)

Roberta C. Bondi is Professor of Church History at the Candler School of Theology of Emory University and author of *Three Monophysite Christologies: Serverus of Anthioch, Philoxenus of Mabbug, and Jacob of Sarug*(1976).

Peter Brown is Professor of history at Princeton University. His recent book inslude *The Making of Late Antiquity*(1978), *The Cult of the Saints*(1981), and *Society and the Holy in Late Antiquity*(1982).

J. Patout Burns, S.J., is Professor of Theology at Loyola University in Chicago and author of *The Development of Augustine's Doctrine of Operative Grace*(1982).

Mary T. Clark, R.S.C.J., is Professor of Theology at Manhattanville college in Purchase, New York. Her books include *Marius Victorinus: Theological Treatises on the Trinity*(1981).

Donald T, Corcoran, O,S.B., is a member of the Benedictine connunity of Transfiguration Monastery in windsor, New York, Sister Donald is presently completing a dissertation at Fordam University on the History of spiritual guidance.

Jacques Fontain is Professor of Latin at the Sorbonne. His books include *Isidore de Séville et la culture classique dans l'Espagne wisigothique(1959), Aspect et problèmes de la prose d'art latine au IIIe siècle: La genèse des style latins chrétiens(1968)*, and *Études sur la poésie latine tardive d'Ausone à Prudence*(1980).

Robert M. Grant is Buck Professor in the Divinity School and the Division of the Humanities of the University of Chicago. His books include *Gnosticism and Early Christianity*(1959), *Gnosticism*(1961), and *Early Christianity and Society*(1977).

Jean Gribomont, O.S.B., is a monk of the Benedictine Abbey of Clervaux in Luxembourg and the foremost contemporay authority on the monastic traditions connected with St. Basil of Caesarea. His books include *L'Histoire du texte des Ascétiques de S. Basil*(1953) and *Saint Basil, Évangil et Église*(1984).

Pierre-Marie Gy, O.P., is Director of the Institute Supérieur de Liturgie of the Institut Catholique in Paris. He is author of numerous works on the History of Western liturgies.

Thomas Hopko is Associate Professor of Theology at Vladmir's Orthodox Theological Seminary in Crestwood, New York. His books include *The Spirit of God: Christian Spirituality East and West*(1976) and *All the Fulness of God*(1982).

Charles Kannengiesser, formerly of the institut Catholique in Paris, is presently Huisking Professor of Theology at the University of Notre Dame. His books include *Athanase d'Alexandrie èvéque et écrivain*(1983).

Paul Meyendorff is presently completing a doctoral dissertation at the University of Notre Dame on the problems of liturgical reform in Russia in post-Byzantine times.

저자 소개 781

Karl F. Morrison is Ahmanson-Murphy Professor of History at the University of kansas. His books include *Tradition and Authority in the Wesern Church, 300-1140*(1969) and *The Mimetic Tradition of Reform in the West*(1982).

Leonid Ouspensky is a well-known interpreter of traditional Eastern Christian iconography. His books include *Theology of the Icon*(1978) and with Vladimir Lossky, *The Meaning of Icons*(1982).

Basil Pennington, O.C.S.O., is a Trappist monk of St. Joseph's Abbey in Spencer, Massachusetts. His books include *Centering Prayer*(1980), *Monastic Journey to India*(1982), and *The Eucharist Yesterday and Today*(1984).

Pierre Riché is Professor of Medieval History at the University of Paris(Nanterre). His books include *Education and Culture in the Barbarian West, Sixth through Eighth Centuries*(1976), *Daily Life in the World of Charlemagne*(1978), and *Les écoles et l'enseignement dans l' Occident chrétien de la fin du Ve siècle au milieu du Xe siècle*(9179).

Paul Rorem is pastor of Our Savior's Lutheran Church in Edison, New Jersey, and author of *Biblical and Liturgical Symbols in the Pseudo-Dionysian synthesis*(1985).

Sandra M. Schneiders, I.H.M., is Professor of New Testament at the jesuit School of Theology at Berkeley, California, and author of numerous articles on the Gospel of John and on the relation between Scripture and Spirituality.

Lars Thunberg Aarhus, Denmark, is author of *Microcosm and Mediator*(1965) and *Man and the Cosmos: The Vision of St. Maximos the Confessor*(1985).

Kallistos Ware is a Fellow of Pembroke College and Spalding Lecturer in Eastern Orthodox Studies at Oxford University. In 1982 he was consecrated titular bishop oof Diokleia, auxiliary of the Orthodox Archdiocese of Great Britain. His books include *The Orthodox Church*(1963) and *The Orthdox Way*(1979).

Benedicta Ward, S.L.G., is a member of the sisters of the Love of God at Fairacres in Oxford, and author of *Miracles and Medieval Mind*(1982).

Grover A. Zinn is Professor of Religious Studies at Oberlin College. He was written extensively on the Victorines and has translated the works of

Richard of St. Victor for the Classics of Western Spirituality.
John Zizoulas is Professor of Theology at the University of Thessaloniki in Greece. His books include *Being as Communion: Studies in Personhood and the Church*(1984).

주제 색인

㉮

가난 119, 128, 132, 170, 319
　베네딕트의 규칙에서의 가난 207
　수사신부들의 가난 218
감독들 69-71, 73-74, 82, 118, 131
　암브로스 143-149, 540, 741
　아타나시우스 120-125, 164-166, 171
　어거스틴 118, 149, 153-156, 200
　바실, 119, 126-129, 174-178
　카르타고의 키프리안 554, 728-732
　나지안주스의 그레고리 119, 127, 129-131
　닛사의 그레고리 119, 126-128, 131-134, 134-137, 174
　프와티예의 힐라리 119, 141-144
　제롬 119, 149-152
　크리소스톰 119, 137-140
　투르의 마틴 208, 215
개인주의 263-265
게론테스 84
게르만 민족들 211-216, 279-281, 290-295, 756
계시 79, 87-88, 96, 120, 151
　신성의 계시 455-458, 497
　삼위일체의 계시 460, 627
고난 59, 574
교황권 211, 221, 223, 228, 293
　교황권의 악습들 319, 321
　유게네 3세 352
　헨리 4세의 출교 306, 310, 313
　대 그레고리 198, 204-207, 291, 524, 603
　그레고리 7세 299, 302-306, 310, 313, 320-322
　그레고리 6세 320
　교황무오설 302, 304
　이노센트 3세 321
　평신도서임권 302, 308, 310, 313, 315
　대 레오 198, 390, 391, 602, 603

레오 9세 299, 305
교황주도의 수도원 개혁 317-318
니콜라스 1세 301
교황권 반대자들 307-309, 319-322
교황권과 정통주의 304, 308
파스칼 2세 308, 317
베드로와 교황권 299-307
성례와 교황권 302, 303, 308-310, 313-315
교황수위권 교리 299-301, 304-306
우르반 2세 306, 366
구약성경 96, 98, 151, 152
　구약성경과 전례 602, 605
　인류의 신성과 구약성경 293, 487-490, 511
　초대교인들과 구약성경 29-34, 481
　영지주의의 구약 해석 102
　성상, 상징과 구약성경 618, 622, 625, 644
　신약과 구약 34-37, 50, 597
　시리아어 구약성경 263
구원 31, 35, 48, 59
　아타나시우스의 구원관 120, 121, 382
　세례와 구원 551, 554, 561
　그리스도의 신화와 구원 248, 382, 384, 406, 407, 312-512
　그리스도의 부활과 구원 404, 407
　십자가와 구원 419-422
　신화와 구원 416-418, 500, 503
　감독의 권위와 구원 71, 73
　믿음과 구원 558, 561, 562
　자유의지와 구원 502
　영지주의와 구원 75, 94-96
　하나님의 뜻과 구원 561, 564
　닛사의 그레고리의 구원관 133, 134-137, 174
　인류의 구원, 500-504
　지식과 구원 76-77

오도의 구원관 218
교부들의 구원관 143, 155
구원의 과정 556-566
사탄과 구원 416-420
그리스도의 재림(parousia), 60, 63, 70, 583
금식 100-101, 283
금욕주의 75, 79-81, 84, 90, 95, 113
 안토니와 금욕 164-169, 189-192
 금욕주의와 예술 622-623
 시토회의 금욕 346-347
 영지주의 형태의 금욕주의 104-106
 나지안주스의 그레고리의 금욕 130, 175
 아일랜드의 금욕 형태 281-284, 287
 이탈리아의 금욕 203-207
 노베르와 금욕 317, 319, 365
 교부들의 금욕 119, 141, 164-166, 199
 스페인의 금욕주의 202-203
 시리아의 금욕주의 266-268
 순결과 금욕 698-699, 751
기도 30, 62, 79, 101, 181-183
 안셀름의 기도 329-340, 681
 어소니우스의 기도 749
 카롤링 시대의 발달상 608-611
 관상기도의 단계 641-647, 680-681
 디아도쿠스와 기도, 654-655
 무정욕과 기도 642
 시므온의 신적 빛과 기도 662-664
 에바그리우스의 기도 형태 641-647, 653, 655
 실존적 접근 638
 그레고리 팔라마스와 기도 663, 664
 헤시키아 645-649, 656, 660, 665
 찬송과 기도 586-587
 예수기도의 형태 650-651, 653-661, 665
 형상 없는 기도 643-645, 656
 성육신과 기도 651
 지식과 기도 331, 336-340, 648, 648
 lectio와 기도 673-680
 전례와 기도 601-604, 607-608
 사랑과 기도, 638, 648-648
 메살리아니즘의 기도 교리 408

수도사와 기도 640, 644, 645, 652-654, 656, 669, 671, 680, 683, 683
 oratio, meditatio 671-675
 스마라그두스와 기도 678, 679
 종합적 기도 형태 640-641
 테오판의 기도관 637, 652
기독론 36, 36-37, 49, 50, 191
 아타나시우스의 기독론과의 관계 382, 389
 안셀름의 기독론 420-421
 아폴리나리스의 기독론 385
 아타나시우스의 기독론 121-124, 382, 389, 393
 버나드의 기독론 416, 422
 그리스도의 이중적 본성, 502
 칼케돈 공의회와 기독론 387-394, 502
 키릴의 기독론 383-394, 397, 484
 위-디오니시우스의 기독론 246-250
 성찬과 기독론 399, 402-406, 410
 유티케스의 기독론 390
 성령과 기독론 398, 399, 403-407
 사룩의 야곱의 기독론 271
 마리아와 기독론 394-396, 700, 701-704
 고백자 막시무스의 기독론 397-399, 410, 253
 단성론자들의 기독론 247-248
 네스토리우스의 기독론 384, 386
 시므론의 기독론 408-408
 신학과 기독론 388
 테오시스와 기독론 479
 화체설과 기독론 404, 421, 585
기름부음 48, 63, 82, 177, 182

ㄴ
네스토리우스주의 384, 386, 389, 394
니케아 교리 121, 123, 124, 127, 129, 141

ㄷ
도나투스주의 154, 200, 313

ㄹ
로고스 77, 78, 83, 88, 121-124, 133

로고스의 화육 402, 481
영혼과 로고스 515-517
신학자와 로고스 495, 498
우주적 원리로서의 로고스 504-504

(마)

마귀 165, 205, 418-420
마니교 113, 154, 155, 163, 202, 267
마카리우스의 영성 84, 183, 272
메살리아니즘, 181-183, 408
메시아에 대한 개념 25-31, 34, 57-62, 95
　아타나시우스의 개념 120-125, 133, 382, 398
　시토회와 어거스틴의 개념 350
　키릴의 개념 383-388
　임마누엘과 메시아 384
모세의 율법 25, 33-34, 96, 103, 557, 644
몬타누스주의 79-83
믿음 120, 122, 143, 269, 316
　믿음과 지식, 335, 339
　성례와 믿음 552-554, 554
　삼위일체와 믿음 435, 461, 464-466
　티에리의 윌리엄의 믿음 변호 354

(바)

바울의 교리 65, 91
　기름부음에 대한 교리 82
　기독론, 405, 422, 456, 464
　크리소스톰의 해석 137-140
　구원 교리 543, 556-563, 566
　영과 육에 대한 교리 544
박해 113, 126, 229, 727, 741
반-셈족주의 139, 313
보혜사 37
복음서 28-28, 81, 96, 98, 120, 122
부 68, 73, 119, 128
부활 30, 34, 59-63
　부활과 세례 572, 574
　몸의 부활 75, 122, 404, 512
　불멸과 부활 559
　구원과 부활 404, 407, 512, 546, 620
부활절 신비 25, 31, 122, 123, 404
불멸 65-70, 75, 95, 559

(사)

사랑 63, 84, 171, 105, 271
　안셀름의 개념 333, 339, 339
　버나드와 사랑 529-531
　기독교적 삶과 사랑 469, 471
　하나님과 사랑 348, 382, 522, 530-533, 551, 552, 557
　지식과 사랑 339, 340, 469, 473, 528, 533, 648
　수도원 운동과 사랑 346
　기도와 사랑 638, 648-648, 676
　성 빅톨의 리차드의 개념 470-473, 532-535
　구원과 사랑 558, 560
사제직 62, 139, 725
삼위일체 교리, 37, 62-68, 88-88, 98-100, 127
　아타나시우스와 삼위일체교리 435-436
　어거스틴의 교리 457, 464-470
　바실의 교리 428, 442, 448-449
　카파도키아 교부들의 교리 389, 427-432
　그리스도의 역할 435-447, 473
　진화와 삼위일체 교리의 중요성 455-459
　하나님과 삼위일체교리 427-430, 437-447
　삼위일체 안에서의 성부 433-436, 442, 447, 472
　나지안주스의그레고리의 교리 130, 428-431, 435-441, 447-449
　닛사의 그레고리의 교리 427-433, 440-446, 448
　힐라리의 교리 143-144, 460-462
　성령과 삼위일체 교리 430, 435-440
　성육신과 삼위일체교리 400, 449, 468
　빅토리누스의 교리 462-463
　중세시대의 교리 327
　성 빅톨의 리차드의 교리 470-476
　터툴리안의 교리 459-460
　테오시스와 삼위일체 교리 446-449
　삼위일체의 통일성 443-445, 448, 460

상징 사용 30, 37, 39, 155, 229
　십자가의 상징 419-420
　디오니시우스의 신관 및 상징 사용 240, 243, 247, 250
　신적 교훈의 상징 231, 245, 250
　여성형 상징 269-273
　휴의 상징 사용 367-371, 376
　성화와 상징 623-626
　시내산의 모세 245-246, 662
　노아의 방주 368
　성 빅톨의 리차드의 상징 사용 371-376
　영혼과 상징 370, 373, 376
　시리아 영성과 상징 사용 269-273
　터툴리안의 상징 사용 459-460
석의 25, 31, 35-39, 80, 98
　알렉산드리아의 석의 형태 38-44, 250, 383, 383, 581
　안디옥의 형태 38, 12-44, 581
　디오니시우스의 석의 227, 229, 232, 236
　세례에 대한 해석 574-577
　키릴의 석의 383-388
　영지주의의 석의 102
　힐라리의 주경학과 석의 143, 144
　휴의 석의 367
　제롬의 석의 151, 152
　크리소스톰의 석의 137-140
　문자적 석의 37-42, 46, 47, 50, 575
　전례와 석의 586
　중세기의 형태 44-46
　현대의 형태 50-51
　영적 석의 45-51, 576
　예표론과 석의 49
　순결에 대한 석의 691
성 79, 82, 90-92, 104-109, 113
　아담과 하와의 성 553, 691
　어거스틴과 성 154, 519-521, 553
　절제와 성 687-689
　제롬과 성 151, 689
　정욕과 성 641, 642
　시리아 금욕주의와 성 266-268
성경 35, 37, 47-50, 122
　어거스틴의 성경 해석 155
　교부들의 성경 해석 150-152, 156

　대중운동과 성경 319-320
　계시와 성경 498
성령 37, 62-63, 76, 128
　그리스도와 성령 398, 399, 403-407
　성령의 위격 439-446
　몬타누스주의와 성령 81
　영적 지도와 성령, 710, 710, 713, 716, 718
　성령에 대한 삼위일체론적 견해 430, 435-439, 446-448, 473-474
성례 64-68, 310, 315, 402-406, 421
성상들 250, 395, 584, 617-618, 620-623, 628-633
　교리와 성상 624-626, 627-629
　성상파괴 논쟁 400, 403, 622, 626, 628-629
　우상숭배와 성상 619, 620
　국가적 다양성 631
　정통주의와 성상 619, 628-633
　성상과 상징사용 623-626
　테오시스와 성상 619, 630
성육신 120-125, 128, 133, 135, 140
　동방교회의 개념 271, 272, 619, 627
　예수기도와 성육신 651
　삼위일체 교리와 성육신 400, 447, 468, 476, 501-502
　순결과 성육신 395, 397, 695
성찬 31, 60, 64-68
　위-디오니시우스의 견해 227, 238, 246
　그리스도와 성찬의 신비 399, 402-405, 579-588
　성찬에 대한 공동체적 견해 66-69, 74, 83
　종말론과 성찬 60, 63, 66-69
　영지주의와 성찬 76, 91, 94, 101, 101
　히폴리투스와 성찬 591-596
　수도원운동과 성찬 83-86
　몬타누스주의와 성찬 81
　성찬과 화체 404, 421, 585, 598-599
　성찬의 보편성 67, 74, 500
　에바그리우스의 견해 83-85, 184-187, 209, 268, 271, 641-647
세례 30, 64-67, 94, 101, 101
　세례에 관한 논쟁 574, 741

키프리안과 세례 729
죽음과 부활의 상징 572, 574
세례에 대한 해석 576-577
입문식으로서의 세례 570, 570, 577
예수님의 세례 467, 572, 574
전례와 세례 574, 576, 593
사랑과 세례 472-473
신생으로서의 세례 572
죄사함으로서의 세례 577-579, 593
구원과 세례 552, 553, 561
영의 세례 463
터툴리안과 세례 592, 597, 727
신학과 세례 572, 574, 577
테오시스와 세례 570-570, 578
수도원
   유럽의 수도원 199, 200
   소아시아의 수도원 223
   어거스틴의 수도원 규칙 363-365
   베네딕트의 규칙 204, 206, 214-215, 329, 343, 346-347, 348
   카롤링 시대의 수도원 211-216, 293, 343, 762
   시토회와 수도원 344-348, 350-360, 527
   클뤼니와 수도원 218, 221, 343, 611-612
   영국의 수도원 212-215, 220
   고올의 수도원 207-212, 287
   이베리아의 수도원 202
   아일랜드의 수도원 281-289, 760
   아일랜드-프랑크족의 수도원 형태 210-212, 287
   제롬과 수도원 199, 203
   수도원 개혁 216-224, 343
   수도원 규칙 202-207, 211, 352
수도원 운동 83-86, 122, 128, 130
   아엘레드와 수도원운동 356-357
   안셀름과 수도원운동 329
   안토니와 수도원운동 164-169, 179, 189-192, 199, 741
   『금언』과 수도원운동 168-170, 190, 192
   어거스틴과 수도원운동 153-155, 189, 200, 209
   바실과 수도원운동 173-180, 191

   수사신부들과 수도원운동 363-365
   켈즈와 수도원운동 166, 187
   공동체 형태와 수도원운동 170-173, 179, 192, 201, 216, 264
   버나드의 제자들과 수도원운동 352-359
   동방에서의 출발 159-163, 186-190
   이집트와 수도원운동 161, 166-169, 173, 189, 267, 652
   엣세네파 163
   유세비우스와 수도원운동 163
   힐라리와 수도원운동
   휴와 수도원운동 366-370
   제롬과 수도원운동 151, 179, 189, 199
   전례와 수도원운동 601-603, 611-614
   중세시대의 수도원운동 523, 527-528, 761-762
   노베르와 수도원운동 317, 319, 365
   교황의 수도원개혁 317-318
   기도와 수도원운동 640, 644, 645, 652-654, 656, 669, 671, 679, 683
   수도원운동의 목표 344-346
   수사신부들과 수도원운동 362-365
   영적 지도 710-713
   시리아의 수도원운동 263-269
순결 147, 151, 178, 267,
   순결을 받아들임 689-690
   금욕과 순결 699-700, 751
   순결의 정의 687-689
   신적 중개로서의 순결 692-697
   초대 교회에서의 순결 692-693
   결혼과 순결 689-693
   마리아와 순결 395, 700, 701
순교 59, 61, 69, 80,
   순교자 숭배 746-747
   키프리안의 개념 730-732
   아일랜드의 순교 형태 284
   순교자들의 무덤 순례 746-747
   순교에 관한 터툴리안의 글 730
시지기 98, 101, 105, 108
시편 영창 675-679, 683
신비주의 130-133, 135, 242, 253, 348
   안셀름과 신비주의 335, 337
   버나드의 신비주의 351-352, 683

788 기독교 영성

관상과 신비주의 498
휴의 신비주의 367-370, 376
리차드의 신비주의 371-376, 533-535
신약성경 28-29, 34-36, 59-61, 81
    기독교 전례와 신약성경 605
    금식과 신약성경 101
    벌게이트역 152
신플라톤주의 87, 107, 120-121, 135, 145
    어거스틴과의 관계 515-518
    디오니시우스와의 관계 228, 229, 251
    에바그리우스와의 관계 184
    빅토리누스와의 관계 462, 515-516
신학 79, 113, 497-498
    수덕신학 204, 329, 333
    아타나시우스의 신학 117-125, 127, 383, 503
    어거스틴의 신학 118, 130, 336, 338, 496, 513
    세례와 신학 572, 574, 577
    바실의 신학 127-129, 175
    베렌가의 성찬 신학 612
    버나드의 신학 351-352
    기독론과 신학 388-395, 479
    디오니시우스의 정의 232
    에바그리우스의 신학 184-189, 496
    은혜와 신학 540-542
    나지안주스의 그레고리의 신학 130-131, 175
    닛사의 그레고리의 신학 131-133, 134-137, 540
    힐라리의 신학 143-144
    휴의 신학 367
    위격과 신학 440-446, 503
    전례와 신학 586, 592, 603
    로고스의 신학 496
    중세시대의 신학 252-255, 329, 337, 338
    부정의 신학 230, 232-77, 241, 643
    민족주의와 신학의 쇠퇴 359-360
    성례와 신학 310, 315, 598, 613, 614
    삼위일체 교리와 신학 439-446, 479, 588

아

아리우스주의 113, 117, 123, 128, 142
    암브로스와 어거스틴 146, 146, 153
    게르만 사회에서의 아리우스주의 290
    힐라리의 논박 142-144, 460
    빅토리누스의 논박 462-463
삼위일체론 427, 430, 435, 460, 473
어거스틴의 개념들 43, 118, 143, 149, 153-156
    신화에 관해 417, 457, 458
    자유의지에 관해 502, 522-523, 528-530, 547-550
    인간에 관해 502, 516-523
    지식과 사랑에 관해, 339-340, 476, 542-544
    평신도에 관해 725, 742, 745, 753-755
    수도원운동에 관해 153-156, 189, 201, 209, 362
    로마의 전례에 관해 596-601
    구원에 관해 556-565
    영과 물질에 관해 543-547
    삼위일체에 관해 457, 463-470, 521-522
    두 도시에 관해 551-553, 555
영지주의 32, 391, 69, 75-80
    금욕주의와 영지주의 90, 95, 166, 184-105
    창조에 대한 개념 110-113
    영지주의의 묘사 87-89
    에뎃사의 영지주의 262
    영지주의의 종말론 108-109
    이레니우스와 영지주의 93-101
    예수와 영지주의 93-95, 100, 104, 383
    줄리안과 영지주의 109
    영지주의 문헌 102, 102
    영지주의의 도덕 90-92, 98, 106
    영지주의의 의식 100-101
    성과 영지주의 91-92, 104-105
    영과 혼에 대한 견해 88, 92, 100, 108, 177
    발렌티누스의 견해와 영지주의 91, 93, 97-101, 104-108, 113

주제 색인 789

영혼 59, 83, 122, 133, 134, 348
  디오니시우스의 영혼관 242, 250
  어거스틴의 영혼관 517-519, 545
  바실의 영혼관 176, 105
  버나드의 영혼관 530-532
  몸과 영혼 481-484, 511, 512
  영지주의의 영혼관 88, 93, 100, 108
  로고스와 영혼 515-517
  오리겐의 영혼관 391-40, 79-80, 177, 481-483
  기도와 영혼 329-334
  빅톨의 리차드와 영혼 471, 532-535
  영혼의 상징들 370, 373, 226
  테오시스와 영혼 464-467, 471, 476, 479, 514
예표론 36, 42, 49, 49, 71, 250-251
오리겐주의 78-80, 83-84, 108, 120-123, 133
  바실과 오리겐주의 127, 129
  인간 본성과 오리겐주의 481-483, 488, 492-496
유대 및 히브리 전통 37, 62, 63, 163
  몸과 혼과의 관계 511
  그리스도와의 관계 383, 440
  시리아 기독교와의 관계 261-263
은둔주의 161, 164-169, 170, 179, 181, 189
  중세시대의 형태 318
  영적 분별과 은둔주의 716, 717
  시리아 기독교와 은둔주의 263-265, 267
이단 32, 91, 93, 95-98
  어거스틴과 이단 154, 155
  베렌가와 이단 310, 423
  오리겐주의와 이단 80, 83-84, 167
  도나투스주의와 이단 154, 200, 314
  힐라리의 공격 460
  이단으로서의 성화들 626
  펠라기우스주의 118, 151, 154

ㅈ

자유의지 502, 522-523, 529-531, 541, 543, 547-550
장로 73-74
정신적 정화 83-84
정통주의 88, 117, 127, 141
  정통주의의 수호자 암브로스 146
  기독론과 정통주의 246-248, 388, 400, 581
  동방 정통주의 618, 619, 651
  성상과 정통주의 619, 628-633
  교황권과 정통주의 304-308
  시리아 기독교의 정통주의 263
  삼위일체와 정통주의 428, 429
종말론 59-63, 66, 69, 70, 73-75
  성찬과 종말론 60, 63, 66-69
  영지주의의 종말론 107-109
  닛사의 그레고리의 종말론 133
  수도원운동과 종말론 85
  오리겐과 종말론 80
주경학 32, 35, 37, 127
  힐라리의 주경학 142, 144
  교부시대의 형태 156
중세시대
  안셀름의 기도집 195, 329-340
  카롤링조의 전례 608-611
  중세시대에 관한 문헌 326-326
  중세시대의 철학 251-255, 310, 329, 338, 524-526
  중세시대의 영성 326-326
지식 75-80, 84, 88, 100, 101
  금욕주의와 지식 121
  디오니시우스의 개념 228-229, 238-245
  하나님에 대한 지식 229-239, 338, 498, 570
  지식의 인간적 형태 312, 513-514, 528, 532
  사랑과 지식 338, 340, 469, 473, 529, 532, 648
  기도와 지식 331, 335-340, 648, 648

ㅊ

창조 교리 110-113, 131-134, 163, 492-494
천국과 지옥 107-109, 288, 333-334
천사 88, 93-95, 108,, 114, 383
  디오니시우스의 석의와 천사 232-237, 246
  성적 절제와 천사 690-691, 694-697
철학, 78, 79, 89
  몸/영혼 관계와 철학 511, 512

소우주인 인간과 철학 484-485
중세시대의 철학 251-255, 310, 338, 524-526
수도원운동과의 관계 163-163, 167, 173, 179
도덕과 철학 90-92, 709

㉮

켈트족의 견해
금욕에 관해 281-284
순교에 관해 284
선교에 관해 288, 760
수도원 운동에 관해 207-212, 281-289
이교와 켈트족 277-278
참회에 관해 284-287

㉯

테오리아 42, 640, 643-645
테오시스 242-243, 246, 248, 446-449, 457
기독교 영성과 테오시스 477-479
테오시스의 복합적 본질 481-484
관상과 테오시스 497-498, 511, 513
테오시스의 정의 243, 570, 578
성찬을 통한 테오시스 581-583
하나님의 대리인으로서의 인간과 테오시스 490-496
성상과 테오시스 619, 630
사랑과 테오시스 529-532
소우주적 인간과 테오시스 484-486
여성과 테오시스 518-520

㉰

펠라기우스주의 118, 151, 154, 281, 407
평신도 300, 309, 312, 320, 723-726
평신도들의 회 733
어거스틴의 개념 725, 742, 745, 753-755
카롤링 시대의 평신도 765-769
평신도 문헌 747-751, 765-768
성직자와 평신도 723, 726-727, 734, 740, 769
순교자 숭배와 평신도 746-747
문화적 쇠퇴 758-759
키프리안과 평신도 728-737
게르만족의 영향 756-759, 763
라틴어와 평신도 768
전례와 평신도 745, 765
평신도들의 결혼 752, 752
중세 평신도 사회 758
평신도 선교 763
새로운 개종자 743
이교 신앙과 평신도 732-734, 738, 743, 757
평신도의 순례 746-747, 760
평신도에 관한 터툴리안의 글 730, 731-736
평신도와 세속성
플라톤주의 87, 109, 123, 133, 145, 153, 155
기독론과의 관계 384, 385
인간의 몸과 플라톤주의 696-699
묵상과의 관계 696
소우주인 인간과의 관계 484, 486, 511, 512
수도원운동과의 관계 162-163

㉱

화체 404, 421, 585, 598-598, 613

인명 색인

가

게르마누스 212, 281
게릭 350, 355, 359
그레고리 7세(교황) 299, 304, 306, 307, 310,313, 320, 321, 322
그레고리 팔라마스 249, 641, 646, 660, 662, 663, 664
그레고리(나지안주스의) 119, 129-133, 137, 143, 155, 175, 178, 184, 191, 248, 400, 428, 428, 431, 435, 437, 438, 439, 441, 444, 447, 447, 467, 483, 485, 488, 502, 622, 658, 662
그레고리(닛사의) 119, 128, 133-137, 155, 174, 178, 181, 228, 249, 428, 430, 432, 433, 440, 442, 445, 446, 448, 483, 486, 488, 491, 500, 502, 540, 580, 644, 648, 649, 662, 688, 691, 694, 698, 709
그레고리(시나이의) 498, 656, 659, 664
길버트 357, 358

나

네스토리우스 384, 386, 389, 631
노베르 317, 319, 365
니세포루스(총대주교) 400, 404, 583
니콜라스(메톤) 406
니콜라스(쿠사의) 254

다

대 그레고리 45, 198, 204, 205, 207, 211, 213, 291, 353, 370, 524, 532, 603, 678, 679, 709, 758, 763
대 레오(교황) 119, 156, 198, 390, 391, 602, 603, 757
도로테우스 655, 699
디디무스 40, 147, 151
디아도쿠스 183, 488, 642, 654, 655
디오도루스 41, 137, 139

라

라바누스 마우루스 610, 671
락탄티우스 739, 744, 748
랄프 337
레오 9세(교황) 300, 305
레온티우스(비잔티움의) 483
레온티우스(플레이우스) 209
로마노스 586, 703
로무알드 219, 223
로버트(몰레슴의) 343, 344
로버트(아르비셀의) 317, 671
루피누스 43, 151, 168, 168, 177, 189
리차드(성 빅톨의) 366, 367, 369, 371-376, 459, 470-475, 528, 532, 532

마

마르시온(시노페의) 29, 93, 96
마리우스 빅토리누스 457, 459-463, 467, 469, 473, 475, 515, 516, 519
마카리우스(수도원장) 638, 652
마카리우스/시므온 183, 184, 106
마크리나 126, 127, 132, 427
마크(은둔자) 183, 645
마틴(투르의) 141, 189, 208, 210, 212, 748, 753, 757, 760
막시무스(트리에의 주교) 141
막시무스(고백자) 85, 85, 185, 248, 249,252, 394, 396-399, 410, 415, 486, 488, 496, 497, 500, 503, 583, 640, 647, 648, 656
미누키우스 펠릭스 738, 748

바

바르사누피우스 106, 655, 714, 717
바실(가이사랴의) 119, 125, 126-129, 132, 138, 148, 174-178, 183, 184, 185, 106, 189, 191, 405, 428, 429, 431, 432, 436, 442, 444, 449, 485, 491, 493, 577, 580, 622

792 기독교 영성

바울(사모사타의) 382
발렌티누스 88, 91, 93, 98, 100, 101, 106
버나드 339, 339, 344, 348, 351, 352, 353, 355, 356, 359, 416, 417, 420, 421, 528, 530, 531, 611, 612, 678, 681, 683
베나티우스 포르투나투스 418
베네딕트(누르시아) 190, 204, 205, 211, 343, 346, 348, 352, 758
베네딕트(애니안의) 214, 215, 218, 343, 607
베렝가 310, 423, 612
보에티우스 255, 471
비드 46, 213, 213, 221, 280
빅토리누스 491

㉰

사바스 182, 106
샤를마뉴 214, 215, 291, 608, 756, 765
성 빅톨의 아샤드 367
수거(수도원장) 253, 611
술피키우스 세베루스 189, 208, 210, 740, 744, 751, 762
스마라그두스 215, 669, 678, 679
시므온(새로운 신학자) 408, 408, 630, 656, 659, 662, 664

㉯

아놀드(브레스키아의) 681
아달하르트(코르비) 215
아담(성 빅톨의) 367
아담(페르세이그네의) 359
아리스토텔레스 122, 438, 484, 738
아리우스 117, 123, 460, 462, 474, 515
아벨라르 354, 358, 368, 416, 528, 612
아엘레드 337, 338, 348, 351, 355, 356, 532, 682
아타나시우스 118, 119, 120-125, 131, 133, 145, 164, 165, 167, 171, 179, 189, 199, 205, 382, 382, 384, 388, 389, 393, 398, 400, 429, 435, 460, 474, 496, 503, 622, 688
아폴리나리스 117, 271, 272
안셀름 326, 328-340, 418, 420, 471, 681, 709
안토니(은수사) 122, 124, 164, 165, 167, 168, 170, 179, 186, 188, 191, 192, 199, 643, 644, 716, 717, 741
알쿠인 213, 215, 223, 292, 608
암브로스 43, 119, 144-148, 153, 200, 353, 491, 540, 541, 574, 591, 595, 598, 599, 606, 688, 698, 709, 741, 745, 746, 751
암필로키우스 129, 427, 431
앤드류(성 빅톨의) 367
야곱(사룩의) 269, 271, 492
얌블리쿠스 228, 230
어거스틴(히포의) 43, 118, 119, 130, 143, 148, 153-156, 189, 199, 200, 203, 209, 223, 336, 339, 339, 350, 353, 363, 364, 390, 417, 457, 459, 462, 464-470, 475, 491, 501, 512, 515-523, 525, 527, 528, 529, 533, 539-565, 577, 578, 591, 595, 597, 255, 402, 496, 531, 598, 600, 603, 606, 670, 671, 681, 682, 709, 725, 741, 744, 746, 752, 752, 754
에게리아 573, 574, 747
에바그리우스 83, 184-186,, 209, 265, 271, 496, 641, 643, 643
에크베르트 337
에프렘 261, 262, 265, 267, 268, 269, 270, 272, 273, 491, 688, 703
에피파니우스 106
엘머(캔터베리) 337, 338
오도 218, 761
오리겐 32, 34, 391, 40, 43, 45, 48, 71, 78, 79, 80, 83, 98, 101, 109, 112, 120, 121, 126, 127, 132, 133, 135, 142, 145, 147, 151, 152, 167, 178, 186, 189, 250, 382, 429, 461, 481, 488, 491, 492, 495, 496, 500, 540, 575, 581, 612, 627, 639, 647, 648, 653, 662, 693, 713
요아킴(피요르의) 327
위-디오니시우스 114, 227-254, 367, 376, 496, 582, 583, 611, 647, 656, 662
윌리엄(경건한) 218
윌리엄(볼피아노의) 222
윌리엄(샴포의) 366, 470
윌리엄(성 티에리의) 350, 352, 353, 355, 528, 682
윌리엄(콘쉐의) 358
유세비우스(가이사랴의) 82, 100, 127,

인명 색인 793

163, 262, 491, 622
유세비우스(니코메디아의) 163
유스타티우스 127, 162, 174, 175, 176, 181
유스티니안 185, 106, 229, 569, 750
유케리우스 210, 210
유티케스 390, 631
이그나티우스(안디옥의) 69, 70, 73, 75, 83, 85
이드머 328, 329, 334, 336, 338
이레니우스 74, 77, 81, 83, 85, 86, 89, 91, 94, 97, 104, 106, 112, 334, 459, 482, 502, 503, 662
이보(샤르트르의) 314, 365
이사른(마르세이유의) 673
이삭(니느웨의) 185, 264, 269, 272, 648
이삭(스텔라의) 358, 528, 532
이시도어(세빌의) 46, 203, 763, 764
이시도어(펠루시움의) 494

㉧

저스틴 28, 6, 76, 98, 266, 475, 593
제노(베로나의) 744, 751, 753
제롬 43, 119, 149-152, 156, 168, 189, 199, 203, 679, 688, 693, 751, 753
존 스코투스 230, 251, 253, 525, 526
존 카시안 45, 184, 189, 191, 204, 210, 210, 471, 542,.555, 642, 644, 652, 671, 676, 699, 709, 716, 717
존 크리소스톰 41, 42, 119, 137-140, 151, 155, 168, 174, 181, 396, 405, 494, 571, 573, 577, 578, 580, 622, 687, 688, 691, 700
존 클리마쿠스 185, 106, 498, 642, 652, 656, 658, 699, 699, 709
존(다메섹의) 249, 400, 402, 620
존(스키토폴리스의) 248, 496
존(에베소의) 264, 265, 268
존(페캄의) 223, 337, 338, 681, 682
존(포드의) 358, 358
줄리안(에클라눔의) 41, 149
줄리안(할리카르나수스의) 386

㉮

카에사리우스(아를의) 210, 211, 763, 765

카프리안(카르타고의) 728, 729, 730, 732, 734, 736, 737, 765
케빈 283
켈수스 108, 737
콘스탄틴 160, 572, 577, 622, 743, 749
콜룸바 212, 287
콜룸반 211, 287, 288
클레멘트(로마의) 726, 733, 737, 749
클레멘트(알렉산드리아의) 39, 39, 78, 78, 79, 91, 92, 98, 101, 106, 111, 249, 488, 491, 620, 639, 642, 662, 709
키릴(알렉산드리아의) 41, 44, 156, 382, 383-388, 389, 393, 398, 400, 407, 484, 488, 494, 622
키릴(예루살렘의) 573, 576, 579, 580, 704
키프리안 71, 73, 142, 199, 540, 554, 597

㉣

탄켈름(앤트워프의) 319
터툴리안 29, 32, 81, 100, 142, 199, 390, 459, 461,. 540, 541, 571, 592, 593, 597, 727, 727, 730, 732, 733, 734, 743, 753, 759
테오도렛 41, 156, 180, 263, 491, 494, 641
테오도시우스(황제) 129, 725, 750
테오도투스 98, 101
테오돌(몹수에스티아의) 41, 156, 250, 385, 388, 491, 572, 574, 582, 609
테오돌(스투디오스의) 403, 583, 657
테오필루스(알렉산드리아 총대주교) 152, 167, 169, 170, 184
토마스 갈루스 254, 367
토마스 아퀴나스 252, 359, 420
티에리(샤르트르의) 358

㉤

파코미우스 123, 170-173, 179, 189, 203, 752
팔라디우스 185, 281
패트릭 281, 281, 283
펠라기우스 118, 151, 281, 513, 518, 542
포시디우스 363, 600
포피리 87, 165
폴(사막의) 717
프로클루스(주교) 209

프로클루스(철학자) 229, 230, 251
프루덴티우스 491, 747, 750, 757, 767
프톨레미우스 98, 102, 102, 105
플로티누스 87, 107, 109, 111, 513, 697
피르미쿠스 마테르누스 742
피터 다미안 223, 305, 318
피터(겐트의) 220
피터(세바스테의) 127, 427
필로 38, 110, 135, 145, 178, 429, 485, 495, 519, 662

하

헤시키우스 656, 658
헨리 4세 306, 307, 310, 313
헨리(르망의) 319
헬리난드 359
호노라투스 208, 209, 210
휴(성 빅톨의) 253, 358, 366-371, 371, 373, 376, 377, 470, 682
휴(폰티니의) 358
히폴리투스(로마의) 71, 100, 107, 112, 148, 491, 571, 591, 593, 594, 606
힐데마르(코르비의) 215, 671
힐라리(프와티예의) 119, 141-144, 150, 208, 459, 460, 745, 751